Il lettore goloso

collana diretta da Allan Bay

CLARA E GIGI PADOVANI

CONOSCERE IL CIOCCOLATO

PONTE ALLE GRAZIE

Il nostro indirizzo internet è: www.ponteallegrazie.it

ISBN 88-7928-869-5

A nostra figlia Alice

Premessa
Liquido, solido, magico

Col tempo e con l'esperienza, questi due grandi maestri, si è dimostrato che il cioccolato preparato con cura è un alimento sano e piacevole, che è nutriente, facilmente digeribile e che non presenta, per la bellezza, gli stessi inconvenienti che si rimproverano al caffè; anzi, vi pone riparo; inoltre è adattissimo alle persone che compiono grandi sforzi intellettuali, ai predicatori, agli avvocati e soprattutto ai viaggiatori.

Anthelme Brillat-Savarin, *Fisiologia del gusto*

Scuro, profumato, irresistibile. Lo guardi e ti strappa un sorriso, manda in umidità la tua bocca. Il cervello entra in fibrillazione, ricorda il piacere già provato e sai che tra poco ti arrenderai. È ben incartato, con un involucro dai toni accattivanti che ne nasconde un altro, più sottile, argentato. Due strati ti separano da lui: è bruno, dai riflessi rosso-amaranto, con una superficie lucida e setosa. Quando lo scarti, avverti l'aroma inconfondibile di zucchero. Se è di buona qualità, quel sentore viene subito superato dagli effluvi amarognoli delle oltre cinquecento radici aromatiche che concorrono a formarne il gusto. È un extra bitter da vero intenditore, un cioccolato fondente che può avere soltanto due variabili, a seconda che te lo sia procurato da un buon artigiano o in un supermercato: essere inebriante e ricco di aromi oppure gradevole ma senza offrire emozioni.

Per degustarlo, non devi usare nessuna delle tecniche sopraffine indicate per apprezzare e giudicare una bottiglia di buon vino: scelta dell'etichetta su una carta enciclopedica, apertura con cavaturaccioli ed esame del sughero per verificarne eventuali odori negativi, ossigenazione nel decanter e poi nel bicchiere per l'analisi di colore e profumo, infine leggera roteazione del vino in bocca per riuscire a darne il primo giudizio per gli amici in attesa o per il cameriere che ti guarda severo. No, niente di tutto questo.

Per gustare una tavoletta di cioccolato basta scartarla, romperne un pezzo e cominciare a mangiarla. Semmai, il problema è quello di non arrivare troppo in fretta alla fine. Raramente qualcuno ti chiederà se lo « snap » con il quale l'hai rotta sia stato squillante, se l'acidità del cacao si senta bene ai lati della lingua, se una volta deglutita abbia lasciato un « retrogusto » di fiori o di cuoio. Questo libro vuole insegnare che una barretta di fondente può parlare come un bicchiere di un grande rosso d'annata, senza pretendere che questa conoscenza si trasformi in una sorta di obbligo della buona società, in un esame da « laboratorio del gusto » o da club dell'analisi sensoriale.

Il lungo viaggio del cioccolato è più complesso di quello che trasforma l'uva in vino. Per arrivare a una bottiglia di qualità la partenza è dentro una vigna, su colline dal panorama abbastanza familiare, sia che si tratti della Napa Valley californiana o del Chiantishire. Tutto comincia con una vendemmia realizzata da contadini che puoi incontrare, che sai dove trovare, che sono a volte anche cantinieri e affinatori.

L'avventura del cioccolato comincia invece molto più lontano, in una zona del mondo dove i trattori sono rari, gli alberi da frutto vivono grazie all'ombra di altre piante e gli agricoltori faticano per arrivare alla fine del mese. Se i monsoni non sono stati troppo umidi, se il caldo non è stato troppo soffocante, se qualche conflitto locale non ha tenuto lontani i contadini dai campi, alla fine i frutti sono stati raccolti. Denominati cabosse, simili a piccole palle da rugby di vari colori, contengono circa 40 fave delle dimensioni di fagioli, avvolte in una mucillagine biancastra. Una volta aperti i frutti, il loro contenuto viene versato a fermentare in grandi vasche e comincia la sua metamorfosi sotto teli o frasche. Se non succede nulla di sbagliato, se il tempo non diventa troppo umido e non piove, allora le fave si asciugano e vengono poste poi a essiccare al sole. Infine, dopo qualche settimana, sono trasferite in un sacco di juta. Da quel momento, il contadino che ha usato il macete per tagliare le cabosse dall'albero del cacao non ne saprà più nulla: altri prenderanno in consegna le sue fave per trasformarle, lontano da dove sono nate. Per diventare un pezzo di cioccolato scuro, profumato ed eccitante, devono attraversare l'oceano (o il canale di Panama) ed essere prese in consegna da moderni macchinari che disinfettano, tostano, triturano, strizzano, concano, scaldano e raffreddano la materia bruna, fino a estrarne il massimo delle potenzialità.

E se il vino era conosciuto fin dall'antichità, cantato da lirici greci e latini, per trovare i poeti del cioccolato si deve arrivare fino all'Arcadia, quando il « brodo indiano » – per usare il titolo di un bel libro del critico Piero Camporesi – era diventato di gran moda ai tempi dell'Ancien Régime. Un secolo dopo, il gastronomo e giurista francese Anthelme Brillat-Savarin ne ha esaltato le qualità nel suo trattato dedicato al gusto, mentre Marcel Proust ha elogiato la « crema al cioccolato fuggitiva e leggera », e nel Novecento Guido Gozzano ha tratteggiato con occhio complice le sue « golose » di « cioccolate ». Da bevanda liquida, il cioccolato è divenuto solido e addentabile, moderno e conservabile, popolare e industriale soltanto a partire dalla scoperta di un signore inglese, Joseph Fry, che nel 1847 inventò la prima *bar*, la prima tavoletta della storia.

La fortuna del cioccolato è relativamente recente. Corrisponde anche al cambio di desinenza, dalla « a » alla « o ». Da quando ha cambiato genere, passando dal femminile « cioccolata » – calda, bruna, vellutata – al maschile « cioccolato » – elastico, lucido, speziato – ha conquistato la gola di tanti estimatori. Con una netta prevalenza di fan di genere femminile su quelli di genere maschile.

Nessun cibo, tra quelli arrivati dal Nuovo Mondo dopo la « scoperta » di Cristoforo Colombo (come le patate e i pomodori), ha avuto tanti ammiratori e tanta letteratura, ispirando scrittori, poeti, registi e musicisti. Eppure, nonostante sia tanto celebrato, nonostante gli autogrill trabocchino ormai di confezioni invitanti e i banchi dei supermercati si siano riempiti di merendine al cacao, una vera cultura di questo prodotto non si è ancora diffusa. Molti sanno disquisire di vino « barricato », sono in grado di polemizzare contro l'inserimento dei trucioli in una bottiglia per fingerne un invecchiamento in legno, sanno trovare il « sentore di banana » in uno chardonnay, mentre sono relativamente pochi quelli che sanno distinguere una buona tavoletta da una di bassa qualità. Chi vuole riuscirci, deve dimenticare tanti luoghi comuni o ricordi dell'infanzia. Da bambini abbiamo scoperto pane e Nutella, da adolescenti qualche buon cioccolatino. Ora vogliamo dedicarci al vero oggetto del desiderio: la tavoletta di fondente. Magari vi è capitato di sentire una frase come questa: « Ho assaggiato un buon cioccolato nero, era addirittura all'ottanta per cento di cacao ». Oppure, qualcuno che confessava: « Mi sono divorato una scatola di praline davanti alla tv, non so bene che gusto avessero... » O, ancora, commenti come questo: « A me piace soltanto il cioccolato al latte ». Chiunque abbia pronunciato una di queste frasi è un goloso di cioccolato, ma non lo ha mai « ascoltato » fino in fondo.

Queste pagine vogliono essere una guida amichevole e non saccente per conoscere e scoprire i segreti di una sostanza magica. È la sua stessa storia a giustificare l'interesse che raccoglie ormai da secoli: dopo una lunga esistenza allo stato liquido, relegato inizialmente a bevanda per rinvigorire i guerrieri Aztechi e poi per soddisfare i piaceri di nobili ed ecclesiastici del Settecento, passando allo stato solido ha conquistato un altro « status », insieme aristocratico e popolare. In età moderna, da merenda per ragazzi, è diventato alimento per tutti, fino a raggiungere i piani alti della gastronomia. Evocativo di possibili effetti ansiolitici e afrodisiaci, il cioccolato rappresenta la modernità, grazie alla sua ambivalenza: è un fast food per chi ha bisogno di energia, ma diventa slow food da meditazione quando lo si degusta con la dovuta attenzione. Conforto per l'anima e per la mente, grazie alla qualità dei suoi componenti, come il potassio e gli antiossidanti, riesce a sconfiggere i luoghi comuni delle diete e l'invadenza del *dietetically correct*.

C'è chi ha cercato di contaminarlo e svilirlo con aggiunte fraudolente di materie grasse esterne, mischiato a caramelle e merendine, ridotto a melensa bevanda da macchinetta del bar, ma nonostante tutto continua a conquistare adepti grazie a chi persegue la strada della qualità. Ora torna a essere più vicino alle terre povere in cui cresce la pianta del cacao. Nel suo futuro, in un destino da prodotto « di lusso » e da « alta gamma » nella gastronomia, c'è una parola magica che ci riporta al vino: *terroir*. La scoperta di oggi è questa: non esiste « un » cioccolato, ma ce ne sono « tanti », tutti da conoscere.

La percentuale di cacao è importante, ma non sarà la sola stella polare. La vera possibilità per distinguere un buon cioccolato sarà l'origine, il cru, il rapporto con la terra che l'ha generato. Al di là di ogni tentativo di dare la giusta remunerazione a chi produce il cacao, attraverso il circuito Fair Trade dell'equo solidale o dei Presìdi gastronomici, è questa la vera rivoluzione fondente che si annuncia per gli anni a venire. Il Nord del mondo, che consuma il cacao coltivato nell'emisfero Sud, dovrà riuscire a migliorarne la qualità in loco con una specializzazione dei metodi di coltivazione e di maturazione, sempre più importanti per ottenere un buon cioccolato.

A differenza di prodotti-mito per i gourmet, come i tartufi, il caviale e le aragoste, il « cibo degli dèi », come è stato battezzato nel Settecento, probabilmente rimarrà a prezzi abbordabili per tutti. La sua democratizzazione, cominciata con la nascita della barretta, continuata con le razioni per soldati americani della Prima guerra mondiale e culminata con l'affermarsi della grande distribuzione, non pare destinata ad arrestarsi. L'unica certezza è che una tavoletta fondente di eccellente qualità realizzata con cacao aromatici, che corrisponde a una buona etichetta di vino ben classificata nelle guide enologiche, continuerà a costare di più di quella della grande industria. Per una ragione molto semplice: che le qualità migliori di cacao, il Criollo e il Trinitario del Centro America, non arrivano al 15% del totale, mentre l'industria di massa utilizza il Forastero africano.

Si può presentare in mille forme, grazie alla duttilità dei suoi cristalli e ogni giorno si rinnova il suo miracolo tecnologico, realizzato da maestri artigiani straordinari, ma anche da aziende industriali con macchinari modernissimi.

Un dialogo al buio

Questo viaggio nel mondo del cioccolato comincia da un incontro particolare, una degustazione al buio realizzata nell'ambito di una manifestazione culturale creata per scoprire una sorprendente realtà multisensoriale.

Tutto inizia da una telefonata di Guido Gobino, un torinese simpatico e dall'aria un po' francese, dai baffetti alla Peter Sellers nell'interpretazione dell'ispettore Clouseau. È un cioccolatiere, il più coraggioso innovatore della pasta gianduja e dei suoi derivati. Ci chiede: « Ve la sentite di organizzare una serata dedicata al cioccolato? »

Perché no, rispondiamo. Abbiamo fatto tante degustazioni, tra « verticali » e « orizzontali » di crema da spalmare, praline, tavolette...

« Ecco, l'originalità consisterebbe nel farla completamente alla cieca ».

Abbiamo partecipato a molti laboratori e degustazioni sia in campo enologico sia in campo gastronomico con questa peculiarità...

« No » continua Gobino, « questa è un'altra cosa. Intendo dire *veramente* al buio. La serata si svolgerà in una sala nella quale tutti i degustatori non avranno la possibilità di 'vedere' quel che mangiano, ma soltanto di annusare e toccare cibi e liquidi. Che cosa ne pensate? »

Una bella sfida, diventata un'esperienza unica.

Siamo a Torino durante il periodo dei Giochi invernali. L'iniziativa è inserita nelle Olimpiadi della Cultura all'interno dello spazio delle Fonderie Teatrali. Si tratta di un capannone industriale alla periferia della città, diventato luogo di spettacoli e di mostre, dove è stata montata l'installazione *Dialogo nel buio* ideata dall'artista tedesco Andreas Heinecke. È un « percorso da vedere con altri occhi », molto emozionante, che finora è stato sperimentato da 4 milioni di persone nel mondo: una sorta di mostra itinerante, presentata per la prima volta a Francoforte nel 1988 e che ha toccato molte grandi città in diversi paesi.

L'impatto con la struttura della mostra è improvviso, siamo impreparati a questa nuova esperienza, tanto da provare momenti di apprensione. Dobbiamo lasciare ogni oggetto luminoso, dai telefonini all'orologio con le cifre fosforescenti, agli occhiali (perché inutili) e ci addentriamo, dietro una pesante tenda, in un labirinto totalmente buio, con pareti e soffitti neri. Gli unici compagni sono un bastone da non vedente, che ci viene dato all'ingresso per « battere » il percorso, e un po' di angoscia nel cuore. Siamo un gruppo di cinque o sei persone e appena svoltato l'angolo veniamo accolti e rassicurati dalla voce suadente e calda di un uomo – un non vedente dall'età di dieci anni a causa di un incidente, di professione massaggiatore – che diventa la nostra guida.

È l'avvio di un viaggio nella diversità, forte e per certi versi doloroso, nel quale il « disabile » diventa l'unico « abile » della comitiva. Nel contempo, si instaura una stretta comunione tra i partecipanti all'insolita avventura. Dopo il timore iniziale, le sensazioni che provengono dal labirinto sono insieme piacevoli e stupefacenti. Attraversiamo un bosco con il suo profumo, quindi un ponticello su un torrente d'acqua, una grotta ricoperta di ghiaccio, infine arriviamo in uno spazio urbano. Qui tutto si complica, diventa pericoloso. Lo spigolo di un Ape con la merce esposta sul cassone, il rumore assordante del traffico che sostituisce il fruscio del vento, gli scalini dei marciapiedi al posto dello scricchiolio della neve sotto i piedi ci paiono rischiosi come mai prima: una giungla senza punti di riferimento.

In questa difficile situazione la nostra guida diventa un amico, un'àncora di salvezza, che con la sua voce ci indirizza. Non siamo diventati come lui, non siamo « ciechi », ma abbiamo capito cosa vuol dire esserlo, cosa vuol dire perdere per sempre il dono della vista. Viviamo una profonda trasformazione e quando ci fanno accomodare su un bob, tutti in fila, per simulare una discesa sulla pista olimpica, con sbattimenti da luna park e vento in faccia, non ridiamo come bambini: ci batte il cuore, l'emozione è quasi fisica. Tutto si conclude mezz'ora dopo – ma sembra che il tempo si sia dilatato, non abbiamo assolutamente la percezione dei minuti che passano – in un bar gestito dagli organizzatori, dove al banco ci sono non vedenti che ci chiedono, rassicuranti: cosa volete bere? Portare al tavolo (che c'è, poco più in là) una cioccolata calda in tazza è impresa non facile, ma ci riusciamo senza versarne troppa. Ma la maggiore difficoltà è pagare alla cassa, cercando di distinguere al tatto le monete.

La bevanda è buona, rassicurante, quasi un premio finale come quando eravamo bambini. Il cioccolato è di Gobino, che l'ha offerto per la manifestazione. Al termine dell'emozionante esperienza, il cioccolatiere ci spiega la sua idea: organizzare una degustazione in quello spazio, per far conoscere in un modo diverso e più coinvolgente il cibo degli dèi a un gruppo eterogeneo di persone.

La serata viene divisa in quattro momenti: una sorta di « storia del cacao », seguita da un assaggio di diverse « declinazioni del gianduiotto », con un passaggio per un'impegnativa e ironica « prova Gianduja », fino alla « scoperta delle spezie ».

Si preparano i venti tavolini destinati agli assaggi. Nei piatti i « pirottini » che ospitano cialdine e semisfere di cioccolato sono disposti in un ordine rigoroso, uguale per tutti, e fissati con un doppio adesivo a evitare rovinose cadute. Non mancano i liquidi ad accompagnare la degustazione: un Barolo Chinato e un Moscato Passito di Pantelleria.

Noi aspettiamo con Guido i partecipanti al *black workshop* in un punto strategico del bar, muovendoci tra il bancone e la ribalta, e presentiamo questo inedito incontro nel quale gli occhi sono inutili. L'esperimento ci permette di capire quanto si mangia « con gli occhi », in una società diventata sempre più dell'immagine, e quanto i colori e le forme di un cibo rimangano nel nostro immaginario fino a condizionarne il giudizio.

Nel primo pirottino sono sistemate alcune scaglie di cacao Venezuela in purezza. Servono a rappresentare l'inizio dell'avventura di produzione del cioccolato. Si tratta di una massa di cacao pura, allo stato solido, ma che mantiene tutte le caratteristiche aspre delle piantagioni equatoriali dalle quali proviene: acidità, freschezza, granulosità. Al buio sembra ancora più « selvaggio », ma pochi tra i partecipanti alla degustazione riescono a capire che si tratta di una massa non ancora concata, che cioè non ha subito la lavorazione a media temperatura che modifica l'aspetto e il gusto del cacao. Quando i presenti affondano i denti nella cialdina di fondente extra bitter all'80% di cacao, un tondino incartato della migliore tradizione gobiniana, nella sala partono mugolii di felicità. L'equilibrio della lavorazione si sente, la rotondità è complice al palato, non lo aggredisce come avevano fatto le scaglie del primo assaggio. Guido invita i presenti a seguire le regole dell'analisi sensoriale: « Potete riconoscere al naso gli aromi che provengono dalla massa di cacao e dalla cialda. C'è un profumo 'cacaoso' in entrambe, ma è più forte e acido nella massa, mentre diventa più armonico nella cialda ».

A tentoni tocchiamo il secondo gruppo di prodotti da assaggiare, sempre della sezione « storica »: sono una semisfera posta, nuda, in un pirottino, e una cialdina. La prima è di cioccolato un po' « mentitore », il bianco. Questo infatti non contiene cacao ma soltanto il suo grasso, cioè burro di cacao (almeno il 20%) con aggiunta di latte in polvere e zucchero. La seconda è una cialdina di cioccolato al latte finissimo. Non tutti i partecipanti indovinano la differenza tra i due prodotti, perché non sono condizionati dal colore. Al palato la dolcezza del bianco è preponderante, anche il profumo è diverso. Guido si fa avanti e spiega: « È fondamentale capire che cioccolato bianco e al latte hanno un diverso punto di fusione. Il primo fonde immediatamente sul palato, poiché ha un'alta percentuale di burro di cacao ed è privo di massa secca. Inoltre il cioccolato bianco è un prodotto meno aromatico e più dolce. Il cioccolato al latte, se è prodotto con un buon latte in polvere con una percentuale di grasso residuo del 24-26% e non con i cascami o con il lattosio, sprigiona un gusto di caramello di 'mou', che al buio si dovrebbe cogliere subito ».

Ma è sul passaggio successivo che si gioca la qualità della degustazione, sempre più difficile. I convenuti hanno sul tavolo due mini-gianduiotti. Il gianduiotto è stato il primo cioccolatino « vestito » al mondo, cioè incartato, nato dall'ingegno dei cioccolatieri torinesi che mescolarono la pasta di cacao con le nocciole tritate. A quei tempi doveva essere rigorosamente senza latte.

Guido Gobino è famoso, non solo in Italia, per aver inventato nel 1995 il Tourinot, un gianduiotto da 5 grammi anziché 10, come nella tradizione. « Un'idea che mi è venuta pensando alle signore, perché un'eccessiva massa alla nocciola impasta la bocca e la riempie, impedendo di gustare in modo adeguato questa piccola delizia da centellinare ». Un'idea che ha fatto scuola, non solo perché anche la grande industria ha imitato l'artigiano torinese, ma perché ha poi « figliato » un altro prodotto ancora più rigoroso, il « Tourinot Maximo », che nel 1999 si è affiancato al primo, con la caratteristica di non avere il latte. Il risultato è che offre un profumo più marcato di nocciole – rappresentano il 30% degli ingredienti e provengono dalle colline di Langa – e una consistenza più netta.

La sfida tra Tourinot « normale » e il « Maximo » appare quindi molto interessante, nella serata senza luce. Infatti non tutti riescono a distinguerli, anche se una buona metà dei degustatori riesce a individuare la differenza: uno dei due è più « cioccolatoso » dell'altro, più simile al gusto « fondente ».

Le sorprese arrivano dalla crema da spalmare, presentata su due cucchiaini posti in un piatto. A destra i commensali hanno la mitica Nutella, a sinistra la Crema Gobino. Si sente un profumo di nocciole in tutte e due, una palatabilità più accattivante in quella Ferrero e una solidità maggiore in quella artigianale. Ma sono pochi a individuare subito che una delle due è industriale ed è grande lo stupore quando « sveliamo » l'intrusione di Nutella nell'esperimento.

La serata si chiude con la scoperta delle spezie: la radice di ginger candita e poi ricoperta (riconosciuta dai degustatori più esperti), la piccola cialda di fondente con un grano di sale sopra e infine un'interessante linguetta di cioccolato bianco al pepe rosa. Una vera chicca, che però nessuno, davvero nessuno, riesce a descrivere in modo corretto.

Questo « dialogo nel buio » indica quanto sia lunga la strada per arrivare a una corretta analisi sensoriale, perché in essa dovrebbero essere coinvolti i cinque sensi. Come per il vino, e forse ancora di più, l'aspetto tattile, uditivo, visivo e olfattivo sono antecedenti all'analisi gustativa. Ci sono valori medi da considerare, equilibri generali che portano a capire se una tavoletta o un cioccolatino siano di qualità.

La possibilità di degustare questi prodotti senza l'ausilio della vista e senza distrazioni ha consentito una straordinaria concentrazione sensoriale. Una lezione per gli appassionati di cioccolato: si deve sempre degustare e non mangiare, assaggiare pensando a ciò che si sta sciogliendo in bocca, non ingurgitare con voracità.

L'esperimento ci ha anche insegnato che con questa esplorazione dell'invisibile si instaura una grande solidarietà nel gruppo che vi partecipa, e che con il cioccolato si può ottenere una sorta di tranquillità dell'anima. Lo conferma il giornalista Rocco Moliterni, che ha riassunto questa esperienza su « La Stampa » (24 marzo 2006).

> Quando ero piccolo avevo paura del buio. Non riuscivo a dormire se dalle persiane non entrava nella mia stanza almeno un barlume di luce. Il buio mi sembrava un territorio di fantasmi e di pericoli che non potevo controllare. Così quando ho ricevuto l'invito (...) sono rimasto perplesso. Ero combattuto tra la golosità che mi spingeva a provare e il vago malessere che mi dava l'idea di fare i conti con l'oscurità. Il cioccolato da degustare era di Gobino e questo, devo ammetterlo, mi ha aiutato a superare la diffidenza. (...) All'inizio l'esperienza è angosciante, ma poi a poco a poco l'angoscia lascia posto a una strana serenità e, se ti aspetta la degustazione di cioccolato, la cosa può avere aspetti piacevoli. In quello che è il bar (non lo vedi ma ti ci accompagnano e ti fanno sedere su qualcosa che potrebbe essere un divano) ti spiegano che hai sul tavolino un vassoio con due bicchieri: cosa c'è dentro lo riconosci facilmente, perché un Passito di Pantelleria e un Barolo Chinato non lasciano molti dubbi. Nel vassoio, al tatto, scopri che ci sono vari tipi di cioccolatini e anche due cucchiaini con creme con cui devi stare attento a non impiastricciarti. (...) Quando esci non ti rimane solo il ricordo del cioccolato ma anche e soprattutto l'emozione di essere rimasto accanto per un po' a persone sconosciute, ma con le quali l'oscurità ha creato un feeling immediato e ti è sembrato normale parlare con loro come se le conoscessi da sempre. Quell'emozione vorresti tornare a provarla e il buio non ti fa più paura.

Capitolo 1
Il cacao: l'oro bruno dell'Equatore

Il cacao veniva rovesciato nei truogoli a fermentare per tre giorni. Dovevamo ballare sui semi e il vischio avvolgeva i nostri piedi. Un vischio che resisteva al lavaggio e al sapone da bucato. Poi, liberato dal miele, il cacao veniva messo a seccare al sole nelle vasche. Anche lì ci ballavamo sopra e cantavamo. I nostri piedi si allargavano, le dita divaricate. Dopo otto giorni i semi di cacao diventavano scuri e profumavano di cioccolato.

Jorge Amado, *Cacao*

Era dura la vita di chi raccoglieva il cacao negli anni Venti. Agli occhi di Jorge Amado, che passò la sua infanzia nella *fazenda* di famiglia a Ferradas, nello Stato di Bahia, quel rito collettivo rappresentava uno spaccato simbolico dei conflitti sociali del Novecento. Lo scrittore brasiliano vide da bambino le fatiche di quei contadini – il padre di Jorge, João Amado de Faria, era un grande proprietario terriero – e ne trasse ispirazione per la sua opera giovanile *Cacao*, un breve « romanzo proletario » che ricorda la *Malora* dell'albese Beppe Fenoglio: è il racconto della vita, insieme disperata e felice, di un bracciante « affittato » nelle piantagioni con i « frutti dorati », come li definisce l'autore.

Oggi le condizioni di chi lavora in una piantagione di cacao non sono, purtroppo, molto migliorate. In Brasile non ci sono più gli « affittati », almeno ufficialmente, ma in Africa imperversa il lavoro minorile e le differenze con le Langhe sono diventate abissali: i *vi-*

gnerons piemontesi, grazie al Nebbiolo che nelle loro cantine si trasforma in Barolo, non sono più poveri come ai tempi della *Malora*: le colline si sono riempite di ville e di capannoni e i produttori viaggiano per il mondo a presentare le loro bottiglie. Invece la straordinaria fortuna del cioccolato, con una crescita esponenziale dei consumi in Europa e negli Usa, non ha avuto conseguenze altrettanto positive per i paesi produttori. Il cacao viene coltivato all'Equatore, ma, in quell'area del mondo, pochi lo consumano, una volta trasformato in tavolette, se non in Messico e in alcune zone del Centro America: si è calcolato che soltanto il 5% di chi partecipa alle fasi di lavorazione iniziale delle fave di cacao abbia mangiato un pezzo di cioccolato.

La pianta del cacao cresce soltanto nella fascia che va da 20 gradi di latitudine Nord a 20 gradi di latitudine Sud rispetto all'Equatore, perché ha bisogno di un clima umido e caldo: necessita di temperature tra i 24 e i 28 °C, con un minimo di 1500 mm di pioggia ripartita nel modo più regolare possibile durante l'anno. Può crescere in terreni fino a 700 metri sul livello del mare, ma è piuttosto delicata: soffre il vento e ha bisogno di svilupparsi all'ombra di alberi più alti, che in genere vengono associati alla sua coltivazione, come il caucciù, il cocco o il banano. Viene coltivata in 45 paesi, per una produzione mondiale che nella raccolta 2005-2006 si è attestata su 3 milioni e 298 mila tonnellate, in base alle stime dell'ICCO, l'International Cocoa Organization, associazione con sede a Londra che raccoglie i produttori di cacao e gli industriali del cioccolato. La richiesta del mercato è in costante aumento da anni. Nonostante una flessione nella raccolta 2005-2006 del 2% e una domanda dalle nazioni ricche di 3,426 milioni di tonnellate, si è potuto far fronte grazie agli stock della stagione precedente.

Il giornalista americano Mort Rosenblum, nel suo libro-reportage *Chocolate – A bittersweet saga of dark and light* (pubblicato nel 2005), ha calcolato che attorno al cioccolato si sviluppa un fatturato mondiale di circa 60 miliardi di dollari l'anno, pari a 47 miliardi circa di euro. Le stime dell'ICCO per il 2001 fissavano il fatturato mondiale di tutto il *confectionery* (il settore dolciario dell'industria alimentare) a 73,2 miliardi di dollari (58,4 miliardi di euro). Poiché il prezzo del cacao è di circa 1200 euro la tonnellata, per le qualità meno pregiate, che rappresentano la maggior parte degli scambi, si può stimare che il giro d'affari della produzione agricola non arrivi a 4 miliardi di euro.

Un chilogrammo di fave di cacao, selezionate sul mercato internazionale, vale da un minimo di 1,2 euro fino a un massimo di 4-5 (a seconda della qualità), mentre il cioccolato nei negozi occidentali si vende a 20 euro al chilogrammo quando è « nudo » (è il prezzo delle grandi barrette da mezzo chilogrammo destinate all'uso professionale dei pasticceri) o a 30-40 euro quando è confezionato per la vendita al dettaglio. Ne consegue che il valore aggiunto generato da questi piccoli alberi tropicali va da 10 a 15 volte il prezzo pagato per la sola materia prima.

Nel cacao succede quanto è già stato denunciato più volte per il caffè: del costo di una tazzina di espresso che beviamo al bar, soltanto un centesimo di euro va al contadino che ha coltivato la pianta. Nella compravendita del cacao si calcola che i *trader*, gli importatori, ricevano il 70% del prezzo finale, mentre ai produttori vada soltanto il 5%. Per gli Aztechi i semi di cacao erano moneta: lo sono diventati anche per il mondo occidentale, ma i guadagni non si fermano più in Messico.

È il destino di quasi tutte le *commodity*: nel linguaggio economico per *commodity* si intendono le materie prime facilmente conservabili e stoccabili. Possono essere sia alimentari (caffè, zucchero, mais, frumento e cacao), sia metalli (oro, argento, platino), sia altri minerali (petrolio, rame, zinco): tutto diventa negoziabile. Sono previsti anche i *futures* del cacao: si tratta di contratti a termine standardizzati, in cui chi sottoscrive il titolo si impegna ad acquistare il prodotto alla scadenza stabilita. Una sorta di scommessa sul valore che potrà avere la materia prima, in un gioco finanziario assai complesso: tra le *commodity* alimentari, *Theobroma cacao* è al terzo posto negli scambi mondiali, dopo zucchero e caffè.

Nel corso degli anni i prezzi hanno subìto alti e bassi, in una serie di « rally » delle quotazioni, come vengono chiamati nel linguaggio economico, che ha poco a che fare con la qualità del raccolto e con le quantità prodotte. Quasi tutto il cacao infatti viene scambiato attraverso la New York Board of Trade (NYBOT) e il London Cocoa Terminal Market (LCTM), che ne stabiliscono prezzi, mesi di consegna, contratti standard e classificazioni.

Di fatto, a decidere il prezzo sono una dozzina di paesi importatori e « macinatori », secondo questa graduatoria fornita dall'ICCO. Relativa al biennio 2002-2003, è espressa in tonnellate di fave di cacao:

Paesi Bassi	440.000
Usa	410.000
Costa d'Avorio	285.000
Brasile	200.000
Germania	195.000
Francia	145.000
Regno Unito	135.000
Malesia	125.000
Indonesia	120.000
Ghana	85.000
Russia	70.000
Italia	68.000

Come si vede, all'interno del gruppo di nazioni che « macinano » il cacao vi sono anche alcuni paesi produttori di cacao, il che significa che prima lavorano quanto viene coltivato nel loro territorio e poi esportano massa di cacao per la trasformazione in cioccolato.

Se l'origine del cacao ci porta in Centro America, nella foresta Amazzonica, oggi l'asse della produzione si è spostato verso l'Africa. Costa d'Avorio, Ghana, Nigeria e Camerun, con pochi altri paesi, si aggiudicano il 72,4% della produzione mondiale di cacao, contro il 14,9% di Asia e Oceania (Indonesia e Malesia in testa) e soltanto il 12,7% dell'America, dove invece si concentrano quasi tutte le produzioni di maggiore qualità.

Nel grafico della pagina seguente sono rappresentati i principali paesi produttori, in base ai dati ICCO 2005.

La prima diffusione avviene nel XVII secolo: entro il 1670 dal Messico le piantagioni sono portate nei Caraibi (Antille, Repubblica Dominicana, Giamaica, Martinica, Grenada), in Venezuela ed Ecuador (fin dal 1607), nello Stato di Parà del Messico e anche nelle Filippine. Poi nel 1684 si estendono al Suriname e infine nel 1752 anche allo Stato brasiliano di Bahia.

Ma è nel XIX secolo che si ha la maggiore espansione negli altri continenti. Ecco la tabella riportata nel Museo dell'Alimentazione di Vevey, in Svizzera, curato dalla Fondazione Alimentarium:

São Tomè	1822
Sri Lanka (un tempo Ceylon)	1834
Java	1860

CHI PRODUCE E CHI MANGIA

I MAGGIORI PAESI PRODUTTORI DI CACAO

Fonte: ICCO 2005

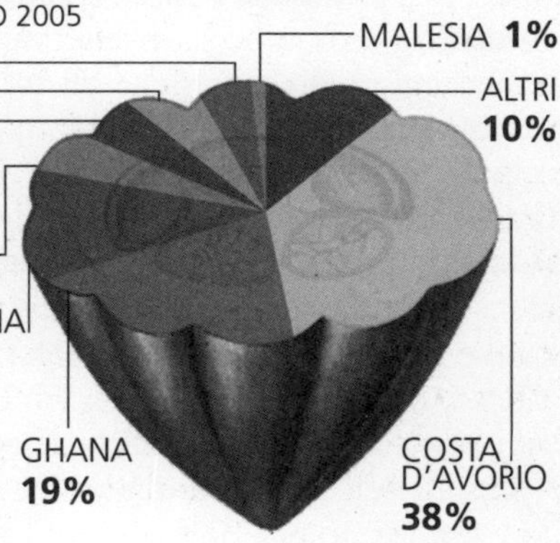

Nigeria	1875
Isola Fernando Po (oggi Bioko)	1878
Ghana	1878
Costa d'Avorio	1880
Isole Samoa (Oceania)	1883
Congo	1884
Gabon	1887
Camerun	1895
Madagascar	1895

Per tutto il XIX e XX secolo la configurazione dei principali paesi produttori di cacao rimase pressoché invariata, ma l'incremento dei prezzi medi, che tra il 1980 e il 1982 passarono da 1500 dollari la tonnellata fino a 3500, portò alla fine del Novecento a un nuovo sviluppo nell'area del Pacifico, come in Indonesia e nelle Filippine.

Cristoforo Colombo non poteva immaginare, quando nel suo quarto viaggio nelle Americhe gli fu servita a Guanaja una tazza di una strana bevanda scura, quanto importante sarebbe diventata quella piccola « mandorla » per l'economia mondiale. La crescita è stata impetuosa, come dimostrano i dati tratti da uno studio agronomico (il libro *Cocoa* di G.A.R. Wood e R.A. Lass): nel 1850 l'80% della ridotta produzione mondiale di cacao, stimata in 18 mila tonnellate (cioè 166 volte più piccola delle attuali 3 milioni di tonnellate), proveniva dal Centro e dal Sud America. Agli inizi del Novecento la produzione era arrivata a 115 mila tonnellate, metà delle quali dalle Americhe. Il « sorpasso » dell'Africa però avvenne già negli anni Venti, fino a diventare clamoroso nel 1940, quando la raccolta globale di fave era appena un quinto di quella attuale, per il 65% nel Continente Nero.

La crescita della produzione mondiale di cacao in soli centosettant'anni è stata esponenziale (dati ICCO in migliaia di tonnellate):

1830	10
1898	86
1903	126
1913	225
1930	524
1960	901
1965	1461
1980	1664
2005	3298

Una «prima donna» scoperta dallo svedese Linneo

La pianta del cacao è un sempreverde dall'aspetto abbastanza insignificante, con grandi foglie assai simili a quelle di un ficus e un tronco non troppo grande, dal legno rosato, alto mediamente 5-7 metri, che potrebbe agevolmente raggiungere i 12-14 metri di altezza, ma ne viene limitato lo sviluppo in modo da rendere più facile la raccolta dei frutti. Due volte l'anno offre lo spettacolo della fioritura di piccoli cuscini bianchi, verdi o rosei, che generalmente nascono direttamente attaccati al tronco o ai rami più grandi. Nonostante il cacao sia tra le sostanze aromatiche più complesse in natura, i micro-fiori non sono profumati: ogni pianta è in grado di produrne da 10 a 20 mila, ma di essi soltanto tra l'1 e il 5% si trasformerà nel frutto, che si chiama cabosside o cabosse. Sono questi i veri tesori dell'albero del cacao.

La pianta ha alimentato leggende fantasiose. Sarebbe stato Quetzalcoátl, il dio serpente-piumato conosciuto in tutta l'antica Mesoamerica, a donare le fave di cacao al popolo che proteggeva. Lo studioso Alfredo Cattabiani nel suo *Florario*, uno straordinario e dotto libro nell'immaginario prodotto dall'universo vegetale, riporta un tragico racconto:

> Un altro mito azteco narrava che un giorno una principessa, lasciata a guardia del tesoro dallo sposo, partito per una guerra a difesa dei confini dell'impero, venne assalita dai nemici che cercarono inutilmente di indurla a rivelare il luogo dov'era nascosto. Per vendicarsi del suo silenzio la uccisero; ma dal suo sangue versato sulla terra nacque la pianta del cacao il cui frutto cela un tesoro di semi amari come le sofferenze amorose, forti come la virtù, rossastri come il sangue.

I botanici sono convinti che l'albero crescesse spontaneo già 4000 anni prima di Cristo nel bacino dell'Orinoco e del Rio delle Amazzoni. Ma, prima che questa pianta fosse catalogata e studiata in Occidente, passarono molti secoli: era una sorta di «prima donna» piuttosto elegante, ma assai delicata, della quale si sapeva poco. Arrivò in Europa con una fama piuttosto ambigua, a metà strada tra le virtù di un medicinale e l'aura negativa di uno strumento del diavolo.

Solo il Secolo dei Lumi squarciò il velo di pregiudizi che per secoli ha coperto la realtà botanica di questa pianta: se si va a consultare l'*International Code of Nomenclature for Cultivated Plant*, che stabilisce i nomi di tutti i « cultivar » e delle loro specie, si scopre che la data di « battesimo » del cacao risale al 1753. I botanici in precedenza l'avevano denominato *Amygdala pecuniaria*, cioè mandorla monetaria, proprio in considerazione dell'uso come valuta di scambio. Da quell'anno tutto cambia, nella classificazione dei vegetali, grazie alla pubblicazione del libro di un naturalista svedese segnato fin da giovane da uno sconfinato amore per la natura: il *Sistema Naturae*, che l'autore Carl von Linné (più noto col nome italiano di Carlo Linneo) dovette far pubblicare a sue spese. La vera novità introdotta da Linneo è la « nomenclatura binomiale » nella classificazione delle piante e degli animali: nel suo trattato per la prima volta vengono attribuiti due nomi latini a ciascun organismo, di cui il primo si riferisce al genere di appartenenza, mentre il secondo, più descrittivo, designa la specie. Infine una terza parola indica le sottospecie.

A Uppsala, città universitaria non lontana da Stoccolma, dove Linneo è sepolto, l'orto botanico del naturalista mostra ancora ai turisti i cartellini con i nomi che lui stesso attribuì loro. Per la pianta di questa strana mandorla amara, fu singolarmente « ispirato »: la chiamò « Theobroma cacao », dal greco *theos* = dio e *broma* = cibo. Il nome della specie, cacao, era già stato assegnato due secoli prima dal botanico spagnolo Francisco Hernández, che fu spedito in Messico dal re Filippo II a catalogare le piante del Nuovo Mondo. Nella lingua locale degli Aztechi il nome comune della pianta era *cacahuacuauhuitl*, formato dalle parole *cacahutl* (cacao) e *cuauhuitl* (albero): la pronuncia era qualcosa di simile a « ca-ca-w ». La scelta di Linneo non fu altro che una sorta di « evoluzione darwinian-teologica dell'ambrosia », come ha scritto il critico ed esperto di storia dell'alimentazione Folco Portinari. Un pamphlet anonimo apparso nel 1779 a Venezia già ne prendeva atto: « Gli Dei bevono ambrosia, gli uomini cioccolata », stava scritto nel trattato *Dell'Uso e dell'Abuso della Cioccolata*. L'aristocrazia europea di quel tempo fu subito conquistata dalla bevanda.

Linneo stabilì che Theobroma cacao appartiene alla famiglia delle *Sterculiaceae*, un tipo di piante tropicali che soltanto ora l'umanità ha cominciato ad apprezzare: l'altro albero che ha avuto fortuna è la noce di Cola, dalla quale si ricava la bibita inventata ad Atlanta, negli Stati Uniti, dal farmacista John Styth Pemberton.

Dal punto di vista botanico, l'albero del cacao è una pianta complessa, che in natura si presenta con molte sottospecie in grado di offrire diverse qualità di cioccolato: ecco perché è importante conoscerne le differenze, esattamente come sapere che il vitigno chardonnay è diffuso in tutto il mondo e il catarratto bianco è soltanto siciliano. All'origine delle modificazioni dei cultivar nell'albero del cacao ci sono gli incroci e le ibridazioni cui l'ha sottoposto l'uomo dal 1800 in avanti, per renderlo più resistente nelle nuove piantagioni in Centro America, Africa e Asia.

È questa la ragione per cui ancora oggi vi sono discussioni tra gli esperti circa le varietà botaniche del cacao. Nella monumentale *The Cambridge World History of Food* curata da Kenneth F. Kiple e Kriemhild Coneè Ornelas, così viene riassunto il dibattito:

> Non vi è accordo tra gli esperti rispetto ai tipi di cacao. Molti identificano due varietà e altri tre, in quanto ritengono che tali distinzioni siano state determinate, nel divenire storico, tramite la selezione e le coltivazioni umane. Ne consegue che ormai molti studiosi dell'argomento siano quindi giunti alla convinzione che le specie sono tre.

Le cose poi si complicano, perché se le sottospecie di Theobroma cacao dalle quali si ricavano le tavolette sono tre, al genere Theobroma appartengono addirittura ventidue specie, tutte originarie del Centro America. Queste piante non interessano gli appassionati di cioccolato, salvo forse il *cupuaçu* (*Theobroma grandiflorum*), che in Amazzonia da sempre viene usato come alimento e oggi in Brasile e Perù è trasformato in succhi di frutta e gelati. In alcuni casi questo tipo di cacao viene anche impiegato per produrre un burro adatto sia al cioccolato bianco sia alla cosmesi.

Per quanto riguarda invece la produzione di cioccolato, sono queste tre le varietà botaniche coltivate di Theobroma cacao, dalle quali si ottengono qualità molto diverse di cioccolato, sia fondente sia al latte.

Cacao Criollo
Theobroma cacao cacao

La parola « creolo », che ha dato origine alla denominazione Criollo, proviene dal portoghese e dallo spagnolo, e significa « indigeno», locale. Si tratta della qualità che ha subìto meno modifiche rispetto alle origini. Ha semi bianchi, frutti molto profumati e violacei. È il cacao più pregiato e più raro, in quanto non è stato ibridato. Per questo motivo è anche il più delicato, soggetto a una forte erosione genetica, essendo molto esposto alle malattie. Oggi la produzione mondiale, secondo i calcoli più attendibili, non supera il 2-2,5%. Altri esperti, più pessimisti, limitano all'1% del totale la sua produzione su scala mondiale. Dal Criollo si ottiene un cacao aromatico, dai profumi delicati e dolci. Viene coltivato in aziende tramandate di padre in figlio nelle zone Maya del Messico, negli Stati di Tabasco e Chiapas, oppure in altri paesi del Centro America, grazie anche all'azione di sostegno attuata da alcuni cioccolatieri italiani. Alessio Tessieri, titolare con la sorella Cecilia del piccolo laboratorio-industria Amedei, in Toscana, è intervenuto nella penisola di Chuao, in Venezuela, e continua a importare il prezioso cacao di quel piccolo territorio, mentre Gianluca Franzoni per la Domori ha attuato un recupero in un'altra zona del Venezuela, a Carupano.

Cacao Forastero
Theobroma cacao sphaercarpum

Ha fave in genere di color viola, dal gusto forte e amaro. È la pianta di cacao più coltivata al mondo, soprattutto in Africa, e si potrebbe paragonare alla qualità «robusta» per il caffè, meno pregiata dell'«arabica». Fu chiamato «Forastero» perché coltivato fuori dai confini originari del «Criollo». La prima varietà fu quella subamazzonica o Amelonado (per il suo colore), che fu introdotta in Brasile e poi nell'Africa Sudoccidentale. Nel 1938 una spedizione cercò altre piante di cacao selvaggio nell'Alta Amazzonia, dopo le malattie che avevano decimato le piantagioni di Trinidad ed Ecuador. Ne nacque un ibrido moderno: è l'attuale Forastero, oggi il più diffuso anche in Africa. Circa l'80% del cioccolato mondiale viene prodotto con questo tipo di cacao, che è più facile da coltivare, in quanto resiste meglio alle malattie. È poco aromatico e il cacao che si ottiene dalle sue fave è forte, con un sapore marcato e astringente. Il cioccolato che se ne ricava è quello di base, destinato alla grande distribuzione: merendine, tavolette da supermercato, snack, biscotti e gelati.

Cacao Trinitario
Ibrido dei primi due

Ha origine dall'ibridazione tra le piante Criollo e Forastero. Le prime piantagioni si sono sviluppate già alla fine del XVIII secolo, dopo una catastrofica decimazione nel 1727 nelle isole Trinidad: per questo si chiama Trinitario. Ha una resistenza alle infestazioni e una resa assai simili alla sottospecie Forastero, ma la qualità delle fave è superiore, in quanto sono più aromatiche e fini. Tra i migliori cacao del mondo, per esempio, c'è oggi l'Arriba Nacional dell'Ecuador, che è un Trinitario. Se ne produce circa il 19% della raccolta globale. L'isola di Trinidad, dal 1920 in avanti, è diventata una sorta di « riserva » del cacao, grazie alle piantagioni sperimentali volute dall'Imperial College of Tropical Agriculture Memories e alla sua banca genetica che ha creato numerosi nuovi ibridi per il Centro America, come l'ICS 95 (Imperial College Selection) coltivato nella regione di Barlovento, in Venezuela.

I raccolti e le prime lavorazioni

Non è facile avviare una piantagione di cacao: richiede un ampio uso di manodopera, non è meccanizzabile e la pianta comincia a produrre soltanto dal quinto anno. Inoltre la sua miglior resa si realizza dopo dieci anni, mentre dà i suoi preziosi frutti, le cabosse, per non più di trent'anni. Ogni albero produce annualmente da 20 a 50 frutti, con un raccolto di fave secche commerciabili intorno ai 3 chilogrammi, ma vi sono anche rese più basse. Ogni cabosse pesa tra i 400 e i 500 grammi, con una lunghezza tra i 15 e i 20 centimetri e contiene circa 40 semi.

Servono dieci cabosse per ottenere un chilogrammo circa di fave di cacao fresche: da queste si ricavano 330 grammi di massa di cacao con la quale si produce il cioccolato (4 tavolette da 100 grammi l'una).

Una piantagione di cacao ha raccolti piuttosto esigui rispetto ad altre coltivazioni: ogni anno rende da un minimo di 300-500 chilogrammi (per le qualità migliori del Criollo) fino ai 1000-1500 chilogrammi per ettaro delle piantagioni africane di Forastero. Analoghe differenze si ritrovano nel mondo del vino, dove una vigna può dare una vendemmia abbondante o meno, a seconda di come sia stata potata la vite durante il suo accrescimento. Il vino migliore nasce da vigneti con basse rese per ettaro, così allo stesso modo un buon cioccolato ha origine da coltivazioni di cacao non intensive.

In quasi tutti i paesi le cabosse si raccolgono due volte l'anno: il raccolto principale, che rappresenta in genere l'80% della produzione, avviene in corrispondenza del nostro inverno, da ottobre ad aprile, e quello intermedio da maggio a settembre.

Dalla fioritura con l'autoimpollinazione alla maturazione del frutto sono necessari da quattro a sei mesi. I periodi di raccolta sono diversi da paese a paese. Eccone alcuni (dati ICCO):

Paese	*Raccolto principale*	*Raccolto secondario*
Brasile	ottobre-marzo	giugno-settembre
Camerun	settembre-marzo	maggio-agosto
Colombia	aprile-giugno	ottobre-dicembre
Costa d'Avorio	ottobre-marzo	maggio-agosto
Repubblica Dominicana	aprile-luglio	ottobre-gennaio
Ecuador	marzo-giugno	ottobre-febbraio
Ghana	settembre-marzo	maggio-agosto
Indonesia	settembre-dicembre	marzo-luglio
Malesia	settembre-febbraio	marzo-maggio
Nigeria	settembre-marzo	maggio-agosto

Anche senza aver letto Jorge Amado, si può immaginare che raccogliere il cacao, in una piantagione nella zona equatoriale, con temperature alte e umidità elevate, non sia un lavoro facile. Lo si fa soltanto a mano, con coltelli affilati per i frutti più bassi e con lunghi bastoni per raggiungere quelli più in alto.

Dopo la raccolta nei campi, le cabosse sono portate in *fazenda*. Questi particolari frutti hanno vari colori, con striature longitudinali che li fanno assomigliare a un piccolo pallone da rugby. Possono essere verdi, violette, rossastre. Nell'azienda vengono aperte con un colpo di machete: all'interno del frutto le fave, di colore bianco-violetto, si presentano avvolte in una polpa biancastra, una specie di mucillagine: hanno una lunghezza tra 1,5 e 3 cm, larghe 1-2 centimetri (come grossi fagioli) e sono a loro volta ricoperte da una buccia sottile.

Da questo momento cominciano due fasi di lavorazione assai

delicate, che incidono anche sulla qualità del cioccolato: la fermentazione e l'essiccazione.

In questo caso può essere utile un ulteriore paragone con la vendemmia: se la fermentazione e la macerazione delle uve sono fatte con tecniche moderne, il vino nel bicchiere sarà più pulito, senza difetti e ricco di profumi fruttati. Allo stesso modo le fave devono fermentare e poi essere essiccate al sole, o in forni, prima di essere pronte per la spedizione all'industria di trasformazione.

Un buon cioccolatiere, quando riceve un campione di cacao, tagliando con il suo coltellino Opinel una fava tostata, riesce subito a capire se abbia subito un corretto processo di fermentazione, se abbia preso muffe durante l'essiccazione, se i giorni utilizzati per portare a termine queste due operazioni siano stati troppi o troppo pochi.

La ricerca dei migliori cacao aromatici e fini, per il mondo del cioccolato, dipende da questo piccolo segreto: una perfetta fermentazione. Non è facile ottenere miglioramenti di qualità se si comprano le fave direttamente alla Borsa di New York o di Londra: bisogna andare a trattare sul posto con il produttore, convincerlo a effettuare al meglio queste prime operazioni dopo la raccolta, per mantenere costanti le caratteristiche del prodotto. D'altra parte c'è sempre il rischio che la natura, come per l'uva, faccia la sua parte, con raccolti cattivi dovuti alla siccità o a piogge eccessive.

La stessa piantagione, come succede per la vigna, darà risultati diversi anno dopo anno. Ma se l'intenditore di vino lo sa e va a cercare la vendemmia migliore, questo non succede nel cioccolato. Già è difficile capire l'origine del cacao, ma l'anno in etichetta non è mai indicato. Soltanto alcune tavolette Valrhona lo riportano a partire dal 1998.

C'è un punto che divide i sostenitori accaniti dei cacao d'origine e dei piccoli cru e quanti invece vogliono mantenere un gusto della *domaine*, della casa di produzione: l'incertezza sulla qualità del cacao di ogni annata. La difficoltà per gli assaggiatori più esperti è maggiore che nel campo della critica enologica: infatti non si possono organizzare degustazioni « in verticale » – lo stesso produttore e vino di diverse annate – come si fa per il nettare di Bacco, in quanto il cioccolato non si conserva più di un anno senza subire modificazioni radicali. Ecco perché alcuni cioccolatieri diffidano dei cacao d'origine puri: preferiscono creare anno dopo anno i loro *mélange* per bilanciare le caratteristiche delle tavolette.

Anche le tecniche di fermentazione incidono sul gusto del cioccolato e possono correggerne i difetti. In molti paesi i produttori stanno migliorando, grazie a tecnici occidentali che insegnano ai titolari di piccole piantagioni a perfezionare le operazioni di raccolta. È quanto ha cominciato a fare, per esempio, il toscano Claudio Corallo, che dal 1997 a São Tomé seleziona antiche piante di cacao non ibridate: nell'isola africana la raccolta comincia a maggio e dura fino a gennaio. La particolarità di Corallo è che a Terreiro Velho tosta le sue fave, dopo l'essiccatura, e produce sul posto una massa di cacao e un cioccolato « rustico », non concato, dai profumi intensi.

Solitamente la fermentazione avviene dentro grandi casse dal fondo forato e la massa di fave viene coperta da foglie di banano: può durare da 1 a 3 giorni per il Criollo e i cacao aromatici e da 5 a 7 giorni per il Forastero. Durante questo processo la polpa diventa liquida e viene eliminata, con una temperatura che si assesta tra i 44 e i 50 °C. Lo scopo è quello di inattivare il germe contenuto nel seme, grazie al calore e alla penetrazione dell'acido acetico. In questa fase il cacao si addolcisce e cambia colore, diventando rossobruno. La fermentazione avvia anche reazioni chimiche che provocano i « precursori di aroma », i quali saranno sviluppati dalla tostatura, mentre si ossidano i polifenoli: un'ossidazione scarsa provoca un sapore amaro (anche al cioccolato) e una troppo spinta non consente, appunto, la formazione dei precursori e rende il cioccolato « piatto », insipido.

Superato il periodo della fermentazione, si passa alla fase di essiccazione al sole o in forni ad aria calda nei periodi piovosi. In alcuni paesi, come in Africa, le fave sono sparse sul terreno o su pianali di bambù: questa fase serve ad abbassare al 7-8% il contenuto d'acqua delle fave. Sono necessari dai 7 ai 15 giorni e durante questo tempo i semi devono essere protetti dall'umidità, che potrebbe portare all'insorgere di muffe (percepibili di conseguenza anche nel cioccolato). Quando si adotta un'essiccazione accelerata, si possono ottenere fave con acidità superiore all'accettabile o con uno sgradevole odore di fumo.

A questo punto il cacao è pronto, racchiuso in sacchi di juta, per il suo lungo viaggio verso le fabbriche del mondo dove sarà trasformato in cioccolato.

Alla scoperta di origini e cru

Il mondo di Theobroma cacao negli ultimi vent'anni è profondamente cambiato: basta andare al Salon du Chocolat di Parigi per accorgersene ed essere rapiti, in una travolgente atmosfera di gioia e colori, da *gourmandise* esclusive e di rara delizia, come l'emozionante « Pyramide des Tropiques ». È un pacchettino multicolore in cui il maestro François Pralus ha racchiuso il suo giro del mondo in dieci tappe, vale a dire dieci tavolette, ciascuna incartata con un colore diverso: in verde il São Tomé Forastero, in giallo il Vanuatu Trinitario, in viola il Venezuela Trinitario... un arcobaleno fondente capace di portare alla pura estasi qualunque intenditore. Gli esperti francesi Katherine Khodorowsky e Olivier de Loisy – la prima autrice di diversi libri, il secondo famoso cioccolatiere – nel loro libro *Chocolat et grands crus de cacao* – sostengono che questa nuova tendenza sia in realtà una sorta di rivincita del buon tempo antico, ma in un mix molto particolare:

> Ritorno alle origini, ai sapori originali e autentici, gusto del territorio, preoccupazione per la tracciabilità... e tutto nello stesso tempo? Il cioccolato del XXI secolo punta curiosamente verso due estremi: accanto alla sofisticazione estrema, con ricette studiate per gli « chef di cucina al cioccolato », si sviluppa una domanda di cioccolata delle origini. Torna di moda la cioccolata calda (...). Le tavolette sono prodotte esclusivamente da miscele di origini differenti. Ogni marca ha la sua ricetta, come un produttore di champagne che assembli vitigni diversi (...). In Europa fu il cioccolatiere francese Raymond Bonnat, di Voiron (nell'Isère) che creò nel 1984 una collezione di cioccolati neri « Grands Crus de Cacao » (...). È la svolta, la ricerca non si fa più su una ricetta, ma sul lavoro della natura. L'artigiano è fiero delle sue tavolette mono-origine, e può scegliere la provenienza in base alla sua personalità e al suo gusto.

Di fronte alla rivincita del *terroir*, della natura sull'artificialità delle ricette, come scrivono i due esperti francesi, occorre che il goloso di cioccolato impari a districarsi.

Intanto l'indicazione delle specie di cacao – Criollo, Trinitario, Forastero – può aiutare, ma molto raramente viene riportata in etichetta. Poi va ricordato che il cacao si suddivide in due categorie fondamentali, anche per quanto riguarda gli scambi commerciali e i prezzi:

1) cacao fini o aromatici
2) cacao ordinari

È questa la prima distinzione da tener presente: il cacao ordinario rappresenta tra l'80 e il 90% della produzione mondiale. Generalmente appartengono alla prima categoria i cacao Criollo o Trinitario, e alla seconda tutti i Forastero.

Come fare a riconoscere le origini giuste? Esiste un International Cocoa Agreement del 1993, un accordo internazionale che ha compilato due liste di paesi che producono cacao « fini ». I seguenti otto sono classificati come produttori « esclusivi » di questo tipo di fave:

Repubblica Dominicana
Grenada
Giamaica
Saint Lucia
Saint Vincent e Granadine
Samoa
Suriname
Trinidad e Tobago

Sono quasi tutte isole caraibiche – e in quanto tali meno soggette alle ibridazioni – a esclusione del piccolo Stato del Suriname (l'ex Guyana Olandese) sulla costa sudamericana, e di Samoa, nel Pacifico. Poi vi sono altri nove paesi con entrambi i tipi di cacao, nei quali è maggiore la raccolta di quelli fini. I più importanti, con le percentuali della produzione di qualità, sono questi quattro:

Ecuador	75%
Venezuela	50%
Costa Rica	25%
Colombia	25%

Per conoscere in modo esaustivo il cioccolato di qualità, è utile sapere che esistono ulteriori classificazioni dei cacao fini. Nessuno in un ristorante chiederebbe « mi porti una bottiglia di vino francese », senza specificare la *domaine*, la zona di produzione (Borgogna, Bordeaux, Côte du Rhone...), il cru d'origine e l'annata. Pierre Hermé, grande cioccolatiere parigino, nel suo libro di divulgazione e ricette *Larousse du chocolat*, spiega come si applica il concetto di *terroir* al cioccolato, mutuato dalle indicazioni geografiche dei vini:

- cioccolato d'origine, o mono-origine, quando è usato cacao di un solo Stato;

- cioccolato da cru, quando il cacao è legato a una regione geografica chiaramente identificabile o a una sola piantagione;

- « grand cru » o « premiers crus » quando obbligatoriamente si rifanno a un carattere particolare del cacao, con una superiorità che sia anche economicamente giustificabile, per esempio con un prezzo d'acquisto superiore alla media.

Oggi la scienza ha dimostrato che ogni pianta di cacao ha un codice genetico differente, che le conferisce anche caratteristiche sensoriali diverse: sono stati classificati oltre 13 mila cloni di cacao, dal punto di vista morfologico.

In Italia Amedei e Domori hanno contribuito a far entrare quasi nel mito due eccellenti qualità di Criollo: il Porcelana, che è un cacao precolombiano dal sapore rotondo e dolce, e il Chuao, considerato da molti il migliore del mondo perché le piantagioni si trovano in una vallata accessibile solamente dal mare, non molto lontana da Caracas. Ma negli ultimi tempi sono comparsi sulle etichette molti altri nomi misteriosi, come Ocumare x Imc 67, Sur del Lago Clasificado, Carenero Superior.

Come orientarsi? Al di là dei singoli produttori, riteniamo interessante conoscere alcune peculiarità dei principali paesi produttori, che abbiamo tratto da varie fonti: relazioni ufficiali dell'ICCO, indicazioni dei testi francesi della Khodorowsky:

- la Costa d'Avorio, primo paese per la produzione del cacao di massa, in pratica non ha cru particolari, anche se comincia a coltivare il Trinitario;

- Tanzania, Togo, São Tomé, Belize, tra i paesi africani, sono quelli in cui dominano le piantagioni di cacao fini e in Madagascar si coltiva il cru Malagashy;

- il Venezuela è una delle prime nazioni in cui si sono sviluppate le piantagioni di cacao, ma oggi ha una produzione molto limitata, dello 0,5% sul totale mondiale. Ecco alcuni cru famosi. Nella valle di Barlovento c'è il Carenero Superior. Nelle valli costiere di Puerto Cabello si coltivano i cacao Chuao, Puerto Cabello, Ocumare, San Felipe. Nella valle del Paria, nel delta dell'Orinoco, il Rio Caribe. Nella regione occidentale di Guasare, Barinas e a sud del lago Maracaibo, si possono trovare Porcelana, Guasane, Barina e Sur del lago;

- in Ecuador: cacao Nacional, ma anche Arriba ed Esmeraldas;

- in Asia sono rinomati i cru Sualaewesi, Maluku e Java in Indonesia, come il Maralumi in Nuova Guinea.

Quando leggete uno di questi nomi sull'etichetta di una tavoletta, il cacao dovrebbe provenire da quelle particolari piantagioni in cui i contadini lavorano per coltivare le qualità più pregiate. Un ritorno alla terra che secondo alcuni dovrà anche portare a nuovi progetti di sostenibilità ambientale e sociale.

La tavoletta « salva-foresta » e i bimbi-schiavi

Ci si mette in pace la coscienza, sapendo che si può salvare la foresta pluviale a rischio di estinzione semplicemente mangiando una tavoletta di cioccolato. La condizione è che sia prodotta con un certo cacao brasiliano, il *cabruca* biologico. La coltivazione del cacao nello Stato di Bahia, dove si raccoglie circa l'80% della produzione nazionale, può aiutare l'ambiente se riuscirà a tornare alle origini, come prevede un progetto di recupero al quale sta lavorando l'Università Libera di Mata Atlantica, che ha sede a Bahia. Si tratta di un'iniziativa sostenuta dal World Watch Institute, un'organizzazione ambientalista di ricerca nata nel 1974, con sede a Washington, negli Stati Uniti, e sezioni decentrate in molti paesi, che pubblica un rapporto annuale sullo « Stato del mondo », dal quale vengono tratte quasi tutte le preoccupanti statistiche relative alla deforestazione in atto (ogni anno sparisce una porzione grande come la Grecia), all'aumento delle temperature per l'effetto serra, all'inquinamento dei mari. Gli esperti del World Watch Institute non sono dei catastrofisti e lo studio che nel 2001 ha pubblicato Chris Bright, studioso della biodiversità, sostiene che il cacao può agire come elemento di conservazione della Foresta Atlantica che si estende sulla costa dell'oceano e che copre circa il 13% della superficie del Brasile.

Si tratta di un particolare sistema di coltivazione che viene denominato *cabruca* ed è una via di mezzo tra la foresta selvaggia e una piantagione: il cacao cresce all'ombra di grandi alberi spontanei, in una biodiversità che continua a essere tra le più importanti del mondo. Il cacao ottenuto con questo metodo è certificato come «coltivazione biologica», salva dallo spopolamento quelle terre, impedisce che la foresta Mata Atlantica venga abbattuta a fini speculativi e consente di selezionare nuove qualità fini. È già nata una cooperativa con circa quaranta piccoli produttori associati che conferiscono le loro fave di cacao alle organizzazioni del commercio Fair Trade. Riesce a strappare un prezzo alla tonnellata di 3 mila dollari e a distribuire salari intorno ai 150 dollari mensili, quando nelle altre piantagioni sono intorno ai 60 dollari.

La proposta di Bright è suggestiva: creare un marchio, il «cacao della foresta», e vendere queste tavolette in tutto il mondo, così da convincere i consumatori del mercato equo e solidale, in grande crescita in tutti i paesi sviluppati, che questo cioccolato può essere un contributo contro la distruzione dell'ambiente. Non sarà facile dare corpo a quest'idea, anche perché il mercato del cacao nel mondo è in mano a poche grandi compagnie commerciali. Secondo alcuni studi di matrice ambientalista, l'inglese Ed&F Man Cocoa, le francesi Gepro e Touton e l'americana Fimat controllano il 10% del commercio mondiale di cacao e sono accusate di comprare le fave a basso a prezzo all'inizio della raccolta per poi stoccarle e rivenderle a prezzo maggiorato alle industrie di trasformazione quando la domanda cresce.

Per rendere «sostenibile» la produzione del cacao, secondo una terminologia molto usata, bisogna remunerare adeguatamente la manodopera impiegata per la raccolta. In Costa d'Avorio è stato denunciato che la produzione di cacao è legata a fenomeni di lavoro minorile di tipo quasi schiavistico: uno studio dell'Istituto Internazionale di Agricoltura Tropicale (IITA, di Abijan, in Africa, www.iita.org) sostiene che la maggior parte dei ragazzini impiegati nelle piantagioni avrebbero meno di 14 anni (il 64%), mentre i bambini e gli adolescenti che lavorano nei campi di cacao del paese africano sarebbero oltre 650 mila, molti dei quali dediti a compiti pericolosi, come l'uso del machete durante la raccolta e di pesticidi nella coltivazione.

È stato anche fatto qualche serio tentativo di limitare il lavoro minorile in Africa, l'ultimo dei quali risale al Protocollo Harkin-Engel, che nell'ottobre del 2001 stabiliva che entro il giugno del 2005 si sarebbe dovuto ridurre l'impiego di bambini-schiavi, grazie al sostegno diretto delle industrie che vendono cioccolato negli Stati Uniti. All'origine del Protocollo vi fu l'iniziativa di due parlamentari americani democratici, il senatore Tom Harkin (Iowa) e il deputato del Congresso Eliot Engel (Stato di New York), che riuscirono a coinvolgere tutte le organizzazioni interessate, compresa la potente Chocolate Manufacturers Association, l'ILO, l'organizzazione Internazionale del Lavoro e la ICCO. Su quel documento (lo si trova nel sito del senatore Harkin) ci sono le firme di tanti importanti manager di industrie dolciarie: Guittard, Nestlé, Hershey, Mars, Blommer, Barry-Callebaut, nonché della Coabisco (associazione dei produttori europei). In pratica, l'80% dei venditori di cioccolato all'ingrosso e al dettaglio del mondo si impegnò ad avviare programmi che « eliminino come priorità il lavoro minorile ». Purtroppo un rapporto pubblicato dall'avvocato Natacha Thys dell'International Labour Right Fund, una fondazione di carattere giuridico con sede a Washington, che si occupa di diritti dei lavoratori, ha verificato che in realtà, alla scadenza di quel protocollo, nel giugno 2005, « non si sono fatti passi in avanti » (vedi sito dell'ILRF: www.labourrights.org) e ha reso note sul web un'impressionante serie di fotografie scattate in Costa d'Avorio con bambini sorpresi a lavorare nelle piantagioni. La ILRF ha organizzato dei boicottaggi contro le industrie che hanno firmato il Protocollo, sostenendo che non hanno fatto nulla per metterlo in pratica.

Tra l'utopia della tavoletta salva-foresta (e salva-coscienza) e la triste realtà dei bambini-schiavi ivoriani, le organizzazioni non governative indicano come unica strada il « commercio equo e solidale » e il cioccolato con il marchio Fair Trade, che specifica le fonti di raccolta del cacao. Ormai le botteghe di questo tipo, in Italia, sono centinaia e propongono « giustizia sociale ed economica, sviluppo sostenibile, rispetto per le persone e per l'ambiente, attraverso la crescita della consapevolezza dei consumatori ». A Gubbio, ogni anno, queste associazioni organizzano una festa del cioccolato « alternativa » a Eurochocolate di Perugia.

La tutela sociale di chi lavora nel Sud del mondo per regalarci attimi di piacere con il cibo degli dèi dovrebbe essere un obbligo morale per i cittadini dell'emisfero Nord. Oggi qualcosa si sta facendo, anche se sono gocce nel mare, attraverso contratti di importazione diretta che accorciano la « filiera del cacao », come viene definita in termini macroeconomici, avviando scambi tra utilizzatori finali e coltivatori.

Tra queste iniziative ricordiamo quella in Piemonte del cioccolatiere cuneese Silvio Bessone: con altri colleghi francesi ha instaurato rapporti di cooperazione con un gruppo di produttori brasiliani di cacao (riuniti con la sigla APCFE, con sede a Ilhéus) per migliorare la classificazione mondiale del cacao fine di qualità e importarlo direttamente in Italia e in Francia. Alcune grandi industrie hanno siglato accordi con piccole cooperative di produttori di cacao. Sotto la spinta propulsiva di padre Graziano Mason, in Ecuador la Fondazione Maquita, costituita da 20 mila soci e con un centinaio di dipendenti, dal 1998 fornisce cacao di qualità Arriba alla multinazionale dolciaria Ferrero per un quantitativo che nel 2006 ha raggiunto un totale di 10 mila tonnellate.

Ai problemi sociali si aggiungono quelli botanici. Secondo qualche esperto un po' più catastrofista, vi sarebbe il rischio di una graduale scomparsa delle piante di cacao più deboli, a causa di un fungo che colpisce duramente le piantagioni in Brasile, Perù, Ecuador, Colombia, Costa Rica, Nicaragua: viene chiamato *witches' broom*, la scopa della strega, e il suo nome scientifico è *Crinipellis perniciosa*, una sorta di micosi assai pericolosa. In Africa invece si sta diffondendo un *black pod*, un microorganismo simile a un baccello, nero, che attacca le piante in Nigeria, Ghana, Camerun.

La ricerca scientifica sta cercando di arginare queste aggressioni all'albero del cacao: si stanno cercando i « marcatori » in grado di rendere la pianta più resistente, senza però mettere in campo gli OGM (Organismi geneticamente modificati), ma semplicemente con la selezione naturale.

Mentre il vigore genetico del cacao è a rischio nelle aree della foresta equatoriale, mentre i bambini-schiavi in Africa mettono in discussione la credibilità delle multinazionali dolciarie, mentre funghi e insetti cercano di uccidere Theobroma cacao, possiamo consolarci pensando che un futuro senza cibo degli dèi, ormai, non è nemmeno immaginabile. Ma certo il cioccolato « sostenibile » tarda ad affermarsi.

Capitolo 2
Il cioccolato: cristalli temperati

C'è un fascino indescrivibile nel maneggiare anonimi blocchi di copertura grezza, nel grattugiarli a mano nei grandi paioli di ceramica – non uso mai il miscelatore elettrico – e dopo nel sciogliere, mescolare, provare ogni mossa accurata con il termometro per lo zucchero fino a quando si raggiunge la giusta gradazione di calore per ottenere la trasformazione.

Joanne Harris, *Chocolat*

Nel libro che più di ogni altro ha contribuito a renderlo popolare e affascinante, specie dopo che il regista Lasse Hallström l'ha trasformato nel famoso film con Juliette Binoche, il cioccolato rappresenta sensualità, gioia di vivere e appagamento del gusto. Ne è convinta anche la stessa scrittrice anglo-francese. Joanne Harris sul quotidiano *Daily Telegraph* nel dicembre del 2001 raccontò come si erano svolte le riprese della pellicola tratta dal suo romanzo: aveva notato che tutti, dal regista agli operatori, dal fotografo agli attori, erano sorridenti e felici. Esattamente l'opposto della consueta atmosfera tesa e convulsa che si vive su un set cinematografico. Qual era la causa? « Dev'essere il cioccolato » spiegò l'autrice. Nel *backstage* era sempre in funzione una temperatrice che manteneva fluida e calda la materia prima necessaria a realizzare tartufi e praline per il film.

Gli effluvi al profumo di cacao che si sprigionano durante la complessa lavorazione del cioccolato sono davvero irresistibili. Lo sa bene chi è entrato almeno una volta nel laboratorio di un artigiano *chocolatier* o ha visitato un'industria dolciaria. Sono i magici luoghi nei quali, come racconta la Harris, si scioglie, si mescola, si spalma la massa bruna ottenuta dai semi raccolti nella fascia equatoriale, con lunghi procedimenti che sfruttano l'incredibile duttilità del grasso estratto dalle fave, il burro di cacao. I semi di Theobroma, prima di diventare cioccolato, hanno bisogno di diversi cambiamenti di stato e di calore, dal caldo al freddo e poi di nuovo al caldo.

La prima impressione che scaturisce dalla visita di una fabbrica di cioccolato è legata alle sensazioni termiche. Abbiamo visitato più di uno stabilimento per la produzione del cibo degli dèi e ne siamo usciti sempre conquistati. Più che soffermarci sulle caratteristiche tecniche di un mulino a biglie o di una pre-raffinatrice Carle & Montanari, abbiamo guardato quelle meraviglie tecnologiche con gli stessi occhi stupiti di Charlie Bucket descritti da Roald Dahl nel suo libro per ragazzi, *La fabbrica di cioccolato*:

> « *Guardate là*! », esclamò il signor Wonka saltellando su e giù e indicando con il suo bastone dal manico d'oro il grande fiume marrone. « È tutta *cioccolata*! Ogni goccia che scorre in quel fiume è cioccolata fusa della migliore qualità, direi. Della *massima* qualità! In quel fiume c'è abbastanza cioccolata calda da riempirci tutte le vasche da bagno del paese! E anche tutte le piscine! Non è *fantastico*? E guardate i miei tubi! Risucchiano la cioccolata e la trasportano negli altri locali della fabbrica dove serve la materia prima! Centinaia di migliaia di litri all'ora, cari i miei ragazzi! Centinaia e centinaia di migliaia di litri! » Roald Dahl, *La fabbrica di cioccolato*, traduzione di R. Duranti, Salani, 1988.

Pubblicato in Inghilterra nel 1943, il libro è stato trasformato in film da Tim Burton nel 2005. È la seconda pellicola che tutti ricordano quando si parla di cioccolato. L'entusiamo di Mr Wonka, il proprietario della fabbrica, è trascinante. Oggi nelle aziende che producono tavolette e praline non si vedono fiumi marroni: prevale la tecnologia. Le grandi macchine temperatrici, destinate a mescolare la massa di cacao, correggendola con burro di cacao e zucchero, lavorano al chiuso e vengono tenute alla giusta temperatura da speciali computer. E anche le « conche », enormi recipienti che prendono il nome dalla parola spagnola *concha*, che significa guscio o conchiglia, dove per giorni a 80 °C si amalgama la materia bruna, sono sigillate con grandi coperchi. Quando un addetto apre per un momento il macchinario, per aggiungere un po' di burro di cacao, bisogna avere il naso pronto: il profumo che ne esce è in grado di tramortire qualunque mortale.

La prima parte della lavorazione è tutta al caldo, tra tostatura, macinazione e fluidificazione. Nei grandi crogioli di metallo si intravede un magma, dai sentori vanigliati e zuccherini, in continuo movimento, un'onda invitante che sbatte sulle pareti del contenitore e poi esce da un tubo, a fontana, per essere trasferita alla successiva fase del processo produttivo.

È quella del modellaggio, della nascita delle tavolette o dei cioccolatini. Qui si deve lavorare al fresco (tra i 18 e i 20 °C), in un'asettica pulizia, senza tracce di umidità che possano creare problemi al prodotto finito. Personale con il camice e la cuffietta in testa controlla i nastri trasportatori dove le barrette appena colate sono prima poste su tappetini vibranti per togliere l'aria dagli stampi, quindi raffreddate e infine inviate al confezionamento per essere « vestite » con la stagnola e la carta.

Il risultato finale, si tratti di una tavoletta o di una pralina, è dovuto alle caratteristiche complesse del grasso che costituisce il « cemento » del cioccolato: il burro di cacao, mescolato con lo zucchero. È una materia prima che ha comportamenti piuttosto anomali e per cristallizzarsi, diventando solido, soggiace a precise regole chimico-fisiche. Tutto deve avvenire a temperature molto precise: basta un piccolo errore per rovinare la produzione.

Ecco perché, sia nelle fabbriche sia nei laboratori artigiani, c'è uno strumento che regna sovrano su tutto: il termometro. Lo si vede in funzione sui computer delle macchine o in mano al cioccolatiere, a volte sotto forma di minuscoli apparecchi elettronici che con un raggio laser sono in grado di rilevare la temperatura della massa, senza neppure toccare la materia prima. È il vero « dominus » che guida la lavorazione del cioccolato.

Come si lavora il cacao

Riuscire a far sprigionare tutti gli aromi che contengono le fave di cacao richiede un lungo processo di lavorazione con macchinari di alta precisione, complessi e costosi, che un piccolo artigiano *chocolatier* difficilmente può permettersi: non sarebbero economici rispetto alle sue piccole produzioni di qualità. Per questo motivo alcune fasi di trasformazione della materia prima oggi sono state lasciate quasi totalmente all'industria.

A molti sarà capitato, guardando un irrestibile bancone pieno di praline profumate, in una antica pasticceria, di sentire il titolare o la commessa giurare: « Questo è autentico cioccolato artigianale ». Falso? In realtà si tratta di un'affermazione vera a metà.

Per spiegarla è bene forse fare un esempio chiaro a tutti: quello delle gelaterie di recente nascita, ormai diffuse in tutta Italia, che attirano i clienti con il bel cartello « prodotto artigianale », compiendo una mistificazione (non dal punto di vista legislativo) ancora più grave degli artisti della pralina. Quei cestelli ricolmi di gelato dall'aspetto gonfio, lucido e molto colorato offrono uno spettacolo esaltante per gli occhi, ma non per il palato. Si tratta di gelati realizzati con i semilavorati dell'industria specializzata: da un secchio di polvere o di liquido alla fragola o alla crema vaniglia, sciolto con acqua o latte dentro una macchina per mantecare, l'« artigiano » prepara ogni mattina il suo gusto di gelato dal colore brillante e pieno di aromi artificiali, nel quale di artigianale c'è soltanto l'ultima parte di lavorazione. Manca invece tutta la trasformazione della materia prima. Oggi in Italia ci sono al massimo duecento gelatieri che preparano ancora il loro prodotto con uova, zucchero, panna e gli altri ingredienti freschi, su qualche migliaio di esercizi. Eppure nessuna legge impone di spiegare al cliente le differenze tra una crema fatta usando la pasta pronta della Pernigotti – metà del suo fatturato oggi proviene dai semilavorati per i gelati – e una realizzata mescolando in laboratorio zucchero, uova fresche, panna e vaniglia in bacche. Accanto al bancone di vendita infatti sono soltanto scritti gli ingredienti usati: leggendoli con attenzione, si può capire la provenienza del gelato in base agli aromi e ai grassi che contengono.

Nel mondo del cioccolato la distinzione tra « artigianale » e « industriale », rispetto alla qualità, non è così netta: ci sono svariate ragioni, ma il problema è analogo. I piccoli cioccolatieri non possono tenere il ritmo delle grandi industrie e a queste ultime hanno ormai delegato tutta la prima fase di lavorazione, iniziando dalla tostatura.

Per capire le differenze tra imprese dolciarie e artigiani bisogna approfondire i sei passaggi principali con i quali si produce il cibo degli dèi, partendo dai sacchi di juta arrivati dai paesi equatoriali:

1) Lavorazione del *cacao*

I sacchi che arrivano dai paesi di produzione sono un concentrato di batteri e di scorie: pietre, chiodi, pezzi di legno, insetti si annidano tra le fave. Bisogna quindi debatterizzare il prodotto. Nell'industria si fa con la pre-tostatura, nella quale i semi sono passati per alcuni secondi con un getto di vapore a 160 °C oppure a raggi infrarossi a 300-400 °C (in questo caso la buccia salta perché la fava « esplode » e va in tanti pezzi), mentre in lavorazioni più artigianali si usa un'apposita macchina, il rompi-cacao. A questo punto le fave cambiano nome per la prima volta e diventano *granella* di cacao. Sono quei pezzetti croccanti, simili a un chicco di caffè rotto in quattro o cinque pezzi, che oggi molti cioccolatieri mescolano grezzi nelle loro tavolette e che danno un gusto particolare a certe specialità di cioccolato: vengono definiti in francese *gruè* e in inglese *nibs*. Dopo questo primo passaggio, la granella viene tostata più a lungo, perché possa sprigionare tutto il suo aroma. Un tempo la tostatura si faceva con la fava intera per poi essere sgusciata: è la tecnica oggi impiegata dai pochi artigiani che tostano le fave, per esempio, con macchine Petroncini per il caffè usate a temperatura più bassa. La fase della torrefazione è molto importante: viene realizzata in macchine rotanti per 15-30 minuti a una temperatura tra i 100 e i 130 °C e ogni qualità di cacao richiede tempi e calore diversi. Si deve evitare che si sviluppi uno sgradevole odore di bruciato.

2) Produzione della *massa di cacao*
In questa fase la granella è macinata in macchine apposite, che variano da azienda ad azienda. Il cacao fonde a una temperatura tra i 60 e i 70 °C a seconda del tipo di lavorazione e durante la macinatura si trasforma in un liquido denso, perché la parte grassa della fava si scioglie e al suo interno rimangono sospese le particelle solide. Quando questo composto viene fatto raffreddare, si solidifica e in genere si creano dei pani compatti di colore marrone scuro, del peso di 2,5 chilogrammi: sono i semilavorati che l'industria specializzata vende ai piccoli cioccolatieri. La lavorazione nelle grandi industrie è invece a ciclo continuo: l'impasto mantiene il suo stato liquido e in grandi tubi « a camicia », tenuti caldi perché non si solidifichi, continua il suo « viaggio » in attesa di trasformarsi magicamente in cioccolato. Questo composto (sia solido in pani sia liquido), ottenuto dalla macinatura e dalla raffinazione dei semi tostati, si chiama *massa di cacao* (qualcuno la definisce anche *pasta* o *liquore* di cacao, ma non useremo questi termini per non confondere le idee). È una massa al « cento per cento » di cacao, come viene chia-

mata, in quanto non ha altri componenti. Perciò, quando sull'etichetta di una tavoletta trovate scritta questa percentuale, significa che la massa di cacao è stata totalmente trasformata in cioccolato, senza alcuna aggiunta di zucchero. A questo punto la massa di cacao ha due componenti: una parte grassa, detta *burro di cacao*, che costituisce il suo 55%, e una parte secca del 45%, detta *panello*. Per separarle e renderle disponibili occorre una fase particolare di lavorazione che viene eseguita soltanto da alcune aziende, considerata l'alta tecnologia necessaria.

3 a) Produzione del *burro di cacao*
Poiché la granella e la massa di cacao contengono ancora molta materia grassa (il *burro di cacao*), alcune industrie specializzate e le grandi aziende dolciarie producono il *burro di cacao* puro. Per estrarlo, separando le materie grasse da quelle secche, sono necessarie macchine molto potenti che schiacciano i semi oleosi ed esercitano pressioni fino a 500 bar, pari a 500 chilogrammi per centimetro quadrato. Si ottiene un liquido dorato, brillante, che nell'industria viene deodorato e potrà essere aggiunto alla miscela di massa di cacao e zucchero, nelle fasi di lavorazione successive del cioccolato, per dare lucentezza e morbidezza alle tavolette. Il *burro di cacao* è anche una materia prima usata in cosmesi (per i rossetti, i lucidalabbra e così via) o in campo farmaceutico. Alcuni artigiani stanno cominciando a sperimentare sistemi manuali di spremitura come quelli di un tempo, usando le macchine che vengono impiegate per fare il *foie gras*. I risultati sono soddisfacenti: si ottiene un *burro di cacao* non deodorato e più denso.

3 b) Produzione della *polvere di cacao*
Nella stessa fase di spremitura, della granella o delle fave, lo « scarto » in materia secca si chiama « panello ». Si scrive proprio così, con una « n » sola, ed è considerato un sottoprodotto di tutte le lavorazioni dei semi oleosi (come girasole, soia, colza eccetera). Nel caso del cacao è una sostanza molto importante, in quanto contiene ancora proteine, sostanze grasse (dal 10 al 20%) e acidi grassi, tutte sostanze liposolubili. Se ne ricava la *polvere di cacao* che viene venduta a parte, in sacchetti, e si usa principalmente in cucina per budini, cioccolata calda, gelati. In qualche caso l'industria aggiunge la polvere di cacao durante la lavorazione del cioccolato, per supplire a fave non di alta qualità e aumentare gli aromi.

4) Raffinazione
La *massa di cacao* diventa *cioccolato* con l'aggiunta di zucchero e in genere della lecitina di soia, un emulsionante. Affinché ciò avvenga, si devono mescolare bene tutti i componenti e raffinarli, riducendo le loro particelle a livelli infinitesimali: se, grazie a una pre-raffinazione, la *massa di cacao* raggiunge le dimensioni di 100 micron, con un'ulteriore raffinazione si arriva a 15-20 micron, per ottenere così nel cioccolato la massima palatabilità. Nella fase pionieristica della pasticceria e in molti piccoli laboratori artigianali ancora oggi si usano dei *melangeur* con le ruote in pietra, mentre attualmente le industrie impiegano o mulini a biglie o grandi frullini.

5) Produzione del *cioccolato*
Da questo momento comincia la fase di lavorazione specifica dell'impasto di zucchero e cacao per arrivare al *cioccolato*: prima si effettua il concaggio ad alta temperatura per lungo tempo, quindi il temperaggio per cristallizzare in modo stabile il burro di cacao. È un trattamento termico durante il quale il cioccolato prima viene raffreddato a 26-27 °C e poi riscaldato a 29-32 °C. Solo così il cioccolato avrà capacità di smodellaggio, un aspetto lucido, uno spacco corretto e una buona conservabilità.

6) Modellaggio e confezionamento del *cioccolato*
Con il *cioccolato* temperato si creano la *tavoletta*, la *pralina* e l'*uovo di Pasqua*. Questo tipo di lavorazione si chiama modellaggio. Il cioccolato viene colato negli stampi e raffreddato definitivamente nella forma voluta e va al confezionamento per essere esposto sul bancone di vendita.

Le differenti lavorazioni tra industria e artigianato

Riassumiamo in modo schematico il percorso cominciato nelle piantagioni, indicando il prodotto ottenuto dopo ogni fase di lavorazione e dove questa avviene.

- raccolta
  cacao, in piantagione

- fermentazione
  fave di cacao, in azienda agricola

- essiccazione
  fave di cacao, in azienda agricola

- torrefazione e frantumazione
  granella, nell'industria e nel laboratorio artigiano

- macinatura o frangitura e raffinazione
  massa di cacao, nell'industria e nel laboratorio artigiano

- concaggio
  cioccolato semilavorato, nell'industria e nel laboratorio artigiano

- temperaggio
  cioccolato o copertura, nell'industria e nel laboratorio artigiano

- modellaggio e confezionamento
  tavoletta, pralina e uovo di Pasqua, nell'industria e nel laboratorio artigiano

Queste molteplici e costose operazioni chiariscono le ragioni che hanno spinto quasi tutti i cioccolatieri a realizzare le loro creazioni artigianali partendo dai « semilavorati »: massa di cacao e burro di cacao prodotti dall'industria. Altri maestri cominciano invece dal cioccolato di « copertura » (fornito in grandi tavolette da un chilogrammo o in sacchetti di « gocce » da due chilogrammi): con questo cioccolato vengono poi « modellati » i cremini, le praline, le tavolette arricchite da altri ingredienti, le scorzette ricoperte.

La *fabbrica di cioccolato* protagonista delle avventure straordinarie di Charlie Bucket in realtà oggi in Italia è rappresentata da un universo piuttosto complesso, suddiviso in tre categorie principali: aziende dolciarie, nelle quali si tosta ancora il cacao e si arriva al prodotto finito, industrie che spremono la massa o la granella per ottenere il burro di cacao, e infine i pochi artigiani che ancora si occupano del ciclo completo.

1) I tostatori e produttori di cioccolato

Amedei – Pontedera (PI)
Barry Callebaut – Verbania, Intra (VB)
Domori – None (TO)

Ferrero – Alba (CN)
ICAM – Lecco
Lindt – Induno Olona (VA)
Novi – Novi Ligure (AL)
Perugina Nestlé – Perugia
Sugar Company (Cuorenero) – San Pietro Terme (BO)
Streglio – None (TO)

2) *Gli spremitori*

Non tutte le aziende che tostano le fave per il proprio cioccolato producono il burro di cacao e la polvere di cacao, che vengono reperite sul mercato da industrie specializzate. In Italia sono rimasti solo:

Ferrero
ICAM
Perugina

3) *Gli artigiani*

In Piemonte e in Toscana, due regioni con la vocazione del cioccolato, ci sono alcuni artigiani che hanno instaurato rapporti privilegiati con i produttori di cacao: come il cioccolatiere Silvio Bessone, che nel suo laboratorio di Vicoforte di Mondovì (in provincia di Cuneo) tosta fave provenienti dal Brasile, e il toscano Andrea Trinci, di Cascine di Buti (Pistoia). Quest'ultimo è un torrefattore di caffè che da qualche anno si è dedicato al cioccolato: collabora con una cooperativa di agricoltori nella regione costiera di Barlovento, in Venezuela, dove ha tenuto alcuni corsi di formazione professionale nel corso del 2006 – con l'associazione non governativa CESVI, dedita alla cooperazione internazionale – per insegnare loro a produrre le tavolette direttamente dove nasce il cacao.

A Modica, in Sicilia, per esempio, nessuno tosta più. E in tutta Italia la maggior parte dei famosi *chocolatier* lavora partendo dalla massa di cacao, che spesso viene prodotta con partite di fave da loro selezionate e tostate in alcune piccole aziende (come la ICAM), oppure importa la pasta direttamente dai paesi produttori che la realizzano in loco o infine la comprano da grandi aziende come la multinazionale Barry Callebaut o la Valrhona.

Altri ancora, e si tratta di piccoli laboratori, alcune pasticcerie e alcuni negozi di cioccolato che negli ultimi anni si sono diffusi un po' in tutte le grandi città, partono dalla copertura professionale per creare praline o tavolette con il loro marchio.

Qualcuno potrebbe pensare che sia poco importante conoscere tanti particolari produttivi, purché la pralina sia buona. Ma queste spiegazioni tecniche, preliminari a ogni degustazione, sono necessarie a capire l'architettura del cioccolato e sono un modo per rendere merito a quei pochi che ancora si sobbarcano la fatica di eseguire « in casa » tutto il processo produttivo. Inoltre la conoscenza di queste tecniche può evitare equivoci pericolosi: non esiste una supremazia del cioccolato « artigianale », perché anche una piccola industria – come sono sicuramente Valrhona, la svizzera Felchlin, Domori – può produrre ottime tavolette.

Come si fa il cioccolato

Vevey è una delle capitali europee del cioccolato. Ridente cittadina di 16 mila abitanti in una delle zone più ricche della Svizzera, dista 20 chilometri da Losanna. Qui nel 1819 François Cailler fondò la più antica fabbrica di cioccolato della Confederazione, ancora oggi in funzione e meta di visite turistiche. Qui nel 1867 il farmacista e chimico tedesco Henry Nestlé inventò il metodo per produrre il latte in polvere con il quale cercò di salvare un bambino che non poteva essere allattato, dando così avvio alla fase industriale di Theobroma cacao. Qui ha il suo quartier generale – in un grande palazzo di vetro e cemento sulle rive del lago di Ginevra – la più grande multinazionale alimentare del mondo, fondata e poi venduta a investitori locali dal geniale Nestlé. In questi uffici oggi si decide il destino del 10% del cacao e del caffè prodotti sulla Terra. Qui, davanti al monumento a Charlie Chaplin, che aveva casa da queste parti, c'è la palazzina dell'Alimentarium, il museo dell'alimentazione donato alla comunità locale dalla Nestlé, ospitato nell'edificio ottocentesco dove un tempo si riuniva il consiglio d'amministrazione della multinazionale.

E sulle colline della ordinata cittadina, in una tipica villetta svizzera con piscina e barbecue, vive uno dei maestri più noti a livello internazionale nell'arte della cioccolateria europea. È l'italiano Eliseo Tonti, che arrivò in Svizzera appena quindicenne. Dopo anni di gavetta in botteghe di pasticceria, la sua passione e la sua maestria con il cioccolato lo convinsero ad aprire un suo negozio nel centro di Vevey, la « Confiserie Tonti », dove Chaplin e James Mason andarono a deliziarsi con le sue praline per una quindicina d'anni. Contemporaneamente cominciò a insegnare l'arte della cioccolateria a studenti di corsi professionali in istituti pubblici superiori di Losanna e Montreux e poi in tutto il mondo, su richiesta di associazioni e formatori. Autore di libri tecnici in francese sulla decorazione, ormai diventati dei classici, trasmette le sue conoscenze da quasi trent'anni e in Italia tiene un corso al mese presso la Cast Alimenti di Brescia: una struttura di formazione altamente specializzata, frequentata da un migliaio di allievi l'anno (tra i quali molti ristoratori e pasticceri affermati, oltre a giovani apprendisti).

Quando arriviamo dal maestro Tonti, nel piccolo laboratorio allestito nel seminterrato della sua villa, accanto al garage dove è parcheggiata una Ferrari rosso fiammante (forse per non dimenticare le radici italiane), due ragazzi con la giacca bianca da pasticcere sono alle prese con una scultura in cioccolato. Si stanno allenando, sotto la guida di Tonti, per la Coppa del mondo della pasticceria che si svolge ogni due anni a Lione. Eliseo Tonti è stato scelto come allenatore della « nazionale » svizzera che partecipa alla competizione più prestigiosa della categoria. Nel bunker antiatomico, che per un certo periodo era obbligatorio costruire nelle case monofamiliari della Confederazione, Tonti conserva sacchi di copertura per professionisti al 60%: sono gocce di delizioso cioccolato che vengono usate dagli allievi per costruire la scultura e da noi per parlare di cioccolato senza cadere in ipoglicemia.

Tonti ci sottolinea subito che la Svizzera è la patria del cioccolato. « Ricordo intere famiglie milanesi o emiliane che salivano fino a Vevey per potersi godere il lusso del 'vero cioccolato', come lo chiamavano, e ripartivano con le auto cariche di tavolette. Erano di cioccolato al latte, soprattutto al latte, con quell'inconfondibile gusto di panna e caramello. Adesso il mondo del cioccolato è cambiato, è vero, si pensa soltanto al fondente, ma non dobbiamo dimenticare che tutto è cominciato qui... »

Philippe Suchard, Rudolph Lindt, Daniel Peter, Rudolf Sprüngli, Charles-Amédée Kohler, sono stati gli autentici pionieri del cioccolato. Le loro gesta sono un po' l'equivalente della catalogazione del cacao attuata da Linneo, con l'aggiunta meritoria di aver reso « democratico » un cibo che fino ad allora poteva essere gustato soltanto dai nobili e dai ricchi. Tonti sa che l'interesse verso il cioccolato è cambiato e ne vede il futuro con molta lucidità, grazie alla sua esperienza: è convinto che diventerà una *gourmandise* sempre più legata al *terroir* d'origine del cacao, come altri prodotti di qualità: olio, formaggio, vino, tè. Continuerà la produzione di massa, ma crescerà quella con i gran cru di cacao, dei quali si segue passo passo la fermentazione, la tostatura, il concaggio.

« Sono queste le fasi più importanti della lavorazione, non la cristallizzazione del cioccolato con la temperatrice automatica, come pensano certi cioccolatieri improvvisati, convinti di poter aprire un laboratorio, in Italia, dopo aver frequentato per tre giorni uno dei miei corsi: servono esperienza, professionalità. Schiacciano il bottone della macchina e credono di saper fare il miglior fondente ». Tonti non usa giri di parole, nel criticare le nuove mode che sembrano invece cancellare un patrimonio fondamentale della pasticceria italiana: « Adesso vedo soltanto praline e tartufi nelle vetrine di molte pasticcerie italiane, eppure la tradizione legata alle mignon, alle sfoglie, ai dolci lievitati, alle tante creazioni che ogni scuola regionale ha inventato negli anni, dalle Alpi alla Sicilia, si sta pericolosamente perdendo in favore di un'omogeneità che mi spaventa ».

La fabbricazione del cioccolato è un processo al quale Tonti dedica le sue lezioni con amore e passione. E con il suo aiuto ricostruiamo questa affascinante avventura, a partire dalla massa di cacao, quella che ciascun artigiano può procurarsi come preferisce: tostando le fave o comprandole da qualche azienda specializzata.

Il maestro Tonti prende le sue preziose dispense e spiega. « Si miscelano le materie prime a seconda dei tipi di cioccolato che si vogliono ottenere.

« Fondente: massa di cacao + burro di cacao + zucchero.

« Al latte: massa cacao + burro di cacao + zucchero + latte in polvere.

« Bianco: burro di cacao + zucchero + latte in polvere.

« Segue quindi la raffinazione di questo impasto, che è un processo puramente fisico e avviene all'interno di macchinari con pesanti cilindri che ruotano: ma non devono girare troppo velocemente, perché il prodotto si potrebbe scaldare rovinandone il gusto. Si stima che la miglior raffinazione avvenga con macchine a 3 e 5 cilindri, fino a ottenere microparticelle di 20 micron, 5 volte più piccole di quelle di cui è fatta la massa di cacao ».

***

Concaggio. È la fase più lunga nella produzione del cioccolato. « Il composto raffinato (di massa di cacao, burro di cacao, zucchero ed eventualmente polvere di latte per il cioccolato al latte) viene inserito nelle conche, recipienti con una capacità fino a mille chilogrammi, e scaldato a 80 °C per ore e ore, in modo da espellere le acidità tanniche ».

Eliseo Tonti a questo punto ci racconta un aneddoto divertente che ha come protagonista l'inventore del lungo concaggio. È uno svizzero che ha legato il suo nome a un altro dei grandi marchi del cioccolato: Rudolph Lindt. Tutto avvenne a Berna, ottanta chilometri a nord di Vevey, nella fabbrica che il cioccolatiere aveva fondato, un giorno del 1879: pare che il giovane Rudolph, che allora aveva ventiquattro anni, fosse un donnaiolo impenitente. Frettolosamente, pur di raggiungere una delle sue preferite, dimenticò accesa una macchina miscelatrice. Quando tornò, due giorni dopo, si accorse che la massa di cacao era diventata più liquida e cremosa del solito e il cioccolato che se ne otteneva era meno amaro e più facile da modellare. Lindt capì che quello poteva diventare un nuovo metodo per fare le sue tavolette e inventò una macchina rotante nella quale la massa bruna veniva mantenuta in movimento per tre giorni, con continue aggiunte di burro di cacao.

Il sorriso ironico del maestro Tonti ci conferma la sua teoria circa il primato della scuola svizzera: quell'invenzione « casuale » di Lindt ha dato origine a un grande marchio e alle moderne tecniche di lavorazione. E poi puntualizza: « Tutti i manuali di pasticceria indicano la 'regola' di un concaggio di almeno 72 ore, a una temperatura di 80 °C. Ma le sperimentazioni effettuate hanno anche stabilito che dilatando ulteriormente il tempo, oltre a essere costoso, non si ottengono risultati apprezzabili. In realtà oggi quasi tutte le industrie concano il cioccolato in tempi più brevi (intorno a 45 ore) e a volte con temperature un po' più alte, mentre la Felchlin, azienda di Schwyz (a 230 chilometri da Vevey, poco distante da Zurigo) che produce soltanto per i professionisti, continua a tenere accese le conche per tre giorni. Un buon concaggio consente di eliminare l'umidità rimasta, cancellare gli aromi indesiderati, togliere l'eccessiva amarezza, emulsionare al meglio il burro di cacao ed esaltare gli aromi ».

Alcuni artigiani hanno deciso di non concare la massa di cacao per realizzare le loro particolari tavolette, cercando di ricostruire nei loro laboratori un prodotto che ritengono dal gusto « genuino » e d'*antan*. Tra questi, per esempio, molti cioccolatieri di Modica come la Dolceria Bonajuto, Donna Elvira e alcuni toscani. Ma il *cholatier* di Vevey si dice piuttosto scettico, convinto com'è che le moderne tecnologie abbiano migliorato il cioccolato.

***

Temperaggio. Ormai ci stiamo avvicinando alle fasi finali di questo lungo e affascinante viaggio. Spiega Tonti: « Con il temperaggio si vuole ottenere una microcristallizzazione di tutti i componenti del cioccolato, che è una sorta di dispersione di cristalli di cacao e zucchero dentro un grasso, il burro di cacao. Ma poiché lo zucchero assorbe l'acqua e invece il burro la respinge, bisogna evitare che vi siano residui di umidità all'interno. Ecco perché il cioccolato al latte, per esempio, si può realizzare soltanto con il latte in polvere. Il temperaggio serve a rendere stabile il cioccolato, che dopo il concaggio si presenta come un grasso polimorfo, ossia con diverse possibili forme di cristallizzazione, quando passa dallo stato liquido (caldo) a quello solido (freddo). Queste forme sono sei e bisogna evitare che il cioccolato si solidifichi in quella più instabile, che porterebbe alla formazione di una patina biancastra sulla superficie ».

Ci sono alcune temperature da tenere bene a mente. « Per temperare il cioccolato, bisogna fonderlo prima a 45-50 °C, in modo che cancelli la memoria dei cristalli che aveva prima (il che non avviene a temperature più basse) e poi raffreddarlo fino a 27-28 °C. Infine, per dare una forma definitiva in uno stampo, lo si riporta a 29-30 o 31 °C in base al tipo di copertura scelta. Il cioccolato temperato a una temperatura locale di 20-22 °C deve passare dallo stato liquido a quello solido in meno di due minuti ».

Con il temperaggio si crea una quantità sufficiente di cristalli stabili: soltanto così si otterrà un cioccolato che si spezza in modo netto, dall'aspetto brillante, che in bocca si scioglie rapidamente ed è maggiormente conservabile.

Ecco lo schema dei cristalli che il maestro Tonti presenta agli allievi della Cast Alimenti, nel quale la prima massa è liquida a 45 °C e le altre sono cristallizzate in tre modi diversi: soltanto il terzo esempio rappresenta la corretta cristallizzazione.

LA FORMAZIONE DEI CRISTALLI DI BURRO

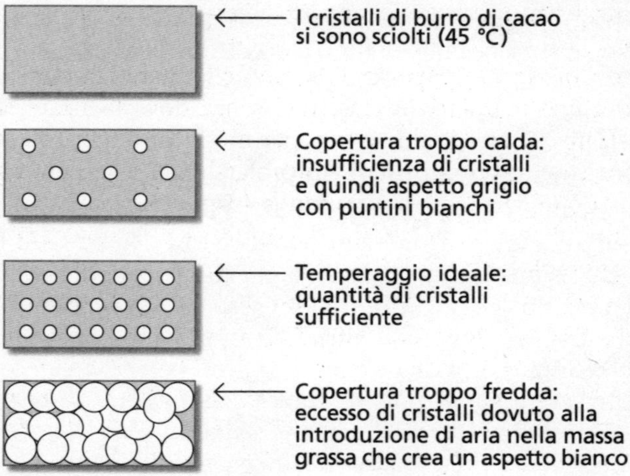

Nelle sue dispense il maestro Tonti spiega inoltre che il temperaggio della copertura per i professionisti si può ottenere in quattro modi diversi:

1) *Microonde*: si scioglie il cioccolato di « copertura » nel piccolo fornetto, facendo attenzione a non oltrepassare i 30 °C e mescolandolo in continuazione;
2) *Inoculazione*: si mescola metà del cioccolato di copertura raschiata dalla tavoletta, o usando i prodotti già in pastiglie, e la si incorpora delicatamente in una terrina che contenga l'altra metà già sciolta; è un procedimento utile quando si deve aumentare il peso del cioccolato per un composto già in lavorazione;
3) *Bagnomaria*: si fa sciogliere la copertura in un pentolino tenuto caldo a « bagnomaria », con acqua in leggero bollore, a 45 °C; poi si porta il cioccolato a una temperatura di 26-27 °C, rimestando il composto con la spatola su un piano freddo, per esempio di marmo, e poi lo si riscalda nuovamente fino ad arrivare a 30-31 °C per ottenere una maggiore fluidità quando lo si versa in uno stampo o si glassa una torta;
4) *Riscaldamento*: alla temperatura d'uso

copertura bianca:	29-30 °C
copertura al latte	30-31 °C

copertura fondente	31-32 °C
copertura bitter*	32-33 °C

(* per bitter si intende con una quantità superiore di cacao)

Questo quarto modo di temperaggio si può effettuare mantenendo il cioccolato a una temperatura costante, senza doverla alzare, abbassare e rialzare. Si deve scaldare la copertura in un'apposita « stufa » mantenitrice – si tratta di modelli professionali a serpentina – per tutta una notte, alla temperatura ideale (sopra indicata), che varia a seconda dei tipi di cioccolato. La lentezza e la dolcezza del procedimento rende più stabile la cristallizzazione. Il principio con il quale lavora la « stufa » è quello di aumentare di 2 °C il normale temperaggio: così i cristalli già stabili non saranno intaccati e non sarà necessario risalire a 45 °C.

Inoltre è importante, affinché il temperaggio del cioccolato riesca perfettamente, che la temperatura del laboratorio sia di 20-22 °C, con un'umidità relativa inferiore a 50%.

Come si può notare, le temperature sono fondamentali per lavorare il cioccolato. Ecco, nella pagina seguente, uno schema riassuntivo del cioccolatiere Tonti.

LE TEMPERATURE PER LAVORARE IL CIOCCOLATO

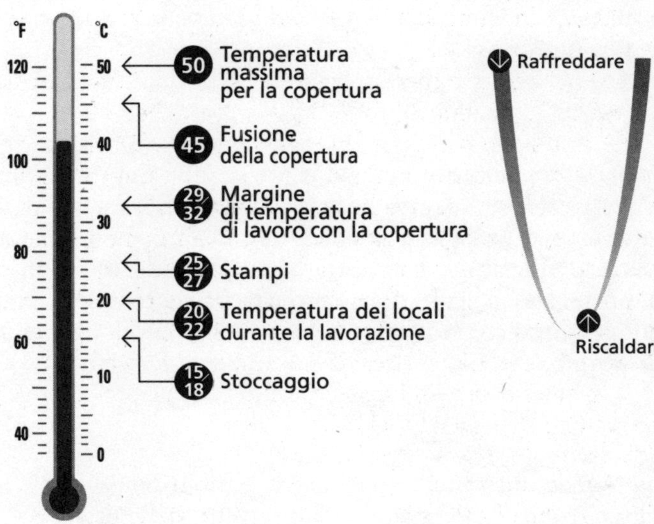

Modellaggio. L'ultima fase di lavorazione, che in francese si chiama più correttamente *moulage* in quanto si ottiene colando il cioccolato liquido in stampi e non con una modellazione manuale, si può svolgere sia con procedimenti industriali sia artigianali. Dopo l'immissione negli stampi, il cioccolato temperato viene fatto raffreddare e solidificare nella forma voluta.

Tra i macchinari industriali, se ne distinguono quattro tipi, come sono riassunti in una pubblicazione della Novi, *Il cioccolato* (a cura di Pierangelo Pagliotti):

1) impianti per cioccolato massivo: sono destinati alla produzione di tavolette;

2) impianti per cioccolato ripieno: in genere si compongono di tre stazioni, una per preparare il guscio, un'altra per il colaggio del ripieno, la terza per la chiusura del fondello;

3) impianti per corpi cavi: sono quelli che vengono utilizzati per la produzione di uova o di figure;

4) impianto per rivestimento *enrobeuse*: il termine viene dal francese *enrober*, ricoprire, e serve per avvolgere di un sottile velo il ripieno precedentemente lavorato, che si fa passare, su un tappeto, sotto una cortina di cioccolato liquido che lo riveste con uno strato molto sottile.

***

Confezionamento. Il cioccolato è finalmente pronto: ora viene incartato e ben confezionato. Anche quest'ultima fase di lavorazione deve essere attuata in locali condizionati e senza umidità. Ormai anche i cioccolatieri artigiani hanno imparato che il successo di una tavoletta dipende anche dal suo *packaging* e che le confezioni, come la grafica e il design che identificano un marchio, sono sempre più sofisticate.

***

Stoccaggio. Anche quest'ultima operazione è molto importante. Secondo Eliseo Tonti il cioccolato va conservato, nelle aziende e in casa, al buio e senza sbalzi di temperatura, tra i 15 e i 18 °C, con un'umidità relativa non superiore al 50%. È un prodotto delicato e può avere tempi di conservazione anche inferiori a quelli denunciati dalle industrie: perciò il maestro cioccolatiere ci indica non più di otto mesi per il cioccolato bianco, dodici mesi per quello al latte e poco di più per il fondente.

Noi aggiungiamo che una tavoletta fresca è sempre meglio di una stagionata, a differenza del vino. Quando avete del cioccolato in casa, mangiatelo.

Capitolo 3
La storia: dai Maya al Cacao Meraviglia

[...] il quale [il cioccolato] più pare beveraggio da porci, che da homini. [...] Il suo sapore è alquanto amaro, satia & rinfresca il corpo, però non imbriaca & questa è la migliore, & più cara mercantia che gl'Indiani stimano, dove la costumano.

Girolamo Benzoni, *Historia del Mondo Nuovo*
(1575, dalla edizione fac-simile del 1962, Verlagsanstalt)

I *conquistadores* e i viaggiatori che si avventurarono nel Nuovo Mondo « scoperto » da Cristoforo Colombo nel 1492 furono disgustati da quella bevanda che gli Aztechi consumavano fredda e amara. Provavano repulsione nel vedere le loro bocche macchiate di rosso per le spezie che aggiungevano al cacao, come peperoncino e *alchiote* (annatto): pareva bevessero sangue. E Girolamo Benzoni nel suo « reportage » di viaggio con realistica semplicità descrive il *cacahuatl* (il nome più antico del cioccolato) come un « beveraggio » per i maiali.

Oggi consideriamo il cioccolato una prelibatezza da addentare lentamente o da centellinare con il cucchiaino, che dà brividi di piacere ai golosi e offre sensazioni complesse da scoprire. Ma questa immagine riguarda soltanto gli ultimi due secoli di una storia ben più antica, che affonda le radici nelle civiltà mesoamericane insediate nelle umide pianure costiere del Golfo del Messico: gli Olmechi (tra il 1500 a.C. e il 400 a.C.), i Maya (dal 250 d.C. al 900 d.C.) e gli Aztechi (il loro primo re è del 1375), poi annientati dagli

Spagnoli nel XVI secolo. Per il Popolo del Sole quei semi scuri erano veramente qualcosa di importante: oltre a trasformarsi in liquido energetico e stimolante per le classi nobili, venivano usati come moneta corrente, tanto che gli Spagnoli trovarono i palazzi dell'imperatore pieni di ceste di fave di cacao.

Soltanto l'aggiunta di zucchero, avvenuta nella prima metà del XVII secolo, rese gradevole la bevanda, fino a conquistare le corti e i monasteri di tutta Europa, tra il Seicento e il Settecento. Il cioccolato cambiò ancora volto quando venne trasformato in una tavoletta solida: successe in Gran Bretagna nei primi anni dell'Ottocento. In Svizzera divenne un piacevole alimento, al latte o fondente, negli ultimi anni del XIX secolo.

Anche la considerazione sociale e culturale si modifica radicalmente nel corso dei secoli. Semplice cibo dei contadini Olmechi, diventa un bene rifugio nell'impero di Montezuma. Gli Europei prima lo disprezzano, poi lo interpretano come una medicina, quindi lo esaltano come uno dei simboli della raffinatezza nell'Ancien Régime. Nel XX secolo diventa un alimento « democratico » e soltanto all'inizio del Terzo Millennio si afferma come prelibata specialità da gourmet, grazie al ritrovato legame con il *terroir*.

Queste continue metamorfosi hanno attirato l'attenzione dei tanti studiosi che ne hanno ripercorso la storia, alcuni con eccessivo entusiasmo e partecipazione. Gli ultimi quattro secoli sono sicuramente il periodo più affascinante e analizzato in modo approfondito: circondano il cioccolato di un'aura mitica che ben pochi prodotti alimentari possono vantare. Tra i prodotti coloniali, il tè e il caffè hanno conosciuto fortune immense e costituiscono un gradevole momento della nostra vita quotidiana, ma in fondo sono rimasti delle bevande. Anche il vino, che forse ha più estimatori del cioccolato, è oggetto di attenzioni mediatiche e culturali come mai prima d'ora.

Il cacao e i suoi derivati non sono soltanto appaganti, ma intriganti e seducenti: sta in questo straordinario e unico mix, probabilmente, la loro fortuna. In queste pagine, lungi dal voler essere un ennesimo trattato storico, vogliamo riassumere le tappe principali e i momenti più curiosi, scovati nelle tante fonti trovate e consultate in italiano, inglese e francese durante i nostri viaggi alla ricerca di Theobroma.

I forzieri di Montezuma

Sembra ormai accertato, da vari studi sulle civiltà precolombiane dell'America Centrale, che il cacao sia comparso nell'attuale Messico. Era una pianta selvatica, apprezzata soprattutto dalle scimmie: aprivano le cabosse, mangiavano la mucillagine bianca e sputavano i semi, contribuendo così alla diffusione del cacao. In quelle zone, agli albori della civilizzazione umana, cominciò a svilupparsi il popolo degli Olmechi, che declinò quasi completamente nel 400 a.C. Su di loro esistono poche testimonianze scritte, attraverso geroglifici quasi incomprensibili. Si presume, da qualche ritrovamento archeologico, che siano stati loro i primi a coltivare il cacao, in quanto erano riusciti a utilizzare il mais per farne una specie di farina e a cuocere sulla pietra le prime *tortillas* della storia. Anche senza scomodare l'etnologo Claude Lévy-Strauss e il suo *Il crudo e il cotto*, sappiamo che la civiltà ha inizio soltanto quando comincia la cucina. Alcuni storici sono convinti che la dieta a base di mais non potesse bastare a quelle popolazioni, per esempio nel momento in cui le mamme dovevano allattare i loro neonati. E le proteine più facilmente disponibili erano contenute nei semi di cacao, che gli Olmechi cominciarono a schiacciare e mescolare all'acqua, in modo da poterli bere in miscugli nutrienti. Ci sono precisi reperti che indicano con la parola *kakawa* la pianta usata per quelle prime bevande.

Sviluppatasi a sud dello Yucatan, la civiltà Maya, assai più studiata di quella Olmeca, ha il suo apogeo dal 250 al 900 d.C.: settecento anni durante i quali vennero erette città-stato e palazzi e si svilupparono pitture murali e una scrittura in geroglifici, in parte fonetico-sillabica e in parte semantica, mentre nel Vecchio Continente tramontava la civiltà romana e iniziava il periodo buio del Medioevo. È molto probabile che i Maya, contadini piuttosto rozzi quando già gli Olmechi erano a uno stadio più avanzato di civilizzazione, abbiano ricevuto da questi ultimi l'insegnamento a coltivare e usare il cacao.

Da una tomba scoperta in Guatemala nel 1984 e risalente al V secolo d.C. si è potuto stabilire che esistevano diversi utensili per il consumo del cacao. In base alle analisi compiute, si capì che il defunto era stato sepolto con accanto delle stoviglie, dal coperchio chiuso con un tappo a vite, contenenti cioccolato da bere, che avrebbero dovuto accompagnarlo nel suo viaggio ultraterreno.

Gli antropologi americani Michael D. Coe e la moglie Sophie

(purtroppo scomparsa prima di portare a termine il loro libro, concluso nel 1996 dal marito), hanno scritto *The True History of Chocolate* (*La vera storia del cioccolato*) consultando in modo approfondito archivi spagnoli e precolombiani e studiando dal punto di vista linguistico le antiche popolazioni americane. Le loro conclusioni storiche sono perciò assai meno fantasiose di altre ricostruzioni e ci dicono che i Maya « avevano molti modi di preparare cibo e bevande a partire dal Theobroma cacao »: era una mistura preparata con « acqua calda » – nella loro lingua detta *chacau haa* – da bere con una farinata preparata con il mais cotto. E già allora cercavano di ottenere l'« effetto schiuma » in quella bevanda bollente, sulla sommità della tazza, come fosse un cappuccino. È un'operazione che ancora adesso è molto diffusa in tutta l'America Centrale e del Sud, quando si prepara una cioccolata calda: la schiuma si monta con il *molinillo*, un piccolo utensile in legno simile al levabollicine per lo champagne.

Con i loro studi, i coniugi Coe hanno soprattutto ristabilito una verità storica oscurata per molti anni: furono i Maya a usare per primi il termine « cacao », non gli Aztechi. Tra Yucatan, Chapas e costa pacifica del Guatemala, i Maya hanno lasciato molte tracce archeologiche che soltanto negli ultimi anni hanno fornito qualche nuova interpretazione: una più recente scoperta, in alcune tombe della città di Colha, nel Belize settentrionale, ha evidenziato tracce di cacao all'interno di vasi di ceramica antichi addirittura 2600 anni. Dunque la pianta del cioccolato sarebbe molto più antica di quanto si crede.

Nel XIII secolo – il periodo in cui tra Firenze e Bologna cominciava il Dolce Stil Novo – gli Aztechi sottomisero quel che restava dei Maya e imposero loro il pagamento di pesanti tributi in fave di cacao. Da quel momento in avanti, i semi diventano un bene agognato, riservato alla classe nobile, e un segno di ricchezza. Una sorta di merce moneta, tanto preziosa da venire falsificata con finti semi, fatti di terra e di cera, come è stato dimostrato da alcuni reperti. E la bevanda scura e forte era anche protagonista dei violenti rituali per i quali il Popolo del Sole ha sempre goduto di pessima fama, grazie ad alcuni cronisti spagnoli e ai primi sacerdoti aggregati alle truppe di Carlo V. Pare accertato, dalle loro cronache, che le vittime destinate al potente dio Quetzalcoàtl, la notte prima del sacrificio, dovessero bere la bevanda rossa a base di cacao.

La pianta divenne ancora più importante per gli Aztechi quando, con le loro imprese guerriere, riuscirono a conquistare Xoconochco, l'attuale Soconusco, nella pianura affacciata sul Pacifico a sud dello Yucatan: in quelle piantagioni, ben coltivate, per trecento anni gli Spagnoli riuscirono a rifornirsi di cacao, della migliore qualità Criollo.

Nel periodo del massimo splendore dell'Impero Azteco, nei magazzini reali delle tre capitali della Triplice Alleanza (Argentina, Brasile e Uruguay) era conservata una quantità di semi-moneta da far impallidire Fort Knox. Per mantenere il re e la corte di Texcoco (una delle tre città federate), poco prima che arrivassero gli Spagnoli erano necessari 32 mila chicchi, come riportano i Coe, e anche nella capitale Tenochtitlán (dove poi sarebbe sorta l'attuale Città del Messico) il re Motecuhzoma Xocoyotzin, passato alla storia più divulgativa come Montezuma il giovane, avevano stipato oltre 40 mila carichi, vale a dire 960 milioni di chicchi. Pare che ogni giorno fossero preparati ben 2 mila recipienti della scura bevanda con la schiuma per i soldati della sua guardia.

C'era anche una precisa scala sociale: il re, i sacerdoti e i guerrieri bevevano una mistura fredda di acqua e cacao, alla quale di volta in volta venivano aggiunti vaniglia, pepe, peperoncino e fiori esotici. A volte era dolcificata con miele o estratto di agave. La storia romanzata racconta che il re ne bevesse ben quaranta tazze al giorno come stimolante per le sue *perfomance* amorose. I poveri dovevano invece accontentarsi di una sorta di bibita confezionata con acqua, granoturco, macinato e tostato, e un briciolo di *pataxle*, un cacao di scarsa qualità. Gli unici appartenenti alla gente comune che potevano assaggiare il nettare migliore preparato con il cacao erano i soldati in marcia.

Il prezioso seme serviva anche agli scambi commerciali. Ecco alcune equivalenze, riportate da un testo spagnolo del 1545: un pomodoro = un chicco di cacao; un uovo di tacchino = 3 chicchi; una chioccia di tacchino = 100 chicchi. In Spagna o in Messico, in qualche vecchio mercato dei quartieri popolari – assicura Paul Richardson nel suo libro dedicato al « giro del mondo in 80 tavolette » e intitolato *I piaceri del cioccolato* – si sente ancora oggi la frase « non vale un cacao », per identificare un oggetto senza alcun valore: l'uso azteco come moneta è entrato nel lessico comune iberico e messicano.

Il conquistador Bernal Díaz del Castillo, nei suoi diari scritti in età avanzata, riferisce che Montezuma sorseggiava cioccolata diverse volte al giorno, mentre normalmente nei banchetti dei nobili la nera bevanda speziata era riservata solamente a deliziare il fine pasto dei commensali. Così racconta Díaz (nella trascizione pubblicata nell'edizione italiana di *La vera storia del cioccolato*): « Di tanto in tanto gli portavano alcune tazze di oro puro, piene di una certa bevanda fatta con il cacao, che dicevano servisse a far bella figura con le donne; e poi non vi abbiamo più posto mente; ma ho visto che portavano più di 50 grandi vasi di buon cacao preparato con la sua schiuma, e lui ne beveva ». La fama del cioccolato come afrodisiaco, durata fino ai nostri giorni, probabilmente risale a quelle antiche testimonianze spagnole.

Il primo trattato sul cioccolato pubblicato in Europa compare a Madrid nel 1631 e viene tradotto in Italia nel 1667, in una edizione stampata a Roma. A scriverlo è un medico spagnolo, dell'Andalusia, Antonio Colmenero Ledesma, quando ormai la nera bevanda dei Maya e degli Aztechi ha già conquistato il Vecchio Continente, come l'autore stesso spiega nell'introduzione, in cui scrive che « il numero di coloro che bevono hoggigiorno la cioccolata è sì grande che non solamente questa bevanda è molto usitata nell'Indie, dove ha preso la sua origine, ma anche nella Spagna, in Italia et in Fiandra e particolarmente nella Corte di Re di Spagna ». Il testo si intitola *Curioso trattato sulla natura e qualità del cioccolato* ed è stato recentemente ripubblicato, a cura di Elisabetta Paltrinieri, con i due testi a fronte, in spagnolo e in italiano. Così il medico Colmenero descrive l'usanza delle popolazioni mesoamericane, che tutti in Europa chiamavano « indiani »:

> Appresso gl'Indiani si beve la cioccolata in due maniere: la prima, e la più ordinaria, è di prenderla calda con l'« atolle », antica bevanda degl'Indiani, li quale appella con questo nome una polenta fatta di farina di « grano d'India », che essi mescolano insiememente con la cioccolata. E per farla di maniera che sia più salubre, mondano detto grano togliendoli la scorza, che è ventosa e che genera malinconia, e così vi resta il meglio et il più sostantiale [...]. La seconda è fare scaldare l'acqua et, havendo messa in un bicchiere di terra o di cocco, che essi chiamano « tecomate », tanto di cioccolata quanto bisogna, versarvi sopra un poco di acqua calda e col molinello disfar bene la cioccolata;

e dopo haverla ben rimaneggiata, versarvi sopra il rimanente dell'acqua con il zucchero, e così berla.

Un'etimologia da acqua calda

Le scarse informazioni che arrivavano in Europa dal Nuovo Mondo e le leggende, che fiorirono intorno alle sue doti medicinali e afrodisiache, contribuirono a rendere più difficile anche l'esatta attribuzione dell'etimologia di questa bevanda, che, per molto tempo, fu legata alla mitologia mesoamericana del dio piumato azteco Quetzalcoàtl. Si credette, infatti, che in suo onore fosse stata chiamata prima *cacahualt* e poi *xocoatl*, anticipando l'etimologia di un nome che è rimasto sostanzialmente simile all'originale, caso più unico che raro, in quasi tutte le lingue del mondo. Gli Aztechi furono spazzati via dagli Spagnoli e oggi nel Messico Meridionale rimangono pochi loro discendenti, i Nahua, che ancora usano il termine *xocoàtl* nella loro lingua. In questa tabella, vi presentiamo la parola cioccolato nelle principali lingue:

Ceco: **Kokòlade**	Inglese: **Chocolate**	Spagnolo: **Chocolat**
Cinese: **Chyaokeuli**	Norvegese: **Sjokolade**	Svedese: **Choklad**
Danese: **Chocolade**	Polacco: **Zsekolada**	Tedesco: **Schocolade**
Greco: **Sokolata**	Portoghese: **Chocolate**	Turco: **Çicolata**

Anche il nome della pianta, cacao, è rimasto sostanzialmente immutato quasi ovunque. Al massimo, viene scritto con la « k » oppure con la « u » finale al posto della « o ». In inglese si scrive *cocoa*.

Nel corso dei secoli vi sono state molte dispute tra i linguisti circa la reale etimologia del termine « cioccolato », al di là delle leggende. Per lungo tempo si è accettata la lettura che ne diede Thomas Gage, un prete cattolico diventato anglicano che seguì una spedizione promossa da Cromwell in Giamaica nel 1635, dopo aver soggiornato a lungo nel Centro America. Nella sua pubblicazione scrive che, nella lingua degli antichi Aztechi, *atl* significa « liquido » ma anche « il rumore o il suono che fa l'acqua nel recipiente in cui si mette il cioccolato ». Poiché l'acqua produce il suono *choco-choco* quando si sbatte la cioccolata, da quell'onomatopea sarebbe nata la parola *chocolate*. Studi successivi hanno appurato, secondo l'indicazione accettata anche dal *Diccionario de la lengua española* dell'Accademia Reale, che quella parola fu un neologismo usato dai *conquistadores* e non dagli indigeni e che sarebbe derivata dal termine in lingua Nahuatl *chocolatl*, basata a sua volta su *choco* (cacao) e *atl* (acqua). Però i linguisti messicani hanno contestato decisamente questa versione, in quanto le due parole, *choco* e *atl*, non compaiono nella lingua parlata dalle popolazioni mesoamericane e non sono comprese neppure nei primi dizionari Azteco-Spagnolo.

Michael D. Coe ha proposto una possibile soluzione al giallo dell'etimologia, interpellando alcuni linguisti messicani e studiosi della lingua Nahuatl: i *conquistadores* spagnoli avrebbero coniato il nuovo sostantivo usando la parola Maya *chocol* (che significa « caldo ») e poi sostituendo il termine Maya per indicare l'acqua, *haa*, con uno Azteco, *atl*. In conclusione sembra che « cioccolato » significasse semplicemente l'« acqua calda » nera, bevuta dalle prime popolazioni centroamericane. E così al termine originario *cacahuatl*, usato per definire una bevanda fredda e acquosa, si sostituì quello di *chocolatl* e *chocolate*, a indicare le tazze fumanti che avevano cominciato a bere gli spagnoli.

In Europa tutte le declinazioni della parola cioccolato derivano quindi dallo spagnolo. Soltanto più recentemente, in Italia, si è arrivati alla distinzione tra maschile e femminile: il primo indica il prodotto freddo e solido, la seconda quella liquida e calda. Nel corso dei secoli si adottarono entrambe. Francesco Redi, storico alla Corte dei Medici, nelle sue *Annotazioni* (1685) registra varie voci: *cioccolatte*, ma anche *cioccolate, cioccolata* e *cioccolato*. Giuseppe Parini, nel suo *Il giorno*, usò *cioccolatte*, poi ripreso nella famosa poesia *Le golose* di Guido Gozzano.

Nel dizionario dell'Accademia della Crusca, nell'edizione del 1859 curata dal cavaliere abate Giuseppe Manuzzi, viene riportato questo lemma:

> CIOCCOLATA, CIOCCOLATO, CIOCCOLATE, E CIOCCOLATTE. *Pasta composta di diversi ingredienti, il corpo principale della quale è la mandorla Caccao, così detta dall'albero che la produce. Si prepara in diverse maniere, ma per lo più sciolta nell'acqua calda, collo zucchero, per uso di bevanda.*

Sono tutte dizioni ampiamente usate nella letteratura seicentesca e soprattutto settecentesca: Ettore Franca, nel suo erudito libro *Cioc-*

colata, cioccolato, e non solo annota che Carlo Goldoni « farà della cioccolata un *leit motiv* delle sue opere in cui i vari personaggi avranno a che fare per ben 120 volte con cioccolata, cioccolate, cioccolatte, cioccolatiera e, persino, con un *scioccolate* da pronunciarsi alla francese ».

Quel Ferragosto a Guanaja di Cristoforo Colombo

Non è una data rimasta sui libri di storia come la « scoperta dell'America », ma il 15 agosto 1502 il mondo occidentale incontrò per la prima volta il cacao. Al suo quarto viaggio nel Nuovo Mondo, Cristoforo Colombo sbarcò nell'isola di Guanaja: gli venne incontro una grande canoa Maya, con tanti doni che furono rapidamente sequestrati dall'equipaggio. Il figlio dell'ammiraglio Colombo, Ferdinando, annotò (le memorie furono poi pubblicate a Venezia nel 1571) che dentro una cesta erano contenute « una quantità di quelle mandorle che nella Nuova Spagna [Messico] sono usate come denaro. Sembravano tenere queste mandorle in grandissima considerazione; poiché quando furono portate a bordo della nave insieme alla loro merce, ho osservato che quando cadeva una di queste mandorle, si chinavano tutti a raccoglierla, come se fosse caduto un occhio ». Pare che a Colombo fosse anche stata offerta una tazza di bevanda fatta con quelle mandorle, ma l'ammiraglio non l'apprezzò. Dieci anni prima era stato mandato in quelle terre lontane dalla regina Isabella per cercare oro e pietre preziose: il grande navigatore genovese non solo non capì di essere arrivato in America, ma anche non comprese il valore di quelle fave che per dovere d'ufficio portò alla Corte di Madrid, senza suscitare, sulle prime, alcun interesse.

Fu invece un rozzo militare come Hernán Cortés, sbarcato in quelle terre una ventina di anni dopo, ad aprire la strada del cacao. Nel 1519 Cortés mosse alla conquista del Messico partendo da Cuba con undici navi e seicento uomini armati di moschetti e spade: impiegò due anni a piegare le resistenze degli Aztechi e del loro Imperatore Montezuma. Usò blandizie e violenza. Il pallido e barbuto condottiero spagnolo all'inizio fu accolto come la reincarnazione del dio Quetzalcoátl. Ma presto il Popolo del Sole e il suo re si accorsero delle reali intenzioni di quel guerriero: espropriare le terre e le loro ricchezze, fino a distruggere la capitale Tenochtitlán.

L'asprezza dei combattimenti fu tale che soltanto negli ultimi tre mesi vennero uccisi 250 mila indigeni.

Al suo ritorno in Spagna, nominato *Marques del Valle de Oaxaca*, Hernán Cortés divenne il primo estimatore del cibo degli dèi, convincendo il sovrano a occuparsene: in Messico avviò più moderne e intensive coltivazioni di alberi di cacao, vi portò da Cuba anche la canna da zucchero e a Madrid tenne sempre sulla sua scrivania una scatola con i semi scuri trovati in Messico. Alla fine della sua vita volle riscattarsi dalle efferatezze compiute, prendendosi cura delle figlie di Montezuma, che diede in spose a nobili spagnoli cui regalò grandi possedimenti dall'altra parte dell'oceano.

Pare che siano state le suore di Oaxaca a trovare il modo di rendere più gradevole quella bevanda tanto amara degli Aztechi, sostituendo il miele selvatico con lo zucchero di canna proveniente dalle colonie spagnole dei Caraibi. Da quel momento, la cioccolata cominciò a essere apprezzata anche in Spagna e si sviluppò un intenso traffico di cacao da una parte all'altra dell'oceano, da Veracruz a Siviglia, che a partire dal 1585 divenne regolare. Fu dunque alla Corte di Filippo II e poi di Carlo V che cominciò a crescere la curiosità e l'apprezzamento per la nuova bevanda: nella prima metà del XVII gli Spagnoli riuscirono a realizzare « il cioccolato portato alla perfezione », come si disse allora, e a diffonderlo in Europa. Pare che nei conventi messicani, contrariamente a quanti ritengono che la cioccolata solida sia comparsa soltanto agli inizi dell'Ottocento, si cominciasse già allora a confezionare dolcetti di vario genere a base di cacao, che poi venivano imbarcati sulle navi dirette in Occidente.

Antonio Colmenero De Ledesma, nel 1644, dettò una sorta di « ricetta ufficiale » (tradotta poi anche in Italia e in Inghilterra) della cioccolata calda allora in voga:

100 chicchi di cacao
2 chili (possono essere sostituiti da pepe nero)
1 manciata di anice
fior di spigo (un'essenza locale)
2 *mecasuchiles* (in mancanza di queste due ultime spezie si può usare polvere di rose di Alessandria)
1 vaniglia
2 once [60 g] di cannella
12 mandorle e altrettante nocciole
1/2 libbra [450 g] di zucchero

Dalla Spagna arriva nelle corti europee

Per molti anni dunque il « caccao abbronzato », come venne chiamato in Italia fino all'Ottocento, fu un affare soltanto spagnolo. La Corte volle mantenere il segreto sulla sua composizione, almeno fino a quando non incominciò a diffondersi negli altri palazzi reali e nelle curie, portato da convento a convento dai gesuiti. Il re Carlo V lo fece addirittura diventare un monopolio statale.

In Italia si diffuse nei territori occupati dalla Spagna, come nelle Contee di Modica e di Ragusa in Sicilia, e nelle due corti indipendenti di Toscana e Piemonte. A Firenze arrivò alla Corte dei Medici, perché il principe Cosimo era assai interessato a tutte le novità culinarie dal Nuovo Mondo, dalle spezie ai profumi. A Torino capitò per le mani di due Savoia: prima di Emanuele Filiberto (1528-1580), che era capitano generale dell'esercito spagnolo, e poi di Carlo Emanuele I (duca dal 1580 al 1630), che aveva sposato Caterina d'Austria, figlia di Filippo II di Spagna.

Qualche traccia di tazze fumanti alla vaniglia porta anche alla curia romana, ma, secondo quasi tutti gli storici, il pioniere italiano del cioccolato sarebbe stato il fiorentino Francesco d'Antonio Carletti, una specie di avventuriero e viaggiatore alla Marco Polo: tornato nella sua città, nel 1606 raccontò in un manoscritto, pubblicato soltanto nel 1701 e ripreso dal poeta scienziato milanese Francesco Redi, il suo incontro con il cacao. Carletti scrive (lo riporta il Redi nel *Bacco in Toscana*) che gli Spagnoli, una volta avvezzi alla cioccolata, se ne abituano a tal punto da non poterne più fare a meno: « Quegli che sono usitati a beverne non si possono mantenere robusti lassandolo, se bene mangiassero cose di maggior susanza; e pare loro venirsi meno quando a quell'ora non hanno detta bevanda ». Il medico romano Paolo Zacchia, invece, nel 1644 ammoniva nel suo trattato *Dè Mali Hipochondriaci* che quel brodo indico era una sorta di droga, un « medicamento, che non hà molti anni, che si conduce qua da Portogallo, dove all'Indie viene mandato, & lo chiamano Chacolata ». Secondo Zacchia quella strana sostanza, presa di mattino ristora lo stomaco e aiuta la digesione, ma deve essere bevuta con moderazione per via del suo « calore ».

Per questi motivi la diffusione in Italia di quella bevanda fu piuttosto lenta: era guardata con sospetto. Sembra accertato che nel nostro paese l'abitudine alla cioccolata in tazza, servita fumante con l'apporto aromatico di varie spezie e, ben inteso, soltanto nelle corti e nei monasteri, non sia avvenuta prima del 1660-1670. Lo stesso Alessandro Manzoni, nei *Promessi sposi*, lo conferma. La vicenda si svolge all'inizio del Seicento nella Milano sotto il dominio di Carlo V. Quando il padre di Gertrude, nobile spagnolo, annuncia alla figlia che dovrà ritirarsi in un convento di Monza per prendere i voti da monaca, la fa « sedere sur una sedia a braccioli » e poi le fa portare « una chicchera di cioccolata: il che, a que' tempi, era quel che già presso i Romani il dare la veste virile ». La tazza fumante era dunque una sorta di iniziazione all'età adulta, non una consuetudine quotidiana.

Agli albori del XVI secolo il cacao giunse in Francia grazie al matrimonio celebrato, nel 1615, tra la principessa di Spagna Anna d'Austria (figlia di Filippo III) e Luigi XIII. Sembra che la nuova regina si fosse portata dalla natia corte tutto il necessario per preparare la sua amata bevanda, compito al quale aveva delegato la sua damigella preferita. È noto che il cardinale Richelieu ne divenne subito ghiotto e la corte di Luigi XIV la rese una piacevole abitudine per tutti. Anche in questo caso la cioccolata fu portata in dote dalla consorte del sovrano, la golosa Maria Teresa Infanta di Spagna. Si sa che nella sontuosa Versailles era servita a ogni ora e una « patente » per vendere *une certaine composition qui se nomme chocolat* fu accordata il 28 maggio 1659 al primo *maître chocolatier* francese di cui si abbia notizia: David Chaillou, *officier de la Reine*, che aprì bottega nelle vicinanze del Louvre. In quel periodo comparvero anche le prime cioccolatiere d'argento: questi preziosi oggetti, insieme con le tazze in porcellana, divennero nel Settecento uno dei simboli della dolce vita dei nobili. Risale al 1756, presso la Manifattura di Sévres, la maggiore crescita delle commesse per la produzione di cioccolatiere.

E fu Marie de Rabutin-Chantal, marchesa de Sévigné (1626-1696) a « sdoganare » definitivamente il nuovo nettare nei salotti francesi, come testimoniano le sue 1500 lettere che ci sono rimaste e che fanno di lei la prima convinta *chocoholic* (dipendente dal cioccolato, come gli americani oggi li definiscono) della storia. Da Parigi, nel 1671 scriveva alla figlia, sposata con un ufficiale in Provenza: « Ma voi non state bene, non avete dormito, il cioccolato vi rimetterà in sesto ». In Francia si convinsero che quella miscela di cacao con vaniglia, chiodi di garofano, cannella e zucchero facesse bene allo stomaco, soprattutto quando si diffuse un testo del medico parigino Joseph Bachot: nel 1684 scrisse che « il ben conosciuto cioccolato era un'invenzione talmente nobile che avrebbe dovuto essere presente sulla tavola degli dei, al posto del nettare e dell'ambrosia».

In Inghilterra la realtà socio-politica era diversa. All'inizio del Seicento il paese era squassato dalle lotte religiose tra anglicani e calvinisti, non c'era una monarchia assolutista, mentre cominciavano ad affermarsi una borghesia mercantile e una nobiltà indipendente rispetto alla corona, pronta a tramare con questo o quel pretendente al trono. Perciò la diffusione della cioccolata avvenne in modo più «liberale»: bastava avere un po' di denaro in tasca per poterla gustare nelle prime *chocolate-house* e *coffee-house* londinesi. In questi locali si servivano le tre bevande che contengono alcaloidi: tra la fine del 1500 e gli inizi del 1600 a Londra arrivarono prima il caffè dall'Africa, poi il tè dell'Asia e infine il cioccolato dall'America. Già nel 1657 un produttore pubblicizzava il suo cioccolato su un giornale inglese. E le *coffee-house* diventarono, tra il 1668 e il 1688 – lo racconta l'italiano Lorenzo Magalotti, che soggiornò a Londra per alcuni anni – dei locali unici in Europa, dove si vendeva pubblicamente «non solo il caffè, ma altre bevande ancora, come cioccolatte, tè, sorbetto», dove si potevano conoscere le notizie, vere o false che fossero, si sentivano raccontare novelle e d'inverno «il sedere a un gran fuoco e fumare due ore non costa più di due soldi, bevendo poi si paga tutto quel che si beve». Il tè era il più caro, mentre il caffè era il più a buon mercato.

Questi primi caffè inglesi – soltanto dopo la Rivoluzione francese si diffusero nel continente europeo – però non piacevano a un sovrano come Carlo II d'Inghilterra, molto attratto dall'assolutismo del Re Sole: tentò di farli chiudere con un editto nel 1675, probabilmente perché erano frequentati dai Whigs, il partito avverso agli Stuart, e non dai Tories, che sostenevano la monarchia per «diritto divino». Ma l'Inghilterra stava per diventare la più grande potenza commerciale del mondo e non si poteva fermare il progresso. Molte di quelle *coffee-house* erano vicine ai centri d'affari, come i Lloyd's e la Borsa, quindi la *Promulgation* del sovrano fu immediatamente ritirata a causa delle proteste che aveva suscitato. Una di quelle botteghe «liberali» tentò anche i primi esperimenti di conservazione del cioccolato allo stato solido, da mangiare in un «rotolo alla spagnola». Dal 1674 quella massa bruna venne venduta con grande successo anche in pastiglie presso il negozio «Coffee Mill and Tobacco Roll». A quei tempi la *chocolate house* più nota era forse la

« White's », che fu aperta nel 1697 in St. James Street. Una cinquantina d'anni dopo nei favori della buona società inglese fu soppiantata dalla « Cocoa Tree »: aveva un colore politico diverso, essendo diventata un « covo » dei conservatori, i Tories, che la usavano per le loro riunioni.

In Germania e in Austria, per secoli piuttosto refrattarie a ogni influenza straniera in fatto di alimenti, bisogna aspettare ancora un centinaio di anni per vedere la diffusione della cioccolata. Viene bevuta calda nelle delicate porcellane di Meissen, soltanto all'epoca di Federico II, alla fine del XVIII secolo: Goethe e Schiller ne furono degli estimatori, così come Mozart a Salisburgo. Ma l'apoteosi doveva ancora arrivare, e l'Impero austro-ungarico si riscattò nel 1832, quando il pasticcere Franz Sacher inventò la sua famosa torta.

La disputa sul digiuno nella Chiesa

Caffè, tè e cioccolato, le *commodity* che ancora oggi costituiscono le merci più scambiate nel XXI secolo, si affermarono in Europa durante l'epoca barocca e si consolidarono nel Secolo dei Lumi. Le tre bevande dell'esotismo, che fin dal XVII secolo raggiunsero come consumo globale quello del vino, ebbero però diverse aree d'espansione: la cioccolata calda, diffusa dalla Spagna, ebbe più fortuna nei paesi cattolici, mentre tè e caffè furono apprezzati soprattutto nei paesi della Riforma protestante.

La rete internazionale di monasteri e conventi, che aveva solide basi in America Latina, concorse in modo decisivo a far conoscere ovunque l'« indico brodo », come veniva chiamato, e tra gli ordini religiosi si distinse la Compagnia di Gesù: i gesuiti furono fondati nel 1540 dallo spagnolo Ignazio di Loyola e nel 1624 potevano contare su 16 mila frati. C'era però un problema, che andava risolto in fretta, considerata la contagiosa espansione della cioccolata. Vi fu una disputa che infuriò tra gli ecclesiastici per più di due secoli: si trattava di una bevanda o di un cibo solido? Qualora fosse stata vera la seconda tesi, i cattolici non avrebbero potuto assumerlo nelle ore precedenti la Comunione, né durante il digiuno, compresi i quaranta giorni della Quaresima.

I gesuiti, avvezzi alla bevanda, sostenevano che la cioccolata calda non rompesse il digiuno, mentre i più puritani domenicani, ordine a loro avverso in quel periodo, affermavano il contrario. La disputa partì dal Messico, si estese in Spagna e arrivò alla curia romana, tanto che diversi pontefici se ne dovettero occupare: Clemente VII, Paolo V, Pio V, Urbano VIII, Clemente XI e Benedetto XIV. Nel 1569 papa Pio V, per primo, sostenne la tesi dei gesuiti, ma fu poi il cardinale Francesco Maria Brancaccio, nel 1662, a definire con logica aristotelica che la cioccolata era una bevanda *per accidens*, ma pur sempre un liquido da bere e dunque da ammettere durante i digiuni: *liquida non frangunt jejunum*.

Diverso fu l'atteggiamento della religione protestante, che si disinteressò totalmente del problema, non avendo regole di comportamento così rigide, né Quaresima né Comunione da rispettare. È forse anche per questo motivo, e per il fatto di essere discriminati dalla società vittoriana, che due secoli più tardi alcune famiglie di quaccheri – un termine dispregiativo usato dagli inglesi per identificare una minoranza religiosa, *quakers*, che significa « coloro che tremano » – riuscirono a primeggiare nell'industria dolciaria: sono i Cadbury, i Fry, i Rowentree e i Terry, quattro famiglie che diedero vita alle più importanti fabbriche di cibo degli dèi durante la Rivoluzione industriale. Vedevano il cioccolato come un antidoto alla piaga dell'alcolismo e accanto ai loro stabilimenti avviarono esperimenti di città-modello per i loro operai.

Una figura da cioccolataio

Sappiamo che i Savoia, per i legami con la corte spagnola di Carlo V, furono tra i primi e più entusiasti estimatori del brodo indiano. In contemporanea con le licenze concesse a Parigi dal Re Sole e con le *chocolate house* inglesi, nel 1678 Giò Battista Ari venne autorizzato, ricevendo il brevetto da Madama Reale, a esercitare l'arte del cioccolatiere. « Abbiamo accondisceso volentieri » recita il documento ufficiale « alla sua domanda per essere lui il primo introduttore ». A Torino, in via Doragrossa e in altre contrade vicine, cominciarono a nascere le prime botteghe. Scrive Mariarosa Schiaffino, nel suo *Cioccolato & Cioccolatini*:

> Verso la fine del XVII secolo dunque Torino era già la capitale del cioccolato, prima ancora di Venezia e Milano: se ne producevano 750 libbre al giorno, cioè circa 350 chilogrammi, e lo si esportava anche, in Austria, Svizzera, Germania, Francia. [...] A Torino e in Piemonte l'arte della cioccolateria continuò a essere

> coltivata con passione e la bevanda al cacao diventò molto popolare. Nei primi anni del Settecento la prima colazione dei torinesi privilegiati è la *bavareisa*, una bevanda a base di caffè, cioccolata e latte, che veniva servita in bicchiere e che, un secolo dopo, dal suo stesso contenitore, un piccolo bicchiere con manico di metallo, verrà detta *bicerin*.

Ma Torino entra nella storia del cioccolato anche per la pasta Gianduja, creata nel 1865 con l'aggiunta di nocciole, e molti cioccolatieri, come Cailler, impararono l'arte nella capitale sabauda prima di fondare le loro imprese in Svizzera. Nel capoluogo piemontese si diffuse il detto, ormai entrato nel vocabolario italiano come espressione scherzosa: « fare la figura del cioccolataio ». Equivale a dire: « non essere all'altezza di una situazione » o « fare un brutta figura ». Perché? L'etimologia è discussa. Pare si debba far risalire a un aneddoto che ha per protagonista Carlo Felice di Savoia, dall'accezione meno negativa di quanto possa apparire. A quei tempi un artigiano torinese si arricchì a tal punto da far fare una « figura da cicôlatè » addirittura al suo re. Lo storico che ha approfondito questo episodio è Mario Marsero e ci rimettiamo alla sua ricostruzione:

> Il detto – secondo lo storico Viriglio – risale a un'affermazione fatta da Carlo Felice (1765-1831) ai primordi del suo regno. La leggenda narra che un cioccolataio arricchito (la storia non ci riporta il nome) si era messo ad andare in giro per Torino su una carrozza trainata da quattro cavalli, mentre di solito i borghesi usavano solo il tiro a due; il monarca sabaudo, che era solito uscire in quadriglia, venuto a conoscenza del fatto, fece chiamare il buon uomo avvisandolo di cambiare le sue abitudini perché lui, il re di Sardegna, di Cipro e di Gerusalemme, non si poteva permettere di fare « na figura da cicôlatè » (una figura da cioccolataio).

Altre fonti successive forniscono diverse interpretazioni, come quella dello storico astigiano Carlo Brofferio, che scrive di « un mostass d' cicôlatè », baffi da cioccolataio, o quella di Sarasino De Mauri (nel 1902), ricordato in uno studio pubblicato sull'*Almanacco piemontese 1989* dedicato alle fortune del cacao a Torino: « Faccia, figura da cioccolatiere, uomo sfacciato, brutta figura. Forse perché una volta apparivano in pubblico tutti neri, faccia e mani, dal tostare e impastare la saporosa fava di Malacca, e distribuivano, così alla buona, la bevanda agli avventori».

Agli inizi dell'Ottocento fu Caffarel, l'inventore dei gianduiotti, ad aprire la strada alla terza e ultima fase del cioccolato industriale: il genovese Bolzelli nel 1802 ideò per il cioccolatiere valdese uno dei primi macchinari per la fabbricazione del cioccolato, che applicava alle fave di cacao le tecniche del frantoio per le olive. Poco dopo, venne acquistata un'altra macchina idraulica, inventata dal piemontese Doret, il primo vero *melangeur*, che raffinava il cacao, mescolandolo con zucchero e vaniglia. Nel laboratorio di Caffarel fece il suo apprendistato un giovanotto, nel 1815, che trasformò Vevey in una delle capitali mondiali del cioccolato: François Louis Cailler, che nel 1819 se ne andò sul lago di Ginevra per aprire la sua bottega. E pare che anche Philippe Suchard abbia fatto il suo tirocinio a Torino prima di fondare, nel 1826, la sua fabbrica svizzera, che sarebbe diventata una delle più importanti del mondo: ora è del gruppo Philip Morris, che a sua volta controlla il gruppo Kraft-Foods.

La supremazia anglo-svizzera

Grandi fortune industriali in Svizzera, Belgio, Inghilterra e Stati Uniti sono legate alla diffusione di Theobroma cacao in tutto il mondo, quando passò dai salotti nobili alle mense borghesi e operaie. Le nuove tecnologie produttive, grazie alle quali si poté finalmente scindere il burro di cacao dalla parte secca, e i nuovi macchinari con i quali la tavoletta fondente smise di essere l'impasto zuccheroso e sabbioso degli esordi, fornirono ai bambini e ai golosi nuove possibilità.

Dopo l'epoca d'oro spagnola e italo-francese, sopraggiunse il predominio della concretezza imprenditoriale inglese e dell'abilità tecnica svizzera: tra l'inizio e la fine del XIX secolo, tutto cambiò. Si aggiunsero poi gli Americani, che con la Prima guerra mondiale cominciarono a produrre le tavolette in razioni per le truppe, e i belgi, con la loro elegante pralineria. Italia, Francia e Spagna, fino al dopoguerra, diventarono piccole patrie di un'industria e di una artigianalità d'*antan*, che sta ritrovando soltanto negli ultimi anni il suo riscatto, grazie alle firme più affermate a livello internazionale: Weiss, Valrhona, Pralus, Maison du Chocolat, Hermè, Hevin per la Francia; Amedei e Domori per il nostro paese.

Ma forse il vero risultato della « democratizzazione » del cioccolato, che si ottenne soltanto nel XIX secolo, fu l'affrancamento da tutte le confuse teorie e rappresentazioni culturali in cui era stato imprigionato durante il periodo precedente. Se è vero, come ha scritto Piero Camporesi nel suo prezioso saggio dedicato a edonismo ed esotismo nel Settecento, *Il brodo indiano*, che tra un secolo e l'altro si ebbe « il passaggio dal gusto complicato, denso di aromi forti della cioccolata barocca a quello più semplice e lineare della cioccolata illuministica, preparata mescolando semplicemente zucchero e cacao con una leggera passata di vaniglia e cannella », la vera rivoluzione scattò soltanto nell'Ottocento, quando tutti furono liberi di consumare cioccolato nella forma voluta, senza preoccupazioni religiose, etiche o dietetiche (le paure dell'acne o dell'obesità saranno tipiche del XX secolo). Nessuno avrebbe più avuto dubbi se Theobroma cacao poteva portare con sé aromi « caldi », « freddi », « temperati », « secchi » o « umidi » – annotano i coniugi Coe chiudendo il loro libro sulla storia del cibo da loro più amato – come era successo fino ad allora.

L'era moderna del cioccolato ha quattro date e cinque nomi fondamentali da ricordare:

1) l'olandese *Conread J. Van Houten* che nel *1828* riuscì a spremere le fave per ottenerne la polvere di cacao da sciogliere in acqua;

2) il capitalista inglese *Joseph Storrs Fry*, terza generazione di medici e chimici industriali, che nel *1849* preparò la prima tavoletta solida;

3) il costruttore svizzero di candele *Daniel Peter*, che con la figlia di François-Louis Cailler, Fanny, inventò nel *1875* il cioccolato al latte grazie alla *farine lactée* realizzata dal suo vicino di casa, il farmacista tedesco *Henry Nestlé*;

4) il tecnico-cioccolatiere svizzero *Rudolph Lindt*, che dimenticando accesa la sua macchina, nel *1879* aprì la strada al fondente, come lo battezzò egli stesso.

In quei cinquant'anni, mentre l'Italia era impegnata a costituire il suo stato nazionale con il Risorgimento, i popoli protestanti si presero la rivincita sugli anni di predominio italo-spagnolo. Mentre nella contea di Modica, in Sicilia, si continuava – come qualcuno faceva fino a una trentina di anni fa – a usare il *metate*, la pietra ricurva per schiacciare a mano i semi di cacao con una specie di matterello importata dal Messico (strumento diffuso anche nel Sud della Francia e in Catalogna), gli Svizzeri costruivano il loro « impero al latte e cacao », cominciando a esportare tavolette in tutto il mondo.

Con l'era industriale sorsero anche i primi problemi per i consumatori. Le imprese avevano più attenzione per gli operai che per i loro clienti. Se i Cadbury, puritani com'erano, costruirono città-modello per i loro operai a Bournville (dove non esistevano pub), subito imitati da Joseph Rowntree in un sobborgo di York, la famiglia Fry si battè per migliorare le condizioni di lavoro nelle piantagioni portoghesi dell'Africa Occidentale. Tutto questo impegno sociale non impedì che subito scoppiassero i primi scandali sulle tavolette inglesi adulterate per l'aggiunta fraudolenta di amido e farina: un clamoroso caso coinvolse anche Cadbury, nella seconda metà dell'Ottocento, ma da quella scossa l'imprenditore riuscì a riscattarsi, dopo aver ammesso l'errore, e impegnandosi sulla strada della qualità riuscì a rilanciare l'azienda.

Furono poi gli eserciti belligeranti a decretare i successivi sviluppi: Fry, prima del declino in epoca Vittoriana, riuscì ad aggiudicarsi le commesse per la Marina britannica, mentre negli Stati Uniti il confettiere Milton Hershey decise nel 1893 di dedicarsi al cioccolato e fondò il suo impero grazie alla tavoletta assegnata come razione alle truppe americane impegnate nel primo conflitto mondiale in Europa.

Tra le colline della Pennsylvania, in piena terra *amish* – altra setta religiosa pauperista e anti progresso che sopravvive ancora oggi – nel 1903 nasce la città di Hershey, unica città al mondo costruita intorno a una fabbrica, che deve tutto al magnate della tavoletta e al famoso *Hershey Kiss*, il piccolo cioccolatino inventato nel 1907. Oggi, nelle strade che intersecano Chocolate Avenue di Hershey City (dove i lampioni hanno la forma dei *kiss*), continuano a vivere i suoi operai, che hanno recentemente scongiurato la vendita del gruppo a qualche multinazionale, e ad arrivare turisti da tutto il mondo. Un po' come il Fort Knox di Montezuma, in fondo questa cittadina americana è l'ultimo baluardo del cacao e della sua forza di progresso. Ricorda la giornalista di *Le Monde* Sylvie Kaufmann in un articolo pubblicato anche da « La Stampa » (9 gennaio 2003), parlando degli abitanti di Hershey: « [...] devono tutto al cioccolato.

Forse non sarà il migliore del mondo, ma chi avrebbe il coraggio di dirglielo? »

Parole fondenti da Parini a Renzo Arbore

Ci vorrebbero l'abilità semiotica di Roland Barthes, la capacità critica di Piero Camporesi e la scienza gastronomica di Anthelme Brillat-Savarin per capire le ragioni dell'immenso interesse comunicativo suscitato da Thebroma cacao nel mondo occidentale. Poeti, scrittori, pittori, registi, musicisti, per non parlare dei saggisti e degli autori di libri di ricette, sono stati abbagliati dalle proprietà evocative del cioccolato. Anche più recentemente, quando gli autori volevano interessare lo spettatore goloso, infilavano nel titolo la magica parola nata nella penisola dello Yucatan, e il successo era assicurato.

Cos'ha spinto un giornalista ironico e garbato come Bruno Gambarotta a dedicare la parodia del *Codice da Vinci* al gianduiotto (2006, *Il codice Gianduiotto*) e non alla pizza? Perché Renzo Arbore nel 1987 scelse il cacao per la sigla della sua trasmissione cult *Avanti tutta* e non una « tazzulella » di caffè (alla quale per altro è dedicata una canzone di Pino Daniele)? Come mai il cabarettista Riccardo Cassini ha fatto fortuna con *Nutella Nutellae* e non con un poema in latino maccheronico dedicato alla maionese, ugualmente spalmabile sul pane? E infine, che cosa ha convinto Nanni Moretti a battezzare la sua casa cinematografica « Sacher Torte » anziché « crostata di mele »?

L'immaginario evocato dal cioccolato regge, senza crolli di interesse, da almeno tre secoli, in una crescita che ricorda l'aumentare dei consumi pro capite. È una passione rinvigorita nell'ultimo decennio da una grande attenzione mediatica: fanno notizia l'uovo di Pasqua da Guinness dei primati, lo studio scientifico secondo il quale il cacao fa bene al cuore più del tè verde o la « disfida del gianduiotto » tra Gobino e Peyrano, con tanto di VIP schierati a favore di una o dell'altra firma del cioccolato torinese.

È interessante mettere a confronto due reperti « storici » – così come si potrebbero presentare a uno studioso che cerchi di capire, tra mille anni, le profonde ragioni della sovraesposizione artistica di questo alimento – per aiutarci a comprendere che cosa accomuni la civiltà di Internet del Duemila con il mondo dell'Arcadia settecentesca.

Ecco il frammento numero uno:

Prima bevanda
Ch'ha la ghirlanda
E tutte abbatte
È il cioccolatte
Che in alta spuma
Gorgoglia e fuma

E questo è il secondo, ripreso da un nastro di videoregistratore un po' frusciante:

Sao come fao la marmellata
con frutta zuccherata
e un po' di liquorao
e sao come si fao la cioccolata
con una mescolata
di zucchero e cacao
cacao cacao
cacao dal gusto esagerao
cacao cacao
cacao però
cacao meravigliao

I primi versi sono di Giacomo Baruffaldi, del suo *Baccanali* pubblicato a Bologna nel 1758, più o meno coevi alla definizione che diede della scura bevanda il poeta Pietro Metastasio: « dolce e candido succo » originato dalle « indiche canne ». Le rime del secondo frammento sono televisive e si riferiscono a una trasmissione cult per i *baby-boomer* di fine anni Ottanta (1987), nella quale Renzo Arbore guidava « quelli della notte » in dissertazioni pseudointellettuali sull'*Insostenibile leggerezza dell'essere* (peraltro splendido libro) e altre amenità simili. I telespettatori telefonavano in RAI per sapere dove si potesse trovare quel cacao che aveva sponsorizzato il programma.

A distanza di 229 anni, i due testi si assomigliano in modo inquietante: sono un inno a una tazza di cibo degli dèi, il primo preparata nel salotto con il *molinillo* e la cioccolatiera d'argento, il secondo canticchiato nel tinello marron dalla mamma al figlio che deve andare a scuola. La passione per la cioccolata non ha confini: si ripete uguale a se stessa da secoli.

La letteratura
Nella storia della letteratura italiana non si contano le citazioni fondenti. Come, ad esempio, nel poema *Il Giorno* di Giuseppe Parini, nella parte dedicata al *Mattino* del giovin signore. Della celestiale bevanda scrissero Francesco Redi e Giacomo Casanova, Carlo Goldoni e il poeta dialettale Carlo Porta, oltre ad Alessandro Manzoni, che ne fu un estimatore. Vittorio Alfieri non ne era soltanto ghiotto, era anche un intenditore di cioccolato, come dimostrano le sue lettere oggetto, recentemente, di una bella mostra. Anche nei secoli più vicini furono molti gli omaggi letterari al cacao, attraverso i sonetti di Giuseppe Gioachino Belli e le citazioni regalate da Ippolito Nievo e da Antonio Fogazzaro.

Ci appare ancora fresca e scanzonata una delle poesie di Guido Gozzano, scritta nello storico Caffè Baratti di Torino, intitolata *Le Golose*.

Gli occhi solleva e pare
sugga, in supremo annunzio
non crema e cioccolatte
ma superliquefatte
parole di D'Annunzio.
Fra quegli aromi acuti
strani, commisti troppo
di cedro, di velluti,
di essenze parigine
di mammole, di chiome:
oh! Le signore come
ritornano bambine!
Perché non m'è concesso
– o legge inopportuna! –
il farmivi da presso,
baciarvi nel sapore
di crema e cioccolatte?

Naturalmente questa fortuna letteraria non è soltanto italiana. Si possono ricordare Charles Dickens e George Bernard Shaw tra gli anglosassoni; Guy de Maupassant, Marcel Proust, che in *La strada di Swann* elogia la « crema fuggitiva e leggera » di un salotto borghese, Gustave Flaubert e il marchese De Sade tra i francesi; Wolfgang Goethe e Thomas Mann tra i germanici. Nei *Buddenbrook* è famosa la cioccolata che Mann fa trovare sul vassoio alla piccola Tony: « Si dica ciò che si vuole, ma è piacevole svegliarsi la mattina in una camera spaziosa tappezzata di stoffa chiara e con primo gesto della mano sfiorare una pesante trapunta di raso; e chi non godrebbe di vedersi servire alla prima colazione, nella stanza che dà sul terrazzo, mentre l'aria mattutina entra dal giardino per la vetrata aperta, una tazza di cioccolata invece del solito tè o caffè, una vera cioccolata da compleanno con una grossa fetta di focaccia fresca? »

Ma non c'è soltanto l'agiatezza borghese descritta con tanta partecipazione dallo scrittore tedesco. Persino il cantore on the road della Beat Generation, Jack Kerouac, non dimentica, nel suo libro del 1954 *I vagabondi del Dharma*, di far sognare una barretta di cioccolato al latte a un suo personaggio, che dice: « C'è una sola cosa che vorrei in questo momento più di qualsiasi cosa al mondo, più di qualsiasi cosa abbia desiderato in vita mia ». « Cosa? » « Una bella tavoletta grossa di cioccolato Hershey o anche una piccola. Chissà perché, in questo momento una tavoletta di cioccolato Hershey mi salverebbe l'anima ».

Non mancano gli accostamenti tra Theobroma cacao e l'eros, in un sensuale crescendo di storie e situazioni. Tra i libri più recenti, la scrittrice messicana Laura Esquivel nel suo *Dolce come il cioccolato*, pubblicato nel 1991 e poi diventato un film con il titolo *Come l'acqua per il cioccolato*, costruisce una storia d'amore impossibile sulle ricette a base di cacao con le quali la protagonista cerca di sedurre il suo amato. Analogamente, il romanzo dell'inglese James Runch (2001) *La scoperta del cioccolato*, ambientato in Messico durante la guerra con i *conquistadores* spagnoli, mescola la passione del soldato Diego de Godoy per la bella azteca Ignacia con l'interesse verso le piacevoli bevande profumate a base di cacao che costei gli prepara. E anche la tedesca Tina Grübe nel suo romanzo d'esordio, ironico e divertente, *Gli uomini sono come il cioccolato*, si lancia in similitudini tra l'animo umano e le dolcezze da mangiare. La nevrotica protagonista, pubblicitaria in carriera coinvolta in amori improbabili e delusioni cocenti tra Francoforte e Amburgo, così definisce gli uomini: « Ti tentano con le loro infinite, invitanti variazioni. Alcuni all'inizio sembrano dolcissimi [...], ma poi viene immancabilmente fuori che appartengono al tipo con il retrogusto amaro... »

La musica e il teatro

Anche la musica e il teatro diedero il loro contributo alla mitizzazione del cioccolato. Wolfgang Amadeus Mozart vi dedicò qualche scena sia nel *Così fan tutte*, sia nel *Don Giovanni*. Giovanni Battista Pergolesi la citò in *La serva padrona* e Richard Strauss nel *Capriccio*. Il melodramma del grande musicista italiano racconta la storia della servetta Serpina, al servizio del ricco scapolo Uberto. Divertente la scena nella quale il padrone di casa attende impaziente la sua tazza di cioccolata:

Aspettare e non venire,
Stare a letto e non dormire,
Ben servire e non gradire,
Son tre cose da morire.
Questa è per me disgrazia;
Son tre ore che aspetto, e la mia serva
Portarmi il cioccolatte non fa grazia,
Ed io d'uscire ho fretta.
O flemma benedetta!

Sul palcoscenico del teatro fu forse il commediografo Carlo Goldoni il più affezionato e partecipe cantore del cioccolato: il periodo in cui scrisse le sue opere fu quello del maggior splendore delle chicchere fumanti di bruno nettare. Ma non sono mancate citazioni in altre opere più recenti, da Gabriele D'Annunzio a Peter Greenaway. Nella fortunata commedia *Addio giovinezza!*, mandata in scena nel 1911 al Manzoni di Milano e scritta da Giuseppe Petri, si raccontano le vicende di due innamorati nella Torino delle sartine e delle prime fabbriche di cioccolato. A un certo punto il protagonista Leone, costretto ad aspettare per troppo tempo l'innamorata, seduto su una panchina dei giardini del Valentino, finisce per divorare tutta la scatola di cioccolatini che le voleva regalare.

La pittura e il cinema

Per quanto riguarda le arti figurative, c'è un famoso quadro che è rimasto nell'immaginario collettivo sia degli Americani, grazie alla scatola di latta Baker's contenente polvere di cacao, che ne riporta l'effigie, sia degli Europei, per le innumerevoli riproduzioni in libri e pubblicazioni: si tratta di *La cioccolataia* dello svizzero Jean-Étienne Liotard, dipinto nel 1743 a Vienna. È caratterizzato da un realismo spinto alla perfezione: i merletti della cuffia indossata dalla cameriera sono resi con vivida precisione, quanto i disegni della chicchera in porcellana sul vassoio. Quasi un fotografia.

Infine, la settima arte non poteva tralasciare la passione di tanti uomini di cinema verso il cibo del desiderio. A volte la citazione è un po' casuale, come in *Pane e cioccolata* di Franco Brusati, del 1973, nel quale l'emigrato italiano Nino Manfredi non trova comprensione in Svizzera, patria delle tavolette. O come in *Fragola e cioccolato* (1993), ambientato nella Cuba castrista degli anni Settanta.

In altre pellicole Theobroma cacao è un espediente per fare satira e viene citato in modo piuttosto negativo. Succede in *Grazie per la cioccolata*, dedicato all'uso del prodotto come veicolo di veleni. Franco Montini nel saggio dedicato al « Dolce schermo » pubblicato nel volume *Dolceamaro* (a cura di Zeffiro Ciuffoletti, edito con il contributo di Caffarel nel 2004) descrive due altri film con lo stesso taglio. Scrive Montini: « La presenza del cioccolato è un elemento essenziale in due commedie nere dal forte sapore satirico: *Sweet Movie* e *Cioccolato bollente* ». Il primo è un film firmato nel 1974 dallo iugoslavo Dusan Makavejev: una fiaba sopra le righe nella quale Miss Mondo viene portata a cospargersi completamente di cioccolata fino a restarne soffocata e morirne. Il secondo è una commedia inglese del 1988 del regista Giles Foster, nella quale c'è un'altra macabra morte, anzi addirittura triplice. Tre operai finiscono nella grande conca in cui viene lavorato il cioccolato bollente. Ma la fabbrica è in crisi e la lavorazione non può essere interrotta. Ecco l'epilogo surreale: « Il prodotto immesso sul mercato ottiene un imprevisto e straordinario successo fra i consumatori per il gusto piacevolmente nocciolato, che rilancia le quotazioni dell'impresa. Per non disperdere il successo, il direttore dello stabilimento comincia a recuperare nei vari obitori cadaveri da 'nocciolare' ».

Forse è meglio rifugiarsi nel barattolone di Nutella del protagonista di *Bianca* o nel rimpianto del protagonista di *Palombella rossa* per « le merende di pane e cioccolato nei pomeriggi di maggio » di morettiana memoria. Oltre alle manie di Nanni Moretti, al lettore goloso può far piacere ricordare uno dei dialoghi della *Grande abbuffata* di Marco Ferreri (1974), interamente dedicata al cibo, nella quale Ugo Tognazzi e Philippe Noiret litigano citando uno dei consigli di Anthelme Brillat-Savarin: mangiare cioccolato al mattino può aprire lo stomaco. L'autore della *Fisiologia del gusto* ha un'alta considerazione per Theobroma cacao. Lo prescive come rimedio psicologico, quasi fosse una sorta di Prozac dell'anima: « A chiunque sia tormentato da un'idea fissa che gli tolga la libertà di pensiero, si somministri un buon mezzo litro di cioccolato ambrato, che io chiamo cioccolato degli afflitti ».

Ci piace chiudere con l'indimenticabile immagine di Tom Hanks nei panni di Forrest Gump (il film di Robert Zemeckis è del 1994), seduto su una panchina, che, con una scatola di cioccolatini in grembo, cerca di offrirli a chi gli si avvicina. Altrettanto memorabile è la battuta legata al profilo di questo strampalato protagonista e al suo destino inaspettato: « Mamma diceva sempre che la vita è come una scatola di cioccolatini. Non sai quello che ti capita... »

Da femminile a maschile: cronologia tecnica

Cioccolata liquida, amara e calda

300-900 d.C.
La civiltà Maya scioglieva il cacao in una bevanda amara, probabilmente facendola scaldare e mangiandola con il mais

Cioccolata liquida, amara e fredda

1375-1521
La civiltà degli Aztechi scioglieva il cacao in una bevanda amara, probabilmente soltanto fredda, con le spezie

Cioccolata liquida, dolce e calda

1585
A Oaxaca, in Messico, le suore di un convento mescolano lo zucchero e il cacao e si comincia a consumarla calda e dolce, sempre liquida

1660-1670
La mescita della cioccolata calda e dolce è diffusa in tutta Europa

Cioccolato solido

1815
Il cioccolataio di Amsterdam Conread Van Houten mette a punto il processo che consente di isolare il burro di cacao partendo dalla massa di cacao

1847
L'inglese Fry inventa la prima barretta di cioccolato solido con fave di cacao, zucchero e burro di cacao

1865
Si produce la pasta Gianduja a Torino da un'idea di Michele Prochet e Isidore Caffarel

1875
Nasce il cioccolato al latte inventato dallo svizzero Daniel Peter con il latte condensato in polvere di Henry Nestlé

1879
Rudolph Lindt nella sua fabbrica in Svizzera produce la prima tavoletta di fondente, grazie al concaggio

1963
Il cioccolatiere svizzero Rud Läderach nel laboratorio di Ennenda (70 chilometri a est di Zurigo) inventa la tecnica dei « corpi cavi » prestampati per la pralineria

1984
Prime tavolette artigianali del francese Raymon Bonnat con l'indicazione del cru

1989
Prima tavoletta Lindt al con percentuale al 70% destinata alla grande distribuzione

Da moneta a colazione per bambini: cronologia del costume

400 circa d.C.
Nel Nord del Messico, nella penisola dello Yucatan, la popolazione dei Maya comincia la coltivazione del cacao

1502
Il primo incontro della civiltà occidentale con il cacao: Cristoforo Colombo sbarca sull'isola di Guanaja, nell'Honduras, e riceve in dono una tazza di cioccolata

1565
Viene pubblicata a Venezia la *Historia del Mondo Nuovo* del viaggiatore italiano Girolamo Benzoni, che giudica l'amaro *cacaute* come «cibo più da porci che da huomini»

1662
Il cardinale Lorenzo Brancaccio stabilisce che la cioccolata in tazza non infrange il periodo di digiuno: si diffonde nei monasteri e nelle corti europee

1753
Il naturalista svedese Carl von Linné (noto come Linneo) classifica l'albero del cacao come *Theobroma cacao*, cioè cibo degli dèi

1750-1790
L'Arcadia dedica alla cioccolata le sue attenzioni poetiche con le rime di Metastasio, Baruffaldi, Parini

1900
Si affermano le fabbriche svizzere di cioccolato: Lindt & Sprüngli, Tobler, Suchard e il cioccolato al latte diventa un cibo per tutti

1925
A New York nasce il Cacao Exchange, la Borsa che controlla la materia prima e gli Stati Uniti diventano protagonisti a livello mondiale anche nella produzione del cioccolato

1943-1945
Le truppe americane in Europa distribuiscono a tutti le loro tavolette di cioccolata

1950-1975
In Francia vengono fondate prima la Valrhona (1950) poi la Maison du Chocolat di Robert Linxe e torna la supremazia francese del cioccolato di qualità

1993-1995
A Parigi nel 1993 primo Salon du Chocolat, a Perugia nel 1995 prima edizione di Eurochocolate: contribuiscono a incrementare i consumi di cioccolato

2000
Con il film *Chocolat* scoppia in tutto il mondo la passione per praline e tavolette

2005
Il film *La fabbrica di cioccolato* diventa un successo mondiale e conquista il pubblico dei giovanissimi

Dalle torte alle praline: cronologia dei prodotti più famosi

1832
Franz Sacher a Vienna inventa la sua famosa torta

1875
La inglese Fry crea la barretta di cioccolato ripiena, con il nome di cioccolato alla menta

1905
La Cadbury commercializza il « Dairy Milk »

1907
Hershey in America inventa i « Kisses »

1914
In Francia compare la Banania: polvere di cacao, zucchero e banana tritata

1922
La Buitoni in Italia comincia a produrre il « Bacio »

1923
Negli Stati Uniti Frank Mars inventa il « Milky Way »

1925
Callebaut produce il primo cioccolato da copertura

1956
Nasce il « Mon Chéry », il primo boero prodotto industrialmente dalla Ferrero

1964
Il 20 aprile esce dagli stabilimenti di Alba il primo vasetto di Nutella

1974
Arrivano gli Ovetti Kinder

1984
Raymond Bonnat, di Voiron, crea la prima collezione di fondente « Grands Crus de Cacao »

1988
Valrhona realizza la prima barretta Guanaja, cioè cioccolato da un cru

1989
Lindt vende nei supermercati italiani la tavoletta al 70% di cacao

1998-2000
Amedei e Domori diffondono in Italia le loro tavolette da cru

Capitolo 4
Le tavolette: il poker della passione

Che vita maledetta
è il far la cameriera!
Dal mattino alla sera
si fa, si suda, si lavora, e poi
di tanto che si fa nulla è per noi.
È mezz'ora che sbatto;
il cioccolatte è fatto, ed a me tocca
restar ad odorarlo a secca bocca?
Non è forse la mia come la vostra,
o garbate signore,
che a voi dessi l'essenza e a me l'odore?
Perbacco, vo' assaggiarlo!
Com'è buono!
(si forbe la bocca)
Vien gente.
O ciel, son le padrone!

(Atto primo, scena ottava di *Così fan tutte*, 1790, libretto di Lorenzo Da Ponte e musica di W.A. Mozart. Sulla scena la cameriera Despina, soprano, mentre prepara la colazione alla padrona Dorabella)

Da più di un secolo i « Salzburger Mozartkugeln », racchiusi nella tradizionale scatola ottagonale rossa, costituiscono un dolce omaggio al genio di Salisburgo, grande goloso di cibo degli dèi. Nati nel 1890 dalla creatività del pasticcere Paul Fürst, hanno due strati di cioccolato che ricoprono il cuore di marzapane al pistacchio, con una glassatura lucida. Ora il marchio Mirabell appartiene alla multinazionale Kraft Food, ma le « palle di Mozart » continuano a essere un richiamo, non solo per gli ammiratori del musicista ritratto sulla confezione. Nella sua opera del 1790, *Così fan tutte*, il compositore austriaco fa lagnare la servetta Despina, in procinto di servire la colazione alla padrona Dorabella, di non aver diritto a bere il cioccolatte. Si lamenta la ragazza: preparare questa bevanda richiede tanta fatica, ma io non posso assaporarla, perché è riservata alla classe nobile. Infatti fu così per qualche secolo. La caratteristica aristocratica di questo cibo si collegava a qualche connotazione a dir poco inquietante, almeno a dare retta al racconto che ne fa Stewart Lee Allen nel suo libro *Nel giardino del diavolo*, in cui descrive la storia lussuriosa dei cibi proibiti. Lee Allen riferisce delle manie del marchese De Sade, che chiedeva tazze fumanti di bevanda « *noir comme le cul du diable* », convinto che la cioccolata lo aiutasse a ricaricare le sue forze per continuare le sue acrobazie erotiche.

L'ambivalenza del cioccolato è evidente. Nero, diventa simbolo della perversione e del peccato. Quando incontra il latte, invece, quasi si purifica per trasformarsi in colazione per le giovin signore o, più recentemente, alimento dei bambini. Il latte del resto rappresenta la purezza, la natura, la fonte della vita. « Ogni liquido è acqua e ogni acqua è latte ». Lo ha scritto il critico Piero Camporesi nell'incipit del libro che ha dedicato a *Le vie del latte*. Si tratta, aggiunge, di una « sacra umidità primigenia stillante dal corpo della terra madre, fonte perenne di forme vitali ». Un pezzo di cioccolato invece è un frutto della terra, trasformato dal fuoco e dagli alambicchi. Parafrasando lo scrittore forlivese: ogni fava di cacao è una tavoletta e ogni tavoletta è cacao.

Fino al Settecento e all'Ottocento, il cibo degli dèi era nero come il diavolo. Poi divenne chiaro come un cuoio conciato. Da sostanza divina o maledetta, via via si è trasformato in alimento, materia solida, fino a conquistare la sua attuale democratica malleabilità, nelle sue mille forme.

Nero, bianco, ocra. Liquido, solido, magico. È sfuggente, la personalità del cioccolato. Non è facile da definire. Oltre a essere un oggetto del desiderio per grandi e piccini, che cosa è veramente? Il medico aretino Francesco Redi, archiatra alla corte del granduca di Toscana, a metà del XVII secolo già dava una chiara definizione: « Il cioccolate è una mistura o confezione di varj ingredienti, tra i quali tengono il maggior luogo il cacao abbronzato e lo zucchero» (da *Annotazioni di F. Redi al Ditirambo*, dall'edizione del 1809). Con il passare dei secoli, la descrizione non è cambiata molto: nel 1990 Renzo Pellati, specialista in scienza dell'alimentazione, nel suo trattato *Tutti i cibi dalla A alla Z*, lo definisce come il «prodotto ottenuto dalla mescolanza di cacao con zucchero, latte, nocciole e altri aromi».

Un punto è chiaro: alla base di ogni cioccolato ci sono tre materie prime: cacao secco, burro di cacao e zucchero. Dalla mescolanza di questi elementi nasce una complessità che anima le passioni dei golosi. Sono venti le tipologie possibili e lo si evince da un documento piuttosto recente, il *Codex Alimentarius*. Il titolo significa «Codice dell'Alimentazione» e questo testo ha un valore mondiale: su di esso si basano gli scambi internazionali, le legislazioni a tutela del consumatore, le industrie che esportano o importano, seguendo le norme del WTO, l'Organizzazione mondiale del commercio.

Il *Codex* quindi rappresenta due diverse realtà: da un lato è un'istituzione internazionale voluta dalla FAO (Food and Agriculture Organization, dell'ONU) e dal WHO (World Health Organization, l'Organizzazione mondiale della Sanità presso le Nazioni Unite), dall'altro è anche una sorta di grande libro del cibo, aggiornato periodicamente.

Nel 1961 è stata istituita la Commissione del *Codex*, con sede a Ginevra e Roma, e vi aderiscono 170 paesi del mondo. Ogni Stato ha un suo comitato: in Italia è presso il ministero delle Politiche Agricole e si riunisce periodicamente per elaborare le linee guida sulla produzione degli alimenti, sulle norme sanitarie, sui fitofarmaci e gli anticrittogamici ammessi.

Nel libro sul cibo, scritto nel 1981 con una revisione nel 2003, è inserito un «codex standard» sul cioccolato. Questa è la definizione che ne dà il documento (traduzione dal testo inglese del sito www.codexalimentarius.net):

> Il cioccolato è il nome generico di un prodotto omogeneo (...). È ottenuto grazie a un adeguato processo di produzione dai materiali del cacao che possono essere combinati con latte, zuccheri e/o altri dolcificanti e altri additivi indicati nella sezione 3 di questo standard. Altri prodotti alimentari commestibili, con esclusione di aromi aggiunti e amidi (con la sola eccezione dei prodotti nelle sezioni 2.1.1.1 e 2.1.2.1 di questo standard) e grassi animali salvo il grasso del latte, possono essere aggiunti per realizzare

vari tipi di cioccolato. Queste svariate aggiunte non devono superare il 40% del peso del prodotto finito e sono soggette alle norme relative all'etichettatura fissate nella sezione 5.

Al di là del linguaggio burocratico e delle tabelle degli additivi ammessi (mono e digliceridi degli acidi grassi, lecitina, vanillina e vari dolcificanti, come aspartame, saccarina e maltitolo in piccole percentuali), la « descrizione e la composizione dei fattori essenziali » contenuta nel *Codex* ci forniscono un'idea scientifica di che cosa sia il cioccolato secondo la normativa internazionale.

Il primo punto fondamentale è la sua composizione. Affinché si possa fregiare del nome di « cioccolato », deve contenere almeno il 35% di cacao. Il resto è zucchero. Tale percentuale minima si calcola come « sostanza secca totale ». Comprende perciò il burro di cacao, che deve prevalere con un minimo del 18%, e la polvere di cacao sgrassata.

Oltre ai tre componenti principali, che vengono mescolati in varie percentuali, si possono aggiungere alla massa di cacao anche altre materie prime, come il latte o le nocciole.

Nella tabella riassuntiva del *Codex* (a pag. 90) sono contenute le diverse combinazioni possibili.

I quattro colori della golosità

« L'Alta Corte del Popolo dei goduriosi di Pavia, visto l'articolo 530, comma 1, del codice di procedura penale, assolve l'imputato perché i fatti non sussistono (prima e ultima imputazione) e perché il fatto non è previsto dalla legge quale reato (secondo capo d'accusa) e ordina l'assunzione dello stesso, nei limiti consentiti secondo la libera scelta autonoma di ciascuno ». La lettura della sentenza avviene alle ore 17,15 di domenica 11 marzo 1999. Non siamo in un'aula di tribunale, bensì dell'Università di Pavia. I reati contestati sono gravi: attentato alla linea e alla salute, circonvenzione di incapaci a resistere alle golosità, associazione a delinquere di stampo gastronomico.

Come era nelle previsioni, alla fine lui, l'imputato « Theobroma cacao detto cioccolato » viene assolto dalla corte con uno scrosciante applauso del pubblico. Fuori dall'aula magna, un mare di praline, un tappeto di tavolette fondenti, una montagna di cremini aspettano i partecipanti all'inedito processo organizzato con ironia e passione da un gruppo di docenti universitari, psicologi, avvocati

prodotti	ingredienti						
	% di burro di cacao	% sostanza secca di cacao	% totale di cacao	grassi del latte	latte in polvere	farine e addensanti	nocciole
TIPI DI CIOCCOLATO (in base alla composizione)							
Cioccolato	≥18	≥14	≥35				
Cioccolato « a la taza »	≥18	≥14	≥35			≥8	
Cioccolato dolce	≥18	≥12	≥30				
Cioccolato comune « a la taza »	≥18	≥12	≥30			≥18	
Cioccolato di copertura	≥31	≥2,5	≥35				
Cioccolato al latte		≥2,5	≥25	≥2,5-3,5	≥12-14		
Cioccolato comune al latte		≥2,5	≥20	≥5	≥20		
Cioccolato al latte di copertura		≥2,5	≥25	≥3,5	≥14		
Altri prodotti al cioccolato							
Cioccolato bianco	≥20			≥2,5-3,5	≥14		
Cioccolato Gianduja		≥8	≥32				≥20e≥40
Cioccolato al latte Gianduja		≥2,5	≥25	≥2,5-3,5	≥10		≥15e≥40
Cioccolato da tavola (« para mesa »)							
Cioccolato da tavola (« para mesa »)	≥11	≥9	≥20				
Cioccolato semi-amaro da tavola (« para mesa »)	≥15	≥14	≥30				
Cioccolato amaro da tavola (« para mesa »)	≥22	≥18	≥40				
TIPI DI CIOCCOLATO (in base alla forma)							
Vermicelli di cioccolato	≥12	≥14	≥32				
Vermicelli di cioccolato al latte		≥2,5	≥20	≥3	≥12		

e pasticceri, guidati dall'allora preside della Facoltà di Farmacia dell'ateneo pavese, Gabriele Caccialanza: un grande appassionato di ogni tipo di derivati dal cacao.

È la fine del millennio. E l'Italia, dopo la povertà, le guerre, le barrette degli americani e il boom economico, ma con le mamme sempre sospettose verso il cioccolato perché « scalda lo stomaco » o « fa venire i brufoli », finalmente si scrolla di dosso quei sensi di colpa verso i peccati di gola mai completamente sopiti. Si impennano anche i consumi pro capite.

Rispetto agli altri paesi, l'Italia è da tempo relegata agli ultimi posti della graduatoria europea, anche per ragioni climatiche. I più golosi sono da sempre gli svizzeri, che nel 2005, secondo i dati della « Chocosuisse » – la grande Unione dei fabbricanti svizzeri di cioccolato che ha sede a Berna ed è nata nel lontano 1901 (www.chocosuisse.ch) – ne hanno divorato circa 11,6 chilogrammi a testa, un chilogrammo in più rispetto ai belgi e ai tedeschi. Questo è l'elenco fornito dalla ICA, International Confectionery Association, che ha sede in Belgio, a Bruxelles, e rappresenta circa 3000 aziende in trenta paesi: dati espressi in kg pro capite (relativi al 2003, a esclusione della Svizzera, aggiornati al 2005).

Svizzera: 11,6	Francia: 6,8
Belgio: 10,7	Usa: 5,4
Germania: 10,5	Finlandia: 5,2
Austria: 9,4	Australia: 4,4
Regno Unito: 92	Paesi Bassi: 4,4
Irlanda: 9,0	Italia: 3,9
Norvegia: 8,7	Spagna: 3,3
Svezia: 7,0	Giappone 2,2

L'Italia, come si vede, è fanalino di coda, ma in realtà secondo i dati forniti nel 2006 dall'AIDI, l'Associazione dell'Industria Dolciaria aderente a Confindustria, c'è stata una recente risalita nei consumi che le statistiche internazionali non hanno ancora recepito. Se nel 1995 ogni italiano si gratificava con appena 2,94 chilogrammi di derivati dal cacao, già nel 1996-1997 superava il « muro » dei 3 chilogrammi, oltrepassando la soglia dei 4 chilogrammi nel 2002. E nel 2005 si è arrivati a 4,54 chilogrammi, con un ulteriore incremento di 300 grammi rispetto all'anno prima: circa tre tavolette.

Questi i dati dell'ADI sulla situazione italiana:

CONSUMI DI CIOCCOLATO E PRODOTTI A BASE DI CACAO
in volume

	1996	1997	1998	1999	2000	2001	2002	2003	2004	2005
Produzione	217.050	222.400	213.550	212.550	216.400	224.050	241.400	245.350	256.700	260.800
Importazioni	51.795	48.060	58.048	71.927	79.499	79.534	86.934	96.565	103.840	115.403
Esportazioni	98.119	89.359	78.935	77.901	79.981	89.227	93.735	101.426	112.350	112.262
Consumi apparenti (tonn.)	170.726	181.101	192.663	206.576	215.918	214.357	234.599	240.489	248.190	263.941
Consumi pro capite (kg)	*3,0*	*3,18*	*3,38*	*3,62*	*3,77*	*3,73*	*4,08*	*4,18*	*4,29*	*4,54*

Si tratta di cifre positive, che confermano il trend di crescita che il cioccolato sta avendo in tutto il mondo. Il comparto economico in Italia è aumentato del 3,8%, in volume, e del 3%, in valore, rispetto all'anno precedente, con un giro d'affari che arriva a 2736,9 milioni di euro. I migliori risultati sono venuti dalle tavolette, cresciute ancora del 9,4% rispetto al 2004. Rimangono in pole position quelle al latte, con il 50% del totale, seguite dalle fondenti con il 30% e poi dalle Gianduja. Nella relazione annuale si parla di una forte « innovazione nel prodotto » con la comparsa sul mercato di tavolette di grammatura diversa, differenziate nei gusti, in cui compaiono nuovi ingredienti (spezie, frutta secca, ecc.). Inoltre si è sviluppata un'ampia gamma di prodotti « premium » – è la stessa definizione di marketing che si usa per i vini di maggior qualità –: « tavolette 'cru' con packaging ricercato e con evidenziate sul fronte della confezione la provenienza del cacao selezionato, oltre che l'indicazione dell'alto contenuto di cacao ».

E se in Italia i dati economici del cioccolato sono decisamente « dolci », in Svizzera i 18 produttori hanno festeggiato nel 2005 il loro miglior risultato di tutti i tempi. Le vendite sono aumentate dell'8,2 rispetto al 2004 con una produzione globale di 160.323 tonnellate, il 57% del quale venduto all'estero.

Ma la notizia interessante è che l'Italia batte, almeno in quantità, l'industria svizzera. E addirittura è riuscita in due anni a raddoppiare le proprie esportazioni verso la Confederazione elvetica: un bel risultato, per un paese che nel dopoguerra consumava sostanzialmente « surrogati ».

Questi dati, lungi dal voler essere un noioso sfoggio di confronti macroeconomici, servono però a dimostrare quanto crediamo sia ormai una realtà italiana: gli anni Duemila segnano l'affermarsi di una nuova cultura del cioccolato, con la riscoperta delle caratteristiche nutrizionali e soprattutto la scoperta degli aspetti legati alla gratificazione. Tanti pregiudizi che ne avevano bloccato il consumo sono stati superati. E oggi può presentarsi in tutte le sue sfumature, con i quattro colori che ne fanno un poker di passione.

Avorio: cioccolato bianco

Il bianco è un colore luminoso e riposante. Dal punto di vista fisico contiene tutti i colori. Ed è un modo per indicare tante simbologie positive: l'abito della sposa, la purezza e anche il vessillo della resa e della pace. Ma quando si tratta del cibo degli dèi, le valenze che evoca questo colore non sono al top. Tecnicamente, non dovrebbe essere considerato nemmeno cioccolato. In effetti, non contiene cacao nella sua forma secca, quella che dona al palato e all'olfatto gli aromi e le proprietà migliori delle diverse varietà coltivate, ma soltanto burro di cacao, zucchero e latte in polvere. Le tavolette di cioccolato bianco hanno una superficie liscia, color avorio. Devono essere esenti da materie coloranti, possono contenere burro o grasso butirrico. L'importante è che gli ingredienti non si discostino da queste percentuali, fissate per legge:

- burro di cacao: non meno del 20%;
- sostanza secca totale di origine lattica proveniente da latte intero o parzialmente scremato, da crema o da burro o grasso butirrico: non meno del 14%;
- grasso butirrico, non meno del 3,5%;
- saccarosio, non più del 55%.

Quasi non vale la pena di parlare di una degustazione di questo tipo di cioccolato, che viene usato soprattutto in pasticceria per torte, farciture, coperture e decorazioni. Ha un grado di fusione più basso rispetto agli altri tipi di cioccolato. Profuma di vaniglia, in modo intenso, e fornisce 537 calorie per 100 grammi di prodotto.

Ocra chiaro: cioccolato al latte

L'ocra è un pigmento naturale che è stato usato nell'antichità da molti pittori, soprattutto nella versione «rossa». Quando lo si trova sotto forma dolce, è la gioia dei bambini: una tavoletta dal bel colore marrone brillante e non troppo scuro, che qualcuno definisce anche ocra chiaro. Di fronte a questo tipo di cioccolato, il naso percepisce subito un odore vanigliato intenso, che si accompagna spesso al caramello (soprattutto per le produzioni belghe e svizzere) e al miele. Naturalmente si deve sentire anche il profumo del latte.

Nella ricetta originale del cioccolato non era contenuto il latte. In Centro America il popolo degli Aztechi, il primo che scoprì le straordinarie proprietà del cacao, pestava le fave e le mescolava all'acqua, senza aggiungere zucchero. In Europa si rese più dolce quel miscuglio e si cominciò a usare anche il latte per preparare la cioccolata calda. C'era una ragione: la tostatura delle fave a quei tempi era approssimativa e spesso venivano bruciate, perciò l'aggiunta del latte toglieva quel gusto troppo forte e amaro. Ma per alcuni secoli non si riuscì a produrre tavolette solide al latte, perché la sua umidità ne comprometteva la possibilità di conservazione. Dopo l'invenzione da parte di Henry Nestlé del latte condensato e in polvere, nel 1875 fu creata da Daniel Peter la prima barretta al latte.

Oggi alcune aziende svizzere, con lavorazioni speciali, producono tavolette al latte usando tecniche di vaporizzazione ad alta temperatura che evitano l'utilizzo di quello in polvere, con un risultato gradevole al gusto. Meno croccante del fondente, il cioccolato al latte contiene cacao, burro di cacao, zucchero, latte in polvere parzialmente scremato e lecitina. In un buon cioccolato, il gusto di latte e vaniglia non deve prevalere e la sequenza percepita al palato si può riassumere in dolce-acido-amaro.

Le calorie sono sostanzialmente le stesse del cioccolato bianco, anche se in genere il cioccolato al latte ha meno zucchero.

Queste sono le sue caratteristiche per legge:

- sostanza secca totale di cacao, non meno del 20 o 25%;
- cacao secco sgrassato, non meno del 2,5%;
- sostanza secca proveniente da latte o suoi derivati, non meno del 14%;
- grasso butirrico, non meno del 3,5%;
- materie grasse totali, non meno del 25%;
- zucchero, non più del 55%.

Marrone: Gianduja

Nello spettro dei colori, il marrone è in realtà un arancione meno luminoso. Il suo nome deriva dalle castagne. Può servire a indicare, con una certa approssimazione, la sfumatura che assume il cioccolato quando si mescolano nocciole e cacao, con aggiunta di zucchero. Storicamente il cioccolato Gianduja nasce a Torino a metà dell'Ottocento e rappresenta un passaggio importante nell'evoluzione tecnologica del cibo degli dèi. Prende il nome dalla maschera del Carnevale torinese, amante della buona tavola, cui fu dedicato. È un nomignolo che in piemontese deriva dal soprannome *Giôan d'la dôja*, presto diventato Gianduja: la *dôja* è un boccale di terracotta per il vino. Oggi il Gianduja è contenuto nel *Codex Alimentarius*, con regole che l'Italia ha imposto al mondo, e non deve stupire se anche negli Stati Uniti, nel Regno Unito o in Francia si produce questo tipo di cioccolato, che nasce dal matrimonio tra le nocciole, il cacao e lo zucchero, con o senza l'aggiunta di una percentuale di latte in polvere. Ecco le caratteristiche che deve avere, per legge:

- almeno un 32% di cacao totale;
- le nocciole in 100 grammi di prodotto non possono essere più di 40 e non meno di 20 grammi;
- si possono aggiungere latte o materie secche provenienti dalla disidratazione del latte, con una percentuale di materia secca non superiore al 5%;
- si possono aggiungere mandorle, nocciole e noci intere o in pezzetti in modo che il loro peso, aggiunto alle nocciole macinate nell'impasto, non superi il 60% del peso totale.

Sul mercato si trovano le tavolette di Gianduja, ma normalmente l'industria e gli artigiani aggiungono nocciole intere alla miscela delle barrette al latte o fondente. Questo tipo di cioccolato è molto usato per produrre i tipici cioccolatini di Torino, i gianduiotti, e come base per le creme da spalmare. Più è alta la percentuale di nocciole contenute, più è pregiata la crema.

Nero: cioccolato fondente

Si dice: una giornata nera. E, spesso, il nero diventa il colore della sofferenza, del mistero, della paura. Quando nel mondo del cioccolato si indica un « nero », si apre la porta verso l'eccellenza, verso la qualità migliore, verso il fondente. All'inizio della sua storia il cioccolato era nero e veniva servito soltanto allo stato liquido. Oggi si presenta con un colore meno scuro e « nero » di un tempo: un marrore mogano a volte tendente al rosso. Deve avere un aspetto lucido e un profumo intenso di cacao, con note speziate. In bocca si deve sciogliere subito e avere una consistenza appena sabbiosa, lasciando una nota persistente e qualche venatura amara e acida.

Se il cioccolato al latte viene venduto più che il fondente, la tendenza negli ultimi dieci anni si sta ribaltando grazie alla ricerca dei cru, cioè dei vari tipi di cacao che forniscono caratteristiche diverse a ciascuna tavoletta.

Nel cioccolato « nero » assume una grande importanza la percentuale di cacao, che ne determina tre categorie merceologiche, con un apporto calorico che si attesta intorno a 531 calorie per 100 grammi di prodotto.

1) fino al 30%: comune
2) fino al 43%: superiore o finissimo
3) oltre il 45%: extra (con spesso l'aggiunta di « bitter », amaro)

Le tavolette di fondente di qualità vanno oltre questa percentuale: l'eccellenza comincia alla soglia di 65-70% di cacao, anche se, come vedremo, non è detto che alzando la percentuale si migliori sempre il gusto.

Questa didascalica illustrazione, tratta da una pubblicazione ICAM riassume i quattro tipi di cioccolato in base ai loro ingredienti:

GLI INGREDIENTI DEL CIOCCOLATO

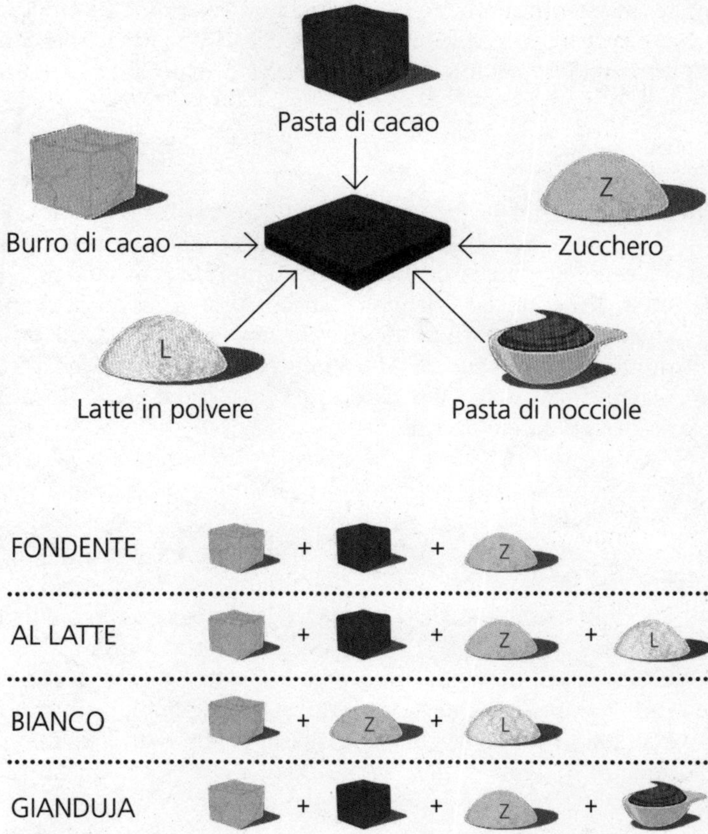

Fonte: ICAM

Non solo tavolette

Ogni anno in Italia si producono circa 44 mila tonnellate di tavolette, nelle varie pezzature e qualità. Se fossero nel classico formato da 100 grammi, messe tutte in fila formerebbero un treno con 400 milioni di pezzi, lungo quanto una volta e mezzo la circonferenza terrestre. Con quella sua struttura a quadratini, facile da dividere, la tavoletta è diventata il primo modo di consumare il cioccolato.

Un piacere da masticare, che i bambini prediligono a merenda con il pane e gli adulti ormai apprezzano anche in confezioni monoporzione, nei dispenser automatici degli uffici, al bar prima di una tazzina di caffè, in un momento di fiacca per ricaricarsi di energia.

Ma non ci sono soltanto le barrette: il cioccolato si presenta in tanti modi.

Copertura

Il termine « copertura » è molto comune nella pasticceria. Indica un tipo di cioccolato realizzato dalle grandi industrie, come Barry Callebaut o Nestlé, ma anche da piccole-medie imprese di qualità, come la ICAM di Lecco, la Valrhona francese o la Felchlin svizzera, che producono sacchetti di cialde da temperare oppure tavolette di grandi dimensioni, almeno di 500 grammi, usate dai cioccolatieri per avvolgere ripieni, per modellare in stampi (come per le uova di Pasqua) o per glassare e decorare.

Il cioccolato di copertura deve avere come minimo il 31% di burro di cacao: una materia prima che gli conferisce capacità fondenti e lo rende più semplice da lavorare.

Quando si compra un cioccolatino in una pasticceria o una Sacher Torte con la glassa brillante, generalmente sono realizzati con questo speciale cioccolato di copertura destinato ai professionisti, che ha una qualità superiore a quella delle tavolette di massa.

Le percentuali di burro di cacao possono essere diverse a seconda dell'uso: la copertura più fluida, con alte percentuali di burro di cacao, è adatta al modellaggio, cioè alla fase finale di lavorazione del cioccolato, quando si producono tavolette o uova; quella più densa, con meno burro, è adatta ai ripieni, mentre quella con fluidità media viene usata per realizzare i rivestimenti. Gli svizzeri hanno codificato questa caratteristica e sui sacchetti delle confezioni professionali compaiono alcune piccole gocce: indicano il grado di fusibilità e il massimo indice è con tre gocce.

Cioccolato ripieno, vermicelli e « a la taza »

Al punto 27 della norma italiana che si occupa di cioccolato, cioè la legge numero 351 del 30 aprile 1976, viene adottato anche il termine « cioccolato ripieno », indicato nel *Codex*. Tra le ultime creazioni di alcuni maestri pasticceri compaiono tavolette al tè, alla menta, ai frutti, che sono un po' una novità per i « puristi », da sempre poco attirati da queste specialità tipicamente anglosassoni. Eppure Hershey, con le sue *filled bars*, ha costruito un impero, mentre la Perugina ha riscosso un buon successo con la tavoletta al Bacio. D'altra parte la barretta « Kinder Cioccolato » inventata da Ferrero convinse le mamme a dare questo alimento ai loro figli perché con cento grammi avrebbero fornito loro un quarto di litro di latte.

Nel *Codex* sono indicate anche altre tipologie quasi sconosciute in Europa: i « vermicelli », che costituiscono un semilavorato dell'industra nordamericana con i quali si fanno gelati, ripieni e merendine, e il cioccolato « a la taza », di origine messicana. A Oaxaca si produce il famoso Mayordomo, il « choc-oro », che è massa di cacao pura, in tavolette compatte e nere, da sciogliere nel latte e poi girare con il *molinill*, piccolo frullino di legno. Noi abbiamo provato a farlo, ma se non si aggiunge un po' di zucchero rischia di essere una bevanda abbastanza sgradevole anche per un appassionato. Ma per i messicani e per tutti i popoli mesoamericani è una delizia.

Quando l'algebra è fondente

Nel dizionario della lingua italiana, alla parola « percentuale » è data questa definizione: « Numero indicante quante parti di una grandezza corrispondono a cento di un'altra ». Nella vita ormai il calcolo percentuale è diventato fondamentale, in politica come in economia: bastano pochi decimi del PIL a cambiare il destino del paese e anche un partito da « prefisso telefonico », come si diceva nella Prima Repubblica, poteva mettere in crisi un governo.

Per il cioccolato di qualità la percentuale di cacao è tutto, oggi: tanto da essere stampata anche sulle confezioni delle barrette da supermercato. Fateci caso: è obbligatorio metterla in etichetta, ma quando è meno del 50% la scritta quasi non si vede, mentre quando è compresa tra il 70 e il 100% è ben evidenziata.

In Gran Bretagna è sorto un sito Internet di appassionati, legato al « Chocolate Connoisseur's Club » di Londra (www.seventypercent.com) che organizza affollate degustazioni.

Tra i primi a introdurre un'alta percentuale di cacao nelle sue tavolette c'è il famoso cioccolatiere francese Bonnat, di Voiron, mentre nelle produzioni di massa è stata la svizzera Lindt, nel 1989, a confezionarne una con il 70%.

Vi chiederete: se un cioccolato contiene il 60% di cacao, nella restante parte cosa c'è? Zucchero, soltanto zucchero: salvo qualche piccola percentuale di latte in quello non fondente, oltre a vaniglia e lecitina di soia. Il che fa capire quale sia il cioccolato migliore: quello che contiene meno saccarosio.

Non bisogna però esagerare. Dopo anni di basse quantità di cacao per ragioni di costo, negli anni Novanta nel mondo del cioccolato di qualità è esplosa la « mania » delle alte percentuali, soprattutto da parte di alcuni piccoli produttori. La motivazione deriva dal pregio delle fave, dalla ricerca di cru particolari e dall'uso di materie prime con caratteristiche aromatiche.

Altre aziende hanno continuato a produrre le loro barrette con una percentuale di cacao tra il 60 e il 70%, con punte fino al 72-75%, come la Valrhona e la Felchlin: queste ultime vendono soprattutto copertura ai professionisti che hanno bisogno di un cioccolato di base dal giusto equilibrio per glassare i dolci, confezionare praline o mignon.

La percentuale fondente non deve essere interpretata troppo alla lettera: non è vero che un cioccolato al 99% sia meglio di uno al 75 o all'85%. C'è un'altra variabile da considerare, anche questa matematica. Le « parti per cento » devono ancora essere divise tra i due componenti base: il burro di cacao e la polvere di cacao. Abbiamo già avuto modo di spiegare che la percentuale media di burro di cacao contenuto in una fava è di circa il 55%, il resto diventa cacao in polvere.

In conclusione possiamo asserire che l'alta percentuale di cacao è una condizione indispensabile per avere una buona qualità di cioccolato, ma non essenziale. Occorre conoscere la sua origine e come è stato lavorato. Non sembri un esercizio troppo complicato. È invece un modo per ritrovare maggiore piacere da una barretta fondente.

Capitolo 5
Praline, creme, uova: le forme del piacere

Quando i suoi denti affondarono oltre lo strato esterno, non incontrarono, fortunatamente, un liquido, ma un ripieno compatto, di consistenza leggermente granulosa e ancora più fondente della copertura. Ogni tanto s'imbatteva in una minuscola scaglia di mandorla tostata, avvolta in un velo di croccante caramello, lampi di dolcezza nelle tenebre del cioccolato. Molto in lontananza percepiva adesso anche un sentore di liquore, ma più come assenza, così come in una notte d'estate una brezza calda fa pensare al sole, ormai scomparso da ore dietro l'orizzonte. Con un sospiro soddisfatto, Joop infilò in bocca il resto della pralina.

Philibert Schogt, *La bottega del cioccolato*

Galeotta fu quella pralina, magistralmente descritta con golosa partecipazione dallo scrittore olandese Philibert Schogt: grazie a quell'incontro indimenticabile, Joop Daalder, il protagonista del romanzo, decide di imparare l'arte della cioccolateria e aprire una bottega tutta sua. Succede a Toronto, in Canada, ma la globalizzazione avanza e il piccolo artigiano soccombe, per lasciare spazio a un parcheggio. Il libro è una parabola un po' melanconica, che evidenzia il contrasto tra due culture molto lontane tra loro, quella del Nuovo Mondo e quella del Vecchio Continente. Schogt è un olandese vissuto per molti anni in Canada e questo libro rappresenta per lui un ritorno alle radici, al cacao che per gli olandesi fu uno dei pilastri dei commerci coloniali. Philibert Schogt, e lo si capisce da questa descrizione, è anche un cultore del cioccolato: lo abbiamo conosciuto nel marzo 2004, quando era a Torino ospite del Premio letterario Grinzane Cavour, e ci ha confessato la sua golosità per gianduiotti e cremini della pasticceria subalpina.

Il protagonista del suo romanzo cerca la perfezione nei cioccolatini. La stessa che abbiamo visto perseguire nella « Bottega del cioccolato » di un altro olandese: Paul De Bondt, uno dei primi maestri che ci abbia insegnato i suoi segreti. È un quarantenne, pasticcere e chef, arrivato in Italia nel 1988: dopo aver fatto varie esperienze in ristoranti della costa toscana, nel 1993 ha aperto una cioccolateria a Pisa con la moglie Cecilia Iacobelli, un architetto che segue la parte packaging e immagine dell'azienda.

Appena due anni dopo, l'esperta inglese Chantal Coady inserì Paul tra gli otto migliori cioccolatieri del mondo nella sua guida sulla pralineria *The Chocolate Companion*, assegnandogli le « tre stelle » dell'eccellenza, insieme con il toscano Andrea Slitti. Abbiamo conosciuto Paul e Cecilia per la prima volta nel 2000, quando tenevano lezioni e seminari in giro per l'Italia con la Compagnia del cioccolato, un'associazione di appassionati nata nel 1995 che ha la sua sede nazionale a Cocconato d'Asti, nel Monferrato, presso l'azienda del suo presidente, il produttore di vino Roberto Bava. Poi, nel febbrario 2003 abbiamo partecipato a un corso con lezioni tenute direttamente nel loro laboratorio.

Il locale è piccolo, predominano il bianco e l'acciaio. Una macchina temperatrice erutta in continuazione, mescolando e amalgamando, un liquido bruno e caldo dall'inconfondibile profumo. Al centro della sala c'è un bancone con un grande piano in marmo e quando arriviamo Paul sta parlando, davanti a una piccola « scolaresca » attenta e silenziosa. Ha i capelli arruffati, arrota la « erre » in uno strano italiano dalla cadenza allegra, ride e gesticola come un napoletano, ma è biondo con gli occhi azzurri e ispira simpatia al primo sguardo. Anzi, con il camice bianco, il grembiule e il «sac à poche» in mano che usa per versare ganache di panna, cioccolato e caffè nei pirottini di cioccolato fondente, ci appare ancora più magico. Michela, che ha una pasticceria a Siena, in attesa che il maestro cioccolatiere ci offra una mousse per il primo assaggio, fa ridere la classe: « Voi non ci crederete, mio padre è stato operato al cuore dieci anni fa e il chirurgo gli ha ordinato, dico *ordinato*, di mangiare due cioccolatini fondenti al giorno! Perciò, non abbiate timori per la dieta... ».

Gli altri allievi alzano la testa dai loro blocchi di appunti e sorridono. C'è il gelatiere di Civitavecchia, diligente e attento; più in là, la signora milanese, che ha appena aperto una cioccolateria, lasciando l'attività di manager in un'azienda farmaceutica; due diciassettenni di un istituto alberghiero sono le più giovani del gruppo; non manca una coppia di fidanzati romani trentenni, che, laggiù in fondo, ricordano un disegno di Peynet. Siamo una ventina, da tutta Italia, venuti da Paul per imparare come si realizzano alcune delle sue eccezionali specialità: tavolette « afrodisiache » – sostiene lui, ironico – al tè, alla rosa, al gelsomino, stecche ai pistacchi di Bronte, praline con i gusti più delicati o impensabili (come quella al Passito di Pantelleria Ben Ryé, un nettare prodotto dalla cantina siciliana Donnafugata).

Dotato di una grande comunicativa, De Bondt sa ammaliare l'uditorio. E dopo la full immersion al cacao di tre giorni, nasce inevitabile la voglia di sperimentare in casa con frullini e «bagnomaria» l'arte della pralineria, antica di duecento anni. Ma i risultati non sono affatto garantiti. Il cioccolatiere infatti è una sorta di incrocio tra un fisico (per via delle temperature sempre da controllare), un ingegnere (per le costruzioni da incollare a caldo), uno chef (per i ripieni) e un artista (per l'estro). Facile, no?

Uno chef al servizio del conte di Plessis-Praslin

Siamo abituati a pensare che l'elisir di felicità, soprattutto per le donne, sia in una scatola di lucenti cioccolatini. Ma le dame del Settecento o le signore delle camelie, nonostante la nostra immaginazione le veda deliziate da ricche confezioni di boeri o cremini, non sapevano neppure cosa fosse il piacere di scartare un cioccolatino. La comparsa di un piccolo pezzo di Theobroma cacao incartato risale ai gianduiotti subalpini, nel 1865, mentre la scatola di praline è un'invenzione del cioccolatiere belga Jean Neuhaus junior.

Siamo già nel Novecento e a Bruxelles la famiglia Neuhaus, ancora oggi uno dei marchi più noti del cibo degli dèi, era giunta alla terza generazione di cioccolatieri, dopo che nonno Jean, svizzero, nel 1857 aveva aperto il suo negozio in città. Nella bottega che si affaccia sulla Galerie de la Reine, Jean Neuhaus jr nel 1912 inventa un piccolo cioccolatino e lo battezza « pralina ». Soltanto alla fine della Prima guerra mondiale decide di commercializzarla in una scatola, che chiama *ballotin*, diventata in francese sinonimo di confezione per cioccolatini. Quel tipo di pralina viene realizzata in appositi stampi nei quali si versa il cioccolato allo stato liquido: sono chiamati « corpi cavi », nel gergo della pasticceria, e hanno forme uniche, che per molti anni furono considerati il « marchio » di ogni *maison*. La più celebre tra le delizie nate a Bruxelles, ancora in produzione, è la Manon.

Ma la storia della pralineria, considerata la gioielleria del cioccolato, secondo i francesi comincia quattro secoli prima in due piccoli centri a sud-est di Parigi: a Choiseul, a 400 chilometri dalla capitale, e Montargis, cittadina che dista due ore di auto dalla Tour Eiffel.

A Montargis, nella Loira, al numero 43 di rue du Général Leclerc esiste una *confiserie* che confeziona le *véritable prasline* in piccole scatolette di metallo dorate. Non hanno neanche un grammo di cioccolato: oggi sono realizzate da Benoit Digeon, nipote di Léon Mazet, che a partire dal brand di famiglia ha creato molte specialità al cioccolato. Tutto nasce da una leggendaria scena, che si sarebbe svolta a Choiseul, con tre protagonisti: un duca, un cuoco e un piccolo *bonbon*. L'episodio è raccontato nel libro *La Prasline de Montargis* pubblicato da Herscher in Francia nel 2002, una sorta di storia aziendale voluta dai successori di Mazet.

> Cesare, duca di Choiseul, conte di Plessis-Praslin, maresciallo e pari di Francia, non era soltanto un valido guerriero e un rubacuori, ma anche un incorreggibile goloso. La sua tavola aveva la reputazione di offrire grandi banchetti e cenette sopraffine in tutte le stagioni. Il segreto di quella popolarità era nel talento culinario dello chef del duca, di nome Clément Jaluzot. In un giorno dell'anno di grazia 1636 il cuoco fu avvisato che avrebbe dovuto preparare un « bonbon » meraviglioso, che doveva rafforzare la gloria del brillante Maresciallo, ben più che le sue vittorie militari o le sue conquiste femminili. Certo, le malelingue pretendono che questa invenzione sia il frutto di un errore, la conseguenza di una sbagliata manipolazione in cucina durante la quale alcune mandorle sarebbero cadute nello zucchero in fusione. In realtà, che si tratti di uno sbaglio o no, il risultato fu stupefacente. Malgrado il loro aspetto pietroso e un po' bizzarro, Clément Jaluzot propose ai nobili ospiti di assaggiare queste mandorle avvolte nello zucchero bruciacchiato. Il Maresciallo fu immediatamente conquistato dal loro delizioso sapore e ordinò di fabbricarne un gran numero per farle gustare a corte.

Da quel momento, nei palazzi parigini la fama del duca di Praslin fu preceduta da quella dei suoi *bonbon* particolari, che da lui presero il nome di « praline ». Il cuoco Jaluzot decise di trarre profitto dalla sua invenzione, aprendo una pasticceria con la moglie, a Montargis. Passarono due secoli e nel 1903 Léon e Jeanne Mazet avviarono il negozio che ancora oggi pretende di realizzare le « vere praline ». Noi le abbiamo assaggiate e sono davvero eccezionali. Non sappiamo se la storia sia vera: certamente è credibile.

Dei cioccolatini il catalogo è questo

Boeri, praline, cremini, tartufi... C'è da perdere la testa di fronte a tante forme di raffinata golosità. I cioccolatini sono un mondo a parte, un'espressione artistica che varia da paese a paese, spesso con appellativi diversi. Il più diffuso è ormai *pralina*, termine valido soltanto in Italia, in gran parte della Svizzera, in Belgio e Lussemburgo. Nel Regno Unito e negli Stati Uniti si chiamano semplicemente « *chocolate* », in Francia *bonbon chocolat* e nei paesi che parlano tedesco (Germania, Austria, Svizzera tedesca) si usa invece, per un cioccolatino ripieno, il termine *truffe* (tartufo).

Oggi il regno della pralineria è il Belgio, perché oltre ai marchi Godiva e Nehuaus, due pionieri della pasticceria moderna, la cioccolateria Guylian fabbrica qualcosa come 75 tonnellate di cibo degli dèi al giorno che vende in 140 paesi, mentre Léonidas, marchio fondato nel 1913, oggi possiede 1750 punti vendita in *franchising*, producendo 83 varietà di praline.

Ma che cosa è una ganache? È un composto di cioccolato e panna e/o altri componenti che possono essere infusi, succhi e polpa di frutta, che costituisce il cuore di una pralina: viene fatto sobbollire con aggiunta di zucchero, spezie, tè, caffè, liquore, frutta e, solidificato, può prendere varie forme, come farcia di un cioccolatino, se rivestito di copertura fondente, o come tartufo, se tuffato nella polvere di cacao.

Pare che l'origine di questo ormai famoso termine di cioccolateria sia dovuto a una sbadataggine. Lo spiega Gilles Brochard nel suo libro, *Il cofanetto del cioccolato*, ricco di schede e ricette:

> Il termine ganache, utilizzato come aggettivo nel XVIII secolo per designare un incapace o un idiota, sarebbe stato pronunciato per la prima volta nel laboratorio di una pasticceria parigina come insulto rivolto contro un garzone che aveva maldestra-

mente versato del latte bollente in una bacinella colma di tavolette di cioccolato. Volendo rimediare al pasticcio, l'apprendista cioccolatiere si mise freneticamente a rimestare latte e cioccolato. Il risultato fu piuttosto felice e il gusto squisito.

In una scatola di cioccolatini si possono trovare sorpendenti ganache, come quelle delicatissime che a Prato realizza Luca Mannori, uno dei *maître chocolatier* dell'Accademia Maestri Pasticceri Italiani e vincitore della Coppa del Mondo di Lione nel 1997. Per noi rimane indimenticabile la sua pralina al tabacco: una perfetta ganache realizzata con trinciato da pipa. Mannori ha trasmesso la sua arte nel libro di tecniche e ricette, *Come la musica*: « Il dolce per me rappresenta una ricerca continua e appassionata di 'armonia' gustativa ed estetica », ha scritto, e nel bancone del suo negozio di Prato suona il suo dolce spartito con una trentina di cioccolatini decorati da eleganti serigrafie. Molti « creativi », come il catalano Eric Rovira di Castellbell i el Vilar, inventano praline inimmaginabili soltanto qualche anno fa: ci hanno affascinato, per esempio, i suoi cioccolatini all'olio di oliva.

Dalle vetrine dei cioccolatieri diamo una sintesi, anche se è impossibile descrivere l'ampia gamma disponibile sul mercato, dei classici ripieni utilizzati:

– *boiling o caramello*
Si tratta di una farcia realizzata con zucchero fondente o glucosio, associata ad altri componenti come burro o panna.

– *croccante*
Si realizza con zucchero fuso, nocciole e mandorle tritate o altri frutti a guscio come pinoli e pistacchi. La consistenza è molto simile a una barretta da mordere.

– *fondant*
Si intende un ripieno liquido piuttosto dolce, anche alcolico.

– *liquore*
Affinché il liquore introdotto non danneggi la pralina, bisogna realizzare una « camicia » di zucchero che rivesta completamente il corpo cavo del guscio di cioccolato fondente.

– *marzapane*
Il marzapane è una preparazione dolciaria più o meno consistente, costituita da mandorle finemente tritate e amalgamate con uno sciroppo di zucchero (formato da glucosio, acqua e zucchero); può diventare il cuore di una pralina, con varie colorazioni.

– *nougat o torroncino*
In Francia si dice Montélimar, piccolo centro tra i campi di lavanda della Provenza, e tutti pensano al *nougat*, il tipico torrone d'Oltralpe. È a base di mandorle, almeno il 32%, miele di lavanda, minimo il 7%, albume d'uovo e sciroppo cotto di glucosio e zucchero. Per il torrone italiano si usano soprattutto le nocciole e a volte i pistacchi; si contendono il primato di questa specialità Cremona e altre città. Quasi tutti i *maître chocolatier* realizzano torroncini ricoperti di cioccolato.

***

Qualche artista della pralina, nel corso degli anni, ha « battezzato » una sua invenzione, facendola così diventare un « classico » ben presto copiato dalla grande industria. A differenza della pralineria belga o francese, i nostri cioccolatini hanno quasi tutti un nome: Bacio, Mon Chéri, Otello, Blue Rose, LunaStelle, FIAT, Rocher, Alpino. Come Leporello, che nel *Don Giovanni* di Mozart canta: « madamina!, il catalogo è questo delle belle che amò il padron mio », anche noi tentiamo un piccolo catalogo, parziale, dei più noti *bonbon*, di scuola italiana ed europea, facilmente reperibili.

– *Alpini*
È un involucro fondente per una crema al liquore, dagli ingredienti segreti. Fu inventato nel 1922 dal maestro cioccolatiere torinese Antonio Peyrano, l'iniziatore della moderna tradizione subalpina nell'arte del cacao. Il nome venne scelto dall'artigiano perché gli Alpini di una vicina caserma furono i suoi primi entusiasti clienti.

– *Baci*
Ha un ripieno di nocciole e pasta Gianduja, con l'aggiunta di una nocciola intera che dà al cioccolatino una forma quasi sgraziata. È questo il « bacio » più famoso, quello della Perugina: in origine si chiamava « cazzotto », come aveva deciso nel 1922 Luisa Spagnoli,

che lo inventò. Fu poi Giovanni Buitoni, uno dei soci dell'azienda di Perugia e capostipite del famoso marchio alimentare italiano, a volere il nome attuale. Creò anche una bella scatola blu per racchiuderli, disegnata da Federico Seneca, direttore artistico della Perugina, che rielaborò il famoso quadro di Francesco Hayez. L'immagine è rimasta immutata per più di ottant'anni e i messaggi d'amore contenuti nell'incarto dei cioccolatini sono diventati un cult del nostro costume.

– *Baci di Cherasco*
Nella tradizione dolciaria italiana ci sono molti «baci» a base di cioccolato. Ma quelli di Cherasco, piccola cittadina in provincia di Cuneo dalla storia gloriosa nel periodo barocco, ci piacciono particolarmente per la loro forma irregolare e «genuina» e perché vengono realizzati con un buon cioccolato fondente e nocciole del Piemonte ben tostate. Il primo a produrli, a fine Ottocento, fu Marco Barbero, che a Torino aveva appreso l'arte della cioccolateria.

– *Boeri*
In Italia si chiamano così i cioccolatini con un cuore di ciliegia candita nel Cognac rivestita da uno strato di fondente. Probabilmente, secondo alcuni, il nome prende origine dalla guerra in Sudafrica tra i coloni tedeschi, i Boeri, e le truppe inglesi. A quei tempi nel mondo anglosassone rimase famosa la scatola rossa in latta di *chocolates*, prodotta dalla Fry & Sons di Bristol, che la Regina Vittoria mandò alle sue truppe, come augurio per il nuovo anno, il 1900. Ma un'altra traccia porta a Budapest, dove a fine Ottocento aprì una pasticceria lo svizzero Emil Gerbeaud, che ha legato il suo nome al locale, ancora oggi uno degli indirizzi *gourmand* della capitale ungherese. Secondo altri sarebbe stato lui l'inventore dei boeri. Nel 1956 Michele Ferrero creò e iniziò a produrre, soprattutto in Germania, il primo boero industriale, il «Mon Chéri», che ancora oggi la multinazionale italiana continua a vendere in tutta Europa.

– *Cremini*
Si tratta di un cubo composto da due strati di morbido gianduja, intervallati da crema di cioccolato alle nocciole o con altri gusti, come caffè o limone. Rimangono famosi quelli realizzati dall'industria Majani di Bologna, una delle prime fabbriche italiane di cioccolato, per il lancio della FIAT «Tipo 4» nel 1911. Sono confezionati anco-

ra oggi e venduti come « cioccolatini FIAT ». Invece con il nome di « cremini » furono presentati qualche anno dopo, nel 1934, dalla Baratti & Milano di Torino, un'azienda che ora ha uno stabilimento a Bra (Cuneo) e appartiene al gruppo Novi-Elah-Dufour di Genova.

– *Cri cri*
Sono nocciole intere tostate e ricoperte con cioccolato fondente e granella di zucchero croccante e colorata, chiamata nel linguaggio della pasticceria « mompariglia ». Sono nati nel 1886 a Torre Pellice e ormai diffusi in tutta Italia.

– *Cuneesi al rhum*
Si tratta di due dischi di meringa (o cialde), molto simili ai « macarons » francesi (ma di forma più sferica) inzuppati nel rhum con una farcia di crema al cioccolato. Furono creati dalla pasticceria Arione di Cuneo, nel 1923, e hanno « figliato » vari altri prodotti simili in molte città del Nord Ovest italiano.

– *Dragée*
Sono piccole praline lucide e croccanti, realizzate semplicemente con un chicco di caffè, uva passita, una mandorla,una nocciola Tonda e Gentile della Langa immerse in una copertura fondente.

– *Gianduiotti*
È un cioccolatino di circa 10 grammi nato a Torino nel 1865 da un'idea dei valdesi Michele Prochet e Isidore Caffarel, che decisero di mescolare il cacao con le nocciole tritate e lo zucchero per rendere più morbido l'impasto. Il risultato fu un tipo di cioccolato entrato nei classici dell'arte cioccolatiera, il Gianduja. Nella ricetta originale non è usato il latte, che oggi viene aggiunto, in polvere, da molti industriali e anche da alcuni artigiani. Agli inizi dell'Ottocento scarseggiava la materia prima, il cacao, reso caro e difficile da reperire dal blocco deciso da Napoleone Bonaparte contro la potenza mercantile inglese, cominciato nel 1806 e mantenuto per molti anni. Inizialmente il particolare cioccolatino, a forma di barchetta irregolare con un profilo triangolare, si chiamò *givu*, che in dialetto piemontese significa « cicca di sigaretta ». Poi prese il nome della maschera carnevalesca di Torino. A quei tempi la lavorazione era manuale, con le « coltelle »: oggi qualche cioccolatiere torinese, come Giordano, mantiene, almeno per una piccola parte della sua

produzione, quell'antica tecnica. Venne poi soppiantata dal metodo per « estrusione », in cui la pasta viene colata da un'apposita macchina, ancora oggi usata da pochi artigiani – Gobino e Peyrano – e da qualche industria, Streglio e Caffarel. In questo modo si ottiene un gianduiotto morbido, dall'aspetto meno lucido di quello ormai generalmente prodotto in stampi. Nella preparazione di questo cioccolatino sono essenziali sia la percentuale di nocciole contenute (deve essere almeno del 30%), sia la qualità (la Tonda Gentile DOP del Piemonte) e la loro tostatura. Guido Gobino raccomanda: « Non conservateli a lungo, perché passato un mese o due perdono le loro caratteristiche migliori ».

– *Graffioni*
Sono gusci di cioccolato fondente con all'interno ciliegie snocciolate macerate nel liquore maraschino: si tratta di cioccolatini tipici di Cremona.

– *Grappini*
Sono classici cioccolatini ripieni di grappa, nati a Torino nel 1962.

– *Manon*
Inventati in Belgio da Neuhaus, all'origine questi cioccolatini ripieni avevano come cuore un gheriglio di noce, con intorno cioccolato bianco o zucchero. Oggi il catalogo del cioccolatiere belga presenta sei declinazioni di Manon: al latte, fondente, *choco vanille*, *choco cafè*, *sucre vanille* e *sucre café*.

– *Mendiant*
Si tratta di cialde di cioccolato, nate e diffuse soprattutto in Francia, ricoperte di frutta secca mista. Il nome nasce dal colore del saio che indossano i frati dei quattro ordini mendicanti.

– *Ministeriali*
Sono grossi medaglioni di fondente al liquore creati nel 1905 dal pasticcere napoletano Francesco Scaturchio. In origine dovevano essere un omaggio alla soubrette Anna Fougez, poi il cioccolatiere volle ottenere il « sigillo » di « fornitore della Real Casa » e per acquisirlo dovette sottostare a una lunga trafila di pratiche nei ministeri. Da qui il nome, che conservano tuttora.

– *Napolitaine*
È la classica « pezzatura » per le degustazioni professionali: tutti i produttori artigianali e di qualità le realizzano con cacao fini e d'origine. Si tratta di un carré sottile e quadrato, del peso di 5 grammi (ma ve ne sono anche da 2,5 fino a 8 grammi), incartato singolarmente.

– *Nougatine*
Questi *bonbon*, con la loro classica confezione caratterizzata dal moretto stilizzato con il turbante in testa, hanno un cuore croccante di nocciole caramellate ricoperto di cioccolato fondente. Sono nati ai primi del Novecento dall'inventiva di Silvano Venchi, pasticcere a Cuneo. Oggi, dopo varie vicissitudini, il marchio ha una piccola fabbrica dolciaria a Castelletto Stura (CN) che continua a produrre le Nougatine con tecniche artigianali.

– *Palet d'or*
Debuttarono nel 1898 per opera del cioccolatiere francese Bernard Sérardy, di Moulins (centro nel Bourbonnais, a nord di Clermont-Ferrand). Sono piccoli quadrati sottili con all'interno una ganache fondente al caffè, ricoperti di frammenti di foglia d'oro. Poiché l'invenzione non fu brevettata, le *Palet d'or* sono entrate nell'assortimento di molti *maître chocolatier* in tutto il mondo.

– *Praline*
Con questo termine si indicano ormai per antonomasia tutti i cioccolatini « nudi » golosamente esposti nelle vetrine di cioccolatieri e pasticceri: un involucro di copertura di cioccolato con all'interno una farcia di creme o un misto di frutta secca triturata.

– *Rocher*
È un classico della pasticceria a forma di una piccola roccia. Si tratta di un cioccolatino piuttosto grosso, in cui un velo di cioccolato ricopre un piccolo mucchietto di filetti di mandorle sbucciate, tostate, mescolate con zucchero a velo e sciroppo di glucosio. La Ferrero vi si è ispirata per produrre, dal 1982, il suo « Ferrero Rocher », con una nocciola intera racchiusa in una cialda di wafer e ricoperta di granella di nocciole al cioccolato al latte: è il più venduto in Europa.

– *Scorzette*
Si tratta di pezzi di frutta candita, arance, limoni, radici di zenzero, zucca rivestiti di cioccolato.

– *Tartufi*
Il nome deriva dalla particolare forma che vuole imitare il *Tuber magnatum pico* di fama gastronomica: sono palline irregolari di un impasto realizzato con una ganache, in genere a base di fondente, spolverizzate di finissimo cacao amaro.

Questo tipo di pralineria si riferisce all'assortimento standard che si trova nelle dolcerie e nei negozi specializzati. Si tratta di prodotti provenienti da industrie di qualità: come, per esempio, le italiane Caffarel, Venchi, Majani, le belghe Godiva e Guylian, la francese Valrhona, la svizzera Lindt. Per quanto riguarda la pralineria artigianale, oggi i due terzi dei cioccolatini sono realizzati con « sfere cave » in cioccolato generalmente prestampate da piccole industrie – non più fatte a mano per difficoltà di realizzazione e problemi igienici – e riempite in laboratorio con farce fresche più gustose. Questo metodo fu inventato in Svizzera dal *maître chocolatier* Rud Läderach nel 1963 (a Ennenda, settata chilometri a est di Zurigo) e nel linguaggio tecnico viene definito « metodo Läderach ». Con questa tecnica nascono deliziose *truffe* all'arancia, ai lamponi, al tè, al caramello o all'Irish Coffee. La fantasia dei maestri cioccolatieri è infinita e la plasticità del cioccolato permette di creare bonbon, completamente a mano, partendo invece da una massa semisolida che viene successivamente ricoperta da un velo di cioccolato. Sono ganache nelle quali si può trovare ogni tipo di accostamento: gelatine di frutta fresca o di verdura, frutta secca o candita, liquori o aceto balsamico, formaggio, menta e spezie e per farne un aperitivo (come il parigino Jean-Paul Hévin).

***

Parafrasando un famoso motto, dimmi che cioccolatino mangi e ti dirò chi sei. Per la verità ci ha provato un terapeuta neozelandese, Murray Langham, che dopo essere stato chef si è dedicato alla ipnoterapia. Ha scritto un libriccino divertente, che ha avuto successo in tutto il mondo e nel 2001 è stato pubblicato in Italia, *Cioccolatoterapia*, nel quale a ogni forma preferita e a ogni gusto viene associato un profilo psicologico. Sinceramente noi nutriamo qualche perplessità di fronte alla sua convinzione, per esempio, che un ripieno alla ciliegia sveli una persona « piena di energia », molto « sensuale » e che ama la passione e la vita. Similmente chi predilige un cioccolato alla nocciola è dotato di molta « sicurezza interiore ». Inoltre chi piega e appallottola l'involucro di carta stagnola del cioccolatino è « annoiato della vita sessuale », mentre chi invece lo arrotola è una sorta di Cupido alla ricerca di obiettivi per le sue frecce. Quanto alle forme geometriche di ciascun tipo di pralina, lo psicoterapeuta neozelandese associa alcuni comportamenti: cerchio, vedo; ovale, sento; quadrato, costruisco; rettangolo, penso; spirale, brucio; triangolo, posso; losanga, sono.

Su queste tesi non vi sono riscontri scientifici, ci par di capire. Sicuramente siamo d'accordo con Murray Langham sulla sua affermazione relativa a chi ama « qualunque tipo di cioccolato »:

> Se vi piace il cioccolato purché cioccolato sia, dal più dolce al più amaro, siete persone flessibili, adattabili, capaci di vivere con chiunque e di sopravvivere nelle situazioni più diverse. Sapete tenere il passo coi tempi e accettare ogni cambiamento e novità. Anche perché non vi piace essere lasciati indietro.

Il « mattutino » dei maestri pasticceri

Come fare a riconoscere una buona pralina? Ce lo hanno insegnato le « giacche bianche » dell'Accademia Maestri Pasticceri Italiani, costituita da una quarantina di aderenti lungo tutto lo stivale: vi si accede soltanto dopo aver accettato un « sopralluogo » nel proprio laboratorio e superato un severo esame di ingresso. I membri dell'Accademia si sono impegnati nella ricerca della qualità e a non usare margarina e grassi vegetali nei loro dolci. L'idea di fondare questo organismo professionale è venuta più di dieci anni fa a Iginio Massari, riconosciuto come « il » pasticcere per antonomasia in Italia.

Gli appartenenti all'Accademia organizzano due volte l'anno una sorta di « messa cantata », che li riunisce all'alba, similmente alla recita del « mattutino » dei frati di un convento: sono i Simposi, uno tecnico e uno pubblico, che segnano la vita dell'associazione. Si ritrovano tutti, con divisa e cappello in testa, per assaggiare ciascun dolce preparato: ogni mignon o pralina viene criticata e giudicata. Ma se è difficile entrare a far parte dell'Accademia, oggi presieduta dal bergamasco Gianni Pina, un « figlio d'arte » che ha deciso di continuare l'attività di famiglia a Trescore Balneario (vicino a Bergamo) anziché fare il medico, è anche coraggioso rimanervi, sottoponendosi con umiltà a queste degustazioni dei Simposi. Nell'associazione ci sono pasticceri e cioccolatieri.

Il racconto di questa esperienza unica vuole far capire quanto sia importante una degustazione ben preparata e gestita con professionalità e senza preconcetti mentali.

L'appuntamento è alle 6 della mattina, attorno a un lungo tavolo nella sala conferenze di un albergo di Bologna. È il novembre 2003: il meeting festeggia il decennale dell'Accademia. Ognuna delle « giacche bianche » presenta una sua pralina ripiena: il tema è quello dei frutti e delle essenze fresche. Al termine di ogni degustazione, i partecipanti al Simposio scrivono un voto da uno a dieci, in base a varie specificazioni: aspetto, novità, aderenza al tema indicato, gusto, conservabilità.

La degustazione s'inizia con un cioccolatino al tè. E subito vengono espresse le critiche: « Il guscio esterno è leggero, di buona qualità. Ma l'interno è troppo zuccherino, pur essendo un tipo di pralina destinata agli amanti del cioccolato al latte ». Segue una delizia al limone e qui l'analisi dei colleghi è ancora più netta: « C'è una persistenza troppo bassa della ganache, mentre la camicia che la ricopre è troppo spessa ».

A un certo punto gli accademici assaggiano, dopo un croccante poco convincente, una pralina che a noi pare eccezionale. Ma è rifinita all'esterno con burro di cacao a spruzzo: una procedura molto complessa e difficile da realizzare anche in un laboratorio ben attrezzato. Conclusione: è una pralina rara, ma non commerciale. Bocciata.

Viene servito un cioccolatino dall'aspetto in verità inquietante: il ripieno al mandarino tende a staccarsi. Sentenzia Massari: « Quest'emulsione ha ormai sette giorni. Dovete ricordare che un cioccolatino di pasticceria deve conservarsi al massimo delle sue possibilità almeno due o tre settimane. Se poi il cliente lo vuole tenere in casa di più, sono problemi suoi, nei nostri prodotti non ci devono essere conservanti. Il collega che ha realizzato questa pralina ha avuto un problema: troppa umidità nell'emulsione e così c'è il rischio che il guscio del cioccolatino si apra con l'insorgere di muffe, assolutamente da evitare ».

C'è grande silenzio e attenzione, il microfono passa da una mano all'altra per i vari giudizi e ogni « giacca bianca » incassa il proprio con « umiltà » professionale. A noi che abbiamo il privilegio di assistere, unici esterni, a questo rito d'altri tempi, le praline paiono tutte squisite. Vengono aperte con un coltello affilato, analizzate in controluce, quindi lentamente assaggiate. Quella realizzata con fondente Araguani solleva una critica da parte di alcuni: « La testa è troppo alta, dovuta alla temperatura con la quale è stato rivestito: era calda la ganache, con la conseguenza di un gusto anche un po' troppo aggressivo ».

Scorrono ancora altre realizzazioni degli accademici. Si va dal burro salato con rosmarino al cremino di Nocino, alla gelatina di albicocca fino al ripieno al cognac. Compaiono l'uvetta, il croccantino, lo zenzero e il peperoncino. A un certo punto ci viene chiesto il giudizio su una specialità che dovrebbe colpire il cliente con aromi di erbe alpine. Ma è troppo forte, ci pare un sapore invadente. E ci scappa di dire: « Questo ricorda il Pino Silvestre Vidal... » Una battuta sicuramente infelice, che l'autore del cioccolatino accoglie senza batter ciglio, con un sorriso: « Ha ragione, mi è scappata la mano ».

Quando giungono i dodici rintocchi d'orologio in un vicino campanile, la recita di questo originale « mattutino » volge al termine. E noi restiamo ammirati: una così « squisita » lezione di umiltà, tra professionisti dell'arte dolciaria o tra ristoratori, è veramente difficile da trovare. Ci è anche servita per apprendere alcune regole di base per riconoscere la perfetta realizzazione di una pralina:

– l'aspetto deve essere invitante, lucido o serigrafato, se del tipo ganache quadrata e piatta, alla francese;

– sezionata con un coltellino, o al « morso », deve offrire un taglio netto, pulito;

– il guscio (o copertura) non deve essere troppo spesso e deve ricoprire in modo omogeneo tutta la pralina, chiudendo bene il ripieno anche nella parte inferiore;

– la farcia deve essere armoniosa, suadente, morbida e non offendere il palato con un gusto troppo aggressivo;

– in caso di cioccolatini al liquore la camicia deve essere perfetta, senza sbavature o affossamenti verso l'interno, dovuti a cattiva conservazione o a un prodotto troppo vecchio;

– nei cioccolatini industriali bisogna prestare estrema attenzione ai ripieni: anche se sull'etichetta c'è scritto « cioccolato puro », il ripieno spesso contiene grassi idrogenati, aromi artificiali, conservanti. Il guscio è più spesso, senza personalità, con fondente di bassa qualità. Il confronto tra cioccolatini industriali e artigianali, a differenza delle tavolette, è, in genere, perdente per i primi. Inoltre sappiate che alcune aziende come Caffarel, Venchi, Valrhona... producono praline sfuse di qualità per i negozi di pasticceria e cioccolateria. Spetta all'onestà di chi li vende indicarne la provenienza, senza lasciar credere al cliente che siano « artigianali ». Fare cioccolatini è un'arte difficile, che non si improvvisa: non dimenticatelo.

Uova di Pasqua

Siamo rimasti tutti un po' bambini, con la gioiosa aspettativa di poter aprire un uovo di cioccolato, sentirne il profumo inebriante una volta spaccato il guscio e infine scartare il pacchetto che contiene la sorpresa. I maestri cioccolatieri hanno due « picchi » produttivi: il Natale e la Pasqua. Ma se l'uso di regalare uova è antichissimo, in quanto la festa cristiana coincide con l'inizio della primavera, quello di donarle di cioccolato è piuttosto recente. Occorre una pasta di cacao raffinata da moderni macchinari per riuscire a modellare forme difficili e strane e questo fu possibile soltanto dopo il concaggio inventato da Lindt a fine Ottocento.

In Gran Bretagna, Belgio, Francia e Svizzera la tradizione cioccolatiera pasquale e natalizia si esprime più con animaletti e piccoli pupazzi: campanelle, coniglietti, cuoricini, pesciolini, Babbi Natale. In Italia hanno maggior successo le uova di cioccolato.

Probabilmente questa particolare forma del cibo degli dèi si lega alle usanze più antiche, secondo cui l'uovo – come dicevano i romani *omne vivum ex ovo* (l'uovo è all'origine della vita) – rappresentava sia la fertilità sia l'arrivo della buona stagione primaverile. Fin dal Medioevo le uova colorate venivano regalate ai bambini per simboleggiare la resurrezione. Oggi è la sorpresa interna a rendere particolarmente desiderato l'uovo di cioccolato.

Forse l'usanza di donare uova « preziose » risale al 1883, quando lo zar Alessandro commissionò al maestro orafo Peter Carl Fabergé la creazione di un regalo speciale per la zarina Maria Fëdorovna. Fabergé realizzò un inedito uovo con platino smaltato bianco, oro, brillanti, e altre pietre preziose. Due anni dopo creò, sempre per la zarina, uno stupendo uovo che racchiudeva una sorpresa: un grande successo.

Le prime realizzazioni di uova di cioccolato risalgono agli inizi del Novecento ed erano pesanti: si riempivano a mano stampi metallici a forma di mezzo guscio e poi si univano fondendoli con altro cioccolato. La novità conquistò subito i bambini e quindi furono inventati macchinari particolari adatti a una maggiore produzione e che consentivano una miglior perfezione estetica.

Nel bel libro *Dolci delizie subalpine*, lo storico delle industrie dolciarie piemontesi, Mario Marsero, ricostruisce la fase pionieristica delle uova di cioccolato in Italia, stabilendola a Torino, prima nel laboratorio della vedova Giambone e poi nell'invenzione di una piccola azienda industriale degli anni Venti.

> Negli anni Venti la Casa Sartorio di Torino brevetta un sistema per modellare le forme vuote: « Gli stampi a cerniera chiusi e posti nella macchina, subiscono un movimento di rotazione e rivoluzione mediante il quale la pasta in essi contenuta si distende uniformemente su tutta la superficie interna. Dopo il raffreddamento le forme si tolgono intere, variandone lo spessore a seconda della quantità di pasta che si introduce negli stampi » [la citazione è tratta da una pubblicazione del 1926 sulla fabbricazione del cioccolato, *N.d.A.*]. Grazie alle macchine e alla tecnologia si realizza l'uovo di cioccolato perfettamente geometrico, fatto di due parti di spessore regolabile.

L'introduzione della « sorpresa » comincia a diffondersi nel 1925: prima oggetti semplici, anche animaletti in zucchero o confetti, poi regali sempre più costosi e preziosi. Secondo Marsero, che riporta l'articolo di un giornale di categoria dell'epoca, nella Pasqua del 1927 le uova diventano di gran moda. Oggi, dopo ottant'anni, costituiscono ancora un grande business per chi produce cioccolato in Italia, come confermano sia le cifre dell'AIDI sia quelle della Confartigianato. In pochi giorni gli italiani mangiano circa 16 mila tonnellate di uova pasquali: 12 mila industriali e 4 mila e 500 artigianali. Un record che genera un giro d'affari complessivo di quasi 500 milioni di euro.

Ma se queste cifre sono da capogiro, che dire degli ovetti Kinder inventati nel 1974? Un vero e proprio fenomeno di costume, con le loro sorpresine che hanno conquistato diverse generazioni di ragazzini in tutta Europa e sono diventate oggetti da collezionismo. In una mostra tenutasi al Vittoriano di Roma nell'ottobre del 2004 sono stati celebrati i loro primi trent'anni di vita: se fossero messi in fila tutti gli ovetti venduti in sei lustri, si coprirebbe cinque volte la distanza, andata e ritorno, tra la Terra e la Luna. Sono nati da un'intuizione di marketing. Diceva il cavalier Ferrero ai suoi dirigenti: « Perché ai bambini piacciono le uova di cioccolato? Per la sorpresa che vi possono trovare. Allora diamo loro la gioia della Pasqua per tutto l'anno... »

Non solo Nutella

Nel suo giro del mondo alla ricerca delle origini del cacao – nel libro *I piaceri del cioccolato* – lo scrittore inglese Paul Richardson scrive che « l'amore degli italiani per il cioccolato è uguagliato solo dalla loro passione feticistica per noci e nocciole. Indottrinati fin dalla più tenera età dalla Nutella (...) passano il resto della vita tentando di replicare quel primordiale piacere infantile ». Un giudizio, forse, ingeneroso per gli italiani, anche se conferma come sia stata proprio questa crema alle nocciole, nata ad Alba, nel Sud del Piemonte, il 20 aprile del 1964, a « sdoganare » il cioccolato nelle famiglie italiane, grazie alla rassicurante immagine della fetta di pane.

Le creme da spalmare, o « pasta gianduja », sono un'irresistibile miscela di cacao, zucchero e nocciole, che dall'Italia si è diffusa nel mondo. Il fondatore dell'impero industriale albese è un artigiano: il pasticcere Pietro Ferrero, che, nell'immediato dopoguerra, inventò un « pastone », come lo battezzò lui stesso, realizzato con oli vegetali, nocciole, zucchero e poco cacao. Praticamente un surrogato: allora gli italiani avevano pochi soldi e così quel « Giandujot » in pani da tagliare a fette con il coltello fece la felicità di tanti bambini. *Monsù* Pietro lo definì il « dolce degli umili ».

Negli anni successivi venne ammorbidito e reso cremoso e in molte botteghe di alimentari del Sud Italia iniziò il rito della « spalmata »: i ragazzini entravano con la fetta di pane in mano e chiedevano al negoziante di riempirla con quella crema al sapor di cioccolato. Il figlio Michele Ferrero la migliorò e nel 1964, quando ormai il laboratorio si era trasformato in una grande industria, ebbe l'intuizione di chiamarla Nutella, inventando così un marchio di sicuro successo in tutta Europa. Oggi i vasetti prodotti in un anno dal gruppo Ferrero, messi in fila, coprirebbero una distanza di 40 mila chilometri, come la circonferenza della Terra.

La qualità di una crema da spalmare è data dalla percentuale di nocciole che contiene. Nella Nutella è piuttosto bassa, intorno al 13%, rispetto, per esempio, al 45% di quella prodotta dalla Novi, ma la sua «palatabilità» è unica, la sua «texture» riconoscibile al primo assaggio. La quota di mercato che detiene in Italia e in Europa il marchio Ferrero è altissima, intorno all'80-90% a seconda dei paesi.

Il risvolto più interessante di questo successo del «made in Italy» nel mondo è che per emulazione sono nate ovunque creme da spalmare artigianali. I toscani negli ultimi anni tengono testa ai piemontesi, ma quelle dei torinesi sono davvero ottime. Come la «Giacometta» dell'azienda Giraudi, del cioccolatiere Giacomo Boidi di Castellazzo Bormida (Alessandria), le «Slittosa» e «Riccosa» di Slitti, di Monsummano Terme (Pistoia), la «Crema 2003» con olio d'oliva e sale di Mannori, la De Bondt, la crema di Gobino, arricchita dal burro vaccino, quelle dell'antica bottega Pfatisch, che offre una gamma completa di creme, con la delicata e inarrivabile «Aurea», e anche qualche nuova «firma», come il giovane Guido Castagna di Giaveno, alle porte di Torino, che presenta una «+55» in un'elegante confezione quasi da cosmesi. Così una crema della tradizione cioccolatiera italiana ha contribuito a far nascere un impero industriale da 4,6 miliardi di euro senza però uccidere le piccole botteghe.

La polvere dei due vecchietti

Chi non ricorda, tra quanti sono un po' più avanti con gli anni, quell'immagine che reclamizzava il cacao «Due Vecchi», suscitando, ancora oggi, tenerezza? Era prodotto alla fine dell'Ottocento, dalla Talmone, uno dei marchi storici del cioccolato torinese. Quella «pura polvere solubile di cacao perfetta per la preparazione di dolci, crema e cioccolata in tazza», come recitavano le pubblicità, è arrivata fino al dopoguerra e agli anni Sessanta con il marchio Venchi-Unica sulla scatola in latta. Con i fallimenti causati dal finanziere Michele Sindona negli anni Settanta, la fabbrica chiuse definitivamente i battenti. Ma nel 1998 un gruppo di imprenditori ha fatto rinascere il glorioso brand *Venchi*, che dal 2004 è tornato a produrre le « storiche » lattine di cacao in polvere da 250 grammi: la tenera scatola con la nonnina dallo scialle giallo che versa la cioccolata calda nella tazza del nonnino è tornata nei negozi e non è più un pezzo da collezione da comprare su Internet nelle aste del sito eBay.

I consumi italiani di cacao in polvere sono crollati a 4000 tonnellate circa l'anno, un decimo rispetto alle tavolette. Per un lungo periodo, sia nei primi anni del Novecento sia tra le due guerre mondiali, la polvere bruna e profumata fu uno dei modi principali di consumare il cibo degli dèi.

Forse, più che ai « Due Vecchi », i ricordi dei risvegli mattutini della *baby-boom generation* vanno al Nesquik, il marchio portato in Italia dalla Nestlé nel 1970: una miscela di cacao magro e zucchero da sciogliere nel latte, sostenuta da grandi campagne pubblicitarie – « con sapor di cioccolato rende il latte prelibato » – e riconoscibile grazie alle confezioni gialle. Ma più di tutto ha contribuito al suo successo recente un personaggio da cartone animato, il famoso coniglietto Quicky, che fa la sua comparsa negli Stati Uniti negli anni Sessanta e da noi negli anni Novanta, dopo il restyling spagnolo alla Roger Rabbit. I dati sulla diffusione di questo prodotto tra i bambini sono impressionanti: Nesquik è diventato un'icona della prima colazione, diffuso in un centinaio di paesi del mondo grazie alla forza di penetrazione della multinazionale di Vevey.

Anche la polvere di cacao è un prodotto piuttosto recente, nella storia del cioccolato, nonostante per secoli in Europa la cioccolata fosse consumata soltanto liquida. Ma per tre secoli venne sempre realizzata con le fave schiacciate, conservandone tutto il burro di cacao che contengono. Ne nasceva una bevanda scura, calorica, forte, con uno strato di grasso in superficie, più adatta agli adulti che ai bambini.

Migliorò grazie all'olandese Coenrad Van Houten, che nel 1828 riuscì a ottenere un cacao in polvere facilmente solubile, « spremendo » la massa di cacao e dividendo la parte secca dal burro di cacao. Van Houten aprì nel 1815 una fabbrica di cioccolato ad Amsterdam e nel 1828 depositò il brevetto del processo di *dutching*: si immettono sali alcalini prima della compressione, in modo da ottenere una polvere facilmente solubile. Fino a quel momento la cioccolata calda era riservata ai ricchi: grazie alle sue scatole gialle, Van Houten la rese popolare. Era consumata a merenda in Spagna e in Italia, mentre in Francia è diventata un'abitudine per la colazione mattutina, soprattutto grazie alle confezioni di polvere di cacao vendute da Victor-August Poulain, che nel 1862 trasformò in stabilimento la sua cioccolateria di Blois. Il suo veniva pubblicizzato come *le meilleur des chocolats instantaneés* e venduto in grandi scatole di latta arancione a partire dal 1905 con il famoso slogan pubblicitario: *goûtez & comparez!* Oggi lo storico marchio fa parte del gruppo multinazionale inglese Cadbury-Schweppes.

Capitolo 6
La degustazione: con i cinque sensi

1. *L'aspetto di un buon cioccolato deve essere marrone acceso, leggermente brillante*
2. *Il colore non deve essere né troppo scuro né troppo chiaro*
3. *Si degusta tra i 18 e i 20 °C*
4. *Grazie alla sua finezza, non deve scricchiolare sotto i denti ma fondere in bocca*
5. *Una buona degustazione si fa a piccoli morsi*
6. *Il buon cioccolato non deve mai essere acido, acre o astringente*
7. *I profumi associati al cioccolato non devono coprire la persistenza del cacao, che necessita di equilibrio*
8. *Deve rimanere a lungo in bocca per una migliore degustazione*
9. *Tutte le materie prime e soprattutto la copertura* [di una pralina, N.d.A.] *devono essere di qualità indiscutibile*
10. *Freschezza assoluta*

In fondo a rue du Faubourg Saint-Honoré, al numero 225 (più o meno all'altezza dell'Arco di Trionfo) c'è uno dei santuari per gourmet più famosi di Parigi: qui nel 1975 è nata la Maison du Chocolat creata da Robert Linxe, il primo tra i grandi cioccolatieri francesi che ha rinnovato la pralineria d'oltralpe, rendendola profumata e leggera, e che ora ha boutique in diversi punti della capitale francese, oltre che a Londra, New York e Tokyo. I dieci piccoli « comandamenti », che abbiamo riportato, campeggiano ancora all'interno del suo laboratorio. Un giorno siamo entrati in questa storica bottega e lo stesso monsieur Linxe ci ha guidati a degustare le sue specialità, tagliandole con un coltellino affilato e presentandole su un piccolo vassoio. Un'esperienza singolare: minuscole praline con ganache al lampone, al finocchio, allo zenzero... realizzate con cura certosina. Le sue dieci regole potrebbero essere sufficienti per intraprendere la conoscenza del cioccolato in modo corretto.

La famosa esperta londinese di cioccolato Chantal Coady, la prima a pubblicare nel 1995 la sua personale graduatoria dei migliori produttori europei, nel libro *The Chocolate Companion* dedica poche righe alle regole per conservare e servire il cibo degli dèi. Consiglia di riporre tavolette e praline lontano dalla luce, al riparo da umidità e cattivi odori. Certamente la passione per il cioccolato richiede un'attenzione particolare, che non può essere lasciata all'improvvisazione.

Tra Londra, il Messico e Parigi vive un'altra grande intenditrice di Theobroma cacao, laureata in agronomia e raffinata degustatrice, che per alcuni anni è stata la buyer dei grandi magazzini londinesi di Fortnum & Mason. È la giovane scrittrice Chloé Doutre-Roussel: nel 2005 ha pubblicato *The Chocolate Connoisseur* e con lei abbiamo condiviso lezioni e assaggi in diversi incontri in Gran Bretagna, in Francia e in Italia. Ha regole molto particolari per realizzare la « degustazione perfetta », che minuziosamente descrive nel suo libro:

> 5:00: il mio stereo mi sveglia con musica classica. Sto nel letto a godere della musica, a occhi chiusi.
>
> 5:15: mi lavo i denti e mi preparo alla mia degustazione. Ma voglio aspettare almeno 45 minuti dopo aver usato lo spazzolino e il dentifricio, in modo che la mia sensibilità non ne sia troppo condizionata. Solitamente decido quale tipo di degustazione mattutina fare già la sera prima e la scatola con il cioccolato mi aspetta in cucina: infatti il resto della mia collezione privata è conservata in una stanza speciale a temperatura adeguata.
>
> 6:00: faccio la mia prima degustazione di cioccolato nella giornata. Questo è il momento migliore, perché il mio palato è completamente pulito e totalmente ricettivo, in grado di accogliere gli aromi e i profumi che devo incontrare.

Alcuni potrebbero obiettare che questo è più un sacrificio che un piacere, ma d'altra parte non è meno arduo compilare completamente una scheda di degustazione della Compagnia del Cioccolato:

indica 17-18 diverse valutazioni, suddivise per vista, udito, olfatto, sensazioni tattili e gusto.

Anche se non lo si assaggia alle sei del mattino come Chloé, è però vero che il cioccolato deve essere interpretato con tutti i cinque sensi e le tecniche, codificate da diversi esperti, sono ormai diventate patrimonio collettivo.

Per costruire un vostro profilo di appassionati del cioccolato, avete soltanto una possibilità: assaggiare, assaggiare, assaggiare. Le condizioni migliori sono al mattino, digiuni, ma anche alla sera, nel silenzio della casa, magari dopo un pasto leggero.

Una questione di papille

Ormai la scelta dei consumatori si basa sempre di più sull'analisi sensoriale, che per l'industria alimentare è diventata una disciplina scientifica. Spesso si realizzano test complessi e basati su rigidi protocolli, con una visualizzazione grafica dei profili di ciascun prodotto: ne nascono diagrammi a stella, che gli esperti utilizzano per individuare la qualità di un alimento. È una tecnica nata nel mondo del vino, sviluppatasi poi in altri ambiti: i formaggi, prima di tutto, e poi l'olio d'oliva extravergine e la frutta. Negli ultimi anni sono nati istituti specializzati e anche « nasi elettronici » per individuare sapori, profumi, difetti dei cibi.

All'industria agro-alimentare oggi interessa soprattutto garantire la sicurezza e l'igienicità dei propri prodotti, mentre la grande distribuzione si affida all'impatto del packaging: la confezione diventa un oggetto « semiotico », capace cioè di comunicare con il consumatore. E anche il marketing si è fatto sempre più sofisticato, aggiungendo alle tecniche visive classiche quelle uditive, tattili, « cinestetiche » e olfattive. La collocazione sui banconi di vendita è il primo passo, completato da come il prodotto si presenta e riesce a catturare i nostri sensi.

Molti esperti ricordano che l'analisi sensoriale valuta la « qualità percepita » di un alimento, non la sua vera essenza. Un concetto che cambia con il passare del tempo e viene fortemente condizionato dalle mode, dalla cultura, dal territorio. Che il cibo sia un'espressione di cultura non è una novità ed è dimostrato dalle scienze gastronomiche e da quelle antropologiche. Ci sono specialità di cucina etnica, formaggi, dessert difficili da apprezzare per un occidentale, così come alcuni piatti della nostra tradizione risultano poco appetibili per un giapponese o un cinese.

Con l'avvento della globalizzazione, dell'interscambio più veloce tra paesi lontani, anche in campo alimentare le differenze si sono attenuate e il *melting pot* che si è determinato finisce per premiare gusti semplici e « di base »: gli snack devono essere molto salati, le merendine per la colazione ben dolci, i cioccolatini avere un sapore universalmente accettato. La gastronomia invece è una scienza complessa, è un'interazione tra diverse originalità e quindi, per tornare al cioccolato, è opportuno che un appassionato del cibo degli dèi sappia costruirsi un proprio « profilo sensoriale » basato sul confronto tra i prodotti oggi sul mercato.

Non crediamo che esista un modo « oggettivo » di analizzare una tavoletta di fondente, ma che sia utile conoscere le tecniche migliori per arrivare a un risultato apprezzabile. Nessuno di noi è una « tabula rasa » e quindi ogni assaggio porterà al nostro cervello uno stimolo che metterà in relazione l'alimento da degustare con la nostra « idea » di quel cibo, come la « cioccolosità », o la « cosalità » del cioccolato, come direbbero i tedeschi.

Se chi assaggia una tavoletta è convinto che il buon cioccolato sia soltanto al latte, perché rammenta quello mangiato durante la sua infanzia, considererà « buono » ogni prodotto nel quale ritrovi quel sapore. Chi è abituato ai prodotti di massa, potrebbe rimanere « stupito » di fronte alla complessità in un cioccolato con alta percentuale di cacao, poco zucchero e tanti aromi secondari, difficili da classificare.

I sensi coinvolti nell'analisi di un alimento sono principalmente il gusto, l'olfatto e la vista. Tatto e udito hanno un interesse secondario, ma le nostre cinque abilità sono sempre tutte in gioco.

E in ogni cibo si possono individuare quattro sapori fondamentali: salato, acido o aspro, dolce e amaro. I giapponesi sono convinti che ne esista un quinto, l'« umami », una parola difficilmente traducibile, che potrebbe essere sintetizzata in « delizioso » e che vuole indicare quel dolce-salato di certi piatti a base di carne, pesce o crostacei. Ma è stato individuato anche in alcune alghe, funghi e lieviti molto particolari usati per i vini.

I potenziatori di aromi, con l'uso del glutammato monosodico (per esempio), provocano fenomeni di « sinergismo » e concentrazione dei profumi. Per fortuna, la complessità del cioccolato è tale che, sostanzialmente, non si possono modificare le sue caratteristiche con addittivi. La legge, d'altra parte, consente soltanto alcuni aromi, come la vanillina e la lecitina di soia, insapore, utile ad amalgamare bene zucchero e cacao. Altra cosa sono invece i ripieni di certe praline industriali o a lunga conservazione.

Ma come si arriva a definire questi quattro o cinque sapori fondamentali? Attraverso la lingua, il nostro « terminale » più adatto a interpretare gli alimenti. Anthelme Brillat-Savarin era un giureconsulto, non uno scienziato o un medico, e quando a metà dell'Ottocento scrisse il suo famoso trattato sulla *Fisiologia del gusto* non aveva a disposizione i moderni studi che hanno permesso di individuare le varie categorie di papille gustative presenti sulla lingua. Vogliamo ricordarle perché le sensazioni che nascono da certi cioccolati particolarmente « ricchi » o « estremi » sono percepibili proprio in alcune zone ben definite.

Sappiamo che la punta della lingua, ricca di papille fungiformi, è stimolata soprattutto dalle sostanze più « dolci ». Il salato, invece, viene intercettato dalle papille filiformi che sono al centro, mentre le « foliate » prediligono l'aspro o l'acido e si trovano ai lati della lingua. Questo tipo di gusto è localizzato anche sotto la lingua. Infine, le papille « circumvallate » entrano in azione con le sostanze più amare e sono situate nel centro e nella parte posteriore. Non bisogna dimenticare che i cosiddetti « bottoni gustativi » riescono anche a percepire un'altra qualità del cibo, la ruvidità, che nel cioccolato è importante.

Si tratta di una geografia del palato che tuttavia le ultime scoperte – come scrivono Paolo Massobrio e Marco Gatti nel loro manuale *L'ascolto del vino* – hanno in parte sovvertito, perché ora si è convinti che « tutte le papille gustative sono in grado di percepire ogni sensazione ». Ma c'è un problema: con il passare degli anni questi « bottoni » progressivamente tendono a diminuire. E se con l'avanzare dell'età si perde parte delle finezze gustative, soltanto un esercizio continuo può ovviare al declino del gourmet.

Quanto all'olfatto, basta ricordare che un semplice raffreddore può impedire di distinguere anche i sapori più banali. Il naso è un organo molto importante per interpretare il cioccolato perché, come per il vino, a volte può bastare una buona « annusata » su una tavoletta per capire se si tratta di un prodotto di qualità o se è « piatto », cioè non offre alcuna sensazione complessa. Ma anche la vista ha un ruolo determinante, più di quanto possiamo immaginare. Ci sono studi precisi che lo confermano e la nostra esperienza « al buio » lo ha verificato.

Un piacere complesso

La geometrica eleganza delle tavolette con i quadratini da spezzare, le piccole *napolitaine* da 5 o 8 grammi, le barrette compatte o le accattivanti scatole di cioccolatini costituiscono per molti il simbolo delle tentazioni per la gola. Anche perché nessun cibo offre le sensazioni che dà il cioccolato, quando dallo stato solido si liquefa in bocca. Ecco il primo segreto: il cioccolato non va mai masticato, ma lo si deve lasciar sciogliere in bocca, possibilmente al centro della lingua, contro il palato. È consigliabile un piccolo pezzo o una *napolitaine*: la struttura potrà essere compresa al meglio in questo modo. Ma non bisogna dimenticare, prima di arrivare all'indagine gustativa, che ne servono diverse altre, per capire la qualità del prodotto: tattile, uditiva, olfattiva e visiva. Esistono alcune regole alle quali è meglio attenersi per aumentare il piacere che può offrire questo cibo magico e che non costituiscono una scocciatura da snob.

Intanto è bene che il luogo dove si svolgerà il rito della degustazione sia tranquillo, affinché i cinque sensi possano esprimersi compiutamente. Conviene anche dare un'occhiata all'orologio e al termometro. È meglio che gli assaggi avvengano lontano dai pasti e a una temperatura non elevata, senza odori predominanti, intorno ai 22-24 °C: una situazione facile da mantenere d'inverno, meno d'estate.

C'è un altro accorgimento, magari banale: non si deve fumare almeno per trenta minuti prima dell'assaggio per non condizionare il palato. Su questo punto noi siamo categorici: da anni abbiamo abbandonato sigarette, sigari o pipe, che mettono a repentaglio le papille gustative, oltre che la salute. I puristi consigliano anche di non usare sul corpo o sulle mani profumi, saponi o cosmetici particolarmente persistenti. Infine, gli esperti prescrivono di non ingerire alcun alimento almeno un'ora prima dell'assaggio. Ma su questo punto si possono fare eccezioni. Se è vero che il piacere fondente a fine pasto potrebbe risultare lievemente ridotto, è altrettanto vero che Theobroma cacao è un ottimo complemento di una serata conviviale e in molti ristoranti raffinati esiste una vera e propria « carta del cioccolato ».

Non è inopportuno ricordare che l'acqua, non gasata e non troppo gelata, è il liquido ideale da abbinare e che la sequenza dei prodotti da assaggiare deve seguire un ordine preciso e non essere troppo ampia. Una lunga sequenza di praline o tavolette non permette di coglierne le differenze, quando si superano le prime dieci o quindici, a meno che si abbia il palato molto allenato.

È sicuramente impegnativo organizzare una degustazione, quando ci sono più prodotti da assaggiare. Per il cioccolato si devono seguire le stesse regole del vino o dei formaggi: si inizia dai meno pregiati e meno amari, per arrivare ai più interessanti per gli intenditori: quelli con una maggiore percentuale di cacao e realizzati con fave aromatiche. L'analisi di un cioccolato con tenori di cacao superiori al 65-70% necessita di un'attenzione che mette in campo tutti i cinque sensi, partendo da quelli meno coinvolti a quello più interessato, il gusto.

Tatto

Toccando una tavoletta o una *napolitaine* si può incominciare a capirne la qualità. La sua setosità può essere sensuale e coinvolgente. Maggiori sensazioni tattili si traggono da particolari prodotti con spezie, gruè o frutta secca. Il gruè è il cuore dei semi di cacao e si ricava dalle fave ridotte in granella dopo la pretostatura. L'aggiunta di queste scagliette conferisce rugosità alla massa e gradevoli sorprese al gusto.

Udito

È il momento della rottura della tavoletta. Secondo le interpretazioni prevalenti il cioccolato, quando si rompe, deve « cantare »: deve avere un bel suono sia quando si spezza tra le dita sia quando si addenta. Si può arrivare al rito dello « snap », da fare vicino all'orecchio, specie per tavolette più grandi. Negli ultimi anni questa teoria ha meno sostenitori, specie tra coloro che sono favorevoli alle tavolette non concate.

Vista

Una volta scartato si osserva con attenzione la superficie del prodotto. Secondo la maggior parte degli intenditori deve essere lucida, perché questo indica una buona tecnica di temperaggio. Questo procedimento permette una cristallizzazione perfetta del cibo degli dèi con il risultato di una tavoletta lucente: deve essere ocra chiaro per le specialità al latte e di color mogano (e non nero) per il fondente. A volte può avere riflessi rossastri. Ed è importante che non abbia affioramenti bianchi o grigi. L'intenditore esamina l'uniformità, oltre alla lucentezza, mentre lo spacco netto del cioccolato dà indicazioni sullo stato interno della cristallizzazione.

Olfatto
Le sensazioni al naso variano in base ai tipi di cioccolato: in quelli di produzione di massa, più semplici, prevalgono gli aromi primari del cacao; in quelli di maggiore qualità, si percepiscono invece gli aromi secondari, molto più complessi. Caramello e vaniglia prevalgono nei cioccolati al latte, mentre mandorle, miele, effluvi tostati o fruttati sono nettamente percepibili nel fondente, con complessità forti in quelli aromatici. Non si devono cogliere sentori sgradevoli di muffa, rancido o formaggio: quest'ultimo tipo di odore, a volte, si sviluppa proprio nei prodotti non concati.

Gusto
È ovviamente la parte migliore di tutta la degustazione, che risulterà più completa se prima saranno coinvolti gli altri sensi. Quando il cioccolato è in bocca e lentamente si liquefa, sprigiona appieno i suoi sapori. Si valutano le sue caratteristiche fondamentali: intensità, ricchezza, finezza, persistenza, equilibrio. Si deve sentire lo zucchero e quanto incida, intercettare le note amare, che sono la qualità più apprezzata dagli intenditori, insieme con la punta di acidità che accentua i contrasti e la complessità delle tavolette di maggiore qualità.

Le regole dell'hidalgo

L'hidalgo del cacao è un quarantenne che dal 1994 ha scelto lo pseudonimo di Mack Domori. Con questo nome ha fondato un'azienda che oggi produce uno dei cioccolati migliori che si possano trovare in Italia: un fondente realizzato soltanto con fave di cacao Criollo provenienti dall'Hacienda San José del Venezuela. Quando l'abbiamo conosciuto, in una delle prime edizioni di Eurochocolate a Perugia, l'hidalgo cominciava a predicare il suo verbo e distribuiva vademecum che hanno fatto la storia del cacao di qualità in Italia. L'hidalgo è Gianluca Franzoni, un bolognese che presiede una ditta con sede legale a Genova e stabilimento a None, in provincia di Torino, nella « Gianduja Valley » piemontese. Ma Franzoni è soprattutto un cittadino del mondo, che tra Africa, Sud America, Asia e Oceania è perennemente alla ricerca di nuove piantagioni di qualità.

È il 1999, ottobre. A Perugia, nella città fondente piove a dirotto. Intirizzite praline, tremebonde tavolette e boeri inumiditi accolgono i turisti. Viene da ripensare ai versi danteschi del terzo girone dei golosi: una « piova maledetta, fredda e greve » flagella chi vuole avvicinarsi alle bancarelle del peccato.

Siamo in un albergo nei pressi della « Rocca Pralina », come ha ribattezzato il centro di Perugia l'infaticabile inventore della kermesse, quell'Eugenio Guarducci cui si deve in gran parte l'incremento italiano del consumo di Theobroma cacao. Nella sala conferenze, Gianluca Franzoni espone ai neofiti le migliori tecniche di degustazione e distribuisce dispense con regole e spiegazioni: ci sono le indicazioni relative all'aroma, che viene diviso in primario e secondario.

Aroma primario: debole, gentile, robusto. Il robusto è tipico del cacao Ghana, il gentile è tipico di molte varietà di Criollo e di Trinitario, il debole è tipico del cacao Brasile. È l'aroma proprio di cacao... forse la verità sta nel mezzo.
Aroma secondario: appartiene ai cosiddetti cacao aromatici, anche detti cacao speciali o cacao fini: i cacao Criollo; i Trinitari; anche l'Arriba e l'Esmeralda dell'Ecuador, che però appartengono alla varietà Forastero. È ereditario e correlato al grado di fermentazione. Diminuisce durante la tostatura.

Inoltre Mack Domori propone di dividere gli aromi secondari positivi in vari tipi:

Fiorito: reminiscenza di fiori freschi. È un aroma proprio di un cacao fine, sia Criollo sia Trinitario.
Fruttato: di frutta fresca. Può essere di frutta tropicale, di frutti di bosco o di frutti solari o di agrumi.
Speziato: cannella, zenzero, pepe, caffè, tabacco, ambra.
Nocciolato: di frutta fresca. Mandorla, nocciola, pistacchio. È proprio dei « grandes cacaos » del Venezuela.
Zuccherino: caramello, miele.
Tostato: sensazione tipica derivata dai particolari componenti

che si sviluppano dalla trasformazione degli zuccheri durante la tostatura. Non deve essere elevato perché riduce ogni altro aroma secondario. Potrebbe essere voluto per coprire aromi sgradevoli e mascherare quindi un cacao di scarsa qualità.

Tornando all'analogia con il vino, anche per il cioccolato vi possono essere odori sgradevoli. Si sa quali sono quelli che turbano la buona « lettura » di una bottiglia: di tappo, di feccia, di botte, di ossidazione, di maderizzazione. Similmente, Franzoni classifica così i difetti per il naso di una tavoletta:

Affumicato: spesso legato all'essiccazione artificiale o alla contaminazione da parte di altri alimenti.
Rancido: dovuto a fave germinate, sovrafermentate o rotte, oppure a un'insufficiente essiccazione.
Juta bagnata: odore assorbito dalle fave di cacao durante il trasporto in sacchi umidi o in condizioni di umidità delle stesse fave o dell'ambiente esterno.

Il consiglio dell'esperto è quello di valutare l'*intensità* dell'aroma (sia che si tratti di quello gradevole sia che si tratti di quello negativo) in base al suo « volume », ma senza tenere conto della qualità delle sensazioni, poi di verificare la *ricchezza* dei toni aromatici e quindi la loro *finezza*, che è il vero metro di giudizio per indicare l'eleganza e la nobiltà di un cioccolato.

Per quanto riguarda le sensazioni gustative, l'hidalgo del cacao identifica quattro caratteristiche: la *dolcezza*, propria soprattutto del cacao Criollo, l'*amarezza*, tipica soprattutto del Forastero, l'*acidità*, che non deve essere eccessiva (essendo causata dalla fermentazione della mucillagine che sta attorno alle fave) e l'*equilibrio gustativo*.

E aggiunge una caratteristica molto importante: la *persistenza* che deve avere il cioccolato: si valuta il tempo che intercorre tra la deglutizione e la scomparsa delle sensazioni. « Può essere anche lunghissima, della durata di decine di minuti ». Più è lunga, migliore è il fondente. Quanto all'*astringenza*, cioè la sensazione dovuta alla diminuzione del potere lubrificante della saliva, deve essere praticamente assente. Quando si presenta, la causa è riconducibile a una non corretta fermentazione. Si deve inoltre verificare la *rotondità*, ovvero la viscosità o morbidezza della pasta. La si avverte quando si scioglie il cioccolato ed è proporzionale al suo contenuto. Spiega il fondatore della Domori nel suo decalogo: « Aumenta con il crescere del sapore dolce e della rotondità del burro, diminuisce con l'amarezza e l'acidità. Dipende dalla genetica del cacao e si sviluppa durante lo stoccaggio dei frutti, probabilmente per la modificazione dei polifenoli ».

Troppe informazioni? Troppe parole difficili? Ma se questa è la teoria, nella pratica ciascuno può costruirsi l'identikit del cioccolato che preferisce. L'importante è saper distinguere le qualità migliori e soltanto con molti confronti vi sarà possibile scoprirle.

Come diventare sapienti

Secondo alcuni degustatori, quando si ha in bocca un pezzo di cioccolato d'alta qualità, si apre una sinfonia musicale con molte note che è bene imparare ad ascoltare. Non bisogna mai avere fretta, per analizzare fino in fondo un buon fondente o un'ottima *napolitaine* al latte: dopo che il cioccolato si è sciolto, la sua persistenza può rimanere a lungo sul palato, entrare nella zona retronasale, arrivare fino al cervello per raggiungere sensazioni inimmaginabili. Pochi cibi hanno la stessa capacità di rilasciare a lungo sensazioni gustative.

Purtroppo l'industria ci bombarda di aromi e profumi artificiali per nascondere la mediocre qualità del cibo che produce e quindi siamo disabituati a interpretare sapori complessi come quelli che si possono trovare in una tavoletta di ottima qualità.

Nessuno compra un nocciolato o una barretta per togliersi la fame, ma per provarne piacere, come per il vino. È vero che i derivati del cacao sono un alimento e che nel Nord Europa si « mangia » il cioccolato, ma se invece desiderate conoscerlo bene, dovete prestare attenzione a tutte le sensazioni gustative che vi può dare.

Se pensate di far parte di una di queste categorie di appassionati del cioccolato potete entrare a far parte della categoria degli intenditori:

1) *stile Lindor*: vi piace soltanto quello al latte, che profumi soprattutto di caramello, di zucchero e che sia un prodotto sostanzialmente cremoso e dolce; la « scioglievolezza » del cioccolatino Lindt ripieno è per voi la massima apoteosi possibile; c'è chi di voi a volte si rifugia, in momenti di sconforto, persino nelle barrette Kinder Ferrero al latte dell'infanzia;

2) *stile Novi*: pensate di aver trovato il miglior fondente, reperibile facilmente al supermercato, con una buona consistenza al palato, croccante e con una percentuale di cacao tra il 50 e il 70% e non vorreste più lasciarlo. La vostra convinzione è quella dello slogan: « svizzero? No, Novi ». Questo profilo vale anche se, oltre all'azienda leader nel settore delle tavolette in Italia, avete eletto come vostro preferito un altro tipo di barretta « bitter » e « dark », magari Perugina o Lindt; la vostra inclinazione è di non cambiare, siete abitudinari e legati a un prodotto;

3) *stile Bacio*: le nocciole e le mandorle per voi sono il massimo della libidine; se il cioccolato non ne contiene almeno un po', non siete contenti: il primo gradino è il Ferrero Rocher, segue il Bacio Perugina; i più evoluti si rifugiano nel gianduiotto Caffarel; ma se non avete mai provato un gianduiotto « colato » senza latte di un artigiano come Gobino o fatto a mano da Giordano, allora non sapete cosa sia il vero matrimonio tra nocciole e cacao;

4) *stile Godiva*: senza un tartufo, una ganache, un ripieno a base di crema, nessun derivato dal cacao riesce a deliziarvi; il massimo del piacere è sentire prima la polvere di cacao sulle labbra, per poi arrivare alla parte morbida; cremini, praline ripiene, boeri al liquore sono i vostri preferiti.

È doveroso rammentare che esistono altri due gruppi di « chocoholic », che apprezzano derivati dal cacao rispettabilissimi, ma che hanno regole di degustazione e di analisi sensoriale diverse. Ne parleremo più avanti nella parte dedicata ai « consigli per gli acquisti », elencando le varie tipologie reperibili in commercio:

5) *stile Nutella*: il vostro gusto si è assuefatto al cacao grazie alla crema da spalmare Ferrero e poi, una volta diventati adulti, non siete più riusciti a distaccarvi da questo mitico barattolo, specie nei momenti di ansia per le difficoltà quotidiane; riuscite però ad apprezzare anche le creme artigianali con percentuali più alte di nocciola « tonda e gentile » e cacao;

6) *stile Mars*: vi riempite lo stomaco di merendine con miele,

cioccolato al latte e wafer; le macchinette automatiche dell'ufficio sono la vostra àncora di salvezza a metà mattina o se fate tardi la sera.

Diventare degli intenditori o dei golosi sapienti vuol dire riuscire a stabilire una comparazione tra i diversi tipi di tavolette oggi in commercio, che possiamo sinteticamente classificare in:

a) *cioccolato di massa, di mediocre/media qualità*, a basso prezzo (intorno ai 15 euro il chilogrammo) prodotto da grandi industrie che sfornano milioni di pezzi uguali in tutto il mondo senza distinguere la provenienza del cacao d'origine né dichiararla in etichetta. A volte vengono usati aromi artificiali oppure additivi, per tavolette più da « mangiare » che da degustare; gli esempi sono molteplici: Nestlé, Perugina, Novi, Milka Kraft, ma anche molti prodotti del commercio equo e solidale. In genere la percentuale di cacao non è mai superiore al 30% nel latte e al 50% nel fondente;

b) *cioccolato di alta qualità*, ha un prezzo maggiore (intorno ai 20-30 euro il chilogrammo) e percentuali di cacao intorno al 70% per il fondente e superiori al 40-50% per il latte; spesso ha il paese d'origine delle fave indicato in etichetta. Si tratta di prodotti realizzati sia da piccole-medie aziende (Valrhona e ICAM, per esempio), sia da grandi gruppi dolciari che offrono una gamma di eccellenza (Novi, Perugina e soprattutto Lindt). Appartengono a questa categoria anche le tavolette di tanti artigiani cioccolatieri che acquistano la massa di cacao e poi realizzano in laboratorio tutta la restante parte della lavorazione, o semplicemente comprano coperture da aziende specializzate, come Felchlin, Valrhona, ICAM, Barry Callebaut, e le impreziosiscono con spezie, aromi, frutta secca;

c) *cioccolato estremo*, con caratteristiche molto particolari, difficili da capire immediatamente, a un prezzo tra i 40 e i 50 euro al chilogrammo. Ha percentuali di cacao che vanno dal 70 al 100%, con indicata sempre sulla scatola la provenienza delle fave. Al palato offre sensazioni di acidità, astringenza e persistenza che durano a lungo. Fanno parte di questa categoria i prodotti di piccole aziende come Amedei e Domori e le specialità dei migliori cioccolatieri.

Per riconoscere un buon cioccolato vi consigliamo di seguire queste semplici indicazioni:

1) aspetto
Guardate il cioccolato: come si presenta? Che colore ha? È lucido o opaco, ha affioramenti o è omogeno? È invitante?

2) suono
Rompetelo: ha un suono sordo o netto? Guardate la tavoletta nel punto di rottura: come appare la texture: omogenea o rocciosa?

3) sensazioni tattili
Come vi appare al tatto? Liscio, sabbioso o con delle bolle?

4) Olfatto
Annusatelo, di che cosa sa? Quali odori e profumi vi ricorda?

5) Gusto
In bocca quali sono le vostre prime sensazioni? È dolce o amaro? Si sentono difetti? Quanto persiste il suo sapore?

Non basta soltanto rispondere a queste domande, bisogna arrivare a una valutazione vera e propria del prodotto, secondo una scala di valori come hanno più volte indicato, con vari metodi, gli stessi professionisti del settore, l'Accademia Maestri Pasticceri Italiani e la Compagnia del Cioccolato.

Noi abbiamo elaborato una scheda di degustazione e valutazione, con un voto da uno a dieci – come a scuola, la sufficienza si dà sopra il 5 – in modo da ottenere alla fine un 100 in caso di qualità perfetta. L'abbiamo poi testata e perfezionata con il cioccolatiere torinese Guido Gobino e la sua responsabile controllo qualità, Cristina Chiriotto: con la loro collaborazione, in diverse sedute, abbiamo assaggiato almeno un centinaio di prodotti.

La ciocco-pagella di « Conoscere il cioccolato »

Azienda ______________________________

Prodotto ______________________________

Fondente ☐
Latte ☐
Gianduja o ripieno ☐
Bianco ☐

Percentuale di cacao ____________________

Sensi impegnati	Caratteristiche	voto da 1 a 10
1) vista	lucentezza e attrattività	
2) vista	aspetto e colore	
3) udito e tatto	qualità dello snap e rottura	
4) olfatto *	aromi gradevoli primari del cacao o odori sgradevoli	
5) olfatto/gusto	intensità aromi secondari	
6) gusto	fusibilità e finezza	
7) gusto **	astringenza e acidità	
8) gusto	dolcezza/amarezza	
9) gusto	persistenza	
10) gusto	equilibrio complessivo	
Totale		
Osservazioni personali		

Nota: per il cioccolato bianco non si compilano le voci 5 e 7, perciò, in questo caso, il punteggio massimo sarà di 80 punti

* Se prevalgono odori sgradevoli, votazione da 0 a 5 (insufficiente); se prevalgono aromi gradevoli primari, votazione da 6 a 10 (sufficiente)

** Per il cioccolato al latte si valuta soltanto l'acidità, che non deve essere presente: in caso fosse avvertibile, giudizio insufficiente da 0 a 5

Nelle nostre comparazioni abbiamo iniziato dal cioccolato bianco, per passare a quello al latte e poi al fondente, confrontando, per ciascuno dei tre tipi, i prodotti della grande industria con quelli artigianali o di alta qualità. Infine le estreme percentuali di extra-noir e i cento per cento di massa di cacao.

Questi appunti di degustazione vogliono essere una sorta di guida alla valutazione per giungere al giudizio finale. Se volete provare a casa con gli amici, potete fotocopiare la pagina con la scheda: vi consigliamo, per le prime volte, di non mettere a confronto più di una decina di tavolette. Ogni prodotto ha bisogno di una scheda, ma se siete pratici di computer potete costruirvi in Excel una tabella più complessa con diverse voci e trovare subito il punteggio finale.

1) Vista: lucentezza e attrattività

Si valuta il primo impatto visivo che offre la tavoletta o la *napolitaine*, che non deve avere affioramenti di burro di cacao: in caso contrario, significa che è troppo vecchia e non è degustabile.

Il cioccolato deve apparire nel complesso « invitante », cioè essere attraente a livello visivo.

Se la superficie è opaca: giudizio negativo, se la superficie è lucida o brillante: giudizio positivo.

Appunti di lavoro
Ogni tavoletta è stata scartata, esaminata sia nella parte inferiore sia in quella superiore, poi adagiata su un piccolo tagliere (meglio di materiale tecnico da cucina) e sezionata con un coltellino o a volte spezzata con le mani.

Prima di ogni analisi abbiamo sempre letto le etichette con gli ingredienti, che forniscono notizie molto interessanti.

In genere le tavolette industriali (il tipo « a ») sono abbastanza pulite e lucide. Ci è capitato di trovare qualche patina chiara, anche per prodotti che denunciavano una scadenza lontana: questo difetto non è da ascrivere al produttore ma a chi ha effettuatto lo stoccaggio e addirittura al tempo impiegato per scaricare il camion refrigerato usato per il trasporto. Nel cioccolato bianco l'aspetto è di solito invitante, lucido, brillante, ma si è poi verificato che non sempre la buona immagine corrisponde a un gusto perfetto. Le tavolette di tipo « b » hanno anche disegni particolari, per identificare il « brand ». Alcuni cioccolatieri francesi usano contrapporre la parte lucida con una superficie lavorata « a tessuto » ruvido, che dà un piacevole contrasto. Le tavolette di tipo « c » spesso sono meno « attrattive » di quelle industriali ma il consiglio è: non fatevi condizionare troppo dal primo impatto visivo.

2) Vista: aspetto e colore

L'analisi visiva è più approfondita e valuta l'aspetto della superficie.

Se la superficie è porosa, patinata o striata: giudizio negativo.

Se la superfice è uniforme e porcellanata: giudizio positivo.

Inoltre vi sono indicazioni precise per quanto riguarda il colore.

Per il fondente:

- se è eccessivamente scuro (con tendenza all'ebano): giudizio negativo;
- se si presenta sui toni mogano, bruno o cannella: corretto;
- se assume riflessi rossastri: giudizio positivo.

Per il cioccolato al latte:

- deve essere ocra chiaro, con una intensità piena e tendente al cacao.

Per il bianco:

- deve essere non troppo gessoso, bensì avere una tonalità tendente all'avorio.

Appunti di lavoro
In genere le tavolette industriali di cioccolato bianco sono di un bel giallo brillante e pieno, le migliori sono più chiare e burrose. Per quanto riguarda il cioccolato al latte, i quadratini sono quasi perfetti per i prodotti industriali di tipo « a ». Le imperfezioni maggiormente riscontrate in quelle artigianali sono da ascrivere a difetti nella fase di temperaggio: presentano una superficie lievemente puntinata, con qualche bolla di troppo. Le tavolette al latte tendono a essere meno « plastiche » di quelle fondenti e vi sono anche notevoli differenze di colore tra l'una e l'altra, a seconda che siano state usate alte o basse percentuali di cacao. I fondenti industriali a volte sono più « belli » di quelli artigianali, perché le attrezzature usate sono di migliore qualità. Il colore assume una particolare importanza nel fon-

dente: quello di basso costo è scuro, tendente al mogano e al nero; quello migliore è più chiaro e con sfumature rossastre.

3) Udito e tatto: qualità dello snap e rottura

Nella rottura con le mani il cioccolato deve fornire, soprattutto se fondente, un suono squillante.

Se il suono è sordo: giudizio negativo.

Se il suono è netto: giudizio positivo.

Qualora sia al latte, comunque deve avere una piacevole croccantezza, intesa come consistenza e resistenza alla rottura con le mani.

Al tatto la superficie della tavoletta deve essere liscia e non granulosa.

Appunti di lavoro
Non estremizzate l'assoluta ricerca di questo suono un po' mitico, lo « snap » della *napolitaine* che si rompe tra le dita. Anche con il coltello mentre incide la tavoletta si può capire se sia « sordo » o « netto » il suono. È un criterio che alcuni esperti contestano, perché soltanto indice di un buon concaggio e temperaggio del cioccolato. Raramente si va a cercare lo « snap » per il cioccolato bianco (anche se quelli di tipo « a », a volte, riescono a essere plastici) o per quello al latte (a meno che abbia alte percentuali di cacao), ma piuttosto per quello fondente. E qui incominciano le sorprese: i cioccolati artigianali di qualità (di tipo « b » e « c ») in genere si comportano meglio di quelli industriali, salvo alcune recenti lavorazioni a « foglia », molto sottili, che le piccole imprese faticano a mettere in produzione. In questa fase di valutazione si prende in considerazione anche la pasta interna della tavoletta: se presenta buchi, bolle, sabbiosità evidenti e frastagliate, il concaggio e il temperaggio non sono stati eseguiti al meglio. In genere le tavolette industriali non hanno questo tipo di difetti.

4) Olfatto: aromi gradevoli primari del cacao o odori sgradevoli

È la prima analisi olfattiva diretta dei sentori dovuti al cacao e nello stesso tempo valuta le sensazioni negative, cioè i possibili odori di cartone, juta, ossidazione da invecchiamento, muffe.

Se l'aroma di cacao è evanescente o aggressivo: giudizio negativo.

Se l'aroma di cacao è penetrante e intenso: giudizio positivo.

Appunti di lavoro
Prima di porre un pezzetto di cioccolato sulla lingua, affinché si sciolga, è buona regola annusarlo. La temperatura di degustazione, la freschezza del prodotto e la percentuale di cacao che contiene sono fondamentali per questo test. Come abbiamo scritto anche nelle istruzioni, il « voto » della « ciocco-pagella » deve essere dato con un doppio criterio: prima bisogna verificare che non vi siano odori cattivi, come quello di cartone, di muffe, di acidità residue. Se ve ne sono, non si dà la sufficienza, ma un voto da zero a cinque, in base alla gravità del difetto. Si dà la sufficienza quando si colgono gli aromi primari che, come abbiamo spiegato, sono quelli del cacao e della vaniglia. Un prodotto di livello « c » si può facilmente individuare soltanto annusandolo, senza neppure assaggiarlo. È un po' come per il vino: la prima degustazione avviene con il naso. Naturalmente per il cioccolato bianco prevalgono le note di zucchero e di vaniglia, poiché ormai quasi tutti i tipi di burro di cacao sono inodori. La vera differenza è data dalla bacca di vaniglia: se è stata usata quella naturale, emerge subito. Se ci sono aromi artificiali, si percepiscono: per esempio, la vanillina, il cui aroma pizzica subito la lingua e poi svanisce velocemente. Per il cioccolato al latte le differenze tra i tipi « a » e « b » sono meno evidenti, ma nelle tavolette « a » prevale il caramello e lo zucchero, mentre nelle « b » si sente un effluvio di cacao misto a latte, che cresce con la qualità del latte contenuto. Infine i fondenti sono il vero campo di applicazione per questo test con il naso: spesso le barrette di tipo « a » non parlano alle narici, sono del tutto inodori (a meno che abbiano un piccolo trucco, denunciato in etichetta, l'aggiunta di polvere di cacao alla massa), mentre già per quelle della categoria « b » i sentori olfattivi arrivano subito. Si distinguono aromi « caffettati », « tostati », « cacaosi », che preludono alle complessità della fascia « c », con profumi di frutta secca, tabacco, legni.

5) *Olfatto/gusto: intensità aromi secondari*

È l'analisi olfattiva più complessa. Un piacevole cioccolato dovrebbe presentare uno o più dei seguenti aromi, percepiti in via retronasale, dopo la masticazione:

- tostato (ma non bruciato) e caramello: se eccessivo, giudizio negativo; se equilibrato, giudizio di correttezza;

– fiori, frutta, miele, frutta secca, spezie, caffè, tabacco: giudizio positivo.

Appunti di lavoro
Dopo l'« annusata », finalmente si mette in bocca un pezzo di tavoletta: arrivano al cervello i dati che rimarranno più a lungo anche dopo la masticazione. Gli aromi secondari sono meno facili da riconoscere e in genere si riescono a percepire soltanto con un buon allenamento. Li abbiamo posti a metà strada tra l'olfatto e il gusto, perché si possono individuare anche soltanto con il naso, oltre che con il palato. Inutile tentare questo esercizio con il cioccolato bianco. Le differenze tra la fascia « a » e quella « b » nel cioccolato al latte sono notevoli: in genere le tavolette industriali si fermano agli aromi primari, mentre in alcuni prodotti di tipo « b » l'aggiunta di panna al latte in polvere degli ingredienti riesce a dare una marcia in più. Il fondente è il vero punto di divergenza: i cioccolati della fascia « a » quasi non hanno aromi secondari, in quanto la presenza del 50% di zucchero nasconde tutto. Si incominciano a percepire con i fondenti di tipo « b », con aromi crescenti quanto più è alta la qualità del cacao usato e la percentuale di cacao immessa. Infine le *napolitaine* di tipo « c » sono una vera scoperta, eccitante, sensuale, quasi inimmaginabile. Lentamente, si viene inondati dai sentori di pepe, spezie, liquirizia, colpiti da legnosità e qualità fruttate. Si percepiscono, alla fine, persino note salmastre, legate ai territori lontani in cui sono cresciuti gli alberi di cacao.

6) Gusto: fusibilità e finezza

Un cioccolato deve essere « rotondo », avvolgere il palato, fornire sulla lingua una sensazione di cremosità e non di ruvidezza. La fusione deve essere rapida. Inoltre deve dare una finezza complessiva, cioè offrire un buon grado di pulizia in bocca.

Se la sensazione è di polveroso o granuloso: giudizio negativo.

Se è scorrevole: giudizio positivo.

Appunti di lavoro
L'abbiamo già spiegato e lo ripetiamo: un cioccolato va sciolto in bocca. Quanto più rapidamente diventa liquido, lasciando la bocca « pulita », senza renderla impastata, come fa soltanto il cioccolato Gianduja per la peculiarità delle nocciole, maggiore sarà la sua qua-

lità. La sorpresa delle nostre degustazioni è che i cioccolati di tipo « a », sia che si tratti di bianco, di latte o di fondente, hanno superato bene questa prova. A volte questa « finezza », verificandosi una eccessiva sabbiosità, manca invece nelle produzioni artigianali. Le macchine per la lavorazione, il concaggio, il temperaggio in genere sono tarate meglio, sono più perfette e moderne nella grande industria. Non ce ne vogliano gli artigiani, ma è naturale. Il cioccolato è spesso frutto di alta tecnologia e in questo campo difficilmente un piccolo produttore potrà battere la grande impresa.

7) Gusto: astringenza e acidità

Sono due caratteristiche difficili da apprezzare. Sono proprie dei cioccolati prodotti con cacao aromatici e fini, da cru particolari. Un'astringenza troppo marcata può essere un difetto dovuto alla cattiva fermentazione del cacao. L'acidità finale, d'altra parte, non deve squilibrare le sensazioni gustative: come i tannini per i vini rossi, costituisce la « sorpresa » e la « definizione » di certi cioccolati ad alta percentuale di cacao.

Appunti di lavoro
Qualcuno potrebbe pensare che questo parametro sia un difetto. Infatti non è da prendere in considerazione per il cioccolato al latte e per il bianco. Non si trova, se non raramente, nelle tavolette fondenti di tipo « a », mentre incominciamo a incontrarlo in quelle di tipo « b » ed è la caratteristica principale di quelle « c ». Proprio per questo le abbiamo definite « estreme »: un chocoholic stile 1, 3, 4, 5 e 6 difficilmente potrà apprezzare queste *napolitaine*. Sono cioccolati che al palato offrono elementi, sia pure equilibrati, di acidità e astringenza che ne fanno una loro peculiare qualità.

8) Gusto: dolcezza o amarezza

Rappresentano la valutazione di equilibrio globale del cioccolato: il fondente non deve essere eccessivamente amaro, quello al latte non deve essere troppo dolce, indice di una preponderanza dello zucchero. In questo caso il giudizio risente molto delle personali inclinazioni.

Appunti di lavoro
Siamo abituati male: i cioccolatini industriali hanno sapori facili e

omogenei, tendenti al dolce, e le produzioni di massa del cioccolato bianco e di quello al latte sono eccessivamente zuccherine. Lo zucchero costa quattro-cinque volte meno di un buon cacao e perciò le grandi imprese abbondano, sapendo di avere di fronte dei consumatori-bambini. Anche per l'amaro siamo abituati male: non ci piace, lo evitiamo, non sappiamo più che cosa sia, salvo forse per certi superalcolici di moda. Invece è una caratteristica del gusto molto armonica, se associata ed equilibrata con il dolce. Ci sono cioccolati che entrano in bocca dolci e lasciano alla fine un amaro gradevole. Il giudizio in questo caso è molto soggettivo, ma ci sono parametri fissi: un cioccolato al latte più « cacaoso » sarà di maggior qualità (raramente si trovano nella fascia « a »). I fondenti che hanno miglior equilibrio dolce/amaro sono quelli di tipo « b » e « c ». Naturalmente con l'aumentare della percentuale di cacao cresce l'amarezza, ma anche qui ci sono sorprese incredibili. Una tavoletta all'85% di una grande azienda svizzera è risultata molto più amara (e squilibrata) di un cioccolato « estremo » al 100%, prodotto con una particolare qualità di cacao, il Criollo in una zona del Venezuela.

9) Gusto: persistenza

Un buon cioccolato deve avere una lunga persistenza dopo la deglutizione. Deve lasciare piacevoli sensazioni al palato e non scomparire in breve.

Se la permanenza è scarsa: giudizio negativo.

Se la permanenza è media o lunga: giudizio positivo.

Appunti di lavoro

Aspettate, aspettate e aspettate ancora. Se un cioccolato continua a regalarvi percezioni gradevoli anche dopo averlo deglutito, allora vuol dire che è di ottima qualità. Le differenze tra la categoria « a » e la « c », in questo tipo di giudizio, sono notevoli: più sale la qualità della tavoletta e più a lungo durerà la memoria sensoriale del vostro assaggio. La persistenza di un'eccellente *napolitaine* può durare anche alcuni minuti. In questo intervallo, non bevete niente e non mangiate altro, se volete goderne fino in fondo. Se preferite, prima di compilare questa parte della « ciocco-pagella » potete passare al punto successivo e poi tornare su questo.

10) Gusto: equilibrio complessivo

Indica il complessivo equilibrio delle percezioni recepite per via retro-nasale, compresa la « franchezza », il grado di pulizia dell'aroma, cioè l'assenza di note negative, anche se scarsamente percepite.

Appunti di lavoro
È il voto finale, quello che riassume il giudizio complessivo tenendo conto delle altre nove valutazioni. A volte le tavolette industriali sono « squilibrate » perché troppo cacaose, troppo dolci, troppo plastiche, troppo aggressive al palato. Ci sono aziende che perseguono il « melange » di vari cru di cacao per mantenere sempre lo stesso gusto, che costituisce il loro « marchio » di fabbrica, mentre chi ricerca le varietà aromatiche di cacao fini non bada a queste differenze.

Capitolo 7
L'etichetta: la guerra dei grassi

L'uomo: « A che servono le cartucce in battaglia? Io porto sempre della cioccolata, invece: e l'ultima tavoletta l'ho mangiata molte ore fa ».
Raina: « Cioccolata! Come! Si riempie le tasche di dolci come un bambino, anche sul campo di battaglia?

George Bernard Shaw
(*Le armi e l'uomo*, atto primo)

George Bernard Shaw aveva un grande rispetto per il cibo. Non è quindi un caso che il drammaturgo irlandese, in una delle sue commedie più note, abbia usato il cioccolato per ridicolizzare la guerra. Il sipario di *Le armi e l'uomo* si apre su un interno borghese, affacciato sui Balcani e precipitato quasi per caso nel conflitto del 1885 tra Bulgaria e Serbia: un uomo e una donna si parlano. La battaglia volge al termine, lui è un soldato serbo in fuga, lei è la padrona di casa, spaventata dalla sua pistola. Ma il militare « nemico » la tranquillizza: non ha più munizioni. La protagonista, Raina Petkoff, se ne stupisce, e infine, con un gesto che è un capolavoro di finezza, gli offre un suo cioccolatino alla crema, uno dei pochi rimasti in una scatola a lei molto cara.

Il premio Nobel Shaw affida al cibo degli dèi un messaggio di pace. In tempi più recenti, invece, la burocrazia dell'Unione Europea è riuscita a trasformarlo in una sorta di *casus belli*, come nell'incredibile conflitto per l'Eurotavoletta, che ha impegnato le cancellerie del

Vecchio Continente quanto la nota Guerra dei Trent'anni, scoppiata nel 1618 dalla rivolta dei Boemi contro Ferdinando II d'Asburgo.

Al centro del contendere vi sono i grassi vegetali aggiunti nel cioccolato, permessi fino a una percentuale del 5%. Ora nell'Unione Europea sono ammessi, ma contro questa scelta si è combattuta una lunga guerra a colpi di leggi, sentenze, prese di posizione e pressioni economiche. Una vicenda della quale anche chi non è un esperto di cioccolato ha sentito parlare.

Per togliere ogni dubbio, va chiarito che finora le tavolette prodotte in Italia, sia dall'industria sia dagli artigiani, non contengono né burro di illipé né olio di cocco in aggiunta al purissimo burro di cacao.

In realtà l'Europa dei burocrati ha fatto di tutto per farsi odiare dai golosi, causando una estenuante diatriba tra il Nord del Vecchio Continente, abituato da tempo ai grassi vegetali nelle barrette, e il Sud, da sempre contrario, con Spagna e Italia in prima fila. La vicenda dell'Eurotavoletta, uno dei pochi alimenti che sia stato regolato quasi completamente da Bruxelles, non è del resto diversa da altre che hanno causato conseguenze deleterie per i consumatori e per il gusto: come il caso dell'olio extravergine di oliva « italiano DOP », che si può preparare con oli marocchini e tunisini, o la toma « caprina » fatta con il latte vaccino, la birra « fantasy » al sapor di banana e mirtillo o il pane prodotto con sfarinati alimentari, erbe e amidi maltati.

Nell'ingarbugliato caso del cioccolato all'olio di palma l'Italia ha tenuto ben ferme le sue posizioni e per molti anni ha continuato a difendere le ragioni della purezza, nonostante dall'Unione Europea siano arrivate le minacce di pesanti sanzioni.

La storia della disfida sull'Eurotavoletta, anche se un po' complicata, merita di essere raccontata: è uno spaccato di come funzionano i rapporti tra Roma e Bruxelles, tra lobby contrapposte del Nord e del Sud del mondo, tra artigiani e industrie.

Trent'anni di « dolci » battaglie in Europa

Siamo a Torino, quando arriva la notizia da Strasburgo che il Parlamento Europeo ha approvato di stretta misura il « via libera » ai grassi vegetali nel cioccolato: è il marzo 2000 e in Galleria San Federico, il salotto buono della città, dove si affaccia uno dei più antichi caffè storici, il Baratti & Milano, un gruppo di cioccolatieri inalbera cartelli semi-seri con una scritta scherzosa: «Mani in alto, questa è una pralina». È una sorta di sit-in improvvisato, quasi contemporaneo all'inaugurazione dell'edizione torinese di Eurochocolate. In nome del « bicerin » (la bevanda sabauda a base di caffè, panna e « ciccolata »), insorgono i puristi coinvolti da Eugenio Guarducci, organizzatore della kermesse, che va dicendo indignato: «È come se si mettesse il 5% di birra nel Brunello di Montalcino. È uno scandalo. I paesi che hanno ottenuto queste norme a danno dei consumatori sono una minoranza: eppure sono riusciti a far passare la loro tesi. Ma l'aspetto che mi inquieta di più è che in etichetta non ci sarà scritto 'surrogato', come finora in Italia era obbligatorio». Così la cronaca della rivolta dei cioccolatieri su « La Stampa » del giorno dopo (16 marzo 2000):

> Tra gli stand, in un mare di praline, giandujotti, boeri e baci alla nocciola, i cioccolatieri più noti d'Italia si sentono defraudati della loro arte sopraffina. Commenta Paul De Bondt, un simpatico olandese che a Pisa ha aperto con Cecilia Iacobelli un laboratorio in cui produce un fondente con il 95% di cacao purissimo: «È un imbroglio legalizzato. Io porto sempre con me nelle degustazioni un po' di simil-cioccolato inglese, quello in cui sono già ammessi i grassi, per fare sentire la differenza con il prodotto puro». Aggiunge Bruna Peyrano, della famiglia che a Torino ha tenuto alta la tradizione del giandujotto: «Noi usiamo soltanto burro di cacao, cacao, zucchero e bacche di vaniglia. Le norme approvate a Strasburgo permettono una concorrenza sleale: ora il consumatore dovrà stare ben attento all'etichetta».

A Strasburgo il verde Daniel Cohen-Bendit si è battuto contro la nuova normativa, ma poi al momento del voto in aula molti eurodeputati ambientalisti si sono « squagliati » e « defilati » come cremini al sole, senza neppure opporsi alla norma che consente l'aggiunta anche di « grassi contenuti dalla modificazione genetica », cioè ottenuti da OGM.

Ma come si è arrivati a quel voto dell'Europarlamento?

La storia è lunga e risale al primo allargamento della CEE, come si chiamava allora l'Unione Europea. Nel 1973 entrano nella Comunità Inghilterra, Danimarca e Irlanda, aggiungendosi al nucleo fondatore dei primi sei paesi del Patto di Roma: Belgio, Francia, Germania, Italia, Lussemburgo e Olanda. E tra i temi al centro della trattativa per lo storico ingresso nella CEE del Regno Unito c'è anche il cioccolato. L'allora primo ministro conservatore, Edward Heath, ottiene che vengano modificate alcune norme generali sulla composizione, il confezionamento e l'etichettatura dei prodotti alimentari.

Già dagli anni Cinquanta, in Gran Bretagna e Irlanda le grandi industrie dolciarie avevano il permesso di introdurre un grasso vegetale nel cioccolato, fino al 5%. Si tratta del CBE, acronimo che indica il Cocoa Butter Equivalent, un succedaneo del burro di cacao realizzato solitamente con il 50% di olio di karité, il 30% di olio di palma e il 20% di olio di semi di illipé. Il più « pericoloso » per la nostra salute – ovviamente non nocivo o velenoso, sia chiaro, ma dieteticamente poco corretto – è forse l'olio di palma, composto per il 59% di acidi grassi saturi, meno facilmente assimilabili. Inoltre anche sul cioccolato al latte c'era un problema: a quel tempo nei tre paesi appena entrati in Europa si poteva produrre una tavoletta con soltanto il 20% di cacao e ben il 20% di latte e definirlo « cioccolato al latte », mentre negli altri Stati le percentuali minime erano del 25% per il cacao e del 14% per il latte.

La pressione di Heath e della COABISCO (Association of the Chocolate, Biscuit and Confectionery Industries dell'Unione Europea) ottiene il risultato sperato e così da Bruxelles comincia la marcia di avvicinamento ai grassi. Viene varata la prima delle norme all'origine della trentennale guerra del cioccolato: la direttiva 73/241/CEE, che permette i grassi vegetali soltanto per le tavolette prodotte in Regno Unito e Irlanda, con l'invito ai due paesi di mettersi presto in regola, adeguandosi alle norme più restrittive delle altre nazioni.

Invece, lentamente, è avvenuto il contrario. E questo nonostante un'altra lobby molto meno potente della COABISCO, la ICCO abbia cercato di frenare questa tendenza, inondando i palazzi della burocrazia CEE di Bruxelles di documenti, con il sostegno di tante organizzazioni non governative favorevoli al commercio equo e solidale. L'Organizzazione Internazionale del cacao ha sede a Londra e raccoglie i produttori di fave situati in nazioni povere della fascia equatoriale: si è sempre opposta all'uso di quei grassi, nella convinzione che tale concessione all'industria avrebbe fatto diminuire il consumo dei semi di cacao, con un calo ipotizzabile fino a 100 mila tonnellate l'anno.

In realtà finora gli effetti negativi della normativa comunitaria non sembrano esserci ancora stati, in quanto la crescente domanda di tavolette e praline proveniente dalla parte ricca del mondo compensa l'uso di materie prime meno nobili da parte di alcuni grandi gruppi dolciari. La battaglia di principio dei puristi dimostra però come la ricerca della qualità e la difesa dei diritti dei consumatori molto spesso coincidano con gli interessi dei contadini poveri e del Sud della Terra. In nazioni come il Ghana, il Camerun, la Costa d'Avorio, dove una buona parte del PIL (la ricchezza nazionale) deriva dal prezzo di vendita del cacao e dalle sue esportazioni, le « liberalizzazioni » europee possono incidere sui redditi pro capite, così come i dazi per materie prime e prodotti finiti. I paesi occidentali, con le regole del WTO (l'Organizzazione Mondiale del Commercio) hanno stabilito alti tassi doganali d'ingresso per i manufatti – quindi anche una tavoletta di cioccolato – importati da questi paesi extraeuropei, lasciando basse le tariffe per le *commodity*: la conseguenza è quella di aver impedito la nascita di industrie di trasformazione direttamente nelle nazioni più povere.

Mentre i due gruppi di pressione economici, i trasformatori del cacao e coloro che lo vendono, si fronteggiavano, sorse un fatto nuovo. Nel febbraio 1992 l'Europa adottò il trattato di Maastricht, che sancisce il principio del libero scambio delle merci. Non si poteva più vietare l'importazione di un prodotto fabbricato in un altro Stato membro dell'UE anche se in base a norme diverse. A quel punto l'Europa delle praline si divise in due. Otto Stati, dei 15 che allora facevano parte dell'Unione, non consentivano l'uso di grassi vegetali: Belgio, Lussemburgo, Francia, Italia, Grecia, Germania, Olanda e Spagna. Altri sette invece sì: Austria, Finlandia, Svezia, Danimarca, Irlanda e Regno Unito.

Anche se questi ultimi, tutti insieme, rappresentavano soltanto un 30% della produzione globale di cioccolato nel Vecchio Continente, la situazione doveva essere risolta. Ci vollero sette anni di trattative, progetti presentati e poi accantonati (nel 1996) anche dal Consiglio dei ministri europei, per arrivare alla nuova direttiva comunitaria, quella varata a marzo del 2000, tra le proteste generali.

I produttori di cacao, oltre ai buongustai, tornarono a farsi sentire. Alla sede del Parlamento europeo in quell'occasione comparve anche un re e capotribù della Costa d'Avorio, Nanan Kouadio Boffouo, che dal suo villaggio d'Adaou era venuto fino a Strasburgo per protestare. Ma non vi fu nulla da fare: la burocrazia vinse e la Direttiva CEE 36/2000 fu approvata, dopo un lungo braccio di ferro tra le tre istituzioni interessate: il Consiglio dei ministri europeo (nel quale sono rappresentati i governi nazionali), la Commissione di Bruxelles (la giunta esecutiva sovranazionale) e l'Europarlamento di Strasburgo.

A quel punto il fronte meridionale del « no ai grassi » si ruppe e soltanto l'Italia e la Spagna si opposero. Ma contro questi due paesi il 18 gennaio 2000 la Commissione presentò un ricorso presso la Corte di giustizia europea, con sede in Lussemburgo: era contrario alle regole comunitarie obbligare a porre sull'etichetta la scritta « surrogato di cioccolato » qualora non vi fosse soltanto burro di cacao. E così dagli atti parlamentari, la battaglia si trasferì alle carte bollate. I « puristi » erano sostenuti anche dagli imprenditori italiani aderenti alla Confindustria, l'AIDI, dopo un periodo di tentennamenti negli anni Novanta. Gli industriali avevano capito che sarebbero stati danneggiati dalla « concorrenza » sleale di chi, nel Nord Europa, poteva produrre il cioccolato con materie prime più scadenti e meno care. Ma il 16 gennaio 2003 arrivò la mazzata finale. I giudici europei decisero che l'intento degli Italiani e degli Spagnoli di definire come « surrogato » quelle tavolette sarebbe stato « sproporzionato » e avrebbe violato « il principio di libera circolazione delle merci nell'Unione ». Secondo i magistrati della Corte di giustizia UE infatti l'aggiunta di sostanze grassi vegetali diverse dal burro di cacao « non modifica la natura del prodotto e l'indicazione sull'etichettatura è sufficiente per garantire una corretta informazione dei consumatori ».

Il surrogato aveva vinto anche in tribunale. A quel punto venne escogitata una soluzione « all'italiana », grazie anche all'allora ministro delle Politiche agricole Gianni Alemanno, di AN, un convinto difensore delle materie prime di qualità, sostenitore di Slow Food e nemico degli OGM: su richiesta delle stesse associazioni di categoria, fu prevista l'aggiunta facoltativa in etichetta, con la legge di definitiva applicazione di quella Direttiva comunitaria del 2000, della dizione « cioccolato puro », in caso di fabbricazione del prodotto senza aggiunta di grassi. Dall'agosto del 2003, quando è entrato in vigore il decreto legislativo (il n. 178 del 12 giugno 2003), la produzione delle nostre aziende, sia industriali sia artigiane, si è adeguata a quel nuovo standard, aggiungendo la dizione « puro » alla parola cioccolato. Si tratta di una norma in vigore mentre scriviamo, ma nuovamente a rischio. Infatti l'ultima tappa dell'intricata vicenda si ferma al voto « bipartisan » dell'11 gennaio 2006, che alla Camera dei deputati ha stabilito come quella scritta « cioccolato puro » possa rimanere, nonostante la condanna di Bruxelles e l'intenzione di aprire una procedura di infrazione contro l'Italia.

Si vedrà come proseguirà il lungo braccio di ferro. Qualcuno negli ultimi anni ha tentato una nuova strada, a Bruxelles, chiedendo l'istituzione di una tutela per il cioccolato artigianale SGT, cioè inserito nella Specialità tradizionale garantita: l'iniziativa è sostenuta da Confartigianato, CNA e Legambiente, ma non dagli industriali.

Certo questa vicenda di decisioni e contrastanti scelte normative non concorre a dare serenità ai consumatori. Quest'incredibile guerra sull'Eurotavoletta, che ha coinvolto primi ministri, parlamentari, europarlamentari, giudici europei e organizzazioni di categoria dimostra quanti interessi siano nascosti dietro al cibo che mangiamo. E come sia importante quanto sta scritto sull'etichetta.

Ingredienti a sorpresa

Con la parola « etichetta » si definiscono sia le regole che fissano un cerimoniale, o in genere un comportamento corretto secondo la società, sia il cartellino che indica le caratteristiche di un prodotto. Durante le nostre degustazioni ci siamo accorti che la lettura degli ingredienti non è affatto secondaria, anche per i cioccolati di migliore qualità.

Per trovare quali siano i grassi vegetali permessi dalle norme europee bisogna leggere fino in fondo il decreto pubblicato sulla « Gazzetta ufficiale » del 18 luglio 2003.

Ecco le sostanze che si possono inserire (anche OGM) all'interno di una tavoletta in aggiunta al burro di cacao e fino al 5%:

1) burro d'illipé, sego del Nomeo o Tengkawang (nome scientifico: *Shorea Stenoptera*)
2) olio di palma (*Eiaeis guineensis*, *Eiaeis olifera*)
3) grasso e stearina di *Shorea Robusta*
4) burro di karité (*Butyrospermum parkii*)
5) burro di cocum (*Garcinia indica*)
6) nocciolo di mango (*Mangifera indica*)

Si tratta di sostanze non tossiche, lo ripetiamo, ma che preferiremmo fossero usate soltanto per la cosmesi, come idratanti per la pelle o abbronzanti e non per stabilizzare il cioccolato e farlo durare più a lungo. Attenti dunque a quello che c'è scritto sull'etichetta: nel negozio o al supermercato, prima di acquistare un prodotto al cioccolato, leggete con attenzione quel che i fabbricanti sono obbligati a denunciare.

Durante le nostre degustazioni abbiamo scoperto per esempio che un cioccolato reclamizzato in etichetta come « zero per cento di zuccheri e colesterolo », prodotto dalla Sugar Company con il marchio Cuorenero, contiene: massa cacao, latte scremato in polvere delattosato al 90%; lecitina di soia, edulcoranti intensitivi (3‰: sodio ciclammato, sodio saccarinato, acesulfame potassio), aromi vaniglia e aromi. Si tratta di un « latte scuro » con il 60% di cacao, che alla degustazione ha note sgradevolmente salate. In un altro prodotto della stessa ditta, il « 100% cacao amabile », sono contenuti aspartame, acesulfame potassio e una fonte di fenilanina (un aminoacido collegato all'edulcorante aspartame, sul quale si discute molto circa i possibili effetti negativi).

Di contro, in un Lindt Excellence Blanc Extrafin, che attira i consumatori riportando in etichetta l'illustrazione della vaniglia naturale (che in effetti contiene), presenta qualche sorpresa all'attenta lettura degli ingredienti: si evince che nella lavorazione è stato aggiunto burro anidro, oltre al latte in polvere. La conseguenza è che il cioccolato bianco Lindt si scioglie molto rapidamente in bocca ed è assai cremoso: quanto burro (animale) è stato aggiunto?

In altri casi si scopre che nel cioccolato al latte viene aggiunto il siero di latte (come nella produzione Nestlé), ingrediente meno nobile della polvere di latte, oppure un additivo denominato E476, come nel fondente da cucina della Perugina. Di certo non fa male, anche i vegani e i vegetariani lo possono consumare, è un poliglicerolo poliricinoletato: in pratica, si tratta di una sorta di olio di ricino con funzioni emulsionanti e stabilizzanti.

Se in certe tavolette da supermercato ad alta percentuale di cacao è stata aggiunta « polvere di cacao » alla massa è perché i semi africani di basso tenore aromatico hanno bisogno di un aiuto per rafforzare gli aromi secondari, che altrimenti non si percepirebbero.

Piccoli trucchi, innocui sicuramente per la salute dei consumatori, ma non per il risultato gustativo e che possono essere individuati soltanto da un'attenta lettura dell'etichetta.

Leggere bene per evitare inganni

Spesso le etichette sono scritte con caratteri molto piccoli, magari stampate in inchiostro blu su sfondo argentato o in marrone su fondo giallo o in negativo su fondo nero, con formule abbreviate e incomprensibili. Non è superfluo ricordare quali siano le norme alle quali devono rispondere le etichette in Italia, in gran parte comuni a tutte le confezioni alimentari. Ecco un riassunto dei punti principali che devono indicare:

A) denominazione di vendita: si tratta del nome consacrato dagli usi comuni: tavoletta, cioccolatino, pralina;
B) « cioccolato puro »: questa dizione può essere scritta per ricordare che il prodotto non contiene il 5% di grassi vegetali diversi dal burro di cacao; si tratta di una voce facoltativa;
C) « superiore », « fine », « finissimo », « extra »: si tratta di aggettivi aggiunti alla denominazione di vendita, che possono essere utilizzati in modo facoltativo, quando il contenuto degli ingredienti principali sia realmente aumentato rispetto alla ricetta di base;
D) percentuale del cacao: deve essere calcolata sommando la sostanza secca con il burro di cacao (è un dato obbligatorio, salvo che nel cioccolato bianco, che non ne contiene);
E) ingredienti: si devono precisare tutte le sostanze introdotte nella fabbricazione, compresi gli additivi permessi dalla legislazione alimentare, cioè il decreto ministeriale del 27 febbraio 1996 n. 209;
F) marchio: la legge dice che si deve indicare il nome e la ragione sociale o il marchio e la sede del fabbricante o del confezionatore;
F) la sede dello stabilimento di produzione o di confezionamento;
F) luogo di origine e di provenienza: l'omissione di tale informazione può indurre l'acquirente in errore;
G) modalità di conservazione;
H) termine minimo di conservazione: la data fino alla quale il prodotto conserva le sue proprietà specifiche; con la data di scadenza si stabilisce il giorno entro il quale il prodotto deve essere comunque consumato;
I) tabella nutrizionale: è facoltativa, ma sempre più spesso la si trova per riassumere il valore energetico e i principali nutrienti del prodotto;
J) quantità del prodotto: in pratica è il peso al netto dell'imballaggio, informazione obbligatoria se il prodotto è superiore ai 30 grammi;

K) codice a barre; non è obbligatorio, ma serve ai rivelatori elettronici dei supermercati per identificare il prodotto.

Qualora il fabbricante abbia deciso di utilizzarli, potrebbe esserci la scritta « contiene altri grassi vegetali oltre al burro di cacao ».

La legge stabilisce pesanti sanzioni pecuniarie se l'etichetta è difettosa e induce in errore circa le caratteristiche dichiarate. E chi spaccia grassi vegetali al posto di burro di cacao pur scrivendo « cioccolato puro » può incorrere in una multa da 3 mila a 8 mila euro.

Il ministero delle Attività produttive, in collaborazione con alcune associazioni di consumatori, ha diffuso questa tabella riassuntiva:

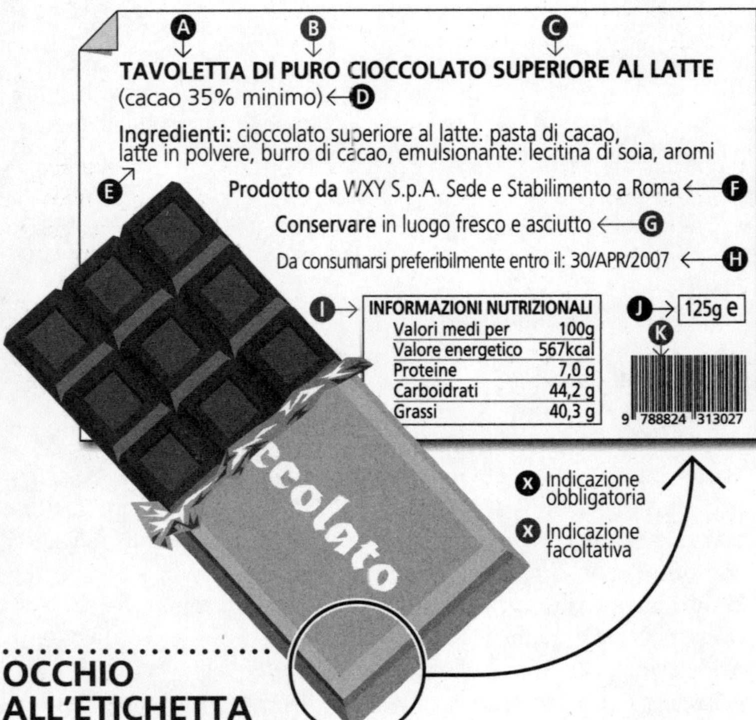

OCCHIO ALL'ETICHETTA

Come custodire i « lingotti »

Regole di degustazione, lettura dell'etichetta e consigli per gli acquisti. Certamente non bisogna dimenticare le « sirene » della pubblicità e del marketing. La moda dei cru di cacao, che costituisce il futuro del cioccolato, ha indotto molti produttori a scrivere sull'etichetta la provenienza delle fave con le quali è confezionata una tavoletta. Se leggete la dicitura « cacao Ghana », sappiate che quasi tutte le piantagioni africane sono di qualità Forastero, la meno pregiata. Se invece proviene dal Venezuela ed è cacao Trinitario, con indicata la « fazenda » o la piantagione, questa informazione è corretta e identifica, in genere, una barretta di miglior qualità.

Sta dilagando, purtroppo, anche la mania delle percentuali estreme, con l'80 o il 99% di cacao evidenziato a caratteri cubitali. Ma non è assolutamente scontato, sopra al 70%, che una maggiore quantità di cacao dia un prodotto migliore. È anche questione di gusto, di maturazione e del tipo di fave usate.

***

C'è poi il problema di come conservare il prodotto una volta acquistato. Due esperti francesi, Katherine Khodorowsky e Olivier de Loisy, autori del bel volume *Chocolat et grands crus de cacao*, consigliano due modalità distinte. Noi le abbiamo così adattate:

– *cioccolato contenente dell'acqua*
si intendono praline con ganache di panna, arancia candita con copertura, crema alla nocciola e cacao:

Da 12 a 14 °C con una umidità d'ambiente del 70% e per un periodo non superiore a 15-30 giorni a seconda del tipo di prodotto, con l'eccezione delle creme da spalmare chiuse in barattolo.

– *cioccolato senza acqua*
si intendono tavolette, praline secche, *napolitaine*:

Da 16 a 18 °C con un'umidità relativa inferiore al 50%, in un ambiente buio.

In casa non sempre è possibile realizzare condizioni di questo tipo. Durante la stagione calda, riponetelo in una cantina fresca, non umida, o in altro luogo simile e solo in casi estremi « salvate » qualche tavoletta nella zona meno fredda di un frigorifero. Quando poi la degusterete, ricordatevi di riportarla a temperatura ambiente.

Per il gianduiotto, un cioccolatiere ci ha dato questo prezioso consiglio: non conservatelo più di tre mesi dalla data di produzione, perde il 30% delle sue caratteristiche, molto di più di qualunque altro cioccolato.

La ICCO indica queste buone regole per la conservazione di un prodotto a base di cacao:

- libero da odori
- ben ventilato
- a una tempertatura tra i 65 °F (18,3 °C) e i 68 °F (20 °C)
- a un'umidità relativa inferiore al 50%
- lontano dalle pareti e dalle finestre
- lontano dalla luce diretta

Quanto ai possibili difetti che si possono evidenziare su una tavoletta, l'ICCO aggiunge alcune spiegazioni (dal sito www.icco.org) circa le cause che possono determinare l'affioramento di zucchero o di grasso.

Quando il cioccolato è stato immagazzinato in un luogo con umidità superiore all'82-85% per il fondente o al 78% per il cioccolato al latte, può presentarsi l'affioramento dei cristalli di zucchero e la superficie del cioccolato assumere un colore grigiastro. È un fenomeno che si può verificare anche quando il cioccolato sia stato tenuto in frigorifero.

Assai simile a questo difetto è l'affioramento di grassi, che in superficie comporta una patina bianco-grigia di cristalli di burro di cacao. Una delle cause potrebbe essere lo sbalzo di calore subito dal cioccolato per il passaggio da una fase di conservazione al caldo a una più corretta.

Infine, per concludere in modo esauriente l'argomento, ci pare utile riportare alcune norme sulla conservazione e alcuni consigli d'uso del cioccolato, così come sono stati pubblicati dal ministero delle Attività produttive nel 2003.

- I prodotti di cioccolato non vanno esposti in vetrina al sole nei punti vendita. Essi si conservano a temperatura ambiente ma non molto elevata.

- È consigliabile conservare il cioccolato nella sua confezione originale oppure, in alternativa, avvolgerlo in carta stagnola e poi nella pellicola trasparente. Per mantenerlo inalterato, riporlo in un luogo fresco e asciutto, lontano da fonti di luce e di calore.

- Il cioccolato mantiene intatte per diversi mesi le sue caratteristiche. Se il cioccolato viene conservato in maniera inadeguata può « fiorire ». L'evaporazione dell'umidità e gli sbalzi di temperatura sono le cause della fioritura del cioccolato. Nel primo caso appaiono in superficie particelle di zucchero che rendono variegata la superficie; nel secondo si formano macchie grigio-biancastre sulla superficie. Sebbene antiestetica, la fioritura è solo indicativa di una non corretta conservazione e quindi il prodotto può essere utilizzato senza problemi.

- In presenza di ambienti più caldi, o per prodotti molto delicati (come per esempio i gianduiotti o i cioccolatini liquorosi), si consiglia la conservazione del prodotto, per un tempo non troppo lungo, in ambiente refrigerato fino al momento della consumazione, evitando così di sottoporre il prodotto a troppi sbalzi di temperatura.

- Per quanto concerne i cioccolatini a base di liquore o di creme liquorose, un'esposizione al calore, anche moderato ma prolungato, può causare la fuoriuscita del liquido contenuto.

Biologico e senza zucchero

L'agricoltura biologica è una delle recenti scoperte dei movimenti a favore di una maggiore qualità degli alimenti: deve rispettare l'ambiente, essere senza OGM e portare in tavola prodotti con più gusto. In Europa vi sono precise norme comunitarie che ne stabiliscono le prerogative. Nel caso del cacao la certificazione è meno facile, ma da qualche tempo si stanno sviluppando molte piantagioni con queste caratteristiche.

La biodiversità del cacao è tale da non rendere convenienti, per fortuna, le selezioni OGM e finora non risulta che la ricerca vi si sia dedicata. Molto diversa la situazione della soia, come si sa, che ormai è in gran parte transgenica. La lecitina che se ne ricava è un ingrediente quasi sempre presente nel cioccolato e si dovrebbe poter sapere se sia geneticamente modificata, con l'indicazione in etichetta: comunque la percentuale contenuta in una barretta è davvero bassa.

Come per il vino, il formaggio e altri prodotti trasformati, anche per il cioccolato negli ultimi cinque anni sono arrivate sul mercato tavolette con il marchio «biologico», delle quali è oggi leader la ICAM di Lecco, che le produce anche per il mercato anglosassone e per molti marchi del circuito equo e solidale.

Mancano studi recenti: la ICCO ha calcolato che nel 2000 sarebbero state prodotte 11.680 tonnellate di cacao biologico (su un totale di tre milioni), provenienti da questo gruppo di paesi: Madagascar, Tanzania, Uganda, Belize, Bolivia, Costa Rica, Repubblica Dominicana, Messico, Nicaragua, Panama, Peru, Fiji e Vanuatu.

Gli Stati Uniti e il mondo anglosassone sono i più interessati a questo tipo di prodotto, divenuto cardine di un progetto che ha la sua origine a Cambridge (una piccola città nello Stato del Massachusetts), dove ha sede l'Organic Commodity Project (OCP), che distribuisce semilavorati e fave a piccoli produttori di cioccolato. Di questi ultimi vi è anche l'americana Newman's Own, che realizza tavolette con cacao organico di piccoli coltivatori di Talamanca, sulla costa atlantica del Costa Rica, zucchero biologico messicano, latte in polvere di una fattoria del Colorado e vaniglia del Madagascar.

Un altro famoso marchio del cioccolato biologico è l'inglese Green & Black's, fondata nel 1991 da Craig Sams e da sua moglie Jo Fairley, strenua sostenitrice della via biologica nel cioccolato. Con il passare degli anni l'azienda si è ingrandita, fino a raggiungere un fatturato di 35 milioni di euro l'anno. Nel 2002 il colosso Cadbury-Schweppes ne ha comprato una quota del 5%, acquisendo poi il controllo dell'intero marchio nella primavera del 2005. In realtà le tavolette della G&B sono oggi prodotte in Italia, dalla ICAM, utilizzando le fave selezionate dall'azienda inglese in Belize e in altre piantagioni.

Secondo l'esperta Chloé Doutre-Roussel i migliori cioccolati biologici oggi sul mercato sono il Valrhona Cacao Organic Noir 70% e tutte le tavolette di una piccola azienda tedesca a conduzione familiare, la Vivani, il cui titolare, Andreas Meyer, produce le sue tavolette con cacao biologico, zucchero di canna e senza la lecitina di soia, grazie a un concaggio più lungo e più attento.

Va comunque sottolineato che la pianta del cacao cresce in piccoli appezzamenti e sotto altri alberi dalla grande chioma e che quindi l'uso intensivo di pesticidi o diserbanti e fertilizzanti chimici è finora abbastanza scarso. Per alcuni esperti del settore, il marchio « biologico » per il cacao appare quasi un controsenso, anche se dal punto di vista commerciale comincia a funzionare.

Per essere biologico il cioccolato deve contenere il 95% di ingredienti provenienti da culture certificate da organizzazioni internazionali, compreso quindi il burro di cacao, lo zucchero, l'eventuale latte o le sostanze aggiunte, come nocciole o altra frutta.

Finora questo tipo di tavolette presenti sul mercato, come del resto i vini biologici, alla prova della degustazione non superano gli altri. Il marchio Fair Trade è garanzia di eticità, ma non sempre di bontà.

***

Vi sono altri particolari tipi di cioccolato, come quelli senza lattosio, per celiaci (la Lindt ha un catalogo certificato di prodotti) o senza zucchero. Questo tipo di tavolette hanno indicate in etichetta le loro caratteristiche scientifiche e dietologiche, sulle quali non ci esprimiamo: torneremo su questi temi nella parte dedicata ai problemi dell'alimentazione. L'aggiunta di aspartame al posto dello zucchero può incidere sull'equilibrio complessivo del cioccolato e dare al prodotto una connotazione gustativa quasi « medicinale » difficile da apprezzare.

Qualcuno ha scritto che lo zucchero corrompe la purezza della massa di cacao. In realtà, a meno che non si tratti di fave di altissima qualità, è proprio lo zucchero a esaltare le caratteristiche positive del cioccolato. Se la scelta di comprare cioccolato senza zucchero è dettata da seri problemi di salute, è comprensibile. Ma se la ragione dell'acquisto è quella di « mantenere la linea », non è certo quel 20 o 30% di zucchero in una *napolitaine* da 5 grammi che può fare la differenza.

Capitolo 8
La cucina: a tavola con Theobroma

Adesso l'acqua bolliva in paioli sospesi sopra il fuoco, il tacchino stava arrostendo e Ignacia, intenta a mescolare mandorle, uva passa e sesamo, mi fece annusare ogni spezia prima di includerla nella sua mole poblano, *strappò la cannella dalla corteccia di un albero e io sentii che profumava come l'inizio dell'autunno dopo la pioggia; frantumò i petali dell'anice stellato e poi strofinò le dita sulle mie. Triturammo insieme le spezie, e il bouquet dell'anice stellato, della cannella e delle mandorle si levò davanti a noi; e mentre Ignacia faceva sciogliere il* chocolatl *scuro, l'aria venne resa inebriante dalla fragranza di cipolla, peperoncino e cacao.*

James Runcie, *La scoperta del cioccolato*

Puebla è oggi una coloratissima città messicana 120 chilometri a Est della capitale, che conserva l'originale architettura spagnola coloniale ed esprime una cucina piccante e saporita, tipica di questo paese. Il *mole poblano* è il piatto nazionale del Messico e pare che nel XVI secolo sia nato qui, nel convento di Santa Rosa, dove le suore spagnole dovettero arrangiarsi con gli ingredienti che avevano a disposizione per la visita improvvisa del vescovo. Sacrificarono il tacchino e lo condirono con una salsa (*mulli* nella lingua Nahua significa, appunto, salsa) in cui mescolarono peperoni, mandorle, pomodori, sesamo, uvetta e spezie. Per dare colore e profumo, oltre all'annatto, aggiunsero il cacao. È l'origine della cucina salata al cioccolato, che poi si sviluppò nel Mediterraneo attraverso gli Spagnoli, lasciando tracce in Catalogna, nell'Italia Meridionale, a Malta, ma anche in Piemonte e nel Sud della Francia. In Centro America, prima dell'arrivo di Colombo, il tacchino era l'unico animale da cortile, non c'erano né i maiali né i vitelli né i polli – che furono introdotti dai *conquistadores* – ma oggi il *mole poblano* si può realizzare anche con il pollo.

Forse Runcie nel suo libro ha un po' anticipato i tempi, almeno per il nome del piatto, dato che attribuisce alla bellissima Ignacia la preparazione di quella specialità azteca, o forse le suore potrebbero averla imparata dalle popolazioni locali: la città di Puebla fu fondata, infatti, nel 1532 da un frate francescano, mentre il racconto del romanzo, molto piacevole, risale all'arrivo in Messico dei soldati spagnoli di Cortés, durante gli anni, dal 1519 al 1521, in cui la capitale azteca Tenochtitlán fu stretta sotto assedio e distrutta dagli invasori. Nel racconto dello scrittore inglese, tra le fragranze del *poblano* (è anche il nome con il quale si definisce oggi il più popolare tra i peperoncini verdi messicani, che Linneo battezzò *Capsicum annuum*), si percepisce l'amore di questa ragazza indigena per il protagonista, lo spagnolo Diego de Godoy, e si coglie che furono gli Spagnoli a portare in Occidente l'uso del cacao in cucina, come spezia per accompagnare le carni.

Questa è una classica ricetta di *mole poblano* tradizionale:

1 tacchino
1 chilo [2 libbre, 3 once] di chili mulato
1 1/4 chilo [2 libbre, 12 once] di chili ancho
1/2 chilo [1 libbra] di pomodori
1 cucchiaino di pepe nero
1 cucchiaio di cannella
3 tortillas di mais
sale q.b.
500 grammi [1 libbra, 2 once] di lardo
3/4 chilo [1 libbra, 10 once] di chili pasilla
1/4 chilo [9 once] di uva sultanina
1/2 testa d'aglio
1 cucchiaio di semi di anice
1 cucchiaino di chiodi di garofano
1 pezzo di pane fritto dorato
4 tavolette di cioccolato
zucchero q.b.
1/4 chilo [9 once] di arachidi

Anche nella cucina azteca del periodo precolombiano vi sono tracce dell'uso di cacao. Infatti sappiamo, dagli studi degli antropologi Coe, che i popoli mesoamericani usavano preparare bevande al cacao con aggiunta di vaniglia, annatto, mais e peperoncino. Quelle stesse sostanze, soprattutto il *chili*, il peperoncino piccante seccato, venivano aggiunte in polvere al cioccolato liquido e ne modificavano il gusto a seconda della qualità e della quantità usata.

In alcuni conventi spagnoli del Messico colonizzato le suore probabilmente preparavano già dolcetti al cacao, ma al suo arrivo in Europa questo ingrediente stentò a entrare tra quelli usati nei ricettari dei dolci – che erano a base di miele, paste lievitate, sfoglie e creme – almeno fino alla fine del Settecento e all'Ottocento. Fu soprattutto impiegato come spezia in diversi piatti salati: sia con la pasta e nei sughi, sia con la cacciagione (lepre in Piemonte, cinghiale a Roma, pernici e oche in Toscana). Soltanto a metà dell'Ottocento, con la nascita della pasticceria moderna, trionfano le grandi torte al cioccolato e i bignè si riempiono di crema al cacao, fino alla grande esplosione dei dessert al piatto creati dalla *nouvelle cuisine* francese e ripresi dalla Nuova cucina italiana nata dal *melting pot* con gli insegnamenti dell'estroso chef spagnolo Ferran Adrià. Ormai i confini tra dolce e non-dolce nell'alta gastronomia sono caduti e molti chef, attratti da Theobroma cacao, preparano piatti salati di indescrivibile golosità.

È un percorso quasi « circolare », in cui il cioccolato sembra tornare alle sue origini di spezia nobile, come si ritrova in certi piatti tradizionali del Centro America. Tra questi, per esempio, la zuppa del Guatemala, in cui un pollo lessato con le patate viene condito da una salsa realizzata con il brodo mescolato al cacao e al coriandolo tritato.

Cucina di profumi, di voluttà, di sentori forti e scuri alla quale oggi siamo meno abituati, ma che il cacao sopporta molto bene, grazie alle sostanze che contiene e agli aromi che può sviluppare. Scrive il gourmet Paolo Marchi, ideatore in Italia del congresso di alta cucina « Identità golose », svoltosi per la prima volta a Milano nel 2005, in un suo contributo al libro *Come il cioccolato sui maccheroni*:

> La verità è una sola: il cacao è un ingrediente base dalle innumerevoli risorse e se a lungo ha spopolato nella metà dolce della galassia cibo, è solo perché era più facile interpretarlo in ver-

sione zuccherosa. Adesso che quella metà tende alla saturazione, si va oltre e si indaga anche sull'altro versante. Certo prima si è dovuto spiegare che non si tratta di prendere pasta di gianduja o cioccolato bianco, ma questo vale per ogni svolta della nostra alimentazione. Oggi sushi e pesce crudo alla giapponese fanno parte delle nostre abitudini, ma dieci anni fa?

Infatti oggi si può persino osare un abbinamento tra cioccolato e pesce. Il 31 gennaio 2006, nella grande sala di Palazzo Mezzanotte, nella piazza della Borsa di Milano, lo chef di Senigallia Moreno Cedroni ha presentato due interpretazioni della seppia con il cioccolato che soltanto qualche anno fa sarebbero state inconcepibili. Con il consueto grembiule multicolore, lo sguardo ironico e il fare appena impacciato dalla timidezza, Moreno è salito sul palco per descrivere due declinazioni della sua innovativa cucina, una dolce e l'altra salata, ispirate alla gelateria classica della nostra infanzia. Quella salata era un « cucciolone di seppia », realizzato con una cialda di pesce e un ripieno di « bufala di caprese » al pomodoro, consistente in una frullata di seppia e ghiaccio cotta al vapore (con effetto würstel); quella dolce era una ganache di polpa di seppia e cocco glassata al cioccolato: una sorta di cioccolatino, che ha battezzato « bounty di seppia ».

Ma già a Perugia in occasione della manifestazione Eurochocolate, nell'ottobre 1999, il cioccolatiere Paul De Bondt presentò un sorprendente antipasto: una *tapenade* al cioccolato su crostini di pane casereccio abbrustoliti, accompagnati da una julienne di peperoni e una quenelle di formaggio fresco di capra. Questa particolare *tapenade* si prepara con un trito di olive nere snocciolate, acciughe sott'olio, aglio, capperi, prezzemolo e peperoncino, condito con cioccolato fondente al 70% di cacao (preventivamente fuso), rhum e olio extravergine d'oliva.

Sicuramente più leggero e moderno di un piatto tradizionale sopravvissuto nella cucina dell'Abruzzo e della Campania: il sanguinaccio dolce al cioccolato, ora sparito per il divieto imposto ai macellai di vendere sangue di maiale fresco. Quello alla Chietina, come riporta Paul Richardson in una colorita descrizione nel libro *I piaceri del cioccolato* e come lo definisce Antonio Piccinardi nel *Dizionario di gastronomia*, era preparata con sangue di maiale, mosto cotto, noci, pinoli, cioccolato grattugiato, cedro candito e zucchero. Quello alla napoletana era ancora più ricco – secondo Piccinardi –

e servito con i savoiardi. Confessiamo di non averlo mai assaggiato, mentre siamo ghiotti delle classiche melanzane al cioccolato, servite come stuzzichino oppure come dessert.

Il pasticcere Salvatore De Riso, dell'Accademia Maestri Pasticceri Italiani e protagonista della rubrica dedicata ai dolci nella trasmissione televisiva di RaiUno *La prova del cuoco*, a Minori (sulla Costiera Amalfitana) è uno specialista di questa « parmigiana al cioccolato » dalle note piccanti, dolci e aromatiche. « Per questo dessert » ci dice « consiglio di affettare le melanzane 'violette' e, dopo averle fritte, ancora tiepide, passarle in una miscela di cacao, zucchero e un po' di cannella e poi immergerle in una salsa di cioccolato profumato al liquore Concerto. Questo elisir è assolutamente indispensabile per la tradizionale realizzazione di questa ricetta. È un liquore, in origine, preparato dalle suore Clarisse del convento di Pucara, frazione di Tramonti, in Costiera Amalfitana, ottenuto dalla infusione di un vero e proprio 'concerto' d'erbe, spezie, orzo, caffè, limone... »

Nella cucina romana la coda alla vaccinara si abbina con una salsa al sedano con uva passa, pinoli e cacao amaro o cioccolato fondente grattugiato. In quella piemontese e siciliana il coniglio e la lepre spesso sono cotti in un civet di vino, spezie e un pizzico di cacao, in quella toscana il cinghiale può avere il cioccolato tra gli ingredienti del suo sugo.

In Campania il famoso chef Alfonso Iaccarino, titolare del ristorante « Don Alfonso 1890 » di Sant'Agata sui due Golfi, ripropone, in chiave moderna, gli arancini di riso al cioccolato. « Questo piatto » ci spiega « da nostri studi, ha origine sul finire del 1600 e ha influenze e connotazioni arabe. In effetti nella preparazione tradizionale, vale a dire il supplì di riso con mozzarella e fegatini, si aggiungono ricotta e scaglie di cioccolato fondente con qualche dadino di frutta candita. All'arancino può essere abbinato anche un ragù di pomodoro, anch'esso ottenuto con l'aggiunta di un po' di cioccolato. Nelle case nobili del napoletano, soprattutto nei casati di origine spagnola, si usava aggiungere cioccolato, piuttosto che lo zucchero, per bilanciare l'acidità del pomodoro ».

Tra le più antiche e curiose ricette rimangono gli *'mpanatigghi* siciliani, della metà del XVIII secolo, originari della contea di Modica. Il termine deriva dalla parola spagnola *empanadilla*: sono dei dischi di pasta ripiegati a forma di raviolo con un ripieno di carne trita di vitello a cui si aggiungono zucchero, mandorle tostate e macinate, cioccolato fondente grattugiato, chiare d'uovo e cannella. Tra la fine del Settecento e l'inizio dell'Ottocento erano famosi i dolci di carne delle monache del monastero dell'Origlione di Palermo e i « pasticciotti di carni ca ciculatti » del convento di Mazzarino in provincia di Caltanissetta. Ancor oggi a Modica si possono gustare queste delizie siciliane presso l'Antica Dolceria Bonajuto di Franco Ruta e nel laboratorio di Donna Elvira.

Chi voglia cimentarsi col cioccolato in cucina, sappia che dovrà avere pazienza e imparare a usare questo ingrediente con attenzione: la realizzazione di alcuni piatti richiede abilità e una certa professionalità, ma altri sono, invece, alla portata di tutti. Nei dolci ci si può sbizzarrire e dare sfogo alla propria fantasia e golosità, scegliendo tra torte, creme, semifreddi, budini, gelati e perfino cioccolatini.

Come si usa il cioccolato: regole e attrezzi

Non è necessario disporre di costose attrezzature per cucinare col cioccolato, anche se il consiglio è di pesare tutti gli ingredienti, di avere un occhio molto attento alle temperature (sia delle cotture sia del locale in cui state lavorando) e di pianificare con un certo anticipo la preparazione dei piatti.

Potreste cominciare con la più semplice delle ricette: la cioccolata calda. Provate in una mattina d'inverno, in cui siete particolarmente spaventati dalla giornata che vi aspetta, o nel pomeriggio di una tranquilla domenica a concedervi un lusso che era retaggio un tempo del *giovin signore*: una buona chicchera fumante di bruna bevanda. L'importante è che evitiate di sciogliere il cioccolato in un contenitore direttamente sul fuoco, ma bensì in un bagnomaria d'acqua calda mai in ebollizione. Spezzettate o grattugiate una tavoletta di fondente – se trovate il cioccolato di copertura in gocce meglio ancora – e ponete i pezzetti in un recipiente di metallo o di vetro. Immergetelo in una pentola d'acqua calda e, su fiamma bassa, mescolando con un cucchiaio di legno fate fondere il cioccolato mantenendolo a una temperatura di 45 °C. Non aggiungete assolutamente acqua, se non volete che il composto si trasformi in una palla. Servita calda, in una bella tazza di porcellana, è un modo per riconciliarsi con il mondo.

Così scriveva Pellegrino Artusi nel trattato fondamentale della cucina moderna borghese italiana, *La scienza in cucina e l'Arte di mangiar bene*, a proposito di Theobroma cacao:

> Le due qualità più stimate sono il cacao Caracca e il Marignone che mescolate insieme nelle debite proporzioni, dànno una cioccolata migliore. Per garantirsi sulla qualità non c'è che sfuggire l'infimo prezzo e dare la preferenza ai fabbricanti più accreditati. Per una tazza abbondante non occorrono meno di grammi 60 di cioccolata, sciolta in due decilitri di acqua; ma possono bastare grammi 50 se la preferite leggera, e portar la dose fino a grammi 80 se la desiderate molto consistente.
>
> Gettatela a pezzetti nella cioccolatiera con l'acqua suddetta e quando comincia ad esser calda rimuovetela onde non si attacchi e si sciolga bene. Appena alzato il bollore ritiratela dal fuoco e per cinque minuti frullatela. Poi fate che alzi di nuovo il bollore e servitela. Come alimento nervoso eccita anch'essa l'intelligenza ed aumenta la sensibilità; ma, ricca d'albumina e di grasso (burro di cacao), è molto nutritiva, esercita un'azione afrodisiaca e non è di tanto facile digestione, perciò si usa aromatizzarla con cannella o vaniglia.

Ai tempi del grande gastronomo di Forlimpopoli (la prima edizione del suo manuale uscì nel 1891), il Criollo si chiamava Caracca. Oggi non consigliamo di «sprecare» questo tipo di cacao per usi di cucina, ma è giusto essere molto esigenti in fatto di qualità del cioccolato. Ecco qualche indicazione.

– Quale percentuale di cacao nel cioccolato?
Meglio non andare oltre il 70%, potrebbe risultare troppo amaro, specie in preparazioni dolci. Se invece volete tentare qualche piatto salato, allora 'osate' con percentuali più alte; ma sappiate che l'acidità e la tannicità possono essere percepibili, specie in una salsa.

– Al latte o fondente?
Non ci sono limitazioni, persino con il Gianduja si ottengono ottimi risultati (nel caso vi siano rimasti dei gianduiotti che hanno perso il loro aroma originale, potete fonderli per budini o mousse); il cioccolato al latte deve essere di ottima qualità, con una percentuale di almeno il 30% di cacao e senza altri ingre-

dienti se non latte o panna; per quello bianco la ricerca della qualità sarà ancora più importante, in quanto il rischio è che sia così dolce da rendere nauseante la vostra preparazione o abbia un retrogusto preponderante di caramello.

– Quale cacao in polvere?
Anche in questo caso cercate la qualità e ovviamente non usate quello zuccherato.

– Quali altri ingredienti?
Le bacche di vaniglia sono meglio della vanillina, la panna liquida deve essere freschissima per poter realizzare una ganache.

– Quale zucchero?
In pasticceria ci sono molti tipi di zucchero, oltre a quello normale «cristallino» da barbabietola o da canna. Sappiate che quello di canna, se non chiarificato, contiene ancora un po' di melassa che dà sapore ai cibi e alle bevande. In alcune preparazioni si può trovare lo sciroppo di zucchero, che è sciolto in acqua, o il glucosio (denso, viscoso, viene estratto dall'amido).

In cucina non servono numerosi utensili, ma alcuni sono essenziali per alleggerire e velocizzare il lavoro e altri per aiutare a ottenere risultati migliori con il cioccolato. Eccone un elenco:

- *acetato*: sono fogli di materiale plastico (polimero di acetato di vinile) trasparenti e semilucidi che i pasticceri usano normalmente. Sono indicati anche per fare i figurini da sartoria o nelle stampanti. Sono perfetti per le decorazioni: se stendete il cioccolato liquido su una superficie di acetato, diventa solido e si stacca perfettamente, rimanendo lucido;

- *bilancia*: è assolutamente indispensabile per pesare gli ingredienti. Meglio se è digitale, con la tara. A noi piace usare un modello dotato di pulsante di conversione per passare dai grammi ai millilitri, per i liquidi;

- *carta da forno o oleata*: con essa si foderano stampi o teglie per non far attaccare le preparazioni e consente di staccare facilmente le decorazioni disegnate con il cioccolato;

- *caraffa graduata*: serve a dosare gli ingredienti liquidi;

- *ciotola in pirex*: è l'ideale per sciogliere il cioccolato nel forno a microonde oppure a bagnomaria, consentendo di verificare che l'acqua non bolla nella pentola;

- *cucchiai*: usate quelli di legno, ma fate attenzione perché temono l'umidità, e se li usate per il cioccolato è meglio non adoperarli per altri intingoli, soprattutto salati;

- *colino*: lo si usa per filtrare i succhi di frutta;

- *forchettone per immersione*: piccolo o grande, con due o più rebbi, è il vero strumento del provetto cioccolatiere per immergere frutta, tartufi, pasta di mandorle e, in genere, i ripieni delle praline nel cioccolato temperato;

- *fruste*: sono indispensabili per montare a mano panna, uova, albumi in piccola quantità, ma ci sono anche quelle elettriche, che velocizzano i tempi;

- *gratella per dolci*: la usano i cioccolatieri per far asciugare le praline appena confezionate, oppure per glassare biscotti o torte: è una griglia con i piedini, cui va messo sotto un vassoio o la leccarda (piastra del forno) per recuperare il cioccolato colato in eccesso;

- *grattugia*: ve ne sono di varie dimensioni e servono per ridurre il cioccolato in piccole scaglie; per raschiare la superficie di un pezzo di fondente potete utilizzare anche un pelapatate;

- *matterello*: può essere utile per le decorazioni curve;

- *piano in marmo o spianatoia*: potete procurarvela da un marmista (ma va bene anche una grande piastrella con la superficie liscia); serve a far raffreddare il cioccolato in fase di temperaggio casalingo;

- *raschietto o triangolo*: indispensabile per realizzare scaglie, sigari o rollini;

- *setaccio*: utile per rendere impalpabile la farina o per passare salse e creme;

- *spatola*: ve ne sono di alcuni tipi con uso specifico; in gomma serve per stemperare o emulsionare i composti, raccogliere perfettamente gli impasti o staccare i dolci dagli stampi; in acciaio, liscia, è ottima per allargare e livellare glasse e farce; in acciaio a gomito è ideale per spalmare creme e cioccolato fuso sui dolci o per stendere il cioccolato sul marmo o su carta da forno con strato siliconato;

- *stampi e teglie*: sono disponibili di ogni forma e materiale, da ciambella, da soufflé, da plumcake ecc.; ottimi quelli in silicone, non si devono ungere, si sformano in modo perfetto e possono essere passati dal forno a 300 °C al congelatore;

- *stuzzicadenti*: servono a creare piccole decorazioni con effetti particolari;

- *tagliere in acrilico*: sostituisce egregiamente il piano in marmo, deve essere grande a sufficienza e usato soltanto per il cioccolato;

- *tasca da pasticcere*: viene anche chiamata, alla francese, *sac à poche* e ve ne sono di diversi materiali; pratiche quelle « usa e getta »; le bocchette d'acciaio possono essere di varie forme e dimensioni e servono per decorare o spalmare le creme; per panna montata o albumi a neve è consigliabile la bocchetta liscia;

- *termometro*: è assolutamente indispensabile per lavorare il cioccolato; oggi sono disponibili in commercio quelli digitali per controllare in un attimo la temperatura del composto.

Con questi attrezzi e conoscendo le caratteristiche del cioccolato potete imparare le tecniche principali per portare in tavola Theobroma in tutte le sue forme: cacao solubile, tavolette, da copertura (che ha almeno il 32% di burro di cacao, si presenta in sacchetti a gocce e si trova nei negozi specializzati o nelle pasticcerie), al latte, Gianduja o bianco.

Come si usa il cioccolato: le tecniche

Il segreto dell'arte della lavorazione del cioccolato sta nella capacità di compiere semplici operazioni, come grattugiare un blocco di copertura, tagliarlo in piccole scaglie, scioglierlo bene (ad esempio a bagnomaria) e poi effettuare il temperaggio. E ricordate che per cimentarvi con questa materia prima dovete armarvi di una buona dose di pazienza, avere tempo a disposizione, passione e costanza nella precisione.

Abbiamo cercato di riassumere le tecniche principali per lavorare il cibo degli dèi.

– *Rompere*

È consigliabile, almeno d'estate, porre il blocco di cioccolato in frigorifero per poco tempo, prima di lavorarlo, in modo che non si sciolga nella manipolazione, ed eventualmente indossare i guanti in lattice, oppure avvolgerlo con un pezzo di carta da forno per isolarlo dal calore della mano. Fate attenzione che la superficie del piano di lavoro sia bene asciutta e frantumate il cioccolato con un coltello grande, usando la parte più larga, oppure con il triangolo da pasticcere. Meglio non usare il mixer, che produce calore e potrebbe impastarlo.

– *Sciogliere*

Il fuoco non deve mai essere direttamente a contatto con il cioccolato, perciò si deve usare la tecnica del bagnomaria oppure il forno a microonde (se si tratta di pastiglie di cioccolato da copertura). Se rompete voi il blocco di cioccolato, più piccoli sono i pezzi e più rapida sarà la fusione: meglio usare un recipiente di vetro oppure di acciaio. Il forno a microonde non dovrà essere portato alla potenza massima, mescolate spesso durante l'operazione, tenendo presente che i tempi aumentano a seconda della quantità: se per esempio avete 60 grammi di fondente da copertura da sciogliere, ci vorranno circa 2 minuti in un forno da 650 w di potenza (a temperatura media) e 3 minuti per 180 grammi. Allo stato liquido il cioccolato deve avere un aspetto vellutato e lucido. Va subito utilizzato e, per mantenerlo liquido e caldo, usate un bagnomaria.

– *Mescolare*

Poiché il cioccolato è una materia grassa, aggiungervi burro vaccino o olio non crea particolari problemi: bisogna soltanto avere l'accortezza di tenere il burro a temperatura ambiente e amalgamarlo completamente. Quando si unisce il cioccolato all'impasto di una torta o di biscotti è meglio lasciarlo intiepidire: il cioccolato troppo caldo può creare grumi. Fate molta attenzione al cioccolato bianco, che tende a raggrumarsi.

– *Temperare*

Lavorare il cioccolato può dare grandi soddisfazioni, ma procedimenti eseguiti con inesperienza possono compromettere il buon risultato. Il temperaggio, per esempio, l'operazione più difficile, che si deve fare con un termometro di precisione a portata di mano e un discreto tempo a disposizione: è essenziale per evitare che il cioccolato, una volta solidificato, si presenti opaco e non uniforme, bensì brillante e vellutato. Si deve fondere il cioccolato a pezzi o in pastiglie a una temperatura di 45-50 °C al massimo, inserendo il termometro nel centro e non sui lati del recipiente. Si deve abbassare poi la temperatura – per il fondente a 29 °C e per quello al latte o bianco a 27 °C – con uno di questi tre metodi:

a) l'inoculazione, cioè l'aggiunta nel recipiente di altro cioccolato freddo e a pezzi, mescolando lentamente, fino a 29 °C o 27 °C;
b) mettere il recipiente in una ciotola di acqua molto fredda finché il composto raggiungerà i 29 °C o 27 °C;
c) il classico metodo usato dai cioccolatieri artigiani: si rovescia il cioccolato sul piano in marmo o su un tagliere di acrilico e poi lo si lavora spalmandolo uniformemente con una spatola lunga, evitando di smuovere troppo velocemente la massa per non includere bolle d'aria, fino a quando non abbia raggiunto la temperatura di 29 °C o 27 °C.

A temperatura raggiunta bloccare il raffreddamento e riporre il recipiente con il cioccolato nell'acqua calda, continuando a mescolare fino a 31 °C per il fondente o 29-30 °C per quello al latte o bianco.

A questo punto il cioccolato è pronto per l'uso, i cristalli hanno perso la « memoria » della loro precedente forma e si possono adattare alla nuova: per glassare una torta, per essere modellati in uno stampo, per ricoprire una ganache e creare una pralina. Se non eseguite bene queste operazioni, quando il cioccolato si solidifica potrebbe risultare screziato, fragile o con macchie in superficie.

– *Glassare*

Per ottenere una glassatura lucida e perfetta ci sono tecniche da pasticceria, come quella di fare una doppia glassa, in modo da evitare che vi siano briciole: si versa la prima glassatura sulla torta, si aspetta che asciughi e poi si ripassa un secondo strato più leggero. È comunque necessario aggiungere del burro vaccino al cioccolato in fase di temperaggio, sempre a bagnomaria, e, come alcune ricette consigliano, anche la melassa. Per una torta da 20-23 centimetri dovete usare circa 200 grammi di cioccolato fondente e 100-120 di burro vaccino.

– *Decorare*

Guarnire con il cioccolato un dolce, anche non tutto al cacao, è sempre un trucco vincente. Potrete ottenere:

- le *scaglie* con una grattugia;
- i *sigari* facendo essiccare uno strato sottile di cioccolato su un tagliere in acrilico o in marmo e raschiandolo con un coltello a lama larga (richiede una certa manualità);
- i *rollini* e i *ventagli* con un raschietto di metallo o triangolo;
- i *trucioli* con un semplice pelapatate (attenti a non usare un blocco di fondente troppo freddo, perché tenderanno a spezzarsi);
- le *onde*, utilizzando un pezzo di carta da forno sul quale spalmerete il cioccolato dopo averlo temperato;
- l'effetto *pettinato* su una torta o su biscotti con i rebbi di una forchetta in movimenti ondulati;
- effetto *piuma* con un semplice stecchino.

Come si usa il cioccolato: abbinamenti solidi

Il maestro Pierre Hermé è una delle nuove firme della cioccolateria francese: dopo essere stato per molti anni primo pasticcere da Fauchon, un tempio della gastronomia parigina, ha aperto due suoi atelier che sono autentiche gioiellerie del cioccolato. Nel libro intitolato *Larousse du chocolat*, ha scritto un catalogo delle spezie, della frutta e dei fiori che si possono accostare al cioccolato. Ci pare esaustivo e vogliamo proporvelo con alcune aggiunte e nostre considerazioni legate alla produzione dei cioccolatieri italiani. Condividiamo il consiglio del maestro parigino sulle spezie: « Purché si mantenga il giusto equilibrio, in modo che i sapori del cioccolato non siano eclissati da altri troppo invasivi »:

a) spezie
anice: i romani già lo usavano in cucina, ha un gusto tra il finocchio e la menta, che piace ai francesi in aperitivi e liquori; è un abbinamento da provare con grande moderazione;

anice stellato: dal punto di vista botanico si chiama *Illicium verum*, ma deve il suo nome alla elegante forma del frutto, una stella scura e coriacea; viene usato per creme e decorazioni e non predomina troppo;

cannella: forse fu la prima spezia accostata al cioccolato, in Messico, e da allora è un classico; a differenza di altre spezie, si ricava dal fusto o dai ramoscelli della pianta fatti essiccare; il suo aroma secco e pungente ricorda un po' i chiodi di garofano e dona un fragrante profumo a dolci e cioccolata calda; a Modica è una delle possibili aromatizzazioni del tradizionale cioccolato in barrette non concato;

cardamomo: spezia originaria dell'India, è l'ingrediente principale del curry e viene anche usato per aromatizzare il caffè; si usano i semi contenuti nelle capsule alla cima delle foglie, è accostabile al cioccolato per salse e bevande, ma si usa anche per aromatizzare le tavolette;

chiodi di garofano: il nome non tragga in inganno, non hanno alcun rapporto con i garofani, ma sono i boccioli dei fiori di una grande pianta orientale; si usano in infusione per bevande e gelati e in dolci speziati, come il panpepato toscano;

coriandolo: originario dell'Egitto, ha proprietà medicinali e si usa molto nella cucina orientale e indiana; la sua punta di arancia amara conferisce un particolare aroma sia al cioccolato fondente, sia al latte, sia pralinato;

menta: pianta medicinale molto diffusa nel Mediterraneo e coltivata in tutta Europa, ha un gusto inconfondibile che gli inglesi hanno associato per primi al cioccolato fondente con i famosi *After Eight* (prodotti nel 1962 dalla Rowntree, oggi marchio della Nestlé); molti artigiani preparano personali versioni di questo classico cioccolatino; ottimi quelli dei magazzini londinesi Fortnum & Mason;

noce moscata: l'accostamento classico di questa antica spezia molto adoperata in cucina è con la cioccolata calda, in salse e infusi per ganache;

pepe: forse si può definire il re delle spezie ed è stato il primo « oro nero » che ha spinto le esplorazioni verso le rotte d'Oriente; è una classica pianta tropicale, di cui si usano le bacche, con le diverse qualità bianco, nero, rosa e verde; in grande sintonia con il cacao, dà vigore ai piatti salati, connota una tavoletta o una pralina, profuma la cioccolata calda;

peperoncino: diffusissimo in tutto il mondo, originario probabilmente del Messico, dove se ne conoscono oltre cento specie, ognuna adatta a un piatto diverso; si chiama *Capsicum annuum* (è una pianta annuale); nell'universo di Theobroma trova il suo miglior uso nella cioccolata calda o nei piatti salati a base di cacao; in Italia Paul De Bondt è diventato uno specialista delle tavolette con questa spezia, con le sue creazioni « Jalapeno Affumicato », « Diavolillo » e « Habanero Candito »;

vaniglia: pochi lo sanno, ma è l'unica orchidea coltivata a fini alimentari; il genere *Vanilla* comprende un centinaio di specie; si usano i frutti, detti baccelli, soprattutto della *Bourbon* originaria di Madagascar e Reunion; da sempre conferisce un caratteristico profumo ai dolci, alla cioccolata calda e alle tavolette di cioccolato al latte o bianco; negli ultimi anni si usa la vanillina sintetica, realizzata chimicamente dall'alcaloide che dà l'aroma al baccello;

zafferano: una delle spezie più care, insieme con il cardamomo; servono più di 100 mila fiori di *Crocus sativus* per ottenere un chilogrammo di questi pistilli essiccati, che in Italia viene coltivato in Sardegna e in Abruzzo; impreziosisce il ripieno dei cioccolatini;

zenzero: di questa pianta orientale si usa la radice, in genere candita oppure secca in polvere; in inglese si chiama *ginger* e ha battezzato un aperitivo; molti cioccolatieri la usano candita e ricoperta di cioccolato, oppure in infusione per una ganache: ha un gusto piccante che si accompagna bene al cioccolato.

b) frutta secca
L'abbinamento con la frutta secca è un classico della cioccolateria. Il primo a usare nocciole intere fu lo svizzero Charles-Amédée Kohler (la sua fabbrica fu poi assorbita da Peter, e quindi si fuse nel marchio Nestlé), nel 1830; più tardi fu inventata la pasta Gianduja a Torino da Caffarel e Prochet. Noci, mandorle, pistacchi appartengono alla tradizione italiana, svizzera, francese e belga della pralineria, come l'uva sultanina e i fichi secchi. Più particolare l'uso delle castagne e della noce di cocco, in dessert al piatto o creme e torte.

c) frutta fresca
L'arancia è l'agrume più abbinato al cioccolato e le scorzette ricoperte di fondente sono un classico della pralineria. I frutti rossi (come ciliegie, fragole, lamponi, mirtilli) sono adatti per delicate ganache o per i boeri al liquore; pesche, albicocche, pere e frutta esotica con le loro salse e gelatine si rivelano eccellenti farce e cromatiche decorazioni per tutte le espressioni della pasticceria. In Francia ha avuto grande successo il cacao in polvere Banania mescolato con farina di banane.

d) fiori e verdure
Le violette candite sulle torte di cioccolato sono un classico della pasticceria d'antan, mentre i fiori di magnolia in Messico ancora oggi sono aggiunti freschi all'ultimo momento nella cioccolata calda, secondo l'uso azteco. Raramente i fiori vengono amalgamati al cioccolato, anche se i fiori d'arancio, il gelsomino, la lavanda, la magnolia, la rosa e la violetta possono conferire delicate profumazioni. Quanto alle verdure, gli abbinamenti devono essere ben calibrati, ma possono dare risultati sorprendenti, come il finocchio e il pomodoro. Assolutamente da sconsigliare la cipolla, mentre le melanzane fanno parte della tradizione italiana, come abbiamo visto.

I trionfi della pasticceria

Nell'età classica greca e latina e nel Medioevo la pasticceria non esisteva. Si sviluppò intorno al XVII secolo, con la comparsa delle gelatine e delle paste (frolle, sfoglie, all'uovo, come ricorda Piccinardi nel *Dizionario di gastronomia*), ma negli impasti non comprendeva l'uso del cacao, appena arrivato dalle Americhe. Ben presto però i moderni pasticceri francesi, svizzeri, austriaci e belgi si accorsero delle grandi potenzialità del cioccolato: lo testimonia la storica serie delle grandi torte, dalla Sacher viennese alla Barozzi in Italia, fino alla Torza Zurigo, alla Foresta di Gay Odin (Napoli) alla gloriosa Setteveli (che conquistò la Coppa del Mondo di Pasticceria di Lione nel 1997) preparata da Mannori, Beduschi e Biasetto. In Germania la più nota è la *Schwarzwald Torte*, Foresta Nera, un pan di Spagna al cacao imbevuto di liquore di ciliegie Kirsch, con due strati di ciliegie e panna montata ricoperta di fondente in foglie. A Parigi la torta al cioccolato più famosa è la quadrata *Opéra:* è rinomata quella della grande gastronomia-pasticceria Dalloyau. La vera *Opéra* ha tre caratteristiche: deve essere quadrata o rettangolare, mai tonda, deve essere molto imbevuta di caffè espresso, deve avere tre strati e una glassa lucida di fondente.

I dolci hanno spesso meravigliose storie da raccontare, quasi sempre un po' romanzate, come quella sul conte di Plessis-Praslin o sull'errore delle sorelle Tatin dell'Orleans. In alcuni casi sono nate controversie legali per difendere la ricetta, con tanto di marchio registrato. La capostipite di tutte le torte con il copyright è la viennese Sacher, ma anche in Italia ci sono molti dessert con aneddoti e dispute simili.

Torte con il marchio

– *Sacher Torte (1832)*

Pare che la prima vera torta dedicata a Theobroma cacao si chiamasse « Schioccolati Torte » e fosse stata preparata (lo ricorda Sara Jayne-Stanes nel suo *Il grande libro del Cioccolato*) nel 1778 da un pasticcere austriaco. Anticipò la Sacher Torte, il cui merito va al sedicenne Franz Sacher, nel 1832. In quel periodo era al servizio di Klemens Wenzel von Metternich, il cancelliere austriaco al centro di una intensa attività diplomatica: il principe ordinò all'équipe di pasticceria del palazzo di preparare un dolce « forte e virile » e, poiché lo chef titolare era malato, si diede da fare Franz. Fu un grande successo, tanto da incoraggiarlo ad aprire una pasticceria. In seguito nel 1876 il nipote Eduard fece erigere l'omonimo albergo vicino all'Opera di Vienna. Fu proprio Eduard a far nascere la disputa legale, in quanto vendette la ricetta della sua specialità a un'altra pasticceria viennese, Demel. Passato il momento di difficoltà economica, si pentì e cercò di ritornarne in possesso, ma dovette affrontare una causa durata 15 anni, fino a quando i giudici gli diedero ragione. La Sacher ora è conosciuta e diffusa in tutto il mondo, ma soltanto quella dell'hotel omonimo ha un bollino in cioccolato con la scritta *Ursachertorte* (Torta Sacher Originale). Pasta lievitata con tanto burro e tanto cioccolato, ha una perfetta glassatura lucida e al centro una farcia di confettura di albicocche. A Vienna la pasticceria « rivale » Demel continua a produrla con una variante: spalma la confettura di albicocche sulla superficie della torta prima della glassa finale. L'originale si può comprare su Internet (www.sacher.com), ma anche Demel (www.demel.at) offre on line la sua versione, con bollino triangolare. La Sacher però va mangiata fresca e oltre che a Vienna si può trovare, nelle varie versioni da 12 a 22 centimetri di diametro, a Salisburgo, Innsbruck e Graz. Dal marzo del 2004 a Bolzano, nella centrale piazza Walther, c'è l'unico negozio « all'estero » della Sacher, che vende tutti i prodotti dell'azienda ed è gestito dall'albergo Stadthotel.

– *Barozzi (1907)*
Vignola è un piccolo centro a metà strada tra Modena e Bologna dove la pasticceria Gollini (fondata nel 1884) difende la segretezza di un altro dessert molto imitato, creato nel 1907: ha l'aspetto di un mattone, si taglia capovolto senza togliere la carta stagnola in cui è avvolto e la ricetta, segreta, è a base di cioccolato fondente, burro, cacao amaro, polvere di caffè, uova e rhum. Il suo inventore, Eugenio Gollini, volle dedicarla al concittadino Jacopo Barozzi, uno dei più grandi architetti del Cinquecento, detto « Il Vignola », che lavorò a Roma al servizio di papa Giulio III. Il giornalista Michele Serra l'ha così decantata: « Per descrivere la Torta Barozzi bisognerebbe essere perlomeno Tolstoj, mi scuso con la Torta se non son degno. Si presenta come una piccola zolla di terra e come una zolla si sbriciola. È un incantevole mistero fatto di mille aromi che confondono il palato in una sinfonia di dolcezze ».

– *Foresta (1920 circa)*
Non è proprio una torta, ma una specie di tronchetto, piuttosto compatto, fatto con sfoglie finissime di cioccolato al latte passate in cilindri di pietra. È un dessert molto noto a Napoli e fa parte della tradizione partenopea fin dai primi del Novecento. Il negozio di

pasticceria è italianissimo, a dispetto dei nomi: fu fondato nel 1894 da Isidoro Odin, cioccolatiere piemontese di Alba, che si trasferì a Napoli e agli inizi del Novecento sposò Onorina Gay. Oggi esiste una vera e propria catena di negozi votati al cioccolato con questo marchio, a Napoli, e uno a Roma, di proprietà dell'avvocato Giuseppe Maglietta.

– *Caprese (1920 circa)*
Anche per questa torta, assai diffusa in tutta la Campania e non soltanto a Capri, le origini sono legate a un supposto errore, da ascrivere – pare – al pasticcere Carmine di Fiore. Questi, emozionato per dover creare un dolce destinato a un gruppo di turisti sull'isola piuttosto impazienti (chi racconta di gangster americani, chi di mafiosi) si dimenticò di mettere la farina nell'impasto. Il risultato fu eccezionale. Gli ingredienti base della antica ricetta (poi modificata nel corso degli anni) sono: mandorle pelate tritate, cioccolato fondente tritato, zucchero, burro e uova.

– *Parrozzo (1926)*
È un dolce lievitato a base di mandorle e profumato all'arancia, ricoperto di cioccolato fondente. Specialità abruzzese, fu ideato nel 1926 dal pasticcere di Pescara Luigi D'Amico come dolce natalizio: è a pasta gialla, perché viene realizzato con farina di mais. Il nome gli venne dato da Gabriele D'Annunzio, frequentatore del locale. È un « pan rozzo » come quello dei contadini, disse il Vate, e Parrozzo fu il nome che rimase al dolce. È celebrato anche con un verso dannunziano in suo onore, del 1927: « Dice Dante che là da Tagliacozzo, / ove senz'arme vinse il vecchio Alardo, / Curradino avrie vinto quel leccardo / se abbuto avessi usbergo di carrozzo ». Ora il dolce viene prodotto a Pescara dalla piccola industria dolciaria « Luigi D'Amico Parrozzo », di Francini e soci, in varie pezzature.

– *Zurigo (1930 circa)*
Cialda di frolla al cacao, con un'abbondante farcitura di crema chantilly con all'interno torrone e cioccolato fondente in scaglie, ricoperta da foglie di cioccolato e ciliegine sotto alcol con glassa bianca: così si presenta l'irresistibile Torta Zurigo che ancora si prepara a Pinerolo, a una cinquantina di chilometri da Torino, nella « chocolate valley » del Gianduiotto. Fu creata negli anni Trenta da Giuseppe Castino, noto pasticcere della cittadina piemontese, sede

della più qualificata scuola di cavalleria per gli ufficiali dell'Esercito Regio. Spesso vi si recava la principessa Jolanda di Savoia, figlia del re Vittorio Emanuele III: un giorno, ancora trentenne, si presentò nella pasticceria e prenotò una torta per fare « bella figura » da certi amici svizzeri, a Zurigo. Per l'occasione fu preparata un'originale ricetta e da quel momento la specialità si chiamò Torta Zurigo. Ora Maria Monaco è la titolare del negozio « Il pasticcere » e continua la tradizione, difendendola dalle imitazioni: ha registrato il marchio e dai discendenti di Castino ha conservato la preziosa prescrizione, che prevede la glassatura con zucchero delle ciliegie.

– *900* (1960)
Nel centro storico di Ivrea, cittadina a 40 chilometri da Torino, questa delizia al cioccolato, dalla ricetta segreta, continua a far bella mostra di sé con la scritta Torta 900 in zucchero a velo bianco. Fu inventata dal pasticcere Ottavio Bertinotti prima della Seconda guerra mondiale, ispirandosi, pare, alla pasticceria francese, che registrò la sua « creatura » nel 1960. Ora la ricetta originale è in mano a Stefano Balla, che rilevò la pasticceria negli anni Settanta. È una base di « pane Novecento » farcito con una crema al cioccolato, soffice e inimitabile.

– *Festivo (1962)*
È un dessert al quale i torinesi sono molto affezionati fin dagli anni Sessanta e si acquista in uno dei locali storici della città, la pasticceria Pfatish, aperta nel 1915 dal cuneese Gustavo Pfatisch, figlio di un militare bavarese (come ricostruisce Orlando Perera nel libro *Dolci piemontesi*). È una classica torta tonda, un trionfo di crema chantilly al cioccolato ricoperto da leggere foglie di cioccolato, ideata nel 1962 da Nello Ferraris, socio e successore di Pfatisch. Voleva battezzarla « Festival », ma nacque una contesa legale con il detentore del marchio: cambiò il nome in Festivo, a indicare la consuetudine subalpina di recarsi la domenica in pasticceria per acquistare i dolci da portare a casa. Oggi il figlio Marco Ferraris continua la dolce tradizione, nello stesso negozio, sotto i portici, vicino alla stazione di Porta Nuova. I banconi liberty in legno e il parquet scricchiolante sono rimasti quelli di un tempo. Nel retrobottega sono conservate le antiche macchine per fare il cioccolato, accanto alle moderne impastatrici da cui escono splendide creme da spalmare alla nocciola e in altre varianti.

– *Setteveli (1997)*
Questa è una torta di recente invenzione nota non solo in Italia, elaborata nel 1997 per la Coppa del Mondo di Pasticceria che si svolge a Lione ogni due anni, dal 1989. La squadra italiana, che con la Torta Setteveli vinse il prestigioso concorso, era composta da Christian Beduschi (di Cortina d'Ampezzo), Luigi Biasetto (di Padova) e Luca Mannori (di Prato). La competizione prevede l'esecuzione, in un tempo di otto ore, di tre pezzi artistici completamente mangiabili: una composizione in zucchero, una in cioccolato e una scultura ghiacciata. Racconta Luigi Biasetto: « Le tre opere artistiche dovevano presentare altrettanti dolci: una torta al cioccolato, un dessert al piatto e una bomba, cioè una torta di gelato con frutta. Noi presentammo un unico tema, l'Universo donna, in cui il passato era rappresentato da una bomba intitolata 'Orient Express' come il treno dell'amore e il presente da una composizione di zucchero raffigurante un volto di donna dai capelli ondulati che presentava la Torta Setteveli al cioccolato, così chiamata in onore della danza di Salomè ». Oggi è imitata in tutta Italia, ma l'autentica Torta Setteveli può essere gustata, soltanto fresca, nelle tre pasticcerie dei vincitori (oltre allo storico Caffè Pedrocchi di Padova, dove la consegna giornalmente Biasetto), che per difenderla hanno depositato il marchio e minacciato azioni legali. È riconoscibile per la glassa particolarmente lucida e la decorazione con piccole foglie d'oro: la morbida mousse al cioccolato fondente lascia un piccolo spazio al bavarese alle nocciole pralinate, che racchiude una serie di sfoglie di cioccolato e si posa su una base croccante ai cereali.

Le regole per le mousse

Nella vita di un pasticcere e di un cioccolatiere c'è sempre una mousse. Questo è un termine che si trova in tanti menu e spesso in ricette a base di Theobroma cacao, ma non sempre è chiaro cosa rappresenti. Il grande cuoco francese Auguste Escoffier (1846-1935), nella sua monumentale *Guida alla grande cucina* ricorda che il termine mousse viene a volte confuso con paté, specie per i piatti salati. E così Escoffier spiega: « originariamente però le mousse, che possono essere salate o dolci, prevedevano sempre l'impiego di panna liquida o montata, oppure di bianco d'uovo montato ».

Del resto, mousse in francese significa « spuma », quindi questo tipo di dessert deve avere aria incorporata in una emulsione a base di panna e cioccolato. Il pasticcere Iginio Massari, che nel suo libro *Oro colato* dedica al cioccolato anche versi d'amore, ricorda che per ottenere una buona crema mousse al cioccolato si deve avere una buona conoscenza dei materiali impiegati e una tecnica raffinata. Secondo il fondatore dell'Accademia Maestri Pasticceri Italiani, una mousse deve essere: « Leggera, facile da tagliare, deve fondere in bocca, il suo sapore deve essere morbido e persistente ». Inoltre non deve attaccarsi al coltello quando la si taglia, perché troppo grassa.

Massari illustra le quattro creme con le quali si possono creare mousse:

1) con la crema inglese si ottengono mousse leggermente più pesanti, ma che si sciolgono bene sul palato;

2) quelle a base di cioccolato d'origine tendono ad avere una struttura un po' secca, per la maggiore quantità di burro di cacao;

3) quelle con lo zabaione o con la meringa all'italiana sono più soffici e cremose, con sapori più tondi, ma « sporcano il coltello » al momento del taglio;

4) le mousse con la crema chantilly tendono a essere un po' secche e sono facili alla rottura nel taglio: se si aggiunge troppa crema pasticcera per evitarlo, tuttavia, si appesantiscono.

Sua maestà la ganache

Il regno della ganache moderna è a Tain l'Hermitage. È un piccolo paese sulle rive del Rodano, a Sud di Lione. Sulla via principale ha sede la fabbrica della Valrhona e sul lato affacciato sul grande fiume che divide la Drôme dall'Ardèche, due regioni dal punto di vista gastronomico e vinicolo tra le più famose di Francia, c'è *L'École du Grand Chocolat Valrhona*, dove si tengono stage di due o tre giorni per apprendere le migliori tecniche di cioccolateria e pasticceria al cioccolato.

Ogni anno passano da questi laboratori iper-tecnologici, tra forni speciali, abbattitori, planetarie e sifoni oltre ottocento « allievi » da una trentina di paesi: quando abbiamo frequentato uno di questi corsi, guidati dal giovane maestro italiano Gianluca Fusto, c'erano giapponesi, americani, tedeschi. In genere sono titolari di ristoranti o di avviati laboratori, che regolarmente aggiornano le loro conoscenze in questa scuola unica al mondo. Ne è a capo un francese estroverso e abituato a dire la sua senza troppi giri di parole: lo *chef pâtissier* Frédéric Bau, che dal 1988 – dopo un'esperienza passata al fianco di Pierre Hermé da Fauchon – guida una eccezionale équipe di maestri, come Fusto, Serge Decrauzat, Yann Duytsche, Philippe Givre, Vincent Bourdin e tanti altri, che tengono lezioni di cioccolateria anche a Milano, Barcellona, Miami, New York, Tokyo e Singapore. Si chiamano ironicamente i « cospiratori del *gustoplaisir* » perché la gamma « laboratoire » Valrhona per professionisti, con 80 tipi di cioccolato e semi-lavorati di alta qualità, è ormai alla base di quasi tutte le elaborazioni dei ristoratori e dei pasticceri, anche italiani.

Il Grand Cru Guanaja, prodotto nel 1986, con un 70% di cacao Criollo e Trinitario americani, è diventato un classico, come il Manjari (64% dal Madagascar), il Pur Caraïbe (66% dalle isole caraibiche, tutto Trinitario) e il più recente Araguani (72% dal Venezuela). Con questi tipi di cioccolato da copertura, confezionati in gocce dentro comodi sacchetti, si preparano dessert, praline e torte. E non solo. Frédéric Bau però avverte: « La pasticceria deve essere *gastronomique* e non soltanto *gourmand*, golosa. Infatti quest'ultima ha una scala musicale limitata, *do-re-mi*, mentre la prima riesce a comprendere tutta la complessità di un dolce, *do-re-mi-fa-sol-la-si-do* ». Inoltre il direttore dell'*École* di Tain l'Hermitage sostiene che le mode non debbano influenzare troppo l'attività delle giacche bianche, che si devono sempre ricordare di essere « servitori degli epicurei, esperti o futuri ». In uno dei suoi libri, *Al cuore dei sapori*, Bau spiega in sei pagine di fotografie, grafici e calcoli accurati « come ottenere una ganache ben riuscita » In sintesi:

1) versare la panna bollita con lo zucchero invertito sulla copertura tagliata a piccoli pezzi;

2) lasciare riposare per qualche istante prima di incominciare l'emulsione;

3) incorporare il liquido con una spatola in modo che ne risulti una emulsione liscia, brillante ed elastica;

4) la temperatura deve essere sempre superiore al punto di fusione del burro di cacao (che è di 35 °C): tra 35 °C e 40 °C;

5) se la ricetta prevede l'aggiunta di burro vaccino, lo si deve fare alla fine.

Le dosi sono fondamentali e quindi Bau spiega che un chilogrammo di cioccolato da copertura come il Guanaja Valrhona – che ha un 70% di cacao – contiene 415 grammi di burro di cacao (345 grammi provenienti dalle fave e 70 grammi di burro di cacao liquido aggiunto da Valrhona durante la lavorazione), 298 grammi di zucchero, oltre a un grammo di vaniglia naturale e uno di lecitina di soia. Quando si prepara una ganache con la panna bisognerà quindi ricordare che questa è un liquido contenente il 35% di grasso. Andrà quindi calcolata la percentuale totale di materia grassa nella ganache, tenendo conto del burro di cacao presente nel cioccolato: non più di 480-530 grammi di gocce di copertura Valrhona Guanaja per litro di panna. Con queste proporzioni si ottiene una ganache tagliabile alla chitarra, solida ma al tempo stesso morbida, pronta per essere rivestita.

Il Bônét di Langa

Le Langhe sono il lembo meridionale del Piemonte stretto tra la Liguria e la Francia e delimitato dal fiume Tanaro: una terra letteraria e culinaria segnata da piccoli borghi attorno a castelli, vigne a perdifiato con geometriche vampate di colori che in autunno danno il meglio. Sul finire dell'anno, verso dicembre, si comincia a spillare il vino dalle botti e se ne cercano colori e profumi, per capire come è stata la vendemmia. I profumi di Langa sono tanti, non c'è solo il vino che sale dalle cantine. C'è l'aroma dei tartufi bianchi, l'acre odore delle foglie calpestate nei boschi, il sentore avvolgente delle nocciole che dalla fabbrica del cioccolato si spande sulla sua capitale, Alba, il richiamo dolce del torrone con il miele, la sensazione forte che sale dalle tome stagionate di Murazzano e dagli altri formaggi.

In Langa non si viene soltanto per mangiare: si cercano i luoghi pavesiani e fenogliani, le cantine dei moderni vignaioli che girano il mondo. Tra le poetiche espressioni di questa cucina ancora autentica c'è sicuramente il *bônét*, il budino a base di uova, zucchero, latte, amaretti sbriciolati, cacao in polvere (e caffè, come recita il quaderno delle ricette di famiglia di nonna Caterina). Perché si chiama *bônét*? Forse per la sua forma a cupoletta che ricorda il cappello dei contadini di queste parti (del tipo a basco con visiera). Invece – come riporta *Prodotti tipici d'Italia* a cura di Davide Paolini – secondo il dizionario tra piemontese e italiano, stilato a metà Ottocento da Vittorio di Sant'Albano, il termine deriva da *bônét 'd cusina*, ossia cappello da cucina, recipiente di rame per la cottura di dolci. Ci piace ricordare una bella descrizione di come veniva preparato nella case rurali, tratta dal primo libro di ricette autentiche langarole, *Nonna Genia*, uscito negli anni Ottanta grazie alle ricerche di Luciano De Giacomi, farmacista in Alba e fondatore di confraternite gastronomiche, con i testi dello psicologo Beppe Lodi:

> Ora la signora della cucina si riteneva in pensione, ma era pur sempre presente, attenta e vigile, a seguire tutto quanto si faceva in quello che era stato il suo regno per tanti anni e le era gradito intervenire di tanto in tanto per realizzare qualcosa che non le fosse di fatica. Come *'l bônét*, per esempio, al quale si dedicava abbastanza spesso perché con gli anni era maturata in lei una certa golosità che soddisfaceva con quel dolce gradito, del resto, a tutti; così diceva di prepararlo per i nipotini, ma se lo godeva già fin dalla lunga preparazione, pregustandolo mentre cuoceva lentamente in bagnomaria in un angolo del grosso *putagè* [la cucina economica a legna, *N.d.A.*] per ore e ore. E quel *buiachè* [sobbollire, *N.d.A.*] sommesso ed eguale, il mormorio di quel sobbollire lento le teneva compagnia, ne favoriva qualche breve sonnellino, l'aiutava a sognare casi e persone del passato in attesa che i familiari tornassero dai campi, dalle vigne, dai prati del loro lavoro quotidiano.

Le magie degli chef

Il nostro primo assaggio di un menu « tutto cacao » risale alla fine degli Anni Novanta, a Eurochocolate, presso l'Etruscan Chocotel di Perugia della famiglia Guarducci: crespelle di cacao con mousse di caprino e olive per antipasto, a seguire tagliatelle nere ai funghi porcini e filetti di pomodoro, quindi petto d'anatra in dolce forte con sformato di spinaci all'agro e torta Eurochocolate per finire. Un *chocomenu* che nel ristorante dell'hotel si può trovare ancor oggi tutti i giorni.

Stucchevole? Forse, ma un buon *chocoholic* non può negarsi qualche menu al cioccolato, che negli ultimi anni sono diventati una moda. Ne abbiamo una collezione, tra le nostre carte, ricordo di cene e pranzi in occasione di kermesse dedicate al cibo degli dèi. Eccone altri due che abbiamo giudicato abbastanza equilibrati:

– a Bologna, al ristorante Cesari (18 novembre 2005), per la Compagnia del cioccolato:

Zuppetta di cardi gobbi con vellutata al parmigiano, tartufo bianco e cioccolato non concato 70% dell'Offelleria Rizzati

Risotto alla zucca violina mantecata con cioccolato 62% di Valrhona

Costoletta di mora romagnola [un tipo di maiale, N.d.A.] con cacao e timballo di broccoli al cioccolato 72% di Valrhona

Sabbiosa al cacao, crema di zabaione e mousse di cioccolato al peperoncino

– a Torino, al ristorante Savoia (22 gennaio 2003) per l'apertura di Cioccola-To, rassegna dedicata al cioccolato organizzata dal Comune di Torino:

Confit di gallinella con frutta, Castelmagno e scaglie di cioccolato fondente

Sformato di cipolle dolci con crema di amaretti e cioccolato bianco

Tagliolini aromatizzati al « Café noir » con ragù di cinghiale

Filetto di manzo alla salvia e « Guanaja grand cru »

Praline di cioccolato al mandarino ghiacciato con salsa allo yogurt e anice stellato

Per molti anni la ristorazione, in tutto il mondo, si è limitata a presentare ai suoi clienti, secondo la tradizione ottocentesca di scuola francese, unicamente dessert al carrello, dove il cioccolato veniva usato soltanto per la preparazione di torte tipo Sacher, crostate e dolci al cucchiaio. La rivoluzione avvenne con la *nouvelle cuisine* all'inizio degli anni Ottanta, grazie all'invenzione del dessert al piatto. Ma anche gli chef ispirati dal maestro Paul Bocuse impiegarono un po' di tempo a scoprire e valorizzare appieno le potenzialità offerte da questa duttile materia prima. Lo dimostrano due libri che in quel periodo presentarono le prime ricette innovative. Uno è del maestro incontrastato della cucina nostrana, quello che più di ogni altro ha fatto scuola: Gualtiero Marchesi. Nel 1980 raccolse le sue proposte nel volume *La mia nuova grande cucina italiana*, sollevando molte polemiche. Tra i dessert, a base di cioccolato c'era soltanto una mousse. E tre anni più tardi il libro *Ricette d'autore* di Elena Guidi ne riportava appena due con Theobroma, per altro molto classiche, tra quelle chieste al top della ristorazione di allora: ancora una mousse, al cioccolato bianco, e le melanzane al cioccolato.

Oggi la realtà delle proposte al cacao è profondamente cambiata. Spesso nella brigata di cucina dei locali più qualificati esiste un responsabile della linea dessert, che seleziona il cioccolato e si occupa della piccola pasticceria, sempre più perfetta. I pasticceri invidiano un po' i colleghi ristoratori, perché sanno che con i dessert al piatto hanno molte più possibilità di giocare con consistenze, temperature e abbinamenti.

A Barcellona il giovane chef Jordi Butron, che abbiamo incontrato a Milano in occasione di « Identità Golose », ha creato da poco tempo un ristorante in cui si degustano esclusivamente piatti declinati sulle note dolci, collegato a una *escuela de postres de restaurant* che organizza corsi e stage. Inutile dire che lo spazio dedicato al cioccolato, per proposte in cui il confine tra dolce e salato è molto labile, è piuttosto ampio. Il ristorante si chiama *Espaisucre*.

E in Italia? Abbiamo pensato di condividere alcuni nostri appunti di viaggio su piatti – e non solo dessert – con il cioccolato assaggiati nel nostro peregrinare da gourmet.

Tra dolce e salato

Gli agnolotti di Lidia Alciati sono famosi non solo in Piemonte. La nonna di tutte le cuoche continua a cucinare i piatti che offriva a Costigliole d'Asti con il marito Guido (scomparso prematuramente dopo aver innovato la cucina piemontese), nel nuovo ristorante di famiglia ospitato nel *Relais San Maurizio* sulle colline di Santo Stefano Belbo (CN). Oggi Lidia, con accanto il giovane chef Luca Zecchin, declina i suoi agnolotti anche come dessert, ripieni di fondente e serviti con una salsa all'arancia. In Liguria la passione per il cioccolato di Rosa Balzano e del marito Raffaele si esprime nel pasticcio di melanzane al cioccolato che presentano al ristorante *La Bitta nella pergola* di Genova: un omaggio alle loro origini partenopee.

Massimo Bottura, chef e patron dell'*Osteria Francescana* di Modena, ha in carta un « piccione al cioccolato e savor » (il savor è una specialità emiliana a base di mosto cotto, mele, pere e noci). Ma il suo piatto salato-non salato più nuovo è il dessert « sud », con il quale Bottura ha vinto un premio nel 2006 al congresso internazionale di cucina *Lo Mejor de la gastronomia* di San Sebastián, in Spagna: è composto da gelato all'olio di oliva, mousse di cioccolato bianco e pasta di olive pizzute, cialda croccante, spuma di pasta di mandorle del Caffè Sicilia di Noto e capperi. Un'esplosione di sapori mediterranei addolcita dal cioccolato bianco.

Sulla costa marchigiana due locali stellati di Senigallia, specializzati in pesce, utlizzano Theobroma cacao per piatti molto diversi. Lo chef Mauro Uliassi, del ristorante *Uliassi* alla Banchina di Levante, propone il « royal di lepre con ganache di fondo di lepre e cioccolato al 90% accompagnata con mirtilli e lamponi saltati in padella ». In località Mazzocca di Senigallia, Moreno Cedroni della *Madonnina del pescatore*, come abbiamo visto, stupisce i clienti con il suo « bounty di seppia ».

In Campania la tradizione legata alla cucina spagnola si esprime con piatti come gli « arancini di riso al cioccolato », che ci hanno illustrato Iaccarino e i suoi figli di *Don Alfonso 1890*. Dalla Puglia si è fatta conoscere anche nei congressi di gastronomia la chef del *Già sotto l'arco* di Carovigno (Br), Teresa Galeone Buongiorno, che prepara un « filetto di puledro con salsa al Primitivo di Manduria e cioccolato extra-amaro ». In Sicilia, Ciccio Sultano, nel suo locale *Duomo* di Ragusa Ibla, a pochi passi dalla cattedrale, ha inventato un piatto di carne ispirato al periodo della dominazione spagnola: « costoletta e filetto di maialino nero dei Nebrodi caramellati al Marsala e carrube con fave di cacao torrefatte, fagiolo Badda con salsa di cioccolato ».

I dessert

Torino rimane una capitale del cioccolato e non è raro trovare ottimi dessert dedicati al cibo degli dèi, come alla *Barrique*, dove Stefano Gallo presenta la sua « variazione al cioccolato »: nel piatto, quattro diverse declinazioni calde e fredde. A pochi chilometri dal capoluogo, nel locale che si affaccia sul Museo di Arte Contemporanea del Castello di Rivoli, Davide Scabin al *Combal.Zero* offre un divertente *cioccokube* – quattro bicchierini con diverse mousse al cioccolato – e per le kermesse torinesi di Cioccola-To ha creato i *cybercioccolatini*, piccole palline ispirate alle famose *cybereggs*: quando si addentano le due micro-camere d'aria in pellicola alimentare (con all'esterno il liquore e all'interno il cioccolato), riproducono l'effetto di un bonbon alcolico.

Una tappa fondamentale per i golosi di dolci è *Da Vittorio* a Brusaporto (BG), dove la famiglia dei fratelli Cerea nel fine settimana imbadisce una doppia tavolata con oltre trenta specialità da scegliere a buffet, sui quali troneggia una fontana di cioccolato. Meta altrettanto obbligata è Isola Rizza (VR), è *Perbellini*, dove la pasticceria di famiglia e l'abilità dello chef Giancarlo Perbellini permettono di gustare dolci di ogni tipo, nei quali il cioccolato ha un posto privilegiato. Pochi chilometri più a Est, nel piccolo paese di Lonigo (VI) si trova la *Peca*: qui i fratelli Nicola e Pierluigi Portinari sono orgogliosi della loro trilogia calda e fredda di cioccolato, composta da un tortino con un gelato alla vaniglia thaitiana e un ristretto di Porto, un sorbetto al cacao amaro e un flan cremoso servito con un sorbetto al finocchio e arance. E la sorpesa arriva con la quarta proposta, un fondente freddo servito con sciroppo di zenzero e tre grani di sale Maldon. In Trentino Alto Adige il giovane Armin Marhofer nel ristorante *Anna Stuben* dell'Hotel Gardena di Ortisei (BZ) consiglia il suo « cohiba gold »: un sigaro di cioccolato Criollo alla Tonca con crema gelata al legno di cedro libanese, tabacco e rhum.

A Roma molti frequentatori della splendida terrazza del Cavalieri Hilton, nell'affascinante ristorante *La Pergola*, sono attratti dal « gran dessert » offerto dall'executive chef, il bavarese Heinz Beck: nella sequenza di sei o nove proposte coordinate che compongono la sinfonia del finale « gran dessert » non manca qualche citazione al cioccolato. Da non perdere anche, nell'isola di Ponza, il ricco « fondente al cioccolato » a più strati, preparato da Patrizia Pesce nel grazioso ristorante sul porto *Acqua pazza*. In Abruzzo il giovane emergente Niko Romito, del *Reale* di Rivisondoli (Aq), entusiasma i *chocoholic* con « cinque variazioni di cioccolato »: soufflé, mousse calda, mousse fredda, crème brûlée e sformatino di cioccolato e mandorle.

In Basilicata Rino Botte della *Locanda del palazzo* di Barile (PZ) prepara un piatto di antica tradizione locale: « calzoncelli fritti con farcia di castagne, cioccolato e vin cotto ». In Sardegna Luigi Pomata del ristorante *Nicolo* di Carloforte, sull'isola di San Pietro (CA), ha battezzato un dessert « il mio After Height »: è un tortino al cioccolato metà cotto e metà semifreddo con salsa alla menta, gelato alla vaniglia e un pizzico di fior di sale.

La Sicilia ha consolidate tradizioni legate al cioccolato. E a San Vito Lo Capo, capitale del cuscus alla trapanese (con il pesce), la chef Marilù Terrasi nel suo *Pocho* declina questo piatto locale anche in versione dolce: condisce il cuscus con burro, zucchero di canna, uvetta passa, pinoli, mandorle, zuccata, cannella, pistacchi e finissime scaglie di cioccolato fondente.

La piccola pasticceria

Quasi tutti i ristoranti di buon livello servono il caffè con la piccola pasticceria al cioccolato. Ecco alcune curiosità. La più rilassante: i cioccolatini *ayurvedici* preparati da Auro Bucci nel suo bel locale *La Clotze,* tra le montagne di Courmayeur, in val Ferret, realizzati con una ganache a base di un infuso ayurvedico Yogy Tea, con prevalenza di cannella, cardamomo e zenzero. La più piccola: le minimignon al cacao di Davide Palluda all'*Enoteca* di Canale d'Alba (CN). La più ricca: a Ciriè (Torino) presso il *Dolce Stil Novo* dello chef Alfredo Russo, che presenta pre-dessert, dessert e post-dessert al cioccolato con una serie interminabile di lecca lecca, praline, bicchierini, tartufi. La più simpatica: al ristorante *Amici* di località Godia, a Udine, dove lo chef Emanuele Scarello, dopo i suoi dessert al piatto di cioccolato, offre una selezione di praline che ci si può far impacchettare per essere degustate a casa.

L'arte fredda

Crema, cioccolato, nocciole e limone. Negli anni '50 e '60 erano questi i gusti di gelato che si potevano sempre trovare nelle carapine con il coperchio delle botteghe artigiane. Quei secchielli d'acciaio, scuri e invisibili, nei bambini di allora facevano aumentare il desiderio di poter leccare quella delizia che veniva preparata soltanto d'estate, quando faceva caldo. Ancor oggi, nell'arte fredda, Theobroma cacao è un baluardo e in tutte le indagini di mercato il suo gusto gelato è rimasto al vertice delle preferenze degli italiani.

La storia ci narra (come ricorda Patrizia Sanvitale nel suo *Il cioccolataio*) che vi sono tre italiani indiziati come « inventori » del gelato: i fiorentini Ruggeri (non ne sappiamo il nome di battesimo), Bernardo Buontalenti e il catanese Francesco Procopio de' Coltelli. Gli esperimenti dei primi due risalgono alla corte dei Medici (Buontalenti fu intellettuale e architetto con la passione per la gastronomia, Ruggeri un pollivendolo che vinse un premio per il piatto più originale in un concorso culinario). Il siciliano andò in Francia e si fece chiamare Procope: divenne il fondatore dell'omonimo Café Le Procope, conquistando la Parigi del Re Sole.

Più che gelati, a quei tempi erano sorbetti, come dimostra questa ricetta (riportata da *Cacao e cioccolato in cucina*, a cura di Erica Giorda e Paola Costanza):

> Ricetta del sorbetto di cioccolato, Napoli 1794
>
> Due libbre di cioccolata [1 kg] e 1 libbra e mezza [680 g] di zucchero si metteranno a bollire con libbre quattro [1,5 l] di acqua, e oncia mezza [14 g] di vaniglia pesta. Disfatto che sarà tutto, si passerà per fino setaccio, e si tornerà di nuovo al fuoco per farla addensare, e questo addensamento si conoscerà quando attuffandoci un cucchiaio resta di essa vestito. Allora si verserà nel vaso che si ha da congelare, accrescendoci un pezzo di grasso di cacao. Si aggirerà entro di esso vaso con mestola, fintanto che siasi raffreddata; ed indi si metterà a neve, e secondo l'arte si giaccerà, e si congelerà.

Pare siano stati ancora gli italiani a diffondere l'arte del freddo negli Stati Uniti, a Londra e in Germania. Dal Cinquecento in avanti, il nostro paese è imbattibile nella preparazione dei gelati. Negli ultimi anni purtroppo si è persa l'abitudine di prepararlo in modo artigianale come un tempo, con uova, zucchero, latte e panna, aggiungendo un pezzo di fondente fuso per gusto al cioccolato. La maggior parte delle fredde delizie con Theobroma – salvo lodevoli eccezioni – sono oggi preparate con semilavorati o, se va bene, con il cacao in polvere. Perché si possa definire « gelato al cioccolato » dovrebbe avere come base una tavoletta al 46% di cacao, altrimenti sarebbe opportuno scrivere un più pudico « gelato al gusto di cioccolato ».

Furono invece gli americani a inventare le produzioni industriali di ice cream, soprattutto per quanto riguarda il gelato da passeggio al cioccolato per eccellenza: il ricoperto. Un danese emigrato negli Stati Uniti, Christian Kent Nelson, nel 1920 ebbe l'idea, nel suo piccolo negozio nello Iowa, di produrre qualcosa che mettesse insieme la freschezza del cono gelato e la bontà della barretta di cioccolato: glielo suggerì un ragazzino suo cliente, indeciso, in un giorno caldo, su che cosa scegliere per merenda. Investì 50 dollari nelle ricerche e dopo pochi anni, fatto l'accordo con un'azienda dolciaria di Kansas City nel Missouri (la Russell Stover Candies), divenne milionario: il suo ricoperto si chiamava Eskimo Pie, la « torta degli eskimesi », ed è ancora in produzione. Alla sua morte, avvenuta a 99 anni alla fine del Novecento, il marchio è passato a un'azienda canadese, la Coolbrands International: nel 1992 Christian Nelson aveva rifiutato un'offerta della Nestlé.

In Italia il pioniere del ricoperto fu il gelatiere napoletano Domenico Pepino che a Torino nel 1884 aprì bottega nella centrale piazza Carignano, di fianco al Cambio e davanti al Parlamento Subalpino: nel 1935 uscì con il suo « gelato da stecco brevettato ricoperto di un sottile strato di cioccolato amaro », chiamato Pinguino. L'epigono industriale, creato da Motta nel dopoguerra, fu il Mottarello. La Nestlé, proprietaria oggi del marchio Motta, ha smesso di produrlo. Il Pinguino rimane il gelato da passeggio più amato dai torinesi.

Attualmente ogni italiano consuma 12 chilogrammi di gelato l'anno: un vero record in Europa. Siamo i più golosi e ci staccano soltanto gli americani con quasi il doppio pro capite: 22 chilogrammi.

E il caro vecchio cono al cioccolato, gioia dei bambini degli anni '50 e '60, continua a spopolare. A San Gimignano, in Toscana, nessuno si stupisce nel vedere una lunga fila davanti alla piccola bottega di Sergio Dondoli, nella piazza principale, in attesa di leccare un cono del suo gelato al cioccolato o alla sua famosa crema di Santa Fina (all'uovo con arancio e zafferano), che l'estroverso toscano ha dedicato alla santa della città. Anzi, Dondoli, con altri tre colleghi, si vota interamente a Theobroma cacao per una intera settimana l'anno, con una manifestazione che si svolge all'apertura della stagione primaverile: quattro maestri dell'arte fredda offrono oltre 30 gusti basati su fondente, gianduja, cru di cacao d'ogni specie, con spezie e variazioni al liquore. Dieci specialità sono a base di spezie e tè: noce moscata, zenzero, cannella, pepe rosa, peperoncino, pepe di Sichuan, tè nero, tè nero e aromi mediterranei, mandorla, Bombay (pepe rosa, zenzero, chiodi di garofano); tre gusti hanno il liquore: rhum, grappa tardiva, Aurum; sette sono realizzati con fondente amaro: puro cioccolato, cru Ocumare, all'amaretto, al caffè, all'aceto balsamico, alla menta, all'arancia; altri sette presentano il cioccolato bianco: puro, Thaiti (un tipo di vaniglia), Bourbon (un altro tipo di vaniglia), all'arancia e zafferano, alla liquirizia, al whisky Bailey's, al pistacchio; infine tre sono con il cioccolato al latte impreziosito dalla frutta: lamponi, frutto della passione, infusione di tè ai frutti di bosco.

A questi loro indirizzi potrete trovare tutto l'anno ottimi gusti al cioccolato:

- a Udine, Giancarlo Timballo: Gelateria Fiordilatte;
- a San Gimignano (Siena), Sergio Dondoli: Gelateria di Piazza;
- a Nettuno (Roma), Sergio Colalucci: Gelateria Voglia di gelato;
- Roma, Mauro Petrini: Petrini dal 1926.

Il friulano Timballo, responsabile nazionale dell'associazione Cogel Fipe (la più grande organizzazione di esercizi pubblici italiana) è anche l'organizzatore della Coppa del Mondo del Gelato. Nel gennaio del 2006, la seconda edizione svoltasi a Rimini è stata vinta dalla squadra italiana, della quale facevano parte Roberto Rinaldini (Rimini), Beppe Tonon (da Piavon di Oderzo, Treviso) e Sergio Colalucci (da Nettuno, Roma), allenati da Pierpaolo Magni (da Lecco). Tra le prove della competizione c'era la preparazione di una coppa al cioccolato: la squadra nostrana ha presentato un « Gran cru Los Vasquez ICAM » abbinato a brounoise di pere Williams all'Armagnac e gelatina di lamponi in cubetti con salsina al Barolo Chinato.

A tutto gelato, ora, in ogni stagione. L'ha celebrato anche il popolare cantante-conduttore televisivo Pupo, che ha dedicato proprio al cono bruno uno dei suoi pezzi più famosi:

Gelato al cioccolato
È dolce ma un po' salato
Tu gelato al cioccolato
Un bacio al cioccolato
io te l'ho rubato
Tu gelato al cioccolato

No... rimani così
(...)
Che dolce sei tu
Io non chiedo di più

E l'ultima novità in fatto di gelato di qualità viene da Torino, dove il giovane Guido Martinetti, con il socio Federico Grom, ha creato la catena di gelaterie Grom, ormai presenti in diverse città italiane. I loro coni costano un po' più degli altri, ma dal laboratorio super moderno di Mappano, nella cintura della capitale subalpina, partono sacche (non surgelate) con basi per gelato fatte con ottima materia prima. Nei negozi di Torino, Milano, Genova, Parma, Padova e Firenze le mantecatrici preparano ogni mattina i gusti freschi, conservati nelle carapine di una volta. Per il gusto al cioccolato, la Grom si avvale della collaborazione del cioccolatiere torinese Guido Gobino. Con le sue tavolette e la sua massa di cacao, Martinetti realizza i gusti « fondente » ed « extranoir » e utilizza la granella da 6 millimetri per la stracciatella.

Rimangono insuperabili i gelati al cioccolato del siciliano Corrado Assenza, pasticcere e canditore a Noto, personaggio di grande fascino, che ha scelto la strada dell'alta gastronomia dopo una carriera di ricercatore universitario. I suoi gusti al cacao sono realizzati con cioccolato Domori: assaggiarne uno con il 12 per cento (non se ne può mettere di più) di fondente Domori Sur del Lago al 75% di cacao è un'esperienza che può veramente ripagare da una passeggiata sotto il sole cocente dell'estate di Noto. Accanto al gusto classico, Assenza prepara anche il « Montezuma » con aggiunta di nocciole, arance e scaglie di cioccolato. Quel giorno, quando entrammo per la prima volta nel suo Caffè Sicilia, ci sembrò di vivere l'atmosfera di un racconto che ha per protagonista Gustave Flaubert, che Maxime Du Camp ha riportato in un suo libro tratto dalle lettere dello scrittore francese (*Attraverso l'Oriente con Flaubert*).

Improvvisamente, verso le otto del mattino, mentre attraversavamo una specie di fornace, una fila di rocce di granito rosa ricoperte di iscrizioni, Flaubert mi disse: « Ricordi il gelato al limone di Tortoni? » Feci segno di sì con la testa. Ma ricominciò. « Il gelato al limone è qualcosa di superbo; confessa che non ti dispiacerebbe mandar giù un gelato al limone ». Il mio « sì » fu piuttosto secco. Dopo meno di cinque minuti: « Ah, il gelato al limone! Tutt'intorno alla coppa si forma un vapore che somiglia alla bianca brina». Io dissi: «E se cambiassimo argomento?» ma lui, imperterrito, rispose: «Certo sarebbe meglio, ma il gelato al limone è degno di essere celebrato; si riempie il cucchiaino, dove si forma una piccola montagnetta che si schiaccia dolcemente fra la lingua e il palato; poi esso fonde lentamente, fresco, delizioso; ti bagna l'ugola, sfiora le tonsille, discende nell'esofago, che ne gode, ed infine arriva allo stomaco che scoppia a ridere per la felicità. Detto fra noi, si nota una certa mancanza di gelato al limone nel deserto del Qoseïr!»

Capitolo 9
I liquidi: caldi, alcolici e superalcolici

Mentre il ragazzo si voltava a guardarci, noi bevemmo e Lubrani mi disse: « Tu sei giovane Pablo, e non sai che tre nasi sono quel che ci vuole per bere il Barolo »

Cesare Pavese, *Il compagno*
(Einaudi)

Pablo è un giovane che si muove con spensierata incoscienza tra balere e osterie della Torino anteguerra. Arraffa la chitarra, le donne, il bottiglione di vino. E, quando si trova in tavola il « re dei vini », è l'impresario teatrale Lubrani ad avvertirlo di trattare quel nettare con il dovuto rispetto. Il consiglio rivolto al giovane protagonista del romanzo di Cesare Pavese è una sorta di « summa » per una completa degustazione e vale anche per una buona tavoletta: per comprendere il cioccolato e il vino servono davvero « tre nasi ». E il Barolo è uno dei pochi vini italiani, purché sia Chinato, che può accostarsi al cibo degli dèi. È un vino da dessert raro e prezioso, realizzato aromatizzando il Barolo con china calissaia e altre spezie e aggiungendovi una piccola dose di alcol e di zucchero. Ed è il nostro abbinamento preferito con una Sacher Torte o una mousse al fondente.

La questione è dibattuta: si può bere vino con il cioccolato? Quale? E quali sono, in genere, le bevande consigliate con i cibi a base di Theobroma cacao? La risposta, nel caso di una degustazione in cui le *napolitaine* siano protagoniste assolute, dovrebbe essere una sola: l'acqua. Ma quando si tratta di dessert al cioccolato o quando l'occasione è di onesto piacere, assaggiando praline e tavolette con gli amici, si possono tentare diversi accostamenti, sia con bevande calde sia con liquidi più o meno alcolici.

Luigi Veronelli, il più noto *wine writer* italiano, era piuttosto perentorio: « Nessun vino sulla cioccolata, torta e pasticcini al cioccolato ». E proseguiva, sulla sua rivista: « Provocano un improvviso e immediato sovvertimento, un vero e proprio terremoto palatale. Il vino, bevuto sopra, avrebbe a sua volta sapore del tutto distorto ». Il grande Gino, scomparso a 78 anni nel 2004, oggi forse sarebbe contento di sapere che il cioccolato di qualità torna a collegarsi al *terroir*, lui che amava dire: « Il peggior vino contadino è migliore del miglior vino industriale ».

Oggi le barriere di un tempo sono cadute. Caffè, tè, alcolici: ormai le degustazioni ci hanno insegnato che nessun accostamento è troppo azzardato, se fatto con intelligenza.

Il caffè: meglio in tazza o nelle praline?

Nella storia del costume europeo il caffè ha avuto uno sviluppo molto simile alla cioccolata in tazza: al suo arrivo nelle corti e nei salotti nobiliari venne accolto come una sorta di medicina dagli strani effetti, per diventare poi ricercatissimo, dal Settecento in avanti, grazie alle sue qualità stimolanti.

Il parallelismo tra i due « generi voluttuari » è valido anche nella coltivazione e nella preparazione: il caffè cresce nel Sud del mondo e le distorsioni nei meccanismi che ne regolano il commercio a livello mondiale sono molto simili a quelli del cacao.

Persino la lavorazione per estrarne le essenze è analoga: i chicchi di *Coffea arabica*, come le fave di Theobroma cacao, possono essere tostati con le stesse macchine. Anche per quanto riguarda il rapporto con il *terroir* le qualità sono assai simili. Il caffè Arabica è il più pregiato (nella specie « Moka » coltivata in Arabia, o nella specie « Bourbon », brasiliana) e anche il più dolce, con il prezzo maggiore sul mercato: ha la percentuale di caffeina meno alta, tra l'1 e l'1,7%, ed è comparabile con i cacao più pregiati e « fini », come il Trinitario e il Criollo. Invece il caffè Robusta, coltivato soprattutto in India, Indonesia e Africa occidentale, è il più forte e il meno costoso, un po' come il cacao Forastero, e ha il contenuto più elevato di caffeina: dal 2 al 4,5%.

Infine, vi sono collegamenti nelle caratteristiche alimentari dei due « coloniali ». Dal punto di vista nutrizionale, cento grammi di cioccolato fondente (come informa il dietologo Renzo Pellati) contengono circa 70 milligrammi di caffeina, mentre una tazzina di caffè espresso del bar varia da 45 a 100 milligrammi, che aumentano fino a 120 in quello preparato con la moka.

Questa sorta di « destino parallelo » tra le due bevande ha originato la diffusa convinzione che il connubio cioccolato-caffè sia naturale e ben riuscito: infatti in molti bar la tazzina dell'espresso oggi viene servita con un cioccolatino sul piattino, purtroppo spesso non di buona qualità. Ma se è vero che un caffè bevuto dopo aver mangiato un pezzo di cioccolato fondente permette di gustarlo con maggiore piacere, noi crediamo che il matrimonio tra cioccolato (solido) e caffè (liquido) non sia in realtà tra i più indicati: il forte aroma della bevanda, con l'acidità di base che la caratterizza, finisce per prevalere sull'aromaticità di Theobroma.

La miscela tra i due prodotti è comunque alla base di tante ricette di pasticceria e di pralineria classica: un po' di caffè viene spesso aggiunto in una mousse, in un budino (come nel tradizionale *bônét* piemontese), nelle torte e in tanti dessert al piatto dell'alta ristorazione.

Siamo convinti che non sia opportuno organizzare degustazioni di barrette bevendo un espresso o un caffè all'americana. Per chi voglia provare, perché ama particolarmente il caffè, possiamo ricordare che è preferibile comunque evitare la qualità Robusta, nonostante abbia vaghi sentori di cacao, scegliendo invece la varietà Arabica, che ha spesso note di nocciola e mandorle tostate. E ricordiamo alcuni consigli dei degustatori professionali: un cioccolato pralinato potrà essere accompagnato da un caffè di Santo Domingo con sentori di pane tostato, mentre con un cioccolato al caramello è ideale un caffè della Colombia; infine un Criollo venezuelano cerca la dolcezza di un « blue Mountain » della Giamaica.

Sono le regole che i migliori maestri artigiani ben conoscono, quando devono creare un cioccolatino, e per farlo normalmente seguono tre possibili interpretazioni:

- caffè liquido all'interno di un guscio di cioccolato fondente, come per esempio il Pocket Coffee;

- ganache al caffè realizzata da un *maître chocolatier* per una pralina con copertura fondente o per un tartufo;

– chicco di caffè tostato ricoperto di cioccolato, per formare una dragée.

Ma non ci sono soltanto le praline. Tra le tante creazioni dei cioccolatieri italiani, segnaliamo una delizia dal nome brevettato, il *Buosino*. Si trova a Varese nel locale di Denis Buosi, appassionato pasticcere lombardo: è una bevanda a base di caffè, latte, cioccolato, panna, schiuma di latte, scaglie di cioccolato, servita con un cucchiaino in puro fondente. E tra le tante torte nelle quali cioccolato e caffè si fondono in modo equilibrato, il primato va alla Torta Barozzi.

Ma è la cioccolata calda a essersi sposata per prima con il caffè. La storia del cioccolato è segnata da questa miscela, che diventò di gran moda all'inizio dell'Ottocento: tra i suoi estimatori vi furono gli scrittori e i musicisti che frequentavano i locali alla moda a Torino e a Milano. Ne è rimasta traccia fino a oggi nel caffè al cioccolato, che si può fare nella moka di casa aggiungendo un cucchiaio di cacao amaro in polvere alla miscela di caffè, oppure nella versione « marocchino », con il cacao spolverizzato sopra la macchiatura al latte.

Probabilmente la ricetta nacque nel XIX secolo dalla *bavareisa*, bevanda calda importata dalla Baviera. Nelle due città del Nord Italia assunse diverse connotazioni.

Il conte Camillo Benso di Cavour e Giacomo Puccini amavano recarsi in via della Consolata, a Torino, per gustarvi il *bicerin*. Nella consumazione era sempre compreso un « bagnato », un biscotto, da intingere nella tazza golosa. L'abitudine del *bicerin*, preparato con cioccolata calda, caffè e panna, era così diffusa, a quei tempi, che lo scrittore francese Alexandre Dumas, passato da Torino nel 1852, scrisse in una delle sue lettere: « Tra le belle e buone cose notate a Torino, non dimenticherò mai il 'bicerin', una specie di eccellente bevanda composta di caffè, latte e cioccolata, che si serve in tutti i caffè, a un prezzo relativamente basso ». Nel capoluogo piemontese l'antica tradizione non si è persa e l'originale *bicerin* viene ancora oggi servito in un locale con *boiserie* in legno e tavolini di marmo a pochi passi dalla bottega di allora, in piazza della Consolata.

Furono invece gli artisti che frequentavano il Teatro alla Scala di Milano ad apprezzare una bevanda analoga, la *barbajata*, nata nel « Caffè dei Virtuosi » di via Manzoni. La inventò un intraprendente agente teatrale, tuttofare e appassionato di musica, Domenico Barbaja (Milano 1778 – Posillipo 1841), che prima di lasciare la capitale lombarda per andare a curare gli affari di Giacomo Rossini a Napoli – dove ricostruì il Teatro San Carlo distrutto da un incendio nel 1816 – vi lasciò la ricetta della sua bevanda a base di caffè, cioccolato e panna. Nel libro di Carlo Valli *75 piatti da salvare della cucina regionale italiana* viene riportata in queste dosi:

2 tazzine di cioccolata liquida
2 tazzine di crema di latte
2 tazzine di caffè
zucchero
panna montata (eventuale)

Versare in una casseruola gli ingredienti, scaldarli a fuoco lento e, sbattendo con una frusta in continuazione, portare a ebollizione. Far bollire 5 minuti, versare nelle tazzine individuali, guarnire con panna montata a piacere e servire.

Un recente matrimonio tra caffè e cioccolato aromatico è avvenuto anche sul piano finanziario, nel luglio del 2006: il gruppo Illy, la holding della famiglia triestina che negli anni Trenta ha iniziato la sua attività con l'importazione di cacao, ha acquisito uno « storico » marchio del cioccolato di qualità italiano, Domori, rilevando l'80% della proprietà. La Domori è nata nel 1993, fondata da Gianluca Franzoni, e al momento dell'accordo tra le due società fatturava 3,5 milioni, con circa 100 tonnellate di tavolette d'alta qualità.

Il tè: alla ricerca dell'armonia

Nella storia dell'alimentazione, l'uso del tè è forse ancora più antico di quello del cacao. La cultura nata intorno a queste foglie essiccate accomuna tante civiltà dell'Oriente: nel III secolo d.C. era bevuto in Cina e nelle comunità buddhiste, poi si diffuse in altri paesi e in Giappone, dove nel XVI secolo fu « scoperto » dai Portoghesi e portato in Europa.

Le sue fortune sono assai simili a quelle di cacao e caffè, tanto che uno dei primi trattati, che in Francia cercò di introdurre le corti alla nuova moda, si intitolava *Du Cafè, du thè et du chocolate* e venne scritto nel 1671 da Philippe Sylvester Dufour. Nelle illustrazioni che accompagnano il testo è rappresentato un salottino adorno di tappeti e drappeggi, nel quale si scorgono un turco (o un arabo) con in mano una tazzina di caffè, un cinese con una tazza di tè e un « indiano », il quale indossa il costume degli Aztechi e porge una chicchera di cioccolata. Davanti a loro, un tavolino con una caffettiera a forma di pera, una teiera larga e panciuta e un recipiente ovale per la cioccolata, con l'apposito frullino (la descrizione è tratta da *Storia dei generi voluttuari* di Wolfgang Schivelbusch). Le tre bevande dell'esotismo settecentesco ebbero però destini diversi in Europa: i commerci del tè furono appannaggio soprattutto degli Inglesi, che ne diffusero e migliorarono le coltivazioni nelle regioni dell'Assam, mentre le importazioni del cacao vennero curate in primo luogo dagli Olandesi.

In genere il tè non viene sufficientemente apprezzato in abbinamento con il cioccolato, ma noi riteniamo che possa offrire piacevoli sorprese, se si trova l'armonia giusta. Molti *maître chocolatier* realizzano ottime specialità usando infusi di tè.

Il problema di bere tè caldo, degustando tavolette o praline, è costituito dai tannini che a volte si possono trovare in alcune qualità e che non sono in sintonia con gli aromi del cacao, un po' come succede per alcuni vini rossi troppo corposi. Per questa ragione, il tè verde è il meno consigliabile. Con tutti i tipi di cioccolato è bene scegliere qualità più dolci, come il Lapsang, lo Yunnan cinese, oppure un Oolong.

Nel suo libro *Il cofanetto del cioccolato*, il gastronomo francese Gilles Brochard consiglia questi particolari abbinamenti:

– *con il cioccolato fondente al 60-70% di cacao:*
tè indiano Assam a foglia intera o sminuzzata (meno tannico) o le miscele di tè *breakfast*, che in genere contengono foglie da Ceylon, Assam e Kenya;

– *con il cioccolato fondente amaro:*
tè di Ceylon piuttosto astringente o tè nero cinese Yunnan o Sichuan;

– *con il cioccolato al latte:*
tè cinese parzialmente fermentato Wulong (o « tè blu »);

– *con pralinato:*

tè Darjeeling di prima raccolta o il tè nepalese Maloom, molto dolce;

– *con le scorzette all'arancio (orangette):*
tè al bergamotto Earl Grey.

Al Salone del gusto di Torino del 2004 la Lindt ha organizzato alcune degustazioni con accostamenti interessanti. Ecco alcuni esempi.

– *Cioccolato Ecuador Lindt con tè verde*
Si tratta di un tè verde alla menta preparato partendo da foglie di tè non fermentato con aggiunta di menta « Nanah » del Marocco: è rinfrescante, intenso e stuzzicante. La sua aromaticità è in grado di ravvivare le sensazioni gustative e olfattive secondarie e di ridurre le sensazioni intense e persistenti di questo cioccolato. Molto gradevole anche in estate, soprattutto se il tè è freddo, perché il cioccolato in bocca fonde lentamente creando un continuo alternarsi di sapori.

– *Madagascar con Earl Grey avec des Fleurs*
La bevanda è preparata partendo dalla migliore qualità di tè cinese Keemun, con numerose punte bianche, aromatizzato con bergamotto di Calabria e cosparso di fiori di fiordaliso ed elianto. Il connubio ideale tra questo tè e il cioccolato Madagascar si realizza perché il profumo netto del bergamotto del tè si aggiunge a quello di spezie e di tabacco del cioccolato e le fresche sensazioni citrine della bevanda ripuliscono il palato dalle note molto intense e persistenti del cioccolato.

– *Ghana con Grand Yunnan* GFOP *Superior*
È un tè da conoscitori, originario della provincia dello Yunnan, nel Sud-Ovest della Cina. Si distingue per le foglie dalle punte dorate, il profumo persistente e il sapore privo di amarezza, avvolgente, secco, fiorito, delicato e speziato. Le complesse e armoniche sensazioni del tè mitigano quelle amare del cioccolato, ma soprattutto questo connubio ha una potenza aromatica eccezionale, sottile e penetrante come quello che si percepisce in un giardino ricco di fiori esotici.

Grappolo o luppolo?

Il burro di cacao può « foderare » la lingua, formando una specie di patina che rende insensibile il palato alle bevande alcoliche, mentre i tannini contenuti nei vini rossi, al pari di quelli presenti nel tè, vanno a cozzare con gli aromi del cioccolato. Sono queste le ragioni per cui l'accostamento tra il vino e il cioccolato non è affatto facile, nonostante sia dilagata la moda delle unioni tra Bacco e Theobroma sia sotto forma di degustazioni in fiere, saloni, laboratori del gusto sia nell'arte della pralineria.

Al Salone del Vino organizzato al Lingotto di Torino, lo stabilimento dove un tempo sferragliavano le catene di montaggio e dove oggi si celebrano i fasti del cibo, abbiamo avuto nel 2002 un incontro curioso che riteniamo degno di essere raccontato.

La sfida era battezzata « luppolo contro grappolo » al cospetto del cibo degli dèi: una degustazione per sperimentare birra, vino e distillati abbinati al cioccolato, fornito da Guido Gobino.

1) *Gianduiotto e Moscato*
Il protagonista della prima prova è il gianduiotto « Tourinot » servito insieme con un Moscato d'Asti vendemmia tardiva (« Smentiò » di Chiarlo 2001). All'assaggio, il risultato è buono, ma non eccitante: i profumi di nocciola del cioccolatino infatti sovrastano quelli di fiori del vino, un po' debole di corpo.

2) *Fondente Trinidad e birra*
Il secondo abbinamento è tra una tavoletta di fondente Trinidad all'80% di cacao e una birra doppio malto ad alta gradazione (la « Nöel » prodotta da Teo Musso, maestro artigiano di Piozzo, in provincia di Cuneo). Risultato: un armonioso e stupefacente incontro di sentori torrefatti della birra con forti sensazioni aromatiche di un cacao da cru.

3) *Fondente Java e Marsala*
La terza degustazione è riservata, in crescendo, a una tavoletta di fondente Java all'80%, connotata da un'acidità iniziale che si stempera verso una sensazione più dolce: viene offerta con un Marsala Fine Rubino (cioè prodotto con uve rosse, dell'azienda Pellegrino). Il giudizio unanime è di una perfetta consonanza.

4) *Pralina alla cannella e Barolo Chinato*
La quarta prova ci ammalia per il « concerto » che nasce tra le spezie: è una pralina alla cannella accompagnata da un Barolo Chinato (invecchiato 8 anni dal *wine maker* astigiano Michele Chiarlo). L'armonia ci pare totale.

5) *Scorzetta allo zenzero e grappa*
Nell'ultima degustazione una scorzetta di zenzero ricoperta di cioccolato viene abbinata con una Grappa di Barbera (invecchiata 10 anni da Berta, piccolo distillatore a Nizza Monferrato). L'accostamento ottenuto è adatto a palati forti, ma interessante, anche se lo zenzero tende a prevalere.

Il laboratorio si conclude con l'ammirato e unanime stupore per il riuscito abbinamento tra birra e cioccolato: sia il luppolo sia il grappolo hanno passato l'esame. Ma attenzione, non tutte le birre possono avvicinarsi a Theobroma cacao. Sono da escludere le « chiare » e di produzione industriale, senza personalità.

Quanto alle specialità a base di cioccolato, in Gran Bretagna ci è capitato di assaggiare una tavoletta di fondente aromatizzata alla Guiness Stout, abbastanza equilibrata, mentre a Ferrara il giovane cioccolatiere Franco Rizzati produce interessanti praline alla birra.

In Italia l'accostamento del cacao con il luppolo nasce dalla passione di un piccolo produttore, divenuto ormai sinonimo dei birrifici di qualità. È stato il primo a lanciare questo tipo di attività e dopo di lui sono centinaia le piccole aziende artigianali, a volte con annesso bancone da mescita, che lavorano malto, orzo e luppolo per trasformarli in bevande da spillare o da conservare in bottiglia. L'azienda di Teo Musso è nata nel 1996 a Piozzo, in provincia di Cuneo, un piccolo paese ai piedi delle colline sulle quali nascono tanti vini rossi piemontesi. La sua etichetta più nota è la *Baladin*, nelle due linee Oro e Argento, e l'interesse verso il cacao ha spinto il giovane titolare a sperimentare tecniche inedite.

Nel 1997 Teo inventò la *Nöel Chocolat*, aromatizzata con le bucce del cacao Ocumare di Domori. Si tratta della prima birra pensata appositamente per il cioccolato, commercializzata in bottiglie Magnum soltanto a Natale. Spiega Musso: « Ho aggiunto ai malti torrefatti le bucce delle fave di cacao: con queste preparo una specie di tisana, che viene poi unita al mosto nella bollitura. La Nöel così acquista note tanniche e sottili. È l'unica lavorazione possibile, in quanto la granella non si potrebbe usare con l'acqua, essendo troppo grassa».

Il risultato è sicuramente originale e piacevole come lo sono tutte le sue etichette. La sua più grande soddisfazione, dice Teo, è quella di essere riuscito a portare la birra sulle tavole della ristorazione italiana, togliendola dalla riduttiva accoppiata all'italiana con la pizza.

L'abbiamo nuovamente incontrato in Sicilia, durante la rassegna «Cheese Art». È il giugno del 2006 e nelle fresche «grotte» del castello romantico-arabeggiante di Donnafugata, tra Ragusa e la costa mediterranea, si trascorre la giornata degustando birre belghe, francesi e italiane insieme con formaggi stagionati in quelle stesse birre. Al termine del laboratorio, Teo Musso ci porta nella *Coffee house* della tenuta, dove la manifestazione gli ha riservato uno spazio per il suo stand. Da un frigorifero estrae una bottiglia da mezzo litro con l'etichetta nera: stappa con il cavatappi il sughero che suggella il prezioso nettare e lo versa in religioso silenzio negli appositi bicchieri da degustazione per birra che ha fatto realizzare da un suo esclusivo disegno. Sul bancone compaiono anche alcune cialde di fondente. La birra (ma assaggiandola al buio sarebbe davvero difficile riconoscerla come tale), ricorda in modo particolare un vino passito. È «ferma», profumata, al palato ha note piene e morbide. Una bevanda sorprendente, unica, che si sposa perfettamente con le *napolitaines* fondenti al 70%.

Il nettare si chiama *Xyauyu* ed è un'assoluta anteprima. La commercializzazione di questa «birra da divano», come la definisce Teo Musso anche in etichetta, è prevista da fine 2006. Spiega il *beer-maker* cuneese: «Il nome di questo prodotto, che potrò realizzare in non più di duemila bottiglie l'anno, me l'ha suggerito mia figlia di 5 anni, è un personaggio inventato dalla sua fantasia. Sono appassionato di vini ossidati e fin dal 2000 ho lavorato su questo progetto di birra invecchiata con un processo di ossidazione: me la immagino come una sorta di anello di congiunzione tra il mondo della birra e quello del vino».

Questa *Xyauyu* sembra un Madera, ha 12 gradi alcolici e un colore che ricorda il cognac: va bevuta a temperatura ambiente (o di cantina) e sarà sicuramente oggetto di degustazioni negli abbinamenti birra-cioccolato.

Oltre alle birre di Teo Musso, si possono naturalmente scegliere anche altre bevande a base di luppolo e malto, seguendo però alcune regole generali:

- tra le birre italiane, meglio restare su quelle *doppio malto* (una dizione che gli intenditori per la verità contestano, in quanto non significa nulla dal punto di vista tecnico) artigianali;
- nelle birre belghe, si devono scegliere le *trappiste* ad alta fermentazione con gusto maltato;
- tra quelle tedesche, sono preferibili le *Rauchbier*;
- nelle birre britanniche, viene consigliata la *Real Ale* ad alta fermentazione (preferibili le scozzesi tostate e alcoliche);
- classico l'accostamento con l'irlandese *Stout*, realizzata con l'aggiunta di malti torrefatti; sul mercato si trovano, in Gran Bretagna e Irlanda, anche tavolette aromatizzate alla birra con il marchio Guinness.

I farmacisti del Barolo Chinato

Se la birra è l'ultima frontiera degli abbinamenti con il cioccolato, le degustazioni con il Barolo Chinato erano una rarità fino a una decina di anni fa. Si tratta di un vino aromatico che costituisce un piccolo tesoro nascosto tra le colline di Langa, dalla storia curiosa. È stato proprio Theobroma cacao, negli ultimi tempi, uno dei motori principali dell'inattesa « rinascita » di questo elisir, che pareva destinato a un lento declino, dopo la fortuna che conobbe all'inizio del Novecento.

Oggi si producono, da circa 1700 ettari vitati a nebbiolo da Barolo, circa 7-8 milioni di bottiglie di Barolo per ogni vendemmia: soltanto 100-120 mila di queste diventano Chinato, circa il 2%, dopo aver avuto l'apporto di un'infusione di erbe e l'aggiunta di alcool.

Roberto Bava, attuale presidente della Compagnia del Cioccolato, dal 1977 ha acquisito con la cantina di famiglia l'etichetta del Barolo Chinato Cocchi, antica azienda astigiana. Si tratta di un marchio che ebbe grande diffusione nel primo ventennio del XX secolo, anche grazie al vermut «Americanino»: già nel 1913 Giulio Cocchi sfoggiava una carta intestata, nella quale si definiva «produttore di Barolo Chinato».

Per Bava, produttore di vino ed esperto degustatore di cioccolato, è stato naturale cercare di unire le sue due passioni: convinse gli amici dell'AIS, l'Associazione italiana sommelier, ad assaggiare il Barolo Chinato – il suo dell'azienda Cocchi e quello dell'azienda Cappellano, di Serralunga d'Alba – in abbinamento al cioccolato. L'occasione fu il Congresso nazionale AIS del 1994, organizzato a Perugia. In quella città l'alleato più entusiasta dell'esperimento fu Eugenio Guarducci, allora tra gli organizzatori della manifestazione dei sommelier.

Da quel momento il Barolo Chinato è tornato in auge e viene sempre citato tra i vini da abbinare al cibo degli dèi. Forse un secolo fa, quando questo aromatico nettare di Bacco nacque tra le colline del Piemonte meridionale, nessuno aveva l'abitudine di berlo degustando tavolette di gran cru Criollo. Lo si usava come vino da meditazione, per accompagnare i dessert: era una rarità da stappare a fine pasto per aiutare la digestione.

Ma dove nacque il Barolo Chinato? Su questo aspetto permane una certa campanilistica rivalità tra «astigiani» e «albesi», ma le fonti storiche portano la primogenitura verso le Langhe. Va inoltre ricordato che la stessa denominazione «Barolo» apparve, ufficialmente, soltanto dopo il 1874, come risulta dalle carte di Casa Savoia pubblicate da Lorenzo Tablino nel suo libro *Fontanafredda 125 anni tra vigneti e cantine*, mentre nel 1934 fu costituito il Consorzio, dopo il riconoscimento come vino di pregio da un Regio decreto. I primi esperimenti per creare questo vino aromatizzato pare siano avvenuti nel retrobottega di una farmacia, alla fine del XIX secolo. Lo racconta Massimo Martinelli, noto *vigneron* a La Morra (CN), nel suo libro *Il Barolo come lo sento io*:

> Le colline di Serralunga si ramificano creando numerosi speroni dalla costa principale e più alta, sulla quale è la strada. In questo paesino pressappoco come tanti altri paesini, castello a parte, abitava un personaggio importante, «una brava persona», definizione ancor oggi corrente e che dice tutto: il dottor Giuseppe Cappellano. Laureato in chimica, professò inizialmente come farmacista, anche se i suoi interessi erano rivolti altrove. Egli infatti aveva in animo di creare un digestivo. Naturalmente

> a base di vino, il miglior vino, il Barolo. L'amaricante più famoso in farmacopea è la China Calissaya. Quindi vino chinato, o per meglio dire: il Barolo Chinato.

Correva l'anno 1890 quando Giuseppe Cappellano, trafficando nella sua farmacia di Serralunga d'Alba, tra un infuso e un preparato galenico, riuscì a stabilizzare la « concia » necessaria a realizzare quel « potente eccitante dell'appetito » valido anche come « tonico nelle digestioni difficili ». Già nel 1895 ne fu avviata l'esportazione, come dimostra una locandina nella quale si dice: « Concessionario esclusivo per le Americhe e la Gran Bretagna, il signor Antonio Coccito ». Negli stessi anni, fin dal 1890, a Monforte d'Alba, poche colline più in là rispetto al longilineo castello di Serralunga, esercitava un altro farmacista « creativo ». Anche lui riuscì a realizzare un vino digestivo, una via di mezzo tra una medicina, un Porto e un amaro, ma assai più profumato. Il farmacista si chiamava Mario Zabaldano e fondò anche lui, come il « rivale » e amico Cappellano, un'azienda con il suo nome.

Pochissimi conoscono le « ricette » originali di quelle preparazioni, che vengono tramandate di padre in figlio. Oggi a Serralunga è rimasta in attività l'azienda Cappellano, condotta da Teobaldo, pronipote dello zio Giuseppe. Racconta oggi Baldo, un vinicoltore con metodi rigorosamente tradizionali, per anni presidente dell'Enoteca di Barolo: « La formula del mio Chinato? È segreta. Negli anni '50 un'importante azienda vinicola della zona ci offrì, per la nostra ricetta, una cifra considerevole, con la quale allora si potevano comprare diversi appartamenti a Torino. Ma non la vendemmo ».

Così è stata ricostruita la straordinaria avventura del Barolo Chinato in un altro libro dedicato al « re dei vini », curato da Luciano Bertello e Baldassarre Molino, *Barolo, 11 paesi per il re dei vini*:

> Culla del Barolo Chinato non sono, però, le prestigiose cantine locali, bensì i retrobottega di due straordinari speziali, il dottor Giuseppe Cappellano di Serralunga e il dottor Mario Zabaldano di Monforte d'Alba. Personaggi carismatici del mondo del Barolo, i due farmacisti seppero applicare (ognuno la propria formula) le tanto decantate proprietà della China Calissaia al Barolo, creando un « elisir » dall'immediata fama commerciale e dalle durature fortune all'interno della cultura contadina di Langa. Il « prelibato Barolo Chinato » Zabaldano merita una medaglia

d'oro all'Esposizione franco-italiana di Nizza del 1988. Tonico, sovrano, cordiale, virile: sono gli appellativi che all'epoca magnificano le proprietà di questo originale toccasana. [...] Ma a partire dagli anni '60 il Barolo Chinato conosce un periodo di crisi, non è più richiesto e alcune cantine cessano di produrlo.

Oggi, oltre alle « storiche » etichette Cocchi e Cappellano, il Chinato viene prodotto anche da altre 25 cantine del firmamento barolesco, molte delle quali ne affidano la preparazione ad aziende esterne di aromatizzazione, in quanto la legislazione UTIF richiede locali separati (essendovi l'aggiunta di alcol) per questa distillazione.

Moderatamente alcolico, dal colore rosso ambrato e dal gusto rotondo, il Barolo Chinato ha ritrovato una seconda vita rispetto ai fasti degli anni Venti e Trenta: è consigliato per « reggere e completare il gusto persistente anche dei cioccolati più ricchi di cacao », o comunque per la pasticceria a base di cioccolato. Si beve a 13-14 °C, utilizzando un piccolo bicchiere, meglio a sfera o a tulipano.

La rinascita dei vini passiti e speziati

Sia la storia sia il *bouquet* del Barolo Chinato hanno molte affinità con un'altra celebre specialità piemontese: il vermut. Questo aperitivo è realizzato aggiungendo ai vini rossi e bianchi zucchero di canna, spezie e alcol, per fargli raggiungere la gradazione di 17,5 gradi. Il primo produttore e negoziante fu Antonio Benedetto Carpano, che sperimentò le sue aromatizzazioni partendo da un vino rosso: nel 1786 aveva la sua bottega nel centro di Torino. L'origine del nome è incerta: pare debba risalire alla parola tedesca *Wermuth*, che significa assenzio, l'erba più importante tra quelle che servono alla sua preparazione. Usato come aperitivo, sinonimo di torinesità quanto i grissini, oggi il vermut è un po' passato di moda: noi al Salone del Gusto di Torino del 2004 e al Salon du Chocolat di Parigi 2004 abbiamo degustato dei vermut rossi (per esempio il classico Martini) in abbinamento ad alcuni cioccolati e il risultato è stato positivo, al di sopra di ogni aspettativa. Il primo a convincerci di questo esperimento, superando le nostre perplessità, è stato il gastronomo piemontese Paolo Massobrio.

Ma con il cioccolato non si beve soltanto Barolo Chinato o vermut. Negli ultimi anni l'incremento di produzione dei vini liquorosi e passiti, legata al successo dei dessert al piatto nella ristorazione e alla pasticceria al cacao, è stato clamoroso. È una « rinascita » dolce, che ha liberato nuove energie dell'enologia italiana. Per molti anni l'orizzonte era stato assai limitato: venivano accostati al cioccolato soltanto alcuni vini « fortificati » francesi, come il *Pineau des Charentes*, che è realizzato per un terzo di cognac e due terzi di mosto d'uva: nasce con un'antica lavorazione eseguita da alcuni produttori di una piccola area attigua a quella del cognac, sorvegliati dal Comité National du Pienau des Charantes. Analoghe fortune ha sempre avuto il *Banyuls*, vino del Sud della Francia ai confini con la Spagna, prodotto con vitigni Grenache e Carignan rinforzati con alcol da vino (tra il 5 e il 10%), attraverso un'operazione che i francesi chiamano *mutade*.

Nel panorama enologico italiano, l'unico vino liquoroso che per molti anni è sempre stato abbinato al cioccolato è il siciliano Marsala: nacque per volontà degli inglesi che volevano una bevanda forte per i marinai delle loro navi, già alla fine del Settecento. Alla fine degli anni Novanta del Novecento, si è affacciata una nuova moda, la ricerca dei passiti e dei vini aromatizzati da dessert.

In Piemonte sono nate diverse etichette di Barbera Chinata o Passita e anche minuscole produzioni, come il Brachetto Passito prodotto a Strevi, in valle Bagnario, dal viticoltore Mario Mangiarotti. In Veneto va segnalato il Recioto Passito, in Umbria il Sagrantino di Montefalco Passito (come quello, di piccola produzione, di Caprai): vini muffati, dolci, graditi alle signore, che non uccidono il palato con i tannini. Sono stati riscoperti un po' ovunque: in Sardegna c'è l'Anghelo Ruju, in Puglia il raro Aleatico, in Sicilia l'Ala Amarascato, che è un « liquorvino » a base di ciliegie. Forse quest'ultimo convince un po' di meno, con il cacao, per le sue note troppo dolci e di frutto. Quanto ai vini rossi normali, la cautela è d'obbligo: ha ragione Veronelli.

Eppure non sono mancati tentativi di nuovi abbinamenti. Anche una rivista specializzata come il mensile « Gambero Rosso », nel gennaio del 2003, ha realizzato una degustazione « proibita » tra fondenti di gran cru Domori, Amedei e Valrhona, accostati a grandi rossi italiani: Montepulciano d'Abruzzo, Aglianico, Cannonau, Barolo e alcuni « Supertuscans », i vini di alta qualità toscani. I risultati non sono stati entusiasmanti, a detta dell'articolo, ma la rivista vi ha comunque dedicato la copertina. Questo il commento del direttore Daniele Cernilli: « Il gusto evolve. Vent'anni fa, certi piatti, certi accostamenti di ingredienti sarebbero stati improponibili. Quindi anche le gravi teorie sugli abbinamenti, propinate come verità di fede, sono, molto più semplicemente, abitudini in evoluzione anch'esse».

Negli Stati Uniti, per esempio, certi accostamenti sono molto più «normali»: i loro Merlot, Zinfaldel, Cabernet Sauvignon vengono considerati adatti ad accompagnare il cioccolato, forse perché le tecniche di vinificazione in barrique (le botti piccole da 225 litri usate per l'invecchiamento) consentono di ottenere vini particolarmente morbidi.

Se le frontiere del gusto sono sempre più ampie, esistono però alcune regole generali, accettate da sommelier e gourmet, nell'abbinamento tra dessert ed etichette italiane, che vogliamo ricordare:

– *dolci con presenza di pralinati o nocciole e Gianduja:*
meglio scegliere un Moscato d'Asti Passito, un passito di Pantelleria o vini rossi aromatici, come la Malvasia di Casorzo o il Moscato Rosa del Trentino;

– *dolci con presenza di frutta:*
Brachetto d'Acqui e Malvasia di Castelnuovo Don Bosco;

– *torte soffici con cacao o glassatura fondente:*
Barolo Chinato, Barbera Chinata e Brachetto passito in Piemonte; Recioto passito in Veneto; Aleatico dell'Elba in Toscana; Sagrantino di Montefalco passito in Umbria; Ala, Antico Liquorvino Amarascato in Sicilia.

Non ci stancheremo di sottolineare che con i dessert non si beve mai uno spumante brut, e che con lo champagne, anche rosé, bisogna evitare l'abbinamento con il cioccolato: unica eccezione consentita, forse, le fragole per metà glassate nel fondente.

Quando si parla di alcol e cacao non va dimenticato, infine, quel grande vino di mosto muto che è il Porto: in qualunque ristorante francese stellato viene consigliato insieme con i dessert a base di cioccolato. Anche per questo vino valgono alcuni consigli: si preferisce solitamente un Porto *tawnie* (che abbia riposato a lungo in botte) o un *Jerez* invecchiato almeno dieci anni. Per i dessert a base di cacao con aggiunta di spezie e caffè, si consiglia un *Graham twany*, mentre per un pezzo di fondente si può sorseggiare un *Porto Jamos*

Pinto di dieci anni. Il cioccolato al latte si sposa invece meglio con la « versione » inglese, lo *Sherry*.

Di fronte a tante possibilità etiliche, i maestri cioccolatieri non si sono lasciati sfuggire l'occasione di usare anche i liquidi alcolici nelle loro preparazioni. Tra i prodotti a base di vino e cioccolato, oltre alla classiche praline di De Bondt e al Ben Ryè siciliano (un ottimo passito dell'azienda Donnafugata), ai tanti cioccolatini con Barolo Chinato (famosi quelli del maestro toscano Catinari, per esempio), il ferrarese Franco Rizzati, al Vinitaly 2006, ha presentato la prima crema spalmabile in cui sono presenti in parti uguali vino rosso (Chianti Classico, Morellino, Sagrantino, Refosco, Nobile di Montepulciano) e cioccolato fondente Trinidad Venezuela non concato: un'idea battezzata *Choco & Wine*.

Molteplici anche le esperienze con i superalcolici: dall'Alpino di Peyrano ai boeri, esistono in Italia mille specialità al liquore. Noi non ne siamo particolarmente golosi, ma si tratta di un tipo di cioccolatino che trova molti estimatori. In Sicilia si ha notizia di esperimenti con la grappa di Nero d'Avola per una ganache di un artigiano palermitano. Nelle Langhe, da qualche anno, opera con successo una cioccolateria nella quale si coniuga la passione per la distillazione della grappa con quella della pralineria: a Castellinaldo, a pochi chilometri da Alba, si trova la cioccolateria dei Fratelli Marolo, che prepara Cuneesi al rhum o alla grappa e tante praline al Barolo, al Moscato, alla grappa di Barolo e di Moscato, al Brachetto e persino al Sauternes e allo Château d'Yquem.

Analogamente, si trovano sul mercato alcuni liquori al cacao o al cioccolato. Tra questi, il « Bicerin » della Vincenzi di Pecetto Torinese, sui 15 gradi alcolici, con cacao in polvere e aromi di nocciola, e il « Liquore al cioccolato » della Antica Dolceria Bonajuto di Modica.

Armonie superalcoliche

Per molti anni si è detto che un buon fondente può accompagnarsi, a fine pasto, soltanto con un *Cognac X. O.* (cioè invecchiato). In effetti le armonie che possono nascere tra una pralina e un *ballon* di questo antico distillato francese sono eccezionali.

A questo proposito abbiamo il ricordo ancora vivo di una degustazione dai protagonisti eccezionali: si svolse in un piccolo locale del centro storico di Perugia, durante l'edizione del 1998 di Eurochocolate, e vi hanno partecipato il grande *maître chocolatier* parigino Robert Linxe, l'iniziatore della mitica Maison du Chocolat, e Maurice Hennesy, diretto discendente di Richard, il fondatore della prima azienda produttrice di Cognac. Dal magico incontro tra le splendide ganache parigine e le migliori etichette della Hennesy è nata una suadente sintonia di sensazioni.

In Francia inoltre non bisogna dimenticare le possibilità che offre un'altra acquavite invecchiata, l'Armagnac. Ma anche le grappe italiane, specie le più morbide e con qualche anno di cantina, sono valide per accompagnare *napolitaine* da gran cru.

Altrettanto interessante è stata una degustazione organizzata da Gianluca Franzoni, di Domori, con tre grandi whisky presentati dal « Single Malt Club of Scotland », nel marzo del 2000 a Torino: all'assaggio trovammo uno straordinario Glenmorangie 10 anni, un eccellente Glengoyne di 17 anni e un profumato Oban di 14 anni, abbinati a fondenti con percentuali di cacao superiori al 70%. Naturalmente il whisky da accostare al cioccolato deve essere di puro malto scozzese, adeguatamente invecchiato.

Ma l'« hidalgo del cacao » ha sempre preferito il rhum e noi da qualche tempo abbiamo imparato a conoscere l'emozionante Ron Zapata Centenario del Guatemala, con 23 anni di invecchiamento, abbinato ai fantastici dessert al cioccolato del ristoratore Alfredo Russo al Dolce Stil Novo di Ciriè (Torino).

Se siete alla ricerca di un vino o di un alcolico, da abbinare al cioccolato, cercate di non dimenticare la massima che abbiamo trovato scritta in un famoso magazzino gourmet al Fisherman's Wharf di San Francisco, nella Ghirardelli Place, dove si possono ancora vedere i macchinari di una delle più antiche industrie di cioccolato degli Stati Uniti: « *Life is too short to drink bad wine* ». E se la vita è troppo corta per bere vino cattivo, a maggior ragione *to eat bad chocolate*, aggiungiamo noi...

Capitolo 10
Le virtù: facciamoci del bene

Quand'ero piccola, mangiavo poco cioccolato non solo perché, mi diceva mia madre, il cioccolato fa male alla pancia, ma anche perché inconsciamente dentro di me nasceva il pensiero che avrei fatto un po' di dispiacere a Dio. Perché la cioccolata era un puro piacere, fine a se stesso, gratuito, in fondo immeritato, io dovevo render conto a Dio. Cosa gli davo in cambio? Ecco, c'era l'idea di uno scambio. Se mangiavo tanta cioccolata, dovevo in qualche modo riparare facendo qualcosa di meno piacevole, di doveroso e necessario, possibilmente utile agli altri.

Paola Mastrocola, *Volere e non toccare*
(articolo su « Il Foglio », 14 luglio 2006)

Si può ancora parlare di moderazione, nella società del « tutto e subito »? Questo interrogativo ha ispirato l'iniziativa provocatoria, nell'estate del 2006, del quotidiano diretto da Giuliano Ferrara, che ha chiesto a vari autori di scrivere un saggio sulla concupiscenza. Su questo tipo di passione divorante, che nella morale cattolica viene considerata come segno di predominio della carne sullo spirito, sono stati composti alcuni pregevoli elogi della moderazione. Non poteva ovviamente mancare quello dedicato al cioccolato. Lo ha scritto Paola Mastrocola, insegnante di lettere, autrice di libri di successo come *Una barca nel bosco*, che nel 2004 le valse il Premio Campiello. La scrittrice torinese, con simpatica ironia, racconta i suoi ricordi d'infanzia e si sofferma sull'abitudine, nella colonia dove passava le vacanze, di mangiare le tavolette soltanto se accompagnate dal pane, nelle merende domenicali. Non tutti i bambini avevano gli stessi comportamenti e la presenza del pane, secondo l'autrice, apportava un preciso segnale contro la concupiscenza, una forma di equilibrio alla golosità scatenata dal dolce peccato al cacao. Scrive la Mastrocola: « C'era chi, ingordo, mangiava prima il cioccolato e poi si purificava con il pane; chi mangiava prima il pane e poi il cioccolato secondo l'antico detto 'prima il dovere poi il piacere'; chi tutt'e due insieme, dando prova di formidabile fermezza emotiva; chi, futuro politicante, mangiava solo il pane e si conservava la barretta di cioccolato per futuri e più vantaggiosi scambi con amici; chi infine faceva il cosiddetto 'fioretto': faccio il fioretto di non mangiare cioccolato per tre mesi, così Dio mi aiuta a passare un esame, così Dio mi fa guarire, così mia nonna non muore ».

In Italia un paio di generazioni sono cresciute così, amando e desiderando il cioccolato, ma provando profondi sensi di colpa dopo averlo mangiato: un cibo « buono », ma un « peccato » sia sul piano dietetico sia su quello etico. Veniva interpretato come un piacere, un premio, non un alimento o una fonte di energia.

Può darsi che la cultura cattolica, come suggerisce implicitamente la scrittrice, abbia influito particolarmente su queste sensazioni. Di certo, il cioccolato è sempre stato associato a molti miti negativi. Il nostro compito è anche quello di cercare di sfatarli, con l'aiuto di qualche esperto, per rimuovere quest'aura di piacere peccaminoso che circonda il cibo degli dèi.

Sarà vero che tutto ciò che è buono è anche dannoso? Se siete convinti che il cioccolato possa nuocere alla vostra salute, sarà più difficile diventarne degli intenditori e imparare ad apprezzarlo: rimarrà sempre quel retro-pensiero che vi impedirà di abbandonarvi alla deliziosa *indulgence* che solo questo alimento può generare.

Non siamo dietologi, né chimici degli alimenti, né nutrizionisti. Perciò, dopo tante informazioni sul cacao, su come si fa il cioccolato, sulla sua storia e i consigli per degustarlo al meglio in tutte le sue forme, non vogliamo infliggere ai lettori un mini-saggio basato sui problemi legati agli aspetti scientifici del cioccolato. Abbiamo voluto raccogliere sotto forma di dizionario-questionario tutto quanto abbiamo trovato a sostegno di una tesi, lo confessiamo, partigiana: nel cioccolato prevalgono le « virtù » sui « vizi ».

Che mangiare *napolitaine* o bere chicchere di cioccolata calda possa anche far bene, oltre a non essere dannoso per la salute, fa parte di quelle sorprese che la scienza ogni tanto ci regala nella marea di catastrofismo che caratterizza oggi l'informazione sugli alimenti.

Certamente da questo punto di vista ci confortano i molti testi oggi in circolazione, ma soprattutto il sostegno di intenditori e appassionati di cioccolato, molto autorevoli sul piano scientifico, come l'oncologo Umberto Veronesi. Intervistato dalla giornalista Maria Latella, il noto medico si confessa un amante di Theobroma cacao e ne difende le proprietà benefiche (il testo è tratto dal convegno « Tendenza cioccolato », organizzato dalla Caffarel a Milano nell'ottobre 2004). Veronesi è un vegetariano, membro della Confraternita del cioccolato, associazione esclusiva di 15 appassionati che si riunisce periodicamente per assaggi ad alto tenore di cacao nel capoluogo lombardo. Afferma Veronesi: « Il cioccolato è piacevole, è buono. Credo sia difficile pensare che il cioccolato non sia gradevole. È un buonissimo alimento ed è totalmente vegetale. L'unico dolce, credo, che sia totalmente vegetale e che ha una straordinaria ed equilibrata composizione di elementi: 1/3 di grassi vegetali, gli stessi dell'olio d'oliva, 1/3 di carboidrati, 1/3 di proteine. Ci sono molte proteine nel cioccolato e poi contiene la teobromina, che è un alcaloide, molto meno forte della caffeina. La teobromina è un vasodilatatore, che dilata i vasi cerebrali, tiene sveglie le persone. Il cioccolato nel complesso fa bene, dà ossigeno al cervello e a par mio concilia il sonno ».

Anche in passato non sono mancate « difese » di questo tipo. L'anonimo autore dell'opera *Il cuoco piemontese perfezionato a Parigi* (nell'edizione del 1775) consiglia « la cioccolata » agli infelici, ai depressi e ai malati ossessivi: « In qualunque maniera sia presa è un ristorante *sic* proprio per rimetter le forze abbattute, e per dar del vigore; resiste alla malignità degli umori, fortifica lo stomaco, il cervello e le altre parti vitali; raddolcisce le fierosità troppo acri, che calano dal cervello sul petto, eccita la digestione, abbassa i fumi del vino ». E in effetti alla fine del Settecento una chicchera di nera bevanda al cacao era quasi un farmaco. Nell'Ottocento il fisiologo italiano Paolo Mantegazza (1831-1910) dispensava consigli analoghi nel suo libro *Elementi di igiene*: « È cibo e bevanda, è conforto al ventricolo e sferza il cervello: eccita l'intelligenza e nutre riccamente. Conviene ai vecchi e ai giovani, ai deboli e alle persone prostrate da lunghe malattie e da abusi della vita. Per chi lavora, il cacao offre un eccellente cibo mattutino ».

Niente timori, dunque, a meno che non siate diabetici o abbiate particolari intolleranze alimentari: il cioccolato non fa venire l'acne (salvo predisposizioni particolari e situazione di età), in giuste quantità non fa ingrassare (soprattutto il fondente con alta percentuale di cacao), ha una blanda azione antidepressiva, stimola la mente e l'attenzione, ha proprietà benefiche per il cuore, non aumenta il colesterolo « cattivo ».

Se pensate che possa essere un afrodisiaco, siete liberi di schierarvi dalla parte di Giacomo Casanova, il quale ne faceva largo uso. Noi rimaniamo dell'idea di un esperto in materia, il sessuologo Willy Pasini, il quale avanza molti dubbi, nel suo libro *Il cibo e l'amore*, circa i possibili effetti afrodisiaci di qualsiasi alimento.

Tra gli aspetti negativi, vengono citati la possibilità di insorgenza dell'emicrania, la dipendenza come da una droga, le carie ai denti. Tutti pericoli confutabili con ottime argomentazioni scientifiche, anche se in alcuni casi non possono essere negati. Purtroppo vengono usati dai nemici del cioccolato del tutto a sproposito, che sono pochi, se è vero il detto che nove su dieci lo amano e il decimo mente. L'unica controindicazione assoluta, forse, non riguarda gli umani ma i nostri amici animali. Non datelo mai a un cane o a un cavallo: per loro la teobromina è tossica e può creare seri problemi.

In questo elenco abbiamo cercato di rispondere a qualche interrogativo, anziché crearne di nuovi, perseguendo la scientificità dell'approccio, con solide basi bibliografiche.

Acne

È vero che fa venire i brufoli?

No. Non è provato, nonostante si siano condotti molti studi. Secondo Rowan Jacobsen, medico americano che vive e lavora nel Vermont, autore del libro *I benefici del cioccolato*, non si è mai trovato un legame tra i brufoli e un qualsiasi alimento. La nostra pelle contiene le ghiandole sebacee che producono grasso e possono infettarsi per una scarsa igiene o, nell'età adolescenziale, per un'eccessiva produzione ormonale. Vi sono anche fattori legati allo stress o alla digestione (una certa stitichezza può aiutare la produzione di queste eruzioni cutanee). È vero che i grassi e gli zuccheri sono nemici della pelle, ma gli studi effettuati da parte di dermatologi e dietologi su campioni di « volontari » costretti a mangiare cioccolato non hanno dimostrare l'insorgere di questi spiacevoli inestetismi cutanei. Secondo Jacobsen si tratta di una « leggenda ». L'American

Dietetic Association nella sua pubblicazione *Complete Food and Nutrition Guide* sostiene che il legame tra brufoli e cioccolato è soltanto un mito.

Afrodisiaco
Può essere un aiuto per l'amore?

Sì. Secondo alcuni studi. Ma non è appurato scientificamente. Il sessuologo Maurizio Bossi, autore di numerose ricerche sul rapporto tra cibo ed erotismo, nonché conduttore di popolari trasmissioni radiofoniche e televisive, è un convinto sostenitore di un collegamento tra Venere e Theobroma cacao. Così affermò durante il « Processo al cioccolato » svoltosi nel 1999 presso l'Università di Pavia e continua a sostenerlo in interviste e dichiarazioni. Parlandone con noi, ha ricordato (nel libro *Gnam Storia sociale della Nutella*) che vi sono sostanze di tipo afrodisiaco nel peperoncino, nelle ostriche, nei crostacei, nel tartufo e persino nella polenta, in quanto contengono particolari molecole, precursori chimici dell'innamoramento, presenti anche nel cioccolato. In verità, e questo gli esperti non lo nascondono, per ottenere l'effetto sperato bisogna ingurgitare in grande quantità questi cibi: soltanto così può alzarsi il livello della dopamina nel nostro cervello. Spiega il professor Bossi: « Il cioccolato è uno stimolo molto forte dal punto di vista olfattivo, visivo, gustativo. Perciò può funzionare come addizione allo stimolo sessuale, evocando memorie subconsce dei primi anni di vita. Ma in genere è più l'uomo a voler trasgredire ». Su questo argomento un altro testo, piuttosto favorevole al cibo degli dèi, del nutrizionista francese Michel Montignac – *Mangiare cioccolato e restare in buona salute* – appare più cauto: gli effetti benefici per l'amore sono simili a quelli del caffè. Poiché è dimostrato che caffeina, teobromina, serotonina e feniletilamina contenute nel cioccolato hanno un ruolo antistress e tonico, aumentando anche la resistenza alla fatica, « possiamo perciò attribuire al cioccolato un ruolo dinamizzante ed euforizzante che potrebbe favorire l'intensa attività sessuale ».

Allergie
Può generare intolleranze alimentari?

Sì. Va però chiarito che i medici distinguono tra l'allergia a un alimento e l'intolleranza. L'allergia è più rara, può avere conseguenze pericolose ed è un tipo di patologia in aumento, non è noto se a causa dell'inquinamento o della cattiva alimentazione con cibi adulterati: può essere determinata da alimenti, punture di insetti o farmaci. Lo sa bene chi è allergico al polline, che in primavera deve riempirsi di antistaminici. Etimologicamente la parola deriva dal greco e significa « reagire in altro modo », con una sensibilità che le persone « normali » non provano. Tra i cibi che più diffusamente possono causare allergie ci sono le uova, il latte vaccino, le nocciole, il pesce e i crostacei, nonché gli agrumi. Quando si sviluppa una reazione allergica, possono scattare molte conseguenze negative per il nostro organismo, dall'orticaria all'asma, alle riniti fino allo choc anafilattico. A volte tutto si riduce a un mal di testa. Esistono test cutanei ed ematologici per verificare l'esistenza di allergie. Tra le sostanze che possono causare casi di allergia vi è anche il cioccolato: ha un'incidenza sensibilizzante pari all'1,5% delle persone (Montignac), rispetto a un'incidenza del 13% per il pesce e le uova. Alcuni studi hanno dimostrato che la fava di cacao produce effetti positivi al test cutaneo allergologico nel 50% dei soggetti (bambini), mentre il cioccolato non ne produce affatto. L'intolleranza alimentare ha effetti meno gravi sulla nostra salute e può anche essere temporanea: lo sa bene chi abbia fatto un'indigestione di cioccolatini. Quando scatta l'intolleranza alimentare, perché il nostro organismo rifiuta un cibo, si produce una liberazione di istamina. È dimostrato che può essere facilitata dal cioccolato, al pari del caffè, alcune qualità di verdura e di frutta fresca o secca. Spiega Jacobsen che molte di quelle che vengono considerate « allergie », come quelle alla farina o ai latticini, sono in realtà intolleranze alimentari. Un campione di venti persone che credevano di essere « allergiche » al cioccolato è stato sottoposto a un test: a metà di loro sono state somministrate capsule di cacao in polvere (equivalenti a una tavoletta) e all'altra metà capsule di « placebo », cioè senza cacao, a completa insaputa dei pazienti. Fu dimostrato che soltanto uno su 20 aveva una reale allergia.

Anandamide
Dà la felicità?

Forse. L'anandamide è una sostanza scoperta recentemente, che è in grado di legarsi ai recettori per i cannabinoidi. Funziona da neurotrasmettitore del benessere. Il suo nome deriva dal sanscrito *ananda* (« felicità »). È contenuta nella marijuana, sotto forma di delta-9-tetraidrocannabinolo (o THC): si tratta del principale costituente psicoattivo della cannabis. L'anandamide è stata scoperta nel cioccolato dal farmacologo italo-americano Daniele Piomelli, autore di studi sulla canapa indiana, che lavora in un centro di ricerca della California. Dunque si può dire che questa sostanza faccia del cioccolato una droga come la marijuana? No, perché non contiene « esattamente » il THC, anche se le due molecole sono assai simili. Secondo alcuni studi, bisognerebbe ingerire oltre dieci chilogrammi di cibo degli dèi per avere lo stesso effetto di una « canna ». Nel cioccolato sono contenute due sostanze considerate « parenti » strette dell'anandamide (Jacobsen): la N-oleo-etanolamina e la N-linoleo-etanolamina. Hanno la proprietà di mantenere più a lungo l'anandamide nel cervello, destinata altrimenti a effetti molto brevi, prolungando le sensazioni piacevoli che derivano da questo « interruttore della felicità ». Conclusione: con il cioccolato non si ha uno « sballo » violento, ma un « benessere molto più dolce e duraturo di quello provocato dalla marijuana o da altre droghe » (Jacobsen).

Antiossidante
Può sconfiggere i radicali liberi?

Sì, è un aiuto. Ormai lo sanno tutti: i radicali liberi sono le molecole che producono un invecchiamento precoce, agiscono in modo distruttivo sulle cellule e possono indurre l'insorgenza di malattie, come aterosclerosi, Parkinson, Alzheimer, diabete, sclerosi multipla, ecc. Il nostro organismo in sostanza si « ossida », un po' come un vino che diventa passito. Vengono definite sostanze antiossidanti quelle che riescono a contrastare l'azione dei radicali liberi. Il « Journal of the American College of Nutrition » nel 2004 ha pubblicato uno studio realizzato dall'équipe di Mary Engler, dell'Università della California a San Francisco. È stato dimostrato che persone sane che avevano mangiato quotidianamente per due settimane una piccola quantità di cioccolato fondente, ne hanno tratto sostanziali benefici per la funzione arteriosa. Il cacao è ricco di flavonoidi con proprietà antiossidanti e i migliori risultati si ottengono proprio quando la tavoletta contiene una percentuale di cacao superiore al 70%. Gli scienziati hanno osservato due gruppi di persone ai quali erano stati somministrati 46 grammi di cioccolato al giorno, per due settimane. Solo a un gruppo era stato somministrato quello di alta qualità, con più flavonoidi. I ricercatori, misurando con uno strumento a ultrasuoni, prima e dopo l'esperimento, la capacità di un'arteria del braccio di dilatarsi, hanno constatato che ciò era avvenuto soltanto nei « fortunati » che avevano mangiato cioccolato di qualità superiore e la concentrazione di epicatechina (il flavonoide del cacao) si era moltiplicata di 8 volte. Nell'altro gruppo, invece, sia la funzione endoteliale sia la concentrazione di epicatechina erano leggermente diminuite dopo le due settimane. La conseguenza è questa: il cioccolato fondente fa bene ai nostri vasi sanguigni, in quanto aumenta la loro capacità di dilatarsi.

Antidepressivo
Fa bene all'umore?

Sì. In tutta la sua storia, sono sempre state considerate in modo positivo le proprietà toniche che il cacao può offrire all'organismo umano. Le sostanze che contiene possono infatti indurre un miglioramento dell'umore. L'immagine della donna depressa che sta in casa e ingurgita cioccolatini o della ragazza che cerca di annullare gli effetti negativi di una delusione d'amore dando l'assalto a un vasetto di Nutella è abbastanza abusata. La farmacologa dell'Università di Bologna Ester Speroni, nel libro *Come il cioccolato sui maccheroni*, spiega che nella massa di cacao si trova la serotonina, che influisce sul tono dell'umore. « La presenza di serotonina, sebbene in concentrazioni modeste, è comunque interessante perché potrebbe fornire la spiegazione del frequente ricorso al consumo di prodotti dolciari a base di cacao, specie in quei soggetti che tendono a frequenti alterazioni dell'umore ». Secondo la docente si spiegherebbe così l'uso da parte della popolazione femminile di consumare cioccolato nel periodo pre-mestruale o da parte di soggetti che soffrono di crisi bulimiche. Quanto all'abitudine di mangiarlo con il pane, la Speroni è convinta che abbia un fondamento scientifico: i carboidrati favoriscono il trasporto di triptofano, precursore della sintesi della serotonina, a livello cerebrale, « determinandone un aumento a cui sarebbe da attribuire quella sensazione soggettiva di benessere e di piacere ».

Caffeina
È un eccitante?

Sì, ma la percentuale contenuta nel cacao è un decimo di quella presente nel caffè. Sotto l'effetto della caffeina i nostri neuroni si attivano più velocemente, mentre nel cervello viene rilasciato un surplus di dopamina, con la conseguenza di ottenere una sferzata di energia. Sono caratteristiche di questa sostanza che ci danno un apporto positivo soltanto in precisi momenti: al mattino, quando si deve cominciare a lavorare, durante una riunione con forte carica di stress (la caffeina aumenta anche il battito cardiaco e migliora il tono) o di fronte a una fatica prolungata, come un viaggio alla guida di un auto durante la notte. Viceversa, non sono effetti desiderabili prima di andare a dormire. Infatti questo alcaloide rimane a lungo nel nostro organismo: sei ore dopo aver bevuto una tazzina di espresso metà della caffeina assunta rimane attiva. Nel caso del cioccolato non c'è da preoccuparsi, come scrive l'americano Jacobsen, presentando questa tabella sulla quantità di caffeina contenuta in alcuni prodotti di largo consumo (le dosi sono considerate secondo le abitudini alimentari negli Stati Uniti, sia per la tavoletta da 40 grammi, sia per l'enorme quantità di caffè, 340 grammi):

- in 340 g di caffè: sono presenti 200 mg di caffeina
- in 340 g di tè nero: 140 mg
- in 340 g di tè verde: 40 mg
- in 340 g di Coca/Pepsi: 50 mg
- in una tavoletta di cioccolato fondente (di 42,5 g): 27 mg
- in una tavoletta di cioccolato al latte (di 42,5 g): 11 mg

Per cui il medico conclude che un pezzo di cioccolato alla sera non è affatto un eccitante. Altri nutrizionisti addirittura contestano che la caffeina sia presente in modo significativo nel cioccolato. David Wolfe & Shazzie, una coppia molto nota per le loro trasmissioni negli Usa dedicate ad alimentazione e benessere, hanno scritto un libro che si intitola *Naked chocolate*, nel quale si mette « a nudo » il cacao e i suoi elementi, in pagine e pagine assai tecniche. Prendendo spunto da varie fonti scientifiche, che riguardo al contenuto di caffeina nel cioccolato forniscono dosi anche differenti da quelle di Jacobsen, Wolfe & Shazzie sono convinti che le tracce di caffeina nel cioccolato siano pressoché insignificanti, in quanto, a un'attenta analisi, possono essere confuse con un altro alcaloide presente in quantità maggiori, la teobromina. Ma quest'ultima agisce in modo molto diverso: è un rilassante e non dà quell'effetto di crollo post-caffeina che ben conoscono gli americani stressati, capaci di ingurgitare da 300 a 1000 milligrammi di questo stimolante al giorno.

Caldo

C'è quello che non si scioglie?

Sì, è stato inventato dalla Hershey's nel 1990. Il caldo è il principale nemico di una tavoletta. Ma vi sono dei sistemi per alzare il punto di fusione del cioccolato: ci riuscì l'azienda americana su richiesta dell'esercito statunitense impegnato nell'operazione « scudo nel deserto », con la quale il generale Schwartzkopf preparò l'attacco all'Iraq durante la guerra del Golfo 1990-1991. Per le truppe al caldo del Kuwait, la Hershey preparò la « desert bar », che non si scioglie fino a 38 °C, anziché i consueti 25 °C della barretta al latte. Durante la seconda campagna in Iraq, quella del 2004, le truppe di Sua Maestà britannica si trovarono nella necessità di avere cioccolato ancora più resistente al caldo. Le agenzie di stampa riferirono la notizia (ANSA, 25 febbraio 2004) secondo la quale due ragazzine inglesi avevano vinto un premio di 1500 euro offerto dalla British Association for the Advancement of Science per aver risolto il problema semplicemente aggiungendo glicerina (fino al 5%) alla loro barretta.

Calorie

Fa ingrassare?

Sì e no, dipende dalla quantità. Per primo Paracelso scrisse che « è la dose che fa il veleno ». Il vero nome di questo medico tedesco naturalista del Rinascimento era Theophrast Bombast von Hohenheim, in latino *Aureolus Theophrastus Bombastus Paracelsus*, ed è considerato il padre della moderna tossicologia. Fu lui a coniare la massima: « Non vi sono sostanze tossiche, soltanto dosi tossiche ». Perciò ognuno è in grado di regolarsi da solo, sapendo che un uomo che svolga un'attività lavorativa media non deve assumere più di 2000-2500 calorie al giorno. Oggi su tutte le riviste vi sono diete, menu ipocalorici, consigli per dimagrire. Secondo alcuni, si spende di più per perdere peso che per mangiare, in una società che ha dimenticato le « veneri callipigie » di Rubens. Per quanto riguarda il cioccolato, il medico francese Montignac nel suo testo distingue tre tipologie:

– i magri
che possono mangiarne a volontà, cercando di scegliere quello con la percentuale meno alta di zucchero;

– gli obesi
che devono fare molta attenzione; per loro è meglio raggiungere il peso forma e poi reintrodurlo nella dieta; comunque sono peggio le patatine fritte o l'alcol che pochi quadratini di una barretta;

– i dimagriti
se per loro il recupero del peso forma è avvenuto in modo corretto, la secrezione dell'insulina da parte del pancreas non avverrà più in modo anarchico e una modica quantità non ne danneggerà il mantenimento.

Ma quante sono le calorie contenute in una tavoletta? Sappiate che il cioccolato fondente è meno calorico di quello al latte, come si evince da questa tabella, riferita a 100 grammi (Pellati):
– fondente: 545 Kcal
– al latte: 568 Kcal
– Gianduja: 510 Kcal

Per quanto riguarda il fegato, alcuni anni fa in Francia il libro del professor Claude Béraud – *Le foie des Français* – ha scagionato il cioccolato: il docente scrive che il cioccolato « non ha alcun effetto epatico dannoso » e aggiunge che « per il fegato sono dannosi solo l'alcol, i funghi velenosi e alcune medicine ». Invece chi soffre di calcoli renali di tipo ossalico deve consumare il cibo degli dèi con molta moderazione.

Cani e gatti
Fa male agli amici dell'uomo?

Sì, per loro è tossico. Lo spiegano i veterinari e gli esperti: la teobromina è dannosa per cani, gatti, cavalli e in genere per gli animali domestici. Nel cane, in particolare, tale molecola viene eliminata molto più lentamente rispetto all'uomo e ad altri mammiferi: può arrecare gravi disturbi per il cuore. La teobromina è un alcaloide che è contenuto in alte percentuali soltanto nel cioccolato: 200 grammi di cioccolato sono in media sufficienti per determinare un'intossicazione anche grave in un cane di media taglia che pesa 20 chilogrammi. Spiega il professor Carlo Nebbia, ordinario di Farmacologia e tossicologia veterinaria all'Università di Torino, una delle massime autorità in Italia e a livello internazionale in questo campo: « Bisogna prestare particolarmente attenzione ai cuccioli, che come è noto divorano di tutto: la dose tossica è di 20 mg di teobromina per chilogrammo di peso corporeo dell'animale ». Poiché il contenuto medio di teobromina per una tavoletta al latte è di circa 2 mg per grammo di prodotto, una barretta da 100 grammi ne contine 200 mg, che possono in molti casi essere letali per un bassotto o un cane di piccola taglia. A un cucciolo basta anche la metà. La teobromina, come la caffeina, è una metilxantina che agisce sul cuore degli animali, provocando aritmia e tachicardia, oltre a nervosismo e irritabilità, spesso accompagnate da vomito, diarrea e aumento dell'emissione di urina. Nei casi più gravi l'animale può presentare tremori, convulsioni, coma e morte per insufficienza cardiaca. Aggiunge il professor Nebbia: « L'unica terapia è purtroppo quella sintomatica, in quanto non esistono antidoti; se l'animale viene visto ingerire il cioccolato o si abbia la prova che ciò è avvenuto il metodo più efficace è quello di portarlo al più presto, e comunque entro tre o quattro ore, da un veterinario che praticherà una lavanda gastrica ». I gatti sono ancora più sensibili, ma probabilmente i felini hanno più capacità di autoregolarsi e rifiutano il cioccolato. Un po' come fanno i cavalli. Ce lo ha confermato il veterinario Marco Buri, collaboratore di *TuttoScienze*, inserto settimanale della « Stampa »: per sua esperienza rifiutano un cioccolatino, qualora sia loro offerto: « Prima lo allappano e poi lo sputano », spiega il medico. È noto invece che sono golosi di zuccherini e quindi il loro rifiuto per il cioccolato è un mezzo di difesa naturale. Nel libro *Cuisine & Chocolat* il gastronomo francese Philippe Renard, famoso per le sue battaglie contro la *malbouffe* (le cattive abitudini alimentari importate dagli Stati Uniti, come snack e hamburger), scrive: « Se il cioccolato è ben lontano dall'essere nocivo per la vostra salute, evitate di farlo mangiare al vostro cane ».

Chimica
Quali sostanze contiene?

Più di trecento. Nel libro *Naked chocolate* i nutrizionisti americani Wolfe & Shazzie pubblicano in un elenco di sei pagine le sostanze chimiche che sono contenute nel cacao e nel cioccolato. Dal punto di vista farmacologico-chimico, scrivono che le più rilevanti di queste trecento sostanze sono: anandamide, arginina, epicatechina, istamina, magnesio, feniletilamina, polifenoli, salsolinolo, serotonina, teobromina, triptofano, tiramina, vitamine. Il che naturalmente non vuol dire che vi siano sostanze « artificiali »: si tratta di una « miniera di tesori », secondo il nutrizionista francese Montignac. Ecco la composizione chimica delle fave di cacao e della massa di cacao, pubblicata nel suo libro *Mangiare cioccolato e restare in buona salute*:

	FAVE DI CACAO	MASSA DI CACAO
Proteine	18%	6,4%
Lipidi	56%	54%
Glucidi	13,5%	28%
di cui: – amido	6%	8%
– cellulosa	4,5%	3%
– altri glucidi	3%	17%
Acqua	3%	2%
Teobromina	1,45%	1,10%
Caffeina	0,05%	0,50%
Tannini	5%	5%
Ceneri	3%	3%

Questa invece è la composizione chimica del cioccolato fondente, sempre tratta dal testo di Montignac e calcolata su una tavoletta media da 100 grammi. L'autore avverte che vi possono essere differenze in base alla qualità, alla percentuale e alla lavorazione del cacao.

Proteine	In 100 grammi di fondente
Lipidi (cioè i grassi)	27 g
Glucidi (cioè i carboidrati)	54 g
Fibre	9 g
Tannini	1 g
Acqua	1 g
Sali minerali, vitamine e altri elementi	2 g

Questi i *sali minerali* contenuti nella stessa quantità di fondente, espressi in milligrammi:

Potassio	400 mg
Magnesio	300 mg
Fosforo	280 mg
Acido ossalico	200 mg
Cloro	100 mg
Calcio	100 mg
Sodio	12 mg
Ferro	3 mg
Rame	1 mg
Nichel	0,260 mg
Zinco	0,200 mg
Fluoro	0,050 mg
Iodio	0,005 mg

Queste le altre sostanze contenute, espresse in milligrammi:

Teobromina	500 mg
Caffeina	68 mg
Teofillina	1 mg
Feniletilamina	1 mg
Serotonina	2,7 mg
Tiramina	1,2 mg
Istamina	0,9 mg

Il cioccolato contiene inoltre una buona dose di vitamine. La più presente è la vitamina E, indicata come lo « spazza-radicali liberi »: 5,3 mg ogni 100 grammi. La si trova in tutti gli oli vegetali spremuti a freddo. Seguono la vitamina B5 (detta acido pantotenico, che può fornire energia e migliorare le prestazioni atletiche) e la vitamina PP, entrambe con una quantità di 0,6 mg.

Colesterolo
È vero che può aiutare a ridurlo?

Sì, uno studio condotto dai dietologi dell'Università della Pennsylvania ha messo in evidenza come sia la polvere di cacao (22 grammi al giorno) sia il cioccolato fondente (16 grammi al giorno) possano ridurre il tasso di colesterolo nel sangue fino al 10%. Questo perché il cioccolato è ricco di polifenoli, contenuti nel cacao, che hanno una buona azione antiossidante, come il vino rosso. Nel 2004 è stato pubblicato uno studio sul « British Medical Journal » che consiglia una « dieta miracolosa » per ridurre i rischi di infarto e allungare la vita, basata su questi cibi: pesce, aglio, verdure, frutta, mandorle, cioccolato fondente e un bicchiere di vino. La ricerca è stata fatta dall'University Medical Centre di Rotterdam: secondo gli studiosi bere 150 ml di vino - poco meno di un bicchiere – ogni giorno riduce il rischio di malattie cardiovascolari di quasi un terzo, mentre mangiare pesce dalle due alle quattro volte a settimana del 14%. Cento grammi di cioccolato fondente al giorno abbassano la pressione sanguigna e diminuiscono di un quinto il pericolo di essere colpiti da un infarto; così pure 400 grammi di frutta e verdura al giorno. Secondo lo studio, la combinazione quotidiana di questi ingredienti riduce l'insorgere di malattie cardiache del 76%, allunga la vita degli uomini di sei anni e mezzo e quella delle donne di cinque. Ritarda, inoltre, le malattie cardiache di nove anni negli uomini, di circa otto nelle donne. Il « pasto miracoloso » è stato battezzato *Polymeal* perché « è un'alternativa efficace, naturale, probabilmente più sicura e gustosa della *Polypill* (polipillola) », la combinazione di sei medicine in una, prescritta per malati cardiovascolari e per aumentare l'aspettativa di vita. Per quanto riguarda la quantità di colesterolo contenuto in 100 grammi di cioccolato, questi sono i valori in milligrammi nei tre tipi più diffusi:

- Fondente: 0
- Al latte: 16
- Gianduja: 16

Cosmesi
Il cacao serve anche per i prodotti di profumeria?

Sì. Il cacao è sempre stato usato dall'industria cosmetica per le proprietà emollienti del suo burro. Secondo i dati dell'ICCO, comunque, la quantità di questo prezioso grasso vegetale usata per i prodotto di bellezza è piuttosto bassa, circa l'1% del raccolto annuo, che corrisponde a circa 30 mila tonnellate. Rossetti, creme emollienti, lucidalabbra e ultimamente anche profumi si sono ispirati al cacao e ai suoi aromi. Esiste poi una cioccolatoterapia di bellezza che viene proposta da tante beauty farm in tutto il mondo che prevede massaggi, impacchi e peeling. Teobromina e caffeina avrebbero qualità riducenti degli accumuli di grasso per i massaggi anticellulite. Nel 2006 a Londra lo stilista Missoni ha presentato il suo nuovo profumo dal bouquet « fruttato, floreale, aspro, esotico e al tempo stesso molto mediterraneo con la sua combinazione di agrumi, petali di magnolia, ambra e cioccolato gianduja ». « È quasi commestibile », ha spiegato all'ANSA (24 gennaio) Margherita Missoni in quella occasione. Ma l'inarrestabile marcia del cioccolato nella cosmesi era già cominciata con il Natale del 2005, ricco di linee dedicate a Theobroma cacao per la cura del corpo e la bellezza. E le prime avvisaglie si erano avute nel salone specializzato Cosmoprof di Bologna (ANSA 1° aprile 2004) nel quale agli operatori erano stati presentati prodotti con benefici effetti per la presenza di magnesio, fosforo e calcio, che combattono atonia e rilassamento dei tessuti. E, per sfatare l'assioma che il cioccolato fa ingrassare, è stato anche inventato il trattamento *choco slim* grazie alle sostanze « liporiduttrici » del cacao che, assicurano i produttori, « fa scomparire accumuli di grasso e pelle a buccia d'arancia ». Come canta Ornella Vanoni nella sua *Rossetto e cioccolato* (2003): « Si fa così / rossetto e cioccolato / che non mangiarli / sarebbe un peccato ».

Cuore
È vero che combatte i problemi cardiaci?

Sì. Grazie all'epicatechina, un flavonoide del cacao contenuto anche nel tè, che ha un'efficace azione anti-aterosclerotica e rilassante delle pareti dei vasi sanguigni. La sostanza è stata individuata da una équipe di ricerca diretta da Hagen Schroeder, che ha guidato studiosi di varie università europee e americane: quella di Düsseldorf in Germania e la University of California e la Harvard School negli Stati Uniti. A gruppi di volontari sono state somministrate bevande speciali: in alcune di esse vi era cioccolato con l'epicatechina (in quanto ad alto tasso di cacao), mentre in altre i benefici flavonoidi erano stati tolti. I risultati del test, divulgati nel gennaio del 2006, hanno messo in evidenza che soltanto chi ha potuto gustare il vero cacao ha avuto effetti positivi misurabili sul cuore. Lo studio, in effetti, ha confermato gli esiti di altre indagini effettuate in precedenza, come quella condotta in Germania e pubblicata negli Stati Uniti sulla rivista dell'associazione americana dei medici (ANSA, 23 agosto 2003): soltanto il cioccolato fondente extra-noir combatte la pressione sistolica troppo alta, cioè quella che viene definita la « massima ». Di fronte a tante buone notizie per il cuore, c'è anche chi ha deciso di voler andare più a fondo. Così nella primavera del 2006 Roger Corder, professore di terapie sperimentali alla Barts and The London Queen Mary's School of Medicine and Dentistry (una delle più famose università di medicina della Gran Bretagna), ha chiesto di poter somministrare cioccolato fondente a 40 pazienti con problemi cardiovascolari. Pubblicò la notizia con grande evidenza « The Times » (9 aprile 2006), spiegando che il cioccolato ha un'azione di prevenzione degli infarti e che quel flavonoide dal nome difficile – l'epicatechina – funziona da fluidificante del sangue come l'aspirina: bastano quattro quadratini al giorno.

Denti
Provoca la carie?

Dipende. Se non vi lavate i denti dopo aver masticato un'intera tavoletta, può contribuire all'insorgere di carie, altrimenti non ha particolari controindicazioni. Nel libro *La fabbrica di cioccolato* l'industriale Willy Wonka ricorda con angoscia la sua infanzia con l'apparecchio ortodentale che gli faceva mettere il padre e forse, proprio per una rivalsa, lui decise di produrre dolci. Che lo zucchero possa provocare le carie nei denti è notorio, perché sono i batteri che si trovano nella bocca a scavare i buchi, nutrendosi dei carboidrati. Ciò che è pericoloso per i nostri denti è il tempo che gli zuccheri presenti nei carboidrati masticati (e nel cioccolato, specie al latte) rimangono nella cavità orale. Così è dimostrato (Jacobsen) che cibi che si infilano negli interstizi della dentatura, come cracker, patatine, biscotti, frutta secca, sono più indiziati come responsabili della carie di altri alimenti, come le bevande gassate e zuccherate o il cioccolato. Ci sono studi che dimostrano come soffrano allo stesso modo di carie sia i golosi di dolci al cacao sia chi li rifiuta. In uno studio pubblicato dalla rivista «New Scientist» (ANSA, 23 agosto 2000) si riporta che alcuni ricercatori giapponesi dell'Università di Osaka hanno scoperto come nel cacao vi siano degli agenti antibatterici che riducono il rischio di carie originato dallo zucchero. In realtà, l'indagine riguarda le componenti della buccia del cacao, che però viene tolta durante la lavorazione del cioccolato.

Diabetici
Lo può mangiare chi ha la glicemia alta?

No. È una delle poche eccezioni, in quanto chi soffre di diabete ed è anche obeso deve evitare gli alimenti che offrono zuccheri a rapido assorbimento, come i dolci. Si sa però che il fondente ha una percentuale più bassa di zucchero e che esistono tavolette prodotte con dolcificanti, sia pure dal sapore deludente. Invece il cioccolato al sorbitolo (Montignac) è da evitare in quanto secondo alcuni provoca un aumento dei trigliceridi. Inoltre il cioccolato provoca un picco glicemico poco elevato: il consumo di cento grammi di cioccolato fondente al 64% di cacao alza la glicemia da 1 g/l a 1,29 g/l in 20 minuti. Dopo un'ora il tasso arriva a 1,25 g/l e torna a 1 g/l dopo tre ore. Si è calcolato che il tasso glicemico del cioccolato sia di un quinto circa rispetto al glucosio.

Dipendenza

Provoca assuefazione come una droga?

No. Nonostante si senta dire da molti « il cioccolato è la mia droga » e negli Stati Uniti si sia inventato il termine *chocoholic*, che, come abbiamo visto, potrebbe essere tradotto come « alcolismo da cioccolato », le sostanze contenute nel cacao non provocano dipendenza. La tavoletta di fondente provoca la secrezione di endorfina, che dà un senso di benessere. Le preoccupazioni espresse da alcuni ricercatori e pubblicate dalla rivista « Nature » (1996) circa una possibile dipendenza dal cioccolato causata dell'anandamide sono poi state confutate da studi successivi: le quantità presenti nel cacao non possono provocare effetti simili alla marijuana. Le concentrazioni dell'anandamide, infatti, sono molto basse: per ottenere un effetto « droga » sarebbero necessarie quantità 100 mila volte superiori a quelle presenti nel cioccolato. A questo proposito Maria Laura Rodotà (« La Stampa » del 4 aprile 1999) ha individuato due tipi di donne *chocoholic*: la Segretista e la Liberata. La prima mangia la cioccolata di nascosto: « Se è singola, stesa davanti al televisore; se ha famiglia, nella stanza più liberata. Nei casi disperati esce dall'ufficio in preda a raptus, compra barrette al bar e le divora fra vicoli e cortili ». La seconda, dopo aver letto trattati di psicologia sul valore liberatorio del liberare i propri desideri, « gira sempre carica di tavolette, barrette e cioccolatini, li tira fuori in ogni momento, li offre per condividere la sua colpa, si fa odiare da tutti i *chocoholic* lievi o semi-disintossicati ».

Donna

È vero che piace di più al genere femminile?

Sì. Molte ricerche, oltre che all'esperienza quotidiana, ci dicono che esiste un flusso magnetico particolare tra le donne e il cioccolato. Lo psicologo Alessandro Amadori, in un convegno svoltosi a Roma l'8 marzo 2002 (fonte: AIDI) ha spiegato che il cervello femminile, rispetto a quello maschile, è più bilanciato, più equilibrato tra emisfero sinistro ed emisfero destro, quello che coglie sfumature e complessità. Poiché il cioccolato è un cibo « ricco, complesso, sfaccettato, dalla personalità poliedrica », secondo lo psicologo è naturale che « si instauri una 'vibrazione positiva', una favorevole 'risonanza reciproca' tra il cioccolato e l'animo femminile ». Amadori distingue quattro tipologie di consumatrici di cioccolato:

- donne che vivono il cioccolato come utilità e socialità: sono le « sportive »;
- donne che vivono il cioccolato come utilità e individualità: sono le « compensative »;
- donne che vivono il cioccolato come piacere e socialità: sono le « oblative »;
- donne che vivono il cioccolato come piacere e individualità: sono le « passionali ».

L'americana Debra Waterhouse ha scritto qualche anno fa un libro considerato « rivoluzionario » – *Perché alle donne piace il cioccolato* – in quanto consiglia di mangiare ciò che piace senza troppe restrizioni, sottolineando come vi siano forti differenze tra i sessi nei confronti del cibo degli dèi: gli uomini ne sono poco attratti, mentre è il cibo di maggiore appagamento femminile. Ecco i risultati di uno dei sondaggi effettuati dalla psicologa: « Il 97% delle donne intervistate ha voglie alimentari, il 68% delle quali si indirizzano verso il cioccolato. Il 50% delle donne intervistate afferma di preferire il cioccolato al sesso. È ventidue volte più probabile che le donne scelgano il cioccolato rispetto agli uomini per migliorare l'umore ». L'autrice del saggio consiglia alle donne di evitare le regole alimentari del *dietologically correct* perché possono causare depressione, ma di regolarsi con buonsenso assecondando le voglie biologiche di cibo.

Energia
Quanta ne fornisce?

Molta. Una tavoletta di cioccolato è consigliata nello zaino dell'escursionista in montagna o di chi è impegnato in uno sport faticoso. Si sa che è un ottimo energetico e di rapido assorbimento, come spiega il nutrizionista Renzo Pellati nella sua guida per una corretta alimentazione. Viene considerato anche un « tonico nervino », cioè un alimento in grado di far resistere maggiormente alla fatica. L'oncologo Umberto Veronesi, che ama soprattutto il cioccolato al latte, confessa che quando deve guidare si porta dietro qualche *napolitaines* da degustare durante il viaggio. E Pellati lo indica « in dosi moderate » durante l'età scolare « per l'affaticamento psichico in cui viene a trovarsi lo studente ». Non bisogna dimenticare che una tavoletta di cioccolato fornisce da 510 a 560 Kcal, quanto un piatto di pasta ben condito (circa 300 calorie la pasta e 200 il sugo).

Questa tabella dell'ICCO fornisce un esempio dei valori nutrizionali del cioccolato fondente e di quello al latte.

	Cioccolato fondente	Cioccolato al latte
Peso in grammi	40	40
Calorie	200	210
Calorie dai grassi	100	100
Grassi totali in grammi (% del valore giornaliero massimo consigliato)	11 (17%)	13 (20%)
Grassi saturi (g)	7 (35%)	7 (35%)
Colesterolo (mg)	0 (0)	11 (4%)
Sodio (mg)	0 (0)	35 (0)
Totale carboidrati (g)	25 (8)	23 (8)
Proteine (g)	1	3
Calcio in % della dose giornaliera raccomandata	0	10

Inoltre c'è un importante elemento da prendere in considerazione, dal punto di vista nutritivo: le analisi hanno dimostrato come 200 grammi di cacao rimangano nello stomaco sia molto bassa, da una a due ore al massimo: lo stesso tempo richiesto per vino, birra, acqua, tè e caffè.

Emicrania
È vero che provoca mal di testa?

Dipende. L'emicrania è un disturbo fastidioso, che spesso viene confuso con una cefalea o con altri malesseri derivati da pressione arteriosa alta, tensione, stress, ansia. Vi sono delle ricerche riferite da Montignac secondo le quali il cioccolato potrebbe esserne la causa scatenante, nel 19-26% dei casi esaminati. Ma si è poi verificato, con analisi più approfondite, che il mal di testa è provocato da una tavoletta soltanto nei soggetti allergici alla tiramina. Questa sostanza è presente anche in molti formaggi stagionati e nell'organismo sano viene ossidata e diventa inattiva, grazie all'azione di un enzima: la monoaminossidasi (MAO). Qualora vi sia un deficit di questo enzima, la tiramina si accumula e provoca emicrania. I ricercatori del Medical Center's Pain Evaluation and Treatment Institute dell'Università di Pittsburgh (Istituto per l'analisi e il trattamento del dolore) hanno indagato su una sessantina di donne soggette a emicrania o a cefalea tensiva. Riporta Jacobsen che, dopo l'eliminazione dalla loro dieta di tutti gli altri alimenti considerati « a rischio », a metà del campione femminile è stato dato da consumare del cioccolato e all'altra metà invece della carruba, spacciandola per cibo degli dèi. « Ne è risultato che il cioccolato non scatenava emicranie più della carruba ».

Feniletilamina
Può aiutare in caso di affaticamento e dare piacere?

Forse sì. Sulla quantità esatta di questa molecola presente nel cioccolato non vi è concordanza tra gli esperti. Ha una struttura molto simile alle anfetamine, delle quali condivide gli effetti sul cervello perché si lega agli stessi recettori cerebrali. Dunque dovrebbe essere la responsabile di quel senso di godimento che si prova deliziandosi con praline e *napolitaines*. Anche quando scatta l'innamoramento produciamo feniletilamina (PEA) e infatti questo aspetto viene sempre ricordato per sostenere gli effetti afrodisiaci del cioccolato. In verità, i livelli di PEA nel formaggio e soprattutto nel salame sono dieci volte superiori a quelli riscontrati nella stessa quantità di fondente. In uno studio pubblicato in Gran Bretagna qualche anno fa (ANSA, 1° agosto 1997), la dottoressa Susan Pringle della Bristol University aveva affermato che la tazza di cioccolata calda con cannella e noce moscata bevuta da Giacomo Casanova per ottenere le sue famose prestazioni erotiche non era un segreto citato a sproposito. Secondo la Pringle « una tazza di cioccolata fumante contiene lo stimolante feniletilamina che può conferire una libido eccezionale, anche senza l'aggiunta di cannella e noce moscata ». Attenzione però a non esagerare, avverte la ricercatrice, perché troppa feniletilamina può dare anche il mal di testa.

Flavonoidi
È vero che protegge le arterie?

Probabilmente sì. Cacao e cioccolato hanno un elevato contenuto di flavonoidi. Si tratta di composti di origine vegetale, presenti nel tè, nel vino, nella frutta e in molti legumi. Secondo diversi studi scientifici hanno effetti positivi sulla salute e nella riduzione del rischio di malattie croniche, comprese le malattie cardiache e il cancro. Tali composti si sono rivelati anche degli efficaci antiossidanti: lo afferma una ricerca svolta dall'Università della California (ANSA, 3 settembre 2001) e diretta dal nutrizionista Carl Keen. Questi ha dimostrato che dopo l'assunzione di cioccolato si verifica non solo un incremento di antiossidanti nell'organismo, ma anche variazioni su componenti che riguardano il trasporto del sangue. L'effetto sarebbe simile a quello prodotto dall'aspirina, anche se, ha avvertito Keen presentando i risultati dell'indagine, « non sto certo suggerendo ai malati di cuore di mangiare cioccolata anziché assumere farmaci ». Secondo lo studio la presenza nel cacao degli antiossidanti aiuterebbe anche a ridurre i danni causati al corpo dalle cellule cancerogene, nonché a combattere la demenza senile o la trombosi provocata dalla cosidetta « sindrome da classe turistica ». Una barretta di cioccolato fondente contiene più flavonoidi di quanti se ne trovano in sei mele, quattro tazze di tè, ventotto bicchieri di vino bianco o due di rosso. Correttamente l'agenzia di stampa che riportava la notizia ricordava anche da chi è stata sponsorizzata la ricerca: la Mars.

Grasso
Mette a rischio la linea?

Dipende. I nutrizionisti sottolineano che l'aspetto fondamentale, da questo punto di vista, è la qualità dei grassi presenti nel cioccolato. Il cibo degli dèi non è certo una sostanza miracolosa che può sanare i nostri mali, mantenendoci in uno stato di salute e benessere (come hanno affermato per un certo periodo i medici tra fine Settecento e metà Ottocento), ma allo stesso modo non può essere considerato colpevole di tante nefandezze. Si sente dire spesso: « Non posso mangiare cioccolato, non voglio ingrassare ». Detta così, questa frase non ha molto senso. Dipende dalla quantità che se ne mangia. Come è stato dimostrato da diverse ricerche, consumare quotidianamente un po' di cioccolato di buona qualità migliora i livelli di colesterolo e abbassa il rischio di infarto e ictus. Jacobsen ricorda che i dietologi, negli Usa, hanno calcolato che nella dieta dei nordamericani solo l'1% delle calorie proviene dal cioccolato. E l'autore di *I benefici del cioccolato* mette a confronto tre livelli calorici di cibi tipici degli Stati Uniti: una tavoletta di cioccolato fondente (quella da 40 grammi) contiene 170 calorie, contro le 540 di una porzione di patate fritte e le 570 di un frappé alla vaniglia. Montignac ricorda che in 100 grammi di cioccolato (la tavoletta europea) ci sono 6 grammi di proteine, 54 di glucidi (detti anche carboidrati) e 27 di lipidi (o grassi): poiché « le proteine non fanno ingrassare », per quanto riguarda la linea bisogna considerare i carboidrati (zuccheri) e i grassi. Gli zuccheri, in un individuo sano, dovrebbero essere assorbiti dall'intestino tenue e trasformati in glucosio: ne consegue l'aumento di glucosio nel sangue (la glicemia). Quanto ai grassi, il tipo di acidi grassi che compongono i lipidi dei vari tipi di cioccolato è di tipo saturo, con una bassa percentuale di polinsaturi e una buona percentuale di monoinsaturi. Ecco le caratteristiche di questi grassi:

- saturi: fanno aumentare molto il colesterolo totale e quello « cattivo » (LDL), mentre in misura minore « buono » (HDL);

- polinsaturi: abbassano il colesterolo totale, sia quello « cattivo » sia quello « buono »;

- monoinsaturi: abbassano il colesterolo totale e quello « cattivo », mentre aumentano il colesterolo « buono ».

Il terzo tipo di grassi dunque ha un'azione ideale: nel burro di cacao si trova il 62% di acidi grassi saturi, il 3% di polinsaturi e il 35% di monoinsaturi. In sostanza, commenta Montignac, è una miscela che sembra « molto favorevole per migliorare la composizione del colesterolo sanguigno ». Ma tra i componenti del cioccolato, oltre a proteine, glucidi e lipidi, vanno considerati:

- fibre
- potassio
- magnesio
- fosforo
- calcio
- ferro
- rame
- zinco
- iodio
- beta-carotene
- vitamine: B1 (tiamina), B2 (riboflavina), B5 (acido pantotenico), B6 (piridossina), PP (acido nicotinico)

La presenza di minerali, come ferro, magnesio, fosforo, potassio, calcio, e la bassa percentuale di sodio fanno del cioccolato un alimento indicato per chi svolge attività sportiva o per chi è sottoposto a stress. Inoltre la quantità di ferro è superiore a quella che si trova nelle uova e nella carne rossa.

Memoria
Può aiutare a ricordare meglio?

Pare di sì. Secondo una ricerca condotta da Bryan Raudenbush della Wheeling Jesuit University, in West Virginia, il cioccolato migliora tutte le performance cerebrali, agendo già 15 minuti dopo averlo ingerito (ANSA, 25 maggio 2006). Una barretta da 85 grammi migliora la memoria visiva e verbale, i tempi di reazione, l'attenzione, la capacità di risolvere i problemi e il controllo degli impulsi: pare che sia una sorta di toccasana anche per la mente. Caffeina, teobromina e feniletilamina, contenute nel cioccolato, sono sostanze stimolanti che aumentano la soglia dell'attenzione. Il test è stato effettuato facendo mangiare ai volontari cioccolato fondente, cioccolato al latte o un prodotto a base di carruba. I test per valutare le loro performance cognitive vertevano su prove di memoria visiva e verbale, di tempi di reazione, della soglia dell'attenzione, della capacità di risolvere i problemi e del grado di controllo degli impulsi. Spiega Raudenbush: « I punteggi ottenuti dai volontari su memoria visiva e verbale erano considerevolmente più alti dopo che questi avevano ingerito cioccolato al latte. Inoltre sia il cioccolato al latte sia quello fondente aumentano la reattività e il controllo degli impulsi, migliorando di gran lunga i tempi di reazione». Senza dubbio, quindi, mangiare cioccolato prima di una prova mentale può favorire il successo, senza contare che fornisce comunque le energie giuste per affrontarla.

Notizia

Perché i media ne parlano tanto?

Perché piace a tutti. In queste pagine, sul tema della nutrizione abbiamo riportato pareri di esperti da noi interpellati, libri di dietisti e agenzie di stampa che hanno divulgato ricerche scientifiche a livello mondiale. Questi dati finiscono quasi sempre pubblicati sui giornali o rilanciati dagli altri media, che considerano il cioccolato una dolce parentesi alle ansie del quotidiano: non importa se amaro o al latte, da parte dei direttori e dei caporedattori viene sentito come un irresistibile richiamo per spezzare le *hard news* con *soft news*, sempre più necessarie a far vendere giornali che quotidianamente grondano sangue. I sociologi dell'informazione utilizzano un termine difficile, notiziabilità – dall'inglese *newsworthiness* – con il quale si stabilisce il grado di interesse per un argomento da parte dei media. La notiziabilità del cibo degli dèi è sempre alta e lo dimostra qualche dato, frutto di una ricerca empirica nell'archivio elettronico dell'ANSA, l'agenzia di stampa più grande in Italia e che fa capo alle aziende editoriali. L'archivio elettronico DEA va dal 1981 a oggi. Abbiamo confrontato quante volte in questi anni le parole «cioccolato» e «cioccolata» sono state inserite nel testo del lancio di agenzia o nei titoli. Naturalmente è più significativo il secondo dato. Dal 1994 in avanti, cioè dalla seconda edizione di Eurochocolate, c'è un'ascesa continua, fino all'impennata del 2000 per le discussioni sugli oli vegetali ammessi dalla normativa europea. Dopo l'«overdose» del 2000, con 130 titoli, l'anno dopo si cala a 30, ma poi nel 2002 si arriva a 79 e a 86 notizie nello scorso anno. Il confronto più signficativo però riguarda il 1993, quando i titoli furono soltanto 6: le notizie sul cioccolato sono più che decuplicate in dieci anni.

La parola **cioccolato/a** nei lanci delle agenzie ANSA dal 1981 al 2005

Anno	nel testo		nel titolo		
	-o	-a	-o	-a	totale -o + -a
1981	15	30	–	–	–
1982	33	23	1	1	2
1983	23	28	–	2	2
1984	25	50	–	6	6
1985	38	48	2	2	4
1986	47	29	4	2	6
1987	56	43	3	3	6
1988	62	65	5	7	12
1989	58	37	4	2	8
1990	68	39	4	3	7
1991	64	44	4	5	9
1992	72	45	7	2	9
1993	73	42	3	3	6
1994	78	57	10	13	23
1995	126	78	18	13	31
1996	130	64	18	7	25
1997	160	104	20	16	36
1998	186	110	32	18	50
1999	188	131	30	14	44
2000	323	155	103	27	130
2001	206	119	21	9	30
2002	297	213	53	26	79
2003	308	159	73	13	86
2004	292	192	52	27	79
2005	344	162	33	16	49

OGM

Contiene organismi geneticamente modificati?

In genere, no. E se dovesse esserci all'interno del cioccolato della lecitina di soia, usata come emulsionante per facilitare il modellaggio della copertura, proveniente dal cereale OGM, non c'è da preoccuparsi: le percentuali sono talmente basse da risultare quasi ininfluenti. Il dibattito sugli organismi geneticamente modificati è molto acceso: noi abbiamo forti perplessità che aiutino l'alimentazione umana contribuendo alla lotta contro la fame nel mondo. Nell'estate del 2006 si è diffusa la notizia che l'industria del gelato negli Stati Uniti vuole usare sostanze contenute nei pesci per rendere più « plastici » i prodotti dell'arte fredda, in modo che non si sciolgano subito. Noi preferiamo continuare a leccare coni d'antan di gelato al cioccolato, anche se dobbiamo farlo velocemente. Quanto alla lecitina di soia, pretendiamo che sia senza OGM, naturalmente, ma ricordiamo che una tavoletta ne contiene una quantità inferiore allo 0,3%. Spiega Montignac che negli alimenti provenienti da OGM « solo le proteine (forse) possono porre un problema e comportare dei rischi. Dopo l'estrazione e la purificazione, però, la lecitina che si ottiene è perfettamente pura, senza tracce di proteine ».

Psicologia
Perché si regala una scatola di cioccolatini?

Per molti motivi. In Giappone le vendite di cioccolato sono quasi tutte concentrate nel periodo di San Valentino. La scatola di praline è un regalo che le donne fanno, in modo piuttosto rituale, al ragazzo amato ed equivale a una sorta di dichiarazione di simpatia. Ormai è diventato un'abitudine delle allieve nei confronti del loro insegnante o delle segretarie al capoufficio. Invece nel mondo europeo e nordamericano il cibo degli dèi ha la massima diffusione in occasione delle ricorrenze cristiane: Natale e Pasqua. Vi sono addirittura analisi psicologiche relative al tipo di scatola di cioccolatini acquistata. Non sappiamo quanto siano scientifiche, ci paiono interessanti. Questa fu presentata dallo psicologo Alessandro Amadori in un convegno dell'AIDI:

- regalare una scatola rettangolare significa sottolineare l'importanza e l'autorevolezza di chi la riceve;

- offrire una scatola quadrata vuol dire sottolineare le doti di onestà, chiarezza, integrità e moralità sia di chi dona che di chi riceve;

- con una scatola rotonda si auspica che il rapporto di amicizia e affetto tra chi dona e chi riceve duri all'infinito, in eterno;

- donare una scatola a forma di ottagono significa cercare di sottolineare una novità, un cambiamento, un'evoluzione nella situazione, nella relazione, in chi dona oppure in chi riceve;

- regalare a una donna cioccolatini in una scatola a forma di cuore sottintende un chiaro messaggio d'amore;

- si regala un cubo di cioccolatini a una persona che si ammira e di cui si riconosce l'autorità;

- il tubo o cilindro consente di fare un regalo simpatico, che segnala attivismo e intraprendenza, senza però « sbilanciarsi troppo » sul significato sottostante.

Ci sono poi indagini relative alla scelta del tipo di cioccolato: sarebbe anche questo un indice di personalità. La dietista Daniela Filippone (dal sito www.chococlub.it) sostiene che « chi preferisce il fondente è di solito una persona matura, in grado di accettare che accanto al dolce ci sia anche l'amaro e quindi di guardare a occhi aperti la vita ». Viceversa gli amanti delle tavolette al latte sarebbero più intransigenti, severi con se stessi e con gli altri. In realtà nutriamo qualche riserva su questa interpretazione: condividiamo quella di tipo psicoanalitico, seconda la quale il cioccolato al latte (e la Nutella, come ci ha spiegato la psicoterapeuta Dora Piccaluga, di Pavia) viene considerato un prodotto « materno » in quanto ricorda l'antico bisogno della suzione, mentre quello fondente sarebbe più maschile, affondando le sue motivazioni nell'attacco primordiale al cibo e nella necessità di mordere o di masticare.

Serotonina
Può sostituire un tranquillante?

Sì, in certe condizioni. La serotonina è un neurotrasmettitore che regola l'umore. Come ricorda Jacobsen, il Prozac funziona agendo proprio sui livelli di serotonina nel cervello. Anche il nostro organismo produce autonomamente serotonina, partendo dal triptofano, un aminoacido che è presente in molti alimenti. Lo psichiatra Roberto Quartesan, dell'Università di Perugia, in un convegno di Eurochocolate spiegò (ANSA, ottobre 2003) che il cioccolato può essere considerato tra i principali protagonisti della « self-medication » da parte di chi è affetto da depressione premestruale o stagionale: è proprio la serotonina che riesce a «placare l'ansia producendo gli stessi effetti indotti dai farmaci».

Teobromina
Ha effetti stimolanti?

Sì. Il suo nome deriva appunto da Theobroma cacao, come venne battezzata la pianta da Linneo nel Settecento. La teobromina è uno stimolante, meno dannoso della caffeina, che in una tavoletta di cioccolato fondente da 100 grammi è presente (ne contiene circa 500 mg) tre volte di più che in una barretta al latte. Isolata da Woskresenski nel 1842, è la sostanza che agisce sul sistema nervoso e migliora anche il sistema muscolare (Montignac). Funziona in modo diverso dalla caffeina: ha un decimo circa della sua efficacia (200 mg di teobromina corrispondono a 20 mg di caffeina), e per questo Jacobsen sostiene che l'effetto stimolante di una tavoletta corrisponde all'incirca a quella di una lattina di Coca-Cola. La particolarità della teobromina è di agire come rilassante del tessuto muscolare liscio, per cui non causa l'effetto prima stimolante e poi depressivo dei caffè e dei tè forti. L'unica accortezza (lo ripetiamo) riguarda i cani e gli animali domestici: per loro, e soltanto per loro, la teobromina è tossica.

Capitolo 11
Gli acquisti: indirizzi per gli assaggi

Pane, burro e cioccolato, quando il cioccolato e il burro si sciolgono appena. Ma c'è anche di meglio: la tavoletta di cioccolato al latte che trovate dal panettiere nella sua confezione tenue color malva. Ce ne sono anche di gialle; hanno quell'aria da pasticceria, da Francia anni Cinquanta. Il viola tenue è un'altra cosa: sotto quel colore di porcellana si cela un piacere raffinato. Il massimo è comprarsi un panino grande quanto la tavoletta. La mucca Milka evoca una dolcezza svizzera a dominante lattea. Nulla a che vedere con le stecche di cioccolato nero in cui il rilancio si gioca su cifre impressionanti: 73 per cento di cacao, 75 per cento... in un dispotismo del gusto puro, vero.

Philippe Delerm, *Pagine e cioccolato*

Fu Philippe Suchard, nel 1901, a inventare quel *brand* color malva con la felice intuizione di riunificare in una sola parola latte (*Milch*) e cacao (*Kakao*). Da quel momento contribuì a far conoscere in tutto il mondo il cioccolato svizzero. Una lunga storia di successo, originata da un intraprendente artigiano che, dopo essere stato a Torino per imparare il mestiere, seppe trasformare la sua cioccolateria in un'impresa industriale. Oggi l'azienda che produce quel « piacere raffinato » descritto con nostalgia dallo scrittore francese Philippe Delerm non è più la piccola *family company* di un tempo: dal 1990 fa parte del grande gruppo Kraft Foods, di proprietà della multinazionale delle sigarette Philip Morris, da poco ribattezzata Altria Group. In quegli stessi anni di inizio Novecento, il canadese James

Lewis Kraft dall'Ontario si stabilì a Chicago e cominciò a vendere formaggio con il suo carro trainato da un cavallo, mettendo le basi di una straordinaria fortuna. I due pionieri dell'industria alimentare non avrebbero mai sospettato che un secolo dopo i destini delle loro imprese si sarebbero incrociati nelle stanze di un palazzone su Park Avenue, a New York, dove oggi Altria controlla i conti delle centinaia di marchi che fanno parte del suo pacchetto finanziario. È un colosso con 200 mila dipendenti e un fatturato di 98 miliardi di dollari: un giro d'affari quasi doppio di quello del Gruppo FIAT, per fare un esempio, ma con la metà dei dipendenti.

La storia della tavoletta viola, con la sua inconfondibile mucca, è comune a tanti altri marchi dolci, che, in meno di un secolo, sono passati da un piccolo mondo industrial-artigiano a grandi società finanziarie, occupate soprattutto a pensare alla concorrenza globale, a comprare e vendere imprese e a spremere il loro ingegno per la ricerca del profitto maggiore. Tra i marchi della Kraft Foods c'è anche « Toblerone », il cioccolato più « svizzero » di tutti, per quel suo involucro a forma triangolare voluto dal fondatore Thedor Tobler nel 1908: vicino al nome del prodotto (che vuole evocare il fondatore con la desinenza dell'assonante « torrone » all'italiana) prima venne collocata un'aquila, poi l'orso di Berna e infine l'immagine del Cervino, per collegare la barretta ripiena di mandorle e miele alla Confederazione elvetica. Eppure il marketing e la produzione vengono decisi da manager di un sobborgo di Chicago, dove oggi c'è il quartier generale della multinazionale alimentare. La Suchard e la Tobler, ancora autonome, si fusero nel 1970 per poi essere definitivamente acquisite dalla Kraft Foods nel 1990.

In un mondo di incroci azionari e operazioni finanziarie in borsa, soltanto tre aziende produttrici di cioccolato sono rimaste strettamente legate alle origini familiari.

La Ferrero, guidata dal patriarca ottantenne Michele Ferrero, con i figli Pietro e Giovanni diventati CEO negli ultimi anni, si colloca al quarto posto della graduatoria mondiale tra le imprese dolciarie (con 4,6 miliardi circa di fatturato): rimane forse l'unica multinazionale tutta italiana.

Nella patria del cioccolato industriale c'è la Lindt & Sprüngli, con il « re del cioccolato svizzero » (come lo definiscono i giornali) Rudolph R. Sprüngli che nel 2006, a settant'anni, continua a far parlare di sé per il suo matrimonio con l'ereditiera quarantenne Alexandra Gantembein.

Negli Stati Uniti, con quartier generale a McLean, in Virginia, si trova la più grande industria al mondo di cioccolato: la Mars Inc. La portò agli attuali successi Forrest Edward Mars, scomparso nel 1999 a 95 anni lasciando i suoi tre figli alla guida dell'azienda: Forrest Jr, John e Jacqueline, eredi di una immensa fortuna. L'azienda, proprietaria dei marchi « Milky Way », « M&M's », « Twix », « Bounty », che ha un'altra sede a Slough, in Gran Bretagna, ha complessivamente un fatturato di 14 miliardi di euro.

La regola oggi è la concentrazione, il gigantismo, la corsa a comprare marchi di qualità, più per ragioni di marketing che di sinergie industriali. Ormai non ci sono più medie aziende: o fanno parte di grandi gruppi o sono piccoli artigiani.

La Caffarel, che pure ha un management tutto italiano nella sede di Luserna San Giovanni, nel Torinese, dal 1997 fa capo alla Lindt & Sprüngli, che l'anno seguente comprò anche la « Ghirardelli Chocolate » di San Francisco.

Bibite e dolciumi si fusero nel 1969 quando venne fondata la Cadbury Schweppes, ora un colosso da 9,5 miliardi di euro di fatturato (la Fry & Sons, *brand* storico del cioccolato inglese, era già della Cadbury Brothers fin dal 1919); nel 1988 ha acquisito in Francia anche il famoso marchio Poulain, la polvere di cacao per la colazione con la quale sono cresciuti molti bimbi d'Oltralpe e l'ultimo acquisto è stato sul versante del biologico, con la Green & Black's comprata nel 2005.

Anche il più grande gruppo alimentare del mondo, la Nestlé, con un fatturato di 54,8 miliardi di euro e 253 mila dipendenti in tutto il mondo, è arrivata a queste dimensioni dopo una lunga serie di fusioni e acquisizioni. Fondata nel 1866 da Henry Nestlé, all'inizio si occupa soltanto di latte condensato, poi nel 1905 si unisce con la Anglo-Swiss Condensed Milk Company. Dopo la crisi del 1929 acquisisce la Peter (l'inventore del cioccolato al latte « Gala Peter »), la Cailler e la Kohler. Dal dopoguerra ha il suo maggior sviluppo e nel 1988 ingloba l'inglese Rowentree e l'italiana Perugina.

Più recentemente, persino un piccolo produttore artigianale americano, la Scharffenberger di Berkeley, California, dal 2005 ha perso la sua autonomia: è stato comprato dalla Hershey Company, il gigante della Pennsylvania (dove c'è Hershey's City) da 3,6 miliardi di euro di fatturato annuo. La piccola azienda, sinonimo negli Usa per anni, di cioccolato fondente di qualità, era stata fondata nel 1996 dal medico Robert Steinberg: decise di cambiare vita dopo essersi innamorato del cioccolato in Francia, fondando un piccolo laboratorio con l'amico John Scharffenberger, produttore di cibo biologico.

Una storia assai simile è quella della Domori, piccola industria italiana con sede legale a Genova e stabilimento a None, vicino a Torino: fondata da Gianluca Franzoni nel 1993 e decollata con meritato successo nel 1998, nell'estate del 2006, quando già aveva un fatturato di 4 milioni di euro e una notorietà internazionale, è stata acquisita per l'ottanta per cento dal Gruppo Illy di Trieste (fatturato 2005: 227 milioni). Franzoni ha assicurato che continuerà a dirigerla, come sempre, sulla strada della qualità.

Piccolo è bello anche in Francia, ma non resiste da solo. A Tain l'Hermitage il cioccolatiere Alberic Guironnet nel 1922 fondò la Valrhona, oggi leader nella fornitura del cioccolato da copertura professionale e azienda pioniera delle tavolette di cacao d'origine. A Parigi nel 1975 Robert Linxe aprì la sua Maison du Chocolat, ancora oggi considerato un paradiso della pralineria. Forse non tutti sanno che il marchio che possiede questi due prestigiosi nomi della cioccolateria internazionale (pur lasciando loro larga autonomia) è una grande impresa francese, il Gruppo Bongrain: ormai ha 3,4 miliardi di euro di fatturato e 18 mila dipendenti ed è stato fondato da Jean-Noël Bongrain, che nel 1956 creò il famoso formaggio « Caprice des Dieux ».

Gli economisti di area radicale americani chiamano le più grandi aziende dolciare del mondo, un po' come si faceva un tempo per le « sette sorelle » del petrolio, le *Big Chocolate* e si riferiscono alle prime quatto del mondo anglosassone: Mars, Cadbury Schweppes, Hershey e Kraft Foods. Ma sono dieci le aziende, secondo i calcoli ufficiali della ICCO, che raggiungendo un fatturato globale di 41 miliardi di dollari (32 miliardi di euro, dati 2003), controllano il 70 per cento del mercato al consumo nel mondo. Sono, nell'ordine: Mars, Nestlé, Cadbury Schweppes, Ferrero, Hershey, Kraft Foods, Wrigley, Barry Callebaut, Perfetti Van Melle, Lindt & Sprüngli.

Tra i paesi dell'Ue, per quanto riguarda tutto il settore dolciario, nel 2004 l'Italia si è piazzata al terzo posto, dopo Regno Unito e Germania, con un sorpasso sulla Francia rispetto agli anni precedenti. La cifra globale di prodotti al cacao, nel 2005, è stata pari a un milione e 589 mila tonnellate. Di questa enorme massa di dolciumi, 350 mila tonnellate sono di cioccolato, pari a poco meno di 3 miliardi di fatturato. Il 38 per cento dei prodotti finiti (dati dell'AI-

DI) è rappresentato dai cioccolatini, con 97 mila tonnellate, seguito dal « tavolettame » (44 mila tonnellate, con un più 9,4 rispetto al 2004) e dalle uova di Pasqua (12 mila tonnellate). Ma vanno forte anche i semilavorati, pari a 89 mila tonnellate, con un incremento superiore al 10% per le coperture. Fanalino di coda il cacao in polvere, in calo leggero di vendite, con 4200 tonnellate.

L'industria del nostro paese si concentra per un terzo in Piemonte, con 5 mila addetti. Il più grande stabilimento dolciario italiano è ad Alba, in provincia di Cuneo, dove lavorano i 3500 dipendenti Ferrero. Un altro polo dolce è a Novi Ligure, dove ha sede la Elah-Dufour-Novi, che ha unificato tre marchi storici e detiene la leadership di mercato per le tavolette; sempre nell'Alessandrino, a poca distanza c'è la Pernigotti. La val Pellice, nel Torinese, è un altro distretto al cacao: tra None e Luserna San Giovanni ci sono gli impianti Caffarel, Streglio (era Parmalat, è passata al gruppo Borsci nel 2005) e Domori. Ultimo arrivo in Piemonte, ma con una storia antica alle spalle, il nuovo stabilimento Venchi a Castelletto Stura (Cuneo) per i prodotti a marchio Talmone, Venchi e Cuba. A Verbania c'è la fabbrica della Barry Callebaut Italia: il gruppo ha sede in Svizzera, a Zurigo, e ha un fatturato da 2,5 miliardi di euro. L'azienda produce coperture e semilavorati per professionisti ed è nata dalla fusione, nel 1996, tra la compagnia belga Callebaut (proprietaria anche del marchio storico Van Houten) e la francese Barry.

In Lombardia, a Lecco, ci sono gli impianti della ICAM (azienda della famiglia Agostoni ora specializzata in cioccolato biologico) e a Milano quelli della Zaini, produttrice di ovetti e confezioni per le *private label*, i marchi dei supermercati. L'attività della famiglia Bulgheroni, che produceva caramelle, è stata acquisita dalla Lindt & Sprüngli nel 1993 e ora Attilio Bulgheroni è l'amministratore delegato della Lindt Italia. Lo stabilimento Lindt è a Induno Olona, in provincia di Varese.

Storicamente importante lo stabilimento Perugina a San Sisto, piccolo centro a pochi chilometri da Perugia, dove esiste anche l'unica galleria privata dolciaria, il « Museo storico della Perugina », e dove da qualche tempo funziona una scuola di cioccolato.

Infine l'ultima nata, nel panorama industriale, è la Sugar Company di Castel San Pietro (Bologna), che si è da poco inserita nel mercato con il marchio Cuorenero.

Ecco una breve scheda delle principali aziende italiane e delle loro produzioni di cioccolato.

Come per i prodotti artigianali che seguiranno, abbiamo segnalato di ciascun marchio i prodotti di eccellenza con una stelletta: *

Caffarel

* gianduiotto estruso, classico e fondente

È la patria del gianduiotto, che si deve all'inventiva di Isidore Caffarel, in società con Michele Prochet. L'azienda è stata fondata a Torino da Pierre Paul Caffarelli nel 1826, un valdese originario di Luserna San Giovanni, in val Pellice. L'artigiano poté usare il proprio vero cognome, che aveva italiazzato, dopo le lettere e le patenti concesse ai suoi sudditi da re Carlo Alberto di Savoia nel 1848. L'azienda decollò con le prime macchine di produzione industriale durante la gestione del giovane Ernesto Alberto Caffarel. Ma la crisi del 1929 fece chiudere lo stabilimento torinese, fino a quando nel 1930 due imprenditori, Paolo Audiberti e Walter Bächstädt-Malan, riuscirono a riaprirlo. L'azienda languì fino al 1968 quando, abbandonata la sede originaria di Torino, fu inaugurato lo stabilimento a Luserna San Giovanni. È un impianto da 20 mila metri quadrati, dove oggi si producono non solo gianduiotti, cioccolatini, tavolette, creme da spalmare, uova pasquali, ma anche caramelle e gelatine di frutta. Nello stabilimento, dove lavorano circa 500 persone, si respira ancora un'atmosfera da « isole » di produzione artigianale e i gianduiotti sono confezionati con l'antico metodo a estrusione (per colatura): nella ricetta è previsto il 30 per cento di nocciole. Il marchio nel 1997 è stato acquisito dalla svizzera Lindt, ma il management italiano gode di larga autonomia e ha conquistato nuovi mercati dopo le esperienze di sponsorizzazioni legate alle Olimpiadi invernali di Torino. L'export è aumentato, intorno al 10%, e nel 2006 l'azienda ha lanciato una nuova linea di prodotti, « Eccellenza piemontese », con una grafica speciale e colori vivaci, dedicata ai 180 anni dalla nascita. Tra le caratteristiche del marchio, c'è da sempre la cura per le confezioni e il rapporto con i negozi « fidelizzati » in esclusiva: 12 mila punti vendita seguiti da 120 agenti commerciali.

Caffarel, via Giavanello 41, Luserna San Giovanni (TO), 0121.958111

Domori

* tutte le tavolette e le *napolitaine*, in particolare l'« Hacienda San José 1840 »

L'azienda è specializzata nella produzione di cioccolato di alta qualità da cacao aromatici. Dopo alcuni anni passati in Venezuela, il suo fondatore, l'« hidalgo del cacao » Gianluca Franzoni, con il marchio Domori, a None Torinese, dal 1998 produce *napolitaine* da degustazione in preziose confezioni, tavolette di pregio, sacchetti di fave intere di cacao sgusciate e gruè, dragée, creme da spalmare. Fin dall'inizio l'azienda si è affidata al circuito di distribuzione dei negozi specializzati per gourmet e del settore eno-gastronomico, riuscendo a conquistare fette di mercato importanti all'estero, fino a raggiungere il 50% di export sulla produzione. Nel 2004 la Domori è divenuta partner di una piantagione storica da 300 ettari in Venezuela, a Carupano, che si occupa del recupero del cacao Criollo. È nato il marchio « Hacienda San José 1840 », che rappresenta la linea di eccellenza, con Canoabo, Ocumare 61 e Ocumare 67, tavolette che prendono il nome dal clone di cacao. Molto apprezzata anche la linea « Château Domori », sempre con tavolette da 25 grammi: Puertomar, Porcelana, Puertofino e Chili. Per chi voglia imparare le differenze tra i vari cru, c'è l'astuccio « Grandes Cacao » con *napolitaine* da 8 grammi di diverse provenienze: Apurimac del Perù, Arriba dell'Ecuador, Carenero Superior e Rio Caribe Superior del Venezuela, Sambirano del Madagascar e Sur del Lago Clasificado del Venezuela. In tutte le confezioni vi sono indicazioni per la degustazione. L'azienda nel 2006 è stata acquisita all'80% dal Gruppo Illy di Trieste.

Domori, piazza Borgo Pila 39, Genova 010537301 – Stabilimento e spaccio aziendale a None, in via Pinerolo 72/74, tel. 011.9863465

Ferrero

* Ferrero Rocher, per l'alta tecnologia, e Nutella per la palatabilità

Tutto nacque nel 1946 da una piccola bottega di pasticceria di Alba, dove Pietro Ferrero, il fondatore dell'azienda, creò il suo « dolce degli umili »: un « Giandujot » in pani semisolidi, da affettare con il coltello e mangiare con il pane. Era il dopoguerra e l'Italia era stremata: quel prodotto a base di surrogato costituiva la prima possibilità di dimenticare le ansie degli anni difficili. Da quell'intuizione, con l'aggiunta di tanti prodotti nuovi e una rete commerciale molto efficiente basata su un esercito di mezzi aziendali e sul sistema della « tentata vendita », la Ferrero divenne una delle aziende protagoniste del boom economico italiano, grazie all'intraprendenza del figlio di Pietro, Michele, che, trentenne, prese le redini dell'impresa insieme con la madre Pierina e lo zio Giovanni. In pochi anni da Alba il marchio conquistò l'Europa, con stabilimenti prima in Germania e in Francia e poi ovunque nel mondo. Nel 1949 il « Giandujot » da solido divenne spalmabile e in barattolo, con Supercrema, che il 20 aprile 1964 si trasformò in Nutella: è un *brand* nato dall'unione tra l'inglese *nut* (nocciola) e il tedesco *Nuss* (nocciola) con il dolce suffisso « ella ». Un successo mondiale che dura ancora oggi. Nel 1959 nasceva il « Mon Chéri », pralina alla ciliegia, nel 1974 i « Kinder Sopresa », quindi il « Ferrero Rocher » nel 1982. La produzione in Italia avviene in quattro stabilimenti: Alba (in provincia di Cuneo, il più importante d'Europa), Pozzuolo Martesana (MI), Sant'Angelo dei Lombardi (AV), Balvano (PZ). Il Gruppo Ferrero è una holding che fa interamente capo alla famiglia Ferrero, con i fratelli Pietro e Giovanni al vertice, ha sede a Lussemburgo ed è organizzata con 32 sedi commerciali, vende le sue specialità in 110 paesi del mondo e impiega 16 mila dipendenti, sparsi in 15 stabilimenti di produzione: nove in Europa e sei negli altri Continenti. Produce praline, creme da spalmare, barrette di cioccolato al latte, uova pasquali, snack al cioccolato.

Ferrero Spa, via M. Cristina 47, Pino Torinese (TO), tel. 011.8152111

ICAM

* tavolette di cioccolato biologico e *napolitaine* d'origine

È un'altra impresa, come la Ferrero, nata nel dopoguerra per l'iniziativa di Silvio Agostoni, un pasticcere di Morbegno, in provincia di Lecco. Oggi la famiglia, con diversi fratelli alla guida, continua l'attività in uno stabilimento a Lecco nel quale si lavorano migliaia di tonnellate di cacao l'anno, per produrre tavolette, praline, semilavorati per professionisti. La ICAM è specializzata nel mercato del cioccolato biologico, del quale è leader a livello mondiale, producendo per l'inglese Green & Black's (della Cadbury Schweppes), per la Coop e per molti marchi del Fair Trade. Famose le praline alla nocciola Blue Rose e la linea Caffè Italiano, assortimento di cioccolatini al gusto di espresso o cappuccino. L'azienda ha un alto know-how della materia prima e macchinari tra i più moderni in Italia e mantiene contatti stretti con i produttori di cacao biologico nella Repubblica Dominicana. Oltre alla linea di tavolette « Caribe » biologico per la grande distribuzione, ICAM ha presentato nel 2005 le *napolitaine* « Magie di cacao » realizzate con tre diversi cacao d'origine: Madagascar 70%, Ecuador 73% e Dominicana 75%, con i grand cru delle aziende Los Palmaritos e Los Vasquez.

ICAM, via Pescatori 53, Lecco, tel. 0341.2901

Novi

* crema Novi al 45% di nocciole e tavolette alle nocciole

« Svizzero? No, Novi... » Chi non ricorda lo slogan dell'orgoglio del cioccolato italiano pubblicizzato dai rocciatori che raggiungono la vetta? Fu il segno dell'avvenuto rilancio di uno storico gruppo dolciario, la Elah-Dufour-Novi: quella campagna di spot, partita nel 1992, comunicò che si ritornavano a produrre, nel rinnovato stabilimento di Novi Ligure, nell'Alessandrino, le tavolette all'italiana. Merito del cavalier Guido Repetto (ora affiancato dal figlio Flavio), un imprenditore genovese che acquisì l'azienda nata nel 1903 come cooperativa di grossisti e dettaglianti. La specialità aziendale sono le tavolette, disponibili in un'ampia gamma, dal cioccolato bianco al nocciolato al Gianduja al fondente, per le quali il marchio Novi è leader di settore con circa il 20% del mercato. Del gruppo fa parte anche un altro marchio della cioccolateria piemontese: Baratti & Milano, con stabilimento a Bra e caffè storico nel centro di Torino. Gli stabilimenti aziendali sono tre: Novi Ligure (AL), Bra (CN) e Sassello (SV). Da qui escono ogni anno oltre 80 milioni di tavolette e 200 milioni di cioccolatini. Oltre alle barrette, la Novi produce i cioccolatini Otello, i gianduiotti, le uova di Pasqua, la Crema Novi, e le tavolette « Terre del Cacao », con cacao di origine: Grenada (80%), Ghana (65%) ed Ecuador (75%).

Novi Cioccolato, strada Serravalle 73, Novi Ligure (AL), tel. 0143.313311

Pernigotti

Un marchio della tradizione piemontese, nato nel 1936 a Novi Ligure (AL). Dal 1995 fa parte del gruppo Averna, l'azienda di liquori di Caltanissetta fondata nel 1868. Specializzata nei torroncini, produce gianduiotti stampati, anche in versioni aromatizzate alle mandorle o fondenti, e pralineria assortita, come i « Luna », « Sole » e le « Pepitas ». Ha creato recentemente *napolitaine* d'origine con la linea « I coloniali »: Ecuador 70%, Tanzania 75% e Nuova Guinea 65%. Il « core business » dell'azienda oggi sono i semilavorati per la gelateria.

Pernigotti, viale della Rimembranza 100, Novi Ligure (AL), tel. 0143.7791

Perugina

Con un capitale di 100 mila lire nasceva nel 1907 la « Società perugina per la fabbricazione dei confetti » su iniziativa di quattro soci: Francesco Andreani, Leone Ascoli, Francesco Buitoni e Annibale Spagnoli. La ditta incomincia un'attività semi-industriale, con la gestione di Buitoni, in un fondaco nel centro di Perugia. Si trasforma in un'industria nel 1915 con il nuovo e moderno stabilimento di Fontivegge, passando dal mercato locale a quello nazionale. Negli anni '30 si espande con la creazione di una catena di punti di vendita diretta, negozi raffinati dove fin dal 1922 ha un grande successo la specialità inventata dalla moglie di Spagnoli, Luisa: il famoso « Bacio ». A questo cioccolatino si affiancano nel 1926 le caramelle « Rossana ». Già allora le tavolette « Luisa » sono di « cioccolato extrafondente » e la strada è quella di iniziative pubblicitarie all'avanguardia, attraverso la radio, gli splendidi manifesti e i primi concorsi a premi in base a tagliandi nelle confezioni. Nel 1935 la febbre delle figurine con i « Quattro moschettieri » conquistò l'Italia e la ricerca dell'introvabile e mitico Feroce Saladino fece incrementare le vendite e scattare collezioni ricercatissime. Nel dopoguerra l'azienda punta al mass-market con nuovi prodotti, come le merendine per i bambini, le tavolette della linea « Cingolato » e tanta pralineria, come i cioccolatini « Grifo ». Nel 1988 è acquisita dalla Nestlé. Nel 2005 lancia la linea di cioccolato fondente « Nero », con tavolette al 70% da 100 e 50 grammi, alcune aromatizzate al caffè, al pompelmo, alla ciliegia, al peperoncino, oppure con frutta secca. Riscuotono successo « Le sfoglie », sottilissime e dallo snap perfetto. Ora è stata anche aperta una « Scuola del cioccolato » con brevi corsi rivolti ai consumatori ed è visitabile un piccolo museo dedicato soprattutto alla storia della pubblicità aziendale, presso lo stabilimento di San Sisto, nei sobborghi di Perugia.

Perugina, via Pievaiola, San Sisto (PG), tel. 075.52761

Streglio

* gianduiotto estruso

È un marchio della tradizione cioccolatiera piemontese, fondato nel 1924 da Pietro Arturo Streglio, un torinese che faceva l'operaio presso la Talmone, dove imparò l'arte, e con intraprendenza riuscì a trovare i capitali per avviare una propria attività. L'azienda produceva pralineria e gianduiotti destinati prima alle latterie e poi alle pasticcerie, con un buon successo commerciale. Negli anni '30 ebbe qualche difficoltà, dovute anche a problemi societari, poi il successo gli arrise soprattutto negli anni del boom economico. Nel 1971 fu costruito il nuovo e attuale stabilimento di None, con 11 mila metri quadrati, per la lavorazione completa del ciclo del cioccolato e con il lancio delle gelatine di frutta « Gelées ». Dal 2001 è stata acquisita dal gruppo Parmalat e, dopo il crack del 2005, è passata all'azienda di amari Borsci, di Taranto. Produce pralineria in eleganti confezioni regalo, uova pasquali, gianduiotti estrusi di buona qualità, tavolette professionali di copertura.

Streglio, via Sestriere 116, None (TO), tel. 011.9868311

Sugar Company

Ultima nata tra le aziende che producono cioccolato, la Sugar Company si è rivolta alla GDO (la Grande Distribuzione Organizzata: i supermercati e gli autogrill) con un'aggressiva attività di marketing legata alla linea « Cuorenero » ad alta percentuale di cacao. L'azienda è nata nel 1996 per iniziativa di Napoleone Neri, nella Bassa Bolognese a Castel San Pietro Terme: in origine produceva dolcificanti e integratori sportivi. Da qualche anno è presente sul mercato con tavolette « massa di cacao vergine » 100% oppure 80%, pubblicizzate come « senza zucchero » e « colesterolo free », dall'acidità persistente e dalla sapidità elevata, in alcuni casi aromatizzate con peperoncino.

Sugar Company, via N. Salieri 7, Castel San Pietro (BO), 051.6951939

Venchi

* Nougatine e Chococaviar

La storia di questa azienda piemontese, che ha ora sede nelle vicinanze di Cuneo, potrebbbe essere presa come paradigma delle imprese dolciarie italiane: nate tutte dall'intraprendenza di un piccolo artigiano e passate poi attraverso fallimenti, accorpamenti, acquisizioni. In questo caso la storia ha un lieto fine, perché un gruppo di imprenditori che fanno parte del *gotha* della finanza l'ha rilanciata riportandola alle glorie passate. Tra i soci Pietro Boroli, presidente dell'Istituto Geografico De Agostini, Nino Tronchetti Provera (che lavora nel gruppo di telecomunicazione del padre) e altri. Il trend di crescita, dal 1998, è stato del 30% annuo: oggi le esportazioni valgono il 15% del fatturato, in una ventina di paesi. Come direttore commerciale dell'azienda c'è un appassionato trentenne, Gianbattista Mantelli, nipote del fondatore della « Cuba », Pietro Cussino, che portò in tutta Italia i suoi famosi « Cuneesi » al rhum. La ditta prende il nome da « Cussinò, Biscotti e Affini »; nel 2000 si era fusa con i resti del gruppo Venchi-Unica, passato attraverso vari fallimenti, prendendo il nome di « Cuba Venchi ». Poi, dal 2003, è rimasto semplicemente Venchi, prima con lo stabilimento a Robilante (CN), poi con quello di Castelletto Stura, a pochi chilometri dal capoluogo della Provincia Granda. Vi lavorano 60 dipendenti, con isole di produzione di tipo artigianale, partendo dalla massa di cacao. Il primo protagonista di questa lunga storia aziendale è l'operaio « dolciere » Silvano Venchi, che avviò l'attività nel 1878 a Torino. È lui l'inventore delle famose « Nougatine », bonbon a base di nocciole tritate caramellate e ricoperte da un velo di cioccolato fondente. Oggi la Venchi produce cremini, nocciolati, torroncini, praline di 32 tipi vendute anche « nude » per le pasticcerie, sigari di cioccolato e specialità all'assenzio, il liquore maledetto dei poeti, nonché una linea di prodotti senza zucchero. Famoso inoltre il Cuneese « Cuba Rhum ». Ha aperto punti vendita aziendali in alcuni aeroporti italiani. Innovativa l'idea di presentare nel 2004 il « Chococaviar », microsfere a caviale « bassinate » da consumare con un cucchiaino o i pirottini allegati: viene venduto in vasetti di vetro da 40 grammi o in lattine da 250 grammi. Con questo prodotto ha vinto nel 2004 il premio « Vassoio d'oro » assegnato a Parma dall'AIDI. Nello stabilimento di Robilante è cominciata nel 2006 la produzione di preparati per gelati.

Venchi, via Cuneo 45, Castelletto Stura (CN), tel. 0171.791611

Zaini

L'azienda è stata fondata nel 1913 a Milano da Luigi Zaini, un artigiano pasticcere. Alla sua morte, le redini dell'azienda sono passate alla moglie Olga e sono rimaste ancora oggi in ambito familiare. La gamma di produzione è legata in gran parte ad attività per le *private label*, i marchi dei supermercati o in genere per conto terzi: si tratta di tavolette, praline, dragée, caramelle « medicinali ». Oggi l'azienda ha circa 180 dipendenti e un fatturato di 40 milioni di euro: è al secondo posto nel mondo per la produzione di ovetti con sorpresa. Esporta in quaranta paesi.

Zaini, via C. Imbonati 59, Milano, tel. 02.6949141

* * *

Oltre a queste importanti imprese industriali, in Italia vi sono gli stabilimenti della Barry Callebaut, che produce cioccolato per i professionisti a Verbania, in Piemonte, e quello della Lindt a Induno Olona (Varese).

Vogliamo inoltre segnalare, perché sono al top della qualità, tre aziende estere di prodotti per la pasticceria professionale distribuiti anche in Italia.

Carma

* cioccolato di copertura al latte

La Carma è una piccola industria cioccolatiera svizzera che produce soltanto per professionisti, oggi del gruppo Barry-Callebaut, che fu fondata a Zurigo nel 1931 da Carl Maentler: la battezzò così con le iniziali del suo nome. Lo stabilimento è nelle vicinanze di Zurigo, a Dübendorf, dove esiste anche una scuola di pasticceria. Nella sua gamma di prodotti specializzati, la Carma ha coperture fondenti e di cioccolato al latte. Una di queste ultime, la qualità « Claire Swiss Top » al 32% di cacao e al 20% di latte in polvere, si è aggiudicata il primo posto nella degustazione *blind* durante il Simposio tecnico dell'Accademia Maestri Pasticceri Italiani, svoltosi nel 2006 a Brescia presso la Cast Alimenti.

Barry Callebaut AG, Westpark Pfingstweidstrasse 60, Zurigo, Svizzera, 0041.43.2040404

Barry Callebaut Italia, viale Milano Fiori 1, Assago-Milano, tel. 02.57514294

Felchlin

* cioccolato di copertura fondente d'origine

Al centro della Svizzera, a Schwyz, si trova uno stabilimento, completamente rinnovato nel 2000, che produce cioccolato di copertura di alta qualità partendo dalla tostatura delle fave, oltre ad altri semi-lavorati per la pasticceria. L'azienda venne fondata nel 1908 da Max Josef Felchlin e rimase sempre a conduzione familiare. Ora con l'estinzione della famiglia, è una fondazione. Nel 1987 fu inaugurato il Condirama, centro di formazione per professionisti. Dal 1997 esiste la linea di cioccolato d'origine « Cacao Sélection Grand Cru » che ha la caratteristica, unica al mondo, di un concaggio che dura 72 ore, come i fondenti Arriba 72%, Madagascar 64%, Maracaibo Clasificado 65%, reperibili soltanto in blocchi da 500 grammi o in sacchetti in gocce per la fusione. Sono disponibili anche coperture al latte al 38-42% di cacao. Nel 2004 l'Accademia Maestri Pasticceri Italiani ha attribuito alla Felchlin il primo posto in una degustazione di fondente, sempre totalmente alla cieca, svoltasi a Ferrara durante il loro Simposio.

Max Felchlin AG, Bahnofstrasse 63, Schwyz, Svizzera, tel. 0041.41.8196575

Distributore per l'Italia: Maison Dolci, corso Unione Sovietica 560, Torino, tel. 011.3409819

Valrhona

* cioccolato di copertura fondente d'origine e tavolette *millésimé*

Fondata da un piccolo artigiano nel 1922 a Tain l'Hermitage, a 80 chilometri a sud di Lione, in Francia, la Valrhona è la prima azienda al mondo ad aver prodotto i « Grand Cru de Chocolat » nel cioccolato fondente. Ormai ha raggiunto il fatturato di 70 milioni di euro, vende in moltissimi paesi ed è tra i leader per le forniture ai professionisti della ristorazione e della pasticceria, anche con semilavorati di qualità. I suoi mono-origine più noti sono il Guanaja (70% di cacao), il Caraibe (66%), il Manjari (64%) e l'Araguani (72%), in una gamma che comprende 10 coperture fondenti o extrafondenti e 5 diverse coperture al latte. Ha realizzato nel 2005, per la Illy, tavolette aromatizzate al caffè destinate alla grande distribuzione. Ogni autunno esce per il pubblico, in quantità limitate, la linea di cioccolato « de Domaine » *millésimé*, cioè con l'annata di produzione: Ampamakia (64% di cacao, dal Madagascar), Gran Couva (64%, da Trinidad) e Palmira (64%, dal Venezuela). A Tain l'Hermitage esiste anche la scuola di formazione per cioccolatieri, pasticceri e ristoratori diretta da Frédéric Bau.

Valrhona, quai du général de Gaulle 8, Tain l'Hermitage, Francia, 0033.4.75079090

Valrhona Italia, piazza Gerusalemme 7, Milano, 02.317336

Le tre Italie del cioccolato

La prima « via italiana al cioccolato » nasce dal matrimonio con la nocciola e non soltanto in Piemonte, ma anche nel meridione, con il torrone. Ne consegue la significativa concentrazione di cioccolatieri di qualità in Piemonte, come è successo per l'industria.

Il secondo « distretto » del cioccolato artigianale di qualità si trova in Toscana nell'area compresa tra Agliana, Pisa, Monsummano, Ponsacco, Pontedera e Prato. Se il distretto piemontese oggi cerca di trovare una sua immagine come « gianduiotto valley », è indubbio che le prime fortune mediatiche spettano ai piccoli cioccolatieri della « Tuscan Chocolate Valley », per innovativi abbinamentei con spezie e aromi. L'apripista fu Roberto Catinari, giovane apprendista emigrato in Svizzera a 17 anni per imparare l'arte dolciaria e tornato in Italia nel 1974 per aprire il suo laboratorio ad Agliana dove lo si trova ancor oggi tutte le mattine, con il suo gran barbone bianco, ormai quasi settantenne. L'hanno seguito Andrea Slitti a Monsummano, che nel 1986 ha dato una svolta verso il cioccolato alla sua azienda familiare di torrefazione del caffè, e i fratelli Cecilia e Alessio Tessieri, che hanno creato all'inizio degli anni '90 il loro aristocratico e premiato marchio Amedei. E ancora, gli artisti della pralina Luca Mannori e Paul De Bondt e il torrefattore e tostatore con metodi tradizionali Andrea Trinci.

La terza filiera produttiva invece è in Sicilia, a Modica, splendida città barocca della provincia di Ragusa dove si produce un cioccolato realizzato senza concaggio, con tavolette granulose come terra calcarea. Sono realizzate secondo un'antica ricetta che in loco viene spiegata come azteca, ma che è spagnola. Si tratta di un particolare cioccolato la cui qualità, negli ultimi anni, è migliorata, grazie ad alcuni produttori come l'Antica Dolceria Bonajuto, nata nel 1880, e Donna Elvira.

In Piemonte, Toscana e Sicilia non si esauriscono certo i migliori indirizzi del cioccolato italiano, ma con questa scelta anche territoriale, che corrisponde a tre scuole ben precise, vogliamo indicare alcuni produttori artigiani per i vostri assaggi da degustatori.

La gianduiotto valley: Torino e Piemonte

Barbero

* baci di Cherasco

Sotto i portici della vecchia Cherasco, un locale rimasto con gli arredi Liberty, dove i coniugi Torta proseguono la tradizione di Marco Barbero, che nel 1881 creò i Baci di Cherasco: sono uno diverso dall'altro, realizzati con massa fondente e nocciole delle Langhe tostate. Giancarlo Torta produce anche cioccolatini alla grappa (di Romano Levi), lumache, gianduiotti.

Via Vittorio Emanuele 74, Cherasco (CN), tel. 0172.488373

Bessone

* cuneesi al rhum

A pochi passi da una meta di turismo religioso, Silvio Bessone presenta una produzione di qualità con alcune specialità: i « Sorrisi del Santuario », i gianduiotti (anche ripieni), i cuneesi al rhum, la crema da spalmare « Nocciolina » e diversi tipi di tavolette rigorosamente di « puro cioccolato ». Grazie ai contatti con i produttori di cacao in Sud e Centro America ha incominciato a tostare e a produrre tavolette d'origine. Ha brevettato un « cioccolatino dell'amore » dal nome evocativo: « Fuego ».

Santuario di Vicoforte (CN), via Francesco Gallo 19, tel. 0174.563312

Giordano

* gianduiotto tagliato a mano

Dal 1897 un negozio caro ai torinesi, che mette in vendita la produzione del laboratorio di Leinì. Offre una gamma di specialità della tradizione subalpina: il gianduiottone (da 2-3 chilogrammi fino a 10, su ordinazione), l'Olandesina ripiena di crema spalmabile o la crema con granella di nocciole. È uno dei pochi artigiani a produrre i gianduiotti da 10 grammi ancora tagliati a mano.

Torino, piazza Carlo Felice 69, tel. 011.547121

Giraudi

* crema Giacometta, salame di cioccolato e attrezzi in cioccolato

Un laboratorio con punto vendita dove il maestro cioccolatiere Giacomo Boidi, successore degli zii Giraudi, dagli anni '60 produce specialità piemontesi: è diventato famoso per la Giacometta, crema di nocciole (al 32%) e cacao, il salame di cioccolato e i fantasiosi attrezzi. Interessanti le *napolitaine* da degustazione al latte e fondenti (in 9 tipi diversi).

Castellazzo Bormida (AL), via Liguria 26/a, tel. 0131.275563

Gobino

* gianduiotti, creme spalmabili, foglio alla nocciola e praline alle spezie

È la « firma » emergente del cioccolato a Torino, ormai celebre in molte parti del mondo. Guido Gobino dal 1985 ha assunto la direzione dell'azienda di famiglia, che dal 1980 era guidata dal padre Giuseppe, già responsabile di produzione e socio della precedente gestione nel laboratorio sulla rive della Dora. Ha avuto l'intuizione, nel 1995, di presentare i mini-gianduiotti « Tourinot » (con cacao Ghana ed Ecuador, latte, zucchero e il 30% di nocciola tonda e gentile DOP del Piemonte) e poi, nel 1999, il « Tourinot Maximo » (senza latte, con cacao Venezuela e una percentuale più alta delle stesse nocciole, il 33%): pesano soltanto 5 grammi, sono estrusi e sono pensati per le signore. In realtà, uno tira l'altro. Tra le sue specialità: i fogli di fondente alla nocciola da un chilogrammo, gradito regalo natalizio delle « madame » torinesi, le creme spalmabili Cacao e Gianduja, le tavolette mono-origine e le praline alle spezie con zenzero, cannella o zafferano.

Torino, via Cagliari 15/a, tel. 011.2476245

Leone

* crema Gianduja in tubetto

La « Pastiglie Leone » è una delle aziende dolciarie più antiche d'Europa, perché le sue origini risalgono al 1857, quando Luigi Leone aprì una confetteria ad Alba (Cn). Il laboratorio si trasferì poi a Torino, divenendo fornitore della Casa Reale. Le pastiglie Leone sono disponibili in 28 gusti, con le loro classiche e immutate scatoline. Nel 1934 Giselda Balla Monero, insieme con il fratello Celso Balla, rilevarono l'attività portandola nella fabbrica in stile liberty che ancora oggi produce caramelle e cioccolato sotto la guida di Guido Monero e dei figli. Può vantare una specialità unica, il « Gianduioso »: una crema al cioccolato e alle nocciole confezionata in un tubetto da 115 grammi, come un dentifricio, ma da spremere golosamente su una fetta di pane.

Torino, c.so Regina Margherita 242, 011.48.47.59

Peyrano

* gianduiotto estruso

A Torino il marchio Peyrano è da sempre sinonimo di cioccolato. La casa è stata fondata nel 1915 da Antonio Peyrano e ne ha continuato l'arte con grande professionalità il figlio Giuseppe, festeggiando ben 50 anni di attività. Ora l'azienda è controllata dai nuovi soci del Gruppo Maione di Napoli. I prodotti si basano su nove tipi di cacao, lavorati nel laboratorio e punto vendita di corso Moncalieri: oltre ai classici gianduiotti (estrusi e stampati) da 10 grammi, Peyrano produce altre 76 specialità e i famosi Alpini al liquore. Ha anche negozi a Roma e a Napoli.

Torino, corso Moncalieri 47, tel. 011.6602202; corso Vittorio Emanuele 76, tel. 011.538765

Pfatisch

* tutte le creme da spalmare

Un'antica pasticceria e cioccolateria torinese dal fascino immutato con legni e vetrinette d'antan sotto i portici di via Sacchi, a due passi dalla stazione di Porta Nuova. Le specialità di Pfatisch, ora gestita dal discendente dei fondatori, Marco Ferraris, sono le creme da spalmare in cinque gusti: « Gianduja », « Moka », « Bitter », « Aurea » (con il 20% di mandorle, il 18% di nocciole, il 20% di burro di cacao e il 6-7% di latte) e il « Pasticcio della nonna » (con 25% di marroni, 20% di nocciole, 15% di cacao). Rinomata la torta al cioccolato e panna, il Festivo; a Pasqua particolarmente curata la produzione di uova e animaletti in cioccolato.

Torino, via Sacchi 42, tel. 011.5683962

Ravera

* baci di Cherasco

Una pasticceria nata negli anni Ottanta, dove Walter Ravera confeziona i Baci Ravera di Cherasco con l'antica ricetta tradizionale, un particolare torrone al cioccolato e un pane di cioccolato creato da lui, l'« Anello dell'Imperatore », una ciambella del peso di mezzo chilogrammo.

Cherasco (CN), via Cavour 15, tel. 0172.488395

Stratta

Le vetrine nel « salotto di Torino » sono rimaste com'erano nel 1836. È un locale storico che l'attuale titolare Adriana Monzeglio ha saputo rinnovare con le nuove produzioni: gli speziati di Stratta (peperoncino, cannella, cardamomo, zenzero) e la Corona Sabauda, croccante di nocciola. Famosi i cioccolatini Torinesi, ripieni di marroni e rhum.

Torino, piazza San Carlo 191, tel. 011.547920

La Tuscan Chocolate Valley

Amedei

* tutte le tavolette di fondente da cacao mono-origine

È il più noto nel mondo tra i produttori di cioccolato toscani e italiani ed è stato il primo a cercare nelle piantagioni del Venezuela i Grand Cru. Ormai Amedei è diventata una piccola azienda, gestita da Cecilia Tessieri (*maître chocolatier*) e dal fratello Alessio, pur mantenendo metodi di lavorazione rigorosamente artigianali. La loro regola è quella di seguire l'intera filiera produttiva, partendo dal cacao. Confezionano scatole da 12 *napolitaines*, per 55 grammi di puro piacere, in varie linee: « Porcelana », che quasi sembra un cioccolato al latte tanto è dolce e rotondo, e il mitico « Chuao » nella confezione nera, una piantagione in Venezuela di Criollo della quale i fratelli Tessieri si sono assicurati l'esclusiva mondiale. Il concaggio rimane come da manuale, di 72 ore. Amedei è uno dei pochi cioccolatieri che in Italia inizia la sua produzione dai semi di cacao lavorati in azienda. Nel novembre del 2005 il cioccolato Amedei è stato definito il « migliore del mondo » da una giuria della Chocolate Academy alla Fiera « Spirit of Christmas » a Olympia, Londra. Nonostante il successo, continuano a produrre soltanto 20 mila tavolette ogni anno.

Pontedera (Pi), via San Gervasio 29, tel. 0587.484849

Catinari

* praline e attrezzi da lavoro

È il primo maestro cioccolatiere della generazione dei « supertuscan » che hanno inventato un nuovo modo di trattare il cioccolato: Roberto Catinari incominciò la sua attività nel 1974. Originali i suoi oggetti da lavoro in cioccolato, famosi i cioccolatini e le tavolette con fave di cacao tostate e raffinate senza concaggio. La sua prima « laurea » come cioccolatiere fu la medaglia d'oro al concorso internazionale di Zurigo. I peccati di gola che offre agli intenditori sono i 120 tipi di bonbon, una torta al gianduja con cialda di Montecatini e la schiacciata di cioccolato al latte in vari abbinamenti: con nocciole, con mandorle, con riso soffiato.

Agliana (PT), via Provinciale 378, tel. 0574.718506

De Bondt

* praline e tavolette aromatizzate con spezie e tè

Secondo la guida di Chantal Coady è uno degli otto cioccolatieri al mondo che meritano le tre stellette. De Bondt è stato tra i primi a diffondere l'arte delle tavolette con spezie e aromi particolari: menta, tè, bergamotto, gelsomino, rosa. Il laboratorio artigianale nasce nel 1993 dall'incontro tra lo chef e pasticciere olandese Paul De Bondt e la designer toscana Cecilia Iacobelli. Il packaging è moderno, i prodotti si basano su materie prime di alta qualità: mandorle siciliane, noci di Sorrento, limoni di Monterosso. Eccellenti anche le tavolette fondenti classiche, con la scelta di cru dal Venezuela. Da provare le praline al Ben Ryè, il grande passito di Pantelleria. Di recente realizzazione le tavolette al peperoncino: « Jalapeño Affumicato » (fondente Venezuela 65%) con il Chipolte messicano; « Diavolillo » (fondente Venezuela 80% con peperoncino calabrese); « Habanero Candito » (fondente 70% con miscela piccante).

Pisa, via Filippo Turati 22, tel. 050.501896

De Castro

In famiglia facevano i pasticcieri da quattro generazioni, poi Simone De Castro si è innamorato del cioccolato e da anni vi si dedica con passione: è specializzato nelle spalmabili, soprattutto ai liquori (al whisky, al rhum, al bourbon). Sperimenta anche tavolette ai legni (con essenze di pino e acero) o alle erbe aromatiche.

Montopoli Val d'Arno (PI), piazza Vittorio Veneto 15, tel. 0571.467123

Mannori

* tutta la pralineria e la Torta Setteveli

Negli anni Cinquanta il locale di Prato era semplimente una bar-gelateria. Oggi è un piccolo, elegante show room della pasticceria. Luca Mannori ha preferito il cioccolato alla carriera in banca ed è diventato uno dei migliori *maître chocolatier* italiani, soprattutto per quanto riguarda le praline. Ha vinto il Campionato del Mondo di Pasticceria a Lione nel 1997 con la torta Setteveli. Ha creato 20 tipi di tavolette (anche con farcitura morbida alla prugna), la « Spalmabile 2003 » (crema con molto cacao, olio d'oliva e granelli di sale) e « Oro bruno », bevanda al cioccolato già pronta in bottiglia, da bere fredda o calda. Ma le sue inarrivabili creazioni sono le praline con ganache delicatissime, da assaggiare assolutamente fresche.

Prato, via Lazzerini 2, tel. 0574.21628

La Molina

Un nuovo nome nell'olimpo della produzione artigianale toscana. In pochi anni sono riusciti a conquistare i palati più esigenti con materie prime di assoluta qualità. Producono originali specialità come i « cretti alle spezie fresche » (salvia, rosmarino, finocchietto) e barrette alla frutta secca. Le tavolette sono a base di vari cru, anche monovarietà, con il 100% di cacao.

Quarrata (PT), via San Paolo 41, tel. 0573.774379

Slitti

* tavolette di ciocolato al latte e creme da spalmare

Si respira un'atmosfera golosa entrando nell'elegante show room e bar, attiguo al laboratorio, decorato e arredato con i colori del cioccolato. Vi si trovano tanti oggetti e curiosità, che denotano una grande attenzione per la cultura del cacao. Andrea Slitti ha vinto premi internazionali dedicandosi a questa passione, dopo aver trasformato nel 1986 l'azienda paterna (di torrefazione) in un laboratorio di cioccolateria. Tra le sue specialità vi sono le creme « Riccosa » e « Slittosa » e la tavoletta « Lattenero », un cioccolato al latte ad alto contenuto di cacao (con varie gradazioni, dal 45 al 70%). Da segnalare i suoi cioccolatini al caffè, i chicchi con copertura di fondente e i « Ricci », bastoncini di mandorla e riso soffiato ricoperti di cioccolato.

Monsummano Terme (PT), via Francesca Sud 1268, Tel 0572.640240

Trinci

* tavolette di cioccolato non concato

Lui definisce la sua attività « torrefazione artigiana di caffè e cacao »: da sempre Andrea Trinci gestisce un laboratorio per la torrefazione del caffè. Da qualche anno ha deciso di dedicarsi con passione anche alla cultura del cacao. Ha avviato rapporti con coltivatori in Venezuela e produce tavolette da 150 grammi di cioccolato fondente non concato o addirittura con massa pura al 100%. La sua speciale creazione sono le barrette di fondente al 75% con nibs, miele biologico di spiaggia e vaniglia in bacche. Dall'esperienza con il presidio Slow Food in Guatemala del caffè di Huehuetenango (per il quale ha avviato il laboratorio di tostatura nel carcere torinese delle Vallette) ha tratto l'ispirazione per produrre una tavoletta di cioccolato al latte (33% di cacao) con caffè del Presidio. Squisiti anche i chicchi di caffè ricoperti di fondente.

Cascine di Buti (Pi), via Sarzanese Valdera 184, tel. 0587.722026

La Trinacria Valley

Antica Dolceria Bonajuto

* tavolette di cioccolato non concato modicano e *'mpanatigghi*

Fondata nel 1880 da Francesco Bonajuto, è la più antica cioccolateria siciliana. Il nipote del fondatore, Franco Ruta, con il figlio Pier Paolo, da alcuni anni ha rilanciato il « Cioccolato tradizionale di Modica » e ne difende l'autenticità. Produce tavolette con tre aromatizzazioni: alla cannella, alla vaniglia e al peperoncino (con il nome atzeco « Xocàtl ») e pralineria speciale in eleganti scatolette d'acciaio. Eccellenti anche gli *'mpanatigghi*: antichi ravioli dolci ripieni di carne mescolata a cioccolato e spezie: essendo molto proteici, venivano mangiati dai nobili spagnoli nei lunghi viaggi verso la patria. Franco Ruta ha una vasta cultura storica del cioccolato modicano e cura con molto gusto le confezioni della sua produzione.

Modica (RG), corso Umberto I 159, 0932.941225

Donna Elvira

* tavolette di cioccolato non concato modicano e *'mpanatigghi*

Sul corso principale di Modica c'è questo piccolo negozio che si caratterizza per la produzione di pasticceria, oltre alla cioccolata modicana. Da segnalare il Dolce Savoia, trancio a base di mandorla abbrustolita ricoperta da glassa di zucchero. Particolari anche i dolci alla carruba. Tra le tavolette tradizionali, oltre alle tre classiche profumazioni, questo produttore ne presenta una senza aromi, con maggiore percentuale di cacao, e una con le nocciole.

Modica (RG), corso Re Umberto I 156, 0932.941444

Caffè Sicilia

* gelato al cioccolato

Questo locale nel centro di una delle più belle città del barocco siciliano è da sempre un luogo di delizie per le granite, i gelati, le preparazioni di dolci con le mandorle. Inimitabile e famosa la « Giuggiolona », il croccante di sesamo. Ma Corrado Assenza, il titolare, si è appassionato anche alla cioccolateria e dall'inverno del 2005 confeziona praline con cioccolato Gobino. Continua sempre a preparare le « castagne di cedro », cioccolatini a forma di piccole castagne realizzati con marmellata di cedro ricoperti di fondente. Era una specialità del Caffè Sicilia fin dalla fine dell'Ottocento, quando ogni anno per Natale il marchese di Castelluccio, di Noto, ne faceva dono (gradito) ai reali di Casa Savoia. Deliziosa la torta al cioccolato « Mai abbastanza », che l'eclettico Assenza ha così battezzato dopo il commento entusiastico di una sua cliente straniera. Veramente speciali i gelati al cioccolato.

Noto (SR), corso Vittorio Emanuele 125, 0931.835013

Gli altri indirizzi golosi in Italia

Ci sono tanti altri maestri cioccolatieri in Italia: ecco una selezione delle botteghe di più antica tradizione, da Nord a Sud.

Romanengo

Una confetteria che a Genova è sinonimo di dolci golosità fin dal 1780, dove sorse il primo punto vendita vicino al vecchio porto. Gestito ancora dalla famiglia Romanengo, il laboratorio si trova in viale Mojon. Famoso per la frutta candita, le praline e i confetti teneri, ha molte specialità al cioccolato, come la tavoletta Santè alla cannella, non concata.

Genova, via Soziglia 74/r, tel. 010.2474574, via Roma 51/r, tel. 010.580257

Viganotti

Una piccola bottega nel centro storico con nel retro un grande laboratorio tradizionale per la lavorazione del cacao: ora non si tosta più, ma l'attuale titolare Alessandro Boccardo mantiene le tradizioni della casa fondata nel 1866: produce tavolette in antichi stampi e praline ripiene (croccante, arancino, gianduja, caffè).

Genova, Vico dei Castagna 14/r, tel. 010.2514061

Offelleria Rizzati

* pirottini alla zucca e cioccolatini alla birra

Un piccolo laboratorio nato dalla passione per il cioccolato di tre fratelli ristoratori a Ferrara: Franco, Marco e Massimo Rizzati. Particolarmente dedito a Theobroma cacao il giovane Franco, che collabora con altri maestri cioccolatieri, partecipa a kermesse del cioccolato e si dedica alla sperimentazione. In collaborazione con Teo Musso dell'azienda Baladin di Piozzo (Cn), sono nati nel 2000 i cioccolatini alla birra e alla crema di birra Nöel. Rizzati crede nel cioccolato non concato e dai sapori autentici e forti: produce anche pirottini di cioccolato farciti di una confettura di zucca che realizza appositamente. L'ultima novità, dal 2004, sono le *napolitaines* affumicate, da abbinare ai distillati o da usare in cucina.

Cocomaro di Focomorto (FE), via Ginestra 194, tel. 0532.742173

Majani

Nel 1911 la FIAT, per lanciare il nuovo modello Tipo 4, indice un concorso per un nuovo cioccolatino da usare a scopi pubblicitari. Vince un cremino proposto da Majani a forma di cubo con quattro strati alternati di cioccolato e pasta di mandorle, che dal 1913 si chiamerà FIAT. Questa ditta è stata fondata nel 1796 e un'altra sua specialità è la cioccolata « Scorza », uno dei primi esempi di cioccolata solida in Italia, in forma di corteccia d'albero.

Bologna, via Carbonesi 5, tel. 051.234302

BruCo

Da un'antica ricetta di cioccolato all'anice tipica delle Marche e realizzata da Bruna Gibellini e Costantino Tiranti, nasce l'azienda

BruCo (dalle loro iniziali). Ha sede a Jesi, laboratorio a Camerino, punto vendita a Fano: da qualche anno Fabio Lenci e Bruno Marchesini lo gestiscono e presentano un packaging aggressivo per le tavolette da degustazione (arancia, cannella, rhum e anice) e la lonzetta di fico.

Jesi (AN), via Gallodoro 70, tel. 0731.215649; Libreria del Teatro (via del Teatro 4, Fano)

Marangoni

I fratelli Lorian, Giorgio e Alfredo Marangoni da circa 15 anni hanno trasformato l'originaria pasticceria, puntando sul cacao con una classica ricetta delle Marche: la frutta al cioccolato. Poi sono venute le praline, i cioccolatini alla frutta fresca (arancia), secca (noci, datteri, fichi) e alla gelatina di salvia.

Macerata, corso Cavour 159, tel. 0733.262197

Il cioccolato dei Trappisti

Meta delle passeggiate romane, lungo la Laurentina, questo monastero vende cioccolato realizzato in un altro convento, alle Frattocchie. I frati dell'ordine francese dei trappisti incominciarono a occuparsi di cacao nel 1880 e ora hanno affidato la produzione a una società: commercializza tavolette (fondenti, al latte e con nocciole), creme spalmabili e torrone di Natale. Il laboratorio produce cioccolato anche per altri conventi d'Italia: Camaldoli, Chiaravalle, Pavia e altri.

Roma, via Acque Salvie 1, tel. 06.5402309

Gay Odin

Più di un secolo fa i coniugi piemontesi Isidoro Odin e Onorina Gay aprirono questo laboratorio, che mantiene in mostra gli antichi macchinari. Ormai è un'azienda dal fatturato importante e molti negozi, non solo a Napoli. Negli anni '60 l'azienda è stata acquisita dalla famiglia Maglietta. Sono due le specialità più famose: i « nudi », cioccolatini senza carta, e la « foresta », sfoglia a strati di cioccolato al latte.

Napoli, via Vetriera 12, tel. 081.417843 e altri 7 punti vendita a Napoli, uno a Roma e uno ad Avellino

Maglio

* tavolette di cioccolato al latte

Rinomata azienda nata a metà dell'Ottocento, ha il suo laboratorio principale a Maglie, con diversi negozi in franchising in Puglia e nel Sud. Produce tavolette di cacao aromatici (gli « origine »), cuoricini ripieni, cremini, bottoncini, bonbon e fave di cacao conservate in barattolo.

Maglie (LE), via Pietro Refolo 6, 0836.427444

L'Accademia dei Maestri Pasticceri Italiani

Non tutti i maestri che fanno parte di questa associazione, che seleziona i propri aderenti con un esame e controlli periodici in laboratorio, sono cioccolatieri. Ma tutti vendono praline e si dedicano a dolci e dessert al cioccolato. Vi proponiamo il loro elenco, diviso per regione, da Nord a Sud.

– Piemonte
Silvio Bessone (già segnalato)
Pasticceria Dalmasso Alessandro, Avigliana (TO), Tel. 011.9311482

– Liguria
Alessandro Racca
Pasticceria Racca, San Bartolomeo al mare (IM), Tel. 0183.400863

– Lombardia
Giancarlo Comi
Pasticceria Comi, Missaglia (LC), Tel. 039.9241274
Giancarlo Cortinovis
Pasticceria Cortinovis, Ranica (BG), Tel. 035.363506
Pier Paolo Magni
Consulenze - Missaglia (LC)
Iginio Massari
Pasticceria Veneto, Brescia, Tel. 030.392586
Giovanni Pina
Pasticceria Giovanni Pina, Trescore Balneario (BG), Tel. 035.940344
Vittorio Santoro
Scuola C.A.S.T. alimenti, Brescia, Tel. 030.2350076

Emanuele Valsecchi
Pasticceria Arte e sapori, Oggiono (LC), Tel. 0341.576085

– Veneto
Alessandro Busato
Pasticceria Busato, Isola della Scala (VR), Tel. 045.7300560
Leonardo Di Carlo
Consulenze, Conegliano (TV)
Riccardo Ferracina
Pasticceria Ferracina, Camisano Vicentino (VI), Tel. 0444.610191
Lucio Forino
Consulente presso Cake and Coffee, Mestre (VE), Tel. 333.5316894 / 320.1492801
Carlo Pozza
Pasticceria da Venicio, Arzignano (VI), Tel. 0444.670163
Gianni Tomasi
Pasticceria Tomasi, Verona, Tel. 045.574017
Andrea Zanin
Pasticceria Zanin, Venezia, Tel. 041.5369200

– Emilia-Romagna
Maurizio Busi
Pasticceria Paola, Poggio Renatico (FE), Tel. 0532.829447
Marco Ercoles
Pasticceria Canasta, Cattolica (RM), Tel. 0541.961101
Gino Fabbri
Gino Fabbri pasticcere, Bologna, Tel. 051.505074
Daniele Masiero
Caffè Pasticceria Zanarini, Bologna, Tel. 051.2750041
Roberto Rinaldini
Pasticceria Rinaldini, Rimini, Tel. 0541.27146

– Toscana
Luca Mannori (già segnalato)
Paolo Sacchetti
Pasticceria Caffè Nuovo Mondo, Prato, Tel. 0574.27765

– Abruzzo
Fabrizio Camplone
Pasticceria Caprice, Pescara, Tel. 085.691633

Sandro Ferretti
Pasticceria Ferretti, Pagliare di Morro d'Oro (TERAMO), Tel. 085.8041632

– Marche
Armando Lombardi
Pasticceria Lombardi, Osimo (AN), Tel. 071.714875
Claudio Marcozzi
Dolciaria Loretana, Loreto stazione (AN), Tel. 071.977760
Andrea Urbani
Pasticceria Guerrino, Fano (PESARO E URBINO), Tel. 0721.864910

– Campania
Pasquale Antonio Avolio
Pasticceria Le delizie, Melito di Napoli (NA), Tel. 081.7101321
Salvatore De Riso
Sal De Riso Costa d'Amalfi, Tramonti (SA), Tel. 089.856446
Raffaele Ferraro
Pasticceria La Fiorente, San Giuseppe Vesuviano (NA), Tel. 081.8272700
Giuseppe Manilia
Pasticceria Orchidea, Montesano scalo (SA), Tel. 0975.863423; 0975.863653
Pasquale Marigliano
Pasticceria Marigliano, San Gennarello di Ottaviano (NA), Tel. 081.5296831
Alfonso Pepe
Pasticceria Gelateria Caffetteria Pepe, Sant Egidio Monte Albino (SA), Tel. 081.5154151
Salvatore Varriale
Pasticceria Varriale, Napoli, Tel. 081.7415166
Gennaro Volpe
Pasticceria Volpe Rino, Napoli, Tel. 081.7419657

– Puglia
Pantaleo Dell' Olio
Pasticceria San Pietro, Bisceglie (BA), Tel. 080.3921616
Pietro Moffa
Pasticceria Gelateria Cioccolateria Moffa, Foggia, Tel. 0881.635934

Cosimo Palmirotta
Pasticceria San Valentino, Castellana Grotte (BA), Tel. 080.4968282

– Sicilia
Antonino Accardi
Pasticceria Accardi, Palermo, Tel. 091.485797
Salvatore Cappello
Pasticceria Cappello, Palermo, Tel. 091.489601
Giovanni Pace
Pasticceria l'altro dolce, Palermo, Tel. 091.513320
Santi Palazzolo
Pasticceria Palazzolo, Cinisi (PA), Tel. 091.8665265

Altri indirizzi per i vostri acquisti

Oltre a questi maestri, non vogliamo tralasciare alcuni negozi, artigiani e pasticceri che meritano di essere visitati in Italia, sempre da Nord a Sud.

Pasticceria Morandin
Saint-Vincent (AO), via E. Chanoux 105, 0166.512690

Al Bicerin
Torino, piazza della Consolata 5, 011.4369325

Bottega del cioccolato Candifrutto
Torino, Via Avogadro 18/C, 011.539468

Capitano Rosso
Torino, corso Traiano 154, 011.6190638

Gerla
Torino, corso Vittorio Emanuele II 88, 011.545422

Sperandri
Torino, via P. Pinelli 52, 011.484306

Stroppiana
Torino, via Pauli 51, 011.3190460

Balla (Torta 900)
Ivrea (TO), corso re Umberto I 16, 0125.641327

Il Pasticcere (Torta Zurigo)
Pinerolo, via Saluzzo 239, 0121.76298

Guido Castagna (Atelier del cioccolato)
Giaveno (TO), via Torino 54 011.9766618

Laboratorio di Resistenza Dolciaria
Alba (CN), Via P. Ferrero 11, 0173.284185

Cioccolateria Fratelli Marolo
Castellinaldo (CN), via Regina Mergherita 29, 0173.213522
Mussotto d'Alba (CN), punto vendita: corso Canale 70

Sacchero
Canale d'Alba, via Roma 29, 0173.95617

Pasticceria Giordanino
Asti, corso Alfieri 254, 0141.593802

Converso
Bra, via Vittorio Emanuele II, 199, 0172.413626

Riccardi
Cherasco, via Guglielmo Marconi 24, 0172.488536

Strumia
Sommariva del Bosco, via Vittorio Emanuele 9, 0172.54230

Arione
Cuneo, Piazza Galimberti 14, 0171.692539

Godiva
Milano, via Manzoni 29, 02.86461857
Roma, piazza di Spagna 4, 06.69783318

Antica arte del dolce di Ernest Knam
Milano, Via Anfossi 10, 02.55194448

Chocolat
Milano, via Boccaccio 9, 02.48100597

Choco Cult
Milano, Via Buonarroti 7, 02.48027319

Cioccolato Puro
Milano, piazza del Carmine 1, 02.8691573

Dulcis in fundo
Milano, Via Zuretti 55, 02.66712503

Richart
Milano, via V. Monti 36, 02.36520676

Voilà le Chocolat
Milano, corso Genova 15, 02.89422239

Buosi
Venegono Superiore (VA), via Baracca 18 , 0332.400149

Beduschi
Cortina d'Ampezzo, Frazione Zuel di Sopra 58, Largo Poste 32, 0436.4823

Perbellini
Bovolone (VR), via Vittorio Veneto 46, 045.7100599

Biasetto
Padova, via Facciolati 12, 049.8024428

Gollini (Torta Barozzi)
Vignola (MO), via Garibaldi 1, 059.7710179

La bottega del cioccolato
Roma, via Leonina 82, 06.4821473

Chocolat
Roma, via della Dogana Vecchia 12-13, tel 06.68135545

Ciòccolati
Roma, via Marianna Dionigi 6, tel 06.36006165

Cioccolateria Augusta Perusia
Perugia, via Pinturicchio 2, tel. 075.5734577

Scaturchio
Napoli, piazza San Domenico 19, 081.5516944

Sperandri
Suni (NU), regione Zona Industriale 1, 078.5339021

* * *

Francia

Per la Francia, ecco le indicazioni delle migliori segnalazioni della guida del « Club des Croqueurs de Chocolat ».

Berthillon
Parigi, Rue Saint-Louis-en-l'Île 31, +33 1 43543161
Inimitabile per il suo gelato al cioccolato.

Jean-Paul Hévin
Parigi, Rue Saint-Honoré 231, +33 1 55353596
Per le migliori praline della capitale.

Ladurée
Parigi, Rue Royal 16, +33 1 42602179
Avenue des Champs-Élysées, +33 1 40750875
Magasin du Printemps, Boulevard Haussmann 62, +33 1 42824010
Per i *macarons* più famosi di Parigi

Gérard Mulot
Parigi, Rue de la Seine 76, +33 1 43268577
Il trionfo dell'alta pasticceria a base di crema al cioccolato.

Lenôtre
Parigi, Boulevard de Courcelles 15, +33 1 45638763

Un cioccolato d'eccezione, dalla copertura fine e croccante ai sapori equilibrati.

Stohrer
Parigi, Rue Montorgueil 51, +33 1 42333820
Per la sua crostata al cioccolato.

Maison Boissier
Parigi, Avenue Victor Hugo 184, +33 1 45035077
In onore alla tradizione cioccolatiera parigina, dal 1827.

Maison du Chocolat
Parigi, Rue du Faubourg-Saint-Honoré 225, +33 1 42273944
Quando tutto è sublime.

François Pralus
Roanne, rue Charles de Gaulle 8, +33 4 77712410
Uno dei più grandi, famosa la sua « Piramide di cioccolato ».

Le Roux
Quiberon, Rue de Port-Maria 18, +33 2 97500683
Al limite della perfezione.

Midi-Pyrénée Pâtisserie
Auch, Rue Dessoles 6, +33 5 62052693
Una maestria nell'arte del cioccolato.

Jouvaud
Carpentras, rue de l'Évêché 40, +33 4 90631538
Un sapore equilibrato, un'alchimia tra copertura e ripieno.

Séve Maître chocolatier pâtisser
Champagne-au-Mont-d'Or, Avenue De Lanessan 62, +33 4 78350421
Materie prime rigorosamente selezionate.

Au Parrain Généreux
Dijon, Rue de Bourg 21, +33 3 80355850
Dalle praline delicate.

Vincent Dallet
Épernay, Rue du Génèral-Leclerc 26, +33 3 26553108
Dal 1991 nel cuore della Champagne.

Pâtisserie Chocolaterie Schmitt
Gérardmer, Rue François-Mitterrand 15, +33 3 29633198
Un eccezionale cioccolato-e-menta.

Fresson
Jarny, Avenue Jean Jaurès 37, +33 3 82331879
Per le praline raffinate.

Chocolats Morand
La Clusaz, Le Pas du Roc Immeuble Carrefour, +33 4 50024126
Una finezza incredibile e una grande dolcezza.

Terroir Chocolat
Parigi, Passage Choiseul 21, +33 1 42965656
Per le sue ganache.

Christian Constant
Parigi, Rue d'Assas 37, +33 1 53631515
Dopo un'attenta selezione delle migliori fave, il cioccolato è perfetto.

Pierre Hermé
Parigi, Rue Bonaparte 72, +33 1 43544777
Il classico rivisitato.

Pierre Marcolini
Parigi, Rue de la Seine 89, +33 1 44073907
Sorprendente per la finezza.

Le Chocolat par Michel Chaudun
Parigi, Rue de l'Université 149, +33 1 47537440
Creazioni molto originali e artistiche.

Peltier
Parigi, Rue de Sèvres 66, +33 1 47340662
Un peccato che le praline non siano più grandi.

Richart
Parigi, Boulevard Saint-Germain 258, +33 1 45556600
Il designer del cioccolato.

Maison Reynald
Vernon, Rue Saint-Jacques 13, +33 2 32212572
Un indirizzo imperdibile in Normandia.

* * *

Viaggiando in Europa, non potete infine dimenticare una visita a queste cioccolaterie famose:

Svizzera

Confiserie Sprüngli
Zurigo, Paradeplatz, Bahnhofstrasse 21, +41 1 2244711
Un luogo mitico della pralineria svizzera dal 1836, uno spettacolo da non perdere.

Confiserie Hanselmann
St. Moritz, via Maistra 8, +41 81 8333864
Nella strada pedonale, da oltre cento anni paradiso dei golosi.

Spagna

Oriol Balaguer
Barcellona, Morales 21/27, Baixos b, +34 933 632298
Un giovane talento con un atelier alla moda.

Enric Rovira
Castellbell y el Vilar (Barcellona), Sant Geroni 17, +34 938 340927
Un maestro del design che ha avviato un'attività imprenditoriale su più larga scala.

Paco Torreblanca
Elda, Avda. José Martinez González 103, +34 965 388224

Austria

Zotter Schokoladen Manufaktur
Riegerburg, Bergl 56, +43 3152 5554
È conosciuto per i cioccolatini a forma di tavoletta.

Confiserie Altman & Kühne
Vienna, Graben 30, + 43 1 5330927
Il maestro di antica scuola delle micro-praline.

Belgio

Manon
Bruxelles, rue Tilmont 64, +32 2 4252632
Un tempio delle praline alla belga, fatte rigorosamente a mano.

Pierre Marcolini
Bruxelles, place du Grand Sablon 39, +32 2 5141206
Produttore di tavolette dal cacao, artista della pralina, uno dei più grandi: qui è nato il laboratorio con punti vendita in tutto il mondo.

Wittamer
Bruxelles, place du Grand Sablon 6-12, +32 3 5461114
Grande eleganza e vetrine per sognare nella cioccolateria più famosa della città.

Germania

Konditorei Andrea Sindern
Recklinghausen, Am Stadion 17, +49 2 361 23666
Pasticceri da tre generazioni, specialista in marzapane e cioccolatini.

Café Siefert
Michelstadt, Braunstrasse 17 +49 6061 2068
Tavolette da grand cru e praline sorprendenti al formaggio.

Inghilterra

The Chocolate Society
Londra, 36 Elizabeth Street, +44 20 72599222
Una piccola boutique fondata da tre gourmet che hanno una associazione e un sito web.

Rococo
Londra, 321 King's Road, +44 20 73525857
Il negozio di Chantal Coady.

Fortnum & Mason
Londra, 181 Piccadilly, +44 20 7734 8040
Nel magazzino più fornito di cibo della capitale inglese un piano interamente dedicato a dolci e cioccolato.

Indirizzi al cioccolato in Italia e all'estero

Le manifestazioni

Torino: *CioccolaTò*, tra marzo e aprile. www.cioccola-to.com
Perugia: *Eurochocolate*, tra ottobre e novembre. www.eurochocolate.com
Gubbio: *Altrocioccolato*, tra ottobre e novembre. www.altrocioccolato.org
Monsummano: *Cioccolosità*, a gennaio. www.cioccolosità.it
Firenze: *Fiera del cioccolato artigianale*, gennaio. www.fieradelcioccolato.it
Bologna: *Cioccoshow*, novembre. www.chocoshw.it
Parigi, New York, Mosca, Tokyo, Shanghai, Dubai, Madrid, Ginevra: *Salon du Chocolat*. A novembre la manifestazione principale a Parigi, che è diventata itinerante. www.chocoland.com

Le associazioni

Compagnia del cioccolato, via stazione, 2, Cocconato (AT) tel. 0141.907083 www.cioccolato.it
Chococlub, c.so F.lli Bandiera, 11, Alba (CN) tel. 0173.365027 www.chococlub.it
Per viaggi al cioccolato: sito www.chocotravels.com

Le scuole

Cast Alimenti: via Serenissima 5, Brescia, 030.2350076

Etoile: via Lungomare Adriatico, Sottomarina di Chioggia (VE) tel. 041.5543080
ICAM Linea Professionale: via Pescatori 53, Lecco, 0341.2901
École du Grand Chocolat Valrhona: 8, quai du général De Gaulle, Tain l'Hermitage, Francia, +33 4 75079095
Scuola del Cioccolato Perugina: via Pievaiola 164, numero verde 800 800 907

I musei

Italia

Museo Storico Perugina
Via Pievaiola 163, San Sisto (Perugia)
075 5276796
www.perugina.it
Nasce nel 1997, nel 90° anniversario della fondazione dell'azienda, come derivazione dell'Archivio Storico Buitoni Perugina. Il percorso è articolato in quattro sezioni: dal cacao al cioccolato, una storia di impresa, prodotti e rete di vendita, la comunicazione. In aggiunta si posso vedere i macchinari di produzione e di confezioni Perugina dal 1907 ad oggi e alcune postazioni audiovisive per ulteriori filmati esplicativi.

Francia

Les Secrets du Chocolat « Marquise de Sévigné »
parc de la Porte Sud, rue du Pont du Péage
Geispolshein Strasburgo
+33 (0)388 55 04 90
Dotato di una tecnologia video e sonora d'avanguardia, è concepito come un palazzo delle scoperte. Decorazioni animate ricreano la storia del cacao, compresa la trasformazione del cacao in cioccolato fatta dalle macchine in una sala. Diversi spazi tematici come il salone da tè o lo spazio « scoperta del cioccolato » completano la visita.

Musée Art du Chocolat
Place Paul Saissac 13, Lisle sur Tarn
+33 (0)5 63336979
Sviluppato in due temi: uno storico per i 3000 anni di storia del

cioccolato; l'altro creativo e artistico, con esposizione di sculture di cioccolato, opere di maestri cioccolatai, documenti video e dipinti.

Musée Plaisir du Chocolat
Avenue Beau Rivage 14, Biarritz
+33 (0)5 59415464
www.lemuseeduchocolat.com
La visita comincia con una prima parte sulla storia e i segreti della fabbricazione del cioccolato, dal 1500 a oggi. Il processo produttivo viene spiegato con documentari e reportage, dalle fave di cacao fino al cioccolato che troviamo nei laboratori moderni, in particolare quelli di Henri di Biarritz. Si vedono poi le differenti tipologie di lavorazione, artigianale e industriale, paragonando anche i prodotti finiti. L'Arte e il Cioccolato è la sezione dedicata alle sculture realizzate da Serge Couzigou. Altre due sezioni sono dedicate alla degustazione di cioccolato e alla collezione di oggetti d'epoca.

Museo Palais du Chocolat
Rue de la République 25, La Côte St. André
+33 (0)4 74203589
www.jouvenal.chez.tiscali.fr/
Dedicato all'esposizione permanente di opere di maestri cioccolatai e artisti. I temi spaziano dalla storia alla geografia, fino alla botanica del cioccolato, con una particolare attenzione al lavoro dell'artigiano e la possibilità di degustare le creazioni.

Svizzera

Cailler – Nestlé
The Cailler – Nestlé, Broc – Canton Friburg
+41 026 9215151
All'interno di una delle più antiche fabbriche di cioccolato della Svizzera, questo museo aziendale consente anche assaggi e possibilità di vedere antichi macchinari. È inclusa solitamente la visione di un filmato, alcune degustazioni, una rapida visita alla fabbrica, non durante la lavorazione, e la possibilità di acquistare oggetti ricordo. In estate vengono anche organizzati dalle ferrovie svizzere treni al cioccolato con partenza da Montreux.

Schokoladenmuseum
c/o Chocolate Alprose, via Rompada 36, Caslano (Lugano)
+41 91 6118888
www.alprose.ch
Creato nel 1991 accanto alla fabbrica Alprose, anch'esse visitabile. In esposizione le fasi di lavorazione del cioccolato e la storia del prodotto, dalla provenienza della materia prima alle lavorazioni, ai procedimenti di trasformazione, al confezionamento. In una sala è stata ricostruita fedelmente una piantagione di cacao, al cui fianco una fontana dispensa cioccolata senza interruzione.

Belgio

Musée du Cacao et du Chocolat
Rue de la Tête d'Or, 9/11 Bruxelles
Tel.: +32 (0)2 514 20 48
www.mucc.be
Museo fondato nel luglio del 1998 dalla signora Jo Draps, erede di una dinastia di produttori di cioccolato, a testimonianza della qualità del cioccolato belga. Una parte introduttiva è dedicata alla storia, il percorso continua con immagini e filmati per la comprensione e l'apprendimento di tutte le fasi del processo produttivo del cioccolato. La visita prevede anche la performance di un maestro cioccolataio e una degustazione.

Le musée du Chocolat Jacques
Rue de l'Industrie 16, Eupen
+32 (0)87 592911
Fondato nell'ottobre del 1994 dagli eredi di Antoine Jacques, collegato allo storico stabilimento Jacques Chocolaterie S.A., a testimonianza della cultura del cacao, il suo utilizzo nella produzione di cioccolato e la sua storia. Al primo piano un'esposizione di immagini, vecchie stampe e filmati spiegano la coltura e la produzione. Al piano superiore si può effettuare un tour guidato alla fabbrica di cioccolato, potendo quindi vedere la produzione delle barre Jacques dalla scelta dei chicchi di cacao al prodotto finito.

The Choco-Story
Wijnzakstraat 2, Sint-Jansplein, Bruges
+32 (0)50 612237

Germania

Imhoff-Stollwerck Museum
Museo del cioccolato di Colonia
Rheinauhafen 1/A, Köln
+49 221 9318880
www.shokoladenuseum.de
Fondato nel 1993, finanziato da Hans Imhoff, presidente del Consiglio di Sorveglianza delle imprese tradizionali di Colonia, mostra il cioccolato e il cacao nei loro diversi aspetti. Indipendente da marchi o aziende, sviluppa il tema « Cioccolato e cacao », con un percorso circolare attraverso i 3000 anni di storia.

Spagna

Museo del Chocolate Artesiano Comes
Calle Sant Josep 29, Sueca – Valencia
+34 961 709142
www.chocolatescomes.com/museo.htm
Dedicato agli aspetti di fabbricazione del prodotto e alla degustazione in tutte le varianti, elaborato in modo rigorosamente artigianale. In esposizione ci sono quasi esclusivamente gli attrezzi per la produzione del cioccolato. Il negozio annesso al museo commercializza i prodotti Chocolate Artesiano Comes, indicati per persone affette da celiachia.

Museo del Chocolate
C/ José Maria Gay 5, Astorga (León)
www.astorga.com/turismo
Fondato nel 1994 dal Comune, espone una collezione unica in Spagna e seconda in Europa, dove il cioccolato è legato strettamente allo sviluppo di questa città, dal suo arrivo in Europa e per i commerci che ha generato. Si possono osservare macchinari antichi, vecchie stampe e oggetti legati al cioccolato, inoltre si può assistere dal vivo al lavoro dei cioccolatieri.

Museo de la Xocolata
Carrer Comerc 36, Barcellona
+34 93 2687878
www.museuxocolata.com
Fondato dai titolari delle 280 pasticcerie locali e regionali in collabo-

razione con la città di Barcellona e il Governo autonomo della Catalogna. Si articola in diverse sale, una dedicata alla storia del cacao e del cioccolato, un'altra mostra i diversi usi del prodotto nell'arco dei secoli nelle diverse culture. Si prosegue con lo studio dell'influenza che il cioccolato ha avuto su arte e pubblicità, quindi si passa alla tradizione pasticcera della Catalogna e di Barcellona. Si finisce con l'esposizione dei macchinari provenienti da fabbriche catalane.

Museo Valor
Pianista Ponzalo Soriano 13, Villajoyosa Alicante
+34 9 65890950
www.valor.es
Ospitato all'interno di una cascina rurale del XIX secolo, in cui si trovano macchinari, utensili, oggetti e documentari relativi alla storia e al processo di produzione del cioccolato.

Gran Bretagna

Cadbury World
Linden Road Bournville, Birmingham, West Midland
+44 121 4514159
www.cadburyworld.co.uk
A fianco di una delle storiche fabbriche di cioccolato della Gran Bretagna, un museo aziendale che ripercorre la storia della Cadbury e del cioccolato, con dimostrazioni e video sulla lavorazione. Non è sempre garantita la possibilità di vedere la parte finale del confezionamento all'interno dello stabilimento.

Negli Stati Uniti

Chocolate Town, Pennsylvania, Hershey Museum
170 West Hersheypark Drive, Hershey
+1 717 5343439
www.hersheymuseum.org
Creato per documentare la storia della città di Manheim, in Pennsylvania. Una parte di questa enorme città-museo è dedicata al cioccolato: dagli anni '30 del secolo scorso la produzione è incrementata notevolmente. Si possono vedere i macchinari utilizzati nel processo produttivo, attivati a scopo dimostrativo. Il resto riguarda soprattutto la storia del paese. Sono previste sessioni didattiche e

laboratori principalmente per bambini, che a fine visita posso preparare cioccolatini da portarsi a casa.

Canada

Choco-Musée Érico
634, rue Saint-Jean, Faubourg Saint-Jean Baptiste, Québec
www.chocomusee.com
info@chocomusee.com
Dedicato alla storia del cioccolato, una moltitudine di oggetti illustra questo viaggio. Si prosegue poi con tutto quanto è legato alla commercializzazione del prodotto, oggetti e accessori rari. Una parte è riservata alla sezione ChocoFun, dove gli specialisti nella produzione di cioccolato propongono ai visitatori le loro creazioni.

Musée du Chocolat
73, boulevard Milltown, St. Stephen N-B
+1 506 4667848
www.chocolatmuseum.ca
Aperto nel 1999, presenta la storia dei fratelli James e Gilbert Ganong, produttori di caramelle e poi di cioccolato fino alla fine dell'Ottocento. Attraverso l'uso di computer interattivi, viene spiegata la produzione di cioccolato e caramelle ieri come oggi. Oltre a questa parte espositiva, che comprende anche macchinari antichi, è stata ideata la « camminata del cioccolato », tra giugno e ottobre, comprendente la visita del museo e della cittadina.

Brasile

Chocolat Prawer
Avenida das Hortênsias 4100, Gramado (RS)
+55 54 2861580
www.prawer.com/enhanced/english_museum.html
Sviluppato accanto alla fabbrica Prawer, pioniera della produzione di cioccolato in Brasile. La mostra permanente ospita vecchie attrezzature e utensili per la produzione casalinga del cioccolato, iniziata nel 1975 da James Prawer. Una parte importante riguarda la storia, dai Maya fino ai giorni nostri. Prosegue poi con le varie fasi di coltura e lavorazione, dalla piantagione alla produzione.

Giappone

Ishiya Chocolate Museum
c/o Ishiya Scika Co., Ltd 11-36 Miyanosawa 2-2, Nishi-ku
Sapporo – Hokkaido
+81 11 6661483
Nato accanto alla fabbrica Shiroi Koibito, che produce i biscotti lingua di gatto ricoperti di cioccolato al latte, con il latte fresco di Hokkaido. Ci sono sezioni dedicate alla storia, agli oggetti, alle confezioni, ai personaggi e a tutto ciò che riguarda il cioccolato. Alla fine del tour si può visitare lo stabilimento Shiroi Kiobito.

Corea

Chocolate Castle Museum
551-18 Ilgwari, Daejeong-eup, Namjeju-gun, Jeju-do
Aperto nel 2002, si trova a sud della città di Jeu ed è il primo museo del cioccolato in Corea. Presenta un'esposizione sulla storia del prodotto, sulla coltura e produzione del cacao e del cioccolato e per finire una collezione di oggetti di cioccolato da tutte le parti del mondo.

Glossario: il cioccolato dalla A alla Z

AIDI
Sigla che significa Associazione industrie dolciarie italiane: nata nel 1967, aderente a Confindustria, rappresenta le aziende che producono confetteria, cioccolato e prodotti a base di cacao, biscotti e dolci da forno, gelati e dessert. Il giro d'affari è di quasi 10 miliardi di euro, con 28 mila addetti.

Artigiano
La legislazione italiana definisce in modo preciso (legge 8 agosto 1985 n. 433) il concetto di impresa artigiana: nel mondo del cioccolato vi sono piccole aziende che aderiscono all'AIDI (come Peyrano di Torino, per esempio) o imprese che preferiscono rimanere nell'ambito dell'artigianato. Viene considerata artigiana l'impresa che abbia come scopo prevalente « lo svolgimento di un'attività di produzione di beni, anche semilavorati, o di prestazioni di servizi, escluse le attività agricole ». Ci sono limiti dimensionali: per chi non lavora in serie, 18 dipendenti. Per chi lavora in serie, soltanto 9. I laboratori dei cioccolatieri e dei pasticceri rientrano nelle attività « tradizionali e artistiche » e possono avere fino a 32 dipendenti prima di essere dichiarati piccola industria.

Aroma
Nella degustazione si definisce aroma (primario o secondario) il profumo che sprigiona il cioccolato, ma anche il cacao. Quando si percepiscono anche gli aromi secondari il prodotto è di alta qualità.

Aromatico (cacao)
Si definisce aromatico il cacao di migliore qualità (un altro modo di indicarlo è « fine »), proveniente in genere dalla varietà botanica Criollo o Trinitario. Un accordo del 1993 ha stabilito che tutto il cacao prodotto da questi otto paesi può essere classificato come aromatico o fine: Repubblica Dominicana, Grenada, Giamaica, Saint Lucia, Saint Vincent e Granadine, Samoa, Suriname, Trinidad e Tobago.

Barbagliata
Bevanda ottenuta miscelando caffè, cioccolato e panna, inventata a Milano da Domenico Barbaja ai primi dell'Ottocento e servita in un locale vicino al teatro alla Scala.

Barretta
Sinonimo di tavoletta, indica un pezzo di cioccolato (fondente, al latte, bianco o Gianduja) di forma rettangolare: è il diminutivo del termine « barra », cioè lingotto di metallo.

Bianco (cioccolato)
È un cioccolato che non ha massa di cacao: viene prodotto con burro di cacao (almeno il 20%), zucchero e latte in polvere.

Bicerin
Bevanda tradizionale torinese nata agli inizi dell'Ottocento costituita da strati di caffè, panna e cioccolato: l'originale viene ancora servito nel locale omonimo in piazza della Consolata, nel centro storico.

Bitter
Sinonimo di amaro, è un termine inglese per indicare il cioccolato fondente. A volte viene scritto sulla confezione: se rafforzato con « extra bitter » indica una percentuale di cacao più alta di quella minima richiesta dalla legge.

Burro di cacao
È il grasso vegetale estratto dai semi di cacao: allo stato liquido ha un colore giallo chiaro ed è semitrasparente. Viene aggiunto alla massa di cacao per rendere il cioccolato più brillante ed elastico. È anche utilizzato dall'industria farmaceutica.

Cabosse
È il frutto della pianta del cacao (detto anche cabosside): assomiglia a un piccolo melone dalla forma di una palla da rugby, può avere vari colori (bianco, verde, arancione), una lunghezza tra i 15 e i 20 centimetri e pesa intorno al mezzo chilogrammo. Ognuno contiene circa 40 semi detti anche fave.

Cacao
Viene definita così la pianta che due volte l'anno dà i frutti detti « cabossi ». Fu classificata dal botanico Linneo nel 1753 come Theobroma cacao, cresce soltanto nella fascia equatoriale e se ne conoscono tre varietà botaniche: Criollo, Forastero, Trinitario (incrocio tra le prime due). Oggi la produzione annuale di fave di cacao nel mondo è di circa 3 milioni di tonnellate, il 70 per cento della quale è africana.

Cacao in polvere
È ottenuto dalla triturazione e dalla raffinazione del panello, fino alla totale polverizzazione: viene utilizzato in cucina, in pasticceria e in gelateria.

Chuao
È una piccola zona del Venezuela a sud di Caracas, raggiungibile soltanto via mare, dove si coltiva uno dei cacao più preziosi del mondo, un Criollo purissimo: è il più noto tra i cru oggi usati per realizzare il cioccolato d'origine di qualità.

Cioccolatiere
È un artigiano che nel suo laboratorio realizza prodotti con il cioccolato che mette in vendita. Un tempo acquistava le fave, le tostava, le macinava, le raffinava lavorandole in modo completo fino ad arrivare al cioccolatino. Oggi la maggior parte dei cioccolatieri utilizza cioccolato di copertura fornito dall'industria specializzata.

Cioccolatino
È un piccolo dolce al cioccolato, in genere sui 5 grammi. Può essere venduto incartato singolarmente o « nudo ». Ve ne sono di molti tipi. In Italia possono anche essere definiti « praline ». In Francia « bonbon », in alcune parti della Svizzera « truffe » (tartufi).

Cristalli
Il cioccolato si forma con la cristallizzazione del burro di cacao, attraverso passaggi di temperatura detti temperaggio. In caso di difetti di lavorazione i cristalli possono affiorare sulla superficie di una tavoletta dando luogo a una patina biancastra.

Coabisco
Acronimo inglese che indica l'Associazione europea dei produttori di cioccolato, « confectionery » (tutti i tipi di dolci) e biscotti. È nata nel 1958 e dal 1985 ha sede a Bruxelles: oggi rappresenta circa 2 mila imprese del settore, con 236 mila dipendenti per circa 43 miliardi di euro di fatturato.

Copertura (cioccolato di)
Con questo termine i professionisti del settore indicano abitualmente il cioccolato che usano per le loro preparazioni: ha una percentuale maggiore di burro di cacao e viene impiegato per creare praline, torte, tavolette, mignon.

Concaggio
È la fase di lavorazione compiuta ad alta temperatura (circa 80 °C) dopo la miscelazione della massa di cacao con il burro di cacao, lo zucchero e altri ingredienti. Prende il nome dalla forma a *concha* (conchiglia, in spagnolo) della macchina che lo realizza. Il metodo fu inventato da Lindt: può durare due o tre giorni, dando luogo a un composto fluido e omogeneo. Con il concaggio si estrae l'umidità residua e si riducono gli aromi acidi e astringenti. Durante questo processo lavorativo si aggiungono una piccola parte di lecitina di soia, come fluidificante ed emulsionante, e una piccolissima quantità di vaniglia, come aromatizzante. Alcuni cioccolatieri artigianali, attenendosi all'antica lavorazione spagnola, hanno ripreso a produrre il cioccolato saltando questa fase: mescolano a freddo la massa di cacao con lo zucchero, come a Modica, in Sicilia.

Crema (alle nocciole)
È un prodotto sia artigianale sia industriale, che viene realizzato mescolando nocciole tritate con massa di cacao e zucchero, a volte con aggiunta di oli vegetali, burro vaccino o latte in polvere. La più nota è la crema Gianduja. Vi sono anche creme prodotte con l'aggiunta di altre materie prime, come caffè o liquidi alcolici.

Criollo
È la varietà botanica più pregiata del cacao: fu battezzata così dalla parola « creolo » (originario, indigeno) perché originaria dell'America centrale, dove si sviluppò la pianta del cacao. Oggi è molto rara, soggetta a erosione genetica, se ne produce soltanto tra l'1 e il 2% del totale. Dall'incrocio con il cacao Forastero (quello diffusosi lontano dai luoghi d'origine, più robusto e con rese per ettaro più alte) è nato il cacao Trinitario, nell'isola di Trinidad.

Cru
Il termine è stato coniato per il vino e indica una vigna dalla posizione molto felice, dalla quale si ottengono uve pregiate per realizzare bottiglie di ottima qualità e di prezzo più alto. La stessa accezione vale per il cioccolato, legando i semi di cacao con il *terroir*, il territorio nel quale sono cresciuti. Si creano così tavolette monorigine: prodotte negli ultimi anni, in genere provengono da coltivazioni di cacao Criollo o Trinitario.

Degustazione
La tecnica per assaggiare in modo approfondito le tavolette di cioccolato, le creme da spalmare o i cioccolatini. Come per il vino, quando si confrontano etichette di diverse annate dello stesso vitigno (verticale) o dello stesso vitigno con diversi produttori (orizzontale) esistono precise regole da seguire coinvolgendo tutti i cinque sensi.

Dragée
È un tipo di pralina, piccola, tonda o ovale, che viene realizzata ricoprendo un chicco di caffè o frutta secca.

Domaine
Normalmente è l'azienda produttrice, come nel vino. Oggi su alcune tavolette indica la piantagione da cui provengono le fave di cacao.

Essiccazione
Dopo la fermentazione, le fave di cacao vengono essiccate al sole, nelle piantagioni, fino a 10-12 giorni: serve a togliere l'acqua contenuta nei semi in modo che possano essere conservati anche per lunghi periodi.

Extra
Secondo la legislazione italiana si può aggiungere questo aggettivo qualora vi sia una caratteristica di maggior qualità rispetto allo standard: quindi un cioccolato extra può essere il fondente con una percentuale di cacao superiore al minimo richiesto dalla legge, oltre il 45%.

Extra-bitter
Cioccolato fondente con una percentuale di cacao superiore al 60%.

Fair Trade
È la sigla internazionale dei prodotti di commercio equo e solidale, per i quali l'obiettivo non è il profitto, ma la lotta allo sfruttamento agricolo e la giusta remunerazione delle materie prime: in questo caso il cacao e lo zucchero.

Fave (di cacao)
Sono i semi della pianta del cacao, ogni frutto (cabosse) ne contiene circa 40: sono grandi come mandorle (o fave) e da questi si produce il cioccolato. La loro fermentazione ed essiccazione avvengono, in genere, vicino alla piantagione, poi, racchiuse in sacchi di iuta raggiungono la destinazione per le successive fasi di lavorazione.

Feniletilamina
È una molecola presente nel cioccolato, molto simile all'anfetamina. È stato appurato che il nostro cervello sviluppa questa sostanza durante l'innamoramento: viene citata come presupposto scientifico del potere afrodisiaco di Theobroma cacao.

Fermentazione
È la prima lavorazione alla quale vengono sottoposti i semi di cacao appena tolti dalle cabosse: varia da 5 a 10 giorni e si effettua in grandi casse o ceste. È una fase importante, per la qualità del futuro cioccolato, con tre scopi: eliminazione della polpa, inibizione della facoltà germinativa dei semi, creazione dei precursori degli aromi.

Fine (cacao)
È un sinonimo del termine « aromatico » ed è usato a livello inter-

nazionale per definire i migliori tipi di cacao sul mercato: viene coltivato principalmente nei paesi del Centro America.

Fine (cioccolato)
È un aggettivo che può essere usato per descrivere un cioccolato: qualche volta si trova in etichetta per indicare una qualità migliore.

Finissimo
Altro aggettivo che si legge sull'etichetta, usato per individuare una qualità superiore.

Fondente (cioccolato)
È un cioccolato con alto contenuto di cacao e poco zucchero, senza latte. Più è alta la percentuale di cacao, sopra il 50%, più è pregiato. Viene prodotto con massa di cacao, burro di cacao (almeno il 30%) e zucchero.

Forastero
È la varietà botanica più resistente, ma meno pregiata del cacao: significa straniero, perché messa in coltivazione lontano dall'area originaria di sviluppo del cacao, l'America centrale. Rappresenta circa l'80% della produzione mondiale del cacao e cresce soprattutto in Africa.

Frantumazione
È l'operazione successiva alla tostatura, che si effettua in macchine rompi-cacao nelle industrie di trasformazione del cacao in cioccolato.

Ganache
È un composto di cioccolato e panna e/o altri componenti che possono essere infusi, succhi e polpa di frutta: può diventare il cuore di una pralina, se ricoperto di un velo di cioccolato.

Gianduja (cioccolato)
Tipico cioccolato con le nocciole nato a Torino a metà dell'Ottocento (si chiama così in onore della maschera carnevalesca della città) ora prodotto in tutto il mondo, essendone certificate le caratteristiche anche nel *Codex Alimentarius*. Contiene almeno il 32% di cacao e tra il 20 e il 40% di nocciole triturate e concate insieme con

la massa di cacao. Può avere o meno l'aggiunta di latte in polvere, che in origine non era prevista.

Gianduiotto
È il primo cioccolatino incartato al mondo, nato a Torino a metà dell'Ottocento, con una miscela di nocciole, zucchero e cacao. Il suo peso è abitualmente di 10 grammi, ma negli ultimi anni sono apparsi anche gianduiotti da 5 grammi.

Granella (di cacao)
È un insieme di piccoli pezzi di semi di cacao tostati e frantumati: il nome prende origine dalla parola granello, che deriva dal chicco di grano. Oggi è diventato un semilavorato molto usato dalla cioccolateria per dare più vigore alle tavolette. In francese viene definita *gruè*, in inglese *nibs*: si possono trovare sull'etichetta tutte e tre le dizioni.

Grassi vegetali
Con una direttiva dell'UE, molto discussa, è possibile aggiungere alcuni grassi vegetali nel cioccolato fino al 5%, senza aver l'obbligo di scrivere in etichetta che si tratta di « surrogato ». In Italia le industrie e gli artigiani concordemente ne hanno rifiutato l'uso e anzi lo certificano ai consumatori scrivendo in etichetta « cioccolato puro ».

Gruè
È il modo con il quale i francesi definiscono la granella di cacao: è un termine che si usa anche in Italia.

ICCO
È la sigla che indica la International Cocoa Organization: è nata nel 1973 dopo il primo accordo internazionale sul cacao e raccoglie le nazioni che producono cacao e quelle che lo trasformano. Ha sede a Londra, pubblica statistiche aggiornate e viene anche definita « l'ONU del cacao ».

Industria
Sono dieci le aziende dolciarie che si dividono circa il 70% del mercato mondiale del cacao, con 41 miliardi di dollari (dati 2003) su un giro d'affari di 60. Le aziende sono, nell'ordine: Mars, Nestlé,

Cadbury-Schweppes, Ferrero, Hershey's, Kraft, Wrigley, Barry Callebaut, Perfetti Van Melle, Lindt & Sprüngli.

Latte (cioccolato al)
È un cioccolato con il 25% di cacao, prodotto con zucchero e latte in polvere.

Lecitina (di soia)
È un emulsionante che viene aggiunto in piccole dosi nel cioccolato (intorno allo 0,5%) per migliorare la fluidità del prodotto e impedire l'affioramento del burro di cacao.

Massa (di cacao)
È un semilavorato ottenuto dopo la macinazione della granella di cacao. Viene prodotto soprattutto dall'industria, in pani da 2,5 chilogrammi, utilizzati dagli artigiani che li mescolano a zucchero e burro di cacao per realizzare le loro creazioni.

Modellaggio
È la lavorazione finale con la quale si cola il cioccolato liquido, appena temperato, in appositi stampi per creare tavolette, *napolitaines*, uova pasquali, gusci per praline ecc.

Napolitaine
Sono piccole e sottili tavolette quadrate di cioccolato, incartate singolarmente e del peso di 5 grammi, usate in genere per le degustazioni.

Nibs
È il nome inglese che viene dato alla granella di cacao grezzo, tostata e rotta in piccoli pezzi.

Nocciolato
È un tipo di cioccolato, al latte o fondente, con aggiunta di nocciole intere.

OGM
La sigla significa Organismo geneticamente modificato: non risulta che per ora vi siano coltivazioni di questo tipo nel cacao. Sono invece spesso praticate per la soia, dalla quale si ricava la lecitina di

soia, emulsionante aggiunto nel cioccolato ma in piccolissime quantità.

Panello
Con la spremitura, in presse idrauliche, della massa di cacao si ottiene una parte grassa, il burro di cacao, e una parte secca, residua, detta panello. Da quest'ultimo, dopo un'ulteriore raffinazione e polverizzazione, si ricava la polvere di cacao.

Percentuale
Quando è scritta sull'etichetta di una tavoletta di cioccolato, indica la quantità di cacao contenuta, il resto è zucchero. In base alla qualità (al latte, fondente, Gianduja) la legge indica le percentuali minime.

Pralina
In Italia è una parola che equivale a cioccolatino, ma nasce come farcia di frutta secca croccante ricoperta di cioccolato.

Pralinato
È un tipo di semilavorato per pasticceria, con nocciole e cioccolato.

Raffinazione
È una fase di lavorazione industriale: dopo la miscelazione con lo zucchero, il burro di cacao ed eventuali altri ingredienti (latte in polvere, pasta di nocciole), la massa di cacao passa in un'apposita macchina detta raffinatrice, a tre e a cinque cilindri, che rende infinitesimali le particelle, con dimensioni non superiori a 18 micron.

Semi (di cacao)
Sinonimo di fave di cacao, ogni cabosse ne contiene 40: dalla loro lavorazione si ottiene il cioccolato.

Snap
Si definsce così il suono che produce la rottura di una tavoletta fondente: serve per giudicare la qualità del concaggio.

Tablage
È una tecnica di pasticceria con cui si raffredda il cioccolato fuso su un piano di marmo e lo si lavora con una apposita spatola.

Tavoletta
È il termine più usato per indicare una barra di cioccolato, in genere da 100 grammi.

Teobromina
È una sostanza stimolante presente nel cioccolato, in quantità più rilevanti della caffeina.

Temperaggio
È un processo essenziale affinché il burro di cacao solidifichi in forma cristallina stabile e quindi il cioccolato assuma un aspetto lucido, brillante, vellutato. È un trattamento termico durante il quale il cioccolato fuso viene prima raffreddato a 26-28 °C e poi riscaldato a 29-32 °C.

Tostatura
In questa fase le fave sono sottoposte a forte calore per esaltare in modo completo gli aromi del cacao.

Theobroma cacao
È il nome scientifico della pianta del cacao, che fu dato nel 1753 dal botanico svedese Linneo.

Trinitario
È una delle varietà botaniche pregiate del cacao, frutto dell'incrocio tra Criollo e Forastero: ha origine dai primi esperimenti che si svolsero nell'isola di Trinidad. Costituisce dal 12 al 18% della produzione mondiale di cacao.

Vermicelli
È una possibile presentazione del cioccolato per i professionisti, sotto forma di grossi spaghetti: sono usati dai pasticceri e sono diffusi soprattutto negli Stati Uniti.

Bibliografia

Storia del cacao e del cioccolato

AA.VV., *La Prasline de Montargis*, Herscher, Paris, 2002

AA.VV., a cura dell'AIDI, Associazione Industrie Dolciarie Italiane, *Dolce business*, Il Sole 24 Ore Libri, Milano, 1996

AA.VV., *Novi Storia di un'impresa incominciata nel 1903*, pubblicazione fuori commercio Elah Dufour Novi, Novi Ligure, 2003

Allen, S.L., *Nel giardino del diavolo*, Feltrinelli, Milano, 2005

Bay A., Ferrari, P., *Le parole dei menu*, Idealibri, Milano, 1998

Bougard A.J., *CH comme Chocolat*, Slatkine, Genève, 2001

Brillat-Savarin, A., *Fisiologia del gusto*, Sellerio, Palermo, 1998

Camporesi, P., *Il brodo indiano*, Garzanti, Milano, 1998.

Cattabiani, A., *Florario*, Mondadori, Milano, 1996

Ceserani, G., Covino, R. (a cura di), *Perugina – Una storia d'azienda, ingegno e passione*, Silvana Editoriale e Nestlé, Perugia, 1997

Coe, S.D., Coe, M.D., *La vera storia del cioccolato*, Archinto, Milano, 1997

Colin, J.-C., *Agenda du Chocolat 2005*, I.D. l'édition, Rosheim, 2005

Colomenero de Ledesma, A., (a cura di Elisabetta Paltrinieri), *Curioso trattato sulla natura e qualità del cioccolato*, Dell'orso, Torino, 1999

D'Antonio, M., *Hershey*, Simon & Schuster, New York, 2006

Fazzolari, T. (a cura di), *Ferrero 1946 – 1996. Un'industria attraverso mezzo secolo di storia e di costume*, pubblicazione fuori commercio Ferrero, Alba, 1996

Franca, E., *Cioccolata, cioccolato, e non solo...*, Carnascialia, Fano, 2006
Glenn Brenner, J., *The emperors of Chocolate*, Broadway Books, New York, 2000
Kiple, K.F., Coneè Ornelas, K. (a cura di), *The Cambridge World History of Food*, Cambridge University Press, Cambridge (UK), 2000
Kundera, M., *L'insostenibile leggerezza dell'essere*, Adelphi, Milano 1985
Lévi-Strauss, C., *Il crudo e il cotto*, Net Saggiatore, Milano, 2004
Mancusi Sorrentino, L., *Cioccolandia*, Intra Moenia, Napoli, 2005
Marsero, M., *Dolci delizie subalpine*, Lindau, Torino, 1995
Marsero, M., *Il cioccolato – Storie e ricette*, Lindau, Torino, 1997
Montanari, M., *Il cibo come cultura*, Laterza, Bari, 2004
Padovani, G., *Gnam! Storia sociale della Nutella*, Castelvecchi, Roma, 1999
Padovani, G., *Nutella un mito italiano*, Rizzoli, Milano, 2004
Paolini, D. (a cura di), *Prodotti tipici d'Italia*, Garzanti, Milano, 2005
Pfiffner, A. (a cura di) *H. Nestlé – From Pharmacist's to founder of the world's largest food company*, Vevey, 1995
Piccinardi, A., *Dizionario di gastronomia*, Rizzoli, Milano, 1993
Polin, C.J., *The story of chocolate*, Dorling Kindersely, London, 2005
Presilla, M.E., *The new taste of Chocolate*, Ten Speed Press, Toronto, 2001
Schenone, G. (a cura di), *L'avventura del cacao in Piemonte*, Pas Informazione, Torino, 2003
Richardson, P., *I piaceri del cioccolato*, Garzanti, Milano, 2004
Richardson, T., *Sweets*, Bantam, London, 2002
Rosenblum, R., *Chocolate*, North Point Press, New York, 2005
Runcie, R., *La scoperta del cioccolato*, Garzanti, Milano, 2002
Schivelbusch, W., *Storia dei generi voluttuari*, Bruno Mondadori, Milano, 1999
Wood, G., Lass, R.A., *Cocoa*, Blackwell Scientific Publications, Oxford, 2001

Manuali, saggi e guide sul cioccolato

AA.VV., *L'Italia del cioccolato*, Touring editore, Milano, 2004
AA.VV., *Le guide du Club de Croqueurs des Chocolat*, Michel Lafon, Paris, 2003

Boccali, C., Silvestri, F., *Infinito cioccolatare*, ali&no, Perugia, 2000
Ciuffoletti, Z., *Dolcemaro*, Alinari, Firenze, 2004
Coady, C., *The chocolate companion*, Apple, London, 1995
De Luca, G., *Il libro completo del cioccolato*, De Agostini, Novara, 2005
Doutre-Roussel, C., *The chocolate connoisseur*, Piatkus, London, 2005
Gioffrè, R., *Cioccolato – Nuove armonie*, Giunti, Firenze, 2003
Hermé, P., *Larousse du chocolat*, Larousse, Paris, 2005
Jayne-Stanes, S., *Il grande libro del cioccolato*, Newton & Compton, Roma, 2000
Khodorowsky, K., Hervé, R., *Piccola enciclopedia del cioccolato*, Rizzoli, Milano, 2001
Khodorowsky, K., De Lousy, O., *Chocolat et grand cru de cacao*, Solar, Paris, 2003
Khodorowsky, K., Hervé, R., *Le Chocolat*, Le Cavalier Bleu, Paris, 2004
Lebovitz, D., *The great book of chocolate*, Ten Speed Press, Berkeley, 2004
Lousada, P., *Cioccolato*, Idealibri, Rimini, 1998
Mantovano, L. (a cura di), *Cioccolato & cioccolatieri*, Gambero Rosso Editore, Roma, 1995
Mantovano, L., *I grandi maestri del cioccolato*, Gambero Rosso, Roma, 2004
Negri, N., Buosi, D., *Cioccolato*, Fabbri Editore, Milano, 2004
Neri, N., (a cura di), *Come il cioccolato sui maccheroni*, Mondadori, Milano, 2006
Perera, O., *Dolci piemontesi*, Daniela Piazza Editore, Torino, 2006
Sanvitale, P., *Il cioccolataio*, Saggiatore, Milano, 2005
Schiaffino, M., *Cioccolato & cioccolatini*, Idealibri, Rimini, 1985
Jayne-Stanes, S., *Il grande libro del cioccolato*, Newton & Compton, Roma, 2000

Cioccolato e letteratura

Amado, J., *Cacao*, Einaudi, Torino, 1998
Arnold, J., *Amore al cioccolato*, Mondadori, Milano, 2003
Banks, L., *Cuore cioccolato*, Harlequin Mondadori, Milano, 2006
Berardo, C., *Cioccolato da leggere*, Torino, L'Ambaradan, 2004
Cassini, R., *Nutella Nutellae, Liber Magno*, Comix, Modena, 1995

Dahl, R., *La fabbrica di cioccolato*, Salani, Milano, 2005
Delerm, P., *La prima sorsata di birra*, Frassinelli, Milano, 1997
Delerm, P., *Pagine e cioccolato*, Frassinelli, Milano, 2005
Domori, M., *Viaggio per mare alla ricerca del cacao*, Guaraldi, Rimini, 1999
Esquivel, L., *Dolce come il cioccolato*, Teadue, Milano, 1999
Grübe, T., *Gli uomini sono come il cioccolato*, Tea, Milano, 2000
Harris, J., *Chocolat*, Garzanti, Milano, 1998
Loy, R., *Cioccolata da Hanselmann*, Milano, Rizzoli, 1997
squisitezze, Garzanti, Milano, 2002
Parini, G., *Il Giorno – Le Odi*, Garzanti, Milano, 1992
Porta, C., (a cura di D. Isella), *Poesie*, Mondadori, Milano, 1975
Proust, M., (trad. di Natalia Ginzburg), *Alla ricerca del tempo perduto*, Einaudi, Torino
Runcie, J., *La scoperta del cioccolato*, Garzanti, Milano, 2004
Schogt, P., *La bottega del cioccolato*, Garzanti, Milano, 2003
Wilde, O., *Aforismi mai scritti*, Stampa Alternativa (La Nuova Italia), 1992

Cioccolato e salute

Fantini, M., *La mela e il cioccolato*, Ananke, Torino, 2003
Jacobsen, R., *I benefici del cioccolato*, Red Edizioni, Milano, 2005
Langham, M., *Cioccolatoterapia*, Salani, Milano, 2001
Langham, M., *Hot Chocolate*, Hazard Press, Neezeland, 1999
Montignac, M., *Mangiare cioccolato e restare in buona salute*, Hobby & Work, Bresso (MI), 2005
Pasini, W., *Il cibo e l'amore*, Oscar Mondadori, Milano, 1994
Pellati, R., *Tutti i cibi alla «A» alla «Z»*, Oscar Mondadori, Milano, 1990
Waterhouse, D., *Perché alle donne piace il cioccolato*, Sperling & Kupfer, Milano, 1995
Wolfe, D., Shazzie, *Naked chocolate*, Rawcreation, Belton, 2005

Testi di pasticceria, ricette e abbinamenti con il cioccolato

AA.VV., *Cioccolato – Golose tentazioni*, Demetra Giunti, Firenze, 2004
AA.VV., *Il cioccolato*, Food Editore, Parma, 2004
AA.VV., *Il cioccolato*, Piemme, Casale Monferrato (AL)., 2003

AA.VV., *La confetteria svizzera*, Scuola professionale Richemont, Richemont, 2000
AA.VV., *Pazzi per il cioccolato*, Rusconi, Santarcangelo di Romagna (RN), 2005
Artusi, P., *La scienza in cucina e l'arte di mangiar bene*, Giunti, Firenze, 2004
Bau, F., *Al cuore dei sapori*, Finedit, Milano
Bertello, L., Molino, B., *Barolo. Undici paesi per il re dei vini*", Sorì Edizioni, Canale d'Alba (CN) s.d.
Brochard, G., Prier, M., *Il cofanetto del cioccolato*, L'ippocampo, Genova, 2003
Busso, M., Vischi, C., *Cioccolato*, Gribaudo, Savigliano (CN), 2004
Cassi, D., Bocchia, E., *Il gelato estemporaneo*, Sperling & Kupfer, Milano, 2005
Deseine, T., *Cioccolato!*, Guido Tommasi, Milano, 2003
Escoffier, A., *Guida alla grande cuina*, Franco Muzzio Editore, Roma, 2001
Felder, C., *Le chocolat de Cristophe Felder*, Minerva, Paris, 2002
Gherardi, G., *Cucinare con il cioccolato*, Libriliberi, Firenze, 2005
Giorda, E., Costanzo, P., *Cacao e cioccolato in cucina*, Sonda, Casale Monferrato (AL), 2002
Guidi, E., *Ricette d'autore*, Rizzoli, Milano, 1983
Jayne-Stanes, S., *Chocolate*, Ryland Peters & Small, London, 2005
Jayne-Stanes, S., *Chocolate – the definitive guide*, Grub Street, London, 2005
Jeremy, C., *Green & Black's – Chocolate recipes*, Kyle Cathie Ltd, London, 2003
Lodi, B., De Giacomi L. (a cura di), *Nonna Genia*, Araba Fenice, Cuneo, 1999
Mannori, L., *Come musica*, Chiriotti, Pinerolo (TO), 2004
Marchesi, G., *La mia nuova grande cucina italiana*, Rizzoli, Milano, 1980
Martinelli, M., *Il Barolo come lo sento io*, Sagittario, Asti, 1993
Massari, I., *Oro colato*, Barry Callebaut, Milano,1999
Negri, N., Aru, N., *Tutto cioccolato*, Fabbri, Milano 2002
Negri, N., Buosi, D., *Cioccolato*, Fabbri, Milano, 2004
Massobrio, P., Gatti, M., *L'ascolto del vino*, Comunica, Alessandria, 2003
Picaud, H., Jirou-Najiou, E., (a cura di), *Nestlé dessert, le livre*, Issi les Moulineaux, Les Éditions Culinaire, 2005

Renard, P., *Cuisine et chocolat*, Editions Labor, Loverval, 2005
Robinson, J., *Guida ai vitigni del mondo*, Slow Food Editore, Bra (CN), 1998

Ringraziamenti

Vogliamo ringraziare tutti i cioccolatieri, pasticceri e dirigenti di aziende dolciarie incontrati in questi ultimi dieci anni, per la spontanea e cortese disponibilità sempre dimostrata nel farci visitare laboratori e aziende, nonché nel darci preziose informazioni sull'appassionante mondo del cioccolato.

Un particolare grazie ai maestri cioccolatieri: Guido Gobino, per le degustazioni effettuate insieme e per la professionalità delle sue indicazioni; Eliseo Tonti per gli autorevoli consigli riguardanti le parti tecniche.

Ringraziamo inoltre il professor Sergio Zoppi, ordinario di letteratura francese all'Università di Torino, che ci ha permesso di ritrovare la citazione corretta su Gustave Flaubert, il dottor Marco Buri e il professor Carlo Nebbia, ordinario di Farmacologia e tossicologia veterinaria all'Università di Torino.

Vogliamo infine ricordare nostra figlia Alice, gli amici Beppe e Silvia Ambroso, Roberto Bava e i giornalisti che ci hanno aiutato a reperire informazioni: Marzia Cossovich, Chloé Doutre-Roussel, Benedetta Mele, Renzo Tablino, Enzo Vizzari, Elisa Zanotti.

Ringraziamo Donatella Nicolò per la revisione del testo, Walter Brusa per i grafici, Cristina Palomba per il coordinamento editoriale, Emilio Agostoni della ICAM per aver concesso la pubblicazione del grafico sugli ingredienti del cioccolato (pag. 97).

Clara e Gigi Padovani, agosto 2006, Torino

Indice

Il lettore goloso

GRAZIANA CANOVA TURA

IL GIAPPONE IN CUCINA

Nuova edizione riveduta e aggiornata

Ormai in tutta Europa, o almeno nelle grandi città, i ristoranti giapponesi spopolano, ma non sono molti gli occidentali che sono in grado di riprodurre nelle loro case i piatti della grande e antica tradizione gastronomica. Questo libro, già uscito in Italia ma qui riproposto in una nuova versione aggiornata, è molto più di un manuale di cucina: è un vero e proprio affresco della cultura giapponese, a tavola e non solo. Immagini, storie, sapori, leggende, abitudini: un viaggio magico in un universo culinario che crediamo di conoscere, ma che ha invece tanto da raccontarci, con la sua raffinatezza, con la sua straordinaria capacità di coniugare estetica e gusto, tradizione e innovazione, frugalità e eleganza.

PONTE ALLE GRAZIE

Il lettore goloso

CLAUDIA RODEN

LA CUCINA DEL MEDIO ORIENTE E DEL NORD AFRICA

Uno dei rari libri di cucina che è anche un'opera di antropologia culturale

LITERARY REVIEW

Per inaugurare la nuova collana « Il lettore goloso » Allan Bay ha scelto di pubblicare il libro di riferimento a livello mondiale sulla cucina del Medio Oriente. Pubblicato la prima volta in Gran Bretagna nel 1968 e da allora costantemente ristampato e integrato, ha rivoluzionato l'atteggiamento dei lettori occidentali nei confronti di un universo culinario magnifico, proponendo un modo nuovo, « caldo » e affascinante, per parlare di cibo. Non si tratta di un semplice elenco di ingredienti e ricette: si legge come una grande storia fatta di fiabe, aneddoti, poesie e personaggi. È il ritratto di una cucina sempre più di moda che racconta anche i luoghi, i tempi, gli spazi e le convivialità affascinanti. Impariamo così a gustare un *melting pot* culturale attraverso il cibo e i miti che esso ha evocato fin dall'epoca dei Faraoni, passando per la cucina di corte nell'impero islamico.

Un'opera più da leggere che da consultare, per gustare non solo il piacere del cibo ma anche luci, colori e profumi del Medio Oriente e del Nord Africa cioè di Siria, Libano, Egitto, Iran, Turchia, Grecia, Iraq, Arabia Saudita, Yemen, Sudan, Algeria, Tunisia, Maroco e Israele. Gli appassionati di cucina etnica non possono rifiutare l'invito: li attende in un'atmosfera di calda ospitalità.

PONTE ALLE GRAZIE

Finito di stampare
nel mese di ottobre 2006
per conto della Casa Editrice Ponte alle Grazie s.r.l.
da La Tipografica Varese S.p.A. (VA)
Printed in Italy

JEHANNE LA PUCELLE

L'histoire

Les documents

Florence MAQUET

I.S.B.N. 2-904280-00-6

3, rue de Séguret-Saincric, 12000 Rodez

La vérité mérite qu'on se passionne pour elle et exige d'être recherchée sans passion.

F. M.

JEHANNE LA PUCELLE

L'histoire Les documents

J'exprime ma reconnaissance aux auteurs dont les ouvrages et les recherches sur « Jeanne la Pucelle d'Orléans » m'ont permis d'écrire ce livre.
Je remercie Messieurs et Mesdames, les directeurs, conservateurs, bibliothécaires et le personnel des Services d'Archives et des Bibliothèques auxquels je me suis adressée, pour leur amabilité et l'aide qu'ils m'ont apportée.
Je remercie Messieurs les traducteurs.
Je remercie mon fils Jean de SMECHT qui m'assista dans mes recherches.

Sur la couverture, statue équestre de Jeanne,
place des Pyramides, à Paris.
Œuvre du sculpteur Frémiet.
(Photo Daniel Rémy)

CINQUIÈME PARTIE

SIXIÈME PARTIE

SEPTIÈME PARTIE

HUITIÈME PARTIE

Introduction *

Le personnage, la vie et l'épopée de Jeanne la Pucelle, ont fait éclore une abondante littérature où le lecteur est sollicité par deux grandes versions : l'histoire officiellement enseignée, « Jeanne d'Arc, petite bergère inspirée » ; et une autre histoire, « Jeanne princesse royale, instrument de politique et de stratégie ». Chacune de ces versions avec ses ardents défenseurs et ses non moins ardents contradicteurs.

C'est là un bien vieil événement, vieux de cinq siècles et demi. Faudra-t-il, pour choisir, et après tant d'autres, interroger ses personnages, tenter de découvrir leurs pensées, la genèse et le mobile de leurs actions, revoir les documents produits, essayer d'en découvrir d'autres ? Si une telle exploration n'avait pour but que de servir la curiosité, elle serait peu de chose.

La falsification historique à maintes fois été déplorée. Elle avait un but.

Il existe plusieurs façons d'asservir les masses : l'esclavage matériel sous toutes ses formes et l'esclavage mental, manipulations, impostures, autoritarisme spirituel et ses sanctions.

L'essentiel d'une certaine recherche historique est de déceler ce réseau d'intrigues. Elle met à jour le véritable visage de certains « grands » et révèle aussi les actes d'une fraction du peuple qui acclame les despotes ou exécute leur besogne.

Un exemple de manipulation se trouve dès le début de la première dynastie des rois de France. Cette dynastie mérovingienne tire son nom de Mérovée, fils de Clodion.

Mais, dans l'Histoire de France (1), publiée par la librairie Larousse, M. Robert Latouche reprend le doute émis par Grégoire de Tours sur l'existence même de Mérovée, parce qu'une légende le disait né de l'épouse du roi Clodion après qu'un monstre marin, « une bête de Neptune semblable à un minotaure », se fut jeté sur elle. Mérovée aurait été inventé pour donner son nom à la dynastie.

Cependant, le dictionnaire de la même librairie Larousse (2), mentionne Mérovée à la bataille des Champs Catalauniques livrée à Attila au début de juillet 451, et « l'Histoire de la France et des Français » de MM. Castelot et Decaux (3),

* *Note :*

Cet ouvrage contient des répétitions. Elles s'inscrivent naturellement dans le texte et évitent des retours en arrière.

Les auteurs et ouvrages consultés prennent place, selon l'ordre de la première citation qui en est faite, dans la « Bibliographie » à laquelle, par la suite, le lecteur est prié de se reporter.

A l'époque de Jeanne, l'année commençait à Pâques. Pour éviter toute confusion, les dates seront indiquées selon notre calendrier actuel.

Dans la huitième partie, des documents sont annoncés. Ils sont reproduits avec, éventuellement, leur traduction ou leur transcription en français moderne et sont répertoriés dans la « Table des Documents ».

indique pour l'année 448, que « Clodion meurt, Mérovée lui succède. Il fait la paix avec Aetius et garde la région de Tournai ».

Pourquoi aurait-on inventé un personnage imaginaire pour donner son nom à la dynastie ?

Plus d'un siècle s'écoule entre la mort de Mérovée en 458 et l'histoire écrite par Grégoire de Tours, et Clovis est passé par là avec son habile et retentissante conversion. Le pieux Grégoire, petit-neveu de saint Grégoire de Langres aurait jeté le doute sur l'existence de Mérovée entachée d'une légende païenne.

Au temps de Mérovée, ne recourut-on pas à cette fable lui attribuant une origine terrifiante, propre à subjuguer les esprits ? Les naissances extraordinaires ayant toujours frappé les imaginations des foules crédules et superstitieuses ? Ce moyen donnait au roi une toute-puissance venue de l'au-delà, des droits imprescriptibles qui se transmettraient à ses seuls descendants.

Selon l'évolution des croyances, cette autorité se trouve réaffirmée plus tard par la venue d'un ange descendant du ciel, porteur de la Sainte Ampoule dont le contenu servira au baptême de Clovis et ensuite à l'onction des rois de France le jour de leur sacre, onction qui confirmera leur souveraineté de droit divin.

Maintenant, c'est une autre légende qui nous intéresse, avec ses prolongements arrivant jusqu'à nous.

QUI EST JEANNE LA PUCELLE ?

Il paraît utile de se remémorer dans ses détails, la première de ces versions et de préciser les grandes lignes de la seconde.

Première partie

Les deux versions de l'histoire

Jeanne d'Arc
La petite bergère inspirée

Cette histoire officielle est tirée de « Jeanne d'Arc » l'œuvre de M. Henri Wallon (4), ministre de l'Instruction publique et des Cultes à Paris, secrétaire perpétuel de l'Académie des Inscriptions et Belles Lettres.

L'édition de 1876 est précédée d'un « Bref » adressé à l'auteur par sa sainteté le Pape Pie X, donné à Rome le 25 octobre de l'année 1875.

Une phrase tirée d'un dictionnaire a été ajoutée et sera signalée au passage.

*
* *

Domrémy

Le 6 janvier de l'année 1412, à Domrémy, une fille naissait au foyer de modestes laboureurs ; elle reçut le prénom de Jeanne.

Le village de Jeanne était partagé entre le Barrois mouvant, c'est-à-dire relevant de la couronne de France ; et le domaine direct de la Couronne. Un petit ruisseau marquait cette division. La rive droite était au Barrois mouvant, la rive gauche, au domaine.

La maison de Jeanne qui subsiste encore est sur la rive gauche. Mais, quand elle eût été sur la rive droite, Jeanne en serait-elle moins française ? Tous les habitants de Domrémy et Jeanne elle-même étaient armagnacs, donc du parti national.

Après Dieu, celui que Jeanne appelait son seigneur et son roi, c'était le roi de France. Ceci est la marque irrécusable de sa nationalité.

Les parents de Jeanne, outre leur chaumière, n'avaient qu'un bien petit patrimoine. C'étaient de bons catholiques soutenant avec honneur leur pauvreté.

Éducation et instruction de Jeanne

Jeanne était élevée par sa mère dans la religion et le travail. Elle l'aidait dans les soins du ménage. Elle partageait aussi les travaux plus rudes de son père, allant aux champs, pourvoyant à l'étable, mettant la main à la herse ou la charrue et quelquefois, gardant le troupeau du village quand venait son tour. Elle allait à l'église aussi souvent qu'elle pouvait, assistait chaque matin au Saint Sacrifice.

A une époque où l'instruction élémentaire était assez répandue, Jeanne ne savait ni lire ni écrire. Le « Dictionnaire Larousse » rapporte que son dernier confesseur la disait ignorante au point de savoir à peine son Pater.

La mission, les voix

Jeanne fut appelée à s'armer pour la France. Elle affirme que sa mission, elle l'a reçue de Dieu.

Ce que le mysticisme ne peut expliquer dans sa mission, doit-on le rapporter au seul amour de la patrie ?

La querelle des Armagnacs et des Bourguignons divisait les villages, les familles. A Domrémy, tous étaient armagnacs, sauf un seul homme. Jeanne avoue qu'elle aurait vu sans regret qu'on lui coupât la tête si toutefois c'était la volonté de Dieu.

Une fois, Jeanne dût se réfugier à Neufchâteau avec sa famille. Mais la haine du conquérant était-elle assez forte pour susciter un sauveur à la France ? D'où vient la mission de Jeanne ? C'est elle qui l'explique.

A l'âge de treize ans, elle fut appelée par une voix de Dieu, la voix de l'archange saint Michel.

Il lui disait de bien se conduire, de fréquenter l'Église. Il lui faudrait venir en France au secours du roi. Elle aurait les apparitions de sainte Catherine et de sainte Marguerite. Jeanne accepta sa vocation et consacra sa virginité à Dieu. Elle ne dit rien de tout cela, pas même à son confesseur.

Les périls étaient accrus et Charles VII pensait à chercher un refuge à l'étranger.

La voix disait à Jeanne qu'il lui fallait venir en France et, un jour, lui ordonna d'aller à Vaucouleurs auprès du capitaine Robert de Baudricourt.

Vaucouleurs

Jeanne se rendit chez son oncle, Durand Laxart, et lui dit qu'il lui fallait aller vers le Dauphin pour le faire couronner.

D'abord surpris, son oncle accepta de la conduire à Vaucouleurs.

Jeanne se présenta au sire de Baudricourt qu'elle distingua, sans l'avoir jamais vu et lui exposa le but de sa mission.

Baudricourt l'estima folle et l'aurait volontiers livrée aux grossiers ébats de ses soldats. Il la renvoya.

Elle retourna chez son père, lequel était violemment opposé à ses projets.

Le temps décidé par Jeanne approchait. Elle eut encore recours à son oncle, il alla demander aux parents de Jeanne qu'elle vint servir sa femme en couches et Jeanne partit sans prendre autrement congé de ses parents.

Elle revint à Vaucouleurs, toujours mal accueillie par Baudricourt.

Jean de Metz, qui l'avait sans doute vue chez Baudricourt, lui dit un jour : « Ma mie, que faites-vous ici ? Faut-il que le roi soit chassé de son royaume et que nous soyons tous anglais ? »

Appelée par le duc de Lorraine, Jeanne se rendit à Nancy, lui reprocha sa conduite, lui exposa le but de son voyage et lui dit que s'il voulait lui donner son fils et des gens d'armes, pour la mener en France, elle prierait pour lui. Le duc n'accepta pas mais on dit qu'il lui donna de l'argent et un cheval.

Baudricourt, soit qu'il eut pris l'avis de la cour de Bourges, soit qu'il dut céder à l'entraînement qui se manifestait autour de lui, ne mit plus obstacle au départ de Jeanne. Elle partit le 23 février 1429, en présence de Baudricourt qui lui avait donné une épée et qui recommanda aux compagnons de Jeanne de lui faire bonne et sûre conduite.

Ils passèrent la Loire à Gien. De cette ville, la nouvelle était venue aux habitants d'Orléans qu'une bergerette nommée la Pucelle, venait faire lever le siège de leur ville et irait faire sacrer le roi à Reims.

Passant au hameau de sainte Catherine, Jeanne écrivit ou plus exactement fit écrire au roi pour lui demander la permission d'aller le trouver à Chinon.

Chinon

La position du roi était critique. Yolande, reine de Sicile – duchesse d'Anjou – et mère de la reine, ainsi que ceux qui gémissaient de l'état des affaires, étaient décidés à tout risquer pour sortir de cet abîme.

A Chinon, après bien des difficultés, Jeanne fut admise à parler au roi. Amenée par le duc de Vendôme elle fit les inclinations et révérences accoutumées de faire au roi ainsi que si elle eût été nourrie à la cour. Elle reconnut le roi confondu parmi d'autres seigneurs, lui promit de faire lever le siège d'Orléans, de le faire sacrer à Reims et lui demanda des gens.

Quand le jeune duc d'Alençon arriva à Chinon, Jeanne parlait au roi. Charles VII nomma le duc à Jeanne. « Soyez le très bien venu lui dit-elle, plus il y aura ensemble du sang royal de France, mieux en sera-t-il. »

Un jour, après le dîner, le roi étant allé se promener dans la prairie, elle y courut la lance au poing, et de si bonne manière que le duc d'Alençon lui donna un cheval.

Une autre fois, Jeanne affirma au roi que saint Louis et Charlemagne priaient pour lui, puis elle lui dit une chose qu'il avait faite, bien secrète.

« Ce qu'elle lui a dit, nul ne le sait », écrit Chartier en juillet 1429.

Qu'était-ce donc que ce signe ? Jeanne en convint devant ses juges mais n'en voulu rien dire. Le signe demeura donc caché. Mais de cette conversation, une phrase avait été entendue : « je te dis de la part de mesuire, que tu es roi héritier de France et fils de roi.

Plus tard Charles VII confia au sire de Boissy qu'un jour, seul dans son oratoire, il fit mentalement une requête à Dieu. C'est cette prière secrète que Jeanne rappela à Charles VII.

Poitiers

Le roi disait être pleinement rassuré, et pour que personne ne puisse révoquer en doute la mission de Jeanne et en suspecter les origines, décida de la mener à Poitiers où siégeait le Parlement.

L'archevêque Regnault de Chartres, Chancelier de France, convoqua évêques et docteurs et leur donna pour mission d'interroger Jeanne.

Elle ne fut pas appelée devant eux, mais on les envoya vers elle chez maître Rubateau. Ils furent ébahis de ses réponses.
L'examen se prolongea durant trois semaines.

Elle dicta une lettre : « Vous Suffort, Cassidas et La Poule, je vous somme par le roi des cieux que vous en alliez en Angleterre. »

L'examen de virginité fut fait par la reine de Sicile, les dames de Gaucourt et de Trèves qui attestèrent que Jeanne était digne de porter son surnom populaire.

Le roi ne différa plus. Il envoya Jeanne à Tours et lui composa une maison militaire : ses deux frères Jean et Pierre, Jean de Metz et Bertrand de Paubengy, Jean d'Aulon écuyer, deux pages, Louis de Coutes et Raimond, quelques valets, deux hérauts d'armes et un religieux, Jean Pasquerel.

Le roi fit faire à la pucelle une armure complète, lui donna des chevaux. A l'épée qu'il lui offrit, elle en préféra une qu'elle semblait tenir de ses patronnes. Sur ses indications on la trouva à une petite profondeur derrière l'autel de sainte Catherine de Fierbois.

Sur ces indications on lui fit un étendard. Jamais elle ne tua personne.

Orléans

Il n'y avait plus de temps à perdre si on voulait sauver Orléans, Jeanne voulait d'abord ravitailler la place de façon importante. On prépara un grand convoi de vivres.

La reine Yolande de Sicile qui était l'âme du parti national fut chargée de le réunir à Blois avec le duc d'Alençon, Ambroise de Loré et l'amiral de Culan.

Le roi sût trouver de l'argent.

Bientôt Jeanne vint elle-même à Blois en la compagnie de Regnault de Chartres archevêque de Reims, Chancelier de France, et du sire de Gaucourt chargé sans doute de donner les derniers ordres pour le départ.

Le maréchal de Boussac et le seigneur de Rais, investis du commandement, y vinrent peu après avec La Hire, Poton de Xaintraille et tous ceux qui devaient faire escorte.

Jeanne avait trois enseignes : l'étendard, le pennon, la bannière. L'étendard et le pennon étaient le signe du commandement général.

Jeanne se déclara investie de ce commandement en vertu de sa mission : « je suis envoyée de Dieu, je suis chef de guerre. »

La bannière de Jeanne était un signe religieux qu'elle avait fait faire pour grouper ces convertis, ces pillards, ces écorcheurs qu'elle avait transformés en soldats chrétiens.

Avant de commencer les opérations, Jeanne envoya un message aux anglais.

Cette lettre datée du 22 mars et probablement écrite à Poitiers..., fut accueillie par des insultes, les Anglais retenaient le messager et n'attendaient pour le brûler, que l'avis de l'Université de Paris.

Le jeudi 28 avril on sortit de Blois pour aller vers Orléans. Jeanne ouvrait la marche au chant du « Veni Creator ». Elle eut voulu qu'on allât droit sur Orléans. On arrivait ainsi sur un obstacle. Jeanne avait déclaré que les anglais ne bougeraient pas.

Toutefois les capitaines de Charles VII ne pouvaient point fonder leur plan de campagne sur cette assurance.

Jeanne voulait prendre la rive droite, on prit la rive gauche, on trompa la simple jeune fille sur la position d'Orléans. Arrivée à Olivet, Jeanne put reconnaître qu'on s'était joué de son ignorance.

Dunois vint rejoindre le convoi : il fallait des bateaux, on ne pouvait les faire venir que d'Orléans, et le vent était contraire.

Dunois subit les reproches de Jeanne qui lui assura que « Dieu n'a pas voulu souffrir que les ennemis eussent le corps du duc d'Orléans et sa ville. »

Au même moment, comme pour confirmer sa parole, le vent changea et les opérations nécessaires au ravitaillement de la ville d'Orléans purent être exécutées.

Mais les moyens manquaient pour faire passer tous les hommes de la même sorte. Dunois se bornait à prier Jeanne de venir avec lui dans la ville. Car Orléans eût cru ne rien avoir, recevant les vivres sans elle.

Jeanne fut très irritée. Elle avait là des hommes préparés comme elle l'avait voulu, bien confessés, pénitents et de bonne volonté. Elle redoutait qu'une fois partis, leur troupe ne vînt à se disloquer.

Dunois vint trouver les capitaines qui commandaient l'escorte et supplia, au nom de l'intérêt du roi, de laisser Jeanne et de la décider à le suivre dans la ville en lui promettant d'aller à Blois (les capitaines et la troupe) passer la Loire pour la rejoindre bientôt à Orléans. Ainsi fut fait. Jeanne avec Dunois La Hire et deux cents lances, passa le fleuve à la suite du convoi.

Jeanne entra dans Orléans le 29 avril, armée et montée sur un cheval blanc, ayant à sa gauche Dunois richement armé, et derrière elle plusieurs nobles seigneurs...

Les Orléanais manifestaient une aussi grande joie que s'ils avaient vu Dieu descendre parmi eux.

Jeanne était pour eux comme l'ange du Dieu des armées.

30 avril : Jeanne ne voulait pas attendre sa troupe qui devait passer la Loire à Blois, et refusait que Dunois l'allât chercher. Elle voulait faire sommation et, en cas de refus, donner l'assaut aux Anglais. Dunois lui laissa faire telles sommations qu'il lui plairait mais il tint à ne point combattre avant d'avoir reçu ses moyens d'attaque. Jeanne dut céder. Elle somma Glasdale et ses soldats. Ils l'injurièrent, criant qu'ils la feraient ardoir s'ils la pouvaient tenir.

Dunois partit chercher les troupes le 1er mai avec Boussac, d'Aulon et d'autres, passant fièrement sous les bastilles anglaises. La Pucelle était venue, sa présence avait suffi pour que l'ennemi, si fort qu'il fut, ne remuât pas.

Ce n'était pas sans raison que Dunois avait jugé utile d'aller à la rencontre des troupes. Lorsqu'il arriva à Blois, leur départ était remis en question. Le Chancelier de France et quelques-uns opinaient que chacun retournât en sa garnison. Dunois montra que si cette petite armée réunie avec tant de peine et déjà réduite des deux tiers, venait à se dissoudre, c'en était fait d'Orléans. Il l'emporta. On revint à Orléans comme Jeanne l'avait voulu, par la rive droite, à travers les principales bastilles anglaises. Le mercredi Jeanne vint au devant d'eux jusqu'à une lieue d'Orléans, suivie de plusieurs.

Dunois vint dire à Jeanne que Falstoff amenait des hommes et des vivres aux Anglais.

« Bastard, dit-elle, je te commande en nom Dieu que tantôt que tu sauras la venue de Falstoff tu me le fasses savoir. S'il passe sans que je le sache, je te promets que je te ferai ôter la tête. » Dunois répondit qu'il le lui ferait savoir.

Ce fut pourtant sans rien lui dire qu'on commença l'attaque.

Jeanne se reposait. Tout à coup elle se releva, se fit armer et, à cheval courut vers la porte de Bourgogne.

Les Français avaient attaqué Saint-Loup, bastille défendue par trois cents soldats anglais d'élite. Ils tinrent trois heures comptant sur des secours. La cloche du beffroi sonna, six cents Orléanais refoulèrent les renforts. Ceux de Saint-Loup furent tués ou pris. Quelques gens d'église qui étaient parmi eux vinrent sous l'habit ecclésiastique, se présenter à Jeanne. Elle empêcha qu'on leur fît aucun mal et les emmena dans son hôtel.

Les Français pillèrent Saint-Loup et mirent le feu à la bastille.

Le lendemain, bien que ce fut le jour de l'Ascension, elle demandait qu'on attaquât la Bastille Saint-Laurent, les capitaines refusèrent à cause de la sainteté du jour. Jeanne céda et passa la journée dans la piété.

Voulant offrir une chance à l'ennemi, elle lui écrivit une lettre que Pasquerel reproduit en ces termes :

« A vous, hommes d'Angleterre, qui n'avez aucun droit en ce royaume de France, le roi du ciel ordonne et mande par moi.

Que vous laissiez vos bastilles et vous en alliez en votre pays, ou sinon je ferai un tel hahay qu'il en sera perpétuelle mémoire.

Voilà ce que je vous écris pour la troisième et dernière fois et je ne vous en écrirai pas davantage. Jésus. Marie.

Jeanne la Pucelle »

Pendant que Jeanne réfléchissait aux moyens de rendre la lutte décisive les chefs délibéraient. Jeanne n'était pas de ce conseil. Plusieurs voulaient qu'on ne lui dit rien du plan arrêté. Quand elle l'apprit, elle fut indignée.

Dunois parvint à l'apaiser, lui exposant les avantages des décisions prises. Elle se déclara contente. Les chefs ne firent pas ce qu'ils lui avaient exposé et attaquèrent directement la rive gauche. La bastille des Augustins fut prise. Restaient les Tourelles. On les investit et l'attaque fut remise au lendemain.

Ce soir-là Jeanne dit à son confesseur de se tenir auprès d'elle le lendemain car le sang coulerait de son corps au-dessus du sein.

Le lendemain Jeanne fut atteinte entre l'épaule et la gorge par un trait d'arbalète qui la perça de part en part. Elle arracha le fer de la plaie.

Les chefs voulaient arrêter l'assaut. La Pucelle les exhorta à ne pas faiblir. L'attaque continua. Jeanne demanda son cheval. Les Anglais furent terrifiés de voir cette femme qu'ils se flattaient d'avoir tuée, présider à l'assaut. Ils cherchèrent à fuir par le pont qui prit feu.

Les Tourelles prises, Jeanne et ses gens rentrèrent dans Orléans où ils furent reçus à grande joie.

Les Anglais qui gardaient les dernières bastilles, cédant eux aussi à la terreur, se retirèrent sans combattre. C'était le 8 mai.

Mais la Pucelle n'était qu'au début de sa mission, laissant les Orléanais aux joies de la victoire, elle partit pour la cour de Charles VII où elle aurait d'autres ennemis à vaincre.

Reims

La Pucelle se dirigea vers Tours où le roi vint à sa rencontre et la reçut avec de grands honneurs. La Pucelle lui fit révérence, et le roi ôta son chaperon et l'embrassa en saluant. Il voulait qu'elle prit pour armoiries les lys de France et la couronne avec l'épée.

La Pucelle sollicitait l'achèvement de son œuvre. Charles VII tint plusieurs conseils et ses conseillers avaient d'excellentes raisons à opposer aux desseins de la jeune fille. Anglais et Bourguignons étaient très puissants. Le roi n'avait pas de quoi soudoyer l'armée nécessaire au voyage – de Reims.

La Pucelle voulait faire vite. Elle avait encore disait-elle, à chasser les Anglais et à délivrer le duc d'Orléans.

Avec Dunois la Pucelle vint à Loches et pressa le roi de venir à Reims pour recevoir sa couronne.

Pouvait-on partir pour Reims et laisser les Anglais à Beaugency, Meung et Jargeau ?

On réunit une petite armée qui fut placée sous les ordres du jeune duc d'Alençon. Le roi plaça auprès de lui La Pucelle avec recommandation qu'il ne fit rien sans son avis.

Le 11 juin, au nombre du huit mille hommes, ils s'avancèrent vers Jargeau.

Le lendemain, un dimanche, Jeanne fit sonner l'attaque qui réussit.

Le mercredi, le pont de Meung était aux Français. Les défenseurs de Beaugency capitulèrent. Ils pourraient sortir de la place.

Les Français poursuivirent l'armée anglaise :

« En nom Dieu, dit Jeanne, il faut combattre parce que Dieu, nous les envoie pour que nous les chatiions. Le gentil roi aura aujourd'hui la plus grande victoire qu'il eut de longtemps. Et ce fut Patay (18 juin).

Si le peuple avait foi en Jeanne, les grands se servaient d'elle à son insu. Elle voulait le voyage de Reims, on lui offre une campagne sur la Loire. De l'attaque de Jargeau le 11 juin à la défaite des Anglais à Patay le 18 juin, il s'est écoulé une semaine et tout est terminé.

Le voyage à Reims fut décidé.

Le roi voyant la peine que se donnait la Pucelle lui commanda de prendre du repos. Il y eut encore des hésitations. La Pucelle n'admettait plus de retard.

La reine arrivée à Gien où tous étaient réunis fut renvoyée à Bourges.

Le roi emmenait avec la Pucelle, le duc d'Alençon, les comtes de Clermont, de Vendôme et de Boulogne, le Bâtard d'Orléans, le maréchal de Baussac, l'amiral de Culan, les seigneurs de Rais, de Laval, de Lohéac, de Chauvigny, La Hire, Poton de Xaintrailles, La Tremoille et plusieurs autres avec environ douze mille combattants.

Il alla vers Montargis puis Auxerre, les habitants de cette ville lui demandèrent de prendre un autre chemin. Jeanne voulait qu'ils se rendissent ou qu'on les prît, mais ici elle ne commandait plus.

Le 4 juillet, le roi écrivit à Reims. Il invitait les habitants à le recevoir comme ses prédécesseurs. Le même jour, la Pucelle invitait les habitants de Troyes à se soumettre ou bien ils seraient forcés. On attendit cinq jours.

L'archevêque de Reims, aussi peu pressé de rentrer dans sa cathédrale que d'y accueillir le roi, démontra qu'on ne pouvait rester devant Troyes plus longtemps.

Mais Jeanne donna ordre de tout préparer pour l'assaut. Le lendemain, Troyes demandait à capituler.

Le roi partit pour Reims. Comment les Anglais à qui Reims était soumise, ne tentèrent-ils pas de s'opposer à son entrée dans cette ville ? Bedford ne disposait que de troupes démoralisées par la Pucelle, le Parlement anglais se lassait de la guerre et Bedford s'adressa au Cardinal du Winchester qui sur les deniers de l'église, avait levé une armée pour une croisade contre les hussites. Il accepta d'envoyer provisoirement cette armée en France. Elle pourrait y gagner les indulgences de la croisade en combattant celle qu'il appelait le limier de l'enfer.

Bedford invita le duc de Bourgogne à Paris, le duc s'y rendit le 10 juillet, on attisa la haine de Philippe le Bon dont Charles avait fait assassiner le père. Sermon à Notre-Dame. Assemblée solennelle. Mais il fallait du temps pour entrer en action et Bedford ne pouvait entraver la marche du roi vers Reims. Il entra dans la ville le 16 juillet. Les maréchaux de Boussac et de Rais (Rais fut fait maréchal ce jour-là), les sires de Graville, de Culan allèrent à cheval chercher la Sainte Ampoule portée par l'abbé jusqu'à l'église Notre-Dame. Au pied de l'autel était le roi qui devait être entouré des douze pairs du royaume. Comme on ne pouvait ni les réunir ni les attendre, les principaux seigneurs et évêques présents tenaient la place des absents. La Pucelle était debout au côté du roi.

Le prince reçut l'onction sacrée et la couronne.

La belle-mère de Charles VII fut informée de la cérémonie par une lettre de trois gentilshommes angevins.

La pucelle

Jeanne rapportait tout à Dieu. Pieuse avec ferveur, elle aurait voulu voir partager sa piété par tous. On n'osait plus jurer devant elle. Elle était chaste et communiquait sa chasteté aux autres. Elle ne pouvait souffrir la présence des femmes qui se mêlaient aux armées. Une fois, elle brisa l'épée de sainte Catherine de Fierbois sur le dos de l'une d'elles.

Ses compagnons admiraient en elle le courage du chevalier, le coup d'œil du grand capitaine, sa science de la guerre. Le duc d'Alençon dit qu'elle était fort habile à porter la lance ; à rassembler l'armée et à disposer l'artillerie. Et tous s'étonnaient de lui voir dans la guerre l'habileté et la prévoyance d'un capitaine exercé par une pratique de vingt ou trente ans. Mais on l'admirait surtout dans l'emploi de l'artillerie où elle avait une habileté consommée.

Le roi lui avait donné un état de maison qui la faisait l'égale d'un comte.

Les Orléanais lui avaient offert une robe à la livrée du duc d'Orléans. Le comte d'Armagnac lui demandait à quel pape il fallait obéir.

Déjà la légende naissait pour elle à côté de l'histoire. A Orléans, les Anglais disaient avoir vu deux prélats en habits pontificaux cheminer autour de la ville et croyaient que c'était saint Euverte et saint Aignan, les deux patrons de la cité qui l'avaient jadis sauvée des mains d'Attila...

La nuit de sa naissance, c'était l'Épiphanie, les gens du peuple avaient, sans savoir pourquoi, senti en eux une grande joie. Les coqs avaient fait entendre des chants inaccoutumés, battant des ailes pendant deux heures.

Pendant qu'elle gardait les brebis, les oiseaux venaient manger son pain dans son giron. Jamais le loup n'approcha du troupeau confié à sa garde ni l'ennemi ou le malfaiteur, du toit paternel tant qu'elle l'habita...

Voilà ce que recueillit Perceval de Boulainvillers dans une lettre écrite au duc de Milan le 21 juin 1429.

« Cette Pucelle, ajoutait-il, plaçant auprès de ces fictions un portrait au naturel, est d'une rare élégance avec une attitude virile. »

Dans le dixième des soixante-dix articles proposés contre elle, on dit que Jeanne prétend avoir eu par ses voix cette révélation de Dieu qu'elle ferait lever le siège d'Orléans, couronner Charles, et chasserait tous les Anglais hors de France. Ce ne peut être allégation mensongère de ses juges car Jeanne en convint. « Elle porta la nouvelle de par Dieu à son roi que notre sire lui rendraient son royaume, le ferait couronner à Reims et mettre hors ses adversaires. Elle ajouta qu'elle disait : tout le royaume.

Jeanne devait-elle faire tout cela par elle-même sous peine de voir ses révélations démenties et sa mission reniée ? Non. Elle disait qu'elle était envoyée pour le faire, mais non qu'elle le ferait en tout état de cause.

Pour atteindre avec elle le but qu'elle proposait, il fallait qu'on l'écoutât.

Après le sacre du roi la Pucelle voulait qu'il entrat dans Paris. Tout le monde s'y attendait. Mais le duc de Bourgogne avait envoyé une députation vers le roi. Cette démarche servit peut-être à faire manquer le but de la Pucelle.

Les négociations traînaient, la Pucelle, ne prenant avis de personne, dit au duc d'Alençon : « je veux aller voir Paris de plus près que je ne l'ai vu ». Ils partirent le 23 août de Compiègne avec une nombreuse troupe et se logèrent à Saint-Denis. Le roi y vint le 7 septembre.

Le lendemain était jour de la Nativité mais la Pucelle croyait ce jour tout aussi propice à la sainte mission qu'elle avait reçue.

L'assaut fut donné. Gilles de Rais, Gaucourt et la Pucelle se dirigèrent vers la porte saint Honoré. Jeanne fut blessée à la cuisse. Les capitaines décidèrent de suspendre. Le lendemain, René d'Anjou et le comte de Clermont vinrent, au nom du roi, donner l'ordre de retourner à Saint-Denis.

Le duc d'Alençon avait fait jeter un pont sur la Seine à Saint-Denis, on pouvait brusquement attaquer la ville. Le roi fit détruire ce pont dans la nuit suivante.

La Pucelle vint déposer ses armes dans l'abbaye de Saint-Denis mais ne quitta pas le roi. Sa mission n'étant pas terminée.

La retraite précipitée pouvait ressembler à une fuite. On revint à Gien. Après le départ du roi, de Saint-Denis, les Anglais pillèrent la ville.

Le roi promenait ses loisirs en Touraine, en Poitou, en Berri. Les Anglais rançonnaient les villes.

Les hommes d'armes ravageaient le pays. Il pouvait y avoir péril au voisinage des résidences royales. Il parut qu'on avait avantage à envoyer Jeanne conquérir Saint-Pierre le Moustier puis la Charité. Jeanne et le sire d'Albret prirent d'assaut Saint-Pierre le Moustier. Pour faire le siège de la Charité, les secours étaient insuffisants, le roi n'envoyait rien, il fallut abandonner.

Une femme nommée Catherine de la Rochelle, se prétendant inspirée, vint trouver Jeanne qui pu vérifier l'imposture et écrivit au roi que le fait de Catherine était néant et folie.

Lassée par l'attitude du roi et de ses conseillers, Jeanne résolut de se séparer d'eux, d'aller rejoindre ceux qui combattaient et ne demanda conseil à personne. Sans prendre congé du roi elle partit pour Lagny-sur-Marne.

Vers le 15 avril ses voix lui dirent qu'elle serait prise avant la Saint-Jean et le lui répétaient tous les jours sans la détourner d'aller en avant.

Compiègne

Une ville était pour Philippe le Bon comme la clef du royaume. C'était Compiègne. Pendant la trêve Charles VII devait la remettre au duc. Il n'en fit rien. Alors le duc de Bourgogne en décida le siège.

Le 13 mai Jeanne la Pucelle vint à Compiègne. Le chancelier Regnault de Chartres, le comte de Vendôme et plusieurs autres chefs étaient dans la ville. Jeanne voulut déloger l'ennemi de ses positions. Son plan était périlleux. Le 24 mai elle sortit avec cinq ou six cents hommes. Jean de Luxembourg commandait en face. La lutte s'engagea... Un mouvement des Anglais intimida ceux qui combattaient dans les derniers rangs de la troupe de la Pucelle, ils s'enfuirent pour se mettre à couvert dans la place. Ceux qui tenaient encore avec Jeanne la pressaient de regagner la ville. Les ennemis se portèrent en foule sur le pont. Flavy (gouverneur de Compiègne) craignant qu'ils n'entrassent avec les siens dans Compiègne, fit lever le pont de la ville et baisser la herse.

La Pucelle demeura dehors avec un petit nombre de chevaliers et fut tirée à bas de son cheval.

Son frère Pierre, son écuyer d'Aulon et Poton de Xaintrailles qui ne l'avaient pas quittée eurent le même sort.

C'est à tort que l'on a rapporté à la trahison de Flavy la capture de la Pucelle. Il ne suffit pas qu'il ait été pupille de Regnault de Chartres et lieutenant de la Trémoille pour l'accuser d'un crime d'une énormité inouïe puisqu'il impliquerait le concours du favori du roi et du Chancelier de France. Mais, la Pucelle était d'assez grande importance pour que tout fut risqué pour la sauver. Une sortie énergique de la garnison lui aurait peut-être donné le temps de rentrer dans la place. Ce n'est pas sans raison qu'un analyste rapportait sa captivité comme l'échec de Paris, à la jalousie de La Trémoille.

Rouen

Le 26 mai, le vicaire général de l'Inquisition dans un message au duc de Bourgogne, réclamait Jeanne en vertu de son office et « sur les peines de droit ».

L'Université priait le Duc de livrer Jeanne comme idolâtre à la justice de l'Église.

Les Anglais voyaient en Jeanne la cause unique de leurs revers. Ils employèrent un homme à eux, Pierre Cauchon, évêque de Beauvais, organe le plus accrédité de l'Université de Paris. S'étant concertés avec l'Université, il vint le 14 juillet réclamer la prisonnière au Duc de Bourgogne, comme appartenant à sa justice. Il offrait 10 000 francs d'or, somme au prix de laquelle, selon la coutume de France, le Roi avait le droit de se faire remettre tout prisonnier, fut-il de sang royal. Charles VII demeura immobile et le chancelier Regnault de Chartres, archevêque de Reims annonça la prise de la Pucelle aux habitants de sa ville, et voulut y voir comme un jugement de Dieu.

Jeanne tenta de s'évader des prisons de Beaulieu et de Beaurevoir. Le Sire de Luxembourg à qui la prisonnière appartenait, accepta de la livrer. On l'amena à Arras puis au Crotoy. Elle fut remise aux Anglais avant le 21 novembre. On avait choisi Rouen pour juger Jeanne. Le procès commencé le 23 février, se termina le 30 mai 1431.

Le supplice

Mercredi 30 mai, Martin Ladvenu et Jean Toumouillé viennent dans sa prison pour préparer Jeanne à mourir. Lorsqu'elle ouït la cruelle mort qui lui était prochaine, elle s'arracha les cheveux s'écriant : « Hélas me traite-t-on si horriblement et si cruellement qu'il faille que mon corps net en entier, qui ne fut jamais corrompu, soit aujourd'hui consumé et réduit en cendres. Ah ! Ah ! j'aimerais mieux être décapitée sept fois que d'être ainsi brûlée. Hélas, si j'eusse été en la prison ecclésiastique à laquelle je m'étais soumise, et que j'eusse été gardée par des gens d'église, non pas par mes ennemis et adversaires, il ne me fut pas si misérablement meschu comme il est. Oh, j'en appelle devant Dieu, le grand juge, des grands torts et ingravances qu'on me fait. »

L'évêque survenant elle s'écria : « Évêque je meurs par vous. Hélas, si vous m'eussiez mise en prison de cour d'Église et rendue entre les mains des concierges ecclésiastiques compétents et convenables, ceci ne me fut pas advenu, pourquoi j'appelle de vous devant Dieu. »

Vers neuf heures, Jeanne sortit de prison pour se rendre sur la place du Vieux Marché. Elle était coiffée d'une mitre où se lisait ces mots : « hérétique, relapse, apostate, idolâtre ». Elle pleurait, tout le monde pleurait.

Nicolas Midi prononça un sermon. L'évêque l'excommunia et la livrait au bras séculier. Elle demanda la croix de l'église voisine qu'elle couvrit de baisers.

Le juge civil ne se donna pas même le temps de prononcer la sentence. Le feu réduisit Jeanne en cendres qui furent jetées en Seine.

Fin de l'histoire de Jeanne d'Arc, telle qu'elle est brièvement extraite du livre de Henri Wallon.

Jeanne Princesse Royale, instrument de politique et de stratégie.

Extraits principaux de cette version d'après les ouvrages des auteurs suivants cités par ordre alphabétique :

Messieurs :

- Jean Bancal (5)
- Gérard Pesme (6)
- Jean de Saint-Jean (7)
- Pierre de Sermoise (8)

Cette histoire commence le 10 novembre 1407. A Paris, ce jour-là, en son hôtel Barbette, Isabeau de Bavière, reine de France, met au monde son douzième et dernier enfant, une fille prénommée Jeanne. Mais le bébé est déclaré sous le prénom de Philippe mort aussitôt après sa naissance et inhumé à Saint-Denis.

L'épouse de Charles VI avait pour amant depuis plusieurs années, le duc Louis d'Orléans, frère du roi.

Ayant quitté le domicile conjugal, l'hôtel Saint-Pol, elle y fit pendant un temps de courts séjours. Cela lui permettait d'y accoucher pour faire légitimer ses enfants. Depuis 1405, elle avait cessé d'y paraître et Jeanne était définitivement une bâtarde.

La cour et le clergé, hostiles à la reine, ameutaient le peuple contre elle. Louis d'Orléans était mortellement haï par Jean Sans Peur.

Cette atmosphère menaçante terrorisait la reine. Il fallait se résoudre à se séparer de Jeanne et la cacher par crainte d'un acte de violence. C'est ainsi qu'une fausse déclaration d'état civil fut faite dans l'hypothèse d'une seule naissance selon les uns, ou bien déclaration d'un enfant sur deux avance M. de Sermoise qui croit plutôt à la venue de jumeaux.

Pendant plusieurs jours la reine pleura et le duc d'Orléans lui fit de fréquentes visites pour la consoler. Et puis, les conditions d'exil de l'enfant étant déterminées, elle retrouva sa sérénité.

Le 23 novembre, avec son amant, elle fêtait joyeusement ses relevailles en l'hôtel Barbette. Pendant la soirée, un émissaire vint informer le duc que le roi son frère le mandait à l'hôtel Saint-Pol où ils résidaient ensemble. Aussitôt, Louis avec une petite escorte, s'achemina vers la résidence royale. Rue Vieille du Temple, il fut attaqué et assassiné. Pendant un conseil tenu au Louvre, le duc de Bourgogne déclara avoir ordonné ce crime.

La petite Jeanne sera confiée à Jacques d'Arc et à sa femme Isabelle, habitant Domrémy. Le 6 janvier 1408, avec une escorte Jeanne arrive à Domrémy chez ses parents adoptifs.

Treize ans ont passé. Le roi et la reine de France proclament la bâtardise de Charles, dauphin de France.

Yolande d'Anjou qui avait obtenu de fiancer Charles, onzième enfant de la reine de France, à sa fille Marie, conçoit un plan dans lequel Jeanne sera appelée à tenir le premier rôle. Entre Yolande d'Anjou affiliée au Tiers Ordre Franciscain et Colette de Corbie, une amitié basée sur des vues nationales identiques, s'est établie. Colette qui sera canonisée, est religieuse clarisse et réformatrice de son ordre. Elle voyage fréquemment, visitant ses monastères, de la Provence jusqu'aux Flandres en passant par la Bourgogne. C'est elle que Yolande charge de diriger et surveiller l'éducation de la jeune princesse. Le moment est venu de lui révéler son origine et la préparer à sa mission. Elle est orientée vers le Tiers Ordre dont les membres se désignent par le nom de leur saint patron en y laissant accolé le qualificatif de saint ou de sainte. Elle voit venir saint Michel. Il lui annonce que sainte Catherine et sainte Marguerite viendront pour la diriger.

D'autres s'occupent d'elle, les dames de Bourlemont, le chevalier Bertrand de Poulengy.

Le temps est venu de partir. Jacques d'Arc est violemment opposé à ce départ, il préférerait la noyer. Et M. Jean Bancal pose cette question évidente : « Pourquoi, après une telle menace, ne va-t-il pas chercher sa fille chez Laxart, pourquoi n'est-il pas intervenu auprès de Baudricourt qu'il connaissait bien, alors que son autorité paternelle sur une fille de dix sept ans était indiscutable ? M. Bancal conclu : « N'est-il pas évident qu'il avait reçu des ordres venant de haut ? ».

Le 12 février 1429, Dunois est battu par les Anglais à Rouvray pendant la bataille dite « des Harengs ».

« Le lendemain, écrit M. Jean de Saint-Jean, pour remonter le moral des habitants d'Orléans, il leur annonça qu'une vierge viendrait des marches de Lorraine pour les délivrer. C'était le jour où la cour envoyait Collet de Vienne chercher Jeanne à Vaucouleurs.

Charles VII fait examiner Jeanne à Poitiers. Le compte rendu de cet examen fut consigné dans le « Livre de Poitiers » que Jeanne évoque pendant le procès et dont le texte, affirme M. Pesme, se trouve dans les archives secrètes du Vatican.

Après la capture de Jeanne, un procès est organisé. Il est dirigé par l'évêque Cauchon. On ne torture ni ne brûle une princesse de sang royal. Là n'est pas le but recherché. Il faut seulement le faire croire pour que s'évanouisse la terreur qui s'empare des Anglais devant celle qu'on leur a dit être envoyée de Dieu pour les vaincre. Une de ces femmes que l'inquisition condamnait au bûcher, aurait été brûlée à sa place.

Que devint la Pucelle ? M. Bancal note que Quicherat cite un écrivain anglais, William Caxton qui écrit en 1480 que Jeanne resta encore neuf mois en prison après sa condamnation. MM. de Sermoise et Pesme évoquent le château de Montrottier où Jeanne aurait été retenue captive et où une chambre est dite « Prison de la Pucelle ».

En 1436, elle reparaît aux environs de Metz, va dans le duché de Luxembourg à Arlon qui en était alors la capitale, est reçue chez la duchesse, échange des lettres avec le roi, fait un voyage à Cologne, revient chez la duchesse Elisabeth de Gorlitz-Luxembourg qui veuve d'Antoine de Bourgogne, oncle de Philippe Le Bon, avait épousé ensuite Jean de Bavière, frère de la reine Isabeau, et était devenue ainsi, depuis 1419, la tante de Jeanne.

C'est chez la duchesse que le mariage de la Pucelle avec le chevalier Robert des Armoises est célébré peu de temps après.

Les époux reviennent à Metz en la demeure du chevalier, mais bientôt Jeanne reprend la vie militaire.

Pour assurer une partie des dépenses, le chevalier des Armoises vend pour plusieurs années le quart des revenus de sa propriété de Haraucourt. Jeanne rejoint Gilles de Rais qui achèvera de financer leurs opérations.

Ici, M. de Sermoise fait état de la lettre envoyée par la Pucelle au roi d'Espagne pour lui demander des vaisseaux. Il rappelle le rêve franciscain d'établir une entente universelle basée sur la soumission des peuples à l'Église catholique. Une mission de Jeanne aurait consisté à assujétir les « Indes Occidentales », lesquelles recélaient aussi de grandes richesses. Le projet aurait échoué par la faute de Charles VII. Il sera repris plus tard par Christophe Colomb.

Jeanne des Armoises et Gilles de Rais combattent alors les grandes compagnies qui dévastent le pays, et aussi les Anglais, quand ils en rencontrent.

En juin 1439, le commandement des troupes est retiré à Jeanne. Elle rend visite aux Orléanais qui la reçoivent avec grand honneur et lui font cadeau d'une somme considérable. Pendant son séjour qui se prolonge jusqu'en septembre, elle a rencontré le roi venu présider un grand conseil le 24 août. Et puis, c'est l'effacement. Jeanne rentre à Metz où, avec Robert des Armoises son époux, elle habitera la maison que le chevalier possède devant Sainte-Ségoleine.

En 1449, un don est fait par la ville d'Orléans à « Isabeau vefve de feue Jeanne-la-Pucelle ». Jeanne est morte, l'évêque Cauchon est mort. Charles VII peut demander une réhabilitation pour Jeanne, cela effacera ce que le procès de Rouen laissait plâner de suspect sur son couronnement.

M. de Sermoise rappelle que D. Poluche écrivait à Orléans au XVIIIe siècle : « Si les commissaires délégués par Calixte III n'ont pas divulgué l'heureuse solution des événements, c'est que leur commission n'était pas de montrer que Jehanne avait échappé à la mort à Rouen, mais d'examiner si l'on avait eu raison de l'y condamner. (D. Poluche, Société Littéraire d'Orléans, 17 octobre 1749).

En 1803, c'est Napoléon qui se sert de Jeanne pour enflammer les esprits. A sa suite, les différents partis s'en emparent.

En 1870, après la guerre contre l'Allemagne et l'abandon de deux provinces dont la Lorraine qui n'appartient à la France que depuis un siècle et avec grande réticence, Jeanne devient « La Bonne Lorraine » pour fortifier l'esprit de revanche.

L'argent aussi est intervenu, trente millions de francs or versés par la France en 1920, année de la canonisation de Jeanne. Après avoir évoqué la somme, le R.P. Roguet la justifie : « Qui s'en scandaliserait ? Il faut, dit-il, se représenter les frais très lourds d'un procès et d'une cérémonie de canonisation, s'agissant de notre héroïne nationale ». Message de sainte Jeanne d'Arc. Bulletin nº 74, Paris 1957. Fin de citation.

Vers la fin de son ouvrage, M. Jean Bancal pose cette question : « Jeanne a-t-elle sauvé la France ? » L'erreur... est de croire que les frontières entre états résultent d'une sorte de prédestination... elles sont le fruit de contingences politiques... Il est impossible de juger des effets lointains, bénéfiques ou maléfiques de l'action de la Pucelle d'Orléans (si on n'est pas d'abord bien pénétré de cette vérité) et si on ne balaie pas cet esprit chauvin et cocardier qui a faussé le jugement de tous les historiens du XIXe siècle... Le refus par Charles VII de respecter le traité de Troyes a séparé deux grandes nations que tout tendait à réunir...

La chance que le grand siècle (je veux dire le XVe) avait laissé échapper devait se présenter de nouveau... le 16 juin 1940. – Si le projet élaboré avait été adopté – la France et la Grande-Bretagne ne seraient plus deux nations mais une nation franco-anglaise indissoluble...

Les deux vice-présidents du conseil français (le maréchal Pétain et Camille Chautemps) suivis par environ la moitié des ministres étaient opposés à une telle union politique qui impliquait la continuation de la lutte...

Ainsi avorta pour la seconde fois, à cinq cent vingt ans de distance un mariage qui eut changé la face du monde... »

Fin de citation

Jeanne entend ses voix.
(Sculpture de M. Chapu, musée du Luxembourg, à Paris)

Isabeau de Bavière, mariée à 14 ans, le 17 juillet 1385, à Charles VI, Roi de France, morte à l'hôtel Saint-Paul à Paris le 30 septembre 1435. D'après une peinture du temps. Phot. Bibliothèque nationale.

Yolande d'Aragon, reine de Sicile, belle-mère de Charles VII. Yolande était l'âme du parti national en France. – D'après la remarquable publication de M.E. Hucher, les Vitraux du Mans, *XVe siècle.*

Deuxième partie

Recherche d'arguments chez des spécialistes de Jeanne d'Arc et quelques mises au point

Où se trouve la vérité ?
Les spécialistes de Jeanne d'Arc apporteront-ils la lumière ?

Il y a quelques années, à Nancy, j'ai rencontré M. l'abbé Choux. Devant lui j'évoquai la somme d'argent remise en 1436 sur ordre de Charles VII, par la ville d'Orléans, à un héraut, pour avoir apporté des lettres de Jehanne la Pucelle, laquelle était à Arlon, jusqu'à Loches où résidait le roi. J'évoquai également la visite rendue par Jeanne des Armoises, en 1439, à la ville d'Orléans qui lui fit don d'une importante somme d'argent « pour le bien qu'elle fit à la ville durant le siège ».

Monsieur l'abbé Choux déclara :

– Les Orléanais se sont trompés.

Et il mit rapidement fin à l'entretien.

Monsieur H. Labourasse, de la Société des Lettres Sciences et Arts de Bar-le-Duc (9) a signé à la fin du siècle dernier un article consacré à Vouthon-Haut et ses seigneurs. Il s'y trouve un tableau de la « descendance de Jacques d'Arc et d'Isabelle Romée, père et mère de la Pucelle », qui comporte les indications suivantes :
Jacques d'Arc, épouse Isabelle Romée, vers 1405

Leurs enfants

Jacquemin d'Arc, réputé l'aîné	– sans date de naissance
Jean d'Arc	– sans date de naissance
Jeanne d'Arc, née à Domrémy	le 6 janvier 1412
martyre à Rouen	le 30 mai 1431
Pierre d'Arc	– sans date de naissance
Catherine d'Arc, née à Domrémy,	avant 1412
sœur aîné de la Pucelle,	
épouse Colin le Naire	meurt avant 1420.

Ce tableau offre deux points étranges,

1. il ne comporte comme date de naissance que celle de Jeanne.

2. si Jacques d'Arc et Isabelle se sont mariés en 1405, leur premier rejeton étant Jacquemin et en supposant que Catherine fût leur deuxième enfant, celle-ci ne pourrait-être née au plus tôt qu'en 1407. Elle a été mariée et est morte avant 1420 soit, au plus tard, en 1419. Elle n'a donc disposé au maximum, que de douze années pour naître se marier et mourir. C'est peu. Cela ne se concevrait que dans une famille royale ou princière où l'on disposait des enfants parfois dès leur naissance, pour les marier dans leur jeune âge, selon un choix déterminé dans le but d'assurer des alliances.

Sur le conseil de M. le vice-président de la Société des lettres de Bar-le-Duc, j'écrivis à l'adresse parisienne qu'il voulut bien me communiquer, à M. Pierre Marot particulièrement au courant des questions johanniques, et conservateur de la « Maison natale de Jeanne d'Arc ». Je lui demandai, entre autres choses, à quelles sources M. Labourasse pouvait avoir puisé pour donner les dates indiquées sur son tableau.

Après plusieurs semaines, ma demande restant sans suite, je l'ai renouvelée. Aucune de mes deux lettres n'est revenue et je n'ai pas eu de réponse.

Une historienne, Mme Régine Pernoud, renommée pour son érudition, particulièrement en ce qui concerne Jeanne à qui elle a consacré plusieurs ouvrages, a écrit un livre (10) où elle combat les historiens de la version selon laquelle Jeanne est une princesse royale. Peut-être apportera-t-il des éclaircissements, des arguments solides.

Dès l'abord, on est quelque peu surpris. Il s'intitule : « Jeanne d'Arc devant les Cauchons. »

Face à des écrivains de bonne foi considérés comme étant dans l'erreur, on pourrait s'attendre, de la part d'une historienne persuadée d'adhérer à la véritable histoire, à une mise au point courtoise avec éléments à l'appui. Mieux encore, à l'acceptation de discussions dans le respect des opposants, et accompagnées d'un examen sérieux et sincère de leurs arguments et de leurs sources.

Devant l'histoire, l'évêque Cauchon est considéré comme un traître ayant poursuivi Jeanne de sa haine. Il est responsable des tourments qui lui furent infligés, du bûcher où elle a péri.

Pourquoi ce titre sent-il la bagarre et le mépris ? Pourquoi est-il lancé comme une insulte à tous ceux qui ne partagent pas la conviction exprimée par son auteur ?

Autre sujet d'étonnement, le livre se présente sous une bande portant ces mots : « Contre l'amateurisme en histoire. »

La préparation de l'historien par une étude longue et approfondie de l'histoire et des disciplines connexes est sans doute largement souhaitable et aplanit beaucoup de difficultés. S'ensuit-il que des recherches et que des travaux sérieux entrepris par un amateur soient sans valeur, que les documents sur lesquels il s'appuie soient faux, qu'il ne puisse logiquement raisonner sur un sujet précis ? Et cela dénierait du même coup au simple lecteur toute faculté de jugement.

Je suis prête à admirer un cerveau qui aurait assimilé les plus vastes connaissances à la condition qu'il en use correctement, qu'il apprécie tout avec équité et équilibre, mais j'admirerai sans condition celui ou celle qui, n'ayant pas acquis un savoir aussi étendu, jugera sainement et avec intelligence des gens et des choses, avec cette intelligence si bien définie par le docteur Chauchard (11) et qui implique l'honnêteté et un parfait humanitarisme.

Après la volée de pierres que constitue la présentation de son ouvrage, va-t'on trouver chez Mme Pernoud une humeur plus tempérée ?

En amateur que je suis, j'ouvre maintenant le livre.

Le texte commence par la relation détaillée d'un article mystificateur écrit aux environs des années 1840-1845 par Charles Philipon créateur du « Charivari », et dans lequel il affirmait que Napoléon n'a jamais existé. Son nom vient d'Apollon, son histoire est la transposition d'un mythe solaire.

On ne saurait mieux dire, avec un tel début, que les récits représentant Jeanne comme instrument politique sont eux aussi une plaisante mystification.

Ensuite vient une rapide allusion à, je cite : « Un nommé Grimod qui venait de faire paraître un de ces ouvrages où l'auteur assure très sérieusement que Jeanne est une bâtarde »... et la suite.

Depuis Monsieur Grimod est mort. Ses amis affirment que la publication de son œuvre lui attira de graves ennuis.

On ne s'acharne pas d'ordinaire sur un sot, M. Grimod a-t-il dit vrai ? Si oui, qui gênait-t-il ? Jeanne la Pucelle rappelait qu'on avait pendu des gens pour avoir dit la vérité.

Ensuite, citation : « C'était au temps où Mme Pernoud installait avec d'autres archivistes, une salle consacrée à Napoléon. Quelqu'un lança l'idée : – Nous devrions nous amuser à prouver que Napoléon était le fils de Louis XV.

– En moins d'un quart d'heure, affirme-t-elle nous avions réuni une bonne demi douzaine de preuves irrécusables. Suit l'exposé de ces preuves.

Mme Régine Pernoud démontre ici qu'elle peut bien inventer une histoire fausse ou encore la soutenir avec des affirmations péremptoires, mais rien de plus.

Trouvera-t-on enfin dans ce livre un exposé des points soutenus par les auteurs dissidents, et leur réfutation clairement motivée ? Il n'en est rien.

Bien loin d'user de la courtoisie désirable envers les autres écrivains, lorsqu'il s'agit de ceux qui ne partagent pas ses convictions vraies ou affirmées, Mme Régine Pernoud après les avoir dédaigneusement traités d'amateurs, les accable de sarcasmes, d'injures, les accuse de mensonges et parle même de psychanaliste voire de psychiatre. A-t-elle oublié que l'évangile dont elle se réclame condamne celui qui traite son frère de fou ?

Mais pour elle, ceux-là ne sont sans doute pas ses frères, pas même des écrivains.

Après avoir pu lire que l'histoire n'était pas affaire d'opinion, le lecteur est invité à se faire personnellement une opinion. Contradiction pourtant décriée. Et il est encouragé à consulter les documents, à chercher des réponses aux questions qu'il peut poser. C'est susciter un amateurisme vivement combattu. Mais si le lecteur peut s'informer c'est dans les ouvrages conseillés en fin de volume par Mme R. Pernoud, autrement il risque fort d'être dupe. Voilà sa liberté bien compromise.

Il ne faut pas non plus mélanger le naturel et le surnaturel. Comment faire alors pour apprécier des événements naturels qui ont leur source dans le surnaturel ?

Là où une étude sérieuse est attendue on trouve la moquerie. « Si Jeanne a délivré Orléans c'est qu'elle était bâtarde, si elle a fait sacrer le roi à Reims, c'est qu'elle était bâtarde... »

De l'avis des connaisseurs, l'atavisme prédispose aux talents équestres. Si Jeanne était véritablement la fille de Louis d'Orléans, elle avait assurément de qui tenir.

De plus, un long et sérieux entraînement lui était nécessaire.

Il ne paraît pas convenir à Mme Pernoud que ce soit sous la direction de Bertrand de Poulengy ou de Jean de Metz. Alors de qui tenait-elle sa science ? de Saint Georges. On le dit si admirable cavalier qu'il franchissait des espaces considérables sur son destrier, au point que dans un hameau de l'Aveyron qui porte son nom on peut voir l'empreinte que laissa le sabot de son cheval sur une roche, au cours d'une de ses chevauchées miraculeuses.

Mais non, ce ne peut être lui, il est le protecteur de l'Angleterre.

Dès le début de l'ouvrage, un nom accroche au passage : « Claude des Armoises ». La première fois on ne peut que penser à une erreur mais ce nom revient à différentes reprises. Alors ?

Mme Pernoud n'a-t-elle pas porté toute l'attention désirable à ses lectures ? Ce serait ennuyeux pour une historienne. Mais elle sait parfaitement qu'il n'y a pas de Claude « des Armoises » et seulement Jeanne des Armoises. Pourquoi cette supercherie ?

Et le lointain parent de Jeanne des Armoises, l'actuel Comte Pierre de Sermoise n'échappe pas à cette substitution. Dans son cas, sous la plume de Mme Pernoud, Pierre devient Philippe.

Certains ont dit que les Anglais, n'ayant pas brûlé Jeanne l'avaient fait fuir par un souterrain.

Mme Pernoud affirme que des fouilles pratiquées ont démontré que le château de Rouen ne comportait pas de souterrain. Or ce château a été presque entièrement détruit, il n'en subsiste qu'une seule tour et les fondations d'une deuxième ; des immeubles ont été bâtis sur une grande partie de son emplacement. La circonspection paraît nécessaire pour affirmer quoique ce soit à son sujet. De plus un souterrain existant ou non n'ajoute rien à l'affaire.

Il faut souligner que l'on trouve parfois, et cela chez des historiens des deux camps, des informations reproduites en confiance mais sans bases certaines. Il est extrêmement facile, même aux plus vigilants, de glisser dans quelque erreur, s'agissant d'une affaire aussi complexe et ardue que celle-ci (il ne peut, naturellement, être question que d'erreurs faites de bonne foi) elles sont fort regrettables mais ne doivent pas faire perdre de vue les grandes lignes de la recherche poursuivie.

Cela dit, voici maintenant Jean de Wavrin, Chroniqueur bourguignon de l'époque. Il est (selon Quicherat) le premier à avoir dit de Jeanne, qu'elle était l'instrument d'une manœuvre politique.

Mme Pernoud développe que ce chroniqueur a « usé de ce procédé » parce qu'il était bourguignon et avait fait partie de l'armée battue à Patay, il pouvait alors éprouver quelque rancœur contre Jeanne.

Va-t-on conclure de ceci que chaque historien ou chroniqueur n'écrive de rien selon la vérité mais seulement d'après ce qui est conforme à ses tendances, à l'esprit de son parti ?

Voilà une suspicion globale qui pourrait se retourner contre son auteur.

La façon de présenter ce que déclarait Jean de Wavrin n'est pas freinée, chez Mme Pernoud par ces lignes extraites des « Mémoires du Pape Pie II ». Il écrit : « Quelques-uns pensent qu'une profonde pensée politique fit imposer cet expédient de susciter une vierge qui se disait envoyée de Dieu... était-ce œuvre de Dieu ou intervention des hommes ? J'aurais peine à me prononcer sur ce point. »

Si Mme Pernoud cite ces phrases, c'est en déclarant que « le Pape s'est fait l'écho de cette thèse bourguignonne. »

Le mariage du Chevalier Robert des Armoises et de Jeanne la Pucelle eut lieu en 1436, Mme Pernoud se borne à dire que l'on n'en possède pas l'acte, mais elle garde le silence sur un autre document qu'il lui était facile de demander à consulter et que possède M. Pierre de Sermoise dans ses archives personnelles, le vidimus d'un autre acte qui prouve la célébration de ce mariage *.

La réédition d'un ouvrage du XVIIIe siècle comporte, dans la liste des enfants d'Isabeau de Bavière, pour le dernier né, une fille nommée Jeanne et non un fils nommé Philippe comme l'indique l'édition précédente publiée du vivant de l'auteur. Mme Pernoud rejette la rectification et passe sous silence le titre de l'ouvrage et

* Depuis, M. Pierre de Sermoise a fait don de ses archives personnelles aux Archives de France.

le nom de l'auteur. Il s'agit de l'Histoire de France de Claude Villaret (12). La précaution était inutile, le changement de prénom est dû à une erreur typographique, ainsi qu'il est possible de le constater à la lecture du document qui comporte deux erreurs de même nature.

Si Villaret avait voulu, avant de mourir, modifier pour les éditions suivantes, le prénom de Philippe en celui de Jeanne, il aurait sans doute produit ses motifs et ses preuves. Au lieu de laisser subsister, comme dans la première édition – douze enfants (royaux) en nombre égal des deux sexes – il aurait écrit : cinq fils et sept filles.

Le typographe, en composant :
« Jeanne (au lieu de Philippe) qui ne vécut qu'un jour. » s'est probablement trompé de prénom parce qu'à la ligne suivante est la première fille d'Isabeau :
« Jeanne, morte quelques mois après sa naissance. » Une deuxième erreur de même ordre se reproduit plus loin, dans la nomenclature, pour une autre fille d'Isabeau également prénommée Jeanne. L'édition de 1770 porte : « Jeanne, duchesse d'Orléans, » alors que Jeanne fut duchesse de Bretagne.

Cette deuxième erreur proviendrait de ce que le typographe venait d'écrire :
« Isabelle mariée en première noces à Richard II roi d'Angleterre, et après la mort de ce roi, au duc d'Orléans ».

« Prière de Charles VII »

Il est intéressant de rapprocher les passages consacrés à cette prière par deux auteurs également attachés à l'histoire officielle de Jeanne.

En décrivant l'entrevue du roi et de Jeanne à Chinon, Henri Wallon relate que Jeanne dit à Charles une chose qu'il avait faite bien secrète. Il ajoute : « Ce qu'elle lui a dit, nul ne le sait. » Puis il passe à une confidence faite par Charles au Sire de Boissy.

Charles avait demandé à Dieu que, « s'il était vrai héritier issu de la Maison de France et que le royaume lui dût justement appartenir, il plût à Dieu de le lui garder et défendre... », et Wallon conclut : « C'est cette prière secrète que Jeanne rappela à Charles VII. »

Mme Pernoud de son côté, constate que l'on ne dispose d'aucun témoin, que Jeanne a gardé le silence sur le fameux secret et elle s'interroge sur le crédit à accorder à Pierre Sala qui, en 1516, déclara tenir de Guillaume Gouffier chambellan de Charles VII, une confidence du roi qui aurait prié Dieu de lui révéler s'il était vrai héritier de France, afin qu'il puisse, en ce cas, défendre son royaume. Mme Pernoud déclare que ce témoignage unique en son genre ne peut faire foi.

Deux remarques se dégagent. Le premier texte dit que « si le royaume appartient à Charles, celui-ci demande à Dieu de le lui garder et défendre ». Cette prière peu brillante mais qui reflète bien le caractère du roi, est ainsi modifiée chez

Mme Pernoud. « Charles demande à Dieu s'il est vrai héritier afin qu'il puisse défendre son royaume. »

Ensuite, Henri Wallon, après avoir écrit : « Ce qu'elle lui a dit, nul ne le sait », donne la divulgation de cette prière comme clef de l'énigme. Et Mme Pernoud, après en avoir atténué un passage, émet un doute sur la réalité de cette supplique où les inquiétudes ressenties par Charles sur le fait de sa naissance apparaissent clairement.

De la lettre importante que Perceval de Boulainvillers écrivit au Duc de Milan, il n'est cité que de courts passages. Ils décrivaient des petits détails miraculeux touchant la naissance de Jeanne.

Les explications fréquentes sur les qualités que doit avoir un bon historien, les affirmations multipliées sur la véracité de tout ce qui est soutenu dans « Jeanne devant les Cauchons » accroît le sentiment d'efforts fournis pour conditionner le lecteur et le mener rondement vers la sortie, convaincu désormais que tout est, pour lui, définitivement clair.

Les exigences de la méthode, de la technique, sont sans cesse rappelées. Sans l'observance des lois tracées là, il n'est pas de véritables histoire.

Y aurait-t-il les Diafoirus de la Plume ?

– Chaque fois, écrit Mme Pernoud, qu'un nouveau canular voit le jour, il est accompagné de documents nouveaux. »

Quelques uns seulement sont légèrement évoqués pour être ensuite rapidement rejetés dans l'ombre.

Cependant, l'historienne communique une découverte qu'elle fit en Angleterre.

« Le 13 mai 1431 (dix-sept jours avant la clôture du procès de Jeanne) ; à la fin d'un grand dîner offert, au château de Rouen, par le comte de Warwick, gouverneur de la ville pour le roi d'Angleterre, il fut présenté des fraises, les premières de la saison ».

On souhaiterait que Mme Pernoud utilisât dans ses récits, les règles rigoureuses qu'elle émet comme devant servir de base au travail de l'historien.

Sur l'âge de Jeanne

Touchant la controverse sur la date de naissance de Jeanne, Mme Pernoud va d'un pas assuré : « ... les quelque cent quinze témoins qui ont défilé au procès de réhabilitation ... s'accordent, à une majorité écrasante à déclarer que Jeanne avait dix-sept ans ou environ – imprécision normale à l'époque en ce qui concerne les âges – lorsqu'elle s'est présentée à Chinon ... qui nous dira pourquoi Hauviette était seule à nous donner « exactement » la date de naissance de Jeanne ? Alors que le parrain de Jeanne, celui qui l'a tenue sur les fonts baptismaux, sa marraine et l'ensemble des autres habitants de Domrémy affirment que Jeanne avait seize à dix-sept ans quand elle vint en « France » d'accord avec Jeanne elle-même... » Fin de citation.

Majorité écrasante.

Justement ... c'est trop ! Comment de si nombreuses personnes peuvent-elles attester, après tant d'années, de l'âge de Jeanne, si fort qu'ait été l'intérêt suscité par son épopée ?

Combien d'entre elles eurent, sur ce détail des informations précises ?

Mais je dois rectifier. J'ai dit : « C'est trop ». Alors qu'il faut dire : « Ce serait trop si c'était vrai. »

Le procès de réhabilitation de Jeanne, traduit par M. Raymond Oursel dans un ouvrage (13) donné en référence par Mme Pernoud, sera revu plus loin. Il est évoqué ici sous le seul aspect des témoignages qui concernent la date de naissance de la Pucelle.

En tout, cent trente sept dépositions furent enregistrées pour cent vingt deux témoins dont quelques-uns eurent à se produire deux ou trois fois.

Si l'on ajoute que douze témoins entendus en mai 1456 comparurent de plus (certains déposèrent ainsi quatre fois) en décembre 1455 pour une enquête préliminaire dont aucun texte n'est fourni, cela fait au total, cent quarante neuf interrogatoires.

Le nom de ceux qui répondirent sur l'âge de Jeanne sera mentionné et souligné. Si, au cours d'un nouvel interrogatoire il fut encore question de l'âge, leurs noms seront simplement inscrits.

Une constatation frappe d'emblée. L'enquête ne demande pas aux personnes citées ce qu'elles savent sur l'affaire ou quelques uns de ses détails, mais il leur est présenté des articles aux exposés péremptoires.

Enquête instruite à Rouen, en 1452 par le Cardinal Guillaume d'Estouteville

12 articles sont présentés. Ils ne mentionnent pas l'âge de Jeanne.

5 témoins défilent qui ne disent rien à ce sujet.

Et puis, le cardinal, après l'audition du cinquième témoin, arguant d'une obligation de quitter Rouen, a bien l'air de partir sur la pointe des pieds et délègue ses pouvoirs, le 6 mai, au trésorier de la cathédrale, Maître Philippe de la Rose, Maître Prévosteau institué promoteur, « fit substituer au précédent questionnaire, un autre plus détaillé ». Il est fait de 27 articles.

L'article 9 contient ces mots : « que ladite Jeanne était une jeune fille de dix neuf ans environ (à l'époque du procès en 1431)... et ainsi fut, c'est la vérité. »

A l'exception du dix-septième article qui dit : « Le promoteur déclare que... », les vingt-six autres articles comportent ces quelques mots, en cours d'article pour le quatorzième, à la fin pour les vingt-cinq autres : « Et ainsi fut, c'est la vérité »,

Petite phrase qui ne laisse au témoin aucune chance de s'exprimer en conscience sur les points importants du procès, s'il n'est pas en accord avec les grandes lignes qui lui sont tracées, sans encourir des risques fort graves.

A Rouen, sur les 17 témoins qui comparaissent après l'élabaration des 27 articles, trois s'en tirent ainsi : le premier l'a trouvée bien jeune, le second ne répond pas et le troisième ne sait rien.

Pour les autres voici :
Nicolas Taquel (1er interrogatoire) : avait 19 ans.
Pierre Bouchier : à peu près 19 ans.
Nicolas de Houppeville (1er interrogatoire) : je crois qu'elle avait bien l'âge de l'article.
Jean Massieu : à mon avis 19 à 20 ans.
Guillaume du Désert : 18 ou 19 ans environ.
Guillaume Manchon : 2e interrogatoire : l'âge que lui attribue l'article.
Pierre Cusquel : 20 ans environ.
Isambart de la Pierre : 19 ans.
Richard de Grouchet : avait l'âge indiqué par l'article.
Pierre Miget 2e interrogatoire : 20 ans.
Martin Ladvenu 2e interrogatoire : l'âge de l'article.
Jean Lefèvre : 1er interrogatoire : l'âge de l'article.
Thomas Marie : 18 ans.
Jean Riquier : au 1er interrogatoire ne donne pas de réponse mais il répondra plus tard.

Enquête sur les lieux d'origine – en 1456

Les articles proposés ici ne font pas mention de l'âge de Jeanne.

34 personnes sont interrogées. Parmi elles se trouvent un parain de Jeanne : Jean Moreau et trois marraines : Béatrice veuve d'Estellin ; Jeannette femme de Thévenin le Royer ; et Jeannette femme de Thiescelin de Vittel.

33 témoins dont le parrain et les trois marraines sont absolument muets sur l'âge de Jeanne et tout ce qui touche à sa date de naissance. Seule :
Hauviette, interrogée le 30 janvier 1456, 45 ans environ, déclare : « ... c'était mon amie. Mais je ne me souviens pas de ses parrains et marraines sinon par ouï dire, parce que Jeanne était plus âgée que moi de deux ou trois ans, disait-on ».

Enquête à Orléans, en 1456

Le questionnaire ne figure pas dans l'instrument du procès.

41 témoins, dont le comte de Dunois et Raoul de Gaucourt. Aucune déposition n'est faite quant à l'âge de Jeanne.

Enquête à Paris et à Rouen

Paris

Dépositions reçues en présence des notaires de la cause : 15.
Dépositions reçues en l'absence des notaires de la cause : 5.
Teneur du questionnaire non enregistrée.
Des 20 témoins parmi lesquels figurent Thomas de Courcelles et Louis de Contes, aucun n'a cité l'âge de Jeanne.

Rappel des témoins de Rouen

Sous cette rubrique figurent en fait :
12 témoins rappelés
7 témoins nouveaux
1 témoignage nouveau recueilli à Lyon.

Témoins rappelés :
Pierre Miget : âge 20 ans.
Nicolas de Houppeville : 20 ans à peu près.
Jean Lefèvre : 20 ans.
Pierre Cusquel : 20 ans.
Jean Riquiet : 20 ans.

Les 7 témoins nouveaux ne donnent pas d'indication sur l'âge.

Le témoignage recueilli à Lyon est celui de
Jean d'Aulon : Il dit que ladite Pucelle était à l'âge de 16 ans environ (en 1429).
Sur les 122 « témoins » 16 seulement font une mention concernant l'âge de Jeanne. 15 d'entre-eux répondent à des articles impératifs et seule, Hauviette, pour expliquer qu'elle ne se souvient pas des parrains et marraines de Jeanne, donne incidemment et spontanément une indication sur l'époque de la naissance.

Ces précisions résultent, ainsi qu'il a été dit, d'un examen de l'ouvrage de M. Oursel.

Suite des recherches et mises au point avec des précisions sur le procès de condamnation

Selon Mme Pernoud, « de nombreux documents parlent de Jeanne et comportent tous des erreurs volontaires ou non ». Cependant, si elle accuse l'évêque Cauchon d'avoir pratiqué le mensonge historique et constate qu'il a personnellement surveillé la rédaction, puis la mise en forme du premier procès, elle affirme : « Mais le procès de condamnation... est un document judiciaire... On peut donc se fier, quant à la vérité historique, aux paroles rapportées... le second tableau concorde dans l'ensemble avec le premier... on ne relève aucune contradiction portant sur l'essentiel.

Le procès de réhabilitation, a, bien sûr, au départ, une origine politique mais, circonstance pour nous sans prix, ceux qui avaient participés à la condamnation de Jeanne et qui auraient pu être poursuivis en tant qu'accusés, restent des témoins. Ils viennent déposer devant les enquêteurs et s'en retournent ensuite sans que le moindre commencement de poursuite ait été entrepris contre eux ».

Fin de citation.

Des juges qui portent le poids de la mort de Jeanne sur le bûcher sont accueillis tranquillement comme si rien ne s'était passé. C'est cela qui surprend. Et si ces personnages avaient été condamnés par la justice du roi, on peut croire que la même satisfaction eût été exprimée par Mme Pernoud.

Quant à la liberté dont ces témoins jouissaient véritablement, elle se mesure à la rédaction des articles sur lesquels ils eurent à se prononcer.

Et lorsque la cause de Jeanne fût introduite à Rome en vue de sa canonisation, rappelle M. Pierre de Sermoise, le promoteur, Mgr Verde, fit ressortir les contradictions de certains témoignages.

Les juges de la réhabilitation, pour leur part, avaient fait lacérer les douze articles du procès de condamnation... calomnieux... profondément divergents des confessions de Jeanne.

Page 17 du livre « Jeanne devant les Cauchons », Mme Pernoud écrit qu'« on a conservé le texte même du procès qui lui fut fait (à Jeanne) et au terme duquel elle fut condamnée ».

Et page 21 : « que ces deux procès, condamnation et réhabilitation, sont bien et dûment authentiques... leurs exemplaires sont toujours conservés en bibliothèque : le principal, l'exemplaire portant encore la trace du sceau de Cauchon, est à la Bibliothèque de l'Assemblée Nationale ; deux autres manuscrits notariés sont à la Bibliothèque Nationale qui conserve aussi plusieurs copies dignes d'intérêt ; en ce qui concerne le procès de réhabilitation on garde deux exemplaires authentifiés par les notaires, à la Bibliothèque Nationale avec diverses copies apportant parfois des variantes intéressantes, et un au British Museum ».

Fin de citation

Voici maintenant, ce qu'un historien cité en référence par Mme Pernoud, M. Pierre Tisset qui a traduit le texte du « Procès de condamnation » (14) écrit dans le Tome I de son ouvrage :

« Ce fut au plus tôt en 1435, que les juges et assesseurs se préoccupèrent de dresser de leurs opérations et délibérations un procès verbal en forme... Le tout est sous forme de lettres patentes rédigées en latin, intitulées au nom des deux juges, c'est-à-dire de l'évêque de Beauvais, Pierre Cauchon et du vice-inquisiteur délégué ad hoc, le dominicain Jean le Maistre.

Ce texte une fois consigné en un registre et arrêté, cinq expéditions en furent soigneusement établies et dûment collationnées avec le registre.

Le registre a disparu. Des cinq expéditions, l'une a été détruite en 1456 lors de la réhabilitation, car les commissaires pontificaux, cassant comme faux, calomnieux, profondément divergents des confessions de Jeanne les douze articles sur lesquels les juges de 1431 avaient fait délibérer les consultations, en ont ordonné la lacération et les ont fait arracher de l'exemplaire qu'ils avaient entre les mains. Une deuxième expédition est perdue. Il en reste trois :

A. – Un exemplaire sur velin – le seul actuellement connu... avec d'importantes traces de sceaux, était sans doute destiné à l'évêque de Beauvais... et figure actuellement dans la Bibliothèque de l'Assemblée Nationale...

B. – Un deuxième exemplaire en papier... présentant de nombreux grattages et des surcharges de mains différentes se trouve à la Bibliothèque Nationale... C'est le manuscrit qui a été choisi par Quicherat pour la base de son édition ; Champion en a pratiquement fait autant et nous avons nous-mêmes agi ainsi.

Une note en bas de page ajoute : « De nombreux grattages prouvent que cet exemplaire a été soigneusement collationné. »

C. – Enfin, un troisième exemplaire en papier... « sans surcharges ni grattages » mais portant un certain nombre d'erreurs et de lapsus, est encore à la Bibliothèque Nationale.

Les divergences entre ces trois manuscrits... sont médiocres et sans portée véritable.

« La minute française »

Mais le procès-verbal en latin qui nous est ainsi transmis... n'a été établi qu'assez longtemps après la mort de Jeanne. C'est d'après une « minute en français » que travaillèrent les rédacteurs du procès-verbal en latin, comme ils le dirent eux-mêmes (du moins Guillaume Manchon) lors des enquêtes en vue de la réhabilitation.

Des notaires, Manchon et Boisguillaume... lors des séances, prenaient des notes... après, ils confrontaient notes et impressions en présence d'assesseurs et dressaient un texte « en français ». Des notes précisent que Taquel, notaire nommé par le vice-inquisiteur et qui n'écrivait pas, dit que les notaires écrivaient en latin ou en français.

S'il y avait un doute, ... le lendemain on demandait à Jeanne ce qu'il en était.

On a ainsi établi et consigné dans un registre en papier, une manière de procès-verbal qu'on a relu à Jeanne à la fin des interrogatoires dans la séance du 24 mars 1431, en lui demandant de contester ce qui lui paraîssait contestable.

Cette minute a été continuée jusqu'au 30 mai et à la fin du procès de relaps. Complétée, traduite en latin pour les passages en français, plus ou moins remaniée, elle a servi à établir le procès-verbal de Thomas de Courcelles et de Manchon... Ce registre fut remis par Manchon aux juges de la réhabilitation le 15 décembre 1455. Il a disparu.

Mais, dans la première rédaction du procès-verbal de la réhabilitation, ce texte de la « minute française » selon les principes, a été consigné in extenso. L'original de cette première rédaction a disparu lui aussi ; nous en conservons heureusement une copie de la deuxième moitié du XVe siècle, à vrai dire, une copie mutilée. C'est... le manuscrit d'Urfé.

M. Tisset ajoute en note que :

« Deux rédactions du procès-verbal de la réhabilitation ont en effet, été établies... L'une est en forme de lettres patentes intitulées au nom des juges... Quicherat y voyait un projet qui n'avait pas donné satisfaction et que l'on aurait rejeté. L'autre est un exposé fait par les greffiers... C'est de celui-ci que deux expéditions authentiques nous sont parvenues... Les deux textes sont d'ailleurs maladroits et fautifs. La tâche des greffier était, à la vérité, fort lourde... mais ils se sont montrés fort inférieurs à leur mission et très négligents. »

Fin de citation.

Un fait est certain, tous les documents originaux ont disparu. Il nous reste, ici des expéditions d'exposés réputés maladroits ou fautifs, là des copies d'un procès-verbal disparu qui avait été lui même remanié d'après le véritable texte, introuvable lui aussi.

Quant au document conservé à la Bibliothèque de l'Assemblée Nationale, et qui est une des cinq expéditions du registre disparu du procès de condamnation mis en forme vers 1435, et d'après ce qui précède, il ne porterait pas la trace des sceaux de Cauchon mais « d'importantes traces de sceaux, et il était sans doute destiné à l'évêque de Beauvais. »

Voici encore deux autres points de *« Jeanne devant les Cauchons. »*

Page 29 : « il n'y a de véritable histoire que dans la mesure où, précisément, le document prime les convictions personnelles ».

Et dans les pages suivantes : « Jeanne, tout au long de sa vie publique comme de son procès, a affirmé être guidée par un « Conseil », par des « voix » qui lui expriment, dit-elle, le commandement de Dieu... Si les « voix », le « conseil » de Jeanne avaient eu d'autres témoins qu'elle, l'histoire pourrait contrôler les dires, les uns par les autres.

... Tout ce que peut et doit faire l'historien, c'est d'enregistrer cette déclaration, tout ce qu'il peut et doit constater c'est que Jeanne n'a jamais donné d'autre explication à sa démarche...

Mais il est hors de doute aussi, qu'une telle affirmation ne peut en aucun cas être contraignante pour la conscience individuelle...

... l'église n'a jamais imposé comme vérité de foi aucune révélation de quelque sorte qu'elle fût ; elle laisse toute liberté à ses fidèles d'accorder créance aux révélations de Jeanne comme à celles dont auraient été favorisés sainte Thérèse d'Avila ou saint François d'Assise... »

Fin de citation.

Affirmation périlleuse s'il en fut.

Elle ouvre le doute sur toute manifestation ou révélation surnaturelle, inaudible, invisible ou intangible pour quiconque en dehors du seul personnage qui affirme en être favorisé.

Et si, comme l'écrit Mme Régine Pernoud, le document prime les convictions, pourquoi cherche-t-elle à étouffer des documents d'une importance exceptionnelle dont plusieurs ont été rappelés par différents auteurs et sur lesquels nous reviendrons ?

Il faut encore signaler un autre trait de l'œuvre de Mme Pernoud. Dans « Jeanne d'Arc », sur l'entrevue de Montereau entre le Dauphin Charles et Jean-Sans-Peur, elle écrit : « Une nouvelle rencontre fut prévue entre les deux cousins, elle devait avoir lieu le 10 septembre (1419) sur le pont de Montereau. Pour des raisons inconnues, cette nouvelle tentative dégénéra vite en dispute, et tandis que le dauphin découragé redescendait du pont, une mêlée s'engagea entre son escorte et celle du duc, c'est alors que Jean-San-Peur, frappé au front (la légende voulut que le coup lui fut porté par Tanguy du Châtel) s'écroula.

Fin de citation.

Cette façon de camoufler les circonstances de l'assassinat du duc de Bourgogne pour innocenter Charles VII, n'a rien à voir avec les chroniques du temps dont on trouvera trace dans la huitième partie de cet ouvrage. Quant à la culpabilité de Charles VII, elle est connue de Jeanne elle-même qui ne la nie pas mais ne veut pas s'en occuper.

Le 7 mars 1431 lorsque le juge lui demande :

« – Croyez-vous fermement que votre roi fit bien de tuer ou de faire tuer Monseigneur le duc de Bourgogne ? »

Jeanne répond : « – Ce fut grand dommage pour le royaume de France, mais quoi qu'il y eût entre eux, c'est au secours du roi de France que Dieu m'a envoyée ! »

Le livre de Mme Pernoud, « Jeanne devant les Cauchons » peut paraître habille vis-à-vis de qui ne cherche pas à approfondir ses affirmations, ou fait entièrement confiance au déploiement d'une apparente érudition scrupuleuse. Mais son œuvre est un grand effort de camouflage des faits réels et prouve que c'est le seul moyen utilisable pour tenter de maintenir l'histoire officielle de Jeanne, qu'il reste à revoir.

Troisième partie

Un regard sur l'histoire officielle de Jeanne

Pendant les temps troublés de la guerre de Cent ans, une petite bergère quitte son village et dit qu'elle va à Vaucouleurs pour y rencontrer le Sire de Baudricourt, capitaine du lieu, qui lui donnera des gens pour l'escorter jusqu'à Chinon auprès du roi. La pastourelle déclarera qu'un saint et deux saintes lui ont apporté le commandement de Dieu ; aller en France vers le roi ; délivrer Orléans ; mener Charles au sacre et bouter les Anglais hors de France.

Sauf à croire d'emblée, sans examen, ces paroles stupéfiantes, que penser de cette explication de l'épopée de Jeanne ?

La mettre en doute, c'est déjà nier l'origine de sa mission et, pour les croyants, son caractère sacré, c'est nier la mission divine elle-même. Et si elle n'est pas d'essence divine, que peut être cette épopée ? le fruit d'une exaltation patriotique, d'une illumination, d'une imposture ? car il lui faut bien une origine.

Mais cette enfant ignorante, tout occupée à la garde des brebis ; aux travaux des champs, aux soins du ménage, comment aurait-elle pu, patriote exaltée, illuminée ou simulatrice, se présenter à la cour, en pratiquer les usages, s'adresser avec aisance au roi et aux grands seigneurs, monter les chevaux les plus fougueux, briser le siège d'Orléans et conduire Charles VII au sacre ?

Quelque effort que l'on fasse, cela ne peut se concevoir.

Le dévôt en appellera-t-il au miracle qui lui explique tout ? Mais le cas de Jeanne la Pucelle ne semble pas pouvoir s'arrêter sur une solution aussi facile.

L'histoire de Jeanne d'Arc est exclusivement basée sur les ordres de Dieu transmis par saint Michel, sainte Catherine et sainte Marguerite à la petite bergère de Domrémy. Sans cesse Jeanne a affirmé qu'elle agissait selon le commandement de Dieu. C'est ce commandement et lui seul qui a déterminé Jeanne a quitter le Barrois.

Dès lors, c'est en se référant à la foi en Dieu, ainsi qu'aux règles de la religion catholique à laquelle Jeanne appartenait, qu'il importe d'abord d'examiner la relation généralement enseignée, de son épopée.

Dans un premier temps, saint Michel se borne à préparer Jeanne à une mission sans lui en révéler les buts.

Progressivement, il lui apprend qu'elle devra venir en France au secours du roi et qu'il y a grande pitié dans le royaume de France.

Ensuite il lui ordonne de croire aux paroles de sainte Catherine et de sainte Marguerite qui se manifesteront à elle pour la guider.

Un jour la Pucelle prononça ses mots : « ... nul au monde, ni rois, ni ducs, ni fille du roi d'Écosse, ni aucun autre ne peut recouvrer le royaume de France et il n'y a point de secours que de moi... ». Déclaration de Jean de Novelonpont dit Jean de Metz.

Avant la bataille d'Orléans, Jeanne écrit au roi d'Angleterre, au duc de Bedfort et à ses lieutenants : « ... en quelque lieu que j'atteindrai vos gens en France, je les en ferai aller ... et s'ils ne veulent obéir je les ferai tous mourir ... Je suis cy venue de par Dieu ... pour vous bouter hors de toute France... ».

Pour adhérer pleinement et sans équivoque à ce récit, il faut une foi inconditionnelle en un Dieu protégeant la France par préférence à toute autre nation ; croire que, par la volonté divine, ce pays doive se trouver sous la domination d'une dynastie, que celle-ci soit représentée, au moment où les ordres célestes sont donnés à Jeanne, par Charles comte de Ponthieu, et croire aux miracles.

Plusieurs questions peuvent se présenter aux croyants.

Il est flatteur pour l'orgueil national de croire à une prédilection divine, mais quelles raisons aurait le Tout-Puissant de marquer une telle préférence ?

C'est un article de foi que le reconnaître comme le Père de toutes les créatures.

Si les hommes ont élevé des frontières entre eux, Dieu va-t'il accorder sa protection et son secours à une nation plutôt qu'à une autre ?

Lorsqu'au XIe siècle, Guillaume le Conquérant, duc de Normandie, né à Falaise, envahit l'Angleterre à la tête de ses troupes et s'y fit couronner roi avec l'appui du pape Alexandre II, Dieu ne suscita pas une aide miraculeuse qui le chassât de cette Angleterre où Guillaume et ses héritiers continuèrent de régner.

La soif de domination constelle l'histoire de ruses, intrigues, conspirations, mariages d'intérêt, fausses conversions, soumissions forcées, alliances contractées et trahies, combats, crimes et atrocités que le rang et la puissance de leurs auteurs auréolent de justification, entourent de respect complice et de crainte.

Les nations se sont généralement construites dans le sang, le mépris des individus, et maintenues par la force. La France, pas plus que l'Angleterre n'échappe à cette règle. Il suffit d'évoquer comment, deux siècles avant la période Johannique, sous trois rois et une régente (Philippe Auguste ; Louis VIII ; Blanche de Castille et Louis IX), le Languedoc fut annexé à la France, au terme, ainsi qu'il est écrit dans l'introduction d'un livre de Mme Zoé Oldenbourg (15), des « ... longues et terribles années (trente-cinq ans) pendant lesquelles une population paisible mais fermement résolue de vivre et de mourir dans la foi qui lui était chère, voyait déferler sur son pays, brandissant la croix d'une main, l'épée de l'autre, des bandes d'égorgeurs, de pillards et d'incendiaires ».

La Toute-Puissance divine confiant à Jeanne la libération de la France, aurait dû, semble-t-il lui ordonner avant tout, de chasser les Anglais de la capitale, si bien que Henri Wallon a écrit : « qu'après la bataille de Paris, la Pucelle voyait abandonner ... la ville sans laquelle la possession des autres n'était rien de durable. » Paris n'est pas désigné à la Pucelle mais Orléans.

Pourquoi Orléans ?

Selon l'ordre, reçu la levée du siège a lieu. Cela se passe le 8 mai 1429.

Jeanne doit conduire Charles à Reims ; le 17 juillet 1429, c'est le sacre.

Les deux premiers points de sa mission sont menés à bonne fin, le troisième ne s'accomplira pas. En dépit des explications compliquée données par ses panégyristes, Jeanne ne chasse pas les Anglais hors de toute France.

Après Reims, Jeanne veut entrer dans Paris, elle doit abandonner. La guerre continue avec des alternatives de gains et de pertes ; les Anglais regagnent du terrain. Et puis c'est la capture de Jeanne devant Compiègne, le 28 mai 1430.

Cette même année, le 17 décembre, Henri VI, roi d'Angleterre, est couronné roi de France à Notre-Dame de Paris.

Il faut attendre 1437 pour que Charles VII fasse son entrée à Paris, et 1449 pour que les armées françaises pénètrent dans Rouen. Les Anglais ne quitteront Calais qu'en 1558, cent vingt-sept ans après le procès de la Pucelle.

Pourtant les termes de la lettre de Jeanne étaient clairs, sans équivoque possible, sa menace précise et sans aucune condition : « ... en quelque lieu que j'atteindrai vos gens en France, je les en ferai aller ... et s'ils ne veulent obéir je les ferai tous mourir ... Je suis cy venue de par Dieu pour vous bouter hors de toute France. »

Était-ce volonté de Dieu qu'un pays fut soumis à une dynastie, et cela sans souci de la valeur morale de ses représentants ; que terres et gens fussent transmissibles par voie d'héritage aux monarques successifs ? Par quels signes célestes les limites de ce pays devaient-elles être déterminées ?

Mais passons.

Charles VI, légitime roi de France, assisté de ses conseillers, a déclaré bâtard, « Charles le soi-disant dauphin », et désigne Henri V d'Angleterre à qui il a donné sa fille Catherine en mariage, comme son régent d'abord, puis, après sa mort, comme roi de France.

Si le monarque est de droit divin, comment se fait-il que Dieu écarte les dispositions prises par Charles VI et décide que doit être sacré à Reims celui dont le roi a proclamé l'illégimité ?

Pourquoi Charles de Ponthieu est-il choisi ?

Est-ce pour son courage ? Il souhaiterait posséder la couronne de France mais, hanté par l'idée de sa bâtardise, il a peur. Peur des Anglais, peur des Bourguignons. Il songe à tout abandonner pour se mettre à l'abri et fuir en Espagne ou en Écosse.

Cependant, quand Jeanne arrive, il se réjouit ; des autres vont combattre pour lui et il accepte qu'une jeune fille guerroie et s'expose aux plus affreux dangers pour lui assurer le trône.

Avait-il d'autres vertus ? La « Revue de l'Anjou » le désigne ainsi : « homme adonné aux plaisirs, entouré de maîtresses et de courtisans. » Sa liaison avec Agnès Sorel sera plus tard une des causes déterminantes de sa rupture avec son fils le dauphin, futur Louis XI.

Le pape, représentant de Dieu sur terre, trouvera-t-il certains avantages pendant le règne de Charles VII ?

En juillet 1438, Charles VII établira la Pragmatique sanction de Bourges. Elle décidera que les recommandations du roi ou des princes devront être écoutées pour les élections aux dignités ecclésiastiques. Elle affranchira l'église de France de la papauté pour la placer sous le patronage des seigneurs.

La Pragmatique Sanction sera maintenue par Charles VII malgré l'opposition des papes.

La particulière protection et les secours célestes envoyés au roi ne rencontreront qu'une profonde ingratitude connue dès le début par l'omniscience divine et Charles ne fera rien pour arracher l'envoyée de Dieu à la mort atroce du bûcher.

Quels miracles interviennent dans la vie des saints d'après l'hagiographie ?

Saül de Tarse persécutait les chrétiens. Sur le chemin de Damas Jésus Christ lui apparaît, Saül tombe foudroyé et se relève converti. Plus tard il est ravi jusqu'au troisième ciel.

Hubert, devenu, on ne sait pourquoi, le saint patron des Chasseurs, aimait trop la chasse. Un jour en forêt d'Ardennes, un cerf, portant une croix entre ses bois, lui apparaît miraculeusement. Hubert se soumet à Dieu. Par la suite, il reçoit du ciel une étole qui eut le pouvoir de guérir de la rage.

A Lourdes, la Vierge apparaît à Bernadette Soubirous les dix-huit fois nécessaires pour décider de l'érection d'une église, faire toutes les recommandations et enseigner la façon dont les pèlerins devront user de l'eau qui coule auprès de la grotte de Massabielle.

Ces miracles ne sont attestés que par leurs bénéficiaires.

Saint Bernard, saint Vincent de Paul, sainte Thérèse de l'Enfant Jésus ne paraissent pas avoir joui de ces manifestations surnaturelles.

L'hagiographie enseigne que les miracles sont rares, qu'une apparition est impalpable, ne peut être vue que par le saint ou la sainte à qui elle est destinée à l'exclusion de tous ceux qui pourraient même se trouver sur les lieux du prodige. Ainsi en fut-il des visions qui viennent d'être évoquées, et nul ne fut changé, comme par un coup de baguette magique, dans son instruction, son éducation, ses goûts, son intelligence, ses aptitudes physique, ses diverses connaissances.

Il en va autrement pour Jeanne. C'est une multitude, une profusion, une permanence de miracles dont la plupart seront visibles par tous les témoins de sa soudaine et extraordinaire transformation et de tous les exploits accomplis.

L'humble petite bergère reconnaît successivement le Sire de Baudricourt et le roi qu'elle n'avait jamais vus ; fait, à Chinon, les révérences de cour ; c'est avec la plus grande aisance qu'elle s'adresse à tous, monte les chevaux entiers, manie les armes, court le lance – jeu réservé aux seigneurs –, porte une lourde armure ou des habits fastueux. Elle sait la politique, l'utilisation de l'artillerie. Lorsque le duc d'Alençon arrive au château de Chinon, ce n'est pas Jeanne que Charles nomme au duc, mais il présente le duc d'Alençon à Jeanne.

A Poitiers, Jeanne ne se déplace pas pour se présenter devant la commission voulue par le roi. Les illustres prélats et les religieux qui la composent sont envoyés vers la Pucelle qui s'impatiente parfois de leurs questions et se moque de Frère Seguin pour son accent.

Elle va à Orléans, ravitaille la ville, fait lever le siège puis, en plein pays bourguignon, conduit Charles VII au sacre.

Les miracles se pressent, se bousculent pour elle.

Touchant son conseil, les voix des deux saintes et certains prodiges, voici quelques paroles de Jeanne pendant le procès de Rouen : 13 mars : « ... le signe, ce fut que l'ange certifiait au roi, en lui apportant la couronne, qu'il aurait tout le royaume de France ... ».

Comme Jean le Maistre lui demande : « Tous ceux qui étaient là avec le roi, virent-ils l'ange ? »

Jeanne répond : « Je croix bien que l'archevêque de Reims et les seigneurs d'Alençon et de la Trémoille et Charles de Bourbon le virent ... ».

Saint Michel se manifeste à Jeanne jusqu'au moment où elle est livrée aux Anglais. « Saint Michel je ne l'ai pas vu depuis que j'ai quitté le Crotoy », dit-elle.

Mais sainte Catherine et sainte Marguerite continueront de visiter la Pucelle, de lui parler jusque dans sa chambre au château de Rouen où elle est retenue prisonnière. Pendant cette audience au 1er mars, elle raconte :

– « Il ne se passe pas de jour que je ne les entende. »

Une autre fois elle dit qu'elle les embrasse.

Madame Jehanne d'Orliac écrit simplement (16) : « – Il ne se fait que des miracles possibles. »

Jeanne, pendant le procès, le 15 mars, dit qu'« elle eut peur lorsque saint Michel lui apparut pour la première fois et douta que c'était lui. »

Cependant, elle ne dit rien à personne de cette apparition.

Dans l'église, le dévôt doit confier à son confesseur tout ce qui touche à la conduite de sa vie, à plus forte raison, les manifestations surnaturelles dont il serait l'objet ; la hiérarchie ecclésiastique se réservant d'examiner celles-ci et de décider de leur origine.

Henri Wallon cherche à justifier l'attitude de Jeanne en écrivant qu'elle se taisait « pour se mieux assurer du succès quand le temps viendrait de l'accomplir (sa mission), car elle craignait les pièges des Bourguignons, elle craignait les résistances de son père ».

Quel succès puisque saint Michel, dès cette première apparition, ne l'avait investie d'aucune mission ?

L'eût-il fait que, se taire, c'était suspecter son père réputé bon catholique, d'être capable de désobéissance à la volonté de Dieu ; c'était suspecter son confesseur et la hiérarchie ecclésiastique de trahir à l'occasion, un secret, particulièrement le secret de la confession, et de pouvoir s'opposer aux ordres divins.

Tout écrivain catholique sait parfaitement que l'obligation de rendre compte au prêtre d'un événement d'apparence miraculeuse, ne souffre aucune dérogation.

Comment expliquer que l'enfant pieuse, simple, naïve, mais instruite de ses devoirs religieux par le curé du village, l'enfant qui, de plus, a peur et doute de l'identité du personnage qui s'est présenté à elle, ait choisi de se taire ?

Que signifie ce silence insolite ?

Avec le côté spirituel, l'aspect temporel de l'histoire de Jeanne incline aussi à la réflexion.

Saint Michel raconte à Jeanne « la grande pitié qui est au royaume de France ».

De qui doit-elle avoir pitié ?

Des habitants des villes et des campagnes qui vivent dans la crainte des soldats qui dévastent et massacrent ?

Le peuple souffre non seulement par les Anglais et les Bourguignons mais tout autant par les Armagnacs, et Jeanne déclare son appartenance au parti armagnac ainsi que son hostilité envers les Bourguignons au point qu'elle aurait bien voulu que l'on coupât le cou au seul Bourguignon qui était à Domrémy.

Les populations ne seront pas consultées ni leur choix respectés. Jeanne combattra Anglais et Bourguignons mais elle menacera et combattra également les villes qui n'accepteront pas d'ouvrir leurs portes à Charles VII, et elle veut les contraindre à obéissance envers lui.

La commisération doit-elle s'étendre aux malheureux, issus du peuple ou de la noblesse, tour à tour soldats ou écorcheurs, qui sèment la terreur dans le pays ?

Mais la mission de Jeanne n'est pas pacifiste, elle sera le signal de nouveaux combats, appellera les soldats à de nouveaux carnages et lorsque, à Poitiers, Guillaume Aymeri prononce ces paroles :

« Jeanne, vous demandez gens d'armes, et dites que c'est le plaisir de Dieu que les Anglais s'en aillent. Si cela est, le seul plaisir de Dieu peut les faire aller en leur pays. »

Jeanne répond : « En nom Dieu, les gens d'armes batailleront et Dieu donnera la victoire. »

La petite bergère doit secourir le roi.

Quels périls lui faudra-t-il détourner de celui qui ne fait rien pour écarter les calamités dont souffre le pays et mène une vie de mollesse dans ses châteaux ?

Des panégyristes ont dit que Jeanne n'avait jamais tué personne. Cette déclaration met en relief une difficulté d'harmoniser leur conscience et un commandement de Dieu : « Tu ne tueras point » – De Dieu qui s'appelle aussi le « Dieu des Armées » – avec l'admiration profonde vouée à Jeanne, à son épopée.

Un sentiment fait de piété attendrie et de patriotisme, évoque Jeanne petite bergère écoutant ses voix, ou belle jeune fille dans sa cuirasse brillante, qui serre son étendard sur sa poitrine, le regard extasié levé vers le ciel. Images presque irréelles passant en transparence sur le récit de ses exploits.

Profondément mystique, au moment de la prière, sans doute est-elle en extase, parfois en larmes, plongée dans des conciliabules tout intérieurs qui illuminent son visage.

Mais il faut replacer Jeanne dans sa réalité.

Elle est au service du « Dieu des Armées » dont elle affirme qu'elle doit accomplir les ordres par la guerre.

La conséquence logique est que plus elle fera tuer et tuera elle-même d'Anglais acharnés à demeurer sur le sol de France, mieux elle exécutera sa mission qui a, pour elle, un caractère sacré.

A plusieurs reprises, elle choisit un jour de fête religieuse pour commander le début des combats ; on ne peut oublier sa lettre au roi d'Angleterre : « Je ferai aller vos gens hors de France. S'ils ne veulent pas partir, je les ferai tous mourir. »

A la guerre, Jeanne dont on assure qu'elle est souvent à la tête des troupes, ne peut que partager leur sort. Avec ses cheveux « tondus en rond au-dessus des oreilles », son habit d'homme, son armure couverte de poussière, sur son cheval lancé à la rencontre des ennemis ou bien les pieds dans la boue et dans le sang des champs de bataille, elle aide à transporter les fagots pour combler les fossés, heurte les cadavres, donne des coups et en reçoit. Autour d'elle, c'est la puanteur faite de la sueur, de la crasse des hommes et des bêtes et de l'odeur des charniers. Et la Pucelle crie des ordres, des encouragements ou des menaces dans les clameurs, les vociférations, les injures de ceux qui s'entre-tuent, les plaintes des blessés qu'on piétine, les râles des mourants.

A Vaucouleurs, Baudricourt donne une épée à Jeanne qui l'accepte. Le roi lui en offre une autre lorsqu'il lui constitue une maison militaire mais la Pucelle préfère celle qui se trouve dans l'église de Sainte-Catherine de Fierbois. Elle l'envoie chercher, reçoit pour cette arme deux fourreaux de luxe et s'en fait confectionner un troisième en cuir fort. Fourreau utilitaire qui paraît bien superflu pour une arme si elle ne doit pas servir.

Pour l'assaut de la Charité, la ville de Clermont sollicitée, envoie des armes. Il y fut joint une épée, deux dagues et une hache d'armes pour Jeanne.

Pendant la quatrième audience du procès, Jeanne déclare : « De Lagny à Compiègne, j'ai eu l'épée du Bourguignon, qui était une bonne épée de guerre, bonne à donner de bonnes buffes et de bons torchons ».

Elle dispose l'artillerie avec grande habileté.

Jean d'Aulon, dans sa déposition le 28 mai 1456 dira : « tandis que lesdits Français s'en retournaient de ladite bastille de Saint-Jean-le-Blanc pour entrer en ladite île ; ladite Pucelle et La Hire passèrent tous deux chacun un cheval en un bateau de l'autre côté de cette île, sur lesquels chevaux ils montèrent aussitôt qu'ils furent passés, chacun sa lance en main. Et lorsqu'ils aperçurent que lesdits ennemis sortaient de ladite bastille pour courir sur leurs gens, incontinent ladite Pucelle et La Hire, qui étaient toujours au devant d'eux pour les garder, couchèrent leurs lances et tous les premiers commencèrent à frapper sur lesdits ennemis... »

Après cela, il est difficile de croire que Jeanne n'a jamais plongé son épée dans le corps de personne.

Affirmer qu'elle n'a pas tué, c'est omettre encore qu'elle donna le signal de nombreux combats, ou s'engager dans le chassé-croisé des irresponsabilités : Jeanne n'est pas responsable des ordres qu'elle ne fait que transmettre ; les soldats ne sont pas responsables, ils ne font qu'obéir.

Mais tous portent la responsabilité de leurs actions bonnes ou mauvaises. Le chef répond pour la tuerie qu'il commande, et les soldats, pour son exécution. Cela ressort du cinquième commandement de Dieu !

« Homicide point ne sera, de fait ou volontairement. »

Le croyant ne peut l'oublier.

Avant de quitter Vaucouleurs pour Chinon, Jeanne appelée par le duc de Lorraine, se rend auprès de lui et lui fait reproche sur sa conduite. Elle combat la débauche dans l'armée.

D'où vient que pour Charles, cet être dissolu, elle va guerroyer, risquer sa liberté, sa vie, et qu'elle l'appelle « Noble Prince » ?

L'enthousiasme, la ferveur patriotique que Jeanne insufflait aux armées, la chasteté qu'elle communiquait aux autres, ont été exaltés bien souvent.

Mais les soldats n'étaient pas des hommes conscients, spontanément résolus à défendre des libertés, ils se battaient par goût ou par obligation, ardents au pillage que Jeanne, malgré les interdictions qu'elle lançait, ne put toujours empêcher. L'enthousiasme était une flambée qu'il lui fallait rallumer constamment. Elle craignait, avec juste raison, des défections parmi les soldats et jusque de la part de son roi.

Elle dût, à plusieurs reprises, chasser les prostituées que la troupe traînait avec elle.

Où peut-on trouver trace d'une influence vertueuse que Jeanne aurait exercée sur ceux qui l'entourèrent ?

Quand l'armée les libère, de grands capitaines, des soldats, forment à nouveau des bandes d'écorcheurs.

Charles VII vit dans les mêmes dérèglements ; sournois, fourbe, il use de cette malhonnêteté servie et respectée parce que royale ; la carrière de Jacques Cœur en est un exemple fameux.

Charles favorise les entreprises de Jacques Cœur dont la fortune devient immense : il en fait son argentier, l'anoblit et finalement l'emprisonne et le dépouille de ses richesses.

Jean II d'Alençon, celui que Jeanne appelait son « gentil duc », intrigue à plusieurs reprises avec les Anglais. – Sans doute Alençon eût à se plaindre de Charles VII, mais, agissant de la sorte, il rompt avec le but ardemment poursuivi par Jeanne. – Il vit dans la luxure, recourt à l'occultisme, n'épargne pas la vie de ses sujets pour cacher ses désordres et fabrique de la fausse monnaie. Jugé sur ordre de Charles VII, emprisonné à Loches, libéré sous Louis XI, ruiné, dépouillé de tous ses biens, il finit misérablement ses jours en 1476 (17 et 18). Gilles de Rais, compagnon et ami de Jeanne, sera accusé de crimes abominables. Malgré sa puissance de grand seigneur, il sera condamné à la mort du bûcher.

Si Jeanne, officiellement, est reçue par le roi, les seigneurs, les capitaines, c'est parce qu'elle est l'envoyée de Dieu. Dès lors, le comportement des chefs de guerre qui la traitent avec les plus grands égards mais prennent les décisions à son insu, ne laisse pas de paraître étrange.

Lorsque Jeanne menace les Anglais et leur prédit qu'elle les chassera tous, elle agit conformément à la mission dont elle est investie et pour laquelle ses voix doivent la guider. En ce cas, pourquoi sainte Catherine et sainte Marguerite, au lieu de lui annoncer tous les jours qu'elle serait prise, ne la détournèrent-elles pas de la sortie de Compiègne et permirent-elles ainsi un renversement de la situation contraire aux engagements pris ?

Malgré sa proclamation, Jeanne va trouver des gens du roi d'Angleterre devant elle mais ne pourra les chasser. Elle sera capturée et dans la définitive impossibilité d'achever sa mission.

Jeanne est prisonnière des Bourguignons, remise aux Anglais, jugée à Rouen et Charles VII reste immobile.

Son ingratitude a bien souvent été évoquée et stigmatisée. Il est inconcevable qu'il n'ait pas un geste pour faire libérer Jeanne, n'ait pas versé sa rançon selon les coutumes de la guerre. Mais s'il n'agit pas sous l'impulsion du plus élémentaire sentiment de reconnaissance ; il semble aussi négliger totalement son intérêt personnel.

Les enquêtes en vue de la réhabilitation de Jeanne rappellent avec insistance que le procès de Rouen fut dirigé contre Charles VII. S'il tient sa couronne des maléfices d'une sorcière, la condamnation de celle-ci doit suffire à assurer la déchéance du roi. Charles le sait. Cela non plus ne le décide pas à intervenir.

Et le mystère s'épaissit encore.

Le procès terminé à leur entière satisfaction, les Anglais vont enfin pouvoir se débarrasser de Charles VII et dénoncer l'illégitimité de son sacre. Ce qui arrive est incompréhensible, inouï, eux non plus ne font rien !

Pourquoi ?

La première séance du procès de Rouen étant ouverte, l'évêque Cauchon requiert Jeanne de prêter serment.

Il est écrit dans l'évangile (Math V33.-37) (19) : « Vous avez encore entendu qu'il a été dit aux anciens :
– Tu ne te parjureras point, mais tu tiendras au Seigneur tes serments.

Et moi je vous dis de ne jurer en aucune façon, ni par le ciel, parce que c'est le trône de Dieu, ni par la terre parce que c'est l'escabeau de ses pieds, ni par Jérusalem parce que c'est la ville du grand roi.

Ne jure pas non plus sur ta tête parce que tu ne peux rendre un seul de tes cheveux blanc ou noir.

Que votre langage soit : Oui, oui, Non, non, car tout ce qui est de plus vient du mal. »

Ce texte, lu par clercs et laïques est généralement ignoré dans la pratique.

Il est remarquable que « jurer » qui signifie : prendre à témoin Dieu ou un objet, veut dire également blasphémer.

Affirmant sa volonté d'obéir à Dieu en toutes choses et de lui obéir directement, Jeanne inspirée et guidée par ses « voix », aurait dû connaître cet ordre divin et s'y conformer.

Comment comprendre qu'elle accepte de prêter serment ?

L'évêque Cauchon s'étant adressé à Jeanne en ces termes :

« Jeanne, veuillez prêter serment sur l'Évangile, de dire la vérité sur toutes les questions que nous vous poserons. » Elle dit :
– Je ne sais pas sur quoi vous voulez m'interroger. Il y a peut-être des questions auxquelles je ne vous répondrai pas.

Mgr. Cauchon : – Il s'agira de questions d'information touchant la foi.

Jeanne : – Sur mon père et ma mère, sur mes actions depuis que je suis venue en France, je prêterai bien volontiers serment. Mais, quant à mes révélations de par Dieu, je n'en ai jamais parlé ni fait confidence qu'à Charles, mon roi. Dussiez-vous me couper la tête que je n'en dirais rien, car mes visions, mon conseil secret m'ont défendu de le faire. Toutefois, je saurai avant huit jours si je suis autorisée à les révéler. (Dialogue tiré de « Oursel »).

Devant la détermination de Jeanne, l'évêque Cauchon président du tribunal, accepte un serment restrictif.

Après certaine question gênante, les juges s'empressent d'en poser une autre pour tirer Jeanne d'embarras.

D'autres fois, elle répond brièvement : « Passez outre. » Ces mots se retrouvent jusqu'à cinq fois dans la même séance et les juges passent outre.

Pendant la troisième audience, Jeanne dit à l'évêque : – ... Je ne vous répondrai pas le vrai. Surtout en ce qui touche mes révélations. Parce que, d'aventure, vous pourriez me contraindre à révéler ce que j'ai promis de taire, et je serais parjure. Est-ce là ce que vous souhaitez ?

Jeanne, ignore-t-elle que l'église affirme son droit de pouvoir dégager de tout serment ?

Pourquoi l'évêque ne déclare-t-il pas à Jeanne qu'il la délie des engagements qu'elle a pris de se taire ?

Le tribunal qui juge en matière de foi, doit tout connaître, surtout s'il s'agit de révélations miraculeuses, mais il s'abstient ici d'aller plus loin.

Jeanne menace les juges.

A plusieurs reprises, il lui est demandé de s'en remettre à l'église. Elle oppose son « conseil », n'accepte pas de faire le geste auquel elle est invitée. Est-ce parce qu'elle considère les membres du tribunal de Rouen comme les ennemis de la cause que Dieu lui a confiée ?

L'église représentant Dieu n'a pas suspendu, n'a pas interdit les prêtres qui sont devant elle. En catholique, a-t-elle la possibilité de les juger, de nier leurs droits ecclésiastiques, y compris ceux de siéger en tribunal ecclésiastique ou d'inquisition. Elle-même reconnaît leur pouvoir sacerdotal, se confesse à eux, reçoit l'eucharistie de leurs mains.

Les prêtres montrent à Jeanne les instruments de torture mais elle n'est pas torturée.

Tout cela paraît suspect. Les tribunaux ecclésiastiques jugeant en matière de foi n'avaient pas habituellement de telles complaisances. Les malheureux inculpés qui comparaissaient devant eux auraient payé chèrement la plus légère arrogance, le plus petit manque de souplesse à répondre aux interrogatoires. C'est par la torture que les réponses attendues leur auraient été arrachées.

Le 30 mai 1431, l'évêque Cauchon déclare à Jeanne qu'elle est abandonnée au bras séculier.

Et c'est l'ultime détail obscur du procès de Rouen : le juge laïque ne prononce pas de sentence.

L'histoire nous dit que Jeanne fut condamnée, exécutée puis réhabilitée. Alors voici la difficulté ainsi que l'aurait dit le Docteur Angélique.

Livrée au bras séculier pour être brûlée vive le 30 mai 1431 comme hérétique et sorcière, la Pucelle passe, ce jour-là, du feu de la Terre à celui de l'Enfer.

Selon la parole de Dieu à ses apôtres : « Tout ce que vous lierez sur la terre sera lié dans le ciel, tout ce que vous délierez sur la terre sera délié dans le Ciel », le Souverain Juge est contraint d'envoyer dans les flammes éternelles l'enfant inspirée, la messagère fidèle, et obéissante, que les inquisiteurs condamnèrent à cause de sa mission divine.

Quand, en 1456, elle sera déclarée innocente par le même tribunal, Dieu pourra la retirer de l'enfer. Mais elle y aura subi d'atroces tourments pendant vingt-cinq années.

Et ce n'est que quatre cent quatre-vingt-neuf ans après son bûcher, que le ciel pourra l'auréoler puisqu'elle ne fut canonisée qu'en 1920.

Tour de l'horloge du château de Chinon. Fin du XIVe *siècle.*

Tour de la chapelle du château de Chinon. XIIIe *siècle.*

Tour du château de Rouen,
appelée d'abord
Tour vers les champs,
et depuis Tour de la Pucelle.
État de 1808,
un an avant sa destruction totale.
(D'après une lithographie
de T. de Jolimont, 1842)

Quatrième Partie

Sur le procès de réhabilitation

Les grandes lignes du procès de réhabilitation seront observées ici depuis l'ouvrage déjà cité de M. Raymond Oursel, lequel, dans l'« avant-propos » de sa traduction donne quelques précisions sur son travail en même temps qu'il marque son attachement à l'histoire officielle.

Citation :

« Il ne pouvait être question de traduction intégrale : dans l'édition de Quicherat, le procès de Réhabilitation ne compte pas moins de deux tomes (II et III), en tout 753 pages. Les érudits, bien entendu, y devront toujours recourir, ce n'est pas à eux que cette traduction s'adresse. Car il est apparu que la figure, l'épopée et les souffrances de Jeanne d'Arc, son milieu naturel et ceux où elle fut par Dieu conduite à intervenir, étaient assez mal connus, ou du moins assez déformés par trop de légendes pour qu'on ne songeât pas à faciliter à un public beaucoup plus étendu un accès, même partiel, aux documents de première main ; ce public y a droit autant que les premiers ; de plus en plus, il réclame des œuvres de vulgarisation intelligente ; certains débats, récemment resurgis, non sans artifice, sur les origines de la Pucelle le lui suggèrent avec une insistance accrue. ... inspiré par la méthode précédemment suivie dans la traduction du premier procès, on s'est borné ici à en brosser un résumé cursif et vivant, aussi fidèle que possible, non seulement à l'esprit mais à la lettre même des originaux...

Les enquêtes présentent une importance capitale. Le Tribunal ordonna qu'elles fussent effectuées... à Domrémy, Vaucouleurs... Orléans, Paris et Rouen... C'est sur leurs conclusions qu'il fonda sa sentence. Les procès-verbaux précédés de l'information prise en 1452 par le cardinal d'Estouteville, n'occupent pas moins de 381 pages de l'édition Quicherat... pour la première fois on offre ici, de cet ensemble grandiose, *une traduction complète*, excepté toutefois les citations en forme, clauses de style et formules, attestations... non indispensables... L'essentiel figure c'est-à-dire les dépositions elles-mêmes, dans leur ordre. »

Fin de citation.

Questionnaire du Cardinal d'Estouteville

Informations préliminaires

Dans Rouen reprise par les armées françaises en 1449, Charles VII fait son entrée le 10 novembre.

Le 15 février 1450, il donne l'ordre à son conseiller, Guillaume Bouillé, d'instruire la cause de Jeanne dont on possède désormais le dossier du procès de condamnation.

En 1452, le cardinal d'Estouteville commence une enquête et procède aux premiers interrogatoires.

Interrogatoires. Le mot semble mal choisi.

Les témoins ne sont pas invités à dire spontanément ce qu'ils savent, mais doivent se prononcer sur douze articles clairs et impératifs.

Ces douze articles, les voici :

1. Que défunt Maître Pierre Cauchon, pour lors évêque de Beauvais, était animé d'une affection désordonnée, quand il instruisait le procès de feu Jeanne, communément appelée la Pucelle ; qu'il la persécutait et haïssait pour avoir mené la guerre contre les Anglais, et qu'il était assoiffé de sa mort par toutes voies possibles.

2. Que ledit Évêque, par lettre de sommation, exigea de Mgr le Duc de Bourgogne et Mgr le Comte de Ligny qu'ils livrassent Jeanne au Roi d'Angleterre, reléguant ainsi l'Église au second rang ; réclamant ensuite qu'elle lui fût livrée à lui-même et promettant à ses détenteurs de leur payer six mille francs, puis dix mille, sans avoir cure du prix, pourvu qu'il l'eût !

3. Que les Anglais la redoutaient fort et cherchaient par toutes voies exquises à la livrer à la mort, afin que, ses jours achevés, elle cessât de les terroriser.

4. Que ledit Évêque soutenait le parti des Anglais, et qu'avant même de connaître de l'affaire, il laissa détenir Jeanne au château de Rouen, en prison laïque et aux mains de ses ennemis, bien qu'il y eût de bonnes et décentes prisons d'Église, où elle aurait pu être légitimement enfermée, comme les criminels en matière de foi.

5. Que ledit Évêque n'était pas juge compétent, ainsi que Jeanne, à plusieurs reprises, l'en avait à bon droit récusé.

6. Que Jeanne était une simple pucelle, bonne et catholique, soucieuse de confesser fréquemment ses péchés et d'ouïr la messe : ce que chacun put constater lorsqu'elle mourut dans les sentiments de la foi chrétienne.

7. Que Jeanne protesta plusieurs fois en jugement de sa soumission à l'Église et à Notre Saint Père le Pape ; que ses déclarations procédaient visiblement d'une bonne inspiration plutôt que d'une mauvaise.

8. Que Jeanne, interrogée sur la soumission à l'Église, ne comprenait pas bien de quoi il s'agissait, et n'entendait pas cette Église comme la réunion des fidèles, croyant au contraire qu'il ne s'agissait que de ces ecclésiastiques qu'elle avait devant elle, et qui tenaient le parti des Anglais.

9. Raisons pour lesquelles Jeanne fut condamnée comme relapse, bien qu'elle acceptât de se soumettre à l'Église.

10. Qu'après son abjuration, elle fut contrainte d'abandonner l'habit de femme et de reprendre l'habit d'homme. Après quoi, les prétendus juges la jugèrent comme relapse, ne cherchant point sa conversion, mais bien sa mort.

11. Que malgré l'évidence qui s'imposait aux juges que Jeanne, fidèle et catholique, se soumettait au jugement et à la détermination de Notre Sainte Mère l'Église, les mêmes juges, par complaisance envers les Anglais, ou crainte de représailles, la vouèrent injustement au bûcher comme hérétique.

12. Que cette condamnation, de même que la haine et la passion des juges, fut et demeure de notoriété publique dans la cité et diocèse de Rouen, ainsi que dans le Royaume de France tout entier.

Le cardinal commence ses travaux le 2 mai 1452, fait comparaître cinq témoins et (citation) : « obligé de quitter Rouen il désigne pour le remplacer, le 6 du mois de mai, le trésorier de l'église de cette ville, Maître Philippe de la Rose et Maître Guillaume Prévosteau, institué promoteur pour cette affaire, et qui fit substituer au précédent questionnaire, un autre plus détaillé sur lequel furent dorénavant interrogés les témoins ». Fin de citation.

Ici, je livre les réflexions que m'inspirent ces événements. Le cardinal Guillaume d'Estouteville, Légat du Saint Siège Apostolique pour la France et les provinces de Gaule ; accepte son enquête et, quatre jours plus tard, abandonne et se fait remplacer.

Il n'est pas possible de croire que le légat pontifical s'étant chargé d'une mission d'extrême importance pour Charles VII, se découvre subitement une obligation de s'absenter, d'autant plus qu'il a adressé l'avertissement suivant, citation : « ... il ne pouvait, ainsi qu'il l'aurait souhaité procéder en personne à la cause, il estima qu'il y avait lieu d'adresser cette information à l'inquisiteur et aux notaires ».

Fin de citation.

Les premiers articles du premier questionnaire démontrent d'emblée et de façon catégorique l'intention politique de l'action engagée. Ce n'est pas encore suffisant, ces articles ne paraissent pas avoir donné satisfaction, il les faut plus complets, plus impératifs aussi cela apparaîtra à la lecture du questionnaire établi par Prévosteau.

Le cardinal semble bien avoir refusé de persévérer dans une action dont le mobile politique essentiel et déclaré est désapprouvé par Rome.

Questionnaire de Prévosteau contenant 27 articles

1. En premier, que ladite Jeanne, du fait d'avoir été au secours du Roi Très Chrétien de France et en campagne contre les Anglais, était pour eux sujet de haine capitale, et qu'ils aspiraient à sa mort par tous les moyens possibles. *Et sic fuit, et est verum*... et ainsi fut, c'est la vérité.

2. Que ladite Jeanne infligea aux Anglais plusieurs désastres et que, pour cette raison, ils la redoutaient fort, cherchant à la faire mourir par toutes voies exquises, afin qu'elle terminât ses jours et les laissât en repos. Et ainsi fut, c'est la vérité.

3. Que, sous couleur et prétexte de justice, ils l'amenèrent à Rouen, alors soumise à la tyrannie de l'occupation anglaise ; qu'ils la détinrent dans les prisons du château, et, par menaces et pressions, lui firent intenter un prétendu procès en matière de foi. Et ainsi fut, c'est la vérité.

4. Que les juges, confesseurs et conseillers, aussi bien que le promoteur et autres personnages du procès, soumis de la part des Anglais à de très graves menaces et terreurs, n'osaient juger librement ; et s'ils refusaient de céder à la crainte et aux pressions des Anglais avaient au contraire à se garder de lourds dangers et risquaient même la mort. Et ainsi fut, c'est la vérité.

5. Que les greffiers, soumis de la part des Anglais à des menaces redoutables, n'étaient pas en mesure de s'acquitter de leur tâche avec exactitude, ni de rapporter fidèlement les déclarations de Jeanne. Et ainsi fut, c'est la vérité.

6. Que les mêmes greffiers, terrorisés, se voyaient défendre expressément d'inscrire ce qui était de nature à justifier l'accusée ; on les forçait au contraire d'inscrire contre elle des déclarations que jamais elle n'avait faites. Et ainsi fut, c'est la vérité.

7. Que, parmi tous ces gens apeurés, personne ne se trouvait qui osât conseiller l'accusée ou prendre sa défense, l'instruire ou diriger, etc. ; que quelques-uns prononcèrent bien quelques mots en sa faveur, mais exposèrent leur vie à de grands dangers, car les Anglais voulurent les jeter à l'eau comme rebelles, ou les faire périr d'autre manière. Et ainsi fut, c'est la vérité.

8. Que ladite Jeanne était par eux détenue en prison privée, soit laïque, enchaînée et entravée de fer ; qu'on défendait à quiconque de lui adresser la parole, afin qu'elle ne pût aucunement se défendre, et que c'étaient même des Anglais qui la gardaient. Et ainsi fut, c'est la vérité.

9. Que ladite Jeanne était une jeune fille de dix-neuf ans environ, simple, ignorant le droit et les rites de la justice, et qu'elle n'était pas apte à se défendre sans directeur ou conseiller dans une affaire si difficile. Et ainsi fut, c'est la vérité.

10. Que lesdits Anglais, aspirant à sa mort, se rendaient de nuit près de la prison, et, parlant comme s'il se fût agi de révélations, l'exhortaient, si elle voulait échapper à la mort, à ne se soumettre en aucune manière au jugement de l'Église. Et ainsi fut, c'est la vérité.

11. Que les juges, pour la prendre en défaut, lui posaient des questions délicates et tortueuses, dont elle ignorait le sens. Et ainsi fut, c'est la vérité.

12. Qu'ils l'accablaient d'interrogatoires et d'examens, afin de la vaincre par la fatigue et lui faire échapper quelque parole funeste. Et ainsi fut, c'est la vérité.

13. Que très souvent, au cours du procès ou à d'autres moments, Jeanne protesta de son orthodoxie ; s'il y avait dans ses dires ou ses actes quoi que ce fût contre la foi, elle le voulait rejeter et s'en tenir au jugement des clercs. Et ainsi fut, c'est la vérité.

14. Que pareillement ladite Jeanne, tant au procès qu'à d'autres moments, protesta de sa soumission au jugement de l'Église et de Notre Saint Père le Pape ; ainsi fut, c'est la vérité ; et qu'elle serait fâchée qu'il y ait eu en elle quoi que ce fût contre la foi chrétienne.

15. Que toutes ces déclarations, bien que fréquemment formulées, les Anglais et leurs complices défendirent qu'elles figurassent au procès, et y firent au contraire forger des mensonges. Et ainsi fut, c'est la vérité.

16. Que jamais, au grand jamais, Jeanne ne déclara qu'elle refusait de se soumettre au jugement de Notre Sainte Mère l'Église, même militante. Et ainsi fut, c'est la vérité.

17. Qu'au cas où il apparaîtrait que Jeanne eût parlé de ne se point soumettre à l'Église, le promoteur déclare qu'elle ne comprit pas le sens du mot « Église », et ne l'entendit pas comme la communion des fidèles ; mais qu'elle pensait qu'il s'agissait de ces ecclésiastiques, amis des Anglais, qu'elle avait devant elle.

18. Que le prétendu procès, originellement rédigé en français, fut avec moins de fidélité traduit en latin, tronqué de plusieurs déclarations favorables à ladite Jeanne, pourvu d'adjonctions mensongères, de nature à aggraver son fait ; qu'il est prouvé qu'en plusieurs points, et substantiels, le latin diffère de l'original. Et ainsi fut, c'est la vérité.

19. Qu'attendu tout ce qui précède, le prétendu procès et la sentence ne méritaient pas le nom de jugement et de sentence, car il ne peut y avoir de jugement là où les juges, conseillers et assesseurs, subissent des menaces et ne jouissent pas du libre arbitre. Et ainsi fut, c'est la vérité.

20. Qu'il appert des prémisses que le prétendu procès est en plusieurs de ses parties mensonger, vicié, corrompu, faussement et mensongèrement transcrit ; qu'on ne lui doit accorder aucune créance. Et ainsi fut, c'est la vérité.

21. Que le procès et la sentence sont nuls et injustes, car, au mépris des formes habituelles du droit, ils n'ont pas été instruits et prononcés par des juges compétents tant à raison de la cause que de la personne ; le fait est avéré. Et ainsi fut, c'est la vérité.

22. Que le procès et la sentence sont nuls et injustes, car aucune faculté ne fut laissée à ladite Jeanne de se défendre dans une si grave affaire ; cette défense, qui est de droit naturel, lui fut refusée par toutes voies exquises. Et ainsi fut, c'est la vérité.

23. Qu'encore qu'il apparût aux prétendus juges que Jeanne se soumettait au jugement et à la détermination de Notre Sainte Mère l'Église, qu'elle était bonne chrétienne ; encore qu'ils eussent décidé de lui bailler la communion du Corps du Christ, il n'empêche que, dans leur complaisance aux Anglais, ou la crainte qu'ils avaient d'eux, ils la condamnèrent injustement au feu comme hérétique. Et ainsi fut, c'est la vérité.

24. Que, sans qu'il y eût sentence de la justice civile, lesdits Anglais, exerçant sur elle leur rage, la firent conduire au supplice par une puissante escorte de gens d'armes. Et ainsi fut, c'est la vérité.

25. Que ladite Jeanne, en tous temps, et surtout à l'heure de sa fin, se comporta en catholique et en sainte, recommandant son âme à Dieu, et proclamant à voix haute le nom de Jésus jusqu'à son dernier souffle de vie ; tant que tous les assistants, jusqu'aux Anglais ses adversaires, en avaient les larmes aux yeux. Et ainsi fut, c'est la vérité.

26. Que les Anglais procédèrent ainsi contre ladite Jeanne, au mépris de tout droit, parce qu'ils avaient de ladite Jeanne une peur terrible, du fait qu'elle tenait le parti du Roi Très Chrétien, et la poursuivaient d'une haine capitale ; visant par là le Roi Très Chrétien lui-même, pour s'être ainsi confié à une femme damnée. Et ainsi fut, c'est la vérité.

27. Que tout ce qui précède est de notoriété publique, dans cette cité et diocèse de Rouen, comme dans le Royaume de France tout entier ... *in civitate et dioecesi Rothomagensibus, et in toto regno Franciae. Et sic fuit, et est verum.*

Remarques sur les questionnaires

De profonds changements, certains détails ajoutés, marquent cette nouvelle liste d'articles.

Conséquences d'exigences royales mais aussi d'exigences ecclésiales. L'Église qui accueille le principe d'une révision du procès ne peut tolérer que la responsabilité des événements de Rouen soit imputée à ses prêtres.

Dès le début du questionnaire initial, l'évêque Cauchon est violemment attaqué, les charges les plus graves sont retenues contre lui dans les articles 1 - 2 - 4 et 5. Il accablait Jeanne de sa haine et de ses persécutions après s'être entremis pour qu'elle fût livrée aux Anglais qui voulaient la faire mourir. Il desservait l'Église, était incompétent.

Dans le deuxième questionnaire, le nom même de l'évêque Cauchon disparaît.

Ce qui est affirmé avec insistance dans les articles 4 - 5 - 6 - 7 - 19 et 23, c'est la terreur inspirée à tous les membres du tribunal ecclésiastique par les Anglais qui les menaçaient et qu'il fallait servir par peur des représailles et même sous peine de mort.

Le premier et le troisième des articles utilisés par le cardinal d'Estouteville font état de l'hostilité des Anglais contre Jeanne parce qu'elle avait mené la guerre contre eux. Ils en avaient peur et voulaient la faire mourir.

Le deuxième questionnaire précise de plus qu'elle leur infligea plusieurs désastres et surtout, articles 1 et 26, il parle du roi de France appelé, les deux fois, Roi Très Chrétien, et c'est pour avoir été à son secours que Jeanne fut traitée par les Anglais avec une haine mortelle.

L'article 9 proclame que Jeanne avait dix-neuf ans environ (en 1431). Ce détail est-il si important qu'il doive faire l'objet d'une déclaration péremptoire, « Et ainsi fut, c'est la vérité » ? Le reste de l'article qui dépeint Jeanne, simple, ignorant le droit et les rites de la justice ; inapte à se défendre sans l'assistance d'un conseiller, ne parvient pas à justifier cette nécessité. Il se heurte aux louanges faites à Jeanne d'autre part, pour la façon dont elle répondit aux juges à Rouen. De plus elle refusa toute assistance.

Le texte de Prévosteau s'étend sur la soumission de Jeanne envers l'Eglise catholique. Ceci n'est pas en harmonie avec l'attitude de la Pucelle. Mais son orthodoxie est absolument nécessaire à Charles, car ainsi, l'on peut assurer que le Roi Très Chrétien fut secouru par une jeune fille parfaitement obéissante à l'église.

L'histoire de Jeanne d'Arc est réputée écrite à partir du procès de condamnation ainsi que du procès de réhabilitation lequel est basé sur les dépositions des témoins découlant elles-mêmes des questionnaires qui leurs furent proposés. Certains récits ajoutés par les comparants servirent également.

Les deux questionnaires de 1452 viennent d'être produits. En 1456, seul le questionnaire utilisé sur les lieux d'origine et signalé dans la deuxième partie de ce livre, figure dans l'instrument du procès, il sera donné plus loin. Les questionnaires manquants, utilisés à Orléans, Paris et Rouen en février 1456, sont compréhensibles par les dépositions qu'ils provoquèrent.

Il apparaît que les historiens de Jeanne d'Arc, dans l'utilisation des deux procès, se heurtèrent à de sérieuses difficultés et qu'un tri important fut nécessaire, car, ainsi que Mgr Verde, promoteur du procès de canonisation le déclarait : « Il existe des contradictions ». Il s'en trouve à l'intérieur même des questionnaires comme il est aisé de le constater. Il en est qui portent sur des points essentiels.

En tout premier lieu sur le caractère même de Jeanne, sur son intelligence, son savoir, ses voix et la force de sa vertu.

Jeanne fut admirée pour la fermeté, la clairvoyance et l'éclat de ses réponses qui déjouaient les manœuvres des juges de Rouen. Le second procès la montre parfois ignorante, presque stupide devant des questions qui lui furent posées. Cette nouvelle apparence de l'attitude de Jeanne est indispensable pour justifier certaines de ses paroles. Cela ressort clairement de l'article 17 qui explique : « Qu'au cas où il apparaîtrait que Jeanne eût parlé de ne se point soumettre à l'église, le promoteur déclare qu'elle ne comprit pas le sens du mot "Église" ».

À vouloir éviter un écueil, cet article malchanceux tombe dans un autre, il laisserait supposer que Jeanne mentait lorsqu'elle disait pendant le procès, que chaque jour elle entendait les voix qui la soutenaient et la guidaient, car, par la conséquence logique de cette assistance, Jeanne aurait dû recevoir des saintes les explications à tout ce qu'éventuellement elle n'aurait pas compris.

Jeanne possédait une vertu telle que sa chasteté se communiquait aux autres. Ses anciens compagnons témoignent qu'en sa présence ils n'éprouvaient jamais de désirs charnels.

Dans sa prison, des soldats, un grand seigneur veulent la violer. C'est pour cela qu'elle aurait conservé l'habit d'homme.

La puissance vertueuse de Jeanne a-t-elle cessé d'opérer dès sa capture ?

Et à qui peut-on faire croire que le seigneur, que les soldats dont on assure qu'ils étaient cinq à la garder jour et nuit, échouèrent dans leurs tentatives criminelles du fait du costume qu'elle portait ? Ces récits sont-ils là pour fournir une explication à l'obstination de Jeanne à vouloir conserver l'habit d'homme ?

Le questionnaire englobe dans sa réprobation tout le procès de Rouen qu'il déclare mensonger, vicié, corrompu, nul et injuste, faussement transcrit. On ne peut condamnation plus totale.

Extraits de déclarations de comparants :

Dans le défilé des personnes interrogées tant en 1452 qu'en 1456, certains siégèrent au procès de condamnation ; leurs situations, leurs bénéfices étaient maintenus par le roi et, naturellement, révocables par lui. On retrouve là Thomas de Courcelles toujours chanoine de Notre-Dame de Paris, Guillaume Manchon notaire de la cour archiépiscopale de Rouen, Nicolas Taquel, Isambart de la Pierre, Martin Ladvenu et d'autres.

Les dépositions donnent souvent ceci :

– C'est exact.

– C'est la vérité.

– C'est comme dit l'article.

– Je m'en rapporte au procès.

– Je m'en rapporte au droit.

Et des phrases qui sont une répétition plus ou moins précise de l'article proposé.

Certains s'en sortent parfois en disant qu'ils ne savent rien sur tel détail ou qu'ils n'étaient pas sur les lieux évoqués. Mais il y eut aussi quelques dénégations.

Le texte ne comporte aucune parole des enquêteurs et c'est dommage. Elles ont, à l'évidence, dirigé certaines dépositions vers des détails supplémentaires aux articles.

Le 2e article du 1er questionnaire fait seulement état de la livraison de Jeanne et le 4e article indique que l'évêque laissait détenir Jeanne en prison laïque, mais les cinq témoignages recueillis par le cardinal d'Estouteville évoquent tous le lieu de détention et les fers.

Déclaration des comparants

Pierre Miget : Art. 2 – Jeanne fut détenue au Château de Rouen. art. 4 ... J'ai ouï dire que Jeanne était durement traitée en prison, qu'elle avait des fers aux pieds et aux mains ; toutefois je ne l'ai pas vue moi-même, encore qu'il me fût arrivé d'assister à des interrogatoires.

Bardin de la Pierre : Art. 2 – ... Je l'ai vue dans les geôles du Château de Rouen : une chambre assez sombre. Elle était aux fers et, quelquefois entravée.
Art. 4 – L'évêque de Beauvais ... C'est lui qui, au commencement du procès, la fit mettre aux fers et garder par des Anglais ; il défendait à quiconque de lui parler sans autorisations de lui-même ou du promoteur, un nommé Bénédicité (Jean d'Estivet).

Martin Ladvenu : Art. 2 ... Je l'ai vue plusieurs fois, au château de Rouen sous la garde des Anglais et enchaînée dans sa prison.
Art. 4 – Jeanne était détenue ainsi qu'il est dit, mais j'ignore si ce fut d'ordre de l'évêque.

Guillaume Manchon : Art. 2 – Exact aussi. J'ai ouï dire qu'après que Jeanne eût été prise par un homme de la compagnie du comte de Ligny, on la mena au château de Beaurevoir où elle fut détenue trois mois, après quoi, selon les instructions écrites du roi d'Angleterre et de Mgr de Beauvais, elle fut amenée à Rouen et installée dans une chambre du château.
Art. 4 – L'évêque de Beauvais ... j'ai pu constater qu'avant même qu'il eût commencé à connaître de l'affaire, Jeanne était déjà mise aux fers ; après l'ouverture du procès, toujours enchaînée, elle fut commise à la garde de quatre Anglais, que l'évêque et l'inquisiteur de la foi chargèrent de la bien et sûrement garder. On la traitait avec cruauté ; à la fin du procès, on lui présenta les instruments de torture. Elle portait alors un habit d'homme et se plaignait de ne pas oser se déshabiller, de crainte que, durant la nuit, les gardes ne lui fissent quelque violence. Une fois, sinon deux, elle se plaignit à l'évêque de Beauvais, au sous-inquisiteur, et à Maître Nicolas Loiseleur que l'un des gardes avait voulu la violer ; aussi le seigneur de Warwick à qui l'évêque ... l'avait rapporté, les menaça-t-il de sanctions sévères...

Pierre Cusquel : Art. 2 – Je ne l'ai jamais vu conduire en prison, mais je l'ai vue deux ou trois fois dans une pièce du château de Rouen, vers la porte de derrière.

Art. 4 – ... Avec l'autorisation des gardiens, deux fois je suis entré dans la prison de Jeanne ; je l'ai vue avec des entraves de fer et enchaînée avec une longue chaîne qui était fixée à une poutre. On avait mesuré chez nous une cage de fer où on disait qu'elle allait être enfermée, en fait, je ne l'ai jamais vue dedans.

Dans le deuxième questionnaire, l'art. 3 stipule qu'« ils la détinrent dans les prisons du château ». et l'art. 8, qu'elle était : « enchaînée et entravée de fer et qu'on défendait à quiconque de lui adresser la parole... »

Alors on voit Guillaume Manchon répondre 6 jours après son premier interrogatoire :
Art. 3 – qu'... elle fut mise au château, en prison.
Art. 8 – Cet article est exact...
et Pierre Cusquel, le jour suivant, 9 mai :
Art. 3 – Jeanne fut... mise en prison au château, c'était une pièce sous un escalier, vers les champs, et je l'y ai vue enfermée...
Art. 8 – C'est exact... j'ai pu pénétrer deux fois dans la prison de Jeanne et lui parler ; je l'ai même avertie de ne parler qu'avec prudence, vu qu'il était question de la condamner à mort.

Les deux premiers interrogatoires de Manchon et de Cusquel se contredisent d'un article à l'autre : Manchon (art. 2) dit que Jeanne fut installée dans une chambre du château et (art. 4) qu'elle était déjà mise aux fers.

Cusquel, art. 2, déclare n'avoir jamais vu conduire Jeanne en prison, il l'a vue dans une pièce du château. Art. 4, il est entré dans la prison de Jeanne et l'a vue entravée de fers.

Pendant le deuxième interrogatoire, quelques jours plus tard, Manchon ne souffle plus un mot de la chambre et Cusquel déclare d'emblée : « elle fut mise en prison ». À remarquer qu'il a pu rendre visite à Jeanne sans même que l'autorisation de l'évêque fut sollicitée.

De quelques dépositions reçues le 8 mai

Nicolas Taquel : Art. 3 – Vers le milieu du procès, je fus prié par les deux greffiers de les assister, je pus voir Jeanne dans les prisons du Château de Rouen, enfermée dans une tour... quant à la terreur et aux pressions dont l'article fait mention, je n'ai rien remarqué.
Art. 4 – Je n'ai vu ni remarqué les pressions, menaces ou terreurs dont l'article fait mention.
Art. 5 – Non, je n'ai rien remarqué, au contraire, il m'apparaît que les greffiers rédigèrent avec fidélité.
Art. 6 – Je n'ai pas remarqué d'ambiance de terreur ni constaté les défenses ou contraintes dont l'article fait mention.

Art. 15 – Je ne me souviens pas d'avoir jamais vu le moindre Anglais lors des interrogatoires, à part le gardien ; je ne me souviens pas non plus qu'on ait fait la moindre défense à propos de ce qui touchait le procès : on défendait seulement d'enregistrer ce qui, à mon avis, ne le concernait point.

Nicolas de Houppeville : Art. 3 – Quant aux menaces et aux pressions non je ne crois pas qu'il y en eut, au moins en ce qui concerne les juges, c'est de leur propre gré qu'ils agirent, surtout l'évêque de Beauvais.

Jean Massieu : Art. 3 – Maître Jean de Châtillon.. trouvait parfois qu'on posait à Jeanne des questions trop délicates et s'en prit au mode de procédure, en disant que ce n'était pas ainsi qu'il fallait procéder en la matière. Alors plusieurs assesseurs lui répliquèrent qu'il les ennuyait, et lui répondit : « Il faut que j'acquitte ma conscience. »

C'est la raison pour laquelle il lui fut interdit – par qui ? Je ne me souviens plus – de siéger désormais sauf convention expresse.

Art. 4 – ... J'étais doyen de la chrétienté... j'assistais à tous les interrogatoires, il n'y avait personne au tribunal qui ne tremblât de peur ... Maître Eustache Turqueril avait fait rapporter ... qu'il avait lui-même entendu de ma bouche, après m'avoir questionné, que chez Jeanne je n'avais rien vu que de bon et d'irréprochable ; je fus alors mandé par le seigneur évêque de Beauvais qui me tança vertement pour ces propos et me dit que, n'eussent été mes amis, j'aurais été jeté à la Seine !

Guillaume Manchon : Art. 3 – Je fus institué greffier par le Grand Conseil du Roi d'Angleterre et n'aurais pas osé aller contre ces messieurs du Grand Conseil. Non, l'évêque de Beauvais ne subit aucune pression pour mener à Jeanne son procès, il le fit volontairement, au contraire ; quant à l'inquisiteur, on l'y manda, et il n'aurait pas osé aller contre.

Art. 4 – Le promoteur ne subit pas de pression ; il y allait de son plein gré ... les assesseurs, les experts, eux, avaient été convoqués, ils n'auraient pas osé s'abstenir.

Art. 5 – ... On faisait la collation de mes notes du matin, on me disait qu'il y en avait qui avaient rédigé d'autre manière et on me pressait de conformer mes écritures aux leurs. Je répondais que j'avais rédigé avec scrupule et que je n'avais rien à changer. Et je ne changeais rien !

Art. 7 – Maître Jean de la Fontaine qui remplaçait l'évêque de Beauvais, et les Frères Dominicains Isambart de la Pierre et Martin Ladvenu, qui assistaient chaque jour au procès, le Frère Jean le Maistre, sous-inquisiteur, allèrent trouver Jeanne en prison, mus par la compassion, ils la persuadèrent de se soumettre à l'église, sinon elle était en péril de mort.

L'évêque de Beauvais et le Seigneur de Warwick apprirent cette démarche et s'emportèrent avec véhémence contre eux, à la suite de quoi, Maître de la Fontaine dut s'enfuir sans congé, autrement il eût été en danger de mort ; les deux frères auraient frôlé la mort de même, si le Frère Le Maistre qui instruisait le procès, ne les eût pris sous sa protection.

Maître Jean Lohier, d'autre part, qui se trouvait à Rouen lors du procès, fut sollicité de donner son opinion sur lui en présence de l'évêque. Il dit que le procès était nul pour bien des raisons : d'abord, parce qu'il ne se déroulait pas en lieu sûr ni en cour ecclésiastique, et que l'accusée n'était pas gardée en prison d'église ; et parce qu'il s'agissait en fait du roi qui était absent et n'avait pas été convoqué.

Il put voir que ses déclarations ne plaisaient pas à l'évêque de Beauvais ni aux autres notables du parti anglais, et préféra ne pas demeurer là. Le lendemain même, *il partait pour la cour de Rome.*

Après ces dépositions on ne peut moins faire que constater ceci :

DES TÉMOINS NIENT L'EXACTITUDE DE CERTAINS ARTICLES, D'AUTRES SE CONTREDISENT EUX-MÊMES.

Selon Manchon et Massieu, la peur régnait, plusieurs furent en danger de mort.

Mais aucun ne fut exécuté !

Jean de Châtillon, sur convocation, pouvait encore siéger.

Jean de la Fontaine s'en alla.

Jean le Maistre risquait si peu qu'il en protégea, paraît-il deux autres.

Et Jean Lohier partit pour Rome.

Manchon affirme qu'il transcrivit le procès avec fidélité et refusa de céder à aucune influence.

Comment a-t-il pu faire si une insoumission devait conduire à la mort ?

Les faits semblent bien replacés dans leur exactitude par Taquel et Houppeville qui nient pressions et menaces.

Plusieurs articles proclament que Jeanne était soumise à l'église.

Si la soumission de Jeanne était certaine, pourquoi le remplaçant temporaire de l'évêque, deux religieux et le vice-inquisiteur, crurent-ils nécessaire, par compassion, d'aller la persuader de se soumettre à l'église, sinon elle risquait la mort ?

Si la compassion les animait, que deviennent « la haine, et la passion des juges » décrites dans l'article 12 du premier questionnaire ?

Des années ont passé depuis la première instruction demandée par Charles VII sur le procès de Rouen, et le pape ne donne toujours pas son consentement pour l'ouverture du procès de réhabilitation.

Il est nécessaire d'échapper à une phraséologie compliquée à dessein pour masquer la réalité.

Ce n'est pas une spiritualité pure, exempte de toute contingence, qui guida cette histoire.

Des fluctuations s'opérèrent au fil des événements et des rapports de force.

Si l'Eglise considérait qu'une sentence injuste fut prononcée par un tribunal ecclésiastique contre Jeanne, il lui était inutile d'attendre de nombreuses années et l'intervention de tiers pour réformer le jugement.

Mais il y a plus.

Le Vatican eut, de tout temps, la réputation de posséder les informations les plus complètes, et les plus rapides, à plus forte raison sur ce qui est de son domaine direct. Et l'on sait par Guillaume Manchon, qu'un membre de l'église, Jean Lohier, qui eut à connaître du procès de Jeanne, et pendant que celui-ci se déroulait, partit pour Rome.

Le Vatican connaissait les assises de Rouen. Il pouvait intervenir s'il le voulait et n'est pas intervenu.

Par quoi cette abstention fut-elle déterminée ?

Le Vatican inclinait-il vers la politique soutenue par l'évêque Pierre Cauchon ? A l'époque du procès de Rouen, l'Angleterre, libérale, mieux structurée, et la puissante Bourgogne qui englobait tous les pays annexés sous ses trois ducs, offraient des garanties autrement sérieuses que les Etats perturbés et incertains de Charles VII.

La foudroyante action de Jeanne détermine l'Eglise, après une certaine réticence, à sacrer Charles à Reims en 1429. Après la capture de Jeanne, en 1431, elle couronne Henri VI, à Notre-Dame de Paris, reconnaissant ainsi, et simultanément, deux rois de France.

Quelque vingt ans plus tard, la situation politique a changé. Charles VII a conservé sa couronne, ses positions se sont affermies, le Duc de Bedford est mort, le Duc de Bourgogne s'est détaché de l'Angleterre puis s'est rapproché de Charles VII. L'Eglise voudrait accéder à la demande de Charles, mais l'aspect politique de cette démarche y met obstacle. Il n'est pas possible de mécontenter et vexer ouvertement l'Angleterre.

Quand Charles, cédant aux conseils qui lui sont donnés, fait introduire une supplique de caractère privé, évoquant l'honneur de la famille, par Isabelle et ses fils, Pierre et Jean d'Arc, le prélat d'origine espagnole, Alphonse Borgia, qui venait d'être élu pape sous le nom de Calixte III ordonne immédiatemment la révision du procès.

Teneur du rescrit apostolique

« Calixte, Serviteur des serviteurs de Dieu,

A Nos vénérables frères l'Archevêque de Reims et les Evêques de Paris et de Coutances, salut et bénédiction apostolique.

De bonne grâce, accédant aux humbles vœux des suppliants, nous leur donnons, quand il convient, une suite favorable. Récemment nous a été présentée une requête de la part de nos chers fils, Pierre et Jean dits d'Arc, et de notre chère fille dans le Christ Isabelle, mère desdits Pierre et Jean, ainsi que de plusieurs de leurs parents, habitant le diocèse de Toul : feue la sœur de Pierre et Jean, la fille d'Isabelle, y était-t-il exposé, n'avait cessé, parmi ses tâches humaines, de haïr l'hérésie et s'était gardée de croire, d'affirmer ou de soutenir le moindre propos qui pût être réputé hérétique, contraire à la foi catholique et aux traditions de la Sainte Eglise romaine ; elle n'en avait pas moins été accusée d'hérésie et d'autres crimes contraires à la foi par feu Guillaume d'Estivet (ou quelque autre), promoteur des causes criminelles en la Cour de l'évêché de Beauvais : grâce à de faux témoignages émanés, semble-t-il, de rivaux de Jeanne d'Arc et de sa famille, qu'il rapporta déformés encore à feu l'Evêque de Beauvais, Pierre, ainsi, qu'à feu Jean Le Maistre, professeur de l'ordre des Frères Prêcheurs, soi-disant délégué de l'Inquisiteur de la perversité hérétique, mais agissant pour lors in humanis, et sous ces prétextes, l'Evêque, par la vertu de son autorité ordinaire, et Jean le Maistre, qui s'estimait pour cette affaire pourvu d'une compétence suffisante, s'abaissèrent jusqu'à admettre ces faux rapports et poursuivre Jeanne en un jugement, dont le promoteur soutint l'accusation. Ils la livrèrent immédiatemment à ses persécuteurs, aux geôles et aux gardiens, sans qu'il y eut flagrant délit ni présomption fondée ni émoi de l'opinion publique. L'enquête eut beau tourner court, faute de prouver que Jeanne avait bel et bien versé dans l'hérésie ou hétérodoxie et commis les excès et crimes dont on l'accusait, Jeanne eut beau supplier l'Evêque et Jean le Maistre que ses propos et ses actes fussent soumis à l'examen du Saint-Siège qu'elle se déclarait prête à subir : elle n'en fut pas moins, contre tout droit, condamnée par une sentence inique, au terme d'un procès illégal ; le bras séculier la voua enfin au supplice, pour le péril des âmes des juges, et l'opprobre, l'ignominieuse infamie et l'injustice en retombèrent sur sa famille entière.

Les propres actes de Jeanne, selon les termes de la requête, attestent clairement la nullité du procès, et son innocence à elle, tandis que des pièces valables démontrent l'iniquité de sa condamnation.

Aussi les frères, la mère, et les parents de ladite défunte, soucieux d'obtenir leur réhabilitation et celle de Jeanne, désirant effacer la souillure d'infamie qui les marquait indûment, nous firent-ils humblement supplier d'ordonner l'ouverture de la cause d'annulation, et de les autoriser à en poursuivre l'exécution.

Et Nous donc, prêtant l'oreille à leurs supplications, vous mandons par ce rescrit apostolique, soit que vous agissiez à deux, soit qu'un seul d'entre vous s'y applique, de vous adjoindre l'un des Inquisiteurs de la foi pour le royaume de France, de citer en justice le Sous-Inquisiteur actuel de la foi dans le diocèse de Beauvais et le promoteur des causes criminelles de cette Cour épiscopale et tous autres qui soient à appeler ; de juger enfin sans appel et, par la censure ecclésiastique, de faire observer fermement votre sentence, nonobstant les constitutions apostoliques, et toutes autres contraires.

Donné à Rome, à saint-Pierre, l'an de l'Incarnation Notre Seigneur MCDLV, le III des ides de juin, de Notre pontificat la première année. »

L'ouverture solennelle du procès eut lieu en la cathédrale de Paris, le 7 novembre 1455, où siégaient le révérendissime Jean Jouvenel archevêque de Reims, le Seigneur Guillaume évêque de Paris, Maître Jean Bréhal inquisiteur de la foi, entourés d'une foule de clercs et de laïcs.

« Soudain s'avança, poussant de profonds gémissements et soupirs et se prosternant humblement, Dame Isabelle d'Arc... Isabelle tenait à la main le rescrit du Pape Calixte et commença d'exposer aussitôt sa piteuse et dolente requête ...

... plusieurs laïcs et religieux, lettrés vinrent dénoncer les irrégularités du procès ... violences, abus de pouvoir et passion désordonnée des juges, rigueurs de la prison, des chaînes et entraves infligées à l'accusée ... abjuration extorquée, relapse prétendu. Ils soulignèrent en regard la simplicité de Jeanne, sa virginité reconnue même par ses ennemis, ses hauts faits pour le bien du royaume.

Comme on s'échauffait, que certains s'oubliaient jusqu'à pousser de véritables hurlements de pitié, que Dame Isabelle redoublait de prières et que la foule mêlait ses gémissements aux siens, NN.SS., les Délégués estimèrent plus convenable qu'on se retirât, hors de la présence de la multitude ... »

Isabelle et ses fils, Jean et Pierre d'Arc, obéissant aux ordres royaux, ont présenté la demande en révision du procès qui fut fait à Jeanne, et ils ont reçu l'assentiment du pape.

Le jour de l'ouverture du procès, Jean et Pierre d'Arc ne sont pas signalés à Notre-Dame de Paris. Seule, Isabelle est là, présentant sa requête et le rescrit apostolique. Elle est suivie par une foule qui a mis vingt-cinq ans à sortir de son gosier des hurlements de pitié.

La présence d'Isabelle était indispensable pour l'ouverture du procès mais cela suffit, ni elle ni ses fils n'assisteront aux séances.

« Faute de pouvoir assister en personne à toutes les audiences (Dame Isabelle était alors quasi décrépite, et ses fils requis par leurs occupations), les demandeurs instituèrent incontinent, leurs procureurs pour le procès. »

Et le 12 décembre à Rouen : « Ce jour-là comparut Maître Guillaume Prévosteau, procureur d'Isabelle, Pierre et Jean d'Arc. »

Isabelle a élevé Jeanne et participe à son éducation, tous trois ont été témoins de sa vie, depuis sa plus petite enfance jusqu'au jour de son départ de Domrémy. Les deux frères l'ont suivie sur les champs de bataille. Qui donc était mieux placé pour dire son âge et les détails de son existence quotidienne ?

Ils furent, dit-on, interrogés sur elle, mais le secret recouvre ce qu'ils ont pu dire.

A Jean d'Arc, par la fonction qu'il occupe, revient le rôle d'ordonner les premiers interrogatoires de 1456, pratiqués sur les lieux d'origine. Ils sont annoncés ainsi :

« Dépositions des témoins reçues à la requête d'honorable personne, Jean dit Dalie (du lys), prévôt civil de Vaucouleurs au diocèse de Toul. »

Questionnaire utilisé sur les lieux d'origine

Nouvelles Enquêtes

Après la cérémonie à Notre-Dame de Paris, de nouvelles enquêtes sont ordonnées : sur les lieux d'origine, à Orléans, Paris, Rouen et Lyon.

Le seul questionnaire figurant dans l'instrument du procès est celui qui fut utilisé sur les lieux d'origine et que voici :

1. Lieu d'origine et paroisse de la Pucelle.
2. Ses parents. Leur condition. S'ils étaient bons chrétiens et de bonne réputation.
3. Ses parrains et marraines.
4. Si dans son enfance, Jeanne fut élevée dans la foi et les bonnes mœurs, autant que le requéraient cet âge et sa condition.
5. Son comportement durant l'adolescence, de l'âge de sept ans jusqu'à son départ de la maison paternelle.
6. Si elle fréquentait l'église et les lieux saints, et de bon gré.
7. Ses occupations durant sa jeunesse.
8. Si durant la même période elle se confessait volontiers et fréquement.
9. « L'arbre des Fées ». Si les jeunes filles y allaient danser. La fontaine qui coule auprès. Si Jeanne y allait avec les autres pucelles, et à quelle occasion.
10. Son départ et son voyage.
11. Y eut-il, dans son pays d'origine, des informations faites par l'autorité judiciaire au temps de sa détention par les Anglais, après sa capture à Compiègne ?
12. L'exode à Neufchâteau, du fait de la guerre. Jeanne fut-elle toujours accompagnée de son père et de sa mère ?

Ce questionnaire touche à ce qui concerne l'enfance de Jeanne, sauf à son âge.

Jeanne, aux dires d'une comparante, eut trois parrains et trois marraines.

Jean Moreau, de Greux.

Jean le Langart.

Feu Jean Rainguesson.

Jeannette, veuve de Thiescelin. Jeannette, la femme de Thévenin le Royer de Domrémy, et la déclarante, Béatrice, veuve d'Estelin.

Il faut noter que, dans la première séance du procès de Rouen, Jeanne dit : – une de mes marraines s'appelait Agnès, une autre Jeanne, une autre Sybille. Un de mes parrains s'appelait Jean Lingué, un autre Jean Barrey. J'ai encore d'autres marraines à ce que m'a dit ma mère. »

Agnès, Sibylle, ces noms ne figurent pas dans la déposition de Béatrice non plus que celui de Jean Barrey. Quant à Jean Lingué, faut-il l'assimiler à Jean le Langart ?

D'après la déposition de Jeanne, elle n'auriat pas connu certains de ses parrains et marraines, comme par exemple, Jean Moreau qui habitait à Greux et Béatrice qui demeurait à Domrémy ?

De la pluralité des parrains et marraines, un historien en parle comme d'un honneur réservé aux enfants des rois et des seigneurs.

Ailleurs, venant confirmer l'histoire officielle, on affirme qu'il s'agit là d'un usage commun, nécessaire en un temps où l'état-civil n'existait pas, pour que plusieurs personnes puissent attester des circonstances exactes de la naissance d'un enfant.

En ce cas, comment expliquer que le parrain et les trois marraines de Jeanne comparant en 1456, ne furent pas questionnés sur son âge, alors que les enquêteurs, en 1452, se montrèrent fort soucieux d'obtenir la consécration de la date officiellement retenue de la naissance de Jeanne par les témoins de Rouen, infiniment moins informés sur ce détail que les précités dont une partie de la charge de parrainage consistait justement à conserver cette date ?

Lorsqu'ils eurent à se prononcer sur le lieu d'origine de Jeanne, 3 ne répondirent pas, 31 déclarèrent qu'elle naquit à Domrémy, en était originaire, ou encore, qu'elle était de Domrémy. Plusieurs ajoutèrent qu'ils le savaient par ouï-dire.

Parmi ces dépositions, Durant Laxart, celui qui a aidé Jeanne pour aller à Vaucouleurs dit : « Jeanne était née à Domrémy, je crois ». N'en était-il donc pas certain ?

Et Bertrand de Poulengy, qui connaissait Jeanne de longue date, allait chez Jacques d'Arc et accompagna la Pucelle depuis Vaucouleurs dépose : « Jeanne était de Domrémy, d'après ce qui se disait. »

Ensuite, on recueille ceci dans les dépositions : Jacques d'Arc et sa femme Isabelle, étaient d'honnêtes laboureurs, pas trop riches, bons chrétiens, bonne réputation ; Jeanne savait ses prières, allait souvent à l'église, très pieuse, bonne catholique. Si elle avait eu de l'argent elle l'aurait donné pour faire dire des messes, elle secourait les malades, faisait l'aumône aux pauvres ...

La Pucelle s'occupait des soins du ménage, filait, allait à la charrue ; quelquefois aux champs, elle gardait les bêtes de son père et menait paître le troupeau du village quand le tour de Jacques d'Arc arrivait.

Au procès de Rouen – deuxième audience – 22 février. Jeanne déclare : « ... je n'allais pas aux champs avec les moutons et les autres bêtes. »

Et pendant la troisième audience, le 24 février, alors que Maître Beaupère, lui demandait : « Meniez-vous paître les bêtes au champs ? » Elle répondit :

« Je vous en ai déjà répondu autre part. Quant je fus grande, après l'âge de raison, en général, je ne gardais pas les bêtes, mais j'aidais à les mener au pré, et à un château qu'on appelle L'Ile, quand on avait peur des gens de guerre. Je ne me souviens pas, si, dans mon jeune temps, je les gardais ou non. » Par quoi Jeanne fut-elle amenée à modifier sa déclaration ?

Ceux qui déposèrent sur la fuite de Neufchâteau s'accordent à déclarer que Jeanne y fut en compagnie de son père et de sa mère et y demeura trois, quatre ou cinq jours. A l'exception de Gérardin d'Epinal qui dit :

– A l'époque dont vous parlez, Jeanne s'en fut quelque temps à Neufchâteau, avec son frère Jean d'Arc, je crois : celui qui est maintenant prévôt de Vaucouleurs ; elle gardait les bêtes de son père, puis elle revint chez lui, car il lui était pénible, à ce qu'elle disait, de rester là.

Voici maintenant la déclaration de Jeanne, deuxième audience au procès de Rouen.

– A cause des Bourguignons, j'ai quitté la maison de mon père et je suis allée à Neufchâteau en Lorraine, chez une femme qui s'appelait la Rousse. J'y suis resté quinze-jours.

Une déposition vaut d'être retenue, celle de Messire Dominique Jacques curé de Montiers-sur-Saulx. Il déclare :

« – Jeannette était originaire de Domrémy , si je ne me trompe, elle fut baptisée en l'église Saint Rémi, ses parents étaient les époux Jacques d'Arc et Zabillet qui étaient bons chrétiens et de bonne réputation.

Sur ses parrains et marraines, je ne saurais déposer que par ouï-dire car Jeanne était plus âgée que moi.

J'ai connu Jeanne trois ou quatre ans avant son départ de la maison de ses parents ; elle était de bonnes mœurs et bonne tournure. Elle allait souvent à l'église, et quelquefois, quand on sonnait les complies à l'église de Domrémy, elle se tenait agenouillée, elle récitait dévotement ses prières à ce qu'il me semblait.

Tantôt elle filait, tantôt elle allait à la charrue ou paître les bêtes ; je crois qu'elle se confessait et elle était bonne et sage fille. C'est tout ce que j'en sais.

L'arbre dont il est question, c'est l'arbre des fées ; les filles, les enfants et les jeunes de Domrémy y vont danser chaque année, le dimanche de la Laetare ... J'ai vu Jeanne y aller avec les autres filles et elle faisait comme les autres ...

Tous les habitants de Domrémy durent fuir du fait de la guerre et s'en aller à Neufchâteau. Jeannette était parmi eux ; elle alla à Neufchâteau avec son père et sa mère, et toujours en leur compagnie et elle en revint de même. C'est tout ce que j'ai à dire. »

Lorsque ce témoin est appelé le 29 janvier 1456, il a trente-cinq ans environ, donc né en 1421.

Il a connu Jeanne trois ou quatre ans avant qu'elle parte de la maison de ses parents.

Le départ de Jeanne peut se situer à la fin de 1428. Le témoin connut donc Jeanne en 1424 ou 1425.

En ce temps-là, Messire Dominique Jacques avait à peu près quatre ans.

Enquête à Orléans

Les interrogatoires continuent avec cette différence que les questionnaires utilisés ne figurent plus dans les documents.

Le Prince Jean, Comte de Dunois et de Longueville, bâtard d'Orléans, dépose : « – Je crois que Jeanne fut envoyée par Dieu. Je crois que ses faits de guerre procèdent plus de l'inspiration divine que d'une pensée humaine ».

Cette affirmation exige un retour en arrière.

Lorsque Jeanne se présenta au roi, aux princes, au clergé, aux capitaines, deux attitudes étaient possibles après l'avoir examinée : décider que sa démarche était le fait d'une illumination ou d'une imposture et l'écarter soigneusement de l'armée ; ou bien la croire véritablement envoyée de par Dieu. Cet acte de foi impliquait de la placer à la tête des troupes et de marquer une totale soumission à ses directives d'essence divine qui, seules, pouvaient assurer la victoire.

Si Dunois qui était chargé de la garde de la cité (d'Orléans) et lieutenant général pour le fait de la guerre, ainsi qu'il le déclare, pensait sincèrement que Jeanne était envoyée de Dieu, pourquoi, avec les autres capitaines qu'il dominait, prenait-il les décisions à l'insu de la Pucelle ?

Elle est reçue avec grand honneur dans l'armée mais la façon de conduire les opérations est déterminée hors sa présence. Quand elle s'en aperçoit et s'en irrite, c'est Dunois qui, avec ménagements et déférence, s'emploie à la calmer.

L'histoire officielle ne peut donner d'explication à une situation aussi ambiguë.

Dunois dit encore :

« Quand j'étais en la Cité d'Orléans que les Anglais assiégeaient, le bruit se répandit qu'une jeune fille qu'on appelait la Pucelle... allait au Dauphin pour lever le siège d'Orléans et mener le Dauphin à Reims pour qu'il y fût sacré ... je dépêchai à Monseigneur le Roi pour plus ample information, le Sire de Villars ... et Jamet du Tillet. A leur retour, ils me firent leur rapport ... devant tout le peuple d'Orléans ... ils avaient pu voir la Pucelle aborder le Roi à Chinon. La première fois, le Roi n'avait pas voulu la recevoir ; elle demeura deux jours à attendre qu'il lui fût permis d'être présentée au Roi ... »

Mais sur son arrivée à Chinon, voici ce que dit Jeanne pendant la deuxième audience du procès de Rouen, le 22 février :

« J'allai sans encombre au Roi. Aux approches de Sainte-Catherine de Fierbois, j'envoyai une lettre à Chinon où résidait le Roi. J'y arrivai à midi environ et logeai à l'auberge. Après déjeuner, j'allai devers le Roi au château. Quand j'entrai dans la salle, je le reconnus parmi d'autres, selon l'avis de ma voix qui me le révélait ... »

Un autre passage de la longue déposition de Dunois vient souligner combien la position de Jeanne parmi les chefs de guerre était mal définie, il révèle sa façon de traiter avec un prince ; et l'intérêt qu'elle portait au Duc Charles d'Orléans prisonnier des Anglais.

Voilà ce que dit Dunois :

« Alors Jeanne m'interpella ainsi : C'est vous, le Bâtard d'Orléans ? »

Je lui répondis : « C'et moi, et je me réjouis de votre arrivée. »

Alors, elle me répliqua : « C'est vous qui avez conseillé de me faire venir par cette rive-là et de ne pas marcher directement où était Talbot et les Anglais ? »

Je lui répondis que c'était moi, et d'autres plus sages que moi encore, qui avions donné ce conseil, croyant mieux faire pour la sécurité de l'opération. Alors Jeanne dit textuellement : « En mon Dieu, le conseil de Dieu Notre Sire est plus sûr et plus sage que le vôtre. Vous avez cru m'abuser, et vous vous êtes abusé bien davantage, car je vous apporte meilleur secours qu'eut jamais capitaine ou cité : le secours du Roi du Ciel. Non par amour de moi, mais par le plaisir de Dieu Lui-même qui, à la prière de saint Louis et de saint Charlemagne, a eu pitié de la ville d'Orléans, et n'a pas voulu souffrir que les ennemis eussent le corps de Sire d'Orléans et sa cité. »

C'est maintenant, le seigneur de Gaucourt, grand maître de l'Hôtel, qui évoque Jeanne de cette façon : « C'était, dans toute son humilité et sa simplicité une pauvre bergerette ... »

Bergerette, elle l'est aussi pour Maître Garivel, pour Messire de Ricarville.

Enquête à Paris à Rouen et à Lyon

C'est un défilé où comparaissent, des juges, des assistants du procès de Rouen et d'anciens compagnons de Jeanne. Tous attestent sa dévotion, ses sentiments de bonne chrétienne, de bonne catholique. On raconte aussi qu'elle défendait, après une victoire que l'on pillât les biens d'Église, et encore qu'elle ne pouvait voir couler le sang français.

Voici quelques points sur lesquels différents témoins déposèrent.

Première entrevue de Jeanne et de Charles VII

La relation qui en fut faite par Jeanne vient d'être évoquée avec Dunois.

Maître Simon Charles, président à la cour des comptes :

« ... Je sais que, lorsqu'elle parvint à Chinon, on délibéra en conseil pour savoir si le roi l'entendrait ou non ... puisqu'elle se disait envoyée par Dieu et avait des déclarations à faire, le roi devait au moins l'entendre.

Le roi décida toutefois de la faire examiner auparavant par des clercs et gens d'église, ce qui fut fait. Et enfin, non sans peine, il fut décidé que le roi l'entendrait. Mais tandis qu'elle pénétrait au château de Chinon pour être présentée au roi, le roi hésitait encore à lui parler ... jusqu'à ce qu'on lui eut rapporté que Robert de Baudricourt lui avait écrit ... »

Frère Pasquerel, aumônier de Jeanne, depuis Tours jusqu'à la capture de celle-ci à Compiègne :

« ... Jeanne se trouvait à Tours, c'est là que nous allâmes ... J'ai su qu'à son arrivée devers le roi, elle fut examinée deux fois par des femmes pour reconnaître ce qu'il en était, si c'était un homme ou une femme, si elle était vierge ou non. On la reconnut femme, mais vierge toutefois et jeune fille. Ce furent, à ce que j'ai appris, les dames de Gaucourt et de Trèves qui s'en chargèrent. Ensuite on la mena à Poitiers pour la faire examiner par les clercs de l'université. Ils conclurent qu'attendu la nécessité pressante de tout le royaume, le roi pouvait se confier à elle ... On la mena ensuite à Chinon, et elle pensait alors pouvoir parler au roi ; ce ne fut pourtant pas pour cette fois, mais après une délibération du conseil qu'elle put l'aborder.

Ce fut Mgr le comte de Vendôme qui mena Jeanne au roi et l'introduisit dans la chambre royale. Le roi la voyant lui demanda son nom. Elle répondit « Gentil Dauphin, j'ai nom Jeanne la Pucelle et vous mande le Roi des Cieux par moi, que serez sacré et couronné à Reims et serez lieutenant du Roi du Ciel qui est roi de France ... Je te dis, de la part de Messire, qui tu es vrai héritier de France et fils de roi. »

Gobert Thibault, écuyer de l'écurie du roi :

« J'étais à Chinon quand Jeanne arriva devers le roi qui s'y trouvait alors, mais je n'eus pas l'occasion de la bien connaître à ce moment. Ce fut plus tard, quand le roi décida d'aller à Poitiers et que Jeanne y fut conduite ... et Jeanne demeura à Poitiers autant que le roi. »

État des finances royales

Dame Marguerite la Touroulde déclare : « Quand Jeanne parvint à Chinon devers le roi, j'étais à Bourges où se trouvait la reine ; en ce temps-là, il y avait dans le royaume et les provinces de l'obédience du roi, si grande calamité et pénurie d'argent ... Cela, je le sais, parce que mon mari était alors receveur général ; ni de l'argent du roi, ni de son propre, il n'avait plus de quatre écus ! »

Le trésor royal passait pour fort démuni mais peut-être pas à ce point.

Le même témoin continue : « J'ai entendu ceux qui la menèrent devers le roi rapporter que, la première fois, ils la croyaient folle et leur intention était de la faire enfermer. »

Les déclarations de « ceux qui la menèrent au roi » sont tout autres.

Jean de Novelonpont, dit de Metz : « Quand Jeanne la Pucelle fut arrivée à Vaucouleurs ... Je l'abordai pour lui dire : " Ma mie, qu'est-ce que vous faites ici ? faut-il que le roi soit chassé de son royaume et que nous soyons Anglais ? " ...

Je lui demandai qui était son seigneur ; elle me répondit : " Dieu ". Et alors moi, Jean, je promis à la Pucelle, en lui donnant ma foi par une poignée de main, qu'avec Dieu pour chef, je la mènerais devers le roi ... moi-même et Bertrand de Poulengy, avec nos deux sergents, plus Collet de Vienne, messager royal et un certain Richard, archer, nous menâmes la Pucelle devers le roi qui était à Chinon, à nos frais Poulengy et moi. »

Bertrand de Poulengy : « Jeanne la Pucelle vint à Vaucouleurs, je la vis parler à Robert de Baudricourt ... Robert lui demanda qui était son seigneur ; elle répondit : " Le Roi du Ciel ", après quoi elle retourna chez son père ... vers le commencement du Carême, elle revint à Vaucouleurs, cherchant quelqu'un pour la mener au Dauphin, ce que voyant, moi-même et Jean de Metz, nous lui proposâmes ensemble de la mener au roi qui n'était alors que Dauphin. »

Sur les désirs charnels que les compagnons de Jeanne purent ou non avoir pour elle

Marguerite la Touroulde : « Au début, ils conçurent des désirs charnels, mais au moment d'en parler, cela leur faisait tellement honte qu'ils n'osaient pas. »

Jean de Metz : « Chaque nuit, Bertrand et moi, nous couchions auprès d'elle ; elle était à côté de moi, en pourpoint et chausses enfilées ; elle m'inspirait tant de respect que je n'aurais jamais osé la désirer. Je jure que jamais je n'eus envers elle volonté ou impulsion charnelle. »

Bertrand de Poulengy : « Chaque nuit, Jeanne couchait avec Jean de Metz et moi-même, sans enlever son surcot ni ses chausses, et toujours bien et solidement ajustée. En ce temps-là, moi, j'étais jeune, eh bien jamais je ne ressentais alors de désir ou d'impulsion charnels ; je n'aurais pas osé la désirer ... »

Et ailleurs :

Duc d'Alençon : « En campagne, il m'arriva de coucher avec Jeanne et les soldats, à la paillade, je pus voir Jeanne s'habiller ; une fois ou l'autre je vis ses seins qui étaient beaux, mais jamais je n'eus d'elle le moindre désir charnel. »

Dame la Touroulde n'a pas fini de surprendre, elle dit encore : « Plusieurs fois je la vis au bain et aux étuves, et je puis assurer qu'à ma connaissance, elle était vierge. »

Ravitaillement de la ville d'Orléans

Comte de Dunois : « ... l'escorte du convoi de ravitaillement ne semblait guère capable de leur tenir tête (aux Anglais) et de mener les vivres jusqu'à la cité : d'autant plus qu'il fallait des bateaux pour aller chercher ces vivres et qu'on n'en disposait pas comme on l'aurait souhaité, vu qu'il fallait remonter le courant et que le vent était absolument contraire ...

En un clin d'œil, le vent qui était contraire et empêchait considérablement les bateaux de ravitaillement de remonter le fleuve, le vent tourna brusquement et devint propice ! »

Frère Pasquerel : « ... l'armée convoyait le ravitaillement. La rivière était alors si basse que les bateaux ne pouvaient la remonter ni approcher de la rive où se trouvaient les Anglais ; or, presque subitement, l'eau monta en sorte que les bateaux purent rejoindre l'armée ... »

Blessure que Jeanne reçut pendant l'assaut contre le boulevard du Pont

Dunois :« ... le 27 mai de grand matin (ici M. Oursel rectifie par une note : en fait le 7 mai), au début de l'assaut contre le boulevard du Pont, Jeanne fut blessée d'une flèche qui pénétra d'un demi-pied dans sa chair, entre le cou et l'épaule. Elle ne s'arrêta pas pour autant de combattre, ni ne se fit soigner ; l'attaque dura du matin jusqu'à huit heures du soir, et on ne voyait guère d'espoir en une issue favorable ; inquiet, je voulais que l'armée fît retraite et rentrât à Orléans. Alors Jeanne vint à moi et me pria d'attendre encore un peu ; elle sauta à cheval, se retira toute seule dans une vigne, assez loin des troupes, et y demeura en prière un demi-quart d'heure environ ; après quoi, elle prit son étendard, se plaça sur le bord du fossé et aussitôt, devant elle, les Anglais se mirent à trembler de peur ! Les soldats du Roi reprirent courage et commencèrent à grimper et à attaquer le boulevard sans rencontrer la moindre résistance ; le boulevard fut pris, et les Anglais qui s'y trouvaient tâchaient de déguerpir ; mais ils moururent tous : entre autres Classidas (Glasdale) et les autres principaux capitaines anglais de la bastille, qui tentaient de se réfugier dans la tour du pont d'Orléans, churent à l'eau et se noyèrent. Or ce Classidas avait été le plus acharné à parler injurieusement de la Pucelle et à la vilipender avec ignominie. La bastille prise, je revins, avec la Pucelle et les Français, jusqu'à l'intérieur d'Orléans, où nous fûmes reçus avec grande joie et chaleur ; on mena Jeanne à son logis, pour soigner sa blessure. Quand le chirurgien eut terminé, elle se restaura de quatre ou cinq rôties trempées dans du vin très coupé d'eau, et ce fut toute sa nourriture pour toute la journée.

Louis de Coutes, page de Jeanne : « ... Jeanne ... passa l'eau avec les gens de guerre pour attaquer la bastille du Pont que les Anglais tenaient alors. Les gens du roi s'y tinrent pour l'assaut de la première heure jusqu'à la nuit, et Jeanne fut blessée ; on dut lui ôter son armure pour s'occuper de sa blessure ; pansée, elle se rééquipa et marcha à l'assaut qui n'avait pas décessé depuis l'aube ... »

Frère Pasquerel, « ... Jeanne alla à l'attaque de la bastille du Pont ... Au cours de cet assaut, après déjeuner, Jeanne fut, ainsi qu'elle l'avait prédit, atteinte d'une flèche au-dessus du sein ; quand elle se sentit blessée, elle eut peur et se mit à pleurer, et, dit-elle, fut consolée. Des soldats, la voyant ainsi blessée la voulurent charmer, mais elle refusa... cependant, si sa blessure pouvait être soignée sans péché elle voulait bien se laisser soigner. On mit alors sur sa blessure de l'huile d'olive et du lard et, après ce traitement, Jeanne se confessa à moi-même, tout en pleurant. Puis elle repartit à l'assaut ... »

Nationalité de Jeanne

Henri Wallon a écrit de Jeanne : « Née à Domrémy, est-elle de la Lorraine, de la Champagne ou du Barrois : Si l'on veut parler du territoire, Jeanne est une enfant de la Meuse ... Mais s'il s'agit de nationalité, Jeanne d'Arc était française. Son père était français. »

Supercherie utilisée pour obtenir de Jeanne la vérité

Manchon : « Maître Nicolas Loyseleur se ferait passer pour un prisonnier du pays de Lorraine d'où Jeanne était, et de l'obédience du roi, il pénétrerait dans sa prison en costume court de laïc ; les gardiens se retireraient et ils resteraient seuls dans la prison. Or dans une chambre voisine de la prison, il y avait un orifice spécialement établi pour ce motif ; ils nous y firent mettre pour écouter ce que dirait Jeanne : nous y allâmes le comte et moi, et Jeanne ne pouvait pas nous voir.

Loyseleur entreprit alors Jeanne, lui racontant toutes sortes d'histoires sur le roi et sur ses révélations, et Jeanne lui répondait comme à un compatriote de l'obédience du roi. »

Colles : « Nicolas Loyseleur se fit passer pour un savetier du parti de France fait prisonnier, et venant du pays de Lorraine ; il allait trouver Jeanne dans sa prison ... lui disant de ne pas accorder créance à ces gens d'église ... de même, Maître Guillaume (Jean) d'Estivet entra dans la prison en se faisant passer pour prisonnier, à l'instar de Loyseleur. Ce d'Estivet était le promoteur du procès, très dévoué aux Anglais... C'était un méchant homme qui, durant le procès, ne cessait de chicaner les notaires.

... Il injuriait copieusement Jeanne, l'appelant « paillarde, ordure. »

Cusquel : « J'ai appris de quelques-uns dont je ne me souviens pas, que Maître Loyseleur se faisait passer pour sainte Catherine et incitait par là Jeanne, à dire ce qu'il voulait. »

Houppeville : « Le bruit courait à Rouen qu'il y en avait qui, se faisant passer pour des soldats du parti du roi de France, furent introduits clandestinement auprès d'elle, ils la persuadèrent de ne se point soumettre à l'église, car ils en tireraient prétexte pour prendre l'affaire à eux ; on assurait que c'était là la raison des variations dans les réponses qu'elle fit par la suite au sujet de sa soumission. J'ai entendu dire que Maître Nicolas Loyseleur était du nombre de ces imposteurs qui feignaient d'être du parti du roi de France. »

En résumé, Nicolas Loyseleur et Jean d'Estivet, deux hommes que Jeanne connaît fort bien, le premier se faisant passer pour savetier ou encore, pourquoi pas ?, pour sainte Catherine, viennent la voir ainsi que d'autres se présentant comme soldats français.

Ces personnages réputés prisonniers, donc soumis eux-mêmes à une étroite surveillance, circulent librement, sont introduits dans la prison de Jeanne. Les gardiens, soudain complaisants et discrets, se retirent. Jeanne aurait accepté cela comme naturel, se serait laissée duper et aurait conversé avec ces gens en toute confiance.

Il y eut une imposture, certainement, mais ce fut vis-à-vis du public.

La déposition de Manchon arrêtée plus haut sur ces paroles : « et Jeanne lui répondait comme à un compatriote de l'obédience du roi, » continue ainsi : « Or l'Evêque et le Comte nous avaient dit à Boisguillaume et à moi, d'enregistrer ces réponses ; je leur répondis que je ne le devais pas ; il était malhonnête de commencer le procès par une supercherie de cet ordre ; si elle faisait de pareilles déclarations dans la forme juridique, alors nous les enregistrerions.

Toujours depuis ce moment, Jeanne eut grande confiance en Loyseleur, à tel point que plusieurs fois, après ces histoires, il l'entendit en confession et qu'elle ne venait pas aux séances du tribunal qu'il ne se fût auparavant entretenu avec elle. »

Et Manchon n'a pas fini !

Qualité des réponses de Jeanne aux interrogatoires

Guillaume Manchon : « A mon sens, elle était fort simple, encore qu'elle répondît parfois avec une grande sagesse, mais souvent aussi avec simplicité : référez-vous en au procès. Dans un cas aussi difficile je crois qu'elle était incapable de se défendre à elle seule contre des maîtres aussi distingués, *si elle n'eût pas été inspirée* ».

Jean Tiphaine : « ... j'assistai à un interrogatoire, les belles réponses qu'elle y faisait ! ... elle répondait avec prudence sagesse et audace à la fois ... Non, il n'y a docteur ni savant si subtil, si on l'avait interrogé comme elle devant tant de maîtres et une telle compagnie, qui n'eût été bien perplexe et embarrassé. »

Jean Marcel : « J'ai entendu Maître Jean Le Sauvage ... jamais il n'avait vu femme de cet âge, qui eût donné tant de mal à ses enquêteurs, il s'émervaillait fort des réponses de Jeanne et de sa mémoire. »

Martin Ladvenu : « On faisait très souvent à Jeanne des interrogatoires difficiles qui ne convenaient pas à une femme aussi simple. »

Libération contre rançon, intention des Anglais

Haimond de Macy : « Le comte de Ligny – Jean de Luxembourg – ... lui dit : « Jeanne je suis venu pour vous libérer contre rançon à condition que vous promettiez de ne plus prendre les armes contre nous. » Elle répondit : « En nom Dieu, vous vous moquez de moi, je sais bien que vous n'en avez ni vouloir, ni pouvoir. Je sais bien que les Anglais me feront mourir, croyant, après ma mort, gagner le royaume de France. »

Pierre Miget : « Elle était si simple qu'elle croyait que les Anglais la relâcheraient contre rançon, et ne pensait pas qu'ils voulussent sa mort. »

Cédule d'abjuration
Jeudi 24 mai

Dans le procès de condamnation, au cimetière de Saint-Ouen, après le sermon prononcé par Maître Guillaume, Erard, voici la relation qui est faite :

> (On adresse ainsi à l'accusée trois monitions sans obtenir qu'elle se rétracte. Alors Monseigneur le Président Cauchon commence à prononcer la sentence définitive. Il en a lu déjà une grande partie, quand Jeanne, soudain, l'interrompt).

Jeanne (criant) :

« Je veux tenir tout ce que les juges et l'Eglise voudront dire et sentencier ! Je veux obéir en tout à leur ordonnance et volonté !

Puisque les gens d'Eglise disent que mes apparitions et mes révélations ne sont point à soutenir ni à croire, je ne veux pas les soutenir !

Je m'en rapporte aux juges et à Notre Mère la Sainte Eglise ! »

> (Alors, en la présence de Nosseigneurs et du Tribunal, de la foule dense du clergé et du peuple, l'accusée prononce son abjuration, sous la forme d'une cédule en français qui lui est lue, qu'elle lit elle-même à haute voix et signe de sa propre main.)

Autres dépositions recueillies pour le procès de réhabilitation

Evêque de Noyon : « Après l'abjuration, il y en eut qui disaient que ce n'était pas sérieux, qu'elle n'avait fait que rire. Parmi eux, un Anglais, un ecclésiastique et docteur qui était de la maison de Mgr le Cardinal d'Angleterre, dit à l'évêque de Beauvais qu'il était trop favorable à l'accusée dans ce procès... »

Jean Monnet, professeur de théologie : « J'étais au sermon de Saint-Ouen... je pus voir alors une cédule d'abjuration qu'on lui lut ; c'était, me semble-t-il, un texte bref, six ou sept lignes... »

Haimond de Macy : « ... On la mena sur une petite place devant Saint-Ouen ; il y eut alors un sermon que lui fit Maître Nicolas Midi, disant entre autres : « Jeanne, nous avons grand'pitié de vous. Allons rétractez-vous ou nous devrons vous abandonner à la justice séculière... elle disait qu'elle voulait croire tout ce que croyait la Sainte Eglise ... qu'elle acceptait de faire ce qu'ils voulaient. Alors un secrétaire du roi d'Angleterre, un nommé Laurent Calot, tira de sa manche une petite cédule écrite qu'il donna à signer à Jeanne. Elle dit qu'elle ne savait ni lire ni écrire. Néanmoins, le secrétaire Laurent Calot lui bailla la cédule et une plume pour signer, comme par dérision. Jeanne fit alors une espèce de rond. Alors Laurent Calot prit la main de Jeanne avec la plume et lui fit faire un signe dont je n'ai pas souvenance. »

Frère Pierre Miget : « ... Quant à l'abjuration dont il est question dans l'article, il est exact qu'elle l'ait faite ; c'était un papier écrit et cela durait à peu près le temps d'un Pater Noster. »

Jean Massieu prêtre : « Quant à l'abjuration dont parle l'article, voici : quand, à Saint-Ouen, Maître Nicolas Erard fit son sermon, le prédicateur tenait à la main une cédule d'abjuration et dit à Jeanne : “ Tu abjureras et signeras cette crédule. ” Il me donna la crédule à lire, et je lus devant Jeanne. Je me souviens fort bien qu'il était dit dans cette cédule, qu'elle ne porterait plus les armes, l'habit d'homme ni les cheveux ras, et encore bien d'autres choses dont je ne me souviens plus. Et je me rappelle bien aussi que cette cédule avait environ huit lignes, pas plus ; je ne sais pas moins que ce n'est pas celle-là qui est insérée au procès ; oui, celle que j'ai lue, et que Jeanne a signée, c'en est bel et bien une autre que celle qui figure au procès.

Quand Jeanne fut requise de signer la cédule, il s'éleva un grand murmure dans l'assistance ; on entendit l'Evêque dire à quelqu'un : “ Vous allez me faire des excuses ! ", criant qu'on l'avait outragé, et qu'il ne procéderait pas plus avant, qu'il n'eût reçu des excuses.

Pendant tout ce temps, moi, j'attirais l'attention de Jeanne sur le danger qui la menaçait quant à la signature de cette cédule ; je voyais bien qu'elle ne comprenait pas la cédule, ni ne percevait l'imminence du péril. Pressée de signer, Jeanne répondit alors : " Que la cédule soit vue par les clercs et l'Eglise, entre les mains de qui je dois être mise ; s'ils me donnent le conseil de signer et de faire ce qu'on me demande, je le ferai bien volontiers ". Alors Maître Guillaume (Nicolas) Erard dit : " Fais donc, sinon tu mourras par le feu aujourd'hui même. " Alors, Jeanne répondit qu'elle aimait mieux signer que d'être brûlée ; à cet instant, il y eut une grande agitation parmi la populace, et des pierres furent lancées ; par qui ? Je l'ignore. La cédule signée, Jeanne demanda au promoteur si elle serait mise entre les mains de l'Eglise, et en quel lieu il lui fallait résider. Le promoteur lui répondit : " Au château de Rouen ! " On l'y amena, revêtue de vêtements de femme. »

Maître Guillaume Manchon : « Pour moi, je ne vis pas faire la lettre d'abjuration ; on la rédigea à la fin des délibérations, et avant l'arrivée au lieu où s'effectua le Sermon ; je n'ai pas mémoire qu'on ait jamais exposé à Jeanne la teneur de cette cédule d'abjuration, ni qu'on la lui ait fait comprendre, ni même qu'elle lui ait été lue avant le moment où elle fit son abjuration. »

Maître Guillaume Colles, dit Boyguillaume : « La cédule d'abjuration de la première sentence fut lue en public, je ne sais plus par qui. Je crois que Jeanne n'y comprenait rien, et qu'on ne la lui expliqua point ; longtemps elle refusa de la signer ; pressée de le faire elle signa enfin par peur, en marquant une croix. »

Nicolas Taquel : « J'assistai à la première prédication faite à Saint-Ouen, mais je ne me trouvais pas sur l'estrade avec les autres notaires. Néanmoins, j'étais placé assez près, et je pouvais suivre ce qui ce faisait et disait. Je me souviens bien que je voyais Jeanne quand on lui lut la cédule d'abjuration ; c'était Messire Jean Massieu qui lisait ; il y avait à peu près six lignes de grosse écriture. Jeanne répétait après ledit Massieu. La lettre d'abjuration était en français et commençait par « Je Jehanne... »

Ainsi que le constate M. Oursel dans une note, Manchon, lui, était sur l'estrade, d'après la déposition de Taquel, et Guillaume Colles également.

Guillaume du Désert : « Il y avait là un docteur Anglais qui n'était pas satisfait de la manière dont se déroulait l'abjuration, vu que Jeanne, en prononçant certaines phrases de la révocation, riait. Il dit à l'évêque de Beauvais siégeant alors comme juge, qu'il avait tort d'admettre cette abjuration là, que c'était une dérision.

L'évêque, très en colère, lui répondit qu'il mentait : " Juge en matière de foi, dit-il, je dois rechercher plutôt son salut que sa mort ". »

Thomas de Courcelles : « Je ne sais pas. Je ne sache pas d'avantage qu'on la lui ait lue ou fait comprendre ... Je me souviens bien, toutefois, que Maître Nicolas Venderez rédigea une cédule qui commençait par ces mots : " Toutes les fois que l'œil du cœur ... " Mais si cette cédule fut inscrite au procès, je l'ignore ... »

M. Tisset donne le texte de la cédule inscrite au procès :

Abjuration de Jeanne

« Toute personne qui a erré et failli en la foi chrétienne et qui depuis, par la grâce de Dieu, est retournée à la lumière de vérité et à l'union de notre mère la sainte Eglise, doit grandement se garder que l'ennemi d'enfer ne la pousse à nouveau et la fasse retomber dans l'erreur et la damnation. Pour cette cause, moi, Jeanne, communément appelée la Pucelle, misérable pécheresse, après avoir reconnu les lacs de l'erreur dans lesquels j'étais tenue et, par la grâce de Dieu, être retournée à notre mètre la sainte Eglise, afin qu'on voie que ce n'est pas par simulation, mais de bon cœur et de bonne volonté que je suis retournée à elle, je confesse que j'ai très gravement péché en feignant mensongèrement avoir eu des révélations et apparitions de par Dieu, par les anges et sainte Catherine et sainte Marguerite, en séduisant les autres, en croyant follement et à la légère, et faisant des superstitieuses divinations, en blasphémant Dieu, ses saints et ses saintes, en transgressant la loi divine, la Sainte Ecriture, le droit canon, en portant un habit dissolu, honteux et déshonnête contre la décence naturelle et les cheveux coupés en rond à la manière des hommes, contre toute honnêteté du sexe féminin, en portant aussi des armures par grande présomption, en désirant cruellement l'effusion de sang humain, en disant que toutes ces choses, je les ai faites par le commandement de Dieu, des anges et des saintes dessusdites et qu'en ces choses j'ai bien agi et n'ai point failli, en méprisant Dieu et ses sacrements, en fomentant des séditions et pratiquant l'idolâtrie par l'adoration de mauvais esprits et en les invoquant. Je confesse aussi que j'ai été schismatique et que, de plusieurs manières, j'ai erré en la foi. Ces crimes et erreurs, de bon cœur et sans simulation, après être, par la grâce de Notre Seigneur, retournée à la voie de la vérité par la sainte doctrine et le bon conseil (que j'ai reçus) de vous et des docteurs et maîtres que vous m'avez envoyés, je les abjure, déteste et renie et absolument y renonce et m'en sépare. Et sur toutes les choses susdites, je me soumets à la correction, disposition, amendement et totale détermination de notre mère la sainte Eglise et de votre bonne justice. Aussi je voue, jure et promets à monseigneur saint Pierre, prince des apôtres, à notre saint père le pape de Rome, son vicaire, et à ses successeurs et à vous, messeigneurs ; révérend père en Dieu, monseigneur l'évêque de Beauvais, et religieuse personne frère Jean le Maistre, vicaire de monseigneur l'inquisiteur de la foi, comme à mes juges, que jamais par quelque exhortation ou d'autre manière je ne retournerai aux erreurs susdites desquelles il a plu à Notre Seigneur de me délivrer et m'ôter ; mais toujours je demeurerai en union avec notre mère la sainte Eglise et dans l'obéissance de notre saint père le pape de Rome. Et ceci, je le dis, affirme et jure par le Dieu tout puissant et par ces saints Evangiles. Et, en signe de cela, j'ai signé cette cédule de mon seing. »

Ainsi signé : « JEANNE +. »

Suit la teneur de ladite abjuration rédigée en latin.

Son sens est identique au texte précédent. Sa traduction en français commence par ces mots : « Toutes les fois que l'œil de l'esprit... »

M. Tisset fait ce commentaire :

« On lui présenta une formule d'abjuration rédigée en français. C'était, à en croire divers témoins de la réhabilitation, une courte formule de six ou huit lignes de grosse écriture commençant par Je Jehanne. Alors que la minute française, après l'avoir annoncé, ne donne pas le texte de ce document, au procès-verbal de Thomas de Courcelles, figurent de longues formules, l'une en français, l'autre en latin ... Ces formules sont bien trop longues, la formule française est assurément trop prolixe pour que ce soit celle-là même que Jeanne ait pu prononcer à Saint-Ouen. On en a conclu qu'il y avait là une supercherie... »

M. Tisset donne la *sentence prononcée immédiatement après l'abjuration, et dont voici la fin* :

« Nous, ayant devant les yeux le Christ et l'honneur de la foi orthodoxe afin que notre jugement émane de la face du Seigneur, nous disons et jugeons que tu as très gravement délinqué en imaginant mensongèrement des révélations et apparitions divines, en séduisant autrui, en croyant avec légèreté et témérité, en te livrant à de superstitieuses divinations, en blasphémant Dieu et les saintes, en transgressant la loi, l'Ecriture Sainte et les ordonnances canoniques, en méprisant Dieu dans ses sacrements, en fomentant des séditions, apostasiant, tombant dans le crime de schisme et errant fréquemment en la foi. Mais, parce qu'après avoir été souvent admonestée charitablement et longuement attendue, enfin, Dieu aidant, tu es retournée au sein de notre sainte mère l'Eglise et, de ta propre bouche, tu as révoqué tes erreurs d'un cœur contrit et d'une foi non feinte, à ce que nous croyons, ces erreurs qui ont été condamnées en une prédication publique, et que, par ton propre organe, tu as abjurées avec toute hérésie, de vive voix, dans une forme qui s'accorde avec les lois ecclésisatiques, nous te délions par les présentes des liens de l'excommunication qui te tenaient enchaînée, si toutefois tu reviens à l'Eglise d'un cœur véritable et d'une foi non feinte et si tu observes ce que nous t'avons enjoint et t'enjoindrons. Mais, parce que tu as témérairement délinqué contre Dieu et la sainte Eglise, comme il vient d'être dit, nous te condamnons par sentence définitive à mener une salutaire pénitence en prison perpétuelle, au pain de douleur et à l'eau de tristesse, afin que tu y pleures ce que tu as commis et que tu ne commettes plus par la suite rien qu'il faille pleurer, notre grâce et notre (pouvoir de) modération étant toujours saufs. »

Dans l'après-midi du même jour, Jeanne revêtit des habits de femme.
Elle voulut et permit que ses cheveux qu'elle portait auparavant tondus en rond, fussent rasés et enlevés.

Habits de Jeanne et leur substitution

Lundi 28 mai interrogatoire dans la prison de Jeanne au château de Rouen. Elle est en habit d'homme : tunique, chaperon, pourpoint.

Mgr CAUCHON. – Qu'est-ce à dire ?
JEANNE. – Oui j'ai repris l'habit d'homme et laissé celui de femme.
Mgr CAUCHON. – Pourquoi, qui te l'a fait reprendre ?
JEANNE. – Moi seule, sans contrainte. J'aime mieux l'habit d'homme que celui de femme.

Les témoins de 1456

Manchon : « Durant le procès, j'ai entendu Jeanne se plaindre à l'Evêque et au Comte de Warwick, alors qu'on lui demandait pourquoi elle ne portait pas un habit de femme, en lui faisant remarquer qu'il était indécent pour une femme d'avoir une tunique d'homme et des chausses attachées avec quantité de lacets solidement noués, elle déclara qu'elle n'oserait pas enlever ses chausses ni les retenir autrement que solidement nouées, car ils savaient bien, l'Evêque et le Comte, que ses gardes avaient plusieurs fois tenté de la violer...
On demanda à Jeanne, en ma présence, pourquoi elle avait repris cette tenue d'homme. Elle répondit qu'elle l'avait fait pour défendre sa pureté... »

Jean Massieu : « Le jour de la Sainte Trinité, accusée de relapse, elle répondit qu'alors qu'elle était au lit, ses gardes lui avaient dérobé ses habits féminins et mis à la place son costume d'homme. Elle leur demanda de lui restituer sa tenue de femme... ils refusèrent. »

Martin Ladvenu : « J'appris de Jeanne qu'un haut personnage d'Angleterre était allé la voir en prison et avait tenté de lui faire violence ; elle me dit que c'était la raison pour laquelle elle avait repris l'habit d'homme après la première sentence. »

Plusieurs dépositions montrent Jeanne traitée avec cruauté. Elle se sent obligée de garder ses vêtements pendant la nuit, est entravée par des chaînes de fer. Certains témoins disent qu'elle a un lit, mais Manchon, dans son récit, ne lui laisse ni lit ni grabat. Version nécessaire pour émouvoir profondément les foules.

Mais, d'après l'interrogatoire de Massieu, elle est, pendant la nuit, déshabillée et au lit, entourée de gardes à qui elle demande vainement ses habits de femme.

Ce tableau est indispensable pour expliquer la substitution de vêtements.

Ces deux récits se contredisent mais un point les rapproche : ils sont en parfaite opposition avec ce que déclare la Pucelle.

Rejet des responsabilités

Les anciens assistants au procès de condamnation, à quelques exceptions près, montrent tour à tour dans leurs dépositions une extrême prudence, la peur de commettre une maladresse, une simulation de perte de mémoire, une application à se conformer à l'esprit de l'enquête, le souci de conserver situation et bénéfices... et le rejet des responsabilités sur les autres, principalement sur les morts.

Lorsque le juge leur demande – Quels sont ceux qui vous paraissent enclins à une affection désordonnée ?

Manchon répond : « Beaupère, Midi, Tourraine. »

Massieu déclare : « Je ne crois pas que l'évêque ait agi dans un dessein de justice. »

Et Guillaume Colles raconte : « On m'a affirmé que tous les responsables de sa mort étaient morts à leur tour de mort ignomineuse, tel Nicolas Midi qui fut bientôt atteint de la lèpre, et l'évêque qui mourut subitement tandis qu'il se faisait la barbe. »

Ici, Guillaume Colles aurait du se souvenir que Saint Louis était mort de la peste.

Plusieurs qui étaient ennemis de Charles VII quelque trente ans plus tôt, assurent que le procès fut intenté à Jeanne parce qu'elle était au service du Roi très Chrétien.

Extraits de dépositions touchant principalement les derniers jours du procès

Lorsque ces extraits émanent des déclarations de juges ou d'assesseurs au procès de Rouen, ou que l'un d'eux est cité, l'avis donné par ce juge ou cet assesseur, le 29 mai 1431, pendant le procès de relapse, sera indiqué.

La situation occupée par le témoin sous Charles VII, au moment de sa déposition en 1456 figurera également.

• *Maître Guillaume Manchon*, prêtre, notaire de la Cour archiépiscopale de Rouen, curé de la paroisse Saint-Nicolas de cette ville, greffier au procès de Rouen :

« Quand le procès fut achevé, on décida de faire un sermon à l'accusée, on la mena sur une petite place, et on lui donna comme conseil Maître Nicolas Loyseleur qui lui dit : " Jeanne, croyez-moi, si vous le voulez, vous aurez la vie sauve. Prenez cet habit de femme et faites tout ce qui vous sera demandé ; sinon vous êtes en péril de mort. " ... on avait rédigé deux sentences, l'une d'abjuration, l'autre de condamnation...

... Jeanne faisait savoir qu'elle était prête à obéir à l'Eglise, alors on lui fit prononcer son abjuration en lui lisant la formule ; mais j'ignore si elle répétait après le lecteur ou si, la lecture terminée, elle dit seulement qu'elle était d'accord. Elle souriait.

Le bourreau était par là, avec une charrette, attendant qu'on la lui donnât à brûler.

Le lundi, par ordre de l'Évêque et du Comte, je vins au château.

On demanda à Jeanne pourquoi elle avait repris cette tenue d'homme. Elle répondit qu'elle l'avait fait pour défendre sa pureté... Elle disait qu'elle n'avait rien compris à ce qu'il y avait dans la formule d'abjuration ; tout ce qu'elle avait fait ç'avait été par crainte du feu en voyant le bourreau prêt avec sa charrette...

Le juge – Accorda-t-on à Jeanne le sacrement de l'Eucharistie ?

Le témoin – Oui, le matin de ce mercredi avant le prononcé de la sentence.

Le juge – Comment put-on lui porter la communion, puisqu'ils l'avaient déclarée excommuniée et hérétique ? fallait-il l'absoudre dans les formes canoniques ?

Le témoin – Il y eut une délibération là-dessus entre les juges et les conseillers, pour savoir si l'on devait lui accorder le sacrement de l'Eucharistie et l'admettre à la pénitence ; je n'ai pas vu qu'on lui eût présenté d'autre absolution.

Après la sentence prononcée par l'Évêque selon laquelle elle était abandonnée et livrée à la justice séculière le bailli dit seulement sans autre forme de procès : " Allez, allez " ; à ce moment, Jeanne poussa tant de pieux gémissements que presque tous les assistants étaient émus aux larmes, juges y compris.

J'en fus pour ma part tellement remué que je vécus tout un mois dans la terreur.

J'atteste que sa fin fut celle d'une chrétienne.

... avec l'argent que je reçus pour mes peines et soins durant mes vacations, j'achetai un missel pour me souvenir d'elle et prier Dieu pour son âme. »

• *Messire Guillaume Colles*, prêtre, notaire public greffier au procès de Rouen :

« Le dimanche qui suivit la première sentence... arrivés au château, nous entrâmes dans la prison et la vîmes, en effet revêtue de vêtements d'homme.

Le mercredi suivant, Jeanne fut amenée au Vieux-Marché de Rouen ; là, un sermon lui fut fait par Maître Nicolas Midi ; et la sentence de relapse prononcée par Mgr l'évêque de Beauvais, après quoi, elle fut appréhendée par des agents laïcs, et sans autre forme de procès, conduite au bourreau afin d'être brûlée. En chemin, elle poussait toutes sortes de pieux gémissements... presque tous les assistants ne pouvaient retenir leurs larmes... les juges et ceux qui avaient pris part au procès durent encourir la réprobation populaire. »

• *Messire Nicolas Taquel,* Vénérable Personne, prêtre, curé de l'église de Bacqueville-le-Martel, notaire juré de la Cour Impériale, et de la Cour de Rouen, greffier au procès de Rouen. Interrogée en 1452.

Art. 23 « Je n'étais pas présent quand elle reçut l'eucharistie, mais il est notoire que Jeanne la reçut le jour même de sa mort ; après la cérémonie, je vins dans sa chambre, où eut lieu un interrogatoire.

Je n'ai rien constaté chez Jeanne qui ne fut saint et catholique... peu avant d'être conduite au lieu de son supplice, elle fit de belles et dévotes prières à Dieu... beaucoup d'assistants en avaient les larmes aux yeux, ... surtout *Maître Nicolas Loyseleur.* »

Taquel, aussi interrogé en 1456, dit : « Après l'abjuration, elle fut condamnée à la prison perpétuelle, et menée au château. Peu après, je fus mandé pour un interrogatoire disait-on, mais il y avait là-dessus quelque tumulte, si bien que j'ignore ce qui se passa ensuite... il y eut une seconde prédication le jour de la mort de Jeanne. J'assistai à cette prédication jusqu'à la fin... Je n'assistai pas au reste. »

Avis donné par Nicolas Loyseleur le 29 mai 1456 :
– comme l'abbé de Fécamp : relapse, la déférer au bras séculier.

Et le 12 mai, avec Aubert Morel et Thomas de Courcelles, Nicolas Loiseleur, « pour la médecine de l'âme de l'accusée », s'était prononcé en faveur de la mise à la torture.

• *Pierre Bouchier,* prêtre : « Tandis qu'on l'attachait, Jeanne implorait ou évoquait spécialement saint Michel. Jusqu'à la fin je la vis bonne chrétienne ; la plupart des assistants – ils étaient bien dix mille – pleuraient et disaient que c'était grand'pitié. »

• *Mgr l'Évêque de Noyon* : « ... Je n'ai pas souvenance d'avoir été au procès ni d'avoir donné mon opinion.

... Jeanne était abandonnée au bras séculier. Elle commença alors à pousser de pieux gémissements... Je m'en allai aussitôt, ne voulant pas la voir brûler. Plusieurs des assistants pleuraient.

Le Juge. – Avez-vous entendu parler de certaines lettres de garantie que le roi d'Angleterre bailla à l'Évêque de Beauvais, et d'autres aussi qui furent insérées au procès ? N'y remarque-t'on pas que l'Évêque de Noyon fut bel et bien au procès ?...

Le témoin. – Il me semble bien que j'y ai assisté, oui. Mais je m'en souviens mal... »

• *Jean Marcel,* Citoyen et bourgeois de Paris.

« ... Au sermon de Saint-Ouen ... j'ai remarqué que Maître Laurent Calot et quelques autres avaient dit à Maître Pierre Cauchon qu'il tardait trop à prononcer sa sentence et ne jugeait pas bien, alors Maître Pierre Cauchon avait répondu à Maître Calot qu'il mentait.

J'ai été aussi au second sermon, le jour où Jeanne fut brûlée par le feu ; je l'ai vue parmi les flammes, proclamant plusieurs fois à voix haute le nom de Jésus. Je crois très fermement qu'elle est morte en catholique, qu'elle a bien terminé ses jours, dans l'état d'une bonne chrétienne. Je le sais par les religieux qui l'assistaient à l'heure de la mort, et j'en ai vu plusieurs, la majorité des assistants, pleurer de compassion, parce qu'on disait que Jeanne avait été injustement condamnée. »

• *Honorable Mauger Leparmentier,* Clerc non marié, appariteur de la Cour de l'Archevêché de Rouen – Était également tortionnaire.

« J'ai connu Jeanne à l'époque où elle fut amenée à Rouen et je la vis au château, où je fus convoqué avec mon collègue pour la mettre à la torture. ... Elle se comporta de façon si avisée dans ses réponses que les assistants en étaient émerveillés. Pour finir, mon associé et moi nous nous en retournâmes sans avoir attenté à sa personne. ... On disait couramment que tout ce qui se faisait contre Jeanne, c'était en haine du roi de France et de son parti et que c'était une grande injustice qu'on lui faisait, à Jeannette.

On la mena au bûcher ; arrivée là, elle cria plus de six fois " Jésus ". A son dernier souffle surtout, elle criait si fort " Jésus ", que tout le monde put l'entendre. Presque tout le monde pleurait de pitié. »

• *Laurent Guesdon* (A ne pas confondre avec Jacques Guesdon, juge), bourgeois de Rouen, avocat à la Cour Civile, clerc marié.

« J'ai connu Jeanne à l'époque où elle fut amenée à Rouen... Puis je ne la revis plus avant le sermon de Saint-Ouen ..

J'assistai aussi au dernier sermon, celui du Vieux-Marché, je me trouvais à côté du bailli, car j'étais pour lors son lieutenant, il y eut une sentence par laquelle Jeanne était abandonnée au bras séculier. Après le prononcé de la sentence, immédiatement et sans délai, on la remit aux mains du bailli, et le bourreau, sans plus, sans qu'aucune sentence eût été prononcée par le bailli ou moi-même, à qui cette charge incombait, s'empara de Jeanne, et la mena où les fagots étaient préparés ; elle fut brûlée vive. »

• *Honorable Pierre Daron*, Lieutenant du bailli de Rouen.

« ... J'étais alors procureur de la ville de Rouen, la curiosité me poussait fort à voir Jeanne et je cherchais le moyen d'y parvenir. Je trouvai un avocat du roi

d'Angleterre, Pierre Manuel, qui brûlait du même désir et nous allâmes la voir ensemble.
... Le jour où Jeanne acheva sa vie, je la vis livrer et abandonner à la justice séculière ... sans le moindre intervalle ni sentence quelconque du juge civil, Jeanne fut remise au bourreau et conduite sur une estrade où était préparé le bois du supplice. Je crois qu'elle termina ses jours en catholique ... beaucoup étaient émus aux larmes et un grand nombre étaient mécontents que l'exécution de Jeanne se fit à Rouen ... »
• *Frère Jean Lemozoliïs*, Vénérable et religieuse Personne, prêtre de l'Ordre de Saint Pierre Célestin :

« ... A l'époque où Jeanne était détenue à Rouen, j'étais au service de feu *Maître Guillaume Erard* ... mon maître, qui me dit avoir la charge de faire un sermon à Jeanne : ce qui lui déplaisait fort ; il aurait préféré être en Flandre, me disait-il, l'affaire ne lui plaisait pas du tout.

J'assistai donc au sermon fait par mon maître à Saint-Ouen ; mais de ce qui se fut dit, je n'ai pas mémoire : j'étais placé trop loin ... »

Martin Ladvenu, dans sa déposition, dit : « Dans son sermon, Maître Guillaume Erard ne s'exclama-t-il pas : – O Maison de France, exempte jusqu'ici de monstres d'hérésie ! Voilà que tu t'es prostituée en prêtant foi à cette ensorceleuse, hérétique et superstitueuse... »

Guillaume Erard avait-il subitement oublié que la Maison de France fut plusieurs fois excommuniée en la personne de ses rois : Robert le Pieux, Philippe 1er, Louis VII, Philippe Auguste et Philippe le Bel ?

Après avoir, dans son sermon à Saint-Ouen, déclaré Jeanne hérétique, Maître Guillaume Erard, le 29 mai 1431, donne l'AVIS suivant : Relapse à déférer au bras séculier.

• *Frère Pierre Miget*, professeur de théologie sacrée, prieur de Longueville-Giffard.

« Jeanne ... si elle avait été en liberté, j'estime qu'elle aurait été aussi bonne catholique qu'une autre. J'ai su qu'à sa propre requête, elle avait reçu le sacrement de l'eucharistie ... le jour où elle fut livrée à la justice séculière, elle se mit à gémir et à implorer le nom du Seigneur Jésus, instant si émouvant que beaucoup pleuraient. Moi-même, ne pouvant supporter ce spectacle, je m'en allai, ému de compassion jusqu'aux larmes, comme beaucoup d'autres, en particulier Mgr l'évêque de Thérouanne, celui qui mourut cardinal.

Je fut présent au procès, du moins en sa majeure partie. ... Dès que l'évêque eut prononcé la sentence, elle fut empoignée par des soldats anglais et conduite au supplice en grande furie ... il ne me paraît pas qu'on eut dû la juger comme hérétique sur la seule reprise de l'habit d'homme. Au contraire, celui qui, sous ce seul chef, la jugea comme hérétique, devrait subir la peine du talion. »

• *Messire Jean Massieu*, prêtre, curé de Saint-Candé-le-Vieux à Rouen :

« Jeanne ... Elle était, à ma connaissance, une fille bonne, simple et dévote ; un jour où je la conduisais devant les juges, il lui advint de me demander s'il y avait sur le trajet, une chapelle où se trouva le corps du Christ ...

J'ignore s'il y eut quelque enquête effectuée par les juges à son propos, je n'en ai jamais vue aucune. Je sais toutefois que la plupart nourrissaient contre elle une haine farouche, les Anglais surtout ... je ne voyais rien en elle que de bon, elle me paraissait être une excellente femme ...

L'Évêque ... me dit d'avertir Frère Martin qu'il pouvait lui accorder la Sainte Eucharisti et tout ce qu'elle demanderait ...

Ceci fait, le Frère Martin et moi, nous la menâmes, en tenue de femme jusqu'au lieu de son supplice.

(A noter que dans le procès de condamnation, le 30 mai, il est dit que le Tribunal accorda à l'accusée, l'assistance de Maîtres Ysambart de la Pierre et Martin Ladvenu, ceci est corroboré par la déposition de Ysambart de la Pierre du 9 mai 1452.)

En chemin, elle poussait tant de pieux gémissements que le Frère Martin et moi nous ne pouvions retenir nos pleurs. Elle recommandait si dévotement son âme à Dieu et aux Saints, que les assistants, eux aussi, en étaient émus aux larmes ... une dernière fois, elle étreignit la croix en saluant les assistants puis descendit de son estrade, toujours accompagnée par le Frère Martin ; elle gagna l'endroit préparé pour son supplice, où elle mourut très pieusement. »

Dans la déclaration il y a encore ceci : *« Maître Jean de Châtillon* qui était à l'époque archidiacre d'Évreux, avait osé dire à l'Évêque et à ses assesseurs qu'à son avis, le procès tel qu'on le faisait était, je ne sais pour quelle raison, entaché de nullité ; je reçus alors l'ordre, étant chargé des convocations, de ne plus convoquer désormais Châtillon : de fait, à partir de ce moment, Châtillon n'assista plus au procès. » Fin de citation.

Jean de Châtillon continua si bien d'assister au procès que, le 2 mai 1431, au cours d'une séance plénière, c'est lui qui adresse à Jeanne une monition sur le thème de l'obéissance à l'Église ; développe en six points une démonstration des erreurs de l'accusée et conduit intégralement un interrogatoire long et épineux.

Le 23 mai 1431, jour de la « dernière admonestation charitable », pendant laquelle furent lus à Jeanne les douze articles qui servirent de base à sa condamnation, l'un des personnages qui interpellent l'accusée est Jean de Châtillon.

Convoqué avec d'autres le 29 mai et invité à se prononcer sur la cause de relapse, il déclare comme les autres : Jeanne relapse, la déférer au bras séculier.

• Vénérable Personne *Messire Jean Riquier*, prêtre et chapelain de l'église de Rouen, curé d'Hendicourt.

« Jeanne ... Elle était catholique et fidèle à ce que je crois ... Je la crois morte en chrétienne, ainsi que je l'ai dit. Elle fut abandonnée par les gens d'église et je constatai qu'aussitôt les sergents et les soldats anglais s'emparèrent d'elle et la menèrent directement au lieu du supplice.

• *Maître Jean Alespée*, qui était pour lors chanoine de Rouen se trouvait à côté de moi ; je l'entendis prononcer ces paroles, tout en pleurant : « Plût à Dieu que mon âme fût où je crois qu'est l'âme de cette femme !. »

La veille, le 29 mai, Jean Alespée, qui avait prit part au procès, donna le même avis que l'abbé de Fécamp : « Relapse, la déférer au bras séculier. »

• *Maître Guillaume du Désert*, Vénérale et discrète Personne, chanoine de Rouen.
Interrogé en 1452.

Art. 23 : « Aux deux sermons où je la vis, elle m'apparut, à son allure et à ses actes, chrétienne, elle invoquait Dieu et ses saints. »

Avis donné le 29 mai 1431 par Guillaume du Désert :
— comme l'Abbé de Fécamp : relapse, la déférer au bras séculier.

• *Frère Isambard de la Pierre*, Religieuse et Honorable Personne, prêtre, bachelier en théologie O.P.
Interrogé en 1452 :

« Quelques-uns des juges, tel l'évêque de Beauvais, procédaient par complaisance envers les Anglais ... par esprit de vengeance ... par esprit de lucre ... d'autres encore par peur ...

Les juges observaient assez l'ordre du droit à mon sens ; quant à leur passion, j'en ai déposé plus haut : ils procédaient par vengeance.

Sainte mort de Jeanne d'Arc : Tout ce qu'il y a dans l'article est exact (voir art. 25 du questionnaire de Prévosteau : que ladite Jeanne, en tous temps et surtout à l'heure de sa fin, se comporta en catholique et en sainte ...) j'ajoute même qu'à cette occasion l'évêque de Beauvais qui était un des juges pleura. »

Avis donné le 29 mai 1431 par Frères Isambard de la Pierre, qui lui aussi était un des juges :
– comme l'abbé Fécamp : relapse, la déférer au bras séculier.

• *Maître Richard de Grouchet*, Vénérable et Discrète Personne. Interrogé en 1452.

« Je ne saurais déposer sur la peur ou les pressions qu'auraient subies les juges ... certains s'enfuirent ne voulant pas avoir part au procès ... c'est sous la menace et en pleine terreur que nous dûmes donner notre opinion ... » J'ai entendu *Maître Pierre Maurice* dire que les Anglais avaient été mécontents de le voir, après le premier sermon, encourager Jeanne à se maintenir en bon propos. Il risqua fort d'être châtié, à ce qu'il disait.

Je n'ai pas eu connaissance ni n'ai entendu dire qu'il y ait eu sentence du juge civil ; j'étais absent. Mais l'opinion était bien qu'on l'avait cruellement et injustement livrée au supplice. »

Avis donné par Richard de Grouchet le 29 mai 1431 :
– comme l'abbé de Fécamp, relapse, à déférer au bras séculier.

Quant à Pierre Maurice, Maître Guillaume de la Chambre dit ceci de lui :
« – Maître Pierre Maurice disait un jour qu'il avait entendu Jeanne en confession, et qu'il n'en avait jamais ouïe de pareille, ni de docteur, ni de personne, il estimait, d'après sa confession, qu'elle vivait saintement et religieusement en la présence de Dieu.

Avis donné par Maître Pierre Maurice le 29 mai 1431 : A juger et réputer hérétique, etc. ; comme l'abbé de Fécamp.
• *Maître Jean Tiphaine*, Vénérable et Discrète Personne, prêtre ès Arts et en Médecine, chanoine de la Sainte-Chapelle royale de Paris. (Voir sous la rubrique « Qualité des réponses de Jeanne » ... l'admiration du témoin pour ces réponses.)

« La première fois que je fus appelé au procès, je refusai d'y aller ; puis la seconde fois, je m'y rendis. J'avais peur des Anglais, j'avais peur qu'ils ne s'aperçussent que je ne voulais pas y aller ; j'avais peur d'encourir leur courroux.
Je ne me souviens pas d'avoir jamais donné la moindre opinion au procès, sinon sur sa maladie ... »

Avis donné par Jean Tiphaine le 29 mai 1431 :
— comme l'abbé Fécamp : relapse, la déférer au bras séculier.

• *Maître Guillaume de la Chambre*, Vénérable Personne, Maître ès Arts et en Médecine.

« Je n'ai connu Jeanne que durant son procès auquel j'assistai plusieurs fois ... A mon sens c'était une bonne jeune fille.
Je sais toutefois que jamais je n'ai donné d'opinion durant le cours du procès ; j'y ai souscrit, il est vrai, mais c'était contraint par Mgr l'Évêque de Beauvais ... J'assistai au dernier sermon fait au Vieux-Marché de Rouen, par Maître Nicolas Midi, tout de suite avant que Jeanne fût brûlée ; les fagots étaient déjà prêts. Elle se lamentait et poussait des gémissements si pieux que beaucoup pleuraient ; il y avait toutefois des Anglais pour rire. Je l'ai entendue prononcer ces paroles, ou à peu près : " Ha ! Rouen, j'ai grand'peur que tu n'aies à souffrir de ma mort. "
Après, elle se mit à crier " Jésus " et à invoquer saint Michel ; et enfin le feu la dévora.

Avis donné le 29 mai 1431 par Guillaume de la Chambre :
— comme l'abbé de Fécamp : relapse, à déférer au bras séculier.

• *Maître Thomas de Courcelles,* Vénérable et Scientifique Personne, professeur de théologie sacrée, pénitencier et chanoine de Paris :

« Je crois que l'Évêque reçut la charge d'instruire contre Jeanne un procès en matière de foi ...

J'ai su que le Receveur général Soreau avait remis à l'Inquisiteur une somme d'argent pour sa participation au procès. Quant à l'Évêque, j'ignore s'il reçut quelque chose ...

Je me souviens parfaitement que, dans ma première délibération, je ne posai nulle part que Jeanne fût hérétique, du moins sous condition ; pour qu'elle le fût, disais-je il fallait qu'elle s'acharnât à soutenir qu'elle ne devait pas se soumettre à l'Église ; dans la dernière, autant qu'il m'est permis de l'attester en conscience, devant Dieu, je crois me rappeler que j'ai dit qu'elle était aujourd'hui comme elle était auparavant, que si auparavant elle était hérétique, elle l'était encore aujourd'hui ; jamais je n'ai positivement affirmé qu'elle fût hérétique. Lors de la première délibération, il y eut un débat difficile sur la question de savoir si Jeanne devait être réputée hérétique. J'affirme quant à moi, n'avoir jamais délibéré d'un châtiment quelconque à lui infliger. Fin de l'extrait.

Le 12 mai 1431, le Président Cauchon réunit les juges et plusieurs assesseurs pour recueillir leur avis sur l'opportunité de soumettre l'accusée à la torture. Trois d'entre-eux, « pour la médecine de l'âme de l'accusée » se prononcèrent en faveur de « la mise à la torture. »

Délibération du Tribunal sur la torture, le samedi 12 mai 1431 ...

Maître Raoul Roussel, trésorieer de l'Église de Rouen, estima qu'il serait fâcheux de vicier par une procédure de ce genre un procès aussi bien fait, et tout le monde le suivit. Sauf toutefois Maître Aubert Morel licencié en droit canon, Thomas de Courcelles et Nicolas Loiseleur.

AVIS donné le 29 mai 1431 par Thomas de Courcelles :
–comm l'Abbé de Fécamp : relapse, la déférer au bras séculier.

• *Frère Martin Ladvenu*, prêtre régulier de l'ordre des Frères Prêcheurs, couvent de Rouen (C'est Martin Ladvenu que Massieu désigne quand il dit : « Frère Martin et moi-même, nous la menâmes jusqu'au lieu de son supplice. »)

Dans sa déposition du 13 mai 1456, il déclare :

« Jeanne subit un procès en matière de foi qui lui fut intenté aux soins et aux dépens des Anglais ... l'Évêque et d'autres personnes intéressées à l'affaire, tinrent à avoir des lettres de garantie du roi d'Angleterre et les obtinrent, vous en avez une entre les mains (on montre une lettre signée du seing manuel de Maître Laurent Calot).

J'assistai au prononcé de la première sentence et au sermon fait à Saint-Ouen par Maître Guillaume Erard. Mon impression formelle est que tout ce qui se fit fut mené en haine du roi très chrétien et pour le diffamer ; dans son sermon Maître Guillaume Erard ne s'exclama-t-il pas : " O Maison de France exempte jusqu'ici de monstres d'hérésie ! Voilà que tu t'es prostituée en prêtant foi à cette ensorceleuse, hérétique et superstitieuse ! "

A quoi Jeanne réplique : " Ne parlez point de mon roi, il est bon chrétien ! ". »

Derniers articles du questionnaire. Le matin de la mort de Jeanne, avec l'autorisation des juges et avant le prononcé de la sentence, je l'ouïs en confession et lui administrait la communion, qu'elle reçut avec une grande dévotion et des larmes abondantes, bref, avec une indicible humilité. Je ne l'abandonnai plus jusqu'à ce qu'elle rendit l'âme ; presque tous les assistants pleuraient de pitié, et particulièrement l'Évêque de Thérouanne. Je ne doute pas qu'elle ne soit morte en chrétienne, et je voudrais que mon âme fût où je crois qu'est la sienne *.

Après la sentence, elle descendit de l'estrade où elle avait subi le sermon, et fut menée par le bourreau, sans autre sentence du juge civil, jusqu'à l'endroit où étaient préparés les fagots du supplice ; ces fagots se trouvaient sur un bâti quelconque ; le bourreau y mit le feu par en bas. Quand Jeanne vit le feu, elle me pria de descendre, et de lever la croix du Seigneur, afin qu'elle la pût voir : ce que je fis.

Alors que je me trouvais auprès d'elle pour l'entretenir de son salut, arrivèrent pour la voir l'Évêque de Beauvais et des chanoines de l'église de Rouen. Quand Jeanne aperçut l'Évêque, elle lui dit qu'il était cause de sa mort, qu'il lui avait promis de la remettre aux mains de l'Église, et qu'il l'avait abandonnée à celles de ses ennemis capitaux.

En vérité, ils procédèrent injustement contre elle, car il n'y eut aucune sentence porté par les autorités civiles, mais seulement par l'Évêque.

Jusqu'à la fin de sa vie elle maintint que ses voix étaient de Dieu ; tout ce qu'elle avait fait, elle l'avait fait de par Dieu, ses voix ne l'avaient pas trompée et ses révélations étaient de Dieu. »

AVIS donné par Martin Ladvenu, le 29 mai 1431 :
– comme l'abbé de Fécamp : relapse, à déférer au bras séculier.

• *Mgr Jean Lefèvre*, Révérend Père et Seigneur en Xto, professeur de théologie sacrée, de l'Ordre des Frères Ermites de Saint Augustin, Évêque de Démétriade :

« J'assistai au procès jusqu'au premier sermon fait à Saint-Ouen inclusivement. Jeanne ... pendant trois semaines je la crus inspirée, encore qu'à mon avis, elle persistait beaucoup trop sur ses révélations ...

Je sais que le procès était fait aux frais des Anglais. Il est certain que tous ceux qui y prirent part ne jouissaient pas de leur entière liberté ...

Je n'ai pas souvenance que Jeanne ait refusé de se soumettre à l'Église ...

Depuis le premier sermon à Saint-Ouen jusqu'au jour de la dernière sentence, ainsi que je l'ai dit, je ne pris plus part au procès. J'assistai au sermon donné au Vieux-Marché par Maître Nicolas Midi. »

Entre le sermon à Saint-Ouen, jeudi 24 mai et le jour de la dernière sentence, 30 mai, se place la délibération sur la cause de relapse, 29 mai.

* M. Oursel constate dans une note, que ce propos est attribué ailleurs à Jean Alespée, et cela, à deux reprises.

Ici, voir la déposition de Messire Jean Riquier.

Avis donné le 29 mai 1431 par Jean Lefèvre : « Obstinée, rebelle, désobéissante ; quant au reste, comme l'abbé de Fécamp :
– relapse, la déférer au bras séculier. »

• *Maître André Marguerie* (orthographié *Marguerite* au procès de relapse), Vénérable et circonspecte Personne, Archidiacre du Petit-Calet en l'église de Rouen, licencié en l'un et l'autre droit.

« Jeanne ... très sûre en ses réponses. A ce procès, je n'assistai pas souvent. ... L'Évêque de Beauvais et le Sous-Inquisiteur, à l'instigation des Anglais, lui firent un procès en matière de foi. Bien des assistants furent réprimandés pour ne pas conformer leurs paroles aux intentions anglaises ... mais je ne sache pas que l'un d'eux s'en soit trouvé en péril de mort ...

J'assistai au premier sermon. Et je me souviens bien que durant l'abjuration, un chapelain du Cardinal d'Angleterre, dit à l'Évêque de Beauvais qu'il était trop favorable à Jeanne.

J'assistai au dernier sermon, mais non pas à l'exécution de la sentence, par compassion. Il y en avait beaucoup qui pleuraient. »

Avis donné le 29 mai 1431, par André Marguerie :
– même avis que l'abbé de Fécamp : relapse, la déférer au bras séculier.

Le défilé des témoins est terminé, certains d'entre eux sont des hommes graves, pénétrés de la dignité et de l'autorité que leur confèrent des titres mutuellement accordés.

Ils se déclarent les représentants de Dieu sur terre, ses intermédiaires auprès des hommes, et agissent en son nom. A ces titres, ils décident, dans les moindres détails, des règles de vie que les individus doivent suivre, et ils en surveillent l'observance.

Des deux procès, il ressort que le 29 mai 1431, ces hauts dignitaires, revêtus de leurs robes, se réunissent au palais archiépiscopal de Rouen.

Jeanne comparaît en habit d'homme. Après avoir abjuré elle s'est rétractée « à l'instigation du démon. » Les juges, tous prêtres réguliers ou séculiers, ils sont quarante deux, la déclarent unanimement hérétique, relapse, à déférer au bras séculier.

Ceux d'entre ces juges qui sont interrogés un quart de siècle plus tard pour la révision du premier procès, déclarent néanmoins qu'ils n'assistaient pas à certaines séances, qu'ils ne prirent pas de décision contre Jeanne. Y compris Thomas de Courcelles qui, de plus, estima nécessaire de la soumettre à la torture, tout comme Martin Ladvenu.

Ces juges disent qu'elle leur paraissait bonne chrétienne, bonne catholique ; qu'elle fut injustement condamnée. Un confesseur affirmait n'avoir jamais rien entendu d'aussi beau que les paroles de Jeanne. Mais ils la condamnèrent tous.

Le 30 mai au matin, Jeanne, bien qu'hérétique et excommuniée reçoit les sacrements de pénitence et d'eucharistie dit Frère Martin Ladvenu O.P. qui, avec Frère Isambart de la Pierre, la conduit au Vieux-Marché où une grande foule est rassemblée. Il y a là, bien dix mille personnes.

L'Évêque Cauchon dit la sentence

In nomine domini. amen

Aussi souvent que l'hérésie infecte de son poison pestilentiel un membre de l'Église et le transforme en membre de Satan, il convient, avec un zèle ardent, d'empêcher que la contagion pernicieuse ne se répande aux autres parties du Corps Mystique du Christ. Les institutions des Saints Pères ont prescrit de séparer du milieu des Justes les hérétiques invétérés, plutôt que de laisser réchauffer dans le sein de notre pieuse Mère l'Église, pour le grand péril des fidèles, ce venin de vipère.

C'est pourquoi Nous, Pierre, par la miséricorde divine Évêque de Beauvais, et frère Jean le Maistre, vicaire de l'insigne docteur Jean Graverent, Inquisiteur de la perversité hérétique, et spécialement délégué par lui pour ce procès, nous te déclarons, Jeanne communément appelée la Pucelle, schismatique, idolâtre, invocatrice de diables et caetera, et caetera ...

Attendu toutefois que l'Église ne fermant jamais son sein à qui fait retour, nous avions cru que tu étais sincèrement revenue de tes erreurs et de tes crimes, par toi publiquement rétractés certain jour ;

attendu que tu avais promis de n'y jamais retomber ;

attendu pourtant qu'à l'instigation de l'auteur de tout schisme et d'hérésie se ruant dans ton cœur pour le séduire, tu y es (proh dolor !) retournée, ainsi que le chien retourne à son vomi ;

attendu que les faits sont suffisamment patents, et qu'en des jugements sans équivoque, nous avons pu reconnaître le caractère superficiel de ta rétractation.

Par ces motifs, nous te déclarons de nouveau passible de l'excommunication que tu avais encourue, relapse en tes erreurs et hérétique ; par cette sentence, Nous, siégeant en Tribunal, déclarons que tu dois être comme un membre gangrené rejetée de l'unité de l'Église, afin de ne point infecter les autres membres, retranchée de son corps et abandonnée au bras séculier.

Nous supplions le bras séculier de modérer envers toi son jugement, en-deçà de la mort et de la mutilation des membres ; et si des signes de vraie pénitence apparaissent en toi, que te soit administré le Sacrement de la Pénitence. Fin de la sentence.

Des juges, pris de compassion s'en vont, les larmes aux yeux pour ne pas assister au supplice de Jeanne qui pousse de pieux gémissements, mais d'autres sont restés à ce qu'ils disent.

Presque tout le monde pleure. Dans la foule on pleure. Des juges pleurent. L'Évêque Cauchon, lui-même, pleure, sans que tant de larmes puissent éteindre le brasier qui va consummer Jeanne. La Pucelle crie « Jésus », et meurt brûlée vive, en bonne chrétienne.

Dans l'ouvrage de M. Oursel, après la sentence vient la conclusion. Et les témoignages recueillis pour le procès en révision ne s'harmonisent guère avec sa première partie que voici :

« Aussitôt après la lecture, le Tribunal ecclésiastique se retire, en vertu de l'adage : " Ecclesia abhoret a sanguine. " » Comment l'Évêque Cauchon et les autres juges purent-ils pleurer s'ils n'étaient pas là ?

Et une dernière phrase : « La sentence est immédiatement exécutée, l'accusée livrée au bourreau, monte sur le bûcher préparé afin d'y être brûlée vive. »

La sentence ! Quelle sentence ? Il n'y en a pas. Contre la règle rigoureuse de procédure, le Tribunal Civil n'a pas prononcé la sentence indispensable.

Comment Jeanne peut-elle être brûlée vive si elle n'y a pas été condamnée ?

Et, dans les archives rouennaises, dans toutes les archives de la Seine-Maritime,

IL N'EXISTE AUCUN DOCUMENT AUTHENTIQUE ATTESTANT
LA MORT SUR UN BUCHER, LE 30 MAI 1431
PLACE DU VIEUX-MARCHÉ A ROUEN,
DE JEHANNE LA PUCELLE.

Suite du procès de réhabilitation

Comme les deux principaux juges de Jeanne sont morts, l'évêque actuel de Beauvais, le prieur du couvent des Frères Prêcheurs, leurs successeurs, ainsi que le petit-neveu de Pierre Cauchon, sont assignés à leur place.

Tous trois refusent de comparaître, l'affaire ne les concernant pas.

Le 12 décembre 1455, en douze points, les vices du premier procès sont énumérés.

Les notaires du premier procès affirmèrent que leur intention n'était pas de soutenir la défense ou la justification de cet acte et « Maître Manchon présenta un manuscrit de papier qu'il détenait, contenant toute la minute en Français, et rédigé entièrement de sa main, à son dire... »

18 décembre, dépôt de la requête par Maître Guillaume Prévosteau.

19 décembre. Seize témoins sont cités. Neuf d'entre eux se présentent. Ce sont : Jean Lefèvre, Nicolas Caval, Nicolas de Houppeville, Guillaume Manchon, Pierre Miget, Jean Riquier, André Marguerie, Jean Massieu et Martin Ladvenu.

Un complet silence entoure ce qui s'est dit ce jour-là, et ces personnages seront réentendus par les enquêteurs au mois de mai suivant.

20 décembre, une enquête est ordonnée au lieu d'origine.

Des enquêtes sont ordonnées à Orléans, Rouen et Paris. Jean d'Aulon sera interrogé à Lyon le 28 mai.

« C'est le 13 mai que les informations recueillies à Domrémy, Vaucouleurs, Orléans, Paris et Rouen purent être produites et publiées par les juges... Ce jour-là, Mgr Jean Lefèvre et Maître Hector Coquerel, prenaient l'affaire en charge comme délégués dûment institués par les juges principaux, absents.

7 juillet 1456. Archevêques, évêques ainsi que l'inquisiteur et les autres membres du tribunal, se réunissent pour la dernière séance du procès.

Étrange procès où Maître Guillaume Prévosteau, promoteur pour cette affaire, auteur du 2e questionnaire aux vingt-sept articles établis en 1452, est également procureur pour Isabelle, Jean et Pierre d'Arc ; où Jean Lefèvre de l'ordre des Frères Ermites de saint Augustin, professeur de théologie sacrée, évêque de Démétriade, ainsi que Martin Ladvenu, deux des juges qui condamnèrent Jeanne en 1431, figurent à la fois en qualité de témoins et de juges pour la réhabilitation.

Aucun témoin n'est appelé à déposer. Tous ont été interrogés un à un, au lieu de leur domicile, et les résultats écrits des enquêtes furent envoyés aux juges.

Il faudrait relire et relire encore, pour les avoir bien présents à l'esprit, ces questionnaires qui, si impérativement, ordonnèrent la majorité des dépositions sur la vie de Jeanne, depuis sa naissance jusqu'au supplice du bûcher inclusivement.

Ouvrant la séance dite de la dernière admonestation charitable, le mercredi 23 mai 1431, Mgr Cauchon, président disait à Jeanne :

« Selon la délibération de la Faculté de Théologie et Droit canon de l'Université de Paris, vont vous être exposés, ma chère Jeanne, plusieurs articles en lesquels vous avez erré et failli. Veuillez donc vous en rétracter, corriger et amender, et vous soumettre enfin à la correction et détermination de Notre Sainte Mère l'Église ! »

Le chanoine Pierre Maurice procéda à la lecture.

A l'exception d'une indication d'âge qui y figurait alors que Jeanne ne l'avait pas donnée, à l'exception aussi d'une déclaration de Jeanne, qui fut déplacée d'une phrase à une autre – Art. 8 – et dont le sens, de ce fait, se trouvait altéré, les douze articles retraçaient les dépositions que fit la Pucelle au cours du procès, et se terminaient tous par la condamnation dont ils furent frappés par les juges.

Après lecture, requise et adjurée de se corriger et de se soumettre au jugement de l'Église, Jeanne répondit : « Quant à mes dires et à mes faits que j'ai soutenus au procès, je m'y rapporte et les veux soutenir.

Si j'étais en jugement et que je visse le feu ardent, les bourrées allumées et le bourreau prêt à bouter le feu, si même j'étais dedans le feu !... je ne dirais rien d'autre ; je soutiendrais ce que j'ai dit au procès, jusqu'à la mort. »

Alors qu'il lui était demandé si elle avait encore quelque chose à dire, Jeanne répondit : Non.

Elle ne récusa pas les douze articles que le tribunal va ordonner de lacérer ce 7 juillet 1456, parce qu'ils opposent un démenti au dossier sur lequel s'appuie la décision de réhabilitation.

La sentence définitive est lue par l'archevêque.

En voici des extraits :

« Au nom de la Sainte et Indivisible Trinité du Père, du Fils et du Saint-Esprit. Amen.

Par la grâce de l'Éternelle Majesté, le Christ Sauveur, Seigneur Dieu et homme ensemble, a préposé le Bienheureux Pierre et ses successeurs apostoliques au gouvernement et contrôle de son Église militante, afin qu'éclairés par la lumière de la Vérité, ils enseignent à marcher dans les voies de la justice, aimant les bons, assistant les opprimés et redressant ceux qui se sont dévoyés, par l'exercice d'une justice conforme à la raison. Nous donc, Jean, par la grâce de Dieu archevêque de Reims ; Guillaume, évêque de Paris ; Richard, évêque de Coutances ; Jean Bréhal, O.P., professeur de théologie sacrée, et l'un des Inquisiteurs de la perversité hérétique dans le Royaume de France, en vertu de l'autorité à nous spécialement déléguée par Notre Très Saint Père le Pape.

Vu le procès solennellement instruit devant Nous...

Vu la requête des susdits demandeurs, tendant à la déclaration de nullité, iniquité et fausseté d'un prétendu procès en matière de foi, naguère intenté contre ladite défunte en cette même cité par feu Mgr Pierre Cauchon, alors évêque de Beauvais, feu Jean Le Maistre, prétendu sous-inquisiteur dans ce même diocèse de Beauvais, et Jean d'Estivet, promoteur ou se comportant en promoteur de l'affaire ; tendant de même à la cassation et annulation des abjurations, sentences et séquelles de toute nature et à la réhabilitation de ladite défunte et à toutes autres fins expresses ;

Vu les susdits articles et interrogatoires à Nous présentés de par les demandeurs et le promoteur et admis à la preuve après dues citations ; attendu les dépositions des témoins tant sur les mœurs et l'extrace de ladite défunte, l'enquête effectuée sur elle, à Poitiers et ailleurs,... Afin que Notre présent jugement procède de la face de Dieu, qui est le pondérateur des esprits, seul parfait connaisseur et juge très exact de Ses révélations ; Lui qui souffle où Il veut... En premier déclarons et, selon l'exigence de la justice, décrétons que les propositions commençant par Quaedam femina dans le prétendu procès et l'instrument des prétendues sentences prononcées contre ladite défunte, seraient, furent et sont un extrait corrompu, frauduleux, calomnieux, perfide et déloyal du prétendu procès et des déclarations de ladite défunte ; que la vérité a été tue et des faussetés introduites en plusieurs points essentiels, grâce à quoi la conscience des juges et consultants était susceptible de se voir égarée ; qu'ont été dûment ajoutées plusieurs circonstances aggravantes, non contenues dans le procès et les déclarations susdites, retranchées certaines circonstances atténuantes et justifications, altérée enfin la forme des mots, qui en modifie l'essence. A ces causes, nous cassons, supprimons et annulons ces propositions, comme fausses, mensongères, frauduleusement extraites, et dissemblables des déclarations de l'accusée elle-même ; et, les ayant fait extraire du procès, nous en ordonnons la lacération immédiate.

(On procède à cette lacération.)

... vu les récusations, soumissions, appels et multiples requêtes par lesquels ladite Jeanne réclama que tous ses dits et ses faits fussent transmis au Saint-Siège apostolique et à Notre-Très-Saint-Seigneur le Souverain Pontife, auquel elle se soumettait et soumettrait tous ses actes ;

attendu, quant à la matière dudit procès, l'abjuration prétendue, fausse, artificieuse, extorquée par la force et la terreur, en présence du bourreau et sous la menace du bûcher imminent, et que ladite défunte ne put ni préméditer ni comprendre ; nous siégeant en tribunal et ayant Dieu seul devant les yeux, par Notre sentence définitive que siégeant en tribunal nous portons par cet acte, disons, prononçons, décrétons et déclarons que lesdits procès et sentences, entachés de dol, chalonge, iniquité, mensonge, erreur manifeste de droit et de fait, de même que ladite abjuration et toutes leurs exécutions et séquelles ont été, sont et seront nuls, invalides, inexistants et vains ;

et ce néanmoins, autant que de besoin et de raison, les cassons, supprimons, annulons et déclarons dénués de toute validité ; déclarons en outre que ladite Jeanne, ses parents et les demandeurs eux-mêmes, n'ont été entachés d'aucune souillure d'infamie à l'occasion des prémisses, et qu'ils en doivent être réputés exempts et saufs ; les en disculpant autant que de besoin est : Ordonnons que Notre sentence... soit intimée dans cette ville en deux endroits... sur la place de Saint-Ouen... et au Vieux-Marché, au lieu où ladite Jeanne fut affreusement et cruellement étouffée par le supplice du feu...

Portée, lue et promulguée fut cette présente sentence par les Seigneurs Juges, en présence de Révérent Père in Xto Mgr l'Évêque de Démétriade ; Hector de Coquerel, Nicolas du Boys, Alain Olivier, Jean du Bec, Jean de Grouys, Guillaume Roussel, Laurent Sureau, chanoines ; Martin Ladvenu, Jean Roussel, Thomas de Fanoullières. Desquelles écritures en leur totalité Maître Simon Chapitault, promoteur, Jean d'Arc et Prévosteau, au nom des autres, demandèrent un exemplaire, etc.

Fait au palais archiépiscopal, l'an du Seigneur 1456, le septième jour du mois de juillet. »

(Suivent les attestations et paraphes des notaires Comte et Ferrebouc.) – Fin de citation.

Le dernier acte de l'histoire officielle de Jeanne s'est achevé. Les juges, prélats et religieux, se sont retirés. La grande salle du Palais Archiépiscopal de Rouen, où se déroulent les procès en matière de foi, est vide et silencieuse.

Le procès de condamnation y fut mené dans l'intérêt du roi d'Angleterre.

Le procès de réhabilitation s'y est déroulé pour la satisfaction du roi de France.

Statue équestre de Jeanne, place des Pyramides à Paris, approximativement à la place du marché aux pourceaux devant la porte Saint-Honoré, où la Pucelle fut blessée alors qu'elle attaquait Paris. Œuvre du sculpteur Frémiet.
(Photo Marie-Hélène Rémy)

Entrée de Jeanne d'Arc à Orléans

(Projet de vitrail de M. Lechevallier-Chevignard, destiné à la cathédrale d'Orléans)

Cinquième Partie

Après la légende

La petite bergère simple et ignorante miraculeusement envoyée du ciel pour secourir le roi de France, a rejoint les légendes utilisées dans le maniement des peuples.

Mais la belle jeune fille robuste, élégante à l'assurance altière, tout aussi à l'aise sur un champ de bataille qu'auprès du roi, des grands seigneurs et devant la foule des courtisans, celle qui demeure ferme dans les engagements pris et est animée d'un exceptionnel courage, Jeanne la Pucelle qui est-elle ? Où se situe l'origine de son épopée ?

On ne peut retenir une extraction modeste et paysanne. Dans ce cas l'enfant aurait dû décider seule d'accomplir des actions glorieuses et héroïques, aurait compris l'étendue et la diversité des connaissances qu'il lui fallait acquérir, aurait recherché les maîtres indispensables et les aurait trouvés. Ces maîtres auraient accepté de lui donner une éducation strictement réservée aux fils des seigneurs, et cela, avec quelles autorisations ? Qui les aurait rémunérés et aurait assumé tous les frais ?

Après tant d'invraisemblances, il est raisonnable de chercher ailleurs.

Dans un pays divisé, appauvri et terrorisé par le brigandage, la guerre et de lourdes charges, former le projet de faire de Charles de Ponthieu, cet être que Charles VI a renié, qui est falot, hypocrite, peureux et jouisseur, un roi de France, et cela au terme d'une action extrêmement rapide succédant à des années d'une préparation inlassable et secrète, demande une volonté froide, calculatrice, ne s'embarrassant pas du choix des procédés. Volonté d'un personnage assez puissant pour disposer de tous les moyens nécessaires, et plier à ses décisions Charles VII lui-même.

Comment ce personnage indiscutablement perspicace, a-t-il pu choisir, pour devenir l'héroïne de son plan audacieux, une enfant qui vivait obscurément dans un village lointain ? Est-ce parce que la véritable personnalité de cette enfant la désignait exclusivement pour tenir ce rôle ?

Et Jeanne, pour accepter ces longues années d'un entraînement rigoureux, d'une constante discipline ascétique, avec la perspective de graves dangers, d'une mort violente possible, ne fallait-il pas qu'elle se sache fille de la reine de France, sœur de Charles VII, qu'elle ait du sang des Valois dans les veines ? N'est-ce pas là une partie de son secret ?

Ce qui précède conduit à écrire une autre histoire, celle de Jeanne la Pucelle d'Orléans, utilisée selon la volonté d'un très puissant personnage.

La suite dira si, malgré les lacunes de l'information, ce récit peut triompher des difficultés et présenter la cohérence si longtemps recherchée.

Il fera appel à des documents authentiques : les uns cités par des historiens qui ont débroussaillé le chemin au prix de bien grandes difficultés ; quelques autres résultant d'investigations un peu plus poussées et qui ne semblent pas avoir été diffusés à ce jour.

Et puis, il y aura des observations que j'ai pu faire, mes réflexions et déductions.

Cet ouvrage, fruit d'un long travail, sera livré pour l'information, mais non pour la détermination du lecteur.

Quels que soient l'attrait ou le refus spontanés provoqués par l'exposé d'un fait, d'une idée, l'opinion qui s'en dégage n'a de valeur, pour chaque être humain, que si, débarrassé de toute influence, il l'examine dans tous ses détails et sous tous ses aspects, d'un esprit lucide et libre.

C'est une tâche ardue. Le conditionnement subi fait trop souvent paraître inconvenante, gênante ou sacrilège la seule pensée de revoir ce qui était jusque-là considéré comme certitude et venait de la famille, de la religion, du groupe ou de la société.

Un auteur spécialisé ou non, expose ce qu'il croit devoir dire. A chacun d'examiner, de réfléchir, comprendre et choisir.

Ceci devait être clairement, et fermement précisé.

L'édification des masses aurait été invoquée « pour ne pas détruire la légende. »

On n'édifie pas les foules avec des mensonges.

Qui veut une véritable grandeur doit la faire, non dans la violence mais par le service réel de l'humanité.

Une piété naïve va vers Jeanne qui a sauvé le pays par la guerre.

Devant cet affligeant phénomène, il faut que l'on s'arrête.

Sans réfléchir à la situation créée, et avec un sentiment rétrospectif de sécurité, on vénère Sainte Jeanne d'Arc parce qu'elle a fait la guerre.

La guerre. Gloire de l'histoire et honte de l'humanité.

Ses méfaits, s'ils provoquent des actes de dévouement et de générosité qui ne lui doivent rien, libèrent et exacerbent les penchants les plus bas, la violence et la haine.

Le sinistre dictateur italien, en 1938, l'avait bien résumé dans cette déclaration : « La charité, c'est bon pour le temps de paix. En temps de guerre, il faut la haine. »

Les peuples, soumis à certains courants de pensées fortifiés encore par des poètes, arrivent à considérer ce fléau comme fatal, voire parfois, nécessaire à la grandeur d'un pays. Mais cette influence n'explique pas tout ; en fait, elle trouve trop souvent une résonnance dans les instincts des hommes.

C'est généralement quelques individus qui préparent et décident l'agression. Il serait cependant injuste de leur en attribuer la responsabilité exclusive. Seuls ils ne pourraient rien. Sans exécutants pas d'agression, sans tortionnaires pas de torture.

Notre siècle qui se considère comme exceptionnellement évolué, qui méprise les temps réputés barbares, a vu un monstre accéder au pouvoir. Par lui, un peuple, dans une grande proportion et jusque dans ses couches les plus modestes, s'est laissé convaincre qu'il était d'une essence supérieure et destiné à dominer les autres. Par lui, il s'est laissé entraîner aux plus horribles crimes. Et ce monstre a trouvé adeptes et complices jusque dans les rangs de ses adversaires.

Mais la théorie qui décrète le monde universellement coupable de violence est inexacte.

C'est faux de dire que l'agressivité qui ne peut se confondre avec une attitude de légitime défense se trouve dans chaque individu. Il en est dont la vie est imprégnée de justice, de bonté et du respect de la liberté. Il est des pacifistes sincères animés d'un authentique humanitarisme défendu parfois au prix de grandes souffrances et de grands sacrifices.

M. Jean Pichon, dans son « Histoire barbare des Français » (22), dont il souligne qu'elle pourrait être l'histoire de n'importe quel peuple, cite en tête de son livre les belles paroles de Jean Jaurès : « L'homme est maudit si, pour faire preuve de courage, il est condamné à tuer éternellement. »

Une hostilité vigoureuse s'acharnait contre Jean Jaurès ; le 31 juillet 1914, il était assassiné.

Vingt deux ans plus tard, au printemps 1936, le roi Léopold III de Belgique, dans une connaissance particulièrement nette des événements fit d'ultimes efforts pour éviter une deuxième guerre mondiale.

Il demandait aux alliés d'exiger de l'Allemagne le respect du traité de Versailles et la non-remilitarisation de la rive gauche du Rhin, faute de quoi il se désolidariserait de leur politique.

Cette prise de position pouvait changer l'avenir du monde.

L'appel fut ignoré ! La guerre eut lieu avec ses dizaines de millions de morts, ses atrocités et toutes les terribles traces laissées derrière elle.

Le roi Léopold III défendit le sol de Belgique à la tête de ses troupes et il en partagea la captivité.

La fermeté de caractère et la droiture du roi ne pouvaient convenir à des politiciens au service d'une immense intrigue. Leurs calomnies purent convaincre facilement une partie de la population.

Maintenant encore, des interprétations fausses, propres à étouffer définitivement la réalité des faits, sont données sur cette page d'histoire.

Seul, un tyran ne pourrait rien. L'honnête homme, isolé, combattu, ne peut pas d'avantage.

Faut-il que les peuples acclament et servent continuellement ceux qui les conduisent à leur perte ?

Et lorsqu'un peuple se réveille face à des excès, c'est encore pour sombrer dans l'injustice, la violence et remplacer un despote par un autre.

Déjà, au temps de Jeanne, on faisait la guerre pour que règnent la justice et la paix.

Depuis, le monde aime tellement la justice et la paix que, sans relâche, des hommes font la guerre ou la fomentent, et perfectionnent tous les moyens de destruction en évoquant des buts nobles, les droits de l'homme, la liberté. En réalité pour des motifs religieux, financiers et la soif de domination.

Alors je pense à une petite carte écrite de Manosque.

Chère Madame,

Ne creusez pas trop les causes profondes de la guerre. Ce que vous risquez de trouver va vous terrifier ! Vous trouverez le *cœur humain*. Attention !

Mon amitié.

Jean GIONO
8.2.69

Sixième Partie

Quelques siècles d'histoire

Dans l'histoire des peuples, les différentes époques sont intimement liées. Chacune ajoute son caractère propre mais découle de celles qui l'ont précédée. Le temps qui recouvre la vie de Jeanne et les événements qui s'y sont déroulés, apparaîtront plus clairement après l'évocation d'un passé dont ils sont les fruits.

1323 pour les uns, 1337 pour les autres, c'est le début de la guerre de Cent ans. Le roi Edouard III revendique la couronne de France. Sur quoi base-t-il ses prétentions ? Et la guerre entre la France et l'Angleterre avec ses accalmies et ses multiples reprises, n'a-t-elle duré que cent ans ?

Un retour en arrière, forcément succinct mais limité à des événements dont l'historicité semble, pour les plus importants, assez bien établie, nous dira aussi quels furent ceux qui nous ont précédés et ces monarques qui se succédèrent d'un côté et de l'autre de la Manche.

Dès les temps anciens, des hommes, des tribus, s'approprient et délimitent les terres nécessaires à leur existence.

Chez quelques-uns, le désir vient d'agrandir leurs possessions au détriment de leurs voisins par tous les moyens et particulièrement, la violence.

Parfois les plus dignes, souvent les plus forts, les plus sanguinaires, ou encore les propagateurs d'une religion, sont élus ou s'érigent en chefs. Ils se donnent des titres par lesquels ils se placent au-dessus des autres ; ils sont barons, comtes, ducs, rois ou empereurs.

Les pouvoirs civils et religieux, renforcent mutuellement leur autorité, se servent ou se déservent, s'allient ou s'affrontent selon les intérêts du moment.

Les premières dynasties de rois de France apparaissent : Mérovingiens, Carolingiens *.

La fin du Xe siècle, c'est aussi la fin des rois carolingiens. Il y a rupture dans la transmission de la couronne de France par voie d'héritage.

La Sainte Ampoule destinée à Clovis et à ses successeurs légitimes va oindre désormais les Capétiens. Cette nouvelle dynastie est issue de Robert le Fort, un

* La plus grande partie des renseignements historiques sont repris selon l'ouvrage de MM. Castelot et Decaux.

homme aux origines obscures qui servit Charles le Chauve, se révolta, se réconcilia avec le roi, reçut un duché, les comtés d'Anjou et de Blois, et mourut en combattant les Normands en 866.

Plus d'un siècle se passe. Louis V, fils de Lothaire et le dernier Carolingien à monter sur le trône de France, est couronné en l'an 986. Il a dix-neuf ans.

Selon les recommandations de son père, il prend des conseillers parmi lesquels se trouve Hugues Capet, duc de France.

En 979, Lothaire avait déjà fait couronner Louis et l'associait au trône.

Le roi et le Capétien se combattirent puis se réconcillièrent.

Enfin, Lothaire demande à Hugues de veiller à ce que son fils lui succédât. Hugues promet, servant les deux rois avec beaucoup de prévenances.

Mais Hugues aspire à la couronne.

Il a l'appui de l'Archevêque de Reims, Adalbéron ; il a aussi celui du secrétaire de l'Archevêque, le célèbre Gerbert qui, plus tard en 999, sera le Pape Sylvestre II grâce à Othon III. Voici pourquoi.

983. – Othon II roi d'Allemagne meurt, laissant pour lui succéder son fils Othon III. Une partie de l'Allemagne refuse d'avoir à sa tête cet enfant qui n'a que trois ans.

Henri de Bavière parvient à se faire proclamer roi. Il demande l'assistance de Lothaire et lui offre en échange, la Lorraine, mais celle-ci se défend.

Alors, Adalbéron, un Lorrain, et Gerbert, veulent que règne Othon III. Pour cela il faut supprimer le plus sûr appui de Henri de Bavière et le mieux serait de mettre à sa place Hugues Capet.

Le 2 mars 986, Lothaire meurt âgé de 44 ans, en proie à ses coliques...

Son fils, Louis V accuse Adalbéron d'avoir favorisé les ennemis de Lothaire. Il l'assiège dans Reims et veut qu'il comparaisse devant une assemblée.

Quelques jours avant la réunion, Louis V meurt victime d'un accident de chasse. Son règne a duré un an.

L'assemblée des grands se réunit mais c'est pour choisir un roi. Adalbéron les pousse à écarter Charles, le frère de Lothaire et son héritier, pour élire Hugues Capet que l'Archevêque sacre à Reims le 3 juillet 987. C'est l'aboutissement de plus d'un siècle d'intrigues, de combats et de sang versé.

Hugues règne sur un territoire fort restreint. Son pouvoir s'étendait à peine de l'Oise à Orléans sur quelque sept mille kilomètres carrés.

En cette même année 987, il associe au trône son fils Robert âgé de dix-sept ans et sans perdre de temps lui fait épouser une femme d'une cinquantaine d'années, Suzanne, veuve du comte de Flandre. Elle apporte en dot Montreuil-sur-Mer.

Robert désireux de contracter un autre mariage, répudie Suzanne et garde la dot. Il veut épouser Berthe femme du comte de Chartres, elle à cinq enfants. Robert fait la guerre au comte qui meurt au bout de trois ans de combat, et Robert épouse Berthe.

996. – Hugues Capet meurt. Son fils lui succède, on le nomme Robert le Pieux. Un moine vante sa piété. Le Jeudi-Saint, portant silice, il fait des actes d'humilité et de charité. Il fait aussi la guerre. Mais, présentement, il est excommunié parce qu'il s'est uni à Berthe étant son cousin au quatrième degré et le parrain de sa fille. Après une résistance à Rome, en 1001, Robert répudie Berthe.

En 1002, il commence une guerre qui durera douze ans pour conquérir le duché de Bourgogne.

Il contracte un troisième mariage avec Constance, une femme odieuse. Elle met au monde quatre enfants.

1017. – Robert associe au trône son fils aîné, Hugues, et soulève les protestations des grands seigneurs ainsi privés de leur droit d'élection parmi les héritiers légitimes du roi, et ils mettent en doute sa légitimité.

Les abus donnent naissance à une hérésie particulièrement forte à Orléans. Des prêtres, des chanoines, des professeurs et un confesseur de la reine s'y rallient.

Cette hérésie enseigne la rébellion contre l'Église établie, le refus des dogmes et des mystères chrétiens, l'abandon du culte. Les hérétiques proclament le dégoût de la vie, sont végétariens et refusent le mariage. On les calomnie.

1022. – Le roi Robert ordonne l'arrestation des quatorze principaux chefs de l'hérésie. Malgré la torture, un seul abjure. Les autres périssent dans les flammes. Au passage des condamnés, la reine Constance s'est livrée à une atrocité sur son ancien confesseur.

Hugues, fils aîné du roi meurt. Le deuxième fils, Henri, prend sa place. Un nouveau conflit éclate entre les gens d'église et le roi qui impose à Chartres un évêque de son choix.

1031. – Robert le Pieux meurt. Son fils Henri Ier lui succède. La reine Constance aurait voulu que ce fut son troisième fils Robert. Une guerre éclate entre les deux frères. Henri trouve refuge auprès du duc de Normandie qui l'aide à vaincre les rebelles et le roi Henri donne le duché de Bourgogne à son frère Robert.

En 1027, le duc de Normandie est Richard III. Son frère Robert est soupçonné de l'avoir empoisonné et il lui succède, c'est Robert le Diable ou le Magnifique. Il a la réputation d'être cruel et fastueux.

1035. – Robert le Diable va en pèlerinage à Jérusalem. Au retour, il aurait été empoisonné par des gens de sa suite. Il meurt après avoir désigné pour lui succéder son fils Guillaume le bâtard que sa concubine Arlette a mis au monde huit ans plus tôt à Falaise. Il sera Guillaume le Conquérant.

En ce temps, les seigneurs ne pensent qu'à se faire la guerre. Le pays est déchiré. L'Église craint aussi pour elle-même ; les biens d'Église sont souvent pillés, incendiés. D'autre part, des évêques ont femme et enfants, leurs fils leur succèdent dans l'épiscopat. Le clergé est batailleur, trafique des biens d'Église. L'Archevêque de Narbonne vend les domaines de l'archevêché et les propriétés du chapitre qui ne lui appartiennent pas, afin d'acheter l'évêché d'Urgel pour son frère. Il vend les objets du culte et malgré cela, préside des synodes où l'on condamne la simonie.

Un concile frappe d'anathème celui qui s'empare d'objets dans une église, vole des paysans, frappe des diacres ou des clercs. Un autre concile fulmine contre les nobles « qui envahissent les terres d'église et violentent les membres du clergé ».

La Paix de Dieu est promulguée, puis la Trêve de Dieu vers 1027, à laquelle s'ajoute cette disposition au concile d'Elne : « Dans tout le comté ou évêché, il est interdit à tout habitant d'assaillir son ennemi, depuis la 9e heure du samedi jusqu'à la 1re heure du lundi. C'est afin que tout homme puisse rendre ce qu'il doit à Dieu pendant la journée dominicale.

1041. – Les chrétiens ne peuvent faire la Guerre du mercredi soir au lundi matin sous peine d'excommunication, les jeudi, vendredi, samedi et dimanche marquant les étapes de la Passion et de l'Ascension.

L'interdit s'étend à de plus longues périodes, le goût de la violence sera canalisé vers les croisades. Elles ne sont possibles qu'à ce prix.

1046. – Guillaume de Normandie demande à Henri Ier, qui accepte, de l'aider contre des barons révoltés. Ils sont victorieux et établissent ensuite la Trêve de Dieu.

Henri Ier impose son candidat à l'archevêché de Lyon et veut empêcher les prélats français de se rendre à Reims où le pape Léon IX tient un concile. Il voit là une atteinte à l'indépendence du clergé national et à son pouvoir personnel.

Assisté du duc de Normandie, il combat Geoffroi Martel comte d'Anjou puis fait la paix avec lui.

L'ambition de Guillaume porte ombrage à Henri Ier qui le combat à plusieurs reprises mais est battu.

1059. – Le roi Henri associe au trône son fils Philippe âgé de sept ans. Au début de la cérémonie, Philippe doit s'engager à conserver à l'Église ses privilèges et à la défendre. L'archevêque rappelle que l'élection et la consécration du roi lui appartiennent exclusivement depuis que Saint Rémi baptisa et consacra le roi Clovis.

1060. – Le roi Henri Ier meurt.

1066. – Guillaume le Conquérant, après avoir étendu ses possessions en France, rassemble une armée. Avec les encouragements du pape Alexandre II, il débarque en Angleterre, engage la bataille d'Hastings, tue Harold qui avait été désigné pour régner et s'empare du trône.

Guillaume avait épousé Mathilde de Flandre. Elle le refusait parce qu'il était bâtard. La brutalité du soupirant vint à bout de la résistance de Mathilde.

Guillaume le Conquérant est roi de cette Angleterre où ses descendants, qu'ils soient plus tard Plantagenet ou Lancastre, continueront de régner. A son retour en Normandie, il est accueilli avec grande joie...

1088. – A la mort du Conquérant, son troisième fils, Guillaume II le Roux lui succède sur le trône d'Angleterre. L'aîné, Robert part en croisade et confie la Normandie qu'il a reçue à son frère.

Guillaume le Roux, tue le roi d'Ecosse et meurt à la chasse de façon suspecte.

1100. – Le quatrième fils du Conquérant, Henri Ier, s'empare de la couronne. Quand Robert revient et réclame ses terres, Henri l'emprisonne et garde la Normandie.

1135. – Il meurt après avoir désigné sa fille Mathilde comme héritière. Mais le neveu de Henri Ier, Etienne, fils du comte de Blois et d'Adèle fille du Conquérant, s'empare du trône.

Mathilde, veuve de l'Empereur Henri V, s'est remariée avec Geoffroy V Plantagenet comte d'Anjou. A la faveur d'une révolte, elle rentre en Angleterre mais ses agissements provoquent une guerre civile. Elle doit fuir.

Finalement, une transaction intervient. Etienne garde le trône. A sa mort, qui survient en 1153, le fils de Mathilde, Henri Plantagenet, sera roi.

En France, en 1067, Philippe Ier a quinze ans, il règne seul et acquiert très vite une mauvaise réputation.

Foulque usurpe le comté d'Anjou au détriment de son frère Geoffroy Plantagenet et donne au roi, pour prix de sa neutralité, le Gâtinais.

Plus tard, le roi répudie la reine pour enlever et épouser Bertrade, la femme de Foulque. Il est frappé d'une excommunication levée quand Philippe et Bertrade s'engagent à n'avoir plus de commerce illicite. Ensuite ils continuent leur vie commune.

Pendant le règne de Philippe Ier, la France s'étend de différentes manières, et le roi rejoint ses ancêtres.

1108. – Son fils Louis VI lui succède. Il avait dû chercher refuge en Angleterre. Sa belle-mère, Bertrade, aurait voulu l'empoisonner pour faire régner son propre fils.

1109. – Le roi d'Angleterre Henri Ier refuse de prêter hommage au roi de France pour ses possessions normandes. Une guerre commence, elle durera vingt-cinq ans.

1112. – Gaudry, évêque de Laon, est mis à mort pendant une émeute de la commune.

1113. – Louis VI est contraint d'abandonner au roi d'Angleterre les suzerainetés de Bretagne et du Mans. Il favorise l'Église et fait la guerre aux seigneurs qui se livrent au brigandage. A la demande de l'évêque de Clermont, Louis VI combat le comte d'Auvergne fait des prisonniers et les renvoie après leur avoir fait couper une main à chacun, pour la joie du moine Suger. Le comte d'Auvergne vient prêter serment de fidélité du roi. L'Auvergne est annexée.

Louis VI désigne Foulque, comte d'Anjou, pour devenir roi de Jérusalem en épousant la fille de Baudoin II. Il accorde aux chanoines de Dreux, la permission d'établir une foire de six jours dont il percevra la moitié des bénéfices.

1130. – Un schisme éclate à Rome où deux papes sont élus. Anaclet II demeure à Rome, Innocent II se réfugie en France.

1131. – Louis VI fait sacrer son fils Louis VII.

1135. – Il lutte toujours contre le roi d'Angleterre, contre Thibaut de Champagne et autres nombreux ennemis.

Le moine Suger est son conseiller.

Malade, on assure qu'il garda sa bonté envers tous ; toutefois, il aurait dit : – Si j'avais su... j'aurais dompté bien des empires.

1137. – Il apprend que le duc d'Aquitaine est mort et lui a confié sa fille Aliénor qui a quinze ans. Elle est héritière de l'immense duché. Louis VI décide de la marier à son successeur, Louis VII, âgé de dix-sept ans, et meurt deux semaines plus tard.

Pendant son règne, son domaine s'est agrandi de l'Auvergne, du Poitou, du Limousin, du Périgord, du Bordelais, de l'Agenais et de la Gascogne.

Comment le minuscule duché de Hugues Capet est-il parvenu à s'accroître plutôt que ceux de ses puissants voisins, et à les dominer ?

On peut penser que la force physique et le courage poussés jusqu'au mépris du danger, la cruauté, les intrigues menées dans une complète absence de scrupules, soutenus par une volonté inflexible opiniâtrement dirigée vers l'obtention d'une puissance toujours plus grande, sont à l'origine de la dynastie et de ses succès. Le long combat de Robert le Fort et de ses descendants avec des passages temporaires sur le trône de France avant l'établissement définitif des Capétiens, en témoigne.

Le roi de France doit être élu. C'est parmi les membres de la dynastie régnante qu'il est choisi. Hugues Capet, avec l'aide de Adalbéron et de Gerbert, a brisé cette tradition à son profit. Ensuite, afin que le trône n'échappe pas à son héritier, et dans l'année même de son avènement, il couronne solennellement son fils Robert dans la Cathédrale d'Orléans.

Ses successeurs suivent son exemple et associent leurs fils au trône. C'est par le pape Innocent réfugié en France, que Louis VI fait sacrer son fils Louis VII en 1131.

Cette onction sacrée vient fortifier et maintenir le roi dans son pouvoir. Elle en impose à tous, car, ainsi que le rappellent MM. Castelot et Decaux, « ils étaient des barbares mais tous étaient pieux ». Témoin Philippe Ier qui à l'heure du trépas, refuse d'être enterré à Saint-Denis ne s'en jugeant pas digne.

Les XIIe et XIIIe siècles marquent une prospérité pour le pays. Est-ce le bénéfice d'une période de paix ? L'histoire ne semble pas devoir le confirmer. Les conflits ne cessent guère entre rois et grands seigneurs. Cependant la rapine généralisée va diminuer pour un temps.

Les petits seigneurs qui se refusent à cultiver eux-mêmes leurs terres et n'acceptent pour seule occupation que les combats, cherchent à accroître leurs richesses par le brigandage au détriment les uns des autres, au détriment des populations et aussi, des monastères. Brigandage qui est le reflet de celui que pratiquent entre eux les rois et les empereurs.

Mais les destructions et rapines des petits féodaux étaient insupportables : au roi car ces déprédations affaiblissaient le royaume sans rien rapporter au monarque ; aux monastères, pillés eux aussi. Et les impôts perçus par le prince et l'Église sur les paysans, sur les serfs, rentraient plus difficilement.

Alors l'Église prit des mesures qui apportèrent une grande joie au peuple : Paix de Dieu, Trêve de Dieu. Les contrevenants étaient sévèrement punis et, disent MM. Castelot et Decaux : « L'Église soutenait maintenant que la paix était d'inspiration divine. Un évêque ne craignit pas de jurer qu'il avait reçu du ciel une lettre lui commandant d'établir le règne de la paix sur la terre. »

Mais qu'entendait-il par « la terre » ?

L'Église songeait à étendre la foi chrétienne, l'autorité de Rome.

La péninsule ibérique était en majeure partie sous la domination musulmane. Des princes chrétiens d'Espagne voulaient la reconquérir. Ils firent appel aux moines de Cluny dont l'influence s'étendit rapidement. Les chevaliers français pourraient venir se ranger aux côtés des Espagnols pour renforcer leur lutte contre les Arabes.

D'autre part, l'Église avait attaché au pèlerinage aux lieux saints, la rémission des fautes graves. Les Arabes acceptaient la venue des pèlerins. L'invasion de Jérusalem par les Turcs remet tout en question. Le moment est venu d'appeler à la Croisade. Des indulgences sont accordées aux croisés. Pour la guerre sainte, pas de limitation des jours de combat. Les seigneurs, attirés par ces lointaines aventures, partent nombreux et délivrent le pays de leurs rapines.

Moyennant finance, des chartes de communes sont accordées à une bourgeoisie qui se développe et doit assurer une milice. Ce système ramifie un dispositif d'ordre à maintenir dans le royaume. Le roi ratifie facilement les communes chez ses vassaux, il en crée bien peu lui-même. Il y a un fort accroissement de la population.

Les conditions de vie des serfs sont améliorées, mesure indispensable pour qu'ils procréent des enfants plus nombreux et robustes qui fourniront les bras pour tous les travaux nécessaires et pour la guerre aussi.

L'Église a grandement étendu ses possessions territoriales, aidée en cela par les dons du roi et des grands seigneurs soucieux d'avoir un appui.

Alors le sol est défriché, les cultures progressent, des constructions splendides s'élèvent. C'est le temps des abbayes, des cathédrales, des belles demeures qui commence, favorisé par une main-d'œuvre nombreuse, servile et peu coûteuse.

Les croisés rapportent d'un Orient fastueux des goûts de luxe inconnus jusque-là et que l'artisanat doit désormais satisfaire.

L'Ordre du Temple créé pour les croisades et la protection des pèlerins, bâtit des commanderies sur le sol de France, protège les artisans, contribue à assurer plus de sécurité sur les routes et permet, par son système monétaire, un important essor commercial.

Et puis, à côté du cliquetis des armes dont résonne l'histoire, à côté d'un monde de dureté et d'ambitions inhumaines, il y a ces êtres oubliés le plus souvent et sans lesquels rien de bon n'est possible : ces penseurs attachés au bien de l'humanité ; ceux dont la tâche quotidienne tend à adoucir ses souffrances, à améliorer son sort ; il y a ces visages émouvants de rayonnement intérieur, de bonté et de douceur infinie dont l'artiste a su fixer les traits dans la pierre.

Enfin, un conquérant, pour savourer son triomphe a besoin d'ordre, d'obéissance et de richesses autour de lui. Il est logique que, pour alterner avec les dévastations, il s'attache à organiser les conditions d'une prospérité sans cesse accrue.

1137. – Louis VII qui succède à son père est roi de France et aussi d'Aquitaine, le duché qu'Aliénor lui a apporté. Ses conseillers sont le moine Suger et Bernard, abbé de Clairvaux.

Très pieux, Louis entre cependant en conflit avec saint Bernard. Il encourage les habitants de Reims à se donner des franchises au détriment de l'Archevêque.

1141. – Après une expédition contre le comte de Toulouse, le roi voulant choisir les évêques, refuse de reconnaître l'élection, pour le siège archiépiscopal de Bourges, du candidat du pape Innocent II. Il est excommunié.

1145. – Le roi décide de partir en croisade. Le départ a lieu en mai 1147. Aliénor accompagne le roi. Ils passent par Constantinople où, pendant trois semaines, ils sont fastueusement reçus. Des querelles éclatent entre Louis et Aliénor.

La croisade échoue. Ils rentrent à Paris après deux ans et demi d'une absence pendant laquelle Suger a gouverné avec fermeté.

1151. – Conflit entre le roi de France assisté d'Eustache, fils d'Étienne de Blois roi d'Angleterre d'une part, et de l'autre Geoffroy Plantagenet duc d'Anjou accompagné de son fils, Henri duc de Normandie, à qui doit revenir le trône d'Angleterre à la mort d'Étienne. Un peu plus tard, Geoffroy meurt laissant à Henri les comtés d'Anjou, du Maine et de Touraine.

1152. – Louis et Aliénor décident de se séparer. Un concile, pour cause de consanguinité, annule le mariage dont sont nées deux filles. La dissolution fut prononcée le 21 mars, et le 18 mai suivant, Aliénor épousait Henri et lui apportait l'Aquitaine.

1151. – Étienne de Blois meurt et Henri II Plantagenet lui succède sur le trône d'Angleterre.

Entre le roi de France et son vassal, Henri duc de Normandie, d'Anjou, du Maine, de Touraine, d'Aquitaine, et qui est aussi roi d'Angleterre, les luttes sont fréquentes. Les deux rois s'efforcent de susciter des troubles, l'un parmi les vassaux de l'autre.

Le commerce s'étend, les ports se développent, à l'intérieur des possessions de Henri II, les vins français se vendent en Angleterre.

Louis s'est remarié avec Constance, fille du roi de Castille. La naissance de leur premier enfant, en 1157, amène la consternation : c'est une fille, elle se prénomme Marguerite.

Un peu plus tard, Henri II envoie son chancelier Thomas Becket à Louis VII pour négocier les fiançailles de Marguerite âgée de six mois avec le deuxième fils de Henri II et Aliénor, Henri Prince de Galles, lequel, si Louis n'a pas d'héritier mâle, pourra réunir les couronnes de France et d'Angleterre. Louis laisse partir Marguerite qui sera élevée auprès de son futur époux.

A la mort de son frère, Henri II hérite la Bretagne. Il met sur pied une expédition en Languedoc, Cahors et Carcassonne lui ouvrent leurs portes : il renonce à Toulouse que Louis VII s'apprête à défendre. De retour en Normandie, il repousse le frère de Louis chargé de l'investir et pénètre en Ile de France.

La reine Constance meurt au début d'octobre 1160. A la mi-novembre, Louis se remarie avec Adèle sœur de Thibault de Champagne et de Thibaut de Blois.

Henri II et Aliénor font aussitôt célébrer à Rouen, le mariage de Marguerite de France – deux ans – avec leur fils Henri qui aurait cinq ans.

Deux papes avaient été élus. Alexandre III et Victor IV. Louis qui tenait pour Alexandre, lui reproche d'avoir autorisé le mariage de Marguerite et se tourne vers Victor IV.

Le 25 août 1165, la reine de France met au monde Philippe le seul héritier mâle de Louis VII.

Henri II nomme Thomas Becket, son ami et conseiller, archevêque de Cantorbéry. Alors Thomas prend la défense du clergé contre le roi qui se détournait de Rome. Thomas doit se réfugier en France. Enfin, Thomas rentre en Angleterre et est assassiné.

Aliénor trompée par Henri II revient en Aquitaine, soulève deux de ses fils contre leur père. Ils ont l'appui du roi de France à qui Aliénor, sa première femme, demande protection Aliénor est finalement capturée sur ordre de son époux. Elle ne retrouvera sa liberté que quinze ans plus tard à la mort de Henri II.

1179. – Louis VII fait couronner son fils. En février 1180, Louis est malade. Son fils gouverne seul, il a quatorze ans et demi.

Le règne de Philippe Auguste commence. Il exige des juifs, de lourds impôts sous peine d'expulsion. « Il remplit les caisses, tout en donnant satisfaction au clergé et aux nombreux débiteurs des prêteurs juifs ».

Philippe écarte sa mère et ses oncles. Il accepte d'épouser Elisabeth de Hainaut avec l'Artois en dot.

Sa mère, la reine Adèle, demande protection au roi d'Angleterre.

Louis VII meurt en 1180.

Par son comportement, Philippe s'est attiré l'hostilité de sa mère, de ses oncles, de son beau-père. Une ligue se forme contre lui. Les combats dureront plusieurs années.

1183. – Le roi d'Angleterre Henri II est en guerre contre son fils héritier, Henri le Jeune qui veut s'approprier l'Aquitaine aux dépens de son frère Richard. Henri le Jeune, malade, meurt.

Philippe veut aussi combattre Henri II dont les fils sont parfois dans le camp de leur père et parfois dans celui de Philippe.

1187. – La reine de France Elisabeth met au monde le futur Louis VIII.

1187. – Le légat du pape demande une croisade. Saladin vient de prendre Jérusalem. Richard, fils du roi d'Angleterre, se croise mais diffère son départ.

Les seigneurs d'Aquitaine se soulèvent. Richard se montre très dur et enlève femmes et filles selon son caprice.

Des combats et des tractations sordides continuent entre Philippe, Richard et Henri II.

Henri II, malade et poursuivi par Philippe, se réfugie à Saumur. Philippe et Richard entrent à Tours.

Henri accepte de rencontrer Philippe, renonce au Berry, à l'Auvergne, et reconnaît Richard comme son héritier. Il demande la liste des barons qui l'ont abandonné. Le premier est son fils, Jean-Sans-Terre.

Deux jours plus tard, Henri Plantagenet meurt. Né au Mans, le roi d'Angleterre est enterré à Fontevrault.

1189. – Richard Cœur de Lion, duc de Normandie, est couronné roi d'Angleterre. Philippe qui doit lui restituer le Maine, l'Anjou, la Touraine et la plus grande partie du Berry, prend ombrage de la formidable puissance de Richard.

La reine de France meurt en couches.

Philippe et Richard partent ensemble pour la troisième croisade. Les croisés se disputent.

A Richard qui annonce ses fiançailles avec Bérengère de Navarre, Philippe rappelle qu'il est déjà fiancé à sa sœur Alix – laquelle, élevée selon l'usage à la cours d'Angleterre, ne fut pas respectée par Henri II – Richard refuse grossièrement ce mariage. Philippe sera dédommagé par 10 000 marcs d'argent et la forteresse de Gisors.

1191. – Philippe part pour Saint-Jean-d'Acre où Richard arrive après avoir conquis l'île de Chypre. Philippe le lui reproche. Ils s'étaient entendus pour partager butin et villes conquises.

Le comte de Flandres est tué. Philippe impatient de recueillir l'héritage de son beau-père, rentre en France. Richard lui a fait jurer de ne rien entreprendre contre ses domaines pendant son absence. Philippe passe à Rome où il a un entretien politique avec le pape. A Milan, il rencontre le nouvel empereur d'Allemagne et conclut avec lui une alliance contre Richard.

1192. – Conrad de Montferrat, reconnu par Philippe comme roi de Jérusalem, est assassiné. Ce serait par ordre du chef de la tribu des Assassins et avec l'accord de Richard à qui il aurait promis de faire exécuter Philippe.

Aliénor fait savoir à Richard que Philippe se prépare à envahir la Normandie. Richard décide de rentrer en Europe. En route, il est capturé par le duc d'Autriche et livré à l'empereur Henri IV, à qui le roi de France envoie l'archevêque de Reims pour l'inciter à garder Richard en prison.

Philippe attaque la Normandie. Il est rejoint par Jean-Sans-Terre qui lui fait hommage. Philippe a obtenu la main d'Ingeburge de Danemark, princesse d'une grande beauté. La rencontre et le mariage ont lieu à Amiens. Philippe est déçu par la modicité de la dot, 10 000 marcs. Pendant la cérémonie, il est pris de tremblement. De retour au palais, il annonce sa résolution de renvoyer Ingeburge, obtient l'annulation que le pape ne ratifie pas. Pendant vingt ans, Ingeburge sera transférée dans divers monastères ou forteresses.

Aliénor a réuni les 150 000 marcs représentant la rançon de Richard et le fait libérer. Il s'apprête à combattre le roi de France.

1195. – Pendant que la guerre se poursuit, Philippe fait entreprendre la construction des Halles de Paris et de la nouvelle enceinte.

Le pape, inquiet de la progression musulmane en Espagne, tente d'obtenir que Philippe et Richard fassent la paix, mais il est toujours opposé à la dissolution du mariage de Philippe qui passe outre et se remarie avec Agnès de Dalmatie.

La guerre continue entre les deux rois.

1198. – Le pape excommunie Philippe et lance l'interdit sur la France. Le peuple, privé de services religieux est mécontent.

1199. – En Aquitaine, Richard combat des seigneurs rebelles, est atteint par une flèche, néglige sa blessure, continue ses excès et meurt. Selon sa volonté, son cœur est déposé dans la Cathédrale de Rouen. Il est enterré à Fontevrault.

Jean-Sans-Terre lui succède.

Philippe voit que son prestige et son intérêt lui commandent de se séparer d'Agnès. L'interdit est levé.

Combats et intrigues n'arrêtent pas entre Philippe et Jean-Sans-Terre. Parce que les intérêts de son protégé l'empereur Otton sont menacés, le pape tente de ramener la paix. Philippe répond qu'en cette matière, il n'a pas d'ordre à recevoir du Pape.

1202. – Aliénor a quatre-vingts ans. Elle va en Espagne assister aux fiançailles de sa petite fille, Blanche de Castille avec le fils aîné de Philippe Auguste, le futur roi Louis VIII. Elle meurt deux ans plus tard à Fontevrault.

A côté d'un mélange de crimes, d'alliances conclues, et trahies, de guerre et de dévastations que font les rois, d'autres événements d'une extrême gravité prennent de l'ampleur.

Depuis longtemps, l'Église Romaine est mise en question. Des sectes se sont formées. Il y a celle des vaudois qui veulent un christianisme réformé. Leurs mœurs sont simples et ils amènent la prospérité dans plusieurs villages provençaux.

Dès le XIIe siècle, l'Église les persécute, l'inquisiteur Borelli fait de nombreuses victimes jusque dans les montagne où ils se sont réfugiés et détruit des villages entiers.

A côté des vaudois, il y a ceux, beaucoup plus nombreux, que l'on nomme cathares, albigeois ou hérétiques.

L'origine de leur croyance, selon l'exposé de M. Fernand Niel (23), remonte à Manès qui enseignait sa doctrine en Perse au troisième siècle. Le manichéisme s'étendit jusque dans les Gaules, particulièrement en Languedoc et en Champagne, à Montwimer.

Très tôt, l'Église les condamne, puis arrivent les exécutions d'hérétiques par le feu. Mme Zoé Oldenbourg en énumère plusieurs aux XIe et XIIe siècles.

1204. – Le 29 mars, le pape Innocent III écrit à Philippe Auguste : « A toi de chasser le comte de Toulouse de la terre qu'il occupe pour l'enlever (la terre) aux sectaires, et la donner à de bons catholiques qui puissent, sous ton heureuse domination, servir fidèlement le seigneur ». Cité par Mme Z. Oldenbourg.

Mais Philippe est exaspéré parce que le pape revient sur l'affaire de son mariage avec Ingeburge, et puis il a d'autres projets.

Le pape fait prêcher la croisade dans le nord de la France. Une armée s'organise.

Dans le Languedoc où chrétiens et cathares vivent en bonne intelligence, le comte de Toulouse, Raymond VI ne cède pas aux pression de Rome. Le légat du pape, Pierre de Castelnau l'excommunie et jette l'interdit sur le comté. Il dit au comte : « Qui vous dépossédera fera bien, qui vous frappera de mort sera béni ».

1208. – En janvier Pierre de Castelnau est assassiné par un écuyer du comte. Le pape insinue que le comte est l'instigateur du crime.

Raymond VI pense que dans l'intérêt de tous il lui faut se soumettre.

1209. – En juillet l'armée des croisés commandés par le légat du pape Arnaud Amaury, abbé de Cîteaux et par le Seigneur Simon de Montfort, assaille Béziers. A part quelques-uns qui ont réussi à fuir, tous les habitants, hommes, femmes, enfants sont suppliciés. Chrétiens ou cathares, leur sang ruisselle.

Pour cette besogne, les croisés sont assurés de toutes les indulgences pour leurs péchés et ont le droit de s'approprier les biens de leurs victimes.

On attribue au légat ces mots : « Tuez-les tous, Dieu reconnaîtra les siens » ; certains les contestent. Qu'importe, « Tuez-les tous », c'est bien ce qui fut fait.

Mme Z. Oldenbourg écrit : « Arnaud Amaury, dans sa lettre au pape, se félicite de cette victoire inattendue, miraculeuse, et annonce triomphalement que sans égard pour le sexe et pour l'âge, presque vingt mille de ces gens furent passés au fil de l'épée.

À Carcassonne, Raymond Roger Trencavel va demander aux croisés la vie sauve pour les habitants. Après quoi, les croisés le capturent, on ne le revoit plus.

Simon de Montfort prend Bram. Il fait mutiler la centaine de défenseurs qu'il capture. À un seul il laisse un œil pour qu'il puisse conduire ses compagnons jusqu'au château de Cabaret et que leur vue y sème la terreur.

La cruauté de Simon de Montfort a fait dire que les soldats du Christ avaient à leur tête un homme peu chrétien mais il partage le commandement avec l'abbé de Cîteaux et compte parmi les croisés des évêques et de grands seigneurs très chrétiens, il agit sur ordre du pape. Fait-il autre chose que papes et moines guerriers et inquisiteurs ?

C'est un religieux, M. H. Vicaire O. P. (24), qui écrit de Simon de Montfort : « Il fit brûler des hérétiques, traîner à la queue d'un cheval et pendre des traîtres, une fois même, mutiler des prisonniers, mais il s'agissait de peines coutumières ou d'atroces représailles. Ces brutalités militaires n'avaient pas le caractère sadique des cruautés de ses adversaires... ». Fin de citation.

1210 – En juin dans Minerve, premier grand bûché d'hérétiques. Cent quarante sont brûlés vifs. À Montgey, une armée occitane dirigée par le comte de Foix massacre environ 6 000 croisés allemands. Dans Lavaur envahi, Aimery de Montréal qui par manœuvre avait feint de se rallier à Montfort, est accusé de traîtrise et pendu avec 80 de ses chevaliers. Quatre cents parfaits y meurent dans les flammes du bûcher. À Cassès, 60 hérétiques sont brûlés.

Parmi les péripéties de la croisade, le siège de Muret. Simon de Montfort n'a que de faibles effectifs. Il va prendre sur l'autel ses armes qu'il a consacrées à Dieu.

Pierre II d'Aragon ayant à se plaindre de la papauté, est venu se joindre aux occitans. Mais les Aragonais ne suivent pas le plan judicieux proposé par Raymond VI... Pierre II est tué, c'est la débandade. Les soldats sont tués ou capturés.

Philippe Auguste rêve maintenant de s'emparer de l'Angleterre. Jean y gouverne avec tyrannie et la monarchie anglaise, depuis longtemps, prend ses distances à l'égard de Rome. Le clergé anglais donne son appui au roi de France et se plaint au pape de l'attitude de Jean-Sans-Terre. Le pape l'excommunie et lance l'interdit sur son royaume.

Philippe profite de cette situation dans laquelle il se trouvait quelques années plus tôt. Ce n'est pas une guerre ordinaire qu'il va entreprendre mais une croisade. Son fils Louis sera roi d'Angleterre. Jean-Sans-Terre, devant le danger s'engage à obéir à Rome. Les barons anglais abandonnent le roi de France.

Philippe veut se venger des comtes de Boulogne et de Flandre qui ne l'ont pas suivi. Il s'empare d'une partie de la Flandre et incendie complètement la ville de Lille.

1214. – En juillet, Philippe remporte la bataille de Bouvines. À Paris, il est vivement acclamé par les bourgeois, le clergé et le peuple.

Un concile a confirmé Simon de Montfort dans ses droits sur les terres et biens dont il s'est emparé. Ses territoires sont plus grands que ceux du roi de France.

Raymon VI est déchu et exilé.

Jean-Sans-Terre meurt ; son héritier, Henri III, est un enfant de neuf ans.

Louis de France a plusieurs fois débarqué en Angleterre, mais, vaincu, il doit abandonner.

En Languedoc, Raymond VII entreprend une guerre de Libération ; il gagne du terrain. Des deux côtés les prisonniers sont traités avec une extrême cruauté.

1218. – Le 25 juin, Simon de Montfort est tué devant Toulouse par un projectile lancé d'une pierrière manœuvrée par des dames et des demoiselles.

Les comtes de Toulouse reprennent les villes du Languedoc. Louis rejoint Amaury de Montfort à Marmande. Il a avec lui 20 évêques, 30 comtes, 600 chevaliers et 10 000 archers. La ville est prise, tous les habitants sont massacrés. Devant Toulouse il échoue.

Raymond VI meurt en 1222.

1223. – 14 juillet, mort de Philippe Auguste.

Louis VIII commence son règne.

Henri III d'Angleterre a 16 ans. Il réclame ses possessions en France et trouve de nombreux alliés en France parmi les seigneurs. Sa mère s'est remariée avec l'un d'eux, son ancien fiancé, Hugues de Lusignan a qui elle avait été ravie par Jean-Sans-Terre.

À Bourges, dans une conférence voulue par Louis VIII, des évêques languedociens accusent Raymond VII de tolérer les hérétiques. Il est excommunié et ses domaines remis au roi.

Le découragement gagne les Languedociens.

Louis VIII et son armée vont faire le siège d'Avignon, la ville est solidement fortifiée mais manque de vivres, elle se rend.

1226. – Louis VIII se sent très malade. Atteint de dysenterie, il meurt sur le chemin du retour.

Quelques jours plus tard, Louis IX, âgé de douze ans, est armé chevalier et sacré roi de France. Sa mère, Blanche de Castille, petite-fille d'Aliénor d'Aquitaine et de Henri II Plantagenet roi d'Angleterre, assure la régence.

Blanche de Castille veut réduire les hérétiques et ceux qui les protègent. Il s'agit aussi pour elle d'assurer solidement à la couronne de France les vastes domaines du comte de Toulouse que l'Église a conquis et donnés à Louis VIII. Elle envoie à Humbert de Beaujeu, commandant ses troupes en Languedoc, des mercenaires dont l'action ne sera pas limitée par la quarantaine. Humbert a repris les massacres et les destructions. Mais, Toulouse, à nouveau fortifiée est imprenable. Ce que l'armée française ne peut faire par les armes, elle va l'entreprendre, soutenue par l'évêque Foulque, par la dévastation organisée des environs de la ville. Vignes, vergers, champs de blé sont détruits et les fermes démolies. Dès l'aurore, après avoir entendu la messe, les croisés commencent les dégâts. Cela dure trois mois.

Vers la fin de 1228, des conditions de paix préparées par Blanche de Castille, sont présentées par l'abbé de Grandselve à Raymond VII qui n'a plus les moyens de résister. Parmi les conditions très dures qu'il tentera de discuter, Raymond devra donner sa fille Jeanne, son seul enfant, en mariage à Alphonse, frère du roi. Les deux enfants ont chacun neuf ans. Ils sont très proches parents, mais ici ce ne sera pas un obstacle. L'Église accordera la dispense qui favorise ses intérêts.

C'est à Meaux, que Raymond VII doit se présenter. Venu pour obtenir de meilleures conditions, il se trouve devant une imposante assemblée, la Régente, son conseiller le cardinal légat des Gaules, Romain de Saint Ange, d'autres légats, des archevêques, l'Église enfin qui l'a excommunié, et des barons qui sont ses pires ennemis.

Les conditions durement accrues imposées à Raymond VII sont indiscutables. Le comte doit s'engager à combattre les hérétiques, à faire confisquer leurs biens et payer les délateurs ; des indemnités énormes seront versées aux abbayes et aux églises ; une école de théologie sera créée et dirigée par des prêtres choisis par le roi et l'Église, son entretien devra être assuré. Les nouvelles murailles de Toulouse seront détruites ; le château des comtes livré au roi.

L'ancien domaine des Trencavel est propriété du roi qui laisse au comte les évêchés de Toulouse, d'Agen et de Rodez. Raymond doit livrer sa fille et son héritage qui reviendra à la couronne.

Le traité préparé à Meaux devait être signé à Paris sur le parvis de la cathédrale et en grande pompe le Jeudi Saint 1229.

Louis IX et Blanche de Castille entourés des hauts dignitaires de l'Église, de barons et de dames ont devant eux les évangiles sur lesquels Raymond VII doit jurer d'observer les clauses du traité qu'il signe avec le roi. Il doit laisser en otages vingt personnes de sa suite.

Mme Z. Oldenbourg constate que « la dynastie capétienne est en train de devenir assez forte pour se croire de droit divin ».

« Dépouillé de ses vêtements, la corde au cou, Raymond VII sera introduit dans la cathédrale par le légat Romain de Saint Ange et les légats de Pologne et d'Angleterre, et mené jusqu'à l'autel où, agenouillé, il sera frappé de verges par le cardinal légat. » Fin de citation.

Réintégré ainsi dans l'Église, Raymond est retenu prisonnier au Louvre pendant six mois avec sa suite et puis, Raymond doit accompagner la Régente et Louis IX auprès du Sénéchal de Carcassonne qui leur remet la petite Jeanne. Son père ne la reverra que deux fois en vingt ans.

En automne, le cardinal-légat romain de Saint-Ange vient à Toulouse pour veiller au début d'exécution des clauses du traité.

Le cardinal réunit le concile de Toulouse (1229). Parmi les nombreuses mesures imposées à la population il y a obligation pour les hommes à partir de quatorze ans, pour les femmes à partir de douze ans, de jurer fidélité à l'Église et de dénoncer les hérétiques. Les chefs de famille qui s'abstiennent de l'assistance à la messe, paieront une amende. La confession et la communion sont obligatoires plusieurs fois par an. Nul ne pourra posséder un Ancien ou un Nouveau Testament. Les hérétiques dont la conversion paraîtrait due à la crainte seront emprisonnés.

Les archevêques, évêques et tous les membres du clergé veilleront à l'application des décisions prises et des sanctions.

Raymond VII avait fait rechercher des hérétiques pour donner la preuve qu'il accomplissait les exigences du traité. Il livre deux hérétiques au cardinal qui en profite pour faire un exemple. Un cathare se soumet et dénonce de nombreuses personnes. L'autre soutenant sa foi, est condamné et solennellement brûlé devant le Cardinal de Saint Ange.

On sait que depuis plus de deux siècles, des hérétiques furent brûlés par l'Église et aussi parfois, par une populace fanatisée et cruelle. Maintenant l'Inquisition commence de s'installer méthodiquement et officiellement mais elle ne dispose pas encore d'un personnel ecclésiastique suffisant pour assurer son fonctionnement régulier.

Foulques décédé, le nouvel évêque de Toulouse est un dominicain. Il emmène Raymond VII à la chasse aux hérétiques. Sur ordre du comte, dix-neuf d'entre eux sont brûlés.

La trêve entre les rois de France et d'Angleterre expire en juillet 1229. Les combats reprennent entre Louis IX et Henri III et entre Louis IX et le duc de Bretagne.

En mai 1234, Louis IX épouse Marguerite, fille du comte de Provence.

L'année précédente, Grégoire IX a confié aux dominicains la charge d'enquêter contre les hérétiques. Les inquisiteurs sévissent en Languedoc.

Le duc de Bretagne marie son fils avec la fille de Thibaut de Champagne sans autorisation royale. Fureur de Blanche de Castille ; Louis attaque la Champagne pour punir Thibaut qui obtient son pardon mais Louis IX conserve trois citadelles.

Le roi de France a des difficultés avec les grands seigneurs et aussi avec son beau-frère Henri III, le roi d'Angleterre qui a lui aussi épousé une fille du comte de Provence. Henri revendique ses domaines du continent.

En Languedoc, la révolte couve. Elle éclate à Avignonet où deux inquisiteurs et leurs compagnons sont massacrés.

Mai 1243. – Hugues des Arcis, sénéchal du roi à Carcassonne, et Pierre Amiel archevêque de Narbonne, font le siège de Montségur, place cathare difficilement accessible et qu'il veulent réduire par la famine. L'évêque d'Albi les rejoint avec des renforts. Il est très habile dans la construction des machines de guerre.

Au mois de mars 1244, Montségur doit se rendre. Le château sera livré au roi et à l'Église. Plus de deux cents hérétiques, hommes et femmes qui n'ont pas voulu abjurer, sont brûlés vifs en un immense bûcher.

En conflit avec l'empereur Frédéric II, le pape Innocent IV s'enfuit de Rome. Il demande à Louis IX d'intervenir. Louis refuse de défendre le Saint-Siège contre l'empereur.

Le comte de Provence meurt. Deux de ses filles sont reines. Il a légué la Provence à la troisième, Béatrice. La cour de France marie le plus jeune frère du roi, Charles d'Anjou à Béatrice. Ainsi la Provence à son tour, appartient à la famille capétienne. En juillet 1248, le roi part en croisade accompagné de Marguerite et de ses trois frères, Robert d'Artois, Alphonse de Poitiers et Charles d'Anjou.

Il commence la guerre en Egypte. Il a environ trente cinq mille croisés. C'est la bataille de Mansourah. Après les tués ou victimes d'une épidémie, l'armée est réduite à douze mille hommes. Elle est capturée avec le roi lui-même malade. Le roi rend Damiette pour sa rançon personnelle et donnera cinq cent mille livres tournois. Il est libéré avec son armée.

Louis a besoin d'argent. Il fait exiger sous menace trente mille livres des templiers réticents et poursuit ses projets. Pour les atteindre, il se concilie « le Vieux de la Montagne, le chef des Assasshins ».

Robert d'Artois a été tué. Louis IX renvoie en France ses deux autres frères.

Alphonse hérite les terres de son beau-père, Raymond VII, comte de Toulouse qui vient de mourir, et Charles va prendre possession du comté de Provence.

Blanche de Castille meurt et Louis rentre en France dix-huit mois plus tard, en mai 1254.

Le mariage de la fille de Thibaut de Champagne avec l'héritier du duc de Bretagne avait courroucé Louis.

Thibaut de Champagne avait légué la Navarre à sa fille la duchesse de Bretagne dont le frère Thibaut V voulait conserver la Navarre. Louis IX décide de marier sa fille Isabelle à Thibaut V qui gardera la Navarre. Comme il ne voulait pas que l'on puisse dire que le roi mariait ses enfants au détriment de ses barons, il décida que Thibaut verserait une somme importante au duc de Bretagne pour le dédommager.

Le frère du roi, Charles d'Anjou et de Provence, accepte d'être roi de Sicile.

1262. – Le roi décide de se croiser de nouveau. La noblesse est mécontente, la précédente croisade l'avait appauvrie. Avant son départ, Louis marie sa fille Blanche avec Ferdinand de la Cerda, fils d'Alphonse X de Castille.

1270. – En juillet les croisés embarquent à Aigues-Mortes. Charles d'Anjou va suivre son frère. Il rêve de s'emparer de Constantinople.

Louis IX arrive en Afrique. Les combats commencent. Les croisés souffrent de la chaleur, du manque d'eau, de la corruption des champs de bataille. Une terrible épidémie s'abat sur eux. Louis IX meurt de la peste le 25 août devant Tunis.

Le cercueil du roi est ramené en France et le 21 mai 1271, après les cérémonies à Notre-Dame de Paris, les historiens racontent : « Le roi est inhumé à Saint Denis. Partout, la foule s'agenouille sur son passage. La justice qu'il se plut à rendre fut rigoureuse et équitable. Il aima les mendiants et protégea les petites gens auxquels il évita les charges injustes. Il avait la réputation d'un roi charitable et fit construire plusieurs hôpitaux, en particulier les Quinze-vingts pour trois cents chevaliers français qui avaient eu les yeux crevés par les Sarrasins. Ses actions furent sans cesse dirigées par sa foi et le souci de la puissance monarchique.

Pendant son règne, Louis IX consolida l'acquis territorial de ses ancêtres, y ajouta le comté de Toulouse s'assura par des mariages, du comté de Provence, du royaume de Navarre, il affaiblit ses vassaux et aussi le roi d'Angleterre. Une administration soigneusement structurée donna plus de cohésion et de poids à l'autorité royale.

Louis IX fut un grand serviteur de l'Église. » Fin de citation.

Plusieurs de ses prédécesseurs avaient déjà contribué à imposer la foi ; à châtier hérétiques ou incroyants. Sous son grand-père, son père et sa mère, les rebelles furent par milliers torturés, massacrés ou brûlés, mais l'espoir demeurait pour les survivants de combattre à nouveau et se libérer.

Le règne de Louis IX marque l'écrasement officiel de l'hérésie. Si les hérétiques ne sont pas tous anéantis, les survivants doivent se cacher ou fuir.

Grégoire IX, en 1233, déclare solennellement que les Frères Prêcheurs sont chargés de la répression de l'hérésie. Les Dominicains relèvent directement du pape. Ils trouvent dans le roi un allié précieux. Voici ce qu'a écrit Henri Charles Léa (23) :

« Le pieux roi Saint Louis déclarait ne connaître qu'un seul argument dont un laïc dût se servir contre un hérétique : l'épée enfoncée jusqu'à la garde. Aussi, sous ce souverain, les défenseurs de la foi pouvaient-ils compter sur le bras séculier ... Au début de 1233, le prieur de Besançon reçut des instructions pour la poursuite de l'hérésie, il chargea Robert, surnommé " Robert le Bougre " d'agir en son nom (ce frère prêcheur était un ancien hérétique converti). Robert fait une expédition contre la Charité connue au XIIe siècle comme un centre d'hérésie. Il adresse un rapport à Grégoire IX, l'hérésie s'étendait partout et il demande des instructions. Il lui est ordonné d'agir énergiquement avec le concours des évêques et d'appliquer, pour extirper l'hérésie de ce pays, les statuts récemment publiés par le Saint-Siège en demandant l'aide du bras séculier et en l'exigeant au besoin par l'emploi des censures ecclésiastiques ...

Le roi Louis IX fournit à Robert une grande armée pour le protéger des haines qu'il s'attire. Assuré de la faveur royale, le persécuteur parcourt le pays, sème partout la terreur. – Suivent les noms de plusieurs villes où des bûchers furent allumés –.

Pour calmer les inquiétudes d'évêques mécontents car Robert confondait parfois avec les adeptes de l'hérésie ceux qui en étaient innocents, le pape révoque les nominations d'inquisiteurs. Mais en août 1235, Grégoire fait savoir au provincial des dominicains que Dieu lui avait révélé l'état de la France entière enfiévrée par le venin des reptiles hérétiques et qu'il fallait reprendre l'œuvre de l'Inquisition et laisser toute liberté d'action au Saint Office.

Le pape recommande à Robert de ne pas épargner sa peine, même si elle doit le conduire au martyr ...

1239. – En Champagne, à Montwimer, 183 hérétiques sont brûlés ... le roi de Navarre, une foule de prélats et de nobles ainsi qu'une multitude de personnes assistent à l'exécution.

Pour apaiser l'opinion qui montait de plus en plus contre Robert le Bougre, le pape le condamna à la prison perpétuelle.

A partir de ce moment, l'Inquisition dominicaine s'établit dans toute la France. Le pieux roi Saint Louis accueillit ces inquisiteurs sur ses domaines héréditaires avec la même bienveillance qu'il leur avait accordée sur les territoires nouvellement acquis du Languedoc. Pour stimuler leur zèle il les défraya de toutes leur dépenses. Dans les comptes des baillis royaux, en l'année 1248, on trouve mention de sommes déboursées pour ces moines, à Paris, Orléans, Issoudun, Senlis, Amiens, Tours, Yèvre-le-Châtel, Beaumont, Saint-Quentin, Laon et Mâcon.

Le roi leur fournissait ainsi des ressources pour mener à bien leur mission, non seulement sur les domaines de la couronne mais encore sur ceux des grands vassaux. » (Fin d'une citation très réduite).

Philippe III est roi de France. Son épouse qui lui avait donné trois enfants, meurt.

Le roi est sacré le 15 août 1271. Une semaine plus tard son frère Alphonse de Poitiers et la femme de celui-ci, Jeanne de Toulouse, meurent. Le roi se fait remettre tout leur héritage.

Le comte de Foix refuse de reconnaître la suzeraineté du roi. Philippe fait miner le château. Le comte de Foix est emprisonné. Son beau-père, Gaston de Béarn, doit aussi se soumettre. L'action capétienne s'étend jusqu'aux Pyrénées.

1272. – Mort de Henri III d'Angleterre. Son fils, Édouard Ier lui succède.

Philippe III et Édouard Ier sont cousins germains.

Philipe III donne à Grégoire X la moitié de la ville d'Avignon où la papauté s'installera trente-cinq ans plus tard.

Le roi épouse en seconde noces, Marie fille du duc de Brabant.

Le roi de Navarre meurt. Son héritière est une petite fille, Jeanne. Il l'avait fiancée à l'âge de trois ans au prince héritier d'Angleterre. Mais un traité est conclu entre la mère de Jeanne et Philippe III qui devient tuteur de l'enfant. Malgré les fiançailles antérieures de Jeanne, il la fiance à son deuxième fils ; il sera Philippe le Bel.

Louis, l'aîné de ses enfants et fils de sa première femme, meurt subitement. On murmurait que la reine Marie et ses femmes auraient empoisonné l'héritier du trône.

1281. – Simon de Brie, ex-conseiller de Philippe III, est élu pape sous le nom de Martin IV. Il obtient du roi, de pouvoir lever en France des troupes pour la guerre qu'il fait en Romagne. Le roi lui donne des chevaliers et de l'argent.

Sous Charles d'Anjou, les Siciliens ont à souffrir de brutalités. Le lundi de Pâques 1282, les Français-Angevins sont massacrés. Ce sont les Vêpres Siciliennes.

Pierre d'Aragon s'empare de la Sicile. Martin IV l'excommunie.

Le pape meurt. Il est remplacé par Honorius IV.

Philippe III va combattre Pierre d'Aragon. Sur leur passage, en route pour l'Espagne, ses très nombreux soldats pillent et tuent dans plusieurs villes dont Perpignan.

La bataille de Peyralada dure six jours. Pierre d'Aragon se retire après avoir fait incendier toute la ville. Ensuite, c'est le siège de Géronne où les Français périssent par milliers. Quand Géronne tombe, ce n'est plus qu'une ruine.

L'armée française épuisée retourne vers le Languedoc pour laisser passer l'hiver. Le roi malade meurt sur le chemin du retour.

1286. – En janvier Philippe IV le Bel est sacré à Reims, il a dix-sept ans.

Son parent, Edouard Ier d'Angleterre, lui rend hommage pour ses terres « deçà la mer ».

Les juifs prêteurs sont persécutés. Plusieurs périssent sur le bûcher et, avec eux, leurs créances.

Le roi Édouard Ier vit en Aquitaine. Pendant quatre ans, il organise paisiblement le pays.

Pour une affaire de pêche, des rixes éclatent entre marins anglais et français. Philippe accuse Édouard de félonie. Il est décidé que six villes appartenant au roi d'Angleterre seront occupées par les officiers du roi de France. Dès lors, chacun des deux rois recherche des alliances hostiles à l'autre.

Philippe a besoin d'argent. Il lève un impôt sur les revenus de tous. Des troupes anglaises arrivent en Guyenne.

Le 24 décembre 1294, Benoît Gaétani, originaire d'Anagni, est élu pape sous le nom de Boniface VIII. Il déclare et affirme avec violence la suprématie du pouvoir spirituel sur le temporel et du souverain pontificat sur les princes laïques. Il interdit aux ordres religieux de verser au roi de France l'argent dont il a besoin pour la guerre. Philippe envoie un délégué à Rome qui s'adresse au pape en ces termes : « Sa Sainteté doit prendre garde de manquer aux égards qui sont dus à un monarque auguste comme le roi de France car Sa Sainteté est accusée de professer des doctrines hérétiques et de ne pas apporter dans sa conduite, la décence convenable. »

Sur quoi, le pape chasse le délégué qu'il traite de mauvais moine et affirme qu'il détrônera le roi de France.

Philippe IV fait dévaluer la monnaie. Les juifs doivent donner au roi les profits usuraires. Philippe interdit les sorties d'or et d'argent du royaume, ce qui va gêner les finances pontificales.

Le pape Boniface se fâche. Il dit à Philippe que sans l'appui de l'Église, il ne pourra résister à ses ennemis. Il interdit au clergé français de verser des subsides au roi sans la permission de Rome. Mais si le clergé ne verse rien, il ne peut plus attendre la protection royale. Le pape aussi, perdrait une partie de ses revenus. Il s'incline.

Philippe, avec une armée de 60 000 hommes, met le siège devant Lille ; la ville devra capituler.

Juillet 1297. – Le pape donne à nouveau au clergé français l'autorisation d'accorder au roi tout ce dont il a besoin et, pour sceller la réconciliation, il canonise Louis IX, le grand-père de Philippe le Bel.

Le pape obtient une trêve de deux ans entre Philippe IV, Édouard Ier et Guy de Flandre.

Édouard Ier, roi d'Angleterre, épousera Marguerite, sœur de Philippe le Bel.

Son fils, le futur Édouard II, qui devait épouser Philippine de Flandre, se mariera avec Isabelle de France, la fille de Philippe le Bel.

Boniface VIII propose son arbitrage entre la France et l'Angleterre. Philippe IV répond que le gouvernement du royaume appartient à lui seul et qu'il ne se connaît pas de supérieur.

Le pape évoque de nombreux abus dont le roi est coupable et lui rappelle qu'il doit être soumis au souverain pontife. La bulle du pape est jetée au feu. Défense est faite sous peine de mort et saisie des biens, de correspondre avec Rome. Pierre Flotte, le chancelier, donne un résumé tendancieux de la bulle détruite.

18 mai 1302 – Des Brugeois révoltés tendent silencieusement des chaînes en travers des rues de la ville pendant la nuit. Les Français se réveillent et sont massacrés. Ce sont les « Matines de Bruges ».

L'armée française lancée contre les Flamands est anéantie à Courtrai.

Philippe IV organise des réunions et une assemblées des États dans la cathédrale Notre-Dame de Paris, dirigées contre le pape. Il exige de l'argent des clercs de façon impérative.

Charles de Valois revient d'Italie au début de l'année 1303. Il a intrigué auprès des Colonna, ennemis de Boniface VIII. Nogaret remplace aux côtés du roi de France, Pierre Flotte décédé.

Le pape est accusé d'hérésie et autres crimes. Philippe le Bel qui n'en a pas le droit, réunit un concile pour juger de l'affaire.

Philippe le Bel est excommunié.

A Carcassonne, la terreur inspirée par les dominicains provoque des troubles.

A Paris, un complot est organisé. Le pape sera capturé et conduit de force devant un concile à Lyon. Il s'est réfugié dans son palais d'Anagni.

Dans la nuit arrivent Nogaret et Sciarra Colonna avec leurs troupes, une partie de la population a promis son aide. On pille les maisons des cardinaux, le palais est attaqué. Colonna veut tuer le pape. Il est arrêté par Nogaret qui préfère le traduire devant le concile pour un jugement légal. Mais le peuple change d'avis et délivre le pape. Rentré à Rome, Boniface VIII meurt le 11 octobre.

Dix jours plus tard, Nicolas Boccasini, général des dominicains, qui était demeuré fidèle à Boniface VIII lui succède sous le nom de Benoît XI.

Philippe le Bel félicite le nouveau pape et lui demande l'annulation des anathèmes de feu Boniface. Le pape accepte mais Nogaret n'est pas absout. Neuf mois ne se sont pas écoulés depuis son élection que Benoît XI meurt. Indigestion ou empoisonnement. Quelques jours plus tard, la guerre reprend en Flandre. L'archevêque de Cologne et Jean de Namur commandent les troupes flamandes. Le roi de France est à la tête de ses troupes.

Plusieurs milliers de Flamands sont massacrés. Guillaume de Juliers, archevêque de Cologne, a la tête tranchée et promenée à bout de pique.

Philippe le Bel déclare : « Cette victoire ne saurait être attribuée à aucun homme. Elle est l'œuvre de Dieu ».

L'archevêque de Bordeaux est élu pape, c'est Clément V. Il ne se sent pas en sûreté à Rome et vient s'installer en Avignon en 1309.

Philippe mécontente le peuple par ses mesures financières. Tous les juifs dont la plupart pratiquent l'usure qualifiée d'offensante par la loi du Christ, sont arrêtés. Leurs biens sont saisis et leurs créances mises sous la main du roi qui se substitue aux prêteurs.

1307. – Mort d'Édouard Ier d'Angleterre. Son fils, Edouard II, lui succède. Il est le beau-fils de Philippe le Bel dont il a épousé la fille Isabelle.

A Paris, les commerçants et la foule des gens modestes, durement touchés par les mesures royales, envahissent la demeure du directeur de la Monnaie, détruisant tout. Ensuite, ils se précipitent vers le Temple où Philippe le Bel s'est réfugié. Craignant pour sa sécurité, il y demeure pendant deux jours sous la protection des Templiers.

Vingt-huit meneurs sont arrêtés et pendus. Ceci se passait en janvier 1307. Quelques mois plus tard, Philippe le Bel décide l'arrestation de tous les templiers. Les ordres sont exécutés avec rapidité et discrétion. Le 13 octobre les hommes du roi se présentent devant toutes les commanderies. Sans méfiance, les templiers les laissent entrer. Ils sont immédiatement arrêtés. A Paris, Guillaume de Nogaret saisit environ cent quarante templiers dont le grand maître Jacques de Molay.

Le trésor de l'Ordre tombe entre les mains du roi.

Les templiers étaient riches, menant une vie sobre et active. Les plus hauts personnages confiaient à l'Ordre la gestion de leurs biens et le roi lui-même faisait assurer la perception des revenus royaux par un visiteur de l'Ordre qui lui avait également prêté l'énorme somme de cinq cent mille livres pour le mariage de sa sœur.

Pour les perdre on les calomnia, on les accusa d'hérésie. Le 14 octobre leurs crimes furent exposés par Nogaret à Notre-Dame, devant l'Université et les chambres. Le lendemain, les dominicains expliquèrent l'affaire au peuple. Les princes de la chrétienté sont informés par lettres. Mais il faut des aveux. L'Inquisiteur de France va les obtenir. Pendant un mois, 38 templiers sont interrogés par les dominicains. Sauf trois, les templiers reconnaissent quelques charges. Les confessions sont officiellement rédigées au sortir de la chambre des tortures. La victime est tenue de jurer qu'elle avouait librement et sans contrainte, sans crainte de violence. Les interrogatoires se poursuivent. Selon des témoignages, 36 templiers périrent à Paris sous la torture, et 25 à Sens.

Une commission pontificale juge les templiers au mois de mai 1310. 34 sont condamnés et brûlés à Paris.

En dehors de la France, le pape n'a pu recueillir de preuves solides. Par une série de bulles, princes et prélats reçoivent l'ordre d'arracher les confessions par la torture : « En certaines localités, disait Clément V, cette formalité avait été omise. Il convenait de réparer cette faute. »

Philippe le Bel prend un arrêté d'expulsion contre les Lombards. Leurs débiteurs pourront s'acquitter auprès des officiers du roi.

1312. – Au concile de Vienne, lecture d'une bulle du pape supprimant l'Ordre des Templiers.

Le roi avait confisqué les comtés de Nevers et de Rethel. Maintenant, et toujours en difficulté avec les Flamands qui ne veulent pas exécuter les conditions qui leur ont été imposées, il décide de rattacher directement à la couronne une partie des pays flamands et wallons et fait démolir des fortifications en Flandre.

Clément V s'était réservé le jugement de Jacques de Molay et d'autres chefs du Temple emprisonnés depuis bientôt sept ans. Par ce moyen, il avait réussi à leur faire abandonner leurs frères en leur procurant une trompeuse espérance. Le 29 décembre 1313, il nomme trois cardinaux pour les juger. Le jugement est rendu le 19 mars 1314. Ce jour-là, Jacques de Molay, Geoffroi de Charny, Hugues de Péraud et Geoffroi de Gonneville sont amenés sur un échafaud dressé devant Notre-Dame de Paris. Les cardinaux délégués du pape, en accord avec l'archevêque de Sens, frère d'Enguerrand de Marigny, et d'autres prélats, prononcent la sentence. C'est l'emprisonnement perpétuel.

Alors, devant la foule assemblée, Jacques de Molay et Geoffroi de Charny s'écrièrent qu'ils avaient commis non les crimes qu'on leur imputait mais l'infamie de trahir leur ordre pour sauver leurs propres têtes. L'ordre était pur et sain, les accusations lancées contre lui, mensongères.

Apprenant cela, Philippe le Bel entra dans une violente colère. Les templiers étaient relapses, il fallait les brûler. Le jour même un bûcher fut dressé sur l'Ile-aux-Juifs, face au jardin du Palais, Jacques de Molay et Geoffroi de Charny subirent leur supplice avec une grande force d'âme.

La même année, allèrent les rejoindre dans la mort Clément V le 20 avril, Guillaume de Nogaret au mois de mai, et Philippe le Bel le 29 novembre.

Mais avant de disparaître, le roi a encore marqué son règne par d'autres atrocités dont on trouve le récit dans l'œuvre de M. Maurice Druon (26). Philippe le Bel avait trois fils : Louis, époux de Marguerite fille du duc de Bourgogne ; Philippe marié à Jeanne et Charles marié à Blanche. Jeanne et Blanche étaient les filles de Mahaut comtesse de Bourgogne et d'Artois. Les trois jeunes princesses, très amies, aiment les fêtes et les plaisirs.

Isabelle, fille de Philippe le Bel et reine d'Angleterre vient en France en 1313. Elle est informée que ses belles-sœurs trompent leurs époux. Les noms de deux jeunes hommes de la cour sont avancés. Il s'agit de Philippe et de Gautier d'Aunay. Isabelle a pu voir, pendues aux ceintures des deux frères de riches aumonières qu'elle avait offertes à ses belles-sœurs. Cela confirme les accusations.

Isabelle en grand courroux dévoile les adultères à son père. A quoi a-t-elle obéi en faisant cette terrible révélation ? A son indignation devant l'inconduite d'une future reine de France ? Mais Isabelle accepte, pour demeurer reine d'Angleterre, de rester l'épouse d'un roi pédéraste qui se laisse mener par son favori Hugh de Despenser. Et Isabelle prendra officiellement quelques années plus tard comme amant Roger Mortimer Baron de Wigmore.

Après une enquête secrète c'est à Maubuisson où il se retire pour prendre ses grandes décisions, à Maubuisson d'où il a lancé l'ordre d'arrêter les templiers, que Philippe le Bel décide sa vengeance.

Philippe et Gautier d'Aunay sont arrêtés et soumis à la torture le 14 avril 1314. Tout d'abord ils résistent, mais le bourreau leur inflige des supplices tels que leurs corps ne sont bientôt plus qu'une atroce souffrance. Ils lancent les aveux que l'on exige. Philippe est l'amant de Marguerite, Gautier celui de Blanche.

Les trois princesses sont arrêtées, leur sort décidé, elles seront emprisonnées à vie.

Tout n'est pas fini pour Philippe et Gautier d'Aunay, le roi a décidé qu'ils seront « roués, écorchés vifs, châtrés, décapités... » Cela est exécuté à Pontoise, dès le lendemain, devant une foule avide d'assister au supplice.

Louis X qui accède au trône de France a vingt ans. Il est dominé par son oncle Charles de Valois. On se débarrasse des conseillers de Philippe le Bel.

A fin décembre, Louis X envoie une ambassade à Naples auprès de Clémence de Hongrie qu'il désire épouser.

Dans le pays des associations se forment pour protester contre les charges trop lourdes. Les vivres viennent à manquer. Une famine causera la mort de nombreuses personnes.

Enguerrand de Marigny est passé en jugement et pendu à Montfaucon.

Louis X accorde des chartes, et supprime d'anciennes servitudes.

Il est décidé à se remarier mais son union avec Marguerite tient toujours. L'adultère n'est pas une cause d'annulation.

Une intervention auprès du pape n'est même pas possible ; depuis la mort de Clément V, le siège épiscopal est vacant. Alors, Marguerite de Bourgogne est assassinée dans son cachot.

Louis X épouse Clémence de Hongrie. Il veut mener la guerre en Flandre ; les troupes sont rassemblées mais le mauvais temps fait échouer l'entreprise.

Atteint d'une grosse fièvre et de coliques, le roi meurt au début de juin 1316. La reine est enceinte d'environ quatre mois.

En attendant la naissance qui décidera de la succession, la régence devrait revenir à la reine mais le deuxième fils de Philippe le Bel, Philippe de Poitiers qui se trouve à Lyon et surveille le conclave, s'en empare. Il se méfie fort de son oncle Charles de Valois qui aspire à gouverner.

Pour contraindre les cardinaux qui tergiversent depuis deux ans à élire un pape, il les convoque pour un service à la cathédrale, dont il fait rapidement murer toutes les issues, elles ne seront ouvertes qu'après l'élection d'un nouveau pape. La décision est bientôt prise, l'évêque Jacques Duèze est élu. Il prend le nom de Jean XXII.

Jean Ier fils de la reine Clémence et du roi Louis X défunt, naît le 14 novembre 1316 ; le 19 novembre il meurt.

Autour de ce petit enfant, des ambitions se sont concentrées. Sa disparition ouvrait le chemin du trône au Régent Philippe. L'épouse du régent, Jeanne, contre laquelle aucune accusation d'adultère ne fut retenue, a repris sa place auprès de lui et la mère de Jeanne, Mahaut d'Artois souhaite que sa fille soit reine de France.

M. Maurice Druon dénonce le poison comme ayant provoqué la mort du bébé royal et aussi la mort de son père Louis X. Et il relate encore autre chose. Le 19 novembre 1316, c'est à la comtesse Mahaut 1re marraine, qu'il revient de porter l'enfant pour sa présentation aux nobles assemblés. Des serviteurs zélés et soupçonneux ont préféré substituer à Jean Ier pour cette cérémonie, l'enfant de sa nourrice. C'est celui-ci qui meurt et est inhumé à Saint-Denis.

Louis X avait eu de sa première femme une fille, Jeanne, qui possédait des droits au trône. Aucune loi à ce moment-là ne pouvait exclure une femme de la succession. Philippe fit cependant présenter cette objection. De plus, des doutes circulèrent sur la légitimité de l'enfant de Marguerite de Bourgogne. Elle fut écartée. Mais, à cause de cette enfant plusieurs pairs de France s'abstinrent d'assister au sacre de Philippe V qui eut lieu le 11 janvier 1317 en la cathédrale de Reims.

La disette sévit dans le royaume ; mais, pour les fêtes du couronnement qui sont un déploiement de tissus et d'ornements somptueux couverts d'or, d'argent et de pierres précieuses, d'énormes quantités de victuailles, de boissons et les mets les plus recherchés circulent pendant plusieurs jours en d'immenses festins servis à la foule des invités.

Le roi a vingt-quatre ans. Aucun fils n'assurera sa succession.

Philippe V installe dans de nombreuses villes des officiers qui seront chargés de veiller à une bonne justice, et renforce par là le pouvoir royal contre les barons. Il cherche à régler les conflits par la diplomatie.

Jean XXII donne des conseils à Philippe V et lui accorde de nombreuses permissions. De son côté, le roi fait au pape des cadeaux magnifiques : perles et pierres précieuses.

Le roi annonce qu'il va se croiser mais il ne donne pas suite, c'est uniquement pour recevoir des clercs les taxes qu'ils doivent pour financer une croisade. Les Lombards sont de nouveau saisis.

Édouard II roi d'Angleterre et beau-frère de Philippe V ne lui rend pas ses devoirs pour l'Aquitaine et Le Ponthieu. Philippe V, s'empare du comté du Ponthieu. Après intervention du pape, Édouard II accepte de rendre l'hommage.

Philippe pense à faire unifier les poids et mesures mais il n'en a pas le temps ; cette réforme ne sera réalisée que sous la Révolution.

Le roi, au retour d'un voyage chez son frère Charles, est frappé par la maladie ; c'est une dysenterie qui va se prolonger durant cinq mois. Au milieu de ses souffrances, il fait de nombreux actes de générosité ou de justice et aussi de piété. Il s'éteint le 2 janvier 1322.

Son temps a été marqué par des événements terribles, fruits et continuation de toutes les tueries et atrocités commises.

Dans les villes ravagées par la famine, des bandes de révoltés par dizaines de milliers pillent et tuent. Ils sont en si grand nombre que, pendant toute une année, ils vont de ville en ville portant la terreur sans que rien puisse les arrêter.

Quand ils approchent d'Avignon, le pape Jean XXII les menace d'excommunication. Leur fureur est détournée contre les juifs. Ils en font un tel massacre que le pape et le roi donnent ordre de protéger les juifs dont l'industrie est nécessaire.

Ensuite les lépreux sont soupçonnés de vouloir propager leur maladie. Sous la torture plusieurs avouent. Le peuple cherche à les exterminer. Des jugements rapides en envoient au bûcher.

Une fois de plus les juifs sont persécutés. Accusés de conspiration ils sont jetés dans les flammes.

Les révoltés longtemps imprenables sont pourchassés par les soldats du roi et le clergé. Ils sont tués par milliers. Le troisième fils de Philippe le Bel, Charles IV est roi de France. Il demande l'annulation de son mariage avec Blanche et l'obtient sur le motif que Mahaut, mère de Blanche, aurait tenu Charles sur les fonts baptismaux. Vers la fin août 1322 il se remarie avec Marie de Luxembourg fille de l'empereur Henri VII et de Marguerite de Brabant.

Qui du roi de France ou du roi d'Angleterre est suzerain d'un petit village situé auprès de Sarlat ? Sur cette question, Français et Anglais s'entre-tuent. A la suite d'engagements, une grande partie de l'Aquitaine est aux mains du roi Charles IV.

Au mois de mars 1324, la reine de France qui est enceinte meurt. Charles IV épouse en troisième noce, sa cousine, Jeanne, fille du comte d'Evreux.

L'oncle du roi, Charles de Valois trépasse en janvier 1325.

Au début de l'année 1326, Jeanne, reine de France, met au monde une fille. Enceinte à nouveau, elle va accoucher à Neufchâtel car des sorciers ont affirmé qu'en cet endroit elle aurait un fils. Mais c'est une deuxième fille et la première meurt.

Édouard II roi d'Angleterre depuis 1307, année qui fut aussi celle de son mariage avec Isabelle de France, est un homme démuni d'esprit et dominé par ses favoris dont les abus de pouvoir créent de graves mécontentements.

La reine Isabelle a un amant, Roger Mortimer. Avec lui, elle prend la tête de la révolte. Le roi est détrôné, emprisonné et assassiné dans sa prison en septembre 1327.

Au mois de mars précédent, Isabelle, régente d'Angleterre depuis 1325, signait avec son frère Charles IV un traité par lequel le roi de France rendait une partie de l'Aquitaine à son neveu.

Édouard de Windsor, duc d'Aquitaine et comte de Ponthieu, a quatorze ans lorsque, sous la régence de sa mère, il ceint la couronne d'Angleterre.

Depuis sa naissance, Philippe le Bel, Louis X, Jean Ier et Philippe V se sont succédé en France. Maintenant Charles IV occupe le trône où Édouard, au cours de son long règne, verra encore Philippe VI, Jean II et Charles V.

Charles IV meurt le 31 janvier 1327. Qui va être roi de France ?

Jeanne la fille de Louis X, déjà écartée du trône par Philippe V a épousé son cousin Philippe, comte d'Evreux, petit-fils naturel de Philippe III le Hardi. Le comte d'Evreux est candidat au nom de sa femme. Philippe de Valois neveu de Philippe le Bel l'est aussi. Mais celui qui a le plus de titres à cette succession qu'il réclame, écrivent MM. Castelot et Decaux, est Édouard III roi d'Angleterre. Par sa mère Isabelle, il est le petit-fils de Philippe le Bel et neveu des trois derniers rois défunts.

Le comte d'Evreux est écarté.

Édouard III, qui descend de Philippe le Bel non par un homme mais par une femme, n'aura pas la couronne de France.

Les barons français dont l'intérêt est de choisir Philippe de Valois sous lequel ils escomptent avoir plus de pouvoir personnel, sera roi. Il est né en 1293.

Pour justifier ce choix la loi salique est exhumée. La loi ou plus exactement un seul article de cette loi qui, ainsi que le constatent les mêmes historiens, « contient une quantité de dispositions codifiant la vie privée et publique. Par une curieuse déformation, on n'a retenu de ces dispositions qu'une seule : celle qui aurait privé la femme germaine de tout droit à la succession de son père. » Fin de citation.

Au cours des siècles qui viennent d'être parcourus, les femmes ont normalement reçu des héritages immobiliers. Le rappel de quelques-uns commencera par le plus célèbre. Aliénor, fille du duc d'Aquitaine et comte de Ponthieu, en 1187, hérite de son père les immenses domaines qu'il possédait. Par ses deux mariages successifs, elle les apporte au roi de France puis va les rattacher à la couronne d'Angleterre.

Louis IX ou Saint Louis, pour donner plus de force légale à l'annexion du Languedoc, décide par le traité de Meaux-Paris en 1229, que Jeanne, seule héritière de Raymond VII, épousera Alphonse frère du roi.

Charles, comte d'Anjou, un autre frère de Louis IX, se mariera avec Béatrice, sœur de Marguerite reine de France, et troisième fille du comte de Provence, parce que son père lui a légué le comté.

Thibaut Ier, comte de Champagne et roi de Navarre, a légué la Champagne à son fils et la Navarre à sa fille. Mais le nouveau comte de Champagne ne veut pas remettre à sa sœur la Navarre dont il s'est emparé. Louis IX tranche le litige. Sa fille Isabelle épousera Thibaut II de Champagne qui pourra conserver la Navarre dont les nouveaux époux seront roi et reine, à charge pour Thibaut de dédommager sa sœur des terres que celle-ci avait reçues en héritage, par une très forte somme d'argent.

Philippe le Bel, épouse en 1284, une fillette de onze ans. Par héritage, elle possède la Navarre, la Champagne et la Brie que Philippe le Bel joint à sa couronne. Néanmoins Philippe VI de Valois est désigné comme roi « parce que les femmes ne peuvent régner en France ni transmettre leurs droits à leurs descendants. » Phrase ambiguë, contradictoire, faite sans autre souci que celui d'exprimer les buts recherchés.

La loi des Francs-Saliens (27), entre autres choses, détermine la façon d'acheter un bien, de faire la preuve du paiement. Elle fixe les amendes et les peines encourues pour les divers délits. Elle distingue les droits à une succession selon le degré de parenté. Hommes et femmes héritent mais avec cette restriction : Titre LXII, Article VI : « A l'égard de la terre salique aucune portion de l'hérédité ne sera recueillie par les femmes mais l'hérédité tout entière sera dévolue aux mâles. »

Des juristes ont discuté sur la signification de « terre salique ». Mais, acceptons dans son sens le plus strict cette interdiction contenue dans une loi établie de nombreux siècles auparavant.

Convient-il bien à des Capétiens dont le fondateur a balayé les lois en même temps que les derniers Carolingiens, à des rois qui ont largement utilisé à leur profit les successions territoriales reçues par les femmes, d'aller rechercher ces dispositions ?

Parmi les barons qui prêtent hommage à Philippe VI, est le comte de Flandre. Mais bourgeois et paysans flamands sont hostiles au comte ; plusieurs se tournent vers l'Angleterre et traitent le roi de France de roi trouvé.

Philippe décide de combattre les révoltés. Il va chercher l'oriflamme en la basilique Saint-Denis. La bataille tourne à l'avantage des Français. Douze mille Flamands sont massacrés.

Édouard III n'a toujours pas prêté serment pour ses terres d'Aquitaine malgré la demande qui lui a été faite. Le roi de France inquiet, menace de confisquer les revenus de Guyenne. Edouard prête un hommage simple. Au bout d'un an, il déclare qu'il s'agit d'un hommage-lige. En fait, il ne s'estime pas vassal de Philippe et considère que celui-ci a pris sa place sur le trône de France, mais il veut gagner du temps.

En janvier 1328, le roi d'Angleterre a épousé Philippa de Hainaut. Édouard III, animé d'un caractère inflexible, énergique et dur, tient bien de sa mère Isabelle de France, et de son grand-père, Philippe le Bel. Il se trouve à la tête d'un pays épuisé, déchiré par les luttes intestines. Il s'est accoutumé à l'horrible et endure de terribles épreuves familiales. Il a vu le supplice des favoris de son père, les Despencer en novembre 1326. Son père emprisonné est assassiné dix mois plus tard, par ordre de Mortimer, l'amant que sa mère affiche publiquement et qui tient d'elle le pouvoir de gouverner l'Angleterre. Alors, Edouard ordonne l'arrestation de Roger Mortimer et son jugement. Il le fait pendre.

Il veut une marine bien organisée, une armée régulièrement entraînée.

Philippe VI convoite le Dauphiné au détriment de Humbert. Il s'y introduit avec l'aide de l'archevêque de Vienne, hostile à son suzerain.

Au cours d'un voyage en Avignon, voyage prolongé par le roi qui se « déduit », Philippe VI rend visite au nouveau pape Benoît XII, qui bien au courant des événements, l'engage à ne pas quitter la France. Une croisade projetée n'aura pas lieu.

Philippe soutient contre Édouard, à la fois ses vassaux de Guyenne et les Écossais. Des représailles et hostilités s'exercent des deux côtés.

Le roi de France prononce la saisie de la Guyenne. A Westminster, on estime que toutes les tentatives de conciliation ont échoué.

En septembre 1337, Edouard III envoie un message à Philippe dont voici l'essentiel : « Edouard, par son plus proche degré de parenté avec le roi Charles IV, est héritier de la couronne de France... Il la conquerrera par la puissance. De ce jour, il tient Philippe pour ennemi et adversaire ». Et il l'appelle, le soi-disant roi de France.

Chacun des deux pays continuera d'invoquer son protecteur. La France a saint Denis, l'Angleterre a saint Georges. Ce doit être une source de complication pour les deux saints dans leurs rapports au milieu de la béatitude éternelle. Qu'en adviendra-t-il lorsque, saint Denis étant par trop inefficace, il sera également fait appel à saint Michel, et quand celui-ci, excédé par les agissements de saint Georges, décidera de frapper un grand coup et suscitera Jeanne la Pucelle ?

Mais les deux antagonistes recherchent aussi des alliés sur la terre. Alliés à qui il arrive de passer d'un camp à un autre. Les deux rois ont besoin d'argent. Édouard s'endette lourdement. Philippe lève des impôts, décide le monopole de la vente du sel dans tout le royaume et emprunte au pape.

1340, au mois de juin, dans l'avant-port de Bruges, à l'Écluse : l'importante flotte du roi de France attend des vents favorables pour opérer une descente en

Angleterre. Une attaque de la flotte anglaise détruit la plus grande partie des vaisseaux français. 20 000 hommes ont péri dans l'armée de Philippe.

Les Flamands ont eu à soutenir des luttes meurtrières contre le roi de France. Le commerce des laines et draps avec l'Angleterre est vital pour eux. Ils aspirent à vivre en paix. Un tribun gantois, Jacques Van Artevelde est devenu le maître de la Flandre qu'il maintient hors du conflit tout en lui obtenant des accords commerciaux avec l'Angleterre. Issu d'une famille patricienne, il soutient les ouvriers, toute la classe populaire. Son attitude lui attire des haines nombreuses et puissantes. La calomnie est utilisée. Ceux qui lui doivent tant, prêtent une oreille facile à ces bruits. Des bandes furieuses conduites par son ennemi Gérard Denys, le doyen des tisserands, assaillent Jacques Van Artevelde en son hôtel et l'assassinent le 17 juillet 1345.

Van Artevelde voulait aussi réaliser l'union de la Flandre, du Hainaut et du Brabant. Ses efforts ne servirent à rien. Plus de six siècles se sont écoulés sans rien changer, malgré 1830.

Le connétable Raoul de Brienne est capturé par les Anglais.

Le samedi 25 août, c'est la bataille de Crécy.

Selon Jean Froissart (28), le roi d'Angleterre avait campé sur place avec son armée. Au matin, il ouït la messe avec ses fils et la plupart de ses soldats. Son armée était répartie en trois batailles. La première était à Édouard, prince de Galles, fils du roi, la deuxième à des nobles, la troisième au roi. Édouard III manda son fils qui avait seize ans, le fit chevalier et le renvoya à sa bataille.

Le roi de France et les siens avaient passé la nuit à Abbeville. La veille au soir, Philippe VI célébrait la fête de son arrière-grand-père Saint Louis. Le samedi matin, il ouït la messe. Il fallut plus d'une demi-journée pour rassembler les gens d'armes qui eurent à fournir une longue marche.

On conseillait au roi de remettre le combat au lendemain, mais dès qu'il vit les Anglais, il voulu les cómbattre.

On fit passer les arbalétriers génois. Ils furent déconfits par les archers anglais et beaucoup voulaient prendre la fuite. Le roi de France et son frère le comte d'Alençon, ordonnèrent qu'on les tuat.

Le roi de Bohème, Jean de Luxembourg, qui était aveugle, se fit mener vers les Anglais. Trois de ses chevaliers attachèrent leurs chevaux au sien. Ils périrent. Le comte d'Alençon et le comte de Flandre s'avancèrent pour combattre. Ils furent occis. Volontiers le roi y fut venu, mais il ne put passer. Le soir, le roi s'enfuit avec cinq chevaliers. Il ne restait plus que soixante hommes avec lui.

Les hérauts des rois de France et d'Angleterre allèrent ensemble reconnaître les morts.

« On trouva onze hauts seigneurs. 83 chevaliers bannerets et 1 212 chevaliers à écu, sans compter le menu peuple, dont il y avait plus de trente mille. »

Au printemps de 1347, la peste apparaît en Provence.

Édouard III veut prendre Calais. La ville ne pourra être réduite que par le blocus. Les habitants affamés, appellent le roi au secours. Alors, écrivent MM. Castelot et Decaux : « Philippe VI et son fils, n'ont pas entendu en vain l'appel des assiégés, mais leurs préparatifs ont été incroyablement lents... L'ost français arrive à une demi-lieue de Calais, Philippe se rend compte de son impuissance, il tente de négocier puis offre un jour de combat à Édouard. Et sans attendre la réponse, il ordonne la retraite et renonce à libérer Calais ».

Édouard III est furieux de la résistance de Calais qui lui a coûté fort cher. Il veut faire périr tous les défenseurs. Finalement, il décide que six notables de la ville, chef et pieds nus, en chemise et la hart au col devront venir lui présenter les clefs de la ville et du château. Six bourgeois les plus riches s'offrent spontanément pour que le peuple soit sauvé. Ils viennent offrir les clefs au roi qui veut les faire décapiter, nulle prière n'y fait. Alors, la reine d'Angleterre qui est présente, malgré son état de grossesse, se jette à genoux et demande à son époux « d'avoir de ces six hommes merci ». Ainsi furent sauvés les six bourgeois de Calais.

Un autre fléau vient s'ajouter. La peste noire s'étend à toute la France. Elle sévit pendant trois ans, faisant un nombre effrayant de victimes, et comme on n'avait pu ni semer ni récolter, il y eut une grande famine.

En février 1349, le roi de Majorque offre à Philippe VI de lui vendre le comté de Montpellier pour 120 000 écus d'or. Philippe accepte mais sa situation financière est telle qu'il recourt à une nouvelle dévaluation. Ensuite Humbert décide de vendre ses derniers droits sur le Dauphiné. Ils sont achetés en faveur du petit-fils de Philippe VI, le futur Charles V âgé de douze ans, pour 200 000 florins et une rente annuelle de 24 000 livres.

La reine de France et Bonne de Luxembourg disparaissent toutes deux. Le roi et son fils Jean, le prince héritier, sont veufs. Peu de temps après, Philippe VI se remarie avec Blanche, la sœur de Charles le Mauvais roi de Navarre. Elle a seize ans.

Le 22 août 1350, Philippe VI meurt.

L'Histoire s'avance et l'ambition de ses principaux personnages prend une importance grandissante. C'est elle qui sera à l'origine de la guerre entre les Armagnacs et les Bourguignons et relancera la guerre de Cent Ans.

Jean II monte sur le trône de France, Bonne de Luxembourg lui a donné de nombreux enfants.

Parmi eux :

Charles né en 1337, duc de Normandie et futur Charles V,

Louis né en 1339, duc d'Anjou,

Jean né en 1340, duc de Berry,

Philippe le Hardi né en 1342, duc de Bourgogne,

Une de ses filles sera mariée à Charles de Navarre, devenant ainsi la femme de l'ex-beau-frère de son grand-père.

Jean II contracte un second mariage dont il n'aura pas d'enfant.

Son sacre, le 26 septembre 1350, s'accompagne d'une magnificence qui semble n'avoir jamais été atteinte. « C'est une débauche de vêtements de soie, de satin rehaussés d'or et couverts de pierres précieuses. Les sièges sont d'argent et de cristal de roche incrustés de pierreries. La vaisselle est de vermeil, les nappes d'argent. Le roi a poussé la prodigalité jusqu'à offrir les habillements aux seigneurs de toute la cour. Les fêtes sont éblouissantes.

Belles fêtes sans aucun doute, dans un pays éprouvé par la guerre, les pertes en vies humaines et en argent, ravagé par l'épidémie de peste, épuisé par la famine et que les routiers terrorisent. Belles fêtes pour un roi qui, dans l'année précédente, outre son père, a perdu sa mère et son épouse, peut-être enlevées par la peste. Belles fêtes dont un peuple à bout, va devoir payer la lourde note en plus des autres dettes royales et des subsides pour la préparation des batailles futures.

Moins de deux mois après le sacre, Jean II manifeste son arbitraire et sa cruauté.

Le connétable Raoul de Brienne, prisonnier des Anglais depuis quatre ans, rentre en France. Pendant sa captivité, il y était revenu à plusieur reprises, mêlé à des négociations pour rechercher la paix. Quand il se présente pour saluer le nouveau roi, Jean II le fait jeter dans un cachot et deux jours plus tard, sans accusation précise, sans jugement, le fait décapiter.

Les suppositions, les bruits divers vont grand train. Le roi promet de fournir des preuves écrites de la félonie du connétable mais ne produit rien.

Les explications se trouvent probablement dans la suite des événements. Le connétable possédait de vastes terres, elles sont distribuées aux familiers du roi, une partie de ses biens et son titre vont à Charles de la Cerda appelé aussi Charles d'Espagne. C'est un descendant d'Alphonse de la Cerda, petit-fils de Saint-Louis. C'est aussi le favori très particulier de Jean II.

La sodomie s'est installée sur le trône de France et le roi comble son favori de présents.

Une nouvelle trêve intervient entre la France et l'Angleterre.

Édouard III ayant créé l'ordre de la Jarretière, Jean II institue l'ordre de l'Étoile. A cette occasion, il prodigue des dépenses somptuaires. Les cinq cents chevaliers membres de cet ordre, s'engagent à ne jamais reculer sur le champs de bataille de plus de quatre arpents.

Les libéralités de Jean II pour le nouveau connétable, excitent la colère de Charles de Navarre. Pour le calmer, le roi lui donne sa fille Jeanne en mariage, en avril 1352.

Charles de Navarre surnommé « le mauvais », et comte d'Evreux, prétend au trône de France étant par sa mère, petit-fils de Louis X. Il tiendra une grande place dans l'histoire. Son épouse, Jeanne, a environ sept ans. Sa dot est constituée par un trousseau magnifique, vaisselle d'or et vaisselle plate, ainsi que par les terres de Pontoise et de Beaumont.

Un an plus tard, Jean II ne les a pas encore remises à Charles de Navarre qui cherche à se venger.

Au cours d'un voyage, Charles de la Cerda doit s'arrêter non loin d'Evreux, à l'Aigle. Le Mauvais l'apprend et le fait assassiner.

Le roi de France est en proie à une grande douleur. Une terrible rancune monte en lui. Il est pressé par plusieurs, de se réconcilier avec Charles de Navarre. Les deux rois assistent ensemble à une messe, la haine et la fourberie dans l'âme. Jean s'engage à donner à son gendre des terres pour la dot et n'en fait rien.

Jean d'Armagnac livre de rudes combats à ses voisins demeurés fidèles à leur suzerain anglais.

Le prince de Galles débarque à Bordeaux. A la tête de son armée, largement renforcée par des Gascons, il se rue sur le Languedoc, pendaisons, viols, saccages. La ville basse de Carcassone est incendiée.

Le roi dont les caisses sont vidées aussitôt que remplies, fait décider la levée de nouveaux impôts. Il veut briser l'entente qui s'est faite entre le roi de Navarre et le prince héritier qui complotent peut-être contre lui.

5 avril 1356, Le Dauphin offre un grand banquet à tous les seigneurs normands au château de Rouen.

Le roi de France arrivé discrètement vient les surprendre. Il fait irruption dans la salle du festin et ordonne l'arrestation de Charles le Mauvais et de ses compagnons malgré l'intercession du prince Charles. Trois de ceux qui ont participé à l'assassinat de Charles de la Cerda, bien qu'ayant reçu du roi des lettres de rémission, sont décapités le jour même.

Le roi de Navarre est emprisonné, sa famille demande l'aide du roi d'Angleterre, et son frère Philippe déclare à Jean II qu'il lui fera la guerre.

19 septembre 1356. – A Maupertuis, non loin de Poitiers, va avoir lieu un affrontement direct.

Deux armées sont en présence. Celle du prince de Galles surnommé le Prince Noir, à cause de la couleur de son armure. Elle compte environ sept mille hommes, Anglais et Gascons. En face, celle du roi de France, entouré de ses quatre fils, de ses plus proches parents et de nombreux barons. Cette armée est disposée en trois batailles. « En chacune étaient seize mille hommes », écrit Froissart.

Une bataille est commandée par le duc d'Orléans, frère du roi, une autre par le dauphin, la troisième par le roi.

Les Anglais se sont retirés sur le coteau de Maupertuis enserré dans des ronces.

La veille, un légat du pape, le cardinal de Talleyrand, est venu user de tout son pouvoir pour empêcher le combat. Il a obtenu des résultats extrêmement importants. Toutes les places prises par les Anglais seront rendues ainsi que les prisonniers, sans rançon, et bien d'autres choses encore.

Pendant sept ans, le prince de Galles s'engage à ne plus prendre les armes contre la France. S'il a consenti à cela, c'est parce qu'il sait sa position désespérée. Il suffirait à Jean II de cerner le camp anglais pendant deux ou trois jours sans combattre. Les assiégés privés d'eau seraient obligés de se rendre.

Mais, ce n'est pas encore assez, le roi exige que le prince de Galles et cent chevaliers du choix de Jean II, viennent se rendre prisonniers. Le cardinal de Talleyrand Périgord, juge inutile de transmettre cette condition qu'il considère inacceptable.

Le roi de France et les seigneurs ont un si furieux désir de se battre que l'attaque est ordonnée à l'aube du 19.

Pour arriver aux Anglais, un seul chemin étroit, encadré par des archers. Les maréchaux de France sont défaits, puis c'est le tour des Allemands, alliés du roi. Alors, presque tous s'enfuient dans la bataille du dauphin qui en fait autant avec ses deux frères et le duc d'Orléans dont les troupes sont intactes.

Mais, le roi avec son plus jeune fils Philippe âgé de quatorze ans, et son armée, continuent âprement de combattre, quoi qu'il advienne autour d'eux.

« Ils combattirent jusqu'à ce que tous fussent morts ou pris... le roi Jean fit de sa main des merveilles d'armes », dit Froissart.

Enfin, le roi est capturé. C'est parce qu'en ce jour, sottement responsable de la mort de milliers d'hommes, il se battit rudement et sans crainte qu'il fut appelé par le peuple « Jean le Bon ».

A la fin de cette journée, le Prince Noir, entouré de ses barons, offre au roi de France, à son fils et aux autres chevaliers prisonniers, un grand repas au cours duquel les ennemis se félicitent réciproquement sur leur bravoure. Les Anglais laissent courtoisement les chevaliers prisonniers fixer eux-mêmes leurs rançons hautement estimées par ceux-ci.

Jean II ne pourra être libéré contre rançon que plus tard après s'être accordé avec le roi Édouard III.

Pour lors, il est emmené à Bordeaux où sa captivité est agrémentée de fêtes. Selon Froissart : « Le roi de France tenait son état à Bordeaux ainsi qu'il le faisait à Paris ; il avait avec lui sa chapelle et ses musiciens, ainsi que toute sa maison qu'il avait fait venir ».

« Noble guerre qui n'écrase que le vilain », conclut Michelet (29).

Dans la capitale, on craint un assaut des Anglais.

Étienne Marcel, le prévôt des marchands, prend des mesures de sécurité et fait élever des murailles formant une plus vaste enceinte que celle construite par Philippe Auguste et devenue trop petite.

Des événements troubles vont se succéder. Le dauphin prend le titre de lieutenant du royaume. Il a dix-neuf ans et paraît chétif.

Aux États Généraux, il siège devant l'évêque de Laon, Robert le Coq, partisan du roi, et devant Étienne Marcel à la recherche de réformes profondes et d'une république intégrale.

Étienne Marcel et Robert le Coq, sont nommés à la tête d'une commission chargée d'instaurer une monarchie constitutionnelle. Le dauphin devra congédier les conseillers de son père. Il refuse.

Pour la nouvelle session des États Généraux, les nobles et le clergé sont absents ainsi que de nombreux députés de province. Cependant, la Grande Ordonnance est publiée en 1357. Mais, ce que les États décident, le dauphin et le roi prisonnier à Bordeaux l'interdisent. L'impôt, dans ces conditions, ne rentre pas et le dauphin déclare qu'il veut gouverner seul. De Bordeaux, Jean II est transféré en Angleterre.

Charles de Navarre a ses partisans. Son évasion est mystérieusement organisée. Amené d'Amiens à Saint-Denis, il y est reçu avec des larmes de joie par une foule de bourgeois. A Paris, depuis une chaire adossée au mur de l'abbaye de Saint-Germain des Prés, il s'adresse aux Parisiens et déclare qu'il est plus près du trône de France que le roi d'Angleterre qui le réclame.

Charles de Navarre exige des provinces dont la Champagne, une partie de la Normandie, le Limousin et quantité de forteresses. Les bourgeois de Paris qui espèrent être délivrés par lui des bandes de pillards, et l'Université même, insistent auprès du dauphin obligé de donner satisfaction à son beau-frère. Mais dans le même temps, le dauphin donne ordre aux commandants des places et forteresses de répondre qu'ayant reçu les places du roi, ils ne peuvent les livrer sur avis du dauphin.

Le dauphin ordonne une nouvelle dévaluation de la monnaie et prend le titre de régent.

Les gens des campagnes harcelés par les brigands, refluent nombreux dans la capitale où les vivres commencent à manquer.

Etienne Marcel assemble en armes les corps de Métiers. Dans la rue, un conseiller du régent est reconnu et tué par la foule. Les révoltés, à la suite du prévôt, entrent dans l'hôtel du dauphin à qui Marcel représente qu'il doit mettre de l'ordre dans la royaume et le garder des routiers. Le dauphin, fort de la présence de ses conseillers, les maréchaux de Champagne et de Normandie, répond avec hardiesse : « Je le ferais volontiers si j'avais de quoi le faire, mais c'est à celui qui a les droits et profits à avoir aussi la garde du royaume ». Après d'autres paroles et ne pouvant rien obtenir de plus, Marcel dit à ses compagnons : « Faites vite ce pourquoi vous êtes venus. »

Les deux maréchaux sont tués. Personne ne touche au prince que Marcel protège. Le respect de la royauté est-il demeuré assez vif parmi les insurgés, ou bien ont-ils cru que les véritables tyrans de l'heure étaient ces conseillers d'un jeune homme à l'apparence chétive, indécise, influençable ?

Quelques jours plus tard, Charles de Navarre rentre à Paris. Les maréchaux massacrés avaient soutenu le prince Charles dans sa résistance aux réformes, ils étaient aussi les grands ennemis de Navarre. Il fut facile de répandre dès lors, que Marcel avait agi à l'instigation du Mauvais.

En mars, le dauphin se réconcilie avec le Mauvais son beau-frère à qui il accorde de nouveaux profits. Ce que veut le dauphin c'est reconquérir le pouvoir. Pour cela, il s'est rapproché de Navarre que cette versalité doit rendre suspect aux Parisiens, et il lui faut quitter Paris pour combattre efficacement Étienne Marcel.

Les difficultés se multiplient pour les États. De nombreux députés s'abstiennent ; le prévôt courageusement, les remplace par des bourgeois. Les ressources manquent.

Le régent annonce qu'il convoque les États de plusieurs provinces à Senlis pour le 25 mars, et quitte Paris une semaine avant la date fixée, sans que le prévôt ait eu la possibilité de le retenir. Il est accompagné de députés transfuges et a tôt fait de regrouper la noblesse autour de lui.

Il fait organiser la défense des places autour de Paris et particulièrement de celles qui en assurent le ravitaillement. Ainsi il pourra priver la capitale de vivres.

Le prévôt active l'édification des murs d'enceinte, saisit de l'artillerie et fait recruter des mercenaires. Pour éviter à la capitale une terrible épreuve, il essaye un rapprochement avec le dauphin, mais ne peut qu'y renoncer, car le dauphin exige la livraison de plusieurs « coupables ». Autre échec du prévôt lorsqu'il demande assistance au roi de Navarre.

Alors, on apprend à Paris que les paysans se sont révoltés.

« Quand, après la bataille de Poitiers, les États voulurent savoir ce qu'étaient devenus le Grand Trésor qu'on avait levé au royaume et autres extorsions, écrit Michelet, tout ce qu'on sut, c'est qu'il y avait prodigalité monstrueuse, malversation, concussion. Le roi (Jean II) au plus fort de la détresse publique, avait donné cinquante mille écus à un seul de ses chevaliers. Des officiers royaux, pas un n'avait les mains nettes... Les prisonniers (des Anglais) relâchés sur parole, vinrent sur leurs terres ramasser vitement les sommes monstrueuses qu'ils avaient promises sans marchander sur le champ de bataille. Le bien du paysan n'était pas long à inventorier... cela pris et vendu, que restait-il sur quoi le seigneur eût recours ?... le rustre avait quelque cachette... Pour le lui faire dire, on le travaillait rudement. On lui chauffait les pieds... » Fin de citation.

Et puis il y avait les routiers.

Pour faire la guerre, les rois utilisaient largement les mercenaires groupés en Grandes Compagnies. Ramassis de brigands qui venaient de divers pays : Anglais, Navarrais, Gallois, Brabançons, Allemands ; il y en avait de différentes provinces françaises, et beaucoup d'Italiens ; à Crécy, les arbalétriers gênois formaient près de la moitié de l'immense armée de Philippe VI.

Lorsque ces bandes dont le chef était le plus souvent un seigneur, avaient héroïquement fini de tuer, piller, violer, torturer, incendier, sous les bannières de ceux à qui elles avaient loués leurs services, elles faisaient la même chose pour leur compte personnel. Leurs dévastations s'ajoutaient à celles des raids organisés par les princes anglais.

Parmi les chefs des Grandes Compagnies se trouvaient Messire James Audley qui avait si fort combattu à Maupertuis pour le Prince Noir ; Philippe, frère du roi de Navarre. Un ecclésiastique, Arnaud de Cervoles, appelé l'archiprêtre par ce qu'il possédait un archiprêtré, après avoir pillé dans le centre, il alla en Provence dévaster Salon et Saint-Maximin. « Le pape, tremblant, invita le brigand, le reçut comme un fils de France, le fit dîner avec lui et lui donna quarante mille écus, de plus l'absolution. Cervoles, en sortant d'Avignon n'en pilla pas moins la ville d'Aix, d'où il alla en Bourgogne pour en faire autant... Les chevaliers du XIVe siècle avaient une autre mission que ceux des romans, c'était d'écraser le faible. Le Sire d'Aubrécicourt volait et tuait au hasard pour bien mériter de sa dame » dit encore Michelet.

A tout ceux-là il fallait ajouter les soldats du dauphin gardiens des forteresses autour de Paris.

Les crimes de ces brigands terrorisent les villes, plus encore les campagnes. Les paysans des bords de Loire passent leurs nuits dans des petites îles ou dans des bateaux au milieu du fleuve. En Picardie, ils creusent de longs souterrains pour s'y cacher.

Un jour de juin 1358, les paysans s'insurgent. Leur révolte est terrible. Ils attaquent les pillards, se ruent dans les châteaux. Le mal qui leur fut fait, ils le font à leur tour. Ils tuent, violent, pillent, incendient. Ils se rendent rapidement compte que sans les villes, ils vont à l'échec. Peu de villes leur ouvrent les portes ; les autres les refoulent. Amiens dépêche quelques hommes bientôt rappelés. Étienne Marcel leur envoie des renforts. Avec eux, il peut faire démolir quelques-unes des forteresses dont le dauphin Charles se sert pour affamer Paris. Charles le Mauvais feint de vouloir aider les paysans révoltés, il invite plusieurs de leurs chefs, s'empare d'eux et en torture. Assisté des nobles, il étouffe la révolte. Elle n'aura duré que deux semaines. Le Mauvais et les nobles massacrent plusieurs milliers de paysans, « Ils firent tant de mal au payx, dit un contemporain, qu'il n'y avait pas besoin que les Anglais vinssent pour la destruction du royaume. Ils n'auraient jamais pu faire ce que firent les nobles de France. »

Étienne Marcel rêve de soustraire le peuple à l'autocratie, il rêve de liberté et de justice. Pensées reprises dans le sang par la Révolution Française au 18e siècle, mais difficilement réalisables. Leur aboutissement réel demanderait au plus grand nombre de grandes qualités foncières et une vertu constante.

La noblesse et le clergé souhaiteraient sans doute une limitation à leur profit, du pouvoir royal. Mais les réformes recherchées par Étienne Marcel vont trop loin, elles sont une menace pour leur puissance et leurs privilèges. De ce côté c'est l'abandon, bientôt l'hostilité. Qu'en est-il du côté du Tiers État, du peuple de Paris ? Celui qui veut améliorer le sort du peuple est facilement suivi dans la réussite. Le prévôt se trouve en butte aux feintes, aux revirements habiles du dauphin, aux calculs du roi de Navarre. Il y a bientôt des défections parmi les plus proches d'Étienne Marcel, la lassitude, la peur des représailles les gagnent. Le prévôt comprend que les chances de réussite s'effondrent. Que peut-il faire ? Cesser le combat ? S'il acceptait cette solution, il sait que la répression serait sans pitié pour ses amis, pour lui-même. S'enfuir ? Non il luttera jusqu'au bout. Il fait des efforts désespérés pour briser cette volonté qu'il sent chez le dauphin et les nobles de ne céder en rien. Excédé, il accepte que les siens massacrent les deux maréchaux conseillers habituels du prince. Ces exécutions sommaires, si elles ne changèrent en rien le cours des événements, allaient le hâter.

Une partie du peuple, probablement celle qui, naguère, a courbé la tête devant les abus royaux, qui s'est pressée silencieuse et soumise aux spectacles des tortures et des exécutions capitales décidées par le monarque, cette partie du peuple accueille et fait siennes les accusations de tyrannie portées contre le prévôt.

Étienne Marcel voit le nombre de ses amis diminuer, mais il doit continuer de lutter pour cette foule que le dauphin veut dompter par la famine. Pour que les Parisiens puissent encore se nourrir, il se résoud à demander à Charles de Navarre, le seul qui en ait le pouvoir, de faire assurer la protection des routes par lesquelles les vivres sont acheminés.

Le Mauvais entre dans la capitale et harangue la foule. Il vient d'écraser le soulèvement des paysans mais il est élu par le peuple, capitaine et gouverneur de la ville.

Le prix des denrées augmente, le dauphin resserre le siège. Les bourgeois somment leur gouverneur de faire quelque chose. Navarre sort mais c'est pour rencontrer le dauphin. Le pape a envoyé des représentants pour cette entrevue. Les deux princes se mettent d'accord. Quand Navarre rentre à Paris, Marcel et d'autres lui retirent le titre de gouverneur. Il y a querelle et des hommes sont tués. Le Mauvais aide le dauphin à faire le siège. Il n'y a plus d'arrivage et Navarre cherche de l'argent des deux côtés. La dauphine, des seigneurs, des évêques s'entremettent. Navarre aura quatre cent mille florins pourvu qu'il livre Paris et Marcel.

Du prévôt, il exige beaucoup d'argent pour faire rentrer des vivres qui n'arrivent guère. Dans Paris, on s'empresse d'accuser Marcel de détourner les fonds.

Le prévôt demande de l'aide à la province, écrit à de bonnes villes, particulièrement à celles de Flandre pour qu'elles viennent défendre avec lui le bon peuple. Nulle réponse ne lui vient.

Des Parisiens qui se sont adjoints des mercenaires anglais, tentent d'attaquer le camp du dauphin. Ils échouent. Le dauphin, pour gagner les Parisiens après les négociations qui ont eu lieu, laisse passer du ravitaillement. Les Parisiens tranquillisés, massacrent une trentaine d'Anglais dont ils estiment ne plus avoir besoin. Le prévôt en sauve quatre cents en les emprisonnant rapidement.

Arrive le 31 juillet 1358 – Que s'est-il passé au soir de cette journée ?

Selon une première version, un peu avant minuit, l'échevin Jean Maillart sur qui le prévôt comptait le plus, après s'être entendu avec les chefs du parti du dauphin, Pépin des Essarts et Jean de Charny, arrive en leur compagnie, à la Bastille Saint-Denis. Ils y trouvent le prévôt des marchands, les clefs de la porte à la main. Maillart lui dit : – Que faites-vous ici, à cette heure ?

Le prévôt répond : – Je suis ici pour prendre garde de la ville dont j'ai le gouvernement.

Maillart déclare à ceux qui l'accompagnent : Je vous montre comment il tient les clefs des portes en ses mains pour trahir la ville.

Le prévôt lui crie : – Vous mentez !

Jean Maillart abat Étienne Marcel d'un coup de hache à la tête.

Selon une version plus vraisemblable, écrit Michelet, Marcel et cinquante-quatre de ses amis qui étaient venus avec lui, tombèrent frappés par des gardes obscurs de la porte Saint-Antoine.

La matin suivant, Maillart conta au peuple comment, cette même nuit, la ville devait être courue et détruite, si Dieu ne l'eût éveillé lui et ses amis, et ne leur eût révélé la trahison. La foule apprit avec saisissement le péril où elle avait été sans le savoir ; tous joignaient les mains et remerciaient Dieu.

Le complot ourdi pour perdre et assassiner Étienne Marcel et ses plus fidèles amis a réussi.

Pendant la journée du 31 juillet, le peuple de Paris a massacré des partisans d'Étienne Marcel, et pillé les maisons. Le 1er août, il fait décider l'envoi d'une délégation au régent. Le dauphin de France entre dans sa capitale par la porte Saint-Antoine. Le matin même, deux compagnons d'Étienne Marcel sont décapités. Le dauphin remercie les parisiens pour leur comportement et annonce que les coupables seront châtiés. Les exécutions capitales continuent.

Le roi de Navarre s'empare de forteresses autour de Paris. Le dauphin a reconstitué le Grand Conseil où ne siègent que ses amis. Il obtient d'importants subsides et recrute des Grandes Compagnies. C'est la guerre entre les deux beaux-frères. Le pays est meurtri par Anglais, Français et Navarrais.

A Londres, le roi Jean négocie sa libération. Il abandonne au roi Édouard III tout l'ancien empire des Plantagenet, plus des ports flamands et cela, en toute souveraineté. Sa rançon est fixée à quatre millions d'écus d'or.

Le régent réunit des députés par qui il fait repousser ce traité signé par le roi Jean son père.

Édouard III fait une expédition en France. Le dauphin donne ordre de fuir devant les armées anglaises après avoir emporté les vivres et incendié.

Le pape demande à Édouard de faire la paix. Les nobles ne pouvant plus toucher leurs revenus, prient le régent de traiter rapidement. Sa situation est précaire, il manque de troupes et est toujours en butte aux intrigues du roi de Navarre. Les Anglais manquent d'approvisionnements, des marins français ont été piller une ville d'Angleterre, un cyclone s'abat sur les hommes d'Édouard.

Le 1er mai 1360, des conférences s'ouvrent à Brétigny et aboutissent rapidement. L'Angleterre abandonnerait de ses précédentes exigences, quatre provinces, le roi Jean paierait une rançon de trois millions d'écus d'or, six cent mille sous quatre mois, avant de sortir de Calais où il serait amené, et quatre cent mille par an, pendant les six années suivantes. Les préliminaires sont signés le 8 mai.

A l'annonce de cette nouvelle, les Parisiens sont en joie. Les Anglais, venus faire jurer l'accord au dauphin reçoivent des présents, des épines de la couronne du Sauveur conservée à la Sainte Chapelle.

La joie fut courte, des provinces que l'on cédait ne le voulaient pas. Plusieurs comtes disaient que le roi n'avait pas le droit de donner ses vassaux. Bordeaux était bien anglaise mais la Rochelle suppliait le roi de ne pas l'abandonner. Ceux qui restaient Français allaient devoir travailler durement pour payer l'énorme rançon de leur roi, plus ses frais de détention.

Jean le Bon ne parvenait pas à réunir les fonds pour le premier versement de sa rançon. Le duc de Milan, Galéas Visconti, réputé pour sa tyrannie et ses atrocités, cherchait une alliance avec la famille royale de France pour son fils. Non seulement il ne demandait pas de dot mais payait. Jean le Bon troqua sa fille contre six cent mille francs (trois cent mille selon Michelet). La petite Isabelle avait onze ans, son futur époux en avait dix.

A Calais, les deux rois festoient, signent la ratification du traité et Jean II quitte la ville laissant deux de ses fils en otages. Il est fort acclamé par le peuple quand il rentre à Paris. Il institue aussitôt de lourdes taxes pour payer sa rançon, et il continue ses dépenses fantaisistes.

Mais le peuple ne pouvait pas payer tout ce qu'on lui demandait. Il fallut s'adresser aux prêteurs juifs.

Le brigandage continuait de sévir, des nobles, revenus d'Angleterre, prenaient la tête de bandes de pillards.

Novembre 1361. – Le duc de Bourgogne meurt sans héritier. Le roi de France réunit au royaume le duché dont il investit son fils Philippe.

Avril 1362. – Une Grande Compagnie commandée par un Gascon s'empare d'un château dans la région de Lyon, ravageant de vastes contrées. Jacques de Bourbon entouré d'autres seigneurs met sur pied une armée d'environ quinze mille hommes et s'assure des services de l'Archiprêtre. Mais les routiers les écrasent. Jacques de Bourbon est parmi les tués. La troupe de brigands se dirige vers Avignon. Le roi Jean va trouver le pape qui souhaiterait lui voir prendre la tête d'une croisade en Orient où il pourrait amener les Grandes Compagnies. Aussitôt le roi recherche argent et croisés et multiplie ses dépenses somptuaires.

Ses deux fils, laissés en otages s'ennuient en Angleterre. Moyennant finance et des concessions de territoire, ils obtiennent de venir à Calais d'où Louis d'Anjou s'enfuit. Le roi Jean ne peut plus tirer de la France tout ce qu'il désire. Peut-être se sent-il menacé ? Il prend prétexte de la fuite de son fils pour retourner en Angleterre donnant l'apparence d'une compensation. Il retrouvait à Londres, une vie de luxe et de plaisir et aussi la comtesse de Salisbury.

A fin décembre, pendant que Charles de Navarre fait des préparatifs de guerre, Jean II part de France, il arrive à Londres à la mi-janvier 1364.

7 avril – Du Guesclin veut débarrasser la France de tous les ennemis du roi. Il s'empare par ruse de Mantes, dans les possessions du roi de Navarre, défonce la porte de Meulan, incendie le donjon, et ses hommes pillent à cœur joie au cri de « Guesclin et Saint-Yves ».

Le lendemain, à Londres, après une maladie mystérieuse et courte, Jean le Bon meurt à l'âge de quarante-quatre ans. Le roi Édouard lui fait faire de somptueuses funérailles après quoi sa dépouille est ramenée à Saint-Denis.

16 mai 1364. – Charles de Navarre veut sa revanche. Il donne ordre de lever une armée et de combattre les troupes françaises. La rencontre a lieu aux environs de Cocherel. Les Français commandés par Bertrand du Guesclin remportent la victoire.

La nouvelle en parvient à Charles V sur la route de Reims où va avoir lieu son couronnement. Au retour, il récompense du Guesclin et le charge de reprendre à Navarre la Normandie et les villes de Bourgogne dont il s'est emparé. Du Guesclin prend plusieurs places, en perd deux autres. La guerre reprend en Bretagne contre les Anglais alliés à Jean de Montfort qui remporte la victoire. Charles de Blois est tué et du Guesclin capturé.

Un traité reconnaît Jean de Montfort comme duc de Bretagne. Une paix est signée entre le roi de France et le roi de Navarre qui recouvre ses domaines de Normandie.

Pour se débarrasser des routiers, le pape Urbain V et le roi Charles V projettent de les envoyer en Hongrie sous le prétexte d'aider ce pays contre les Turcs. Bertrand du Guesclin n'ayant pas payé sa rançon est toujours prisonnier.

Arnaud de Cervole, l'Archiprêtre, a le commandement.

Les Compagnies ne se décident qu'à grand peine à partir. Sur le passage, plusieurs villes ferment leurs portes. Les routiers reviennent en France. Ils sont rassemblés par du Guesclin dont le roi vient de payer la rançon. Voilà le connétable de France à la tête des Grandes Compagnies en route vers l'Espagne. Au passage, les routiers obtiennent du pape l'absolution préalable pour les crimes qu'ils vont commettre, et d'importantes sommes d'argent. Leur chef emprunte encore aux bourgeois de Montpellier. Français, Gascons, Allemands, Anglais, ils sont environ trente mille. Après avoir guerroyé en Castille, la plupart des routiers préfèrent rentrer en France. Dans une querelle, l'Archiprêtre est tué.

Le frère du roi de France, Jean, duc de Berri, a épousé la fille du comte Jean d'Armagnac. Une connivence semble exister entre le roi et le comte. Celui-ci refuse de payer les impôts qu'il doit au prince de Galles. Il est reçu magnifiquement à Paris.

Le roi soutiendra Jean d'Armagnac et tous ceux qui, se trouvant dans les territoires dévolus à l'Angleterre, feront appel à son autorité.

Le 3 décembre 1369, naît le futur Charles VI.

Après avoir manifesté de l'indépendance vis-à-vis du pape, Charles V lui demande un service. Il recherche l'alliance du comte de Flandres qui penche pour l'Angleterre selon les intérêts économiques des Flamands, et projette d'unir sa fille Marguerite à un fils d'Édouard III. Sous le prétexte de la parenté qui existe entre eux, Urbain V est prié par le roi de France d'intervenir. Il refuse la dispense nécessaire. Charles V peut alors exécuter son projet d'unir Marguerite de Flandres à son frère Philippe le Hardi, duc de Bourgogne. Après quelque résistance, le comte de Flandres donne son consentement.

Charles V envoie des lettres provocantes à Édouard III et fait préparer une flotte pour envahir l'Angleterre.

Édouard III annonce qu'il reprend le titre de roi de France, le traité n'étant pas respecté.

Le 19 juin, Philippe le Hardi épouse Marguerite de Flandres.

La reine d'Angleterre, Philippa, meurt.

Charles V nomme Bertrand du Guesclin connétable de France.

1371. – A Limoges, le prince de Galles, fait massacrer sous ses yeux, de nombreux hommes, femmes et enfants. Peu de temps après, malade, il retourne en Angleterre et meurt au mois de juin 1376.

L'héritier du royaume est désormais son fils Richard, né à Bordeaux en 1367.

Un an plus tard, le roi d'Angleterre meurt. Richard est roi. Il sera dirigé par son oncle, Jean de Gand, duc de Lancastre, quatrième fils d'Édouard III.

En janvier 1378, Charles V perd sa femme, et quelques semaines plus tard, sa fille Isabelle.

Au mois de mars, c'est le pape Grégoire XI qui meurt. Il voulait ramener la papauté à Rome.

Et le roi de Navarre, intrigue sans cesse. En janvier, il avait décidé d'empoisonner le roi. Mais Charles V a été prévenu. Celui qui était chargé de le faire mourir, est arrêté et Du Guesclin, une fois de plus, reçoit l'ordre de saisir toutes les possessions du roi de Navarre en Normandie.

Des cardinaux contestent la validité de l'élection du nouveau pape Urbain VI. Charles, peut être à l'origine de cette décision, les soutient.

20 septembre 1378. – Le Grand Schisme commence. Urbain demeure à Rome. Les cardinaux élisent un pape français. Il prend le nom de Clément VII.

Les sympathies du duc de Bretagne sont pour l'Angleterre où il a été élevé. Il est déclaré félon. Ses terres seront réunies à la couronne de France. Mais les Bretons attachés à leur indépendance ne veulent d'aucun occupant.

Charles V désigne trois capitaines pour prendre possession de la Bretagne et fait promettre à Du Guesclin et à deux autres, sur un fragment de la Vraie Croix, de livrer à ses envoyés les places qu'ils détiennent. Du Guesclin promet mais finalement ne peut se résoudre à combattre ses compatriotes. Il sera envoyé ailleurs.

Le comté de Montpellier se révolte. Des agents du roi sont massacrés par le peuple. Charles V et son frère Louis d'Anjou sont décidés à mater la révolte et faire de terribles exemples. Des prélats interviennent pour que les mesures décidées soient atténuées.

Charles V n'a que quarante-trois ans mais il se sent fatigué. Une incommodité physique l'empêchait de participer personnellement à la guerre.

Infiniment soucieux de la puissance royale, froid, réfléchi, il a intrigué, dressé des plans de campagne, organisé lui aussi l'armée et la marine. Ni doué pour les armes, ni enclin à s'engager dans les combats, il a su se servir des autres. Pour rattacher des villes à son royaume, il a accordé des faveurs ou terrorisé : Limoges ouvre ses portes contre des exemptions d'impôts et deux foires annuelles ; à Brive, après que les troupes du Duc de Bourbon eurent occi tous les Anglais de la garnison, les habitants réticents à se rendre furent sévèrement châtiés, et les plus notoires, décapités.

Pendant les seize années de son règne, comment vécu Charles V ? M. Pierre de Sermoise a recueilli des détails : « Après avoir aménagé le château du Louvre, transformé en un palais fastueux, Charles-le-Sage commence par quitter celui de la Cité.

Du côté de la Bastille, le quartier du Marais s'installe... Le Louvre était trop triste, aussi Charles V décide-t-il très vite d'acheter plusieurs demeures seigneuriales dans le quartier Saint-Paul. Sur l'emplacement d'un territoire délimité maintenant par l'Hôtel de Sens, les rues Saint-Antoine, du Petit-Musc, et la Seine, un vaste ensemble formera l'Hôtel Saint-Pol, futur logis du roi, merveilleux de luxe et de diversité.

L'hôtel Saint-Pol apparaît déjà comme une de ces créations royales auxquelles devait se complaire Louis XIV, dira Auguste Bailly. C'était une vraie ville que ces hôtels juxtaposés sans plan d'ensemble, sans symétrie, mais remarquablement disposés pour tous les besoins de la vie et pour la santé du roi.

On y trouvait des appartements très divers, des chambres en nombre infini...

Douze statues d'apôtres ornaient la Grande Chapelle. Dans celle de la reine d'exquises peintures...

Les bains ou les étuves avaient des lambris et des cuves de bois d'Irlande garnis de dorures.

Douze galeries réunissaient les divers bâtiments. Entre elles s'étendaient des cours, six préaux, sept ou huit grands jardins, une ménagerie... des volières... un aquarium...

La passion du roi pour cette splendide résidence ne l'empêcha pas pour autant de continuer d'embellir le Louvre, de construire à Vincennes le puissant château qu'on y voit encore...

... Il aime seulement la chasse, et, le reste du temps, passe sa vie à recevoir en ses riches palais.

Après ses repas, il aime à écouter des musiciens ou à visiter joyaux et autres richesses. Puis il reçoit des ambassadeurs... et des seigneurs. Il y avait parfois tant de princes étrangers et de chevaliers de diverses contrées en ses chambres et salles grandes et magnifiques, que l'on pouvait à peine se tourner.

L'inventaire de ses bijoux, meubles et objets de prix réunis dans ses châteaux révèle une profusion d'or, d'argent, de gemmes, qui éblouissent la pensée...

Aucun souverain d'Europe n'avait jusqu'alors manifesté tant de goût pour les recherches intellectuelles, la société des savants, pour les établissements d'instruction.

Passionné pour les livres, il installe une librairie qui finira par occuper trois étage du Louvre, dans la tour de la Fauconnerie,... bibliothèque ornée de précieux lambris en bois de rose et de cyprès... Il écrit : « L'office des rois et de gouverner, d'administrer sagement la chose publique. » Fin de citation.

Au cours du siège qu'il entreprend devant Châteauneuf de Randon, Bertrand du Guesclin contracte une grave maladie et meurt le 13 juillet 1380.

Le 16 septembre suivant, mort de Charles V. Il vient d'abolir l'impôt du fouage qui souleva tant de protestations, et dont il n'avait plus besoin.

Septième partie

Depuis l'avènement de Charles VI (fin septembre 1380) jusqu'au 10 novembre 1407

A son avènement au trône de France, le roi n'a pas encore douze ans. Charles V, son père, avait fixé la majorité royale à quatorze ans et décidé des attributions des princes.

Mais des jalousies et querelles éclatent entre eux, si vives que l'on est prêt à recourir aux armes. Des arbitres sont désignés. Ils décident que Philippe de Bourgogne, Jean de Berri et un oncle maternel, le duc de Bourbon, assureront la tutelle du roi dont le début du règne pourrait commencer avant la majorité fixée. Louis d'Anjou sera régent. Il accepte car, si les recettes ordinaires du royaume ou les recettes extraordinaires imposées aux villes, seront versées dans le trésor du roi, l'or de son père, ses vases, ses joyaux non moins riches par le travail que par la matière, ainsi que tous les objets précieux de sa maison, seront remis à la discrétion du duc après, néanmoins, qu'on en aura prélevé une part suffisante pour le roi.

Pendant quelques temps, le voyage du sacre est retardé. Les troupes ont cessé de poursuivre les Anglais et s'occupent à dévaster le diocèse de Paris et les environs.

Louis d'Anjou, régent, convoque des capitaines et leur déclare que : « s'armant d'une rigueur équitable et salutaire il arrête que, si un vol a été commis il sera permis et licite de tuer le voleur... » Les désordres continuent mais il y a aussi toute l'agitation du peuple qui veut se libérer des subsides.

L'avidité du régent retarde encore le départ. Entré en possession d'une inestimable partie des richesses de son frère, il soupçonne que d'autres, encore plus importantes, sont cachées. Des courtisans lui rapportent que le roi Charles avait dissimulé dans des murailles, en plusieurs lieux, des lingots d'or.

Ces familiers de Charles V s'étaient engagés par serment à ne découvrir les trésors qu'au jeune roi, après sa majorité.

Louis d'Anjou convoque l'un d'eux, Philippe de Savoisy, le bourreau aussi est présent, tout prêt à lui trancher la tête s'il ne parle pas, et le courtisan dévoile le secret. On assure que le duc Louis d'Anjou emporta tout ce qu'il découvrit.

Ensuite le régent rejoint rapidement le roi pour l'entrée dans Reims où le jeune Charles est couronné et sacré par l'huile de la Sainte Ampoule, puis revêtu des ornements dont les abbés de Saint-Rémi et de Saint-Denys ont la garde et à qui il appartient de faire les honneurs.

Au moment de se mettre à table pour le repas, une dispute éclate entre Louis d'Anjou et Philippe de Bourgogne, chacun des deux frères voulant occuper la place la plus proche du roi. L'affaire confine à la violence et c'est finalement Philippe qui s'impose. Pour ajouter à l'éclat du festin, le connétable et le maréchal de France servent à cheval les plats sur la table du roi.

Moins de deux jours plus tard, les princes ramènent rapidement le roi à Paris, sans le laisser entrer selon la coutume, dans les cités où des préparatifs importants avaient été faits pour sa réception, cela afin qu'il ne puisse faire acte de munificence royale à l'occasion de son couronnement. Fut évitée aussi l'église de Saint-Denis avec les prières qui devaient y être dites, avec l'abbé et les moines qui attendaient en procession solennelle.

Le peuple sait que Charles V, peut-être pour le remède de son âme, a décidé l'abolition du fouage, impôt sur chaque feu ou foyer, selon les revenus. Il espère que le nouveau roi va confirmer la décision.

Le retour du roi dans Paris se déroule avec faste et donne lieu pendant plusieurs jours à des fêtes magnifiques et des tournois. Des fontaines artificielles jettent du lait, du vin, de l'eau de rose mais il n'y a pas de pain. Le peuple refuse de payer le fouage et les autres taxes. Des percepteurs sont frappés.

Le Religieux de Saint-Denis (30) écrit que « le peuple souhaitait avec une ardeur incroyable être délivré du joug pesant des subsides...

Cependant, pour que la joie récente ne fût pas troublée par des mécontentements propres à irriter la majesté royale, le prévôt demandait... qu'on restât quelque temps en repos... Un homme grossier attisa le feu de la colère du peuple par ses clameurs séditieuses, disant : « ... ne verrons-nous jamais cesser la cupidité toujours croissante des seigneurs qui nous écrase sans relâche d'exactions multiples et injustes. Comprenez-vous dans quel mépris vous vivez ? Ils vous retireraient sans aucun doute, s'ils le pouvaient, votre part de la lumière... Ils s'indignent... de ce que vous avez des figures humaines, et de ce que vous vous trouvez avec eux dans les lieux publics... nous devrions tous souhaiter la mort plutôt que subir un tel déshonneur. »

Plus de trois cents hommes allèrent demander au duc d'Anjou d'entendre leurs plaintes. Le duc ordonna à l'évêque de Beauvais que le roi avait fait chancelier, de parler. Il s'exprima ainsi :

« Une longue expérience nous a appris si c'est avec raison qu'on vante la générosité des rois et des seigneurs de France... on ne vous a jamais rien refusé toutes les fois que vous avez montré soumission : c'est un titre qui, certes, vous manque en ce moment. Que veut dire ceci d'oser venir ici en foule désordonnée, et tout agités de fureur, pour adresser vos demandes à la majesté royale avec le ton du commandement plutôt que dans un langage respectueux, et la menace à la bouche plutôt qu'en suppliant. Dès lors, sans aucun doute, vous méritez un refus car vous avez offensé vos seigneurs naturels. Mais leur clémence accoutumée qui sait toujours unir la douceur à la sévérité, vous pardonne pour cette fois encore cette offense... »

A la fin de son discours, le chancelier convoqua la foule pour venir entendre le lendemain, les décisions qui seraient prises. Mais le lendemain, les protestataires ont les mêmes paroles que la veille et le duc d'Anjou est contraint d'annoncer la suppression des impôts. La populace se tourne alors vers les prêteurs juifs, elle pille et tue.

Charles V avait eu parmi ses conseillers, Aubriot, prévôt de Paris. C'était un homme rude. Il avait fait exécuter de grands travaux : le quai du Louvre, le mur Saint-Antoine, le pont Saint-Michel, les premiers égouts. Le tout par corvée, recrutant les gens dans les rues. Il avait aussi prêté beaucoup d'argent aux grands seigneurs qui souhaitent se débarrasser de leur créancier.

L'Université s'en chargera et c'est facile. Aubriot ne communie pas, il blasphème, il est débauché – mais Michelet assure que la débauche était fort répandue chez les grands. Aubriot rend aux juifs des enfants qu'on leur enlève pour les faire baptiser et ne tient pas compte des privilèges de l'Église. Il est emprisonné.

Le duc Jean de Berri est toujours mécontent. Aux terres qu'il possède (Maconnais, Auvergne, Berri, Poitou), et pour le calmer, le régent ajoute l'administration du Languedoc et de la Guyenne dans sa partie à nouveau prise aux Anglais.

Après avoir cédé devant la colère populaire, le régent obtient des États Généraux la levée du fouage limitée à treize mois. Son produit devra être réservé au paiement des hommes d'armes.

En janvier 1381, le duc Jean IV de Bretagne accepte de conclure un traité. Contre la reconnaissance de sa souveraineté sur le duché, il jure fidélité au roi.

A la fin du mois, un conseil de douze membres est adjoint au régent. Louis d'Anjou en sera président mais ne pourra prendre de décision sans l'avis des autres oncles du roi.

Le rétablissement du fouage est confirmé par les États. L'emploi de son produit devra être surveillé par des notables. Le pouvoir promet comme à l'accoutumée, la réforme de l'administration et la compression des dépenses.

En Angleterre des troubles éclatent. Un théologien, Wiclef prêche que la religion peut se passer du pape et que les biens d'Église qui servent à la corruption du clergé devraient être sécularisés.

Froissart, l'admirateur des princes, de leur faste et de leurs prouesses guerrières, parle de l'obligation où sont les serfs d'accomplir par corvée pour les gentilshommes à qui ils sont, tous les travaux des champs ou autres, et il ajoute : « Il y a beaucoup plus de serfs en Angleterre qu'ailleurs et particulièrement dans les comtés de Kent, d'Essex, de Sussex et de Bethford. Les méchantes gens de ces contrées commencèrent à se soulever en disant qu'on les tenait en trop grande servitude ; qu'au commencement du monde il n'y avait pas de serfs... qu'on les traitait comme des bêtes... que s'ils faisaient des travaux pour leurs seigneurs, ils voulaient en être payés. »

« Ces bêtises leur avaient été mises en tête par un prêtre d'Angleterre qui s'appelait Jean Ball et qui pour ses folles paroles avait souventes fois couché dans la prison de l'Archevêque de Cantorbéry... Il disait – Bonnes gens, les choses ne peuvent pas bien aller en Angleterre tant qu'il y aura des vilains et des gentilhommes et que nous ne seront pas tous égaux. Pourquoi ceux que nous nommons seigneurs sont-ils plus grands maîtres que nous ? Par quoi l'ont-ils mérité ? Pourquoi nous tiennent-ils en servitude ? Nous venons tous d'un seul père et d'une seule mère, Adam et Ève. En quoi peuvent-ils dire ou montrer qu'ils sont meilleurs seigneurs que nous sauf parce qu'ils nous font cultiver et laborer ce qu'ils dépensent ? Ils sont vêtus de velours et de satin fourrés de vair et de gris, et nous sommes vêtus de pauvres étoffes ; ils ont les vins, les épices et les bons pains, et nous avons le seigle, le son et la paille, et nous buvons de l'eau, ils se reposent en de beaux manoirs, et nous avons la peine, le travail, la pluie et le vent dans les champs, et il faut que de nous et de notre labeur vienne ce dont ils vivent. On nous appelle serfs et nous sommes battus si nous ne faisons pas leur service... allons trouver le roi,... facilement ou non il y trouvera remède. »

Froissart dit encore : « Quand l'Archevêque en était informé, il faisait prendre Jean Ball, le mettait en prison... Mieux eût valu que dès la première fois il l'eût condamné à la prison perpétuelle ou qu'il l'eût fait mourir... Il n'osait s'y déterminer et le délivrait. Une fois hors de la prison, Jean Ball reprenait ses errements tout comme devant. » – Fin de citation.

Les paysans de Kent, de Sussex, de Bethford et des pays environnants, marchent sur Londres au nombre d'environ soixante mille. Ils ont pour premier capitaine Wat Tyler, et avec lui, Jacques Straw et Jean Ball. Sur leur passage les révoltés détruisent les demeures d'avocats et procureurs de la cour du roi, ainsi que celle de l'Archevêque. Ils vont loger sur une montagne proche de Londres et envoient un messager au roi, lui demandant de venir leur parler.

Le roi prend conseil. Le lendemain, après avoir ouï la messe, accompagné des seigneurs, tous effrayés, il se dirige en barque vers le lieu où l'attendent plusieurs milliers de serfs, ceux que Froissart appelle « ces méchantes gens ». Ils demandent au roi de descendre à terre pour venir les entendre. Richard II refuse et rentre avec sa suite au château de Londres. Les révoltés en colère reprennent leurs destructions, attaquent les prisons des faubourgs et libèrent les prisonniers. Dans la ville, des gens de leur parti forcent des gardes à leur ouvrir les portes.

Sur la menace que les paysans veulent prendre de force la Tour de Londres, le roi leur envoie dire qu'ils doivent se retirer hors de la ville, dans une prairie où il leur accordera tout ce qu'ils demanderaient.

Quand le roi arrive, les serfs réclament un affranchissement total.

Richard répond qu'il l'accorde, que tous doivent rentrer chez eux après avoir laissé deux ou trois hommes par village à qui seraient remises les lettres d'affranchissement.

Une partie du peuple, apaisée, se retire. Trente clercs écrivent des lettres d'affranchissement. Ceux qui les ont reçues s'en vont. Mais les chefs veulent demeurer pour surveiller l'accomplissement de la promesse, et trente mille serfs avec eux.

Ils se réunissent sur une grande place pour parlementer entre eux, quand le roi paraît accompagné d'une soixantaine de cavaliers. Son intention est de quitter Londres.

A sa vue, Wat Tyler se détache de ses compagnons dans l'intention d'aller parler au roi. Que se disent-ils ? Ici Froissart conte que cet homme, seul devant le roi et sa suite qui commencent à l'envelopper, aurait eu des paroles menaçantes. Le maire de Londres en prend prétexte pour porter un premier coup à Wat Tyler ; il tombe à terre, complètement dissimulé aux siens, un coup d'épée l'achève.

Le roi se dirige hardiment vers la foule qui veut venger son capitaine mais une grande troupe de gens armés vient se ranger auprès du roi en ordre de bataille et les serfs s'enfuient. Le roi et sa suite rentrent à Londres en grande joie.

On proclame que ceux qui sont étrangers à la ville doivent en partir sous peine de vie. Les deux autres chefs de la révolte Jean Ball et Jacques Straw sont retrouvés. Ils auront la tête tranchée. Après quoi, chacun se tient tranquille.

Sur le continent, en Flandre, il y a des émeutes.

Septembre 1381. – Dans le midi de la France, la révolte éclate. A Béziers les consuls préparent la réception du duc de Berri provoquant l'irritation dans le peuple. Les notables se réfugient dans la tour de l'hôtel de ville. Elle est incendiée. Les émeutiers, maîtres de Béziers y commettent tous les excès habituels. Le duc de Berri arrive avec son armée. Pendaisons, décapitations, rançon, c'est le prix que Berri fait payer.

Des bandes d'Auvergnats devenus furieux, et parmi lesquels se trouvent des nobles ruinés, se dirigent vers le Languedoc, s'emparent de Nîmes et pillent, tout particulièrement les biens du clergé. Ils sont poursuivis par d'autres bandes, celles du duc de Berri.

Janvier 1382. – Philippe Van Artevelde accepte d'être capitaine de la ville de Gand. Il lutte contre le comte de Flandre, Louis de Maele, beau-père de Philippe de Bourgogne et fidèle au roi de France, et contre la ville de Bruges soumise au comte.

Soulèvement à Rouen où les marchands décident la suppression du fouage. Il y a des violences.

De ville en ville, le soulèvement gagne Paris. Cette fois le duc d'Anjou a mis, à huis clos, les recettes à l'encan. Dès l'annonce du rétablissement de la taxe sur les transactions, le peuple se fâche, si bien que l'évêque, les principaux bourgeois et le prévôt s'enfuient précipitamment. Avec des maillets pris à l'arsenal, ce qui leur vaut le nom de maillotins, des émeutiers frappent les collecteurs. L'un d'eux s'est réfugié à Saint-Jacques, il est égorgé sur un autel.

La foule des révoltés pille des maisons, la riche abbaye de Saint-Germain-des-Prés, mais elle s'arrête devant le palais du roi. Elle ouvre les prisons et libère Aubriot emprisonné au Châtelet qui s'esquive prudemment.

Mars 1382. – Le roi, apprenant que les Parisiens résistent à ses ordres, se décide à faire ravager les environs de Paris. Pour cela, le duc d'Anjou recrute où il peut, des gens de guerre et leur livre au pillage et à tous les excès le diocèse de Paris. Les arbres fruitiers et les blés sont détruits dans les environs de la capitale menacée de famine. Ensuite c'est la promesse d'abolir le fouage et la gabelle et l'annonce d'une amnistie générale. L'apaisement revenu, on décapite ou l'on pend les chefs du mouvement. Comme ces exécutions ramènent de l'agitation, elles sont remplacées par de discrètes noyades nocturnes.

Alors le roi part pour Rouen. Les franchises de la ville sont abolies, les meneurs décollés ou pendus.

Avril 1382. – Les États de Normandie matés, accordent au roi tous les impôts qu'il exige. A Compiègne, les habitants refusent résolument de payer. Ceux de plusieurs autres villes font de même.

Dans les Flandres, les Gantois battent les habitants de Bruges et ravagent leur ville. Leur mouvement s'étend à Ypres, Courtrai, Cassel et jusqu'à Liège.

Louis de Maele veut sa revanche. Philippe de Bourgogne, empressé de revoir soumise à son beau-père cette Flandre dont il sera un jour l'héritier, obtient du roi non encore majeur – il a tout juste treize ans et demi – l'assistance requise par le comte de Flandre.

Pendant qu'à Rouen, les habitants s'insurgent contre les impôts, pourchassent les collecteurs et sont de nouveau sévèrement châtiés ; Charles VI va à Saint-Denis chercher l'oriflamme.

Si le duc d'Anjou n'intervient plus dans les affaires du royaume, c'est qu'il part pour l'Italie. Depuis deux ans, la reine Jeanne de Naples qui a fait de lui son héritier, l'appelle à son aide. Charles de Duras descendant de Charles Ier roi de Sicile, un frère de Louis IX, a des prétentions sur la Sicile.

De Louis Ier d'Anjou, Michelet raconte :
« Aussi longtemps qu'il y avait eu quelque chose à prendre dans le royaume, il n'avait pu se décider à partir. Il avait employé ces deux ans à piller la France et l'Église de France. Le pape d'Avignon espérant qu'il le délivrerait de son adversaire de Rome, lui avait livré non seulement tout ce que le Saint-Siège pouvait recevoir, mais tout ce qu'il pourrait emprunter, engageant de plus, en garantie de ces emprunts, toutes les terres de l'Église. Pour lever cet argent, le duc d'Anjou avait mis partout chez les gens d'Église, des sergents royaux, des garnissaires, des mangeurs comme on disait. Ils en étaient réduits à vendre les livres de leurs églises, les ornements, les calices, jusqu'aux tuiles de leurs toits. » Fin de citation.

Les garnissaires ou mangeurs étaient des gens à l'appétit solide que le contribuable en retard de paiement était obligé de nourrir le plus grassement possible, jusqu'à ce qu'il se soit acquitté de sa dette.

Le duc d'Anjou part en avril 1382 avec des sommes énormes, mais il est trop tard. Lorsque la flotte arrive devant Naples dans les premiers jours de mai, la reine Jeanne est prisonnière de Charles de Duras. Le 12 elle est étouffée sous un matelas. Le duc Louis part en Provence puis revient en Italie. Avec son importante armée il ne peut même pas rencontrer son ennemi enfermé dans les places fortes et qui laisse faire le climat, la famine et la haine populaire, sans répondre aux défis qui lui sont lancés. Au bout de quelques mois le duc d'Anjou pour avoir voulu conquérir la Sicile meurt de fièvre à Bari en 1384.

Philippe le Hardi débarrassé de ses frères tous deux loin de la capitale, mène à sa volonté le roi et le royaume. Il dit à Charles que l'honneur est perdu si on laisse faire les ribauds de Gand. L'ost de France concentré à Lille est fort de quarante mille hommes. Il y en a de Bourgogne, de Normandie, de Bretagne, tout joyeux à la pensée du pillage qu'ils pourront faire dans les riches villes flamandes.

27 novembre 1382. – La bataille s'engage près du village de Roosebecke. L'armée des Gantois groupée en une masse compacte, fonce et défait les premiers rangs de ses adversaires, mais elle est prise en tenaille par les soldats du roi de France dont les lances sont plus longues que les épieux des flamands. Philippe Van Artevelde est tué. Il avait déclaré : « Il faut vaincre ou mourir en combattant. »

Louis de Maele ordonne que l'on pende son cadavre. Vingt-cinq mille hommes de l'armée flamande sont tués ou blessés. Le pillage s'organise.

Charles VI a été tenu à l'écart mais après la bataille, ses oncles lui montrent l'entassement des cadavres ; c'est lui, le roi, qui a gagné le combat puisqu'il en a donné l'ordre.

La vue de l'immense et répugnant carnage dont on lui dit qu'il est l'auteur, c'est bien assez pour troubler profondément l'esprit du jeune Charles.

Ayant appris que la ville de Courtrai détenait, depuis la défaite de Philippe le Bel, cinq cents éperons français, il ordonne que la ville soit mise à sac et brûlée. Il aurait voulu poursuivre jusqu'à Gand mais décembre est là et les princes veulent briser la résistance des Parisiens. Ceux-ci pour le retour du roi, se sont rangés par milliers sur son passage, revêtus de leurs plus beaux habits et aussi, en armes. Ils fêtent le roi tout en déployant leur puissance pour obtenir de meilleures conditions. Cela n'impressionne pas les vainqueurs de Roosebecke, ils vont jusqu'à Notre-Dame avec le roi en tête, bien dressé, portant la lance et ne saluant personne.

On donne ordre de livrer toutes les armes. La bastille Saint-Antoine sera achevée et une grosse tour bâtie au Louvre. Ainsi Paris ne pourra probablement plus se soulever.

Pendant plusieurs jours, les exécutions se poursuivent.

Sans prendre avis des États, le conseil de régence décide une plus grande fréquence de la perception de l'impôt. Le roi annonce que la prévôté des marchands est supprimée, ses pouvoirs sont transférés au prévôt royal. Les franchises des Parisiens sont abolies. L'Université reçoit l'ordre d'adhérer au pape d'Avignon Clément VII. Des étudiants anglais partisans d'Urbain VI préfèrent retourner dans leur pays.

Partout où il y eut révolte contre l'impôt, et même si ce que la royauté appelait « pardon » avait été accordé, les principaux agitateurs sont exécutés, sauf si, étant riches, ils peuvent avoir la vie sauve contre d'importantes sommes d'argent. « C'est la revanche des princes sur ceux qui ont défendu le peuple parisien contre l'arbitraire », concluent MM. Castelot et Decaux.

Ensuite on arrange une scène de clémence. Une tente magnifique est dressée en haut des marches du Palais. Le roi y siège entouré de ses oncles et des grands seigneurs.

Le chancelier énumère les crimes des Parisiens et demande quel châtiment cela mérite. Dans la foule déjà terrifiée par les récents supplices, il y a des cris et des sanglots. Parmi les gens massés dans cette cour, beaucoup ont un des leurs en prison, à moins qu'il ne soit déjà tué.

Alors, ainsi qu'il était convenu, les oncles du roi feignent d'être touchés, se jettent à ses pieds, le conjurent de commuer la peine de mort en amende. Le jeune garçon couronné accepte. Partout où il y a de l'argent à prendre, de lourdes sommes sont imposées. Et puis on annonce que les anciennes taxes, encore augmentées devront être payées. Les Parisiens payent. Ils ne peuvent plus se faire entendre, ils n'ont plus ni prévôt, ni échevins, ni commune. Les chaînes qui barrent les rues la nuit sont supprimées pour que le connétable Olivier de Clisson et ses gens d'armes puissent circuler plus facilement. Plusieurs villes furent traitées de la même façon.

Le récit du Religieux de Saint-Denis vaut d'être évoqué : « Messire d'Orgemont (l'Évêque chancelier) harangua le peuple. – Sachez tous, dit-il, que le roi ne veut pas abuser de tout son pouvoir, mais qu'il aime mieux gouverner ses sujets avec clémence. Cédant aux prières de Messeigneurs les ducs, et se réglant sur l'autorité divine qui fait grâce aux coupables même les plus indignes de pardon, il vous remet la peine de mort pour toutes vos révoltes et tous vos attentats. Il daigne effacer de son cœur tout ressentiment. Mais si vous retombez dans les mêmes fautes, il n'y aura plus de grâce pour vous. »

L'assemblée s'étant séparée, on mit tous les prisonniers en liberté, après leur avoir fait payer toutefois une forte amende qui égalait la valeur de tous leurs biens ; encore, leur disait-on lorsqu'ils sortaient de prison : « Vous devez remercier le roi de ce qu'il vous accorde la vie en échange de biens si fragiles.

Pareille exaction fut imposée à tous les bourgeois qui avaient été, pendant la révolte, centeniers, soixanteniers, cinquanteniers ou dizeniers et qui étaient fort riches. On envoya chez eux les gens du roi qui, en s'emparant d'objets précieux et en pillant leur mobilier, les forcèrent de se soumettre à la taxe. Ruinés par cette amende qui était au-dessus de leurs moyens, ils se virent dépouillés de leurs patrimoines, de leurs héritages et de tout leur avoir. Ils furent enfin réduits à la plus affreuse misère. Les intendants du trésor royal m'ont assuré qu'il n'entra pas le tiers de ces sommes immenses dans les coffres du roi et que le reste fut abandonné aux capitaines pour payer les services des gens de guerre. Mais les capitaines gardèrent tout pour eux, et leur cupidité fut cause que leurs soldats continuèrent à exercer le brigandage en sortant de Paris. »

De son côté Michelet écrit :

« La meilleure partie de cet argent si durement extorqué alla finalement se perdre dans les poches de quelques seigneurs. Il n'en resta pas grand-chose. Ce qui resta, ce fut l'outrecuidance de cette noblesse qui croyait avoir vaincu la Flandre et la France ; ce fut l'infatuation du jeune roi, désormais tout prêt à toutes sottises... »

Après Roosebecke, « Charles VI célèbre la fête de la résurrection de Notre-Seigneur, se souvenant que c'était par les mérites et l'intercession de la Bienheureuse Vierge Marie, Mère de Dieu, qu'il avait triomphé des Flamands. Il s'acquitta du vœu qu'il avait fait et se rendit en pèlerinage à Notre-Dame de Chartres.

Il alla ensuite à Orléans. Les habitants le reçurent avec une magnificence digne de la majesté royale et le comblèrent de présents. Mais il fit, comme à Paris, abattre les portes de la ville, enlever les chaînes de fer et décapiter plusieurs des principaux rebelles qui, non seulement s'étaient opposés à la levée des aides, mais s'étaient jetés sur les collecteurs et en avaient tués quelques-uns au mépris de la majesté royale. »

Mais la Flandre n'est pas encore vaincue bien qu'elle fût pillée par les Français, ses ennemis, et qu'elle l'est par les Anglais, ses amis.

Sous des prétextes assez embrouillés, les troupes du roi d'Angleterre débarquent à Calais ayant à leur tête l'évêque de Norwick. Il s'agirait d'une croisade au profit du pape de Rome, contre celui d'Avignon soutenu par le roi de France.

L'armée devait aller en Picardie, elle se retrouve dévastant des villes flamandes malgré les protestations d'ortodoxie de celles-ci.

Louis de Maele fait de nouveau appel à son beau-fils et au roi de France.

Avant de s'occuper de la Flandre, il reste le Languedoc à châtier. L'amende à payer en quatre ans est fixée à huit cent mille francs, charge écrasante pour les Languedociens.

L'armée française est réunie à Arras, quelques villes sont perdues et reprises et une trêve est conclue.

Louis de Maele meurt en janvier 1384. Philippe le Hardi, duc de Bourgogne, hérite alors les comtés de Flandre, d'Artois, de Rethel et autres terres, devenant ainsi un des souverains les plus puissants d'Europe.

Mais ce n'est pas assez. Albert de Bavière a hérité le Hainaut et projette d'unir son fils Guillaume à la fille du duc de Lancastre. Cela n'est pas du goût de Philippe. Il propose sa fille Marguerite pour Guillaume. Albert de Bavière accepte à la condition que sa fille épouse le fils aîné du duc de Bourgogne, le futur Jean Sans Peur. Les deux mariages sont célébrés à Cambrai à Pâques 1385.

La cérémonie est magnifique, et les dames décolletées au-delà de la bienséance. Le roi de France souhaite se marier lui aussi. Une jeune fille de la même maison est choisie, Isabeau de Bavière.

21 mai 1385. – Le duc d'Anjou étant mort, son fils Louis II lui succède et le pape l'investit du royaume de Naples mais l'enfant n'a que huit ans.

Selon le Religieux de Saint-Denis, « le pape Clément traitait avec dureté le troupeau du Seigneur qui lui était confié ; il ne songeait qu'à se gorger de richesses avec ses trente-six cardinaux. Il n'était sorte de corvées et d'exactions qu'il n'inventât pour écraser ceux qui étaient soumis à son obédience... Il envoya en France l'abbé de Saint-Nicaise de Reims, homme adroit et artificieux, qu'il chargea de faire payer aux gens d'église, sous prétexte de soulager la pénurie de la chambre apostolique, un tribut proportionné aux revenus... L'Université de Paris porta ses plaintes au roi et le pria de prendre les mesures nécessaires pour réprimer un tel abus.

Le roi... manda ledit abbé, lui reprocha sa conduite et lui enjoignit de sortir de France... Puis afin de conserver intactes les libertés ecclésiastiques... il révoqua les promesses qu'il avait depuis longtemps faites au pape et interdit qu'on forçât désormais le clergé, par voie de censure séculière, à payer ni aides ni secours à la chambre apostolique ».

17 juillet 1385. – Célébration à Amiens du mariage de Charles VI, âgé de seize ans, avec Isabeau de Bavière qui a quinze ans.

Au mois d'août, la ville de Gand assiégée et ne recevant aucune aide de l'Angleterre est obligée de se rendre. Philippe de Bourgogne et son épouse Marguerite de Flandre y font leur entrée solennelle en janvier 1386. Les réjouissances durent plusieurs jours.

Ayant consolidé sa position dans les Pays-Bas par le double mariage de ses enfants et par celui du roi dans la même maison de Bavière, Philippe le Hardi, duc de Bourgogne, veut à présent conquérir l'Angleterre.

Il achète ou loue des vaisseaux. Tous les seigneurs veulent partir, engageant des sommes énormes pour une expédition dont ils espèrent un pillage dix fois plus grand. Ils font argenter les mâts, dorer les proues des bateaux qui s'ornent d'immenses pavillons de soie. Une ville de bois chargée sur soixante-douze vaisseaux sera montée au débarquement pour loger toute l'armée.

Mais ce projet qui devait servir avant tout les intérêts de Philippe de Bourgogne, déplaît à ses proches qui multiplient les obstacles. La ville de bois se fait attendre. Elle arrive à moitié brisée par la tempête. Le duc de Berri retient le roi en mariant son fils avec la sœur de Charles VI, âgée de neuf ans. Lorsqu'enfin tout est prêt, la mauvaise saison fait échouer l'expédition. Octobre 1386.

En septembre 1386, Isabelle de Bavière reine de France avait accouché d'un fils, Charles son premier né, il meurt en décembre de la même année.

Avril 1387. – A Melun, le roi fait célébrer les noces de son frère Louis, duc de Touraine, qui sera plus tard le duc d'Orléans et n'a pas quinze ans, avec leur cousine Valentine Visconti, fille du duc de Milan, Charles VI prend en charge tous les frais de la cérémonie. Le mariage ne sera effectif que deux ans plus tard.

En l'année 1388, un projet de débarquement en Angleterre échoue. Il y a plusieurs conflits : avec le duc de Bretagne ; en Castille contre le duc de Lancastre ; sur les rives de la Meuse contre le duc du Gueldre où son oncle Philippe de Bourgogne entraîne le roi, et la rencontre tourne mal.

Après cette déplorable affaire, le roi, il a maintenant vingt ans, veut gouverner seul. Il convoque un grand conseil dans l'archevêché de Reims et demande le moyen de rendre au peuple un peu de repos. Il ordonne aux assistants de donner leur avis. L'évêque de Laon énumère les qualités du roi et déclare qu'il ne lui manque rien pour régner par lui-même.

Ensuite Charles VI remercie ses oncles, il ordonne à Jean de Berri de retourner en Languedoc, à Philippe de rejoindre la Bourgogne et garde auprès de lui le duc de Bourbon, le meilleur des trois.

L'évêque de Laon meurt peu après, empoisonné.

Pour le compte de Louis II d'Anjou, Otton de Brunswick chasse les Durazzo du royaume de Naples.

Le 14 juin 1388, la reine a mis au monde une fille, Jeanne, qui mourra quelques mois plus tard.

Le roi s'entoure de conseillers dont certains ont servi son père. Il y en a de nouveaux. Leurs modestes origines les font nommer par dérision, par les oncles de Charles « Les marmousets ». Ils souhaitent réformer l'État. Pour apaiser le peuple, ils obtiennent du roi le rétablissement de la fonction de prévôt des marchands, mais avec une importante limitation des pouvoirs. Cette fonction avait été supprimée par les oncles du roi. Une importante réforme touchant les magistrats et officiers de justice est adoptée. Il y a épuration des cours souveraines. Louis, frère du roi, entre dans le conseil.

L'Hôtel du roi, la chancellerie, la justice ordinaire, la cour des aides, les administrations des domaines, des comptes, des eaux et forêts sont réorganisés.

Le roi décide d'armer chevaliers ses cousins, Louis II duc d'Anjou, roi de Sicile et son frère Charles. La cérémonie se déroule en grande pompe. Tout le pays est informé et des messagers royaux partent en Allemagne et en Angleterre pour annoncer l'événement. Toute la noblesse est invitée aux fêtes magnifiques qui exigent des aménagements considérables.

Des prières nocturnes récitées par les deux princes précèdent le jour des cérémonies religieuses et de l'adoubement. Ensuite ce sont des festins et toutes sortes de divertissements.

Le deuxième jour, vingt-deux chevaliers choisis par le roi, suivis de leurs écuyers prennent part à des tournois. Ils sont conduits en lice par un nombre égal de dames aux vêtements de couleur vert foncé, couverts d'or et de pierreries. Elles sont montées sur des palefrois magnifiquement caparaçonnés. Des danses suivent le souper.

Le troisième jour, c'est le tournoi des écuyers en même nombre et conduits au champ clos par des demoiselles. Tout se passe avec le même luxe que la veille.

La dernière journée, les tournois se poursuivent entre chevaliers et écuyers selon le bon plaisir.

« Alors, dit le religieux de Saint-Denis, la quatrième nuit mit fin aux danses et aux excès dont elles furent suivies... J'engage la postérité à éviter de pareils désordres, car, il faut le dire, les seigneurs en faisant de la nuit le jour, en se livrant à tous les excès de la table furent poussés par l'ivresse à de tels excès que, sans respect pour la présence du roi, plusieurs d'entre eux souillèrent la sainteté de la maison religieuse (toutes les réjouissances eurent lieu dans l'enceinte de l'abbaye de Saint-Denis) et s'abandonnèrent au libertinage et à l'adultère. »

Après avoir offert à tous de riches présents, des joyaux, des étoffes de soie, le roi congédie sa cour.

Un peu plus tard, il décide un voyage dans le midi. Un moine, bravant tous les dangers, est venu lui dire la triste condition des populations du Languedoc, tyranisées et pressurées par le duc de Berri : de plus, le pape Clément VII presse Charles VI, son principal protecteur, de venir le visiter et examiner avec lui plusieurs affaires secrètes. Mais Charles, voulant déployer un grand luxe, se fait prêter des sommes considérables par tous les prélats du royaume. Plusieurs, pour satisfaire au roi, durent vendre leur vaisselle d'or et d'argent et des objets précieux.

A Melun, deuxième cérémonie du mariage de Louis, frère du roi, et de Valentine Visconti.

Avant d'accomplir son voyage, le roi veut que la reine, alors enceinte pour la troisième fois, soit reçue en grande pompe à Paris et couronnée.

De nouveau, par tout le royaume, en Allemagne et en Angleterre, des hérauts vont porter l'annonce de cette solennité qui a lieu au mois d'août 1389.

Pour l'entrée à Paris, le frère du roi, Louis, duc de Touraine, les ducs de Berri, de Bourgogne, de Bourbon sont chargés d'escorter la reine revêtue d'une robe de soie semée de fleurs de lis d'or. Elle est assise dans une litière couverte. Le faste déployé égale celui qui accompagna l'entrée du roi dans Paris après son couronnement.

Le lendemain, dans la chapelle du Palais, c'est sur un échafaud couvert de draps d'or que la reine prend place.

Festins, fêtes et tournois se succèdent. La reine reste dix jours à Paris à l'Hôtel Saint-Pol.

Les bourgeois de Paris lui offrent une table couverte d'un tapis d'or et de la vaisselle d'or. Ils espèrent qu'une partie des impôts sera remise au peuple. Mais, après le départ de Charles VI pour Avignon, on augmente la gabelle en son nom et l'on annonce que la monnaie d'argent de douze et de quatre deniers est prohibée sous peine de mort.

En octobre 1389, le pape Urbain VI meurt. Il est remplacé à Rome par Boniface IX.

Le roi est parti, ne permettant pas à ses oncles de l'accompagner. Il n'emmène pas la reine, voulant goûter royalement et sans contrainte aux plaisirs que la France peut lui offrir. C'est d'abord Lyon où quatre jours s'écoulent en fêtes et galanteries. « Mais nulle part le roi ne passa le temps plus agréablement qu'à Avignon, chez le pape. Personne n'était plus consommé que ces prêtres dans tous les arts du plaisir. Nulle part la vie n'était plus facile, nulle part, les esprits plus libres. L'eussent-ils été moins, ils se trouvaient à la source des indulgences ; le pardon était tout près du péché. Le roi, au départ, laissa de riches souvenirs aux belles dames d'Avignon... » (Michelet).

sa sortie, il est attaqué par Pierre de Craon, accompagné d'un groupe d'hommes, et laissé pour mort. Le roi informé, se précipite avec ses gens. Clisson n'est que blessé et se rétablira rapidement, mais Charles VI est très impressionné par cet attentat.

Les comparses son arrêtés et jugés. Pierre de Craon a regagné un de ses châteaux, mais il doit s'enfuir car ses biens sont saisis et ses demeures détruites. Il trouve refuge chez le duc de Bretagne qui l'aidera à rejoindre l'Espagne. Alors, le roi veut tirer vengeance du duc. Il veut que ses oncles lui amènent leurs vassaux pour une expédition en Bretagne. Les ducs de Berri et de Bourgogne sont ravis de l'attentat et essayent de dissuader le roi de cette entreprise à laquelle il s'accroche. Pour convaincre le duc de Berri de le suivre, Charles va jusqu'à lui rendre le Languedoc. On feint de lui donner satisfaction.

Charles arrive au Mans. Ses oncles le font attendre. Il demeure là, encore trois semaines. Enfin, il fait déployer son étendard et Michelet raconte : « C'était le milieu de l'été, les jours brûlants... le roi était enterré dans un habit de velours noir, la tête chargée d'un chaperon écarlate, aussi de velours. Les princes traînaient derrière, sournoisement, et le laissaient seul afin, disaient-ils, de lui faire moins de poussière. Seul il traversait les ennuyeuses forêts du Mans, de méchants bois pauvres d'ombrage.

Comme il traversait ainsi la forêt, un homme de mauvaise mine, sans autre vêtement qu'une cotte blanche, se jeta tout à coup à la bride du cheval du roi : " Arrête, noble roi, ne passe outre, tu es trahi. "

On lui fit lâcher la bride mais on le laissa suivre le roi et crier pendant une demi-heure.

Il était midi ... tout le monde souffrait de la chaleur. Un page qui portait la lance royale s'endormit sur son cheval et la lance, tombant, alla frapper le casque que portait un autre page. A ce bruit, le roi tressaille, tire l'épée. Il crie : " Sus aux traitres, ils veulent me livrer. "... le roi eut le temps de tuer quatre hommes avant qu'on pût l'arrêter. Il fallut qu'il se fût lassé. »

Le résultat paraît avoir dépassé les espérances;

Le « Religieux » dit qu'ensuite, attaché sur un chariot, il fut ramené au Mans. Pendant deux jours, il demeura sans connaissance. Les médecins déclaraient que le roi allait mourir. Les seigneurs, pleuraient, criaient et prenaient les habits de deuil. Le duc de Bourgogne étalait une grande douleur. Les ducs et les princes, selon les anciens usages, laissèrent entrer le public dans la chambre du roi. Les ambassadeurs du roi d'Angleterre vinrent aussi, ils furent introduits par un conseiller de Charles, Bureau de la Rivière, puisque tous étaient admis. Mais les oncles du roi, haïssaient ses conseillers, Bourgogne en cette circonstance accabla Bureau de la Rivière de reproches et promit de lui faire payer sous peu – une telle trahison –.

Le troisième jour, le roi revint à la santé et à la raison et l'on cria au miracle.

Charles conseillé par ses oncles fait payer la solde des gens de guerre. Il est décidé que le maréchal Boucicaut prendra une partie de l'armée pour aller en Aquitaine et en chasser des bandes de Gascons enrôlées sous les bannières de quelques gentilshommes et qui commettent des hostilités dans les environs de Saint-Macaire. Ensuite, les oncles du roi le ramènent à Paris et, « avec son consentement, reprennent la direction des affaires. Aussitôt, ils défendent aux conseillers de Charles de se mêler du gouvernement. Les conseillers, prennent congé du roi et rentrent chez eux. Mais, à l'exception du connétable, les ducs les font arrêter et jeter en prison. Puis, ils présentent au roi des libelles diffamatoires en insistant pour qu'on les condamne à mort comme traîtres. Pendant plusieurs jours, des habitants de Paris se rassemblent sur la place de Grève pour jouir du spectacle de leur exécution. Le roi leur fait grâce de la vie et leur rend leurs biens ; cependant par égard pour ses oncles, il décide qu'ils seront à tout jamais exclus des offices royaux et devront se tenir à grande distance du roi. Olivier de Clisson a pu s'enfuir. Sa charge, selon ce qui avait été convenu est donnée au comte d'Eu.

29 janvier 1393. – C'est l'épouvantable bal des ardents. Ce jour-là, se célèbre le deuxième mariage d'une dame de la reine, nommée Catherine. S'agissant d'une veuve, la coutume veut que la cérémonie soit accompagnée de charivaris et d'indécences. Une farce est mise au point. Le roi et cinq jeunes seigneurs font coudre sur eux des cottes de lin enduites de poix sur laquelle de l'étoupe est collée, puis ils se masquent, et les six sauvages se précipitent parmi les assistants en poussant des hurlements, des cris horribles en faisant des gestes obscènes. Ils dansent avec frénésie. Le roi, toujours méconnaissable, lutine sa toute jeune tante, la duchesse de Berri. Le frère du roi, le duc d'Orléans, arrive avec le comte de Bar. Pour faire peur aux dames, ils imaginent de mettre le feu à l'étoupe. A l'instant les cinq compagnons du roi flambent cousus dans leurs déguisements. La duchesse de Berri, dès qu'elle voit les flammes, enveloppe le roi, sans savoir qui il est, dans les plis de sa robe, ainsi il est sauvé. L'un des malheureux se précipite dans les cuisines et se plonge dans une cuve remplie d'eau, échappant à la mort. Les quatre autres succombent dans d'atroces souffrances. Ils flambent pendant plus d'une demi-heure, sans que personne ne songe à leur porter secours.

L'un deux était un être pervers, il haïssait les gens du petit peuple, les appelait des chiens et les forçait souvent à aboyer. Souvent aussi, il les obligeait à soutenir sa table pendant qu'il dînait. Quand l'un d'eux avait le malheur de lui déplaire, il le faisait coucher à terre, montait dessus et le frappait à coups d'éperons jusqu'au sang. Apprenant la mort de cet homme, des seigneurs s'écrient : « Dieu soit loué ! »

Sans doute, mais durant sa vie personne ne l'avait empêché d'agir en monstre. Ceci illustre bien la toute-puissance des seigneurs sur leurs serfs, et comme chacun d'eux respectait les agissements et les « droits » de ses pairs.

La reine avec ses dames, s'était réfugiée dans une chambre éloignée, ignorant ce qu'était devenu le roi. Elle tomba et ne reprit ses sens que quand elle vit le roi venu la rassurer.

Les princes avaient tout à craindre si le roi n'eût échappé. On assure qu'environ cinq cents bourgeois du voisinaae, croyant qu'il était mort, se firent ouvrir de force les portes de l'hôtel Saint-Pol, décidés à venger sur les gens de la cour, la fin de leur maître bien-aimé. On ne les calma qu'en leur montrant le roi sous son dais royal qui les remercia et leur dit de bonnes paroles

Le lendemain, ses oncles, les ducs de Berri et de Bourgogne, et son frère Louis, duc d'Orléans, voulant témoigner au ciel leur reconnaissance, vont nu-pieds à l'église Notre-Dame où le roi arrive à cheval. Ensemble, il entendent la messe.

Le « Religieux de Saint-Denis » qui se cramponne autant qu'il se peut à sa plume, par crainte d'égratigner ses illustres personnages, écrit prudemment : « On se demanda longtemps à la cour quel était l'auteur d'une imprudence si funeste. On apprit enfin que c'était Monseigneur le duc d'Orléans. Mais il ne fut point puni de ce malheur dont il était sans doute la cause bien involontaire. Il était trop puissant pour qu'on puisse lui dire : " Pourquoi l'avez-vous fait ? " Seulement des personnages lui reprochèrent avec douceur sa trop grande légèreté et son étourderie et il leur promit de réparer désormais par une conduite meilleure les écarts de sa jeunesse. Considérant la gravité de sa faute, il résolut de demander pardon à Dieu par des prières assidues. Il fit construire à ses frais dans l'église des Célestins de Paris une magnifique chapelle où l'on devait offrir chaque jour un sacrifice expiatoire au Seigneur. Quelques personnes ne laissèrent pas de dire que c'était un monument de son crime. Il y fonda des prières perpétuelles et assigna aux religieux les revenus considérables de Porchefontaine qu'il avait eu en partage dans la dépouille de Pierre de Craon. »

Le roi, pendant quelques mois, paraît rétabli. Et puis, au mois de juin, il glisse de nouveau dans un accès de son mal, prétend n'être pas marié, n'avoir pas d'enfant ; il n'est pas roi, ne s'appelle pas Charles et quand il voit des fleurs de lis, il les détruit.

Dès ce moment, il repousse la reine, ne la reconnaît pas. Il dit avec douceur à ses gens : « Quelle est cette femme dont la vue m'obsède ? Sachez si elle a besoin de quelque chose, et délivrez-moi comme vous pourrez de ses persécutions et de ses importunités afin qu'elle ne s'attarde pas ainsi à mes pas. »

La femme dont la présence est le plus agréable au roi c'est la duchesse d'Orléans. Il l'appelle chère sœur et veut la voir tous les jours. Bien des gens interprétèrent en mal cette prédilection. Parce que Valentine Visconti, duchesse d'Orléans, venait de Lombardie, on la soupçonnait d'user de sortilèges !

Le roi demeure en cet état qualifié de démentiel jusqu'au mois de janvier. Méprisant comme il se doit les sortilèges, les gens de la cour n'en appellent pas moins un sorcier qui déclare pouvoir guérir le roi. Cet homme porte toujours avec lui un livre qui, disait-il, lui donnait visiblement, et du témoignage même des gens de savoir, un pouvoir absolu sur les quatre éléments. Il faisait mille contes sur l'efficacité de ce livre dont l'original avait été donné par Dieu à Adam. Malgré cela le roi ne guérit pas. Sa maladie ou plutôt sa crise cède enfin. Mais c'est à des prières, affirme le Religieux.

Calmé, Charles offre à Saint-Denis une grosse châsse d'or et, comme au mois d'août la reine avait eu son sixième enfant on disposa du bébé. Marie serait religieuse, elle expierait plus tard, dans un monastère, les péchés de son père et pourrait ainsi lui assurer la guérison.

L'Université de Paris demande au roi de faire cesser le grand schisme ; si le ciel lui avait accordé la guérison, c'était pour qu'il puisse veiller aux intérêts de son peuple et la cause de la Sainte Eglise. Il en avait le devoir s'il ne voulait pas perdre le titre de roi très chrétien.

Le duc de Berri répond au nom du roi que le schisme est exécrable et conseille à l'Université de rechercher et proposer les moyens d'y mettre fin. Comme le duc s'est toujours montré partisan du pape, d'Avignon, sa réponse réjouit les envoyés de l'Université. En fait, la maison royale de France tient à conserver le pape à Avignon.

Pendant l'année 1393, on fit faire au roi des ordonnances contre les juifs.

Les juifs ! Ils furent souvent persécutés au cours des siècles précédents sous le fallacieux prétexte d'usure. L'usure apparaît à notre époque comme le profit excessif tiré de certains prêts d'argent. Il en était autrement au moyen âge où tout intérêt grevant un prêt d'argent constituait de l'usure. L'Eglise et la législation séculière en prohibaient la pratique. Mais les juifs, non soumis aux lois de l'Eglise échappaient à cette interdiction. Si, pour les chrétiens prêter à intérêt était interdit, recourir à de tels prêts constituait logiquement une faute. Mais, ils usaient largement de ces prêts que leur consentaient les juifs dont les rois et les seigneurs se disputaient la possession si profitable par les importantes redevances exigées d'eux.

A Avignon, le pape chargeait des juifs de la gestion de ses intérêts temporels.

Quand leurs fortunes devenaient suffisamment importantes, ils étaient l'objet, de la part du roi ou des barons, de persécutions, d'expulsions temporaires avec confiscation de leurs biens. Les créances qu'ils détenaient s'annulaient, ou bien le roi les recouvrait partiellement. Et puis, on les laissait reconstituer tranquillement leurs fortunes, et tout recommençait. P. C. Timbal – (31).

Le pape de Rome, Boniface IX, que le Religieux de Saint-Denis appelle « le prétendu pape », envoie une longue bulle au roi. Le pape d'Avignon, Clément VII, dépêche en France un évêque et plusieurs autres personnes pour obtenir, par de riches présents, que l'on intervienne auprès des grands afin qu'ils s'opposent à l'entreprise de l'Université. Le cardinal de Luna, futur pape d'Avignon, soutient ces intrigues.

Le recteur et des députés de l'Université demandent au duc de Berri audience auprès du roi. Maintenant, le duc de Berri déclare qu'il s'opposerait toujours à ce qu'on leur donnat audience. Il ajouta que si l'Université ne renonçait pas à son projet , il ferait mettre à mort et jeter à l'eau les principaux promoteurs de ce projet. Les députés se tournent vers le duc de Bourgogne. Il leur accorde une audience auprès du roi.

Après des difficultés, le recteur et les siens sont admis en présence du roi, de ses trois oncles, de son frère et des princes du sang.

Les moyens proposés pour mettre fin au schisme sont : le renoncement des deux parties ; un concile particulier ; ou un concile général. Tout ceci dans un long discours où l'on relève que :« Le Saint Esprit assiste au concile et le dirige. Il n'est pas vraisemblable qu'il laisse commetre des erreurs à cette assemblée... Celui des deux représentants qui refuserait d'adopter une des trois voies proposées sans offrir autre chose, doit être tenu pour schismatique et pour hérétique... Il faudra lui faire subir les peines les plus cruelles. Travaillez donc, prince très chrétien, à la paix et au salut de l'Eglise. Cette affaire doit passer avant tout. Par elle vous assurerez le succès de vos autres entreprises. Seul, vous portez le nom de roi très chrétien. Ce nom, vos prédecesseurs l'ont obtenu pour avoir toujours été les premiers de tous les rois à secourir l'Eglise dans ses tribulations... D'où vient le mal ? C'est que des hommes indignes et pervers ont été élevés au gouvernement de l'Eglise...

Le roi, après avoir écouté jusqu'au bout, fixe un jour aux députés de l'Université pour rendre réponse. Mais quand les députés reviennent,le chancelier leur déclare au nom de son maître que le roi n'avait plus l'intention de s'occuper de cette affaire et leur défendait de s'en occuper eux-mêmes à l'avenir. Le duc de Berri avait principalement contribué à cette mesure.

Le Saint-Esprit, a dit l'Université, assiste au concile et le dirige. Cela vaut également pour les conclaves. Deux conclaves élisent l'un le pape d'Avignon, l'autre le pape de Rome. Tous deux sont donc élus avec l'assistance du Saint-Esprit. Et voilà que l'Université les qualifie de « riveaux », de « prétendants ». Elle décide que celui qui refuserait une des trois voies proposées, sans offrir d'autre expédient, doit être tenu pour schismatique et hérétique. Il y a là un mystère insondable.

L'Université demande au pape Clément sa coopération. Le pape très irrité meurt quelques jours plus tard d'apoplexie.

Les cardinaux réunis à Avignon, ayant invoqué l'assistance du Très-Haut, élisent Pierre de Luna. Il prend le nom de Benoît XIII.

Janvier 1395. – En l'hôtel Saint-Pol, la reine de France donne le jour à une fille, Michelle, son septième enfant.

Au mois de juillet, le roi Richard II d'Angleterre, veuf depuis un an, envoie en France une ambassade à Charles VI : « Dans l'espoir de mettre un terme aux scandales, maux, inconvénients et dommages de toutes sortes, ainsi qu'à l'effusion du sang humain... », le roi d' Angleterre demande à son cousin le roi de France, de lui donner en mariage sa fille aînée Isabelle. L'enfant est dans sa sixième année.

L'accord est définitivement arrêté en mars 1395 et assorti d'une trêve de vingt-huit années. Destinée à prolonger la trêve de quatre ans conclue en 1394, elle devra prendre effet le jour de la Saint-Michel en 1398, pour aller jusqu'en 1426. »

Malgré les interventions répétées des médecins, aucun changement n'intervient dans la santé du roi. Ses accès de frénésie durant lesquels, par prudence, on mure les ouvertures de l'hôtel Saint-Pol, s'accompagent de gestes burlesques et inconvenants. Ils sont marqués par ce fait étrange que relate le Religieux : « Il n'oubliait ni ses familiers ni ses serviteurs, présents ou absents, tandis qu'il ne reconnaissait pas la reine ni ses enfants lorsqu'ils se présentaient à sa vue... » Après ces crises, Charles VI reprend une vie normale.

Au mois de mars 1396, les envoyés du roi d'Angleterre sont chargés de le représenter à son mariage avec Isabelle, célébré dans un premier temps en la Sainte Chapelle.

La paix entre les deux nations chrétiennes comportait les efforts à faire pour l'unité de l'Église, y compris la lutte contre les infidèles. L'occasion s'en présente bientôt. Le roi de Hongrie, en guerre avec les Turcs que commande le farouche Bajazet, demande de l'aide. Après avoir pris conseil, le roi de France promet des secours. Il cède à la prière instante que lui adresse Philippe de Bourgogne, d'envoyer en Hongrie son fils aîné, Jean, comte de Nevers, le futur Jean-Sans-Peur. Magnifiquement équipé, il part avec ses croisés.

À Paris, en vue de la deuxième cérémonie de mariage d'Isabelle, le roi commande des bijoux d'un très grand prix. Les rois de France et d'Angleterre se rencontrent aux confins des deux États, entre Calais et Ardres dans la campagne. De part et d'autre, un camp est dressé. Du côté français, il comporte cent-vingt tentes. Les deux rois s'offrent mutuellement un nombre important de cadeaux d'une exceptionnelle richesse. Ils jurent et les seigneurs avec eux, de se prêter assistance envers et contre tous, et de garder inviolablement, eux, leurs successeurs et tous ceux du sang royal, présents et à venir, la trêve qu'ils ont ratifiée.

On peut remarquer que, pendant le premier festin de mariage à Paris, la reine Isabeau de France, mère d'Isabelle, n'était pas présente. Elle ne l'est pas davantage ici.

La petite reine Isabelle, après avoir embrassé le roi son père en pleurant, ainsi que ses autres parents, est conduite à Calais où elle reçoit de Richard l'anneau nuptial.

Pendant les fêtes organisées chez le roi pour la Noël, en l'an 1396, un cavalier entre en l'hôtel Saint-Pol. Il vient de la part du duc de Nevers et fait son récit : « Trois mois après son départ, l'armée française des croisés arrivait aux bords du Danube. Là, on tint conseil... Les ecclésiastiques disaient que pour éviter la colère du Seigneur, il fallait mettre un frein aux débauches, aux orgies et à tous les excès auxquels on s'était livré jusqu'à ce jour, mais ils ne furent pas écoutés. »

Le chef des croisés, Jean de Nevers, envoya une députation au roi de Hongrie. Bajazet était déjà en route avec une formidable armée. Le plan proposé par le roi de Hongrie pour une action conjointe, fut repoussé par la majorité des Français. Ils n'acceptèrent pas de laisser passer d'abord les hommes de pied hongrois et voulaient être les premiers à l'attaque.

Repoussés devant le fort de Rochova, ils reçoivent des renforts hongrois. Alors, les assiégés offrirent de rendre la place, demandant à vivre en sûreté sous la protection des chrétiens. Ces propositions furent repoussées. La place prise, « commença un horrible carnage... Enfin, lorsque tout eut été livré au pillage ou dévoré par les flammes, nos chevaliers retournèrent au camp » (Religieux de Saint-Denis).

Ensuite, les Français firent le siège de Nicopolis, empêchant l'entrée des vivres pendant six-sept jours. Les habitants auraient capitulé si Bajazet n'était venu à leur secours.

L'Église entière priait pour l'armée mais, pendant le siège, les chevaliers français menaient une vie licencieuse... Bajazet, instruit de ces abominations, témoigna une profonde horreur pour les chrétiens, dit le Religieux.

Les Français ne croyaient pas à l'arrivée des Turcs. Quand ils furent convaincus du contraire, et au mépris de leurs engagements, les croisés égorgèrent tous les prisonniers qui s'étaient livrés à leur merci. Ayant à nouveau repoussé un plan proposé par le roi de Hongrie, les Français passèrent à l'attaque. « Et puisse Dieu accorder la victoire pour l'honneur de la foi chrétienne. »

Les chrétiens gagnèrent cette journée, massacrant la cavalerie, ils tuèrent cinq mille Turcs. Arrivés en haut d'une colline, ils virent, dans la plaine, Bajazet et son armée et furent saisis d'épouvante, beaucoup voulurent se sauver.

Les Turcs parvinrent au comte de Nevers, entouré de gens d'armes prosternés qui suppliaient qu'on épargnât sa vie. Ils accordèrent cette grâce.

Il y avait plus de trente mille cadavres de Turcs sur le champ de bataille...

Bajazet acceptait de libérer Jean de-.Nevers et plusieurs de ses compagnons contre rançon. »

Attérés par ce qu'il viennent d'apprendre, le roi de France et le duc de Bourgogne envoient rapidement de riches présents au sultan pour l'apaiser, et puis les deux cent mille ducats de la rançon.

Dans le pays, de nombreuses familles sont en deuil.

Janvier 1397. – La reine de France, met au monde à l'hôtel Saint-Pol, Louis son huitième enfant.

La santé de Charles VI présente des périodes de lucidité entrecoupées de crises frénétiques. Voyant en cela une punition des crimes commis dans le royaume, on fait publier une ordonnance visant à mettre un frein aux ignobles jurements que profèrent les seigneurs, les nobles et les gens du petit peuple... Le roi décide que les contrevenants seront marqués au fer rouge et perdront leurs biens. Sur son ordre, la porte de Paris appelée porte d'Enfer parce qu'elle conduit à l'habitation d'une courtisane, devient la porte Saint-Michel.

Tant de pieuses décisions n'aboutissent à rien. Le ciel demeurant insensible, on se tourne vers les sorciers. Le maréchal de France en envoie deux à Paris. Ils se disent professeurs, des frères ermites de Saint-Augustin. On les loge au château royal de Saint-Antoine.

Ils mêlent à la boisson et aux aliments du roi, de l'eau distillée et des perles réduites en poudre, et procèdent ensuite par la magie. N'obtenant pas les résultats promis, ils rejettent la responsabilité sur le barbier du roi et sur le concierge du duc d'Orléans. Ces sorciers seront décapités.

Pendant ce temps, des prières demandent la guérison du roi. Elles sont exaucées dans la deuxième quinzaine de juillet. Le roi dans son bon sens, peut s'occuper de choses sérieuses... jusqu'au vendredi suivant où, sentant revenir une crise, il donne ordre que son couteau lui soit enlevé et aussi, que l'on ôte les objets tranchants à tous les gens de la cour. Il éprouve d'atroces souffrances et déclare qu'il préférerait la mort à ce supplice.

Dans ce même mois de juillet, le 30, Jeanne, enfant royale, est mariée à un autre enfant, le comte de Bretagne. Jeanne a six ans et demi. Quelques semaines plus tard, sa petite sœur Marie, quatre ans, est conduite par le roi et la reine au monastère de Passy.

De cruels soucis venus d'Angleterre, assaillent Charles VI. Richard II est détesté par le peuple dont il brisa la révolte en 1381. De plus, l'ambition et la haine des membres de sa famille le mettent en péril. Plusieurs fois les armes furent prises contre Richard. Voulant en tirer vengeance, il frappe le peuple d'exactions et décide de faire mourir les chefs des soulèvements, fussent-ils de sang royal.

Le pape Benoît XIII s'était engagé par serment de travailler à l'union jusqu'à la cession s'il le fallait. Sur ordre du roi, les dignitaires de l'Église de France se réunissent. Le roi approuve les décisions prises : « Benoît XIII sera privé de la collation des bénéfices du royaume et de toute obédience, jusqu'à ce qu'il ait accepté la voie de la cession. »

Le duc d'Orléans et d'autres continuent de soutenir Benoît XIII malgré ces décisions et Charles VI devient le chef de l'Église de France.

Le comte de Périgueux terrorisait la province. Le roi s'empare du comté et le donne à son frère le duc Louis d'Orléans.

31 août 1398. – Naissance de Jean neuvième, enfant de la reine Isabeau à l'hôtel Saint-Pol.

Les habitants d'Avignon du parti du roi, attaquent le palais pontifical. À Rome, Boniface n'est pas plus heureux. Les Romains ont pris les armes contre lui.

Le roi a recouvré la santé mais pas pour longtemps. Malgré que le connétable de France ait fait venir de Bourgogne un suaire (connu actuellement sous le nom de Saint Suaire de Turin), dont les moines de Cîteaux prétendent qu'il a appartenu à Jésus Christ, et assurent que beaucoup d'aliénés ont été guéris par son seul contact. Charles VI dans cette même année, retomba six fois en crise.

En Angleterre, Richard a banni son neveu Henri, le fils de Jean de Gand, duc de Lancastre. Henri s'est réfugié à la cour de France, au grand mécontentement de Richard contre qui il conspire.

Henri conclut une alliance secrète avec le duc d'Orléans et, dit Michelet : « Il était encouragé tantôt par Philippe de Bourgogne qui, sans doute, souhaitait comme précédent le triomphe des branches cadettes ».

Richard part combattre des Irlandais révoltés. Après être passé en l'église Saint-Denis, où il est reçu avec les plus grands égards, Henri rentre en Angleterre et y trouve de nombreux appuis. Ayant maté l'Irlande, Richard veut combattre son neveu dont la puissante armée est supérieure à la sienne. Par traîtrise, Henri s'empare de Richard, lui fait subir de mauvais traitements et l'oblige à renoncer au trône.

Au cours d'une assemblée des deux ordres de l'État, l'archevêque d'York démontre comment Jacob avait obtenu la bénédiction paternelle de préférence à son frère aîné Esau. Et le duc de Lancastre est élu roi sous le nom de Henri IV.

Extrait de la chronique du Religieux de Saint-Denis concernant la sacre de Henri IV, de Lancastre, roi d'Angleterre, et la cédule de saint Thomas Becket

« Les Anglais assurent que Henri IV fut le premier de leurs rois qui ait été sacré avec l'huile sainte apportée du ciel par la Vierge Marie au glorieux martyr Thomas, et contenue dans une ampoule de lapis que renfermait un aigle d'or enrichi de pierreries... comme on avait, disait-on, remis au roi, en témoignage de la vérité, une cédule attachée à l'aigle d'or et écrite de la propre main du glorieux martyr, j'ai cru devoir en insérer ici la teneur (en voici les passages). »

« Quand moi Thomas, archevêque, banni d'Angleterre, je me réfugiai en France, j'allai trouver le pape Alexandre, qui était alors à Sens, afin de lui faire connaître les funestes pratiques et les abus que le roi d'Angleterre introduisait dans l'Église. Une nuit que j'étais en prière dans l'église de Sainte-Colombe, je demandai à la reine des vierges d'inspirer au roi d'Angleterre et à ses héritiers le désir et le ferme propos de s'amender, et je la priai d'obtenir de la miséricorde de Jésus-Christ que ce prince traitât l'Église avec plus de respect et d'amour. Aussitôt, la Sainte Vierge m'apparut, ayant en son sein cet aigle d'or et tenant à la main une petite ampoule de lapis. Elle tira l'aigle de son sein, y enferma l'ampoule, et me mettant ces deux objets dans la main, m'adressa les paroles suivantes : " Voici l'onction dont doivent être sacrés les rois d'Angleterre, non pas ceux qui règnent maintenant, mais ceux qui règneront ; car ceux qui règnent sont et seront méchants, ils ont perdu et perdront beaucoup à cause de leurs péchés. Mais les rois d'Angleterre à qui cette onction est réservée seront débonnaires et se feront les champions de l'Église. Ils ne recouvreront pacifiquement le pays perdu par leurs prédecesseurs, que lorsqu'ils auront en leur pouvoir cette ampoule et cet aigle. Celui d'entre eux qui le premier recevra cette onction recouvrera pacifiquement et sans effort le pays perdu par ses prédécesseurs, c'est-à-dire la Normandie et l'Aquitaine. Ce roi sera le plus grand des rois ; il bâtira des églises en Terre-Sainte, il chassera tous les païens de Babylone et construira des temples dans cette ville. Toutes les fois que le roi portera cet aigle sur son sein, il obtiendra la victoire sur ses ennemis ; son royaume ira toujours s'agrandissant. Pour toi, tu seras martyr. " Alors je priai la Sainte Vierge de m'indiquer où je devais déposer un objet si saint et si précieux. Il y a dans cette ville, me dit-elle, un moine de Saint-Cyprien de Poitiers, nommé Guillaume, que son abbé a chassé injustement de son monastère ; il est venu demander au pape d'engager son abbé à le laisser rentrer dans son abbaye. Remets-lui l'aigle et l'ampoule, pour qu'il les porte à Poitiers dans l'église de Saint-Grégoire, qui est près de celle de Saint-Hilaire, et qu'il les cache dans le chevet de cette église, du côté de l'Occident sous une grande pierre. On les y trouvera quand il sera temps, et ils serviront à l'onction des rois d'Angleterre. C'est au chef des païens qu'on devra la découverte de cet aigle. Et je remis au moine le tout, enfermé dans un coffret de plomb. » – Fin de citation.

Le roi de France s'étonne de ce que Richard ne lui ait pas demandé secours et envoie des ambassadeurs en Angleterre pour prendre des nouvelles de sa fille.

Le roi Henri les reçoit avec beaucoup de joie. Il leur montre comme un présent envoyé du ciel, l'aigle que le roi, qui était superstitieux comme le sont tous les Anglais, ajoute le Religieux, avait résolu de porter toujours sur lui.

Les ambassadeurs, comblés de présents et revenus d'Angleterre, annoncent que le roi Henri se recommande à tous les princes du sang.

Peu après, le roi Henri fait décapiter des partisans de Richard. Leurs têtes sont portées au bout de longues piques. Les évêques et leur clergé viennent processionnellement au devant de l'horrible cortège en chantant le Te Deum. Puis, on apprend que le roi Richard est affamé dans la Tour de Londres où il est finalement assassiné sur ordre du roi Henri.

Le roi d'Angleterre, Henri de Lancastre, avait conclu une alliance avec Louis d'Orléans mais il lui est maintenant plus profitable de se tourner vers Philippe de Bourgogne, maître de la Flandre.

Vallet de Viriville (32) écrit que « L'interruption des facultés intellectuelles du roi ouvrit progressivement à la reine une place plus grande sur la scène du monde. Cet état donna lieu en fait, non en droit à une sorte de divorce progressif entre les royaux époux.

Les biens furent d'abord séparés... Par lettres royales de 1394, Isabelle eut soin de se faire assurer un douaire de vingt-cinq mille livres de revenu ».

Ainsi libre de ses décisions, la reine achète l'hôtel Barbette situé, dit Michelet, « dans un quartier peu fréquenté, hors de la surveillance des honnêtes et médisants bourgeois de Paris ». Isabeau organise son départ de l'hôtel Saint-Pol, résidence du roi, agrandit et embellit l'hôtel Barbette où elle va se fixer un peu plus tard.

L'aube du XVe siècle voit s'accomplir un autre événement qui imprimera ses conséquences profondes dans la suite de l'Histoire.

Le 2 décembre 1400, selon Mme Jehanne d'Orliac, en janvier 1401, d'après le Religieux, Louis II, duc d'Anjou, épouse Yolande d'Aragon.

Charles, fils puîné et héritier de Charles VI, contracte une maladie grave et trépasse le 12 janvier 1401.

Au mois de mai, arrive la nouvelle que le roi Henri IV autorise Isabelle, reine d'Angleterre, à revenir en France en emportant avec elle tous ses objets précieux, d'une valeur inestimable. Elle a maintenant onze ans. Le roi et la reine de France la reçoivent à Paris.

Le 27 octobre 1401, la reine accouche à l'hôtel Saint-Pol de Catherine, son dixième enfant.

Les ducs de Bourgogne et d'Orléans donnent des preuves si évidentes de la haine qui les oppose, qu'on peut y voir des signes précurseurs de la guerre civile. Philippe de Bourgogne lève des troupes, plusieurs milliers d'hommes, et les loge au voisinage de son hôtel d'Artois.

De son côté, Louis d'Orléans a appelé de plusieurs provinces, cinq mille hommes cantonnés près de lui et dans les villages environnants.

La reine et les deux autres oncles du roi, font tout leurs efforts pour réconcilier Philippe et Louis. Le 14 janvier 1402, ils s'abordent en s'embrassant et font serment de rester unis.

La querelle éclate à nouveau au sein de la famille royale. Cela, au sujet de la soustraction d'obédience au pape d'Avignon Benoît XIII, et de sa captivité. (Après l'attaque du palais par les habitants d'Avignon, le roi avait ordonné sa surveillance étroite.)

Le duc d'Orléans, soutenu par l'Université de Toulouse, déclare ces mesures mauvaises et scandaleuses et lance qu'il ira bientôt délivrer Benoît XIII.

Contre lui, se dressent le duc de Bourgogne, l'Université de Paris et le duc de Berri qui, probablement inquiet de la puissance grandissante de son neveu, se rallie à Philippe.

Comme Berri gouverne la Guienne au nom du roi, il fait mettre en prison les docteurs de Toulouse, pour avoir soutenu le parti du pape d'Avignon sans son agrément.

A quelque temps de là, Louis d'Orléans profite d'une absence de son oncle Philippe, pour demander et obtenir du roi, la direction totale des affaires toutes les fois que Charles ne pourrait s'en occuper.

En possession des pleins pouvoirs, Louis en profite pour amasser des trésors. Il impose des contributions énormes et des prélèvements en provisions sur greniers et celliers.

Au mois de juin, le roi, en période de bonne santé et sachant que ses principaux conseillers désapprouvent l'autorité conférée au duc d'Orléans, réunit un conseil où ne siègent ni son oncle ni son frère. Il rappelle que sa maladie l'empêche trop souvent de s'occuper des affaires publiques et demande que le plus capable soit désigné pour gouverner. Philippe de Bourgogne est choisi. Après avoir critiqué les agissements de son neveu, il recourt à de nouvelles mesures pour remonter un trésor où la rumeur l'accuse de puiser largement.

En septembre, il apprend que la duchesse de Bretagne va se remarier avec le roi d'Angleterre, et se rend à Nantes en toute hâte. Il est décidé que toutes les villes et places de l'obéissance du duc de Bretagne seront mises sous la garde des troupes royales et que le duc Jean, âgé de treize ans, marié à Jeanne, fille du roi de France, restera sous la tutelle de son beau-père.

Louis d'Orléans achète le duché de Luxembourg au grand mécontentement de son oncle Philippe de Bourgogne.

Dans le même temps, les Anglais défont les Écossais.

Les Français reprochent à Henri IV la mort du roi Richard et les « mauvais traitements qu'il avait fait éprouver à l'illustre reine, fille du roi de France après le meurtre du roi son époux ». – Ces mauvais traitements ayant consisté à la retenir de longs mois en Angleterre et à diminuer son train de maison.

Le duc d'Orléans ne veut pas laisser cet outrage impuni mais, est-ce là son véritable motif ? Il faut se souvenir que Henri IV penche maintenant pour le duc de Bourgogne et vient d'épouser la duchesse de Bretagne. – Et Louis lance un défi au roi d'Angleterre. Il lui demande que le combat ait lieu entre Angoulême et Bordeaux. Le 1er janvier 1403, le roi Henri envoie sa réponse. Il s'étonne qu'au mépris de l'alliance contractée en 1399, le duc ose le provoquer... Quelques personnes trouvent que l'entreprise du duc d'Orléans est une imprudence, occasion d'une nouvelle guerre entre les deux royaumes. Mais Louis écrit au roi d'Angleterre, lui reproche d'avoir mis à mort le roi Richard, d'avoir dépouillé sa nièce bien-aimée de ses joyaux (plus haut, on affirmait qu'elle avait pu ramener toutes ses richesses en France) et de n'avoir pas eu pour elle, les égards dus à son rang.

Henri IV répond au duc. Il lui donne un démenti au sujet de l'assassinat de Richard ; et l'accuse d'avoir causé la démence de Charles VI, son frères, par des maléfices, et déclare avoir rendu tous ses joyaux à Isabelle.

Isabeau de Bavière se rend à l'Hôtel Saint-Pol où elle met au monde, le 21 février 1403, le futur Charles VII. C'est son onzième enfant. « L'illustre et pieuse demoiselle de Luxembourg, sœur du comte de Saint-Pol, tint l'enfant sur les fonts avec le connétable Charles d'Albret et Charles de Lury.

Le pape Benoît s'enfuit d'Avignon et se réfugie à Château-Renard, sur les terres de Louis II, duc d'Anjou.

Dernier jour d'avril, Charles VI approuve les dispositions prises pour le mariage de son fils Louis, devenu héritier du trône par la disparition de ses deux aînés qui furent tous deux prénommés Charles, avec la fille du comte de Nevers et petite-fille du duc de Bourgogne sur les instances de qui cette alliance fut décidée.

Au mois de mai, le duc d'Orléans qui a pour lui les universités d'Orléans, d'Angers, de Montpellier et de Toulouse, travaille très activement à la restitution d'obédience à Benoît XIII. Il obtient par serment l'adhésion du roi et provoque une grande irritation chez les ducs de Berri et de Bourgogne. Enfin, la restitution d'obédience est publiée.

En avril 1404, le duc Philippe de Bourgogne meurt.

Le duc d'Orléans va trouver sur le trône de Bourgogne, son ennemi le plus acharné. Le comte de Nevers, Jean-Sans-Peur, succède à son père et l'hostilité est vive entre les deux cousins.

Le prince de Galles, révolté contre Henri IV, demande de l'aide en France. Le roi et les princes du sang promettent de procurer des armes et un corps de troupe. Les nobles seigneurs se présentent en foule pour partir. Ils s'ennuyent dans l'oisiveté...

Entre Français et Anglais, c'est une suite incessante de combats. Que deviennent les engagements des deux rois ?

Au mois d'octobre, mort de la duchesse de Bar, mère du cardinal de Bar et grand-mère maternelle de Yolande d'Aragon, duchesse d'Anjou.

Meurt aussi Boniface IX, toujours nommé l'antipape, par le Religieux. Innocent VII le remplace.

Mais le peuple se plaint de la mauvaise administration de la reine et du duc d'Orléans. Ils lèvent un impôt, le retiennent pour leur usage. Les coffres du trésor sont vides. Ils restreignent les dépenses du Roi. Isabeau envoie en Allemagne des chevaux chargés d'or.

Un moine, Jacques Legrand, dans un sermon devant le roi et la reine, se décide à les blâmer en face et attaque la débauche qui règne à la cour de la reine de France. Il désigne sous le seul nom de duc, celui que le peuple accable de ses malédictions pous ses dérèglements.

Le roi décide de mettre fin à ces excès mais une rechute le détourne de sa résolution.

Le mois suivant, la reine et le duc d'Orléans séjournent à Saint-Germain-en-Laye. On leur repproche de ne pas payer leurs dettes. Le duc convoque ses créanciers. Quand ils sont là, on se moque d'eux et on leur oppose un refus.

Après avoir liquidé la succession de son père, Jean-Sans-Peur, duc de Bourgogne, se dirige vers Paris avec une nombreuse suite. L'évêque de Liège et des barons l'accompagnent ainsi que six mille hommes.

Apprenant cela, la reine et le duc d'Orléans quittent précipitamment Paris et se dirigent vers Melun. La reine ordonne au grand-maître de la maison du roi qui est son frère, et au maréchal Boucicaut, de lui amener le duc de Guienne, dauphin de France, ainsi que ses frères et les enfants du duc de Bourgogne.

On se souvient qu'au mois d'août 1404, Louis, dauphin de France, et sa sœur Michèle furent tous deux fiancés. Louis, à la fille du duc de Bourgogne, et Michèle, au futur Philippe le Bon, fils héritier de ce duc. C'étaient quatre enfants.

Charles VI voulut que les deux princes et les deux princesses fussent élevés sous les yeux de la reine et comme il était de règle, que les jeunes fiancés grandissent et soient éduqués ensemble, cela explique la présence des enfants de Bourgogne auprès d'Isabeau.

Aussitôt l'ordre est exécuté. Les enfants sont conduits par les envoyés de la reine vers un château où elle les attend.

Apprenant la chose, Jean-Sans-Peur se lance « à la poursuite du dauphin », le rejoint et, malgré l'opposition du frère de la reine, ramène Louis de Guienne à Paris. Il est remarquable que le duc de Bourgogne ne se soit assuré que du dauphin, sans se soucier des autres enfants, y compris les siens.

Sur le chemin du retour, le duc de Bourgogne trouve, ainsi qu'il en était convenu, le duc d'Anjou roi de Sicile, le roi de Navarre, les ducs de Berri et de Bourbon, venus à sa rencontre.

A Paris, le dauphin est conduit au château du Louvre dont les portes sont gardées par des hommes solidement armés. Tandis que la reine et le duc d'Orléans, lorsqu'ils apprennent l'enlèvement du dauphin, frappés d'épouvante et s'imaginant que le duc de Bourgogne va les poursuivre, quittent dans le plus grand désordre, avec toute leur suite, le château où ils faisaient halte, et s'élancent vers Melun.

Le lendemain, le duc de Bourgogne obtient la réunion d'un conseil. Le dauphin – 8 ans – y tient la place du roi malade.

Le duc de Bourgogne demande au dauphin l'autorisation, pour un orateur choisi par ses soins, de prendre la parole.

L'orateur, Jean de Nieles, déclare qu'il va s'exprimer au nom de ses maîtres, le duc de Bourgogne et ses frères les comtes de Rethel et de Nevers.

Il expose que le roi manque de soins ; que les fonctions juridiques sont obtenues par l'intrigue et la corruption, que les droits et revenus de la couronnes s'amoindrissent, qu'il faut demander raison aux Anglais de ce qu'ils ont mis à mort leur roi Richard ; indignement renvoyé leur reine et, cette année même, causé de grands dommages sur les côtes de Guienne, de Bretagne, de Flandre et de Picardie.

Ses maîtres pensent que, loin de ralentir les hostilités, il faut poursuivre avec plus de vigueur que jamais... les Français peuvent reconquérir tout ce que les ennemis possèdent en France pendant que l'Angleterre est divisée. Pour cette expédition on doit trouver des ressources suffisantes, et, de l'an dernier, il reste sans doute assez d'argent dans le trésor royal.

Ses maîtres n'ont l'intention de blâmer personne et ne cherchent point à être appelés au gouvernement du royaume. Ils sont résolus à ne point se retirer jusqu'à ce que l'on ait pourvu à toutes ces choses. Si le duc de Bourgogne était venu en armes et avec une suite de gens de guerre, c'était du consentement du roi et pour veiller à sa sécurité.

Le duc d'Orléans veut venger l'insulte faite à lui-même et à la reine. Au nom du roi, il rassemble des gens de guerre. Dans Paris, le duc de Bourgogne groupe des soldats, ordonne la fermeture des portes de la ville, sauf quatre d'entre elles qui seront soigneusement gardées. Des chaînes sont mises en travers des rues. Les princes renforcent la défense de leurs demeures et le duc de Berri est chargé de la garde du dauphin. Le clergé de Paris et l'Université organisent une procession pour obtenir la réconciliation des deux princes et prêchent que le duc de Bourgogne travaille dans l'intérêt du royaume. Les religieux de Saint-Denis, font aussi une procession dans le même but.

Tour à tour et avec d'autres, le duc de Bourbon et le roi de Sicile vont à Melun pour tenter un rapprochement. Ils échouent. Ensuite le duc de Berri prend le même chemin, dit à son neveu qu'il ne dispose pas de forces suffisantes pour réussir et l'engage à licencier ses hommes d'armes, à ramener la reine à Paris. Le duc d'Orléans lui répond seulement qu'il demeure dans son bon droit.

Dans le même temps, un seigneur français rassemble des troupes et se dirige vers l'Angleterre. Il détruit des bateau de pêche, poursuit les pêcheurs, massacre des paysans, saccage, pille de nombreuses villes et en incendie plusieurs. Ensuite les ducs de France envoient des chevaliers avec des troupes d'élite, se joindre au prince de Galles. Gallois et Français mettent tout à feu et à sang sur leur passage.

La reine de France se venge des personnes de son entourage qui ont tenu des propos scandaleux sur son compte et en fait emprisonner plusieurs.

De sérieux incidents causés par la haine des deux cousins perturbent gravement la vie des Parisiens.

Les gens de Bourgogne s'emparent d'Argenteuil et pillent les campagnes voisines.

Louis d'Orléans possède une armée de cinq mille hommes auxquels Louis d'Anjou, roi de Sicile, maintenant son allié, ajoute cinq cents soldats. Le duc de Lorraine, voisin peu rassuré du Bourguignon, leur en adjoint deux cents autres. Tous ces gens dévastent cruellement Champagne, Beauce et Gâtinais.

En octobre, devant les périls que leur font courir les excès de leurs troupes, les ducs de Bourgogne et d'Orléans se rencontrent à Vincennes. Le héraut publie que, grâce à Dieu, les princes ont résolu de vivre en parfaite union.

En présence de la reine et du duc de Berri, Louis d'Orléans et Jean-Sans-Peur se saluent, se donnent le baiser de paix et se jurent en se touchant la main, de vivre désormais en bonne intelligence.

Au mois de novembre, Jean Gerson, chancelier de Notre-Dame et docteur en théologie expose, en l'hôtel de la reine absente, et en présence des princes, les mesures nécessaires pour assurer le bien du roi et du royaume.

A la suite de quoi il est décidé que l'on contraindra le roi à se soumettre à des mesures de propreté. Il ne fallut pas moins de trois semaines à dix serviteurs qui entraient à la nuit tombante dans la chambre du roi, pour le décider à se déshabiller pour se mettre au lit, à changer de chemise et de draps, à se baigner et se laisser raser la barbe, à manger et dormir à des heures réglées.

Depuis cinq mois il refusait tout cela, était couvert de crasse, de pustules et de vermine. Quelques semaines plus tard, il revint à la raison.

Vallet de Viriville écrit que vers le mois de juin de cette année 1405, et peut-être avant cette époque, de l'aveu de la reine, on avait donné au roi une compagne qui la suppléait, Odette de Champdivers, et qui, dès lors, fut appelée « La petite reine ». Mais il est probable que le concubinage du roi et d'Odette ou Odinette remonte à plus longtemps. Le Religieux, vers la fin de sa Chronique écrit : « Elle resta longtemps avec le roi et eut de lui une fille – Marguerite – que le roi maria à un certain Harpedaine, en lui donnant la seigneurie de Belleville en Poitou.

1406 – Bernard, comte d'Armagnac et gendre du duc de Berri, soucieux de signaler sa valeur, fait la guerre aux Anglais et aux Gascons ennemis du royaume, et les harcèle pendant sept semaines mettant tout le pays à feu et à sang. Il s'empare de dix-huit places appartenant au Sire de Caumont qu'il capture, marche sur la place de Bombatat dont les habitants, après une âpre défense, sont contraints de se rendre, et fait le siège de Bordeaux. Mais les Bordelais lui offrent une forte somme d'argent pour qu'il se retire et il accepte le marché.

La récolte est mauvaise en Angleterre, les habitants souffrent de la famine. Un Anglais est envoyé en France. Quand il arrive à Paris, le roi est malade. Les ducs d'Orléans et de Berri lui accordent l'autorisation d'acheter des blés, mais le duc de Bourgogne refuse et ordonne à l'envoyé d'Angleterre de s'en aller.

Pendant que des combats incessants opposent les Français aux Anglais, Gascons et autres, le schisme est toujours en question. Entre les pontifes, les rois, les princes, le parlement et l'université, ce sont des conférences, des ambassades, d'interminables échanges de lettres où les subterfuges et les ruses des deux papes se donnent libre cours.

Le 29 juin 1406, deux mariages sont célébrés.

Le fils du roi de France, Jean, duc de Touraine, qui n'a pas huit ans, est uni à Jacqueline, fille unique du comte et de la comtesse de Hainaut.

La deuxième union est celle d'Isabelle de France, veuve du roi Richard d'Angleterre avec Charles fils aîné du duc d'Orléans. Isabelle a dix-sept ans et Charles, quinze ans. La reine de France et le duc d'Orléans avaient décidé de célébrer les deux cérémonies à Compiègne.

Après les fêtes, la comtesse de Hainaut, malgré la vive opposition de la reine, mais conformément à ce qui était convenu avec le roi, emmène en Hainaut le prince Jean, duc de Touraine.

En novembre, meurt à Rome Innocent VII. Les cardinaux, avant d'entrer en conclave, jurent que si l'un d'eux est promu au siège apostolique, il renoncera à ses droits pourvu que Benoît XIII en fasse autant. Le nouveau pape de Rome prend le nom de Grégoire XII.

10 novembre 1407. – En son hôtel Barbette, Isabeau de Bavière, reine de France met au monde son douzième et dernier enfant.

Le Religieux en parle ainsi : « Cet enfant vécut à peine et les familiers du roi n'eurent que le temps de lui donner le nom de Philippe et de l'ondoyer...

Le lendemain soir les seigneurs de la cour conduisirent son corps à l'Abbaye de Saint-Denis avec un grand luminaire, suivant l'usage et l'inhumèrent auprès de ses frères dans la chapelle du roi son aïeul, qui y avait fondé deux messes par jour. »

Huitième Partie

Jeanne la Pucelle

Jeanne
Ses Parents
Ses lieu et date de naissance
Son nom

En ce mois de novembre 1407, est-ce à une fille nommée Jeanne que la reine de France a donné le jour, une petite fille dont la déclaration d'un enfant mort quelques minutes après sa venue, fera plus vite oublier la naissance et permettra de cacher l'existence ?

Les motifs que peut avoir la reine pour se résoudre à cette dissimulation sont impérieux et fort graves.

Depuis plusieurs années – plus de six ans – elle a quitté la demeure du roi et vit dans son hôtel particulier. Pour accoucher de Catherine et de Charles elle s'est rendue à l'hôtel royal Saint-Pol. Les apparences étaient sauves et les enfants, légitimés. Cette fois, le roi s'y est-il opposé ? elle n'a pas accouché dans la demeure de Charles VI mais chez elle, à l'hôtel Barbette. La bâtardise de l'enfant ne peut être cachée. La reine est méprisée, des prédicateurs l'attaquent du haut de la chaire ; la haine du duc de Bourgogne la terrorise. Elle tremble non seulement pour Louis d'Orléans mais aussi pour l'enfant qui vient de naître. C'en est assez pour rechercher le secret, et le propre d'un secret consiste à laisser le moins de traces possible. Mais, sauf lorsque l'oubli doit être total, il demeure forcément des indices.

Pourquoi, avec un départ aussi fragile, voir en Louis d'Orléans et en Isabeau de Bavière, les père et mère de Jeanne la Pucelle d'Orléans ?

Au cours de patientes recherches, des historiens déjà signalés ici, ont rappelé des documents authentiques prouvant la survie de Jeanne après le procès de Rouen.

« Documents authentiques », ces termes sont employés également pour les deux procès.

Authentique le procès de condamnation, mais la minute originale a disparu. Ce qui subsiste, d'après le notaire Manchon, en est la copie. Ceux qui l'ont soigneusement étudiée déclarent que cette transcription comporte des retouches infligées à l'original. Établie plusieurs années après l'événement, selon les directives de l'évêque, elle a pu dénaturer des détails et des faits désormais présentés conformément aux objectifs que le duc de Bedford et l'évêque Cauchon voulurent atteindre.

Authentique le texte du procès de réhabilitation rempli de contradictions, de réponses pré-établies et impérativement obtenues.

Les pièces qui témoignent de la survie de Jeanne sont simplement et avec d'autres preuves, des pages de livres de comptes de l'époque, où le trésorier inscrivait les dépenses effectuées avec leur destination et les commentaires qui les justifiaient. Cela, joint à l'observation des détails et du déroulement de l'histoire, a fait remonter jusqu'à la reine de France et au duc d'Orléans.

Il faut le redire, sur tout ce qui vient d'être exposé et sur le récit qui va suivre, basé sur la filiation princière de Jeanne, avec les documents, commentaires et déductions qui l'accompagneront, il est indispensable que chacun se fasse une opinion en conscience et dans une parfaite liberté d'esprit. Le cas de M. Édouard Schneider (33) témoigne bien de cette nécessité. Très attaché à toute l'épopée de Jeanne, il cite et adopte la théorie selon laquelle M. Jacoby (34), démontre que Jeanne est princesse royale et fille d'Isabeau et de Louis. Mais il a beau écrire : « Il ne plaît guère aux hommes de modifier les vues, les idées et les sentiments que, l'habitude aidant, ils ont fini par incorporer à leur être, à considérer comme une partie d'eux-mêmes. Les « idola fori » de Bacon – le siège fait du populaire – sont des puissances passives contre lesquelles il est périlleux et le plus fréquemment vain de lutter. Là est la cause de la lenteur de nos progrès en quelque ordre que ce soit. Et longue encore sera l'histoire du conflit entre ces forces d'inertie et l'intelligence peinant pour conquérir le droit de pratiquer ses recherches et d'en publier les conquêtes... Je formule quelques observations qu'une élémentaire critique me paraît dicter à quiconque obéit au souci d'un examen consciencieux des faits et s'attache d'un cœur fidèle à son sujet ». M. Schneider refuse absolument de croire, malgré cela, à la survie de l'héroïne, la qualité de ses concepts religieux et patriotiques l'en empêchent, sa conviction exaltée ne peut se dégager de toute marque passionnelle. Que Jeanne, investie d'une mission divine, soit morte en martyre pour sauver la France, est aussi évident, irréfutable et nécessaire pour lui, que le soleil qui l'éclaire et l'air qu'il respire. Je le cite : « ... si nous acceptons son roman – (celui de M. Grimod), Jeanne y deviendrait méconnaissable. Elle en serait diminuée de façon si entière qu'elle cesserait d'être en tout point elle-même. Qu'on y songe, après avoir été le symbole, mieux, beaucoup mieux encore, l'incarnation de toutes les vaillances, de toutes les audaces, de tous les risques, après avoir proclamé avec une sorte de glorieux orgueil, en tout lieu comme en toute circonstance, ce qui pour elle était la voix de l'honneur, de la bravoure et du devoir, voici que soudain elle reculerait, elle renierait ces manifestations d'elle-même, ces cris et ses élans de sa nature ? Sous le coup d'on ne sait quelle peur, elle se replierait dans l'ombre et le silence, elle, toute lumière et toute invocation ? Elle s'en irait, après l'incomparable épopée, chercher une petite vie tranquille ... alors que le Godon est encore en terre de France et que sa mission lui enjoint de le bouter dehors ? Petite bourgeoise rangée, elle choisirait, renonçant ainsi, désobéissant à ses voix, une pauvre existence effacée, ignorée, enterrée ? » – Fin de citation.

M. Édouard Schneider s'est enflammé au point d'oublier que les actions militaires entreprises par Jeanne après Reims, ne lui furent pas commandées par ses voix.

Existe-t-il des preuves certaines de la naissance de Jeanne à Paris ? Non. Pas plus qu'il n'existe de preuves de sa naissance à Domrémy. Mais, si les sources connues ou actuellement accessibles indiquent qu'Isabeau de Bavière mit un enfant au monde en novembre 1407, elles n'autorisent absolument pas de croire qu'Isabelle Romée accoucha dans la nuit de l'Épiphanie 1412.

C'est un acte du Saint-Siège en date du 8 des Ides de janvier 1904 – document N° 1 – qui a consacré l'état-civil officiel de Jeanne.

Jeanne d'Arc
née à Domrémy
le 8 des Ides de janvier en 1412.

Avec le tableau des concordances, cela donne le 6 janvier 1412.

Sur quelles bases ces indications s'appuyent-elles ?

Jeanne, pendant son enfance et jusqu'au jour de son départ pour Vaucouleurs et Chinon, vécut à Domrémy. Les témoignages collectés sur les lieux donnèrent : « Elle était de Domrémy, elle était originaire de Domrémy, elle est née à Domrémy. » Mais on se souvient des réponses réticentes de deux témoins de choix. Durant Laxart a dit : « Jeanne était née à Domrémy, je crois », et Bertrand de Poulency déposa comme plusieurs autres, par « ouï-dire ».

Il existe une lettre dont différents passages sont fréquemment cités et diversement interprétés. J'en ai demandé la traduction à un éminent latiniste. Elle est reproduite ici dans sa totalité. Cette lettre adressée au duc de Milan, frère de Valentine Visconti duchesse d'Orléans, fut écrite par Perceval de Boulainvillers le 21 juin 1429 – Document N° 2 – Son auteur s'intitule conseiller et gentilhomme de la chambre du roi, et sénéchal du seigneur duc de Bourges. Il était vraisemblablement à la cour pendant le séjour qu'y fit Jeanne, et cela nous vaut une description directe de la Pucelle telle qu'il put la voir au mois de mars 1429. Mais sa lettre, fréquemment en contradiction avec les dires de Jeanne, me paraît être un mélange de détails exacts et de faits que la cour a décidé de faire croire, agrémentés de touches merveilleuses propres à accréditer la légende.

On y relève :

« Elle est née dans un petit village appelé Domrémy ... Dans la nuit de l'Épiphanie du Seigneur ... tous les paysans de l'endroit sont saisis d'une joie incalculable et, bien qu'ils ignorassent la naissance de l'enfant, ils courent ça et là demandant ce qui est arrivé de neuf. »

Perceval de Boulainvillers a laissé échapper un détail qui infirme son récit.

Domrémy était un petit village, une trentaine de feux. Si Isabelle, la femme de Jacques d'Arc, était enceinte et devait accoucher dans ce temps-là, tout le village l'aurait su et des voisines seraient sans doute venue l'assister.

Le jour de la naissance et le mois : ils se trouvent dans cette même lettre, six janvier. Si Jeanne n'est pas née à Domrémy mais y a causé un tel émoi cette nuit-là, n'est-ce pas parce qu'elle y est arrivée sous la garde d'une solide escorte ?

Perceval de Boulainvillers qui a soigneusement daté sa lettre comme il se doit, donne le jour et le mois de la naissance officiels, mais se tait quant à l'année. Il n'est pas possible de voir en cela, autre chose qu'une abstention délibérée.

A la demande du duc de Milan, Perceval de Boulainvillers lui raconte ce qui se passe (selon la version officielle). Il faut fixer l'année de naissance à 1412, mais on se trouve en 1429, les événements sont actuels, Jeanne est connue d'un grand nombre, il semble peut-être délicat à Boulainvillers de la rajeunir avec précision et de quatre ans et deux mois, dans un écrit. Il se contente de le suggérer ici : « elle ne découvre son âme à personne, sauf à son curé, et reste presque cinq ans dans cette perplexité. »

Le duc de Milan comprendra l'omission et cette indication voilée. Beau-frère de Louis d'Orléans, il connaît la date du dernier accouchement de la reine et quelle discrétion il faut garder.

Perceval de Boulainvillers vient d'écrire : « Elle ne découvre son âme à personne, sauf à son curé. » et encore « Elle vit une apparition ... et elle entendit une voix disant « Jusqu'à quand tarderas-tu ? Elle répondit sur les conseils de son curé... »

La fable que constitue cette relation se dénonce ici. Jeanne, de son propre aveu, n'a jamais parlé de ses voix à personne, non plus qu'à son curé. Elle en a fait état pour la première fois devant Robert de Baudricourt.

Que disent des chroniqueurs de l'époque ?

• *Cousinot* (35) : L'an mille quatre cent vingt-neuf y avoit une jeune fille ... native d'un village nommé Domp-Rémy ... fille de Jacques Daix et d'Isabeau sa femme, simple villageoise qui avoit acoustumé aucunes fois de garder les bestes ... Elle était âgée de dix-sept à dix-huit ans.

• *Perceval de Cagny* (36) : En icelui an, le ... jour dudit mois de mars, une pucelle de l'eage de 18 ans ou environ ... vint devers le roi.

Perceval de Cagny ainsi que Cousinot sont réputés tenir leurs informations d'un héraut du duc d'Alençon.

• *Jean Chartier* (37) chroniqueur du roi Charles VII : « En celuy temps vint nouvelle qu'il y avoit une pucelle laquelle estoit aagée de vingt ans ou environ... Et finalement fist tant icelle Jehanne qu'elle fut amenée devers le roi de France par un nommé Ville Robert et autres en sa compagnie. »

• *Monstrelet* (38) chroniqueur à la cour de Bourgogne : « En l'an dessus dit, vint devers le roi Charles de France, à Chinon où il se tenoit, une pucelle, jeune fille âgée de vingt ans ou environ, nommée Jeanne. »

Et Jeanne, que dit-elle ?

Le texte du procès comporte que, pendant la première audience, le 21 février 1431, à la question que lui pose l'évêque sur son âge elle répond :

– A peu près dix-neuf ans.

Le lendemain maître Beaupère lui demande :

– Quel âge aviez-vous quand vous avez quitté le domicile paternel ?

Jeanne dit – L'âge que j'avais ? je ne sais pas.

La veille, en ce mois de février 1431, Jeanne déclare avoir dix-neuf ans. Elle a quitté le domicile de Jacques d'Arc deux ans plus tôt et elle serait incapable de dire qu'alors elle avait dix-sept ans ? Pour elle, ce détail ne touchait pas au procès, ne dépendait pas du serment qui lui était demandé à chaque séance publique et qu'elle donnait seulement en le limitant.

Pour un serment inconditionnel, elle déclare tout net à l'évêque, le 24 février : « Sur bien des points vous pourriez me poser des questions *et je ne vous répondrais pas le vrai.* »

Mais Jeanne renonce à persévérer dans sa première déclaration, le 22 février elle choisit le silence. Car il y a plus.

Monsieur Oursel a probablement été un peu vite en donnant ainsi la réponse de Jeanne à Maître Beaupère.

– L'âge que j'avais ? Je ne sais pas.

Monsieur Tisset, qui suit littéralement le texte latin, traduit :

– Dist qu'elle ne sauroit déposer.

Le verbe savoir, tel qu'il est employé ici, signifie, pouvoir.

Jeanne ne dit pas qu'elle ignore son âge, mais qu'elle ne peut déposer.

Si elle est obligée de taire son âge, il fait donc partie de son secret ?

Le premier acte d'accusation dressé contre Jeanne par les juges de Rouen contenait soixante-dix articles, ils furent plus tard réduits à douze.

M. Oursel ne publie pas ce premier acte. Il faut se reporter à M. Tisset pour avoir le texte de ces soixante-dix articles. Le huitième commence ainsi :

– Jeanne aux environs de la vingtième année de son âge, de sa propre volonté et sans la permission de ses père et mère, gagna la ville de Neufchâteau...

La dernière fois que Jeanne quitte Domrémy, c'est en décembre 1428. Son séjour à Neufchâteau est antérieur à ce départ. L'âge que Jeanne avait à cette époque, précisé par le Tribunal de Rouen, concorde avec sa naissance à la fin de l'année 1407.

Nom et surnom.

Le 21 février Jeanne déclare : « chez moi, on m'appelait Jeannette. Depuis ma venue en France, Jeanne.

Je ne connais pas mon surnom. »

Mon père s'appelait Jacques d'Arc, ma mère, Isabelle.

Pour le 24 mars, M. Oursel fait un résumé dont j'extrais : « en la prison de Jeanne... Durant la lecture (du registre de procès) elle précisa seulement que son surnom était d'Arc ou Romée, et que, dans son pays, les filles portaient le surnom de leur mère. »

Il ne paraît pas excessif de dire que ce passage, lui aussi, est étrange. Déclaration suggérée ou frauduleusement insérée, elle est en opposition avec la première déposition de Jeanne où l'on ne peut voir qu'un refus de parler, d'autant que jamais elle ne s'attribua le nom de d'Arc et que personne, de son temps, ne l'appela Jeanne d'Arc, sauf dans un acte qui sera cité plus loin.

Le 1er mars lecture est faite de la lettre adressée au roi d'Angleterre. A l'exception de trois courts passages qu'elle conteste, Jeanne reconnaît cette lettre où, à plusieurs reprises, elle se nomme et signe « La Pucelle ».

A ce nom vient s'accoler celui d'Orléans.

A cette époque, le mot « pucelle » signifiait communément « jeune fille ».

Jeanne vient d'être désignée ainsi par Perceval de Cagny : « Une pucelle de l'âge de 18 ans environ », et par Jean Chartier : « Il y avait une pucelle. »

Il semble que s'il avait fallu donner à Jeanne le nom de la ville où sa mission s'était accomplie, ce n'aurait pas été Orléans mais Reims. Orléans était une étape vers le but majeur qui lui fut assigné : faire sacrer le roi à Reims.

Jean, qui en 1439 sera comte de Dunois, autre enfant naturel de Louis d'Orléans, est appelé le « Bâtard d'Orléans ». Jeanne serait alors la jeune fille, la « Pucelle d'Orléans ».

Si Jeanne est de filiation royale, pourquoi ne pas la présenter à tous, en 1429, sous sa véritable identité ? Une princesse pouvant tout aussi bien qu'une petite bergère, passer pour envoyée de Dieu.

Avouer que l'enfant illégitime, douzième né d'Isabeau de Bavière, vivait toujours et qu'il s'agissait de Jeanne, eut ravivé le souvenir de Charles VI désignant Charles de Ponthieu, onzième enfant de la reine, comme « prétendu dauphin », et retirant à celui-ci, frappé de bâtardise, tout droit au trône.

Ensuite, Jeanne devait réduire à l'obéissance envers le roi, obéissance réputée voulue par Dieu, les villes récalcitrantes.

Accomplie par une modeste fille de paysans, cette tâche prenait toute sa force.

Exécutée au profit de sa caste par la sœur du roi, elle perdait infiniment de son poids, de sa crédibilité.

Les causes pour lesquelles l'âge de Jeanne (comme son origine à laquelle il est lié), doit être dissimulé, viennent d'être évoquées : le caractère de la mission et la bâtardise de Charles de Ponthieu. Cela explique l'acharnement apporté pendant le procès de réhabilitation à imposer une fausse date de naissance puisque ce procès était fait pour le profit de Charles VII.

A cette modifiction se rattache encore un autre motif qui viendra à son heure.

10 novembre 1407

Jeanne vient de naître et sa mère, la reine de France, pleure. La haine entre les deux cousins, Jean-Sans-Peur et Louis d'Orléans, est à son paroxysme.

La naissance d'un fils, Philippe, suivie de sa mort, est déclarée. Cet expédient protègera peut-être la petite Jeanne, mais quels dangers ne menacent-ils pas l'amant de la reine ? Ses larmes sont attribuées à la mort de cet enfant. Pendant plusieurs jours elle ne cesse de pleurer. Louis d'Orléans lui rend de fréquentes visites et cherche à la consoler, mais l'hostilité entre Louis et Jean-Sans-Peur est trop violente, rien ne peut calmer les angoisses d'Isabeau.

En 1405, « Louis d'Orléans avait pris pour emblème un bâton noueux (à l'intention de son cousin), et Jean-Sans-Peur prit pour sien un rabot ».

Et puis soudain, tout change. Dix jours après son accouchement, Isabeau a retrouvé le plaisir de vivre, l'espoir, toutes ses alarmes se sont enfuies. Le 23 elle fait préparer un festin.

Qu'a-t-il pu se passer ?

Au début de novembre 1407, Louis d'Orléans était malade. « Le duc de Berri crut gagner beaucoup sur son neveu (Jean-Sans-Peur), en le décidant à aller voir le malade. Soit pour tromper son oncle, soit par un sentiment de haineuse curiosité, il se contraignit. Le duc d'Orléans allait mieux ; le vieil oncle prit ses deux neveux, les mena à la messe et les fit communier à la même hostie ; il leur donna un grand dîner de réconciliation et il fallut qu'ils s'embrassassent. Louis d'Orléans... invita son cousin à diner avec lui le dimanche suivant. » – Michelet.

L'assistance commune à la messe eut lieu le dimanche 20 novembre, le diner de réconciliation, le mardi 22. Au soir de ce mercredi 23 novembre, pour fêter l'événement qui met un terme à une si longue haine, le joyeux souper commence à l'hôtel Barbette. Il est bientôt interrompu. Le valet de chambre du roi vient dire à Louis que Charles le demande. Le duc part avec une petite escorte. Selon l'enquête du Prévôt de Paris (39), il est monté sur une mule. Une femme, qui le regarde passer de sa fenêtre, dira qu'il jouait avec un gant et chantait. Son escorte se composait de 5 ou 6 hommes à cheval, 3 ou 4 à pied et 2 ou 3 torches.

Assassinat de Louis d'Orléans

Quelques instants après, il est peut-être huit heures du soir, rue Vieille du Temple, Louis est assailli par une bande d'hommes armés et tombe horriblement mutilé, la tête fracassée par des coups de hache.

La nouvelle en parvient rapidement au connétable qui charge dans l'heure, Guillaume de Tignonville, prévôt de Paris, son lieutenant et plusieurs officiers du roi, d'aller vérifier la chose.

Le corps de Louis d'Orléans a été déposé sur une table en l'hôtel du maréchal des Rieux, proche de la porte Barbette. Le cadavre tout saignant porte des plaies hideuses et une mutilation. Le Prévôt envoie des gens, les uns vers le roi de Sicile, les autres vers les ducs de Berri, de Bourgogne, de Bourbon, pour leur dire ce qui était arrivé et leur demander ce qu'ils voulaient que l'on fasse. Les princes se réunissent à l'hôtel d'Anjou, demeure du roi de Sicile. Il est ordonné de fermer toutes les portes de Paris jusqu'à ce que la vérité soit connue, et que l'enquête soit menée avec diligence.

Lorsque la reine apprend la fin de Louis d'Orléans, elle éprouve une douleur extrême. Le duc est inhumé dans l'église des Célestins. Le duc de Bourgogne assiste à la cérémonie avec les autres princes.

L'enquête se poursuit le jeudi et le vendredi. Des dépositions toutes concordantes recueillies, il ressort qu'un homme en habit de clerc prit en location, la semaine dernière passée, l'« hôtel de l'Image de Notre-Dame », rue Vieille du Temple.

C'est de là qu'étaient sortis, munis d'épées, de haches et autres armes, les assassins de Louis d'Orléans. Ils tuèrent aussi un de ses valets qui tentait de protéger son maître.

Leur forfait accompli, ils prirent leurs chevaux dans l'écurie de l'hôtel, mirent le feu et s'enfuirent en hâte, semant des chausse-trapes de fer derrière eux.

A la suite dê bruits rapidement répandus, les soupçons s'égarent un moment sur le chevalier Aubert de Cauny. Il est l'époux de Mariette d'Enghien qui fut séduite par Louis. De ce double adultère naquit en 1403, Jean le Bâtard d'Orléans. Aubert de Cauny détestait Louis, mais aucune charge ne peut être relevée contre lui.

Le vendredi soir, après deux journées de recherches infructueuses, subitement l'enquête prend fin et le lendemain, on connaissait dans Paris la déclaration de Jean-Sans-Peur au sujet du meurtre, car la note suivant se trouve sur les registres du Parlement » : Samedi XXVIe jour (de novembre 1407) – Ce jour a esté dit et publié de plusieurs que le duc de Bourgoigne, comte de Flandres et de Bourgoigne et d'Artois, disoit et maintenoit qu'il avoit fait occire le duc d'Orléans, son cousin germain, par Rolet d'Anquetonville et autres, et sur ce s'est aujourd'hui parti de Paris. » – Cité de M. P. Raymond, transcripteur de l'Enquête.

D'après le Religieux : « Le duc de Bourgogne se rendit en Flandre à grandes journées. Quoique la famille royale le regardat comme un criminel... et que le roi éprouvât le plus vif ressentiment de la mort de son frère, on différa le châtiment par égard pour un tel personnage, qui portait le titre de doyen des pairs de France, qui était le plus riche seigneur du royaume et qui avait déjà marié sa fille avec le fils aîné du roi. Bientôt même on lui offrit une audience publique et l'impunité, à condition qu'il livrerait les assassins pour qu'ils fussent jugés. Le duc de Bourgogne s'y étant refusé, le roi envoya à Amiens Monseigneur le duc de Berri et le roi de Sicile afin de conférer avec lui au sujet de ce crime abominable...

Les deux princes ne purent l'empêcher d'entrer à Amiens en appareil de guerre, et passèrent dix jours dans cette ville où ils eurent avec lui des conférences pleines de courtoisie et où ils se traitèrent mutuellement avec somptuosité. Le duc promit d'obéir aux ordres du roi et d'aller présenter ses excuses en sa présence... à condition que les portes de Paris ne fussent plus gardées par des gens de guerre. Il voulait y entre, en liberté, non comme un ennemi de la ville ou du roi mais comme un ami qui voulait la paix ». – Fin de citation.

Valentine Visconti, duchesse d'Orléans lorsqu'elle apprend la mort de son époux bien-aimé « se livre aux transports de la plus vive douleur, s'arrache les cheveux, déchire ses vêtements. »

Elle arrive à Paris avec les deux fils qu'elle eut de Louis, et une nombreuse suite. Elle supplie le roi de tirer vengeance de l'assassinat du duc, en termes pathétiques et violents. Elle lui demande la permission de garder ses fils auprès d'elle, et de leur accorder la jouissance des biens et domaines de leur père.

Le roi accède à sa demande et lui adresse des paroles de consolation.

La satisfaction éprouvée par la duchesse ne dure pas. Elle apprend que le duc de Bourgogne va bientôt arriver. Alors elle retourne à Blois « elle fait restaurer la ville et le château, les approvisionne de vivres et d'armes et met bonne garde aux portes comme si ses ennemis eussent été dans le voisinage. »

Le roi fait une rechute, elle est attribuée à la démarche de sa belle-sœur.

La nuit du 6 janvier

L'hiver s'annonça très rude cette année-là. Chez la reine, après quelques semaines d'attente, le départ du bébé est organisé. Qui décida d'exiler Jeanne dans le Barrois ? Fut-ce Louis ou Isabeau ? Mais aussi, pourquoi ne pas penser à un autre personnage, Yolande d'Aragon, épouse de Louis II duc d'Anjou et roi de Sicile. Sa mère, nièce de Charles V, est Yolande de Bar, son oncle, le cardinal de Bar.

S'assurer d'un enfant royal pouvait représenter un gage sérieux en certaines circonstances. La suite dira bientôt que Yolande, froide et prévoyante politicienne, était fort capable de prendre en main les destinées de la petite princesse.

Après l'assassinat de Louis, son intervention ne pouvait paraître que salvatrice à la reine de France. Son attache au Barrois expliquerait le choix du lieu. Quant à celui de la famille nourricière... Il existe, dans les comptes royaux, la mention d'une dépense (document n° 3) : « Le roy pour argent donné à une pouvre femme nommée Jehanne Dart qui lui avoit punté chappeaux pour ce dimanche 12e jour de juing. »

Cette femme, assez proche de la cour pour pouvoir accéder au roi, serait-elle une parente de Jacques d'Arc, comme cela fut avancé, aurait-elle facilité sa désignation comme gardien de l'enfant ? Car ce que l'on appelait à l'époque, le surnom de Jacques, ne fut, paraît-il, orthographié « d'Arc », qu'au XVIe siècle. Pendant le temps considéré, on trouvait Darc, Tarc, Daix, etc.

Après plusieurs longues journées de chevauchée pénible dans la neige et le gel, la petite troupe, qui conduit Jeanne à Domrémy, arrive au terme de son voyage dans la nuit du 6 janvier. Réveillés par le bruit que fait l'escorte seigneuriale, « tous les paysans de l'endroit sont saisis d'une joie incalculable et, bien qu'ils ignorassent la naissance de l'enfant, ils courent çà et là, demandant ce qui est arrivé de neuf ». Perceval de Boulainvillers.

La petite Jeanne fait son entrée chez Jacques d'Arc et Isabelle.

Très vite, son baptême est célébré. Jeanne y est entourée d'un nombre extraordinaire de parrains et de marraines. Elle va grandir chez ses parents nourriciers, dans ce Barrois lointain qu'il nous faut quitter pour plusieurs années.

Suite de l'histoire de la famille royale

Le duc de Bourgogne va faire ses dévotions à Saint-Denis puis, le 20 février, fait son entrée à Paris, en appareil de guerre. Il est escorté de huit cents chevaliers et écuyers. Les bourgeois empressés l'accueillent avec honneur. La foule crie Noël, Noël.

La reine et les parents du roi ne peuvent empêcher Jean-Sans-Peur d'exposer les motifs de la mort de Louis d'Orléans.

8 mars 1408. – Dans la grande salle de l'hôtel Saint-Pol, en présence de Louis, duc de Guienne et dauphin de France, fiancé de Marguerite fille du duc de Bourgogne, en présence de Louis roi de Sicile, de Jean duc de Berri et de tous les princes du sang, Maître Jean Petit, professeur en théologie, prend la parole au nom du duc.

Selon le Religieux : « Il ne craignit pas de soutenir que, si l'on pouvait trouver quelque chose à redire à l'action du duc de Bourgogne, et s'il avait dérogé à l'honneur de sa race, la mort du duc d'Orléans n'était que le juste châtiment de ses démérites... Il énuméra toutes les criminelles intrigues par lesquelles le duc, dévoré d'une insatiable ambition, avait cherché à s'emparer du trône... Il représenta le duc comme un homme souillé de tous les vices, un scélérat et un tyran, et conclut de là qu'il avait été permis de le tuer... Il accusa encore le duc d'avoir adhéré aux sortilèges et à l'idolâtrie et d'être fauteur du schisme de l'Église en adhérant à Monseigneur Benoît. Il démontra que le duc avait cherché à faire mourir le roi par des sortilèges, enchantements, maléfices, puis par des breuvages empoisonnés, enfin par le feu et autres tentatives criminelles parmi lesquelles, le bal des ardents. Il ajouta encore que le duc, mécontent que le roi d'Angleterre, Richard, eût engagé le roi de France à se mettre en garde contre ses trahisons, avait aussitôt conclu un pacte d'alliance avec le duc de Lancastre et lui avait promis de détrôner son souverain à la condition que Lancastre l'aiderait à s'emparer du trône de France.

Après avoir encore allégués d'autres faits très graves, l'orateur termina en disant qu'en conséquence on devrait plutôt louer que blamer le duc de Bourgogne d'avoir mis à mort Louis d'Orléans, et l'assemblée se sépara. »

Trois jours plus tard, la reine quitte Paris avec son fils, le duc de Guienne et se retire à Melun, elle fait réparer la citadelle et munit la ville de vivres comme si elle craignait une attaque. Elle veut aussi rassembler des gens de guerre. Le roi, en période de bonne santé, va à Melun et lui fait abandonner ce projet. De retour à Paris, il entend les motifs présentés par le duc de Bourgogne pour justifier son crime. Il lui pardonne, lui accorde des lettres de rémission et l'engage à se prémunir contre les pièges dont il pourrait être menacé.

A la demande de Jean-Sans-Peur, il retire la charge d'Amiral de France à Messire Clignet de Brabant qui avait toujours été un des plus zélés partisans du duc d'Orléans.

Le 15 mai, après intervention de l'Université de Paris, devant les atermoiements des deux papes et par autorisation royale, on publie dans la capitale, la soustraction d'obédience.

Le pape d'Avignon, Benoît XIII, écrit au roi et au duc de Berri, des lettres affectueuses accompagnées de bulles qui le sont moins et menacent d'anathème si obéissance et privilèges ne lui sont pas rendus.

Devant le roi, les princes et des prélats, un membre de l'Université, dans un discours véhément traite les bulles d'iniques. Le roi, du consentement de tous, approuve ce qui vient d'être dit.

Les secrétaires royaux coupent les bulles avec un couteau et les jettent au recteur qui les lacère.

La neutralité vis-à-vis des deux papes est publiée.

Les Allemands, les Hongrois, les Bohémiens, à la demande du roi de France, adoptent la même attitude. Les deux papes ne sont plus en sûreté. Grégoire XII se rend à Sienne, les habitants de Rome refusant de lui ouvrir leurs portes. Pierre de Luna, Benoît XIII s'enfuit avec ses galères. Pour ne pas tomber entre les mains de Boucicault, le gouverneur de Gênes qui a reçu l'ordre de l'arrêter, il se résout à se fixer à Perpignan.

En septembre, au cours d'un grand conseil tenu au Louvre, il est exposé que le roi, par lettres scellées de son sceau, confie à la reine et à son fils, le duc de Guienne, le soin d'administrer toutes les affaires du royaume toutes les fois qu'il serait malade. A l'appui de cette mesure, l'exemple de la reine Blanche est cité. Mais dans la pratique, cette décision est sans effet comme la suite le démontrera, les ducs continueront de gouverner.

La duchesse d'Orléans, présente, implore qu'il soit fait justice de la mort du duc et demande un jour pour répondre aux accusations que le duc de Bourgogne a lancées contre son époux.

Au jour fixé, Maître Sérisy, religieux de l'ordre de Saint-Benoît, s'exprimant au nom de la duchesse, dans un très long discours, attaque vigoureusement le duc de Bourgogne et le théologien qui parla pour lui ; rejette les accusations portées contre Louis d'Orléans dont il fait l'éloge, réclame justice et expose les sanctions qu'il est nécessaire de prendre contre le duc de Bourgogne. Celui-ci devrait s'humilier, demander pardon, être dépouillé de tous ses biens et condamné à l'exil.

Pendant ce temps et depuis le mois de mars, le duc de Bourgogne accompagné de nombreux seigneurs, est parti combattre les Liégeois en conflit avec leur prince-évêque. Après des engagements et des scènes atroces en divers points du pays, c'est l'affrontement décisif. Des renforts Picards arrivés au milieu de la bataille font pencher la victoire du côté du Bourguignon.

La Chronique de Saint-Denis dit que : « C'est au cours de cette bataille que le duc de Bourgogne gagna son surnom de Jean-Sans-Peur. Ainsi la justice de la Providence permit que toute cette multitude d'ennemis fut écrasée et anéantie... Vingt-quatre mille hommes périrent, dit-on, dans cette bataille qui eut lieu le dimanche 23 septembre.

Ainsi, continue le Religieux, pour n'avoir pas suivi de sages conseils, ce peuple rebelle et intraitable fut complètement battu et descendit tout entier dans la tombe, et pour n'avoir pas voulu se soumettre à un joug salutaire, il recueillit le triste fruit de ses révoltes en tombant sous le fer des Français.

Le duc de Bourgogne..., grâce à la protection de la divine Providence, venait de remporter une victoire si glorieuse... »

Isabeau rentre en grande pompe à Paris. Malgré les lettres de rémission du roi, la reine et les princes veulent punir le duc de Bourgogne. Mais, apprenant la victoire qu'il vient de remporter et craignant que le roi lui réserve de ce fait un bon accueil, ils décident de partir pour Tours et d'y emmener Charles VI alors malade. Là, ils tiennent conseil et se proposent d'obliger le duc de Bourgogne à faire amende honorable et à s'éloigner de la cour pendant plusieurs années.

Informé, le duc de Bourgogne ne veut rien entendre, puisqu'il a toujours affirmé qu'il n'avait agi que dans l'intérêt et pour l'honneur du roi et du royaume.

Après un échange de messages où le duc de Bourgogne semble prendre l'avantage, le duc rentre à Paris en appareil de guerre, y est reçu avec grand honneur et par des acclamations dues uniquement à la royauté.

Un différend survenu entre le comte de Savoie et son oncle, le duc de Bourbon donne lieu à des combats qui ravagent de vastes contrées.

Le 4 décembre 1408 la duchesse d'Orléans, veuve de Louis, expire en son château de Blois.

Les soldats rassemblés par la reine ou les ducs mettent au pillage une grande partie du pays. Les parisiens demandent le retour du roi à Paris, pendant que se négocie un traité de paix qui devra être juré et signé dans l'église de Chartres. Sa rédaction précise les paroles qui seront prononcées au cours d'un cérémonial rigoureusement détaillé.

Les deux ducs pourront se faire accompagner chacun par six cents hommes en cuirasse et armés. Le duc de Bourgogne paraîtra d'abord, il sera dit au roi et en son nom qu'il se présente pour le fait commis sur la personne du duc d'Orléans, par ses ordres, « pour votre bien, et pour le bien du royaume ».

... Il est affligé du déplaisir que vous en avez éprouvé... Il sera toujours disposé à vous obéir...

La reine et les princes... supplieront le roi d'accorder au duc un pardon plein et entier.

Le roi accèdera à cette demande, fera se retirer le duc de Bourgogne, et venir l'héritier de Louis d'Orléans, Charles, le nouveau duc qui est dans sa dix-huitième année et dont il est le tuteur.

Le roi dira qu'il a pardonné. Il ordonnera à Charles et à ses frères d'approuver et d'agréer les paroles que Bourgogne va venir leur adresser.

Le roi défendra à tous de conserver de la haine, de se quereller...

Le roi, la reine, les princes, jureront sur la croix et les évangiles d'observer le traité et, pour sceller celui-ci, Charles VI mariera le Comte de Vertus, frère du duc Charles d'Orléans, à une fille du duc de Bourgogne faisant ainsi, par décision royale, obligation au fils de l'assassiné d'épouser la fille de l'assassin.

Le 9 mars 1409, tout se passe comme il en avait été décidé.

Après plus de trois mois de délibérations un concile réuni à Pise, ayant destitué ceux que l'on appelle les deux prétendants, élit pour les remplacer un pape qui est couronné le 7 juillet sous le nom d'Alexandre V.

L'Église se réjouit d'avoir ainsi mit fin au schisme. Mais au lieu de deux papes, maintenant elle en a trois, ni Benoît XIII ni Grégoire XII ni leurs partisans respectifs ne voulant reconnaître les décisions conciliaires.

Juin 1409. – Michelle que la reine Isabeau avait mise au monde en 1395 et qui fut accordée en 1403, épouse Philippe, fils aîné de Jean-Sans-Peur. Le dauphin Louis, duc de Guienne, fiancé en 1404, est uni à Marguerite, fille aînée de Jean-Sans-Peur.

13 septembre 1409. – Leur sœur Isabelle qui fut veuve du roi Richard d'Angleterre, puis avait épousé le duc Charles d'Orléans, meurt en couche au château de Blois. Elle a vingt ans, la petite fille qui vient de naître épousera plus tard Jean d'Alençon, celui que Jeanne la Pucelle appellera son gentil duc.

Un bruit court selon lequel les Anglais ont écrit au duc de Berri pour traiter de la prolongation de la trêve.

Les ducs qui gouvernaient pendant la maladie du roi envoyèrent une députation en la ville d'Amiens pour rencontrer les Anglais. Ceux-ci ne vinrent pas. Quel motif, quelle intervention avait modifié leur projet ? L'histoire ne le dit pas.

Le Sire de Montaigu, grand-maître de la maison du roi, et que le duc de Bourgogne tient en une profonde haine, est arrêté et jeté dans un cachot au petit

Châtelet. L'évêque de Chartres et Pierre de l'Esclat, principaux conseillers de la reine et du duc de Berri, sont emprisonnés.

Le Sire de Montaigu interrogé et ne voulant pas reconnaître les griefs énumérés contre lui fut cruellement questionné.

Ses parents, ses amis, l'évêque de Paris son frère, allèrent à plusieurs reprises implorer sa grâce auprès du duc de Bourgogne. La reine et le duc de Berri intercédèrent également mais en vain.

Sous la torture, Montaigu finit par reconnaître tous les crimes qu'on voulut lui faire avouer. Conduit aux halles, il eut la tête tranchée d'un coup de hache. Cela se passait pendant un accès de la maladie du roi.

Sur le conseil des princes, Charles VI décide qu'une assemblée se tiendra dans le but d'apporter des réformes qui devront assurer la tranquillité et la prospérité du royaume. La réunion a lieu le dernier dimanche de décembre en présence de la reine et du duc de Guienne que l'on a été chercher à Melun.

Le comte de Tancarville rappelle que, grâce aux soins de la reine, la trêve avec les Anglais avait été prolongée d'année en année... mais, dit-il, le roi sait que le roi d'Angleterre se prépare à attaquer la France... Le roi a ordonné, depuis trois ans que, pendant ses crises, la reine s'occupat des affaires du royaume.

Si un excessif embonpoint ou d'autres motifs empêchaient la reine de gouverner, le duc de Guienne son fils aîné serait investi de cette autorité, soustrait à la tutelle de sa mère et placé sous la direction des princes. Le long exposé de l'orateur touche à d'autres considérations. Puis c'est le duc de Berri qui prend la parole, suivi par les autres princes, il déclare que sa personne et ses biens sont au service du roi. Il termine en disant qu'il semble bon à tous que le duc de Guienne prenne les rênes du gouvernement, qu'il ne soit plus sous la tutelle de la reine et choisisse à son gré un des princes du sang pour s'occuper de lui.

Trois jours plus tard, le roi accorde à son oncle le duc de Berri, le gouvernement et les revenus de la Guienne sa vie durant et lui demande à qui il doit confier la tutelle de Louis duc de Guienne. Berri s'excuse en raison de son âge et fait l'éloge du duc de Bourgogne qu'il désigne comme le plus propre à cet emploi. Le duc de Guienne, présent, accepte ce choix avec empressement. Il a douze ans et Bourgogne est son beau-père.

Il avait été décidé en conseil royal qu'une fille du duc de Bourgogne épouserait le fils du roi de Sicile duc d'Anjou. Les fiancés seront élevés ensemble jusqu'à leur puberté à la cour d'Anjou.

Une guerre éclate entre le duc de Bretagne gendre du roi, et le comte de Penthièvre, gendre du duc de Bourgogne. Plusieurs villes sont détruites.

Le duc de Berri s'irrite bientôt. Il n'est plus appelé à aucun conseil et apprend que le duc de Bourgogne conclut des alliances secrètes.

Quelques mois plus tard, les ducs de Berri et de Bourbon se rendent à Gien-sur-Loire, ils y trouvent les ducs de Bretagne et d'Orléans ainsi que les comtes d'Alençon, de Clermont et d'Armagnac que Jean de Berri avait secrètement appelés.

Berri fait un discours : la justice est violée, le roi négligé, son pouvoir reçoit des atteintes, des personnes innocentes sont exécutées...

Un pacte est conclu. On décide d'entrer dans Paris avec une armée. De son côté, Bourgogne rassemble ses gens sous sa bannière. Le peuple, à qui l'on assure que ces préparatifs sont destinés à combattre les ennemis du royaume, se réjouit.

Il faut de l'argent. Celui qui fut levé récemment n'a pas été déposé dans les caisses du roi. Pour se procurer des subsides, Bourgogne assure qu'il lui faut défendre la France contre le duc de Lancastre usurpateur du trône d'Angleterre et impose les villes de France mais se heurte à un refus.

Le quatre mai meurt le pape Alexandre. Un autre pape est élu, il prend le nom de Jean XXIII.

Les ducs de Berri, d'Orléans et tous ceux qui ont signé le pacte, lèvent des troupes dans les diverses provinces du royaume et dans les pays étrangers. La menace d'une invasion anglaise avait été agitée pour justifier les préparatifs de guerre. Mais les Anglais ne paraissent pas. Le peuple commence à comprendre que les dispositions prises dans les deux camps sont destinées à des hostilités entre les princes de la même famille, à une guerre civile.

Le duc de Berri possède à sa solde des Aquitains, des Gascons, des Bretons, des Normands, des Orléanais. Il s'assure de l'assistance du frère du duc de Bretagne, le comte de Richemont qui vient en France avec un corps d'Anglais et d'archers du pays. Le duc de Bourgogne, aux Français qu'il a sous ses ordres, joint des troupes levées chez les nations hostiles à la France, des Brabançons, des Lorrains, des Allemands et des Flamands.

Lorsque le Religieux demande comment il se fait que les ducs aient de tels pouvoirs, on répond que : « Le duc de Bourgogne, en sa qualité de régent du royaume, gouverne à sa fantaisie, et ses volontés sont une loi... »

Au milieu de juillet, le roi, en période de bonne santé, sur le conseil du duc de Bourgogne et de plusieurs seigneurs, envoie une lettre au duc de Berri. Il lui dit de licencier ses troupes et de venir le trouver. Le duc n'obéit pas. Des lettres royales sont alors expédiées dans les principales villes de France, enjoignant aux chevaliers et écuyers de déposer leurs armes sous peine d'être réputés coupables du crime de lèse-majesté. Mais ni d'un côté ni de l'autre on n'obéit.

D'infructueux échanges d'Ambassades continuent, puis Bourgogne fait murer les portes de Paris sauf trois solidement gardées, pour empêcher Berri de mettre son projet à exécution. Au reste le roi fait connaître qu'il refuse de recevoir son oncle et les confédérés s'ils viennent avec leurs gens d'armes. Bourgogne fait entrer dans Paris huit mille de ses soldats, et le roi donne l'autorisation au duc de Brabant, frère du duc de Bourgogne, de s'établir dans la ville de Saint-Denis avec six mille hommes d'armes.

« Les hommes d'armes courent le pays, y commettant tous les dégâts qu'on peut attendre d'un ennemi. »

A l'approche d'un hiver qui s'annonce très rude, et les vivres venant à manquer, les ducs sont contraints de signer un traité. Ils jureront de ne rien tenter les uns contre les autres jusqu'au jour de Pâques 1412. Ils licencieront leurs troupes et rentreront dans leurs domaines, ce qu'ils font le 8 novembre 1410.

Le roi désignera des personnages de son choix pour administrer le royaume pendant leur absence.

En février 1411, le duc de Bourgogne envoie un chevalier aux nouveaux ministres. Il leur fait part d'une information selon laquelle, dans le parti des confédérés on procédait à de nouvelles levées d'hommes, et leur demande de prendre toutes les mesures nécessaires. Plusieurs ordonnances fort sévères sont prises au nom du roi.

Louis d'Anjou s'absente pendant quelque temps, il va en Italie où il fait escorte au pape Jean XXIII, depuis Bologne jusqu'à Rome. Pour le récompenser le pape lui décerne le titre de principal champion et protecteur de la Sainte Église. Puis il lui recommande d'aller en toute hâte combattre Ladislas qui s'était emparé par force des terres du Saint-Siège, et l'intrus Grégoire qu'il avait encore auprès de lui.

Louis d'Anjou obéit avec d'autant plus d'empressement que Ladislas a usurpé le trône de Sicile. Dans un combat qui est un épouvantable carnage, Louis d'Anjou, roi de Sicile, remporte la victoire.

En France, nouvel échec du roi qui désire vivement la tranquillité du royaume, dans sa tentative d'établir une bonne harmonie entre les ducs.

Juillet 1411. – Charles d'Orléans qui pendant un temps très court s'était en apparence courbé devant la volonté royale, s'est repris. Il écrit au roi, lui rappelle l'assassinat de son père Louis par le duc de Bourgogne, déclare sans valeur le traité de Chartres, énumère les crimes et trahisons de Jean duc de Bourgogne et réclame hautement justice. Charles, en son nom et au nom de ses frères, écrit au duc de Bourgogne, lui reproche sa traîtrise et l'assassinat de leur père, et le menace. Bourgogne répond en faisant l'apologie de son crime. Il en appelle à Dieu et dit sa volonté de châtier Charles et ses frères.

C'est la guerre déclarée entre les deux cousins. Un survol des événements montre comment s'est nouée cette situation. Aboutissement d'avidités ancestrales, à la mort de Charles V c'est l'incessante rivalité ambitieuse de ses trois frères. Après la disparition de Louis 1er d'Anjou et de Philippe de Bourgogne, Jean de Berri voit cette rivalité haineuse s'amplifier chez ses neveux Louis d'Orléans et Jean de Bourgogne. Il est leur dernier oncle paternel en vie, et prend conscience des périls que cette situation extrême fait courir à la monarchie et aux princes du sang. Il essaie de réconcilier les deux adversaires, peut croire qu'il y est parvenu et s'en réjouit, mais il apprend aussitôt que Jean a fait assassiner Louis. Contre le violent ressentiment qu'il conçoit il souscrit aux décisions prises par son neveu Charles VI pour éviter l'affrontement. Mais comme Charles VI penche ouvertement pour Jean de Bourgogne, Jean de Berri se range au côté de Charles d'Orléans indigné de ne pas voir châtier l'assassin de son père.

Le duc de Berri a donné l'impulsion au parti qui est celui de Charles d'Orléans mais ne portera pas son nom.

Jean de Berri, par son premier mariage, s'était uni à Jeanne fille de Jean Ier d'Armagnac, leur fille, Bonne de Berri, épouse le comte Bernard d'Armagnac son cousin. Ils ont une fille que Charles d'Orléans, veuf depuis 1409 d'Isabelle de France, épousait quelques mois plus tard.

Dans une « Histoire du Rouergue » (40), M. Jacques Bousquet trace ainsi le portrait du nouveau beau-père du duc d'Orléans, Bernard d'Armagnac « hésitant entre la formation d'une sorte de petit royaume méridional et la tentation de jouer un rôle majeur dans le royaume de France.

Pour s'agrandir, tous les moyens sont bons, héritages, achats, mais surtout la violence, à l'égard de sa famille même, et c'est en 1403-04 l'extinction de la branche de Fezensaguet : le père et le fils, Géraud et Jean, se sont annexé l'héritage de Comminges ! Après de cruels interrogatoires sous l'accusation d'envoûtement, ils périrent de froid, de faim et de peur dans une oubliette du château de Rodelle, ce qui permit de récupérer leurs biens de Gascogne, mais aussi de Rouergue, les vicomtés de Creissels et Roquefeuil, et la baronnie de Meyrueis... Allié en 1403 à Louis d'Orléans, il devient, à sa mort, chef du parti qui porte son nom. – Fin de citation.

Tel est l'homme dont la cruauté affronte celle du duc de Bourgogne.

Au mois de juillet 1411, Charles d'Orléans demande à l'Angleterre d'observer la neutralité, mais Jean-Sans-Peur appelle l'Anglais à combattre à ses côtés. Dans le peuple, des hommes vont commettre tous les crimes imaginables et s'entretuer pour le compte de leurs princes, les autres paieront, douloureusement, les haines déchaînées pendant de longues, très longues années dans ce que le Religieux appelle une guerre domestique.

Les troupes du duc d'Orléans sont passées à l'attaque. Le duc de Guienne convoque les conseillers de son père. Un message rédigé au nom du roi est envoyé au duc de Bourgogne pour le conjurer de venir en toute hâte à la tête de ses troupes, chasser les traîtres et rebelles... Donné à Paris le 28 août.

En septembre le conseil fait publier que tous les partisans du duc d'Orléans sont privés de leurs possessions, et profite de la situation pour procéder à plusieurs destitutions injustes.

Le duc de Bourgogne, ravi, a enfin reçu cette lettre qui lui permet de se mettre en guerre sous couvert d'un ordre du roi. Il entre immédiatement en campagne avec des forces importantes.

Armagnacs et Bourguignons s'accusent mutuellement d'avoir demandé l'assistance du roi d'Angleterre en lui promettant de l'aider à récupérer les territoires que ses prédécesseurs avaient perdus en France. Chaque parti traite l'autre de menteur.

Le duc d'Orléans, qui occupe la ville de Saint-Denis, a besoin d'argent. Il demande aux religieux de l'Abbaye qui en ont la garde, le trésor de la reine.

Le comte d'Armagnac se fait ouvrir, sous menace, le lieu où il est caché et fait enlever la plupart des vases d'or et d'argent qui s'y trouvent. Les religieux prennent des mesures pour éviter que leur trésor personnel tombe entre ses mains.

Les conseillers du roi se souvenant que le pape Urbain V avait autrefois frappé du glaive spirituel les compagnies sans chef qui infectaient le royaume, font rechercher le document, une bulle. Elle est une monumentale énumération des destitutions, excommunications et sanctions diverses allant jusqu'au servage, qui doivent frapper les coupables, leurs enfants et petits enfants.

Des professeurs en théologie, des docteurs en droit civil et en droit canon, favorables au duc de Bourgogne déclarèrent que cette bulle avait une force indélébile et que les juges et prélats pouvaient en faire usage. Les ducs d'Orléans et de Bourbon, les comtes d'Alençon et d'Armagnac, le connétable et leurs complices, conformément à la sentence apostolique, seront frappés d'une sentence d'excommunication comme rebelles, félons et ennemis du royaume. Cierges éteints et au son des cloches, ils seront désignés sans titre, comme séquestrés de la communauté des fidèles à toutes les messes, dans les églises paroissiales de Paris ou d'ailleurs. Ce qui fut exécuté jusqu'au mois d'août de l'année suivante.

16 janvier 1412. – Le roi est en bonne santé. Sur les conseils du duc de Bourgogne et de ses partisans qui lui ressassent les méfaits du duc d'Orléans et des siens, Charles VI approuve en conseil une nouvelle expédition de son fils, considérant qu'il est de son devoir de venger l'injure qui lui est faite et de mettre un terme aux cruautés de l'ennemi.

Quelques jours plus tard, à l'instigation du roi de Sicile et du duc de Bourgogne, le roi approuve la déposition qui avait été faite pendant sa maladie, de Jean de Hangest, grand-maître des arbaletriers et de Charles d'Albret, connétable de France.

Sur les accusations portées en conseil contre les princes ses parents, le roi décide de les poursuivre personnellement et de commencer par son oncle, le duc de Berri.

Le roi, accompagné par le duc de Guienne et une suite nombreuse, va de l'église Notre-Dame de Paris au monastère de Saint-Denis, entend la messe et prend sur l'autel, en signe de son prochain départ, la bannière du Saint Martyr appelée Oriflamme.

Il se met en campagne et, malgré une forte blessure reçue accidentellement à la jambe, il persiste à demeurer à la tête de ses troupes et à en assurer le commandement.

Il entre sur les terres du duc de Berri, fait publier que chacun ait à suivre ses bannières sous peine d'être pendu et se dirige sur Bourges. Pendant le siège de la ville il envoie un écuyer en Angleterre pour s'informer des dispositions du roi.

Henri IV, en son conseil, a décidé que son second fils, le duc de Lancastre, irait assister les seigneurs du parti d'Orléans que l'armée royale attaquait. La flotte anglaise est prête et va mettre à la voile pour la France.

Des seigneurs s'emploient à réconcilier le roi, le duc de Berri et les autres princes. Ils y parviennent.

Les Anglais, arrivés en France, dévastent les terres que le roi de Sicile avait prises au comte d'Alençon avec le consentement du roi. Alors qu'ils viennent apporter l'aide demandée, ils sont furieux d'apprendre la réconciliation en cours et menacent de se jeter sur les terres du duc d'Orléans s'ils ne sont pas payés de leur solde. Le duc d'Orléans achète fort cher leur départ. Ils se retirent vers l'Aquitaine et annoncent qu'ils reviendront bientôt, non comme auxiliaires mais comme ennemis du royaume.

Jean-Sans-Peur est souvent en proie à la peur de périr assassiné. Il fait construire, dans sa demeure, une chambre de pierre à laquelle il accède par un escalier de 150 marches.

20 mars 1413. – Henri IV meurt. Son fils, le prince de Galles, lui succède sur le trône d'Angleterre, c'est Henri V.

A Paris le trésor est constamment dilapidé, les caisses sont vides.

Le prévôt de Paris, Pierre des Essarts, a reconnu que, sur ordre du roi, il avait remis deux millions d'or au duc de Bourgogne contre un reçu signé par lui, et s'attire la haine du duc pour cette révélation. Pierre des Essarts était apprécié et aimé des parisiens mais d'habiles manœuvres excitent le peuple contre lui. C'est la première émeute.

Les révoltés sont près de vingt mille, « ils ne pardonnent pas à monseigneur le duc de Guienne ses orgies nocturnes, ses débauches et ses déportements scandaleux... »

Le dauphin a seize ans et, à la demande des princes, le roi lui a donné le gouvernement du royaume pendant ses périodes de maladie.

Soupçonnant que l'inconduite de Louis de Guienne est favorisée par son entourage, les émeutiers emprisonnent des seigneurs et des dames de sa cour. Un théologien justifie leurs actions devant le roi.

Le mouvement Cabochien s'accompagne de tous les excès de la violence.

Sur les instances des chefs de la sédition un procès est fait à Pierre des Essarts. Il se termine par une sentence de mort. Il alla au supplice l'air calme et serein et fut décapité.

1413 – Le 8 août. – Le roi fait publier la paix conclue avec les princes.

Le duc de Bourgogne, mécontent et inquiet, quitte précipitamment Paris.

Le roi de Sicile et les autres princes font leur entrée dans la capitale.

Le roi les fait jurer sur les évangiles d'observer fidèlement ce qui était contenu dans le traité de paix et révoque les mesures qui furent prises contre eux.

Le duc d'York, cousin du roi d'Angleterre, est reçu par le roi Charles VI avec de grands égards. Il vient chercher pour son maître Henri V, un parti parmi les princesses de sang royal. Catherine, fille du roi, lui est présentée, elle a treize ans.

Les gens d'armes des Armagnacs, entrés dans Paris, commettent les mêmes excès que les Bourguignons.

Le soulèvement des Parisiens est réprimé. Un conseil royal prononce le bannissement contre les principaux chefs de la révolte, en fuite.

Le duc d'Anjou prend des dispositions nouvelles pour le mariage de son fils aîné, et sa fille Marie est fiancée. Sur ces événements nous reviendrons.

Le duc d'York, longtemps retenu à Paris par les princes, accompagne en Angleterre une ambassade envoyée par le roi de France, puis ils reviennent. Le duc d'York demande, pour Henri V, la main de la princesse Catherine, fille du roi. Une trêve d'un an a été conclue. Elle n'est respectée ni par les pêcheurs, ni par les pirates des deux côtés.

Février 1414. – Le roi de France fait publier qu'il condamne les agissements du duc de Bourgogne, y compris l'assassinat de Louis, ensuite il ordonne aux Armagnacs d'attaquer plusieurs villes tenues par ce duc.

Bien des gens ont cru en Dieu pour s'autoriser à croire en leur vie éternelle. Des rois, des princes ont cru en Dieu pour pouvoir s'affirmer à eux-mêmes et affirmer aux autres qu'ils tenaient de lui leur puissance et leurs richesses, et qu'ils avaient le droit de fortifier et d'étendre cette puissance et ces richesses par tous les moyens.

Par tous les moyens. Les ducs d'Anjou n'ont pas manqué à cette règle. Yolande, duchesse d'Anjou, n'y faillira pas.

Louis Ier d'Anjou, pour ne considérer que ces quelques actions, pendant l'agonie de son frère le roi, s'empressait déjà de piller le château. Il s'approprie une forte somme destinée à régler des dettes royales, puis entré en possession de la plus grande partie des joyaux et autres objets précieux laissés par Charles V, il soupçonne que son frère a dissimulé des trésors encore plus considérables. Menacé de mort, un seigneur révèle les cachettes royales. Louis fait main basse sur tout ce qu'il découvre et qui fut amassé au détriment du peuple.

Grande admiratrice de la maison d'Anjou, Mme Jehanne d'Orliac, dans son livre sur Yolande d'Anjou, met en relief le sens du devoir dont étaient animés Louis II, fils du précédent, et son épouse Yolande, et relate qu'ayant fiancé leur fils Louis dès sa naissance (en 1403) avec Catherine de Bourgogne, fille de Jean-Sans-Peur, ils renvoyèrent la petite Catherine à son père assassin après l'assassinat de Louis d'Orléans.

Vu de cette façon, cet acte peut faire illusion encore qu'il négligeait la dignité de deux enfants. Placé dans son contexte il prend une toute autre signification.

Louis d'Orléans fut assassiné en novembre 1407 et c'est en 1410, plus de deux ans après cet attentat, que les ducs d'Anjou et de Bourgogne conviennent du mariage de leurs enfants dont il fut question plus tôt. C'est en 1413 que le duc d'Anjou en décide la rupture.

Voici rappelés quelques événements tels qu'ils sont relatés dans la Chronique de Saint-Denis.

Le roi de Sicile et le duc de Berri reçoivent du duc de Bourgogne, l'aveu qu'il avait fait assassiner Louis d'Orléans c'était le 25 novembre 1407.

En 1408, Louis, duc d'Anjou, est auprès du roi quand Jean-Sans-Peur fait affirmer le bien-fondé de son crime. Il est là lorsque, à la demande de la duchesse, un abbé prononce l'éloge de Louis d'Orléans et énumère les sanctions qui devraient être prises contre le duc de Bourgogne. Après quoi, la reine de France, le roi de Sicile et tous les princes du sang, procédèrent contre Bourgogne en toute rigueur.

Quand la nouvelle de la victoire de Jean-Sans-Peur sur les Liégeois arrive à Paris, le roi de Sicile, le roi de Navarre, les ducs de Berri et de Bourbon, décident des mesures à prendre dans la crainte où ils sont que le roi ne réserve un bon accueil au duc de Bourgogne.

En 1409, Louis d'Anjou roi de Sicile prend part au traité de paix entre les ducs d'Orléans et de Bourgogne et prête serment ainsi que les autres.

Cette année-là, le roi marie le dauphin Louis à la fille aînée du duc de Bourgogne et sa fille Michelle au fils aîné de ce duc.

Alors en 1410, il est décidé du mariage dont il avait déjà été question, de la fille du duc de Bourgogne et du fils du roi de Sicile. Il fut réglé et convenu entre leurs pères que les deux enfants seraient élevés ensemble jusqu'à ce qu'ils eussent atteint l'âge de la puberté.

Les princes du sang, à l'exception du duc d'Anjou, ainsi qu'on l'a vu, rompent avec le duc de Bourgogne et se réunissent à Gien.

Le duc d'Anjou part pour un temps guerroyer en Italie et confie, comme pendant toutes ses absences, la gestion de tous ses biens, à la duchesse.

1411. – Charles d'Orléans et Jean-Sans-Peur se défient, la guerre éclate.

1412. – Le roi de Sicile et le duc de Bourgogne demandent ensemble au roi d'approuver la destitution de Jean de Hangest et de Charles d'Albret.

Le roi décide de combattre les princes ses parents, avec son autorisation le roi de Sicile s'empare de terres appartenant au comte d'Alençon du parti Armagnac.

1413. – Réconciliation du roi avec le duc de Berri et les autres princes. Mécontent et inquiet, le duc de Bourgogne quitte rapidement Paris.

Alors le roi de Sicile rentre à Paris avec ses ennemis de la veille, les ducs d'Orléans et de Bourbon, les comtes de Vertus et d'Alençon. De grandes fêtes ont lieu pour leur arrivée.

Le duc et la duchesse d'Anjou prennent aussitôt une double décision relatée ainsi par le Religieux : « Le roi de Sicile, au grand étonnement de tous, consentit au mariage de son fils avec la fille du duc de Bretagne (et de Jeanne de France), malgré l'engagement qu'il avait pris antérieurement avec le duc de Bourgogne, et renvoya audit duc sa fille qui demeurait depuis trois ans avec son fiancé. Ce manque de parole qui eut paru blâmable aux yeux de l'homme le plus insensible et le plus grossier, alluma entre eux une haine implacable. »

Il apparaît clairement ici que le duc et la duchesse d'Anjou ne font nul cas de la parole donnée pas plus que ne compte pour eux la liberté et la sensibilité des jeunes enfants. Seule importe la puissance de leur maison. Mais, précisément au regard de cette puissance, leur décision ne paraît que plus surprenante.

Sans doute, le vent a tourné pour Jean-Sans-Peur, mais cette disgrâce peut n'être que momentanée et il possède les plus solides attaches dans la maison royale.

Le dauphin Louis est l'époux de sa fille Marguerite. Lorsque Charles VI mourra, le beau-fils de Jean-Sans-Peur sera roi, et sa fille sera reine.

Michelle de France est l'épouse de l'héritier de Bourgogne.

Jean, duc de Touraine, est uni à Jacqueline de Hainaut ou de Bavière, nièce de Jean-Sans-Peur.

Quelle ne sera pas la puissance du duc de Bourgogne dans les années à venir ?

Yolande d'Anjou. L'attention doit être portée sur cette femme qui va influencer si profondément l'histoire.

Réfléchie, imaginative, calculatrice, discrète, patiente, d'une volonté froide, irréductible, elle emploie, de l'aveu même de sa fervente admiratrice et biographe, des moyens souvent cruels pour arriver à ses fins.

Si la décision que viennent de prendre le duc et la duchesse d'Anjou est surprenante, la suivante ne l'est pas moins. Yolande choisit d'unir sa fille Marie à Charles de Ponthieu le seul encore libre sur les trois fils du roi.

Le 21 octobre 1413, elle rencontre la reine de France, conclut l'accord, et le 18 décembre suivant, les enfants sont officiellement fiancés. Il revenait à la reine de France de les garder auprès d'elle, mais Yolande d'Anjou s'empare de Charles pour l'élever elle-même.

Que peut attendre la duchesse d'une telle alliance ? Charles n'est pas dauphin, Louis et Jean sont ses aînés, et puis est-il fils de roi ? Non, il est bâtard.

Quand Mme Jehanne d'Orliac parle de sa naissance elle le dit : « Aussi loin du trône qu'il est possible. »

Et son berceau, contrairement à la coutume, ne porta pas les armes des Valois, mais seulement de Bavière. Si le bâtard d'un roi, d'un grand seigneur, peut espérer une destinée brillante, le bâtard de la reine ne peut rien attendre de pareil.

Pourtant Yolande d'Anjou ne laisse rien au hasard !

De Charles de Ponthieu, Mme d'Orliac dit encore « tel qu'il est, il représente un atout considérable dans la main de qui saura s'en servir. »

Il semble que tout l'avenir soit contenu dans cette phrase.

Pendant que Charles VI, avec les Armagnacs, va assiéger le duc de Bourgogne dans la ville d'Arras, une ambassade du roi d'Angleterre est reçue par le duc de Berri. Henri V réclame la couronne et le royaume de France en même temps que la main de Catherine. Le duc répond que seul le roi peut décider et offre des cadeaux d'une valeur inestimable provenant de son trésor personnel.

Ladislas s'était emparé de la Sicile. Il meurt.

Louis d'Anjou, malade, ne peut soutenir ses prétentions sur ce pays.

Le duc de Bourgogne obtient un traité de paix avec le roi de France.

Novembre 1414. – Le pape Jean XXII a convoqué le concile de Constance. Il y est présent. Pendant les séances, les scandales de sa vie privée lui sont reprochés.

Le concile veut l'obliger à abdiquer avec ses deux concurrents. Il s'enfuit sous un déguisement. Il est pris, enfermé et déposé le 29 mai 1415.

Au mois de janvier 1415, pour récompenser les services rendus par le comte d'Alençon, le roi décide qu'il portera désormais le titre de duc.

7 avril 1415. – Le roi Henri V dont les exigences semblent s'être réduites, écrit à Charles VI pour réclamer l'ambassade qui lui avait été promise et tardait. Il l'exhorte à la lui envoyer sans retard « pour que la paix s'établisse entre les deux royaumes ».

L'ambassade du roi de France s'embarque le 17 juin pour l'Angleterre.

Dans une séance du 2 juillet, un ambassadeur, l'archevêque de Bourges, annonce que le roi de France, qui a toujours recherché la paix, offre au roi d'Angleterre plusieurs villes importantes de l'Aquitaine, plusieurs comtés et domaines d'une valeur inappréciable, il lui accorde la main de son illustre fille madame Catherine avec une dot de huit cent mille francs d'or.

Les Anglais répondent que leur roi n'entendait rien rabattre à ses demandes.

L'archevêque offre d'augmenter la dot, promet que la jeune princesse serait envoyée en Angleterre avec de riches vêtements et des joyaux de grand prix. Il ajoute aux territoires déjà offerts, la ville, le château et toute la sénéchaussée de Limoges.

Alors, Henri V demande aux ambassadeurs de fixer la date précise où l'on amènerait madame Catherine avec sa dot, et où l'on livrerait les villes et domaines promis. Il consent à accepter toutes ces offres, à condition qu'il serait accordé de part et d'autre une trêve de cinquante années... Il enverrait un secrétaire à son cousin de France, pour lui faire connaître ces arrangements, les ambassadeurs resteraient en Angleterre jusqu'à ce qu'on ait la réponse. Les ambassadeurs ne voulurent pas accepter cette dernière clause.

Le chancelier ayant demandé que madame Catherine fut remise au roi à la Saint André, avec les joyaux et les domaines promis, les ambassadeurs répondirent que le délai ne serait pas assez long pour fabriquer l'argent nécessaire à la dot et qu'ils n'avaient pas d'instructions suffisantes relatives aux conditions auxquelles le roi d'Angleterre devait tenir lesdits domaines.

Le chancelier du roi d'Angleterre rappelle que son maître a accepté des offres bien inférieures à ses précédentes prétentions, et les ambassadeurs n'ont pas voulu convenir des modalités d'exécution, ni s'expliquer sur la question de prolonger la trêve. Il apparaît au roi que son cousin de France n'a pas l'intention de travailler sincèrement à la paix. Le roi aura recours à d'autres moyens.

Les pourparlers ainsi rompus, les ambassadeurs reviennent en France. De retour à Paris, ils affirment qu'ils ont trouvé les Anglais intraitables, qu'ils n'avaient rien pu leur faire accepter et que les lettres envoyées par Henri V à Charles VI recélaient méchanceté et perfidie.

En cette affaire, l'ambassade française fut conduite par l'archevêque de Bourges, la capitale du duc de Berri. Bernard d'Armagnac, beau-fils de ce duc, était hostile, de plus, à l'idée de rendre les places qu'il avait prises aux Anglais en pays aquitain.

S'il n'était pas possible de refuser ouvertement les pourparlers, entre les deux rois, il fallait les faire échouer.

Le roi d'Angleterre se tenait prêt. Ses troupes débarquent et se préparent à assiéger la ville d'Harfleur.

Le roi de France lève des impôts. Des gens s'enfuient dans les bois redoutant les Anglais et les collecteurs du roi.

Les assiégés d'Harfleur tentent de demander du secours au dauphin. Ils peuvent difficilement être admis auprès de lui. Des promesses leur sont faites, elles n'auront pas de suite et la ville est prise par les Anglais.

La mauvaise saison venant, Henri V décide de regagner Calais avec ses troupes. Un pont détruit sur la Somme les arrête.

Des seigneurs français escomptent une facile victoire sur les Anglais. Charles VI arrive à Rouen avec le dauphin, les princes du sang et une très puissante armée.

Mais, les bourguignons sont favorables à la venue du roi d'Angleterre. Sur les ordres de plusieurs chefs, dont le religieux déclare ignorer les noms, les Français opèrent un mouvement qui avantage les Anglais. Plus tard, quatre mille des meilleurs arbalétriers français ne se trouvent pas à leur poste. On assure qu'ils ont été congédiés par des seigneurs de l'armée sous prétexte qu'on n'avait pas besoin de leur secours.

Et le 25 octobre 1415, c'est la bataille d'Azincourt. La défaite des Français s'accompagne de plusieurs milliers de morts, parmi lesquels le duc de Bar, le connétable Charles d'Albret, Antoine duc de Brabant et Philippe comte de Nevers, tous deux frères du duc de Bourgogne, le duc Jean Ier d'Alençon et l'archevêque de Sens.

Sont capturés par les Anglais, le duc Charles d'Orléans, le duc de Bourbon, les comtes de Vendôme et de Richemont et 1 400 chevaliers ou écuyers mis à rançon.

La nouvelle du désastre arrive au roi et au dauphin demeurés à Rouen. Ils rentrent à Paris.

Le comte d'Armagnac, alors en Languedoc, est nommé connétable de France. Le roi le mande à Paris.

Le duc de Bourgogne demande à entrer dans la capitale. Le roi fait répondre qu'il peut venir mais sans ses hommes d'armes. Le duc y renonce puis fait demander au dauphin, le duc de Guienne son beau-fils, de l'admettre en sa présence. Le duc, sur avis du conseil, fait répondre que ce n'est pas possible, à moins qu'il vienne avec les seuls officiers de sa maison. Il a ajouté qu'il entendait gouverner seul.

Mort de Louis Dauphin de France

Le duc de Guienne, dauphin de France, doit s'aliter. Il meurt le 16 décembre 1415, en l'hôtel de Bourbon. « Et fut aucune renommée qu'il avoit été empoisonné ». Il avait vingt et un an.

Son frère, Jean de Touraine, est dauphin de France.

Quelques jours plus tard, Bernard d'Armagnac arrive avec plusieurs milliers d'hommes. Armagnacs et Bourguignons s'affrontent.

Une entrevue est proposée à Charles VI avec Henri V. Dans le conseil du roi, certains sont favorables, Bernard d'Armagnac s'y oppose. On fera traîner les pourparlers en longueur.

15 juin 1416. – Le duc Jean de Berri meurt. Il a légué le Berri au dauphin.

Jean de Bourgogne rencontre le roi d'Angleterre et le roi d'Allemagne à Calais.

Selon Monstrelet, les trêves existant entre Henri V et le duc furent rallongées jusqu'à la Saint-Michel 1419, et le duc fit hommage de ses comtés de Bourgogne et d'Alost au roi d'Allemagne.

MM. Castelot et Decaux disent qu'un accord secret est conclu, par lequel le duc de Bourgogne reconnaît Henri V comme celui qui est de droit roi de Frence, et promet de l'aider par toutes voies et manières secrètes qu'il saura.

Depuis la mort du duc de Berri, le duc Louis d'Anjou exerçait la plus grande influence dans le conseil royal. Beaucoup disaient qu'il n'aspirait qu'à s'enrichir à l'aide des taxes royales. Vers la fête de Noël, ce duc, après s'être largement approprié le produit des taxes de la ville de Paris, retourna en Anjou avec ses troupes.

Mort de Jean, Dauphin de France

« Le jour de Pâques Fleuries, mourut à Compiègne Monseigneur Jean, dauphin de France, dit le Religieux... quelques personnes prétendirent qu'il avait été empoisonné, mais il est plus vrai de dire qu'il succomba aux suites d'une fistule à l'oreille ».

De son côté, Monstrelet raconte qu'à Valenciennes, le dauphin Jean rencontra le duc de Bourgogne qui jura au dauphin de servir le roi son père et lui-même contre tous ses ennemis. Le dauphin jura au duc de Bourgogne de l'aider et défendre contre ses adversaires.

Jean demanda au duc d'aider le roi à défendre le royaume contre ses ennemis d'Angleterre. « Laquelle chose lui promit et jura le duc de Bourgogne ». Monstrelet dit encore : « A Compiègne... le dauphin était très grièvement malade, de laquelle maladie il trépassa le jour de Pâques fleuries. Et avoit empres une oreille un apostume, lequel se creva par dedans son col et l'étrangla... Et lors, fut très grand'renommée que le dit dauphin avoit été empoisonné par aucun de ceux qui à présent gouvernaient le roi, pour tant qu'icelui (Jean) était fort allié au duc de Bourgogne comme son frère précédent ».

Dans le pays, le peuple est écrasé par les charges, terrorisé par les hommes d'armes, ruiné par leurs dévastations. Il fuit devant les Armagnacs, les Bourguignons, les Anglais.

Mais, ce n'est pas assez. Les gens se divisent et s'insultent avec les noms d'Armagnac et de Bourguignon et en viennent aux mains, il y a des morts.

Charles de Ponthieu, Dauphin de France

Les dauphins Louis et Jean sont morts à seize mois d'intervalle. Isabeau de Bavière, réputée régente du royaume, demande que son fils, Charles de Ponthieu, vienne auprès d'elle à Paris où est le roi. Et c'est normal.

Si Charles de Ponthieu veut soutenir ses prétentions au trône, il est nécessaire qu'il se tienne auprès du roi. Alors, la duchesse d'Anjou, chez qui habite Charles, adresse à la reine une lettre, qui, selon Mme d'Orliac, est ainsi conçue : « Femme en puissance d'amants n'a pas besoin d'enfants. Pourriez le rendre fou comme son père, le laisser périr comme ses frères (un autre écrivain dit : le faire périr comme ses frères), le vendre aux Anglais comme vous-même.

Venez le prendre si vous l'osez. Le garde mien. »

De ces attaques haineuses et grossières, celle qui touche à la mort des dauphins se détache. La reine a la réputation d'aimer ses enfants. Le trait est monstrueux et cette lettre qui souligne la mort violente des princes est de celles qui s'écrivent lorsqu'on veut égarer l'accusation sur autrui. Elle est la plus lourde charge qui puisse se trouver contre Yolande d'Anjou. Le fameux atout qu'elle tient dans ses mains a maintenant toute sa valeur. Les deux obstacles qui lui barraient le chemin du trône n'existent plus. Il y en a bien un troisième, la légitimité officielle de Charles est menacée par sa bâtardise, mais cela paraît être considéré comme un détail mineur par la très puissante duchesse Yolande.

Ses thuriféraires disent qu'elle éveilla le patriotisme, le sentiment national.

Il serait peu raisonnable de se laisser prendre à la magie de certains mots. En définitive, ce sont les situations et les actes qui comptent.

Le patriotisme peut prendre deux directions. Trop souvent, il implique une agressivité plus ou moins marquée envers les autres.

Dans sa forme la plus élevée, il est l'attachement aux lieux où l'on est né, aux familiers, à ceux avec qui l'on œuvre pour faire de ces lieux un pays de bien-être et de liberté, pour mettre en valeur les possibilités de la terre et les richesses de l'esprit. Cette conception entraîne tout naturellement des sentiments de respect et de bienveillance universels. Est-ce là ce qui existait, ce qui fut pratiqué ?

Aux populations, fut imposé de longue date un ordre établi par ceux qui se sont emparé du pouvoir. Et les princes de la famille royale, oncles et frère de Charles VI, s'ils ont soutenu tout en le convoitant le pouvoir monarchique, c'est parce qu'il est garant de leur pouvoir personnel. Ils veulent l'ordre et la prospérité dans leurs états, mais c'est par l'obéissance qu'ils exigent.

Ils sont réputés pour leur munificence, leur mécenat, les splendides châteaux et forteresses qu'ils font construire. Ils sont aussi réputés pour leurs extorsions et leurs malversations.

Ils se jalousent, se haïssent et guerroyent pour satisfaire leurs désirs d'expansion.

Louis Ier, Louis II, bientôt Louis III et puis René d'Anjou, vont combattre pour la possession de Naples et de la Sicile.

Ils portent les titres illusoires de roi de Sicile, roi de Naples et, pourquoi pas, de roi de Jérusalem.

Yolande d'Aragon est de la même race. Elle avait vingt ans quand son mariage avec Louis II d'Anjou, projeté quelques années plus tôt, fut sérieusement envisagé, et n'était pas de celles à qui la famille peut imposer un mari. Son acceptation pouvait-elle se motiver par la personne d'un prince qu'elle ne connaissait pas, ou bien par la situation et les possibilités que cette union offrait ?

Si Yolande portait en elle les mêmes ambitions que les ducs d'Anjou, elle eut pour les satisfaire un esprit éclairé, ainsi que la patience, la souplesse, la ténacité et la ruse qui se retrouveront chez son petit-fils, Louis XI.

Après la mort de son époux, elle encouragera Louis, son fils aîné, à reprendre la lutte en Italie.

Sa mère était Yolande de Bar, petite-fille du roi de France Jean II, et sœur du cardinal duc de Bar.

Pour son fils René, Yolande d'Anjou obtiendra de son oncle le cardinal duc, qu'il lui lègue le duché de Barrois et négocie un mariage avec la fille et unique héritière du duc de Lorraine.

Yolande ne peut pas être reine de France, mais il faudra que sa fille Marie, peu intelligente, passive, effacée, ceigne la couronne.

Reléguée dans ses châteaux où elle mettra au monde de nombreux enfants, Marie sera bien peu reine. Sa mère n'en aura pas le titre mais elle en possèdera le pouvoir à travers les conseillers mis en place par elle, à travers Charles VII. Et quand plus tard, elle jugera son influence insuffisante, elle glissera auprès du roi, auprès du mari de sa fille, une maîtresse, Agnès Sorel, une de plus, pour que, par l'entremise de la favorite, ses volontés soient exécutées.

A quel sentiment patriotique la duchesse d'Anjou pouvait-elle faire appel ? Était-ce à des provinces telles que la Champagne annexée au trône par un mariage ? Au Dauphiné, à Montpellier vendus au roi de France, terres, bêtes et gens, par des propriétaires à bout de ressources ? au Languedoc où les efforts combinés du légat du pape Arnaud Amaury et de Simon de Montfort furent nécessaires pour faire de ses habitants, dans des torrents de sang, de fidèles catholiques et des sujets bien soumis à la couronne ?

Quel patriotisme attendre du menu peuple, des serfs, tenus en mépris, en pauvreté et dans un état de rigoureuse sujétion par leurs seigneurs ?

Les villes, soucieuses de leur prospérité dans la paix, se joignaient à l'un ou l'autre des partis selon les avantages qu'ils paraissaient offrir.

« La patrie est là où l'on se trouve bien », ont dit des philosophes.

Dans les armées des seigneurs, les gens d'armes n'étaient pas des hommes libres luttant spontanément contre un oppresseur. Ils y étaient contraints et la grande masse des combattants se composait de mercenaires, des hommes soudoyés pour tuer et qui se retrouvaient indifféremment dans l'un ou l'autre camp.

La duchesse d'Anjou a refusé de rendre Charles de Ponthieu à sa mère. Elle s'oppose à ce qu'il vive auprès de la reine. Il est cependant indispensable que Charles aille rapidement vers le roi pour affirmer ses droits de dauphin. Il est conduit à Paris et l'on voit qu'autour de lui « commencent à se grouper cette pépinière d'hommes d'État fournis par la maison d'Anjou », ainsi que l'écrit M. Vallet de Viriville.

Il faut maintenant éloigner la reine.

L'affaire du bois de Vincennes

Récit du Religieux :

« Depuis onze mois, le bruit des trompettes ennemies semblait toujours retentir aux oreilles des Français. L'auguste reine de France, madame Isabelle, dominée par ces sentiments de crainte qui sont si naturels aux femmes, avait mandé à Paris un grand nombre de gens de guerre pour protéger sa personne et celle des illustres dames de sa cour, et les avait placés sous le commandement des sires de Graville, de Giac et Louis de Bourdon, qui étaient chargés de veiller jour et nuit à sa sûreté, partout où elle se transporterait. Je dois dire que ces chevaliers tenaient une conduite indigne de leur haute naissance. Jouissant du plus grand crédit à la cour de la reine, qui leur avait prodigué de grosses sommes d'argent et des joyaux d'une valeur inestimable, ils n'avaient pas craint de fouler aux pieds l'honneur de la chevalerie, et à l'aide de complaisances coupables et d'intrigues scandaleuses, ils étaient parvenus à séduire et à déshonorer quelques dames de haute condition, que, par pudeur, je m'abstiens de nommer. L'infamie de ce commerce adultère, auquel ces hommes éhontés se livrèrent publiquement et sans rougir, jusqu'après les fêtes de Pâques, excitait depuis longtemps l'indignation des grands de la cour qui, ressentant l'atteinte qu'une telle conduite portait à la sainteté du mariage, conseillèrent au roi de les chasser.

Un jour que le roi allait rendre visite à la reine dans sa résidence du bois de Vincennes, il rencontre sur sa route Louis de Bourdon qui venait avec ses hommes d'armes lui offrir ses hommages ; il le fit arrêter par le prévôt de Paris et conduire en prison. Les autres seigneurs, effrayés du sort de leur compagnon, s'enfuirent... Louis de Bourdon, après avoir été longtemps retenu à Montlhéri, garotté et enchaîné, fut ramené à Paris et noyé secrètement pendant la nuit dans la Seine...

La reine, se voyant ainsi privée, je ne dirai pas de ses défendeurs, mais des amants des dames de sa cour, voulut se retirer pour sa sûreté à Melun qui lui appartenait comme douaire du vivant du roi, et où elle avait entassé d'immenses trésors. Mais elle fut conduite à Blois par ordre du roi et on ne lui permit d'avoir auprès d'elle que ses serviteurs et ses femmes... Lorsqu'elle fut arrivée au château de Blois, on alla saisir à Melun, au nom du roi et du connétable, la plus grande partie de son trésor pour l'employer à la solde des gens de guerre ».

De Blois, la reine fut envoyée à Tours sous la surveillance de trois hommes sans lesquels elle ne pouvait rien faire.

Ainsi fut éloignée de Paris Isabeau reine de France, de Paris où était le dauphin Charles et où les Armagnacs gouvernaient.

Avril 1417. – Le duc de Bourgogne écrivit aux habitants de Rouen pour les attirer dans son camp. Rendant ceux qui dirigeaient avec le roi responsables des maux qui accablaient le royaume, il protesta qu'il ne menaçait personne, sauf le roi de Sicile. Menaces bien inutiles.

24 avril 1417. – Quelques jours après le trépas du dauphin Jean de Touraine, le roi de Sicile mourut dans sa ville d'Angers.

« Il avait toutefois pris soin d'amasser beaucoup plus de richesses que son père, et il laissa une immense fortune à son fils, monseigneur Louis, et à sa fille Madame Marie qui avait épousé le fils aîné du roi (c'est-à-dire Charles de Ponthieu, le seul encore vivant d'entre les fils que la reine Isabeau avait mis au monde). »

Il serait prématuré de dire avec le Religieux que Marie avait épousé Charles. Ils furent accordés en 1413, mais la duchesse d'Anjou attend prudemment. Le mariage ne sera célébré qu'en 1422, selon Larousse, et la Revue d'Anjou (41) précise : 28 mars 1422.

Des villes, séduites par les promesses qui leur sont faites, se soumettent au duc de Bourgogne. A Amiens il fait décapiter les récalcitrants.

Les conseillers Armagnacs du roi prennent d'importantes mesures pour protéger Paris contre les attaques du duc. Ils chassent ou font emprisonner ceux qui sont suspects de sympathie envers lui : bourgeois, membres de l'Université, avocats ou procureurs au Parlement, magistrats du Châtelet.

Henri V fait livrer une bataille navale aux Gênois qui gardent les côtes de Normandie, et la gagne.

Le roi d'Angleterre rêve de la couronne de France comme ses prédécesseurs, mais si les princes Français n'avaient pas épuisé le pays pour se constituer d'immenses trésors et vivre dans le faste, s'ils n'avaient pas rendu ce pays vulnérable par leurs haines, leurs combats familiaux et les brigandages de leurs troupes, s'ils n'avaient pas, et particulièrement Jean de Bourgogne, demandé à l'Anglais de venir combattre sur le sol de France, il n'y fut sans doute pas venu. Mais Henri V y a été sollicité. Alors il est venu et va combattre pour son compte.

Après la victoire qui lui donne accès à la Normandie, le roi d'Angleterre au mois d'août 1417 s'embarque avec des forces considérables. Il commence ses conquêtes par la ville de Caen.

Le duc de Bourgogne s'empare de plusieurs villes mais désespère de pouvoir entrer dans Paris. Il songe à se servir de la reine dont, cependant, il se sait haï depuis la mort de Louis d'Orléans, mais il va user de ce qu'elle est exilée. Il lui écrit très humblement, lui demande pardon et la supplie de l'accepter en sa compagnie. Isabeau, prisonnière, se sent menacée et répond au duc secrètement, lui demandant de venir pour la ramener avec lui. Elle obtient de ses gardiens d'aller entendre la messe hors la ville de Tours, dans une église appelée Marmoutier.

Au duc qui vient la délivrer, elle dit : « Très cher cousin... vous m'êtes venu délivrer de prison, jamais je ne vous faudrai, car bien vois que toujours vous avez aimé monseigneur, sa génération, son royaume et la chose publique. »

La reine, le duc de Bourgogne et ses gens, entrent dans la ville de Tours.

11 novembre 1417. – Eudes Colonna est élu pape de Rome. C'est Martin V.

Pour subvenir aux dépenses de guerre, le roi fait prendre les joyaux de l'église Notre-Dame et du monastère de Saint-Denis, particulièrement l'or qui entoure la chasse contenant le corps du roi Saint-Louis.

Des pourparlers de paix sont engagés entre le roi et le Bourguignon. Le pape envoie deux cardinaux pour qu'ils interviennent. Ils rejoignent à Montereau les ambassadeurs du roi et du dauphin, ainsi que ceux de la reine et du duc de Bourgogne. Les deux parties arrivent à un accord, mais le connétable d'Armagnac et les siens s'y opposent. Tout est rompu.

Il faut retenir de ces pourparlers la condition suivante : « Il est dans l'intention du roi et du dauphin que la reine de Sicile et monseigneur d'Anjou soient compris dans le présent traité ainsi que tous les autres princes du sang royal. »

A la demande du connétable, comte d'Armagnac, le roi confie à Charles de Ponthieu la lieutenance générale du royaume. Charles a quatorze ans et il est gouverné par Yolande d'Anjou, reine de Sicile.

Massacre du comte d'Armagnac

L'exécration des Parisiens à l'égard du connétable est à son comble lorsqu'ils apprennent que par lui, les espoirs de paix sont anéantis. Ils décident sa perte et offrent à trois chevaliers du duc de Bourgogne de leur ouvrir la porte Saint-Germain. Les chevaliers et cinq cents hommes armés entrent dans Paris très tôt le matin. Les habitants les acclament et appellent aux armes. Le roi reçoit les chevaliers et demande pourquoi le duc a tant tardé à venir le voir.

Le prévôt de Paris, Tanneguy du Châtel se précipite dans la chambre du dauphin et l'emporte, à demi-nu, à la bastille Saint-Antoine.

Plusieurs centaines de parisiens en armes et les Bourguignons pourchassent les Armagnacs et emprisonnent tous ceux qu'ils trouvent y compris le connétable déguisé en mendiant. Des Armagnacs entrent dans Paris pour essayer de le délivrer. Ils combattent dans la capitale, mais ils sont rudement repoussés.

Au milieu des scènes de pillage et des incendies, tous les prisonniers sont massacrés.

Ainsi mourut Bernard comte d'Armagnac et de Rodez, connétable de France.

Le prévôt Tanneguy du Châtel emmène le dauphin Charles à Melun sous escorte de gens d'armes qu'il a fait venir et sans prendre l'avis du roi. A qui obéit-il ? Il est l'homme de la maison d'Anjou et s'était vu confier par le duc Louis de très importantes tâches. L'histoire en reparlera bientôt.

Le duc Charles d'Orléans et le duc de Bourgogne sont prisonniers en Angleterre. Le duc de Berri, le duc d'Anjou et le comte d'Armagnac ne sont plus. Yolande duchesse d'Anjou reste seule. Elle a capté au profit de Charles de Ponthieu, le parti armagnac créé par Charles d'Orléans pour son propre compte et dans la haine du Bourguignon.

14 juillet 1418. – Le duc de Bourgogne accompagne la reine qui est dans une litière d'or. Ils font leur entrée à Paris. On crie : « Vive le roi, la reine et le duc de Bourgogne, vive la paix ».

Rouen est assiégée par les Anglais. Les habitants font savoir au roi et à son conseil leur situation désespérée. Il fut avisé que le roi et le duc de Bourgogne n'étaient pas assez puissants pour briser le siège. La plus grande partie des gens d'armes sont congédiés. Puis le duc de Bourgogne fait secrètement conseiller aux habitants de Rouen de traiter avec Henri V.

Le duc de Bretagne s'emploie à rapprocher le dauphin et le duc de Bourgogne et propose un traité de paix que le conseil du roi a établi.

Parmi les conditions il est dit que le roi fera préparer une expédition contre les Anglais. Le dauphin et le duc de Bourgogne lui enverront leurs troupes. Le dauphin diffère de plusieurs jours sa réponse.

Le duc de Bretagne, lassé, va se retirer. La reine de Sicile, duchesse d'Anjou, intervient alors dans une conversation secrète à la suite de laquelle on apprend avec plaisir que le dauphin a promis de secourir le roi son père.

A Melun, la reine de France et le duc de Bourgogne rencontrent le roi d'Angleterre dans le but de rechercher un accord. « Et durant le dit parlement, et pour le corrompre, le dauphin et son conseil envoyèrent vers le duc de Bourgogne Tanneguy du chatel pour lui signifier qu'il était prêt à traiter avec lui. Alors, tout fut remis à néant. Henri V et le duc de Bourgogne se séparèrent sur des paroles hostiles. »

Les entrevues de Pouilly

Une rencontre est organisée à Pouilly, entre le dauphin et le duc de Bourgogne. Chacun d'eux y arrive en grande puissance de gens d'armes. De plus, le duc de

Bourgogne a, en sa compagnie, « la dame de Giac qui, en partie, avait été traîtresse d'icelle assemblée ».

Les Giac, gens au service et à tout faire de la maison d'Anjou. On se souvient de l'affaire du bois Vincennes. Alors que Louis de Bourbon était supplicié, les sires de Giac et de Graville ne furent pas inquiétés.

Le 8 juillet, première rencontre entre les deux princes. Le dauphin en sort mécontent. Trois jours plus tard, au cours d'une nouvelle entrevue, à la suite d'une altercation, le dauphin annonce son intention de partir. Il reste sur l'intervention de la dame de Giac envoyée par la reine (de Sicile) et à laquelle il est très attaché depuis son enfance. La dame de Giac va également trouver Jean-sans-Peur et le détermine à reprendre la conférence.

Une heure plus tard, les deux princes se donnent le baiser de paix et jurent de rester inviolablement unis. Le duc s'agenouille devant le dauphin, Charles lui pardonne ses offenses et lui dit : « Si un traité fait entre nous et vous a aucune chose qui ne soit à votre plaisir, nous voulons que vous corrigiez, et désormais voulons et voudrons ce que vous voulez et voudrez, de ce ne soyez en doute ».

Dans leur traité de paix il est encore dit : « Ils résisteront aux damnables entreprises des Anglais, pour l'honneur de Dieu et pour le bien de la paix à qui chacun, bon catholique, est et doit être enclin, et pour relever les pauvres peuples des dures et grandes oppressions que par cette cause ils ont souffert ... nous avons promis et juré sur la vraie croix et les saints évangiles, sur notre part de paradis en parole de prince. Le duc de Bourgogne s'engage à servir le roi de tout son pouvoir. Le dauphin aimera son très cher et très aimé cousin, le duc de Bourgogne, le maintiendra dans son état, l'aidera et le défendra de toute sa puissance... » (Monstrelet).

Le roi et la reine sont très satisfaits de ce traité publié en divers lieux du royaume de France et accueilli avec joie.

Mais les dévastations et cruautés continuent. La même haine oppose ceux qui sont au service des princes, et ceux-ci laissent faire.

Pendant ce temps, les Anglais continuent leur avance. Armagnacs et Bourguignons rançonnent les gens et les tourmentent parfois jusqu'à la mort. « Ces pillards, dit le Religieux, poussent l'audace jusqu'à faire main basse sur des objets appartenant au roi et sur des joyaux que le roi d'Angleterre envoie à madame Catherine, fille du roi ».

Les Anglais ont pris Pontoise. Le duc de Bourgogne ne cesse d'offrir ses services au roi. Le conseil envoie une députation au dauphin, elle lui dit combien on souhaite le voir de retour à Paris auprès du roi et de la reine, et le supplie de ratifier la paix récemment conclue avec le duc de Bourgogne.

Montereau
Assassinat de Jean-Sans-Peur

Le dauphin, accompagné de vingt mille combattants, se rend à Montereau-faut-Yonne, qu'il a choisie pour l'entrevue. De là, il envoie à Troyes Tanneguy du Châtel, porteur de lettres affectueuses pour inviter le duc de Bourgogne à venir traiter d'affaires avec lui. Le duc charge le messager de demander au dauphin de venir à Troyes auprès du roi, mais Charles de Ponthieu maintient sa décision que Tanneguy du Châtel va communiquer de nouveau au duc, dont l'entourage redoute quelque complot. Finalement il se range aux paroles de Tanneguy du Châtel et part de Bray-sur-Seine le 10 septembre 1419 avec cinq cents hommes d'armes et deux cents archers ainsi que plusieurs seigneurs.

Arrivé non loin de Montereau, il est avisé par plusieurs de ses gens d'avoir à se méfier, le pont où doit avoir lieu la rencontre est muni de fortes barrières avantageuses pour le parti du dauphin, et, « s'il y boutoit, il seroit en danger du dit dauphin ».

Le duc assemble ses conseillers. Ils sont de diverses opinions. Les uns redoutent cette journée selon les rapports qu'ils reçoivent. Les autres pensent que le fils du roi de France ne peut faire autre chose que loyauté.

Le duc dit qu'il ira « sur intention d'attendre telle aventure qu'il plairoit à Dieu de lui envoyer. »

Il ne veut pas risquer le déshonneur d'avoir compromis la paix et la réparation du royaume, et s'en va au Châtel de Montereau mis à sa disposition par les conseillers du dauphin pour apaiser ses soupçons.

« Si étoit avec lui la dame de Giac qui avoit été par plusieurs fois devers le dauphin pour traiter des choses dessus dites, et moult induisoit le dit duc d'y aller, en lui admonestant qu'il ne fut pas en doute de nulle trahison. Lequel duc aimoit moult et croyoit de plusieurs choses icelle dame. »

Tanneguy du Châtel lui dit que le dauphin l'attend. Il s'avance accompagné de dix seigneurs de sa suite, passe une barrière puis une deuxième laquelle est ensuite fermée à clef.

Devant le dauphin tout armé, le duc met un genou en terre et salue humblement. Pour toute réponse le dauphin lui reproche d'avoir mal tenu ses promesses.

Le Religieux dit que le duc, voyant l'inutilité de ses excuses, demande la permission de se retirer. Alors le dauphin fait un signe.

Selon Monstrelet, après les paroles violentes du dauphin, un compagnon du duc l'engage à se relever. Dans le mouvement qu'il fait, il met la main à son épée, laquelle s'était portée trop en arrière, pour la remettre en place. Un homme du prince lui dit : « Mettez-vous la main à votre épée en présence de monseigneur le dauphin ! »

Tanneguy du Châtel s'approche et fait un signe en disant : « Il est temps. » Et il frappe le duc d'un coup de hache au visage, si rudement qu'il le fait tomber. Jean de Bourgogne essaie de se relever, de se défendre, mais Tanneguy et d'autres le frappent à mort.

Le seigneur de Noailles veut dégainer et défendre le duc. Il est tué d'un coup reçu par derrière.

Le dauphin, effrayé, se retire en arrière, Jean Louvet le ramène à son hôtel. Ceux qui accompagnaient le duc sont pris, à l'exception du sire de Montaigu qui peut s'enfuir et se réfugie dans la forteresse avec plusieurs autres.

Le lendemain, il leur est signifié, de par le dauphin, qu'ils rendissent la forteresse, sinon il les ferait assaillir et couper les têtes.

Après plusieurs allées et venues des envoyés du dauphin, Montaigu et les siens quittent la forteresse.

« Demeura avecque le dauphin la dame de Giac, laquelle, comme il fut commune renommée, fut consentante de la dite homicide. » Monstrelet.

Le duc Jean de Bourgogne vient de succomber à un piège tendu avec patience, avec ruse, et au prix d'un parjuge soigneusement prémédité.

La reine de Sicile et le dauphin, comme tous ceux de leur parti, ne pouvaient que souhaiter de chasser les Anglais hors de France, leurs intérêts l'exigeaient impérieusement. Si l'accord avec le duc de Bourgogne avait été sincère, leurs forces réunies, et bien plus importantes que celles des Anglais, y seraient sans doute parvenues.

Cette considération n'a pas arrêté Yolande. Plus haut parlait sa haine. La puissance du Bourguignon lui portait ombrage, et l'ambition de cet homme détesté demeurait une menace pour la maison d'Anjou. Elle l'a abattu.

Pour Charles de Ponthieu actuellement duc de Touraine et dauphin de France, c'est plus grave encore.

Il n'a que seize ans et pendant l'entrevue de Pouilly il prit sur lui de présenter au duc un masque hypocrite de pardon, de condescendance et même d'affection. Il prononça son parjure sans faiblir.

L'histoire le montrera par la suite, apathique, pusillanime, mais il va à Montereau, appelle le duc, organise une entrevue dans un petit enclos où le duc et lui auront un nombre égal de compagnons, où il risque volontairement sa vie. Elle dépendra de la rapidité d'un seigneur de la suite de Jean de Bourgogne, à comprendre et à frapper.

Le dauphin dédaigne les conséquences terribles que son geste aura pour le pays. Il est comme indifférent au courroux royal qui ne peut manquer de s'abattre sur lui.

Il faut qu'un mobile bien puissant l'ait guidé et soutenu. Charles de Ponthieu, onzième fils de la reine Isabeau, avait-il décidé de venger Louis d'Orléans son père ?

Il a voulu une analogie entre les deux attentats. Le duc Louis d'Orléans, faussement appelé à l'hôtel Saint-Pol, est allé rue Vieille-du-Temple au lieu de son supplice. Le duc Jean de Bourgogne, à la demande du dauphin, s'est rendu sur le pont de Montereau.

Louis eut la tête fracassée à coups de hache. La première blessure portée à Jean de Bourgogne est un coup de hache en plein visage.

La colère des Parisiens est difficilement contenue à l'annonce de ce crime et on redoute l'arrivée des gens du dauphin.

En conseil, on se résigne à choisir le moindre des deux maux auxquels on était exposé. On résolut de faire alliance avec les Anglais, sous réserve de l'agrément du roi, de la reine et du duc de Bourgogne.

Philippe de Bourgogne est à Gand lorsqu'il apprend avec grande tristesse la mort de son père.

De Paris, arrivent auprès de lui le premier président du parlement et plusieurs notables. Avec eux et ceux de son conseil, le duc Philippe décide de demander des trêves aux Anglais pour la durée des pourparlers.

Pendant trois mois les conseillers des deux rois négocient.

Le dauphin est fort contrarié de la paix qui se prépare avec les Anglais. Il s'arroge le titre de régent du royaume, fait battre monnaie à son nom et établit à Poitiers une cour de justice. Cela portait atteinte à l'honneur et à l'autorité du roi. On fit publier que ces prétentions n'avaient pas l'assentiment du roi, le dauphin méritait le titre de persécuteur pour les dévastations commises par ses gens ; il avait donné le signal de l'assassinat du duc de Bourgogne, avait fait un faux serment. Le roi croyait devoir le priver de toute dignité, défendait de l'appeler dauphin, duc ou comte et ne lui laissait d'autre dénomination que celle de Charles mal-avisé, soi-disant fils de France.

Le dauphin demande à son beau-frère, le duc de Bretagne, de joindre les troupes bretonnes aux siennes. Le duc refuse et Charles veut se venger.

Pour complaire au dauphin, le duc de Penthièvre attire dans un piège son cousin le duc de Bretagne et l'emprisonne, Tanneguy du Châtel et d'autres sont mêlés à l'affaire.

Des barons bretons, pour venger le duc qui avait bonne réputation, s'emparent de plusieurs villes appartenant au comte de Penthièvre. Celui-ci commence à se repentir et refuse au dauphin qui insiste, de lui livrer le duc, de peur qu'il le fasse mourir. Enfin, il libère le duc de Bretagne qui apprend, en voyant les lettres du dauphin, comment ce prince avait machiné sa perte.

Le traité de Troyes

21 mars 1420 – Philippe, duc de Bourgogne, entre dans la ville de Troyes aux acclamations du peuple. Il est affectueusement reçu par le roi, la reine et dame Catherine.

Plusieurs conseils sont tenus en présence du roi, de la reine et du duc de Bourgogne pour parler de la paix à conclure avec Henri V représenté par ses ambassadeurs.

« Il fut conclu que Charles, roi de France, donnerait à Henri, roi d'Angleterre, Catherine sa fille en mariage, et le ferait vrai héritier et successeur après sa mort de tout son royaume, lui et ses hoirs, en déboutant son propre fils et héritiers, Charles, duc de Touraine, dauphin, et aussi, en annulant la constitution jadis faite par les rois de France, c'est à savoir que le noble royaume de France ne devait succéder à femme ni appartenir. Et s'il advenait que le roi Henri n'eut hoirs vivant du dit mariage, par le moyen du dit traité, il demeurerait héritier de la couronne de France. »

Le traité de Troyes ! Traité désastreux, honteux, infâme.

On ne paraît pas avoir trouvé d'épithètes assez fortes pour le traîner dans la boue.

Depuis Hugues Capet, et l'on aurait pu remonter bien plus loin dans le temps, s'est déroulée devant nous la façon dont s'était constitué le pays qui s'appelle France, et comment les membres de la famille royale l'ont conduit à la guerre, aux atrocités et à la ruine.

L'histoire, bien souvent, peint ses personnages selon l'usage qu'elle décide d'en faire. Elle passe en aveugle sur les méfaits de ceux qu'elle veut encenser, elle invente des crimes pour ceux qu'elle veut perdre. Si elle considère que le traité de Troyes est une infamie, il ne faut cependant pas que les princes en soient trop éclaboussés, ni que le roi en porte la faute.

On dit alors que Charles VI est frappé d'imbécillité, de folie, et qu'il fut contraint d'accepter le traité.

Comme il faut que quelqu'un soit voué à l'exécration populaire et chargé de la responsabilité de tous les maux qui frappent la France, c'est la reine Isabeau qui est désignée.

Isabeau de Bavière

Lorsqu'en juillet 1385, Isabeau de Bavière arriva dans la ville d'Amiens où devait se célébrer son mariage avec Charles VI, c'était une jeune fille jolie, réservée, vêtue d'atours somptueux et extravagants selon le goût de l'époque.

Elle était moralement insignifiante et avait quinze ans.

Son éducation de princesse lui inculqua des sentiments d'une supériorité factice due à la naissance, et des habitudes de grand luxe. Mais elle ne pouvait disposer de sa personne et devait se plier aux décisions que sa famille avait prises avec la cour de France. En conséquence elle épousera un jeune homme qu'elle n'a jamais vu, portera le titre de reine, donnera si possible de nombreux enfants à la couronne et acceptera éventuellement d'être trompée par son époux.

Quatorze mois après son mariage, elle accouche d'un premier enfant et est bientôt trompée par le roi.

Louis d'Orléans, frère du roi et un peu plus jeune que la reine, la comble de prévenances. Il est d'aspect aimable, charmeur, et devient son amant. Il a la tête froide et les mœurs dissolues. Michelet relate qu'une galerie était consacrée aux portraits de ses maîtresses.

Aima-t-il Isabeau ? Les preuves manquent qui permettraient d'y croire, mais il a utilisé Isabeau et son titre de reine pour servir ses ambitions personnelles. Quant à l'amour que portait Isabeau à Louis, il éclata dans la douleur qu'elle ressentit devant la mort atroce de son amant. Douleur si poignante que tous ceux qui étaient présents en furent profondément émus.

Voilà pour sa vie de femme.

La mère maintenant. Des douze enfants qu'elle a mis au monde, quatre sont morts, deux ont été assassinés. Une fille est au couvent et Jeanne, sa dernière née, est élevée secrètement en Barrois.

Entre ses quatre autres enfants c'est la discorde, l'hostilité, une fille est duchesse de Bretagne, une autre duchesse de Bourgogne, Catherine vient d'épouser le roi d'Angleterre et Charles est sous la coupe de la duchesse d'Anjou.

Quand Charles dût revenir à Paris, sa mère en fut éloignée au prix d'une machination qui servit de prétexte à la retenir prisonnière à Tours.

Cependant, si le dévergondage était dans sa cour, il est bien peu probable que la reine y participa. Elle avait le corps délabré par douze grossesses, ce que certains appellent « une heureuse fécondité », et l'esprit assombri par le malheur. Vallet de Viriville donne la référence d'un livre de comptes où est inscrit l'achat d'une chaise roulante pour la reine malade : (20 avril 1416 K K 49 F° 7V°), et ajoute que ce détail se renouvelait postérieurement à cet exemple. Et si elle avait partagé cette vie licencieuse, qui de ces grands, réputés pour leurs débauches jusqu'au-delà des frontières du pays, était qualifié pour manifester une vertueuse indignation ?

Isabeau amassa des trésors, c'était un crime contre le peuple. En cela elle ne fit que suivre l'exemple des rois et des princes. Et ses trésors furent pillés par le duc Charles d'Orléans, par le comte Bernard d'Armagnac et par les gens du roi sur son ordre.

Isabeau, isolée, ne pouvait se défendre. Quoi de plus facile, pour la satisfaction de certains, que de canaliser vers elle l'hostilité et le mépris d'une foule irréfléchie et versatile, qui appelait Odinette de Champdivers, concubine du roi, « la petite reine » ?

Pour pouvoir plus aisément accabler la reine de toutes les responsabilités, on fera circuler cette phrase à l'allure prophétique : « Le royaume, ayant été perdu par une femme, sera sauvé par une autre ».

Le duc de Bourgogne, qui l'avait délivrée de sa prison, s'était servi du titre de la reine de France, comme autrefois Louis d'Orléans. Mais Isabeau de Bavière n'avait pas la puissance, était bien incapable de relever ou de perdre quoi que ce soit.

Charles VI,
le roi qui n'était pas fou

Une lecture attentive des chroniques de l'époque amène à la conclusion que Charles VI n'était pas fou, mais sujet à de graves périodes de dépression. J'ai voulu prendre là-dessus l'avis d'un médecin psychiatre. Après avoir réfléchi aux diverses phases du comportement du roi, ce médecin a totalement écarté le diagnostic de folie, et prononcé celui de maniaco-dépression.

Beaucoup de personnes, après un échec, une blessure, ont éprouvé cet accès de colère impuissante, parfois accompagné de désirs ou de gestes de violence, et suivi par un état d'abattement. Cela dure quelques minutes, quelques heures, et puis le calme revient. Chez le roi de France, ces mêmes crises étaient beaucoup plus longues, quand elles cessaient, il reprenait une existence normale.

On assure que dans son enfance, il aimait les armes. Élevé en futur roi, il était dans l'admiration des combats racontés devant lui, et qui donnent gloire et puissance.

Ses oncles l'associent à la répression des villes écrasées par les charges et qui se révoltent. Ils rejettent habilement sur le nom du roi les décisions qu'ils prennent.

Entendre des récits colorés de merveilleux, et se trouver confronté à leur réalité atroce, sont choses bien différentes. Et c'est Roosebeke. Vingt mille Flamands tués ou blessés dans une seule journée. Après la bataille, ses oncles montrent à Charles l'immense charnier. Qu'il en tire gloire, c'est lui qui a commandé cet hécatombe, obtenu cette victoire. Et il a quatorze ans. Souvent, son comportement ultérieur prouvera qu'il a été profondément troublé devant ce spectacle. Par sa naissance, il est enfermé dans un monde de principes cruels et contraignants, cela peut-il l'empêcher d'avoir une sensibilité qui répugne à ces horreurs ? Il sera tiraillé entre les exigences de sa caste, et un désir d'harmonie et de paix toujours plus grand.

Le mariage d'un cousin pousse le roi à l'imiter. Ensuite, rapidement, il mène une vie si dissolue qu'à vingt-deux ans sa santé en est très altérée. Il a pitié de la misère du peuple mais ne peut se défendre de faire couler d'immenses richesses entre ses doigts, sa prodigalité est sans borne.

Toute la cour vit dans la dissipation et un luxe inouï. On ne sait qu'inventer pour compliquer les vêtements et les rendre plus riches. M. Vallet de Viriville décrit ainsi un habillement de cour fait pour le roi : « Il se composait d'une houppelande à grandes manches tombantes ou bombardes, en drap de soie de Damas noir, chausses et pourpoint pareils, chapeau de velours noir. Le tout était orné d'hirondelles d'orfèvrerie, tenant chacune dans son bec un bassin d'or suspendu à un anneau par deux chaînettes d'or. Il y avait, en somme, quatorze cents bassins pendus aux diverses pièces de ce costume. Un autre semblable avait été fait pour le duc d'Orléans son frère. »

En 1392, un attentat est commis contre le connétable Olivier de Clisson. Le connétable se remet de sa blessure, mais le roi veut tirer vengeance de Pierre de

Craon, l'agresseur réfugié en Bretagne. Le duc d'Anjou est en Italie, mais les ducs de Berri et de Bourgogne qui trouvent dans le connétable un homme hostile à leurs ambitions, et souhaitent sa mort, veulent détourner le roi de son projet. On sait ce qui est arrivé. Charles VI réunit son armée, et ses oncles sont obligés de le suivre. Alors dans la forêt du Mans, un homme se précipite vers le roi en lui criant « Arrête noble roi, tu es trahi. »

On le laisse, pendant une demi-heure, suivre le roi en criant la même chose.

Charles est accablé par les agissements de ses oncles, irrité par cet homme qui a pu librement le suivre. Et le choc violent d'une lance tombant, dit-on, sur un casque, finit par avoir raison de ses nerfs. Il court dans tous les sens, frappe et tue quatre hommes, puis tombe pendant deux jours sans connaissance. On croit qu'il va mourir. Ce n'est pas la plus longue mais c'est la plus grave de ses crises. L'embûche a réussi, Charles ne poursuivra pas Pierre de Craon.

Un peu de temps s'écoule, et le roi échappe à un autre attentat, celui du bal des ardents dont son frère Louis porte la responsabilité.

Après cela, les crises du roi présentent les caractères déjà décrits. Lorsqu'il voit les fleurs de lis, il les déchire, déclare qu'il n'est pas roi. Et s'il demeure aimable avec toutes les autres personnes et les reconnaît, il dit qu'il n'est pas marié, qu'il n'a pas d'enfant, il ne veut pas reconnaître la reine.

Que peut-on conclure de cela ? Que Charles déteste et veut détruire l'emblème d'une royauté pour laquelle tant de sang fut versé et tant d'excès commis. Et aussi qu'il sait l'infidélité de la reine. Il doute déjà que certains de ses enfants soient de lui.

Ce n'est pas sans raison que l'on a fait remonter la liaison d'Isabeau et de Louis, au moins à ce temps-là.

Il faut tenir compte également de ce qu'écrit le Religieux dans une des dernières pages de sa chronique, après avoir relaté la mort de Charles VI : « Comme on craignit fort qu'en raison de sa maladie, il ne se porta à quelque violence contre la personne de la reine, on ne le laissait point coucher avec elle. Mais on lui avait donné pour concubine une jeune personne belle, gracieuse et charmante... Cela s'était fait du consentement de la reine, ce qui sembla fort étrange. Mais quand elle songeait aux maux qui la menaçaient ainsi qu'aux violences et aux mauvais traitements qu'elle avait déjà endurés avec le roi, la pensée qu'entre deux inconvénients il vaut mieux choisir le moindre, faisait qu'elle se résignait à ce sacrifice. »

Le Religieux, par discrétion concernant la date de naissance des enfants d'Isabeau, s'abstient de dire à quel moment fut prise cette mesure. Comme l'aversion manifestée par le roi pour la reine remonte au moins à 1393, la réponse est facile.

Malgré les trahisons, les complots, malgré ses ressentiments, Charles VI paraît s'être plié très souvent à une sorte de raison dynastique, aux événements. Il fait les défaillances de sa santé et se trouve face à ses oncles, à son frère, tous décidés et rivalisant d'ambition.

Les ducs n'obéissent aux ordres du roi que selon leurs convenances et rejettent le plus souvent leur vassalité pour se conduire en souverains, son frère Louis est l'amant de la reine et Charles ne sévit pas. Mais quand Jean de Bourgogne fait assassiner Louis, le roi n'éprouve aucune colère, une sorte de satisfaction se décèle dans son comportement, le coupable ne sera pas poursuivi et Charles VI le conseille pour sa sécurité.

Après la disparition des dauphins Louis et Jean, le roi accepte comme par la force des choses, que Charles de Ponthieu prenne leur titre.

Il fait de vaines tentatives pour ramener l'entente parmi les membres de sa famille.

Charles de Ponthieu se rebelle contre le roi, refuse de venir et demeurer auprès de lui. Bien loin de joindre ses troupes à celles du roi et du duc de Bourgogne sur qui le roi croit pouvoir compter, il les combat. Il est entre les mains de la duchesse Yolande d'Anjou et tous deux décident de l'assassinat de Jean de Bourgogne.

La guerre se poursuivra plus violente, entre les Armagnacs que l'on appelle aussi les Dauphinois, et les Bourguignons.

Le temps est venu pour Charles VI de désigner définitivement son successeur.

La couronne de France a trois prétendants : Charles de Ponthieu qui garde le titre de dauphin malgré la défense du roi, le duc Charles d'Orléans, et Henri V, roi d'Angleterre.

Aussi longtemps que le roi a pu croire au rétablissement de l'union autour de lui, il a laissé à Charles de Ponthieu le bénéfice de sa légitimité officielle. Maintenant ce n'est plus possible. Le bâtard d'Isabeau et de Louis ne pourra hériter le trône de France.

Eût-il été le vrai fils du roi, il est probable que Charles de Ponthieu, par son attitude et ses actes, aurait été frappé de la même décision.

Le duc Charles d'Orléans, neveu du roi de France et captif de Henri V, peut aspirer à la succession. C'est sans doute pour cela que, malgré la coutume qui permet à tout seigneur prisonnier d'obtenir sa liberté contre une rançon que les grandes richesses du duc auraient permis de payer, Henri V le garde en Angleterre.

La duchesse d'Anjou et Charles de Ponthieu, qui avaient capté les Armagnacs, ne souhaitent pas davantage son retour en France. Il regrouperait probablement très vite autour de lui les seigneurs du parti qui fut le sien.

Le duc Charles d'Orléans sera appelé « le doux poète », il n'empêche qu'il a déclenché la guerre civile, et désobéi au roi. Charles VI ne peut l'appeler à régner.

Reste Henri V qui a repris à son compte le vieux rêve d'Édouard III.

Le Religieux relate l'éloge qu'en font les ambassadeurs intervenus dans les négociations pour la paix. « C'est un prince d'une tournure distinguée.. il se fait un point d'honneur de montrer une extrême affabilité à tout le monde, de quelque rang ou condition que l'on soit. Évitant toujours les réponses verbeuses et les serments dont on est habituellement si prodigue, il va droit au but et se contente de dire :

" C'est impossible ", ou bien " Il faudra que cela soit ainsi. " Lorsqu'il a prononcé ces simples paroles, il se croit aussi engagé d'y donner suite, que s'il avait appelé en témoignage Notre-Seigneur. Scrupuleux observateur de la justice, il sait épargner les humbles et abaisser les orgueilleux. Il conserve une merveilleuse égalité d'âme dans le malheur ainsi que dans la prospérité. Il soutient ses soldats dans les revers, et défend, sous les peines les plus sévères, aux prostituées, de s'introduire dans son camp, comme elles ont l'habitude de le faire parmi les Français. Il est plein de prévenances pour le clergé...

Les ambassadeurs ne doutent pas que ce prince ne tienne parole aux nobles du royaume de France et ne leur prête aide et secours. Il est indigné de voir que les partisans du dauphin les traitent en ennemis publics et exercent contre eux les plus atroces cruautés... »

Le royaume est dans un état lamentable. On trouve dans la Chronique : « Les chevaliers et écuyers français regardaient comme choses permises ou comme autant de prouesses, des violences dont les Barbares eux-mêmes auraient eu horreur...

Les troupes françaises, animées les unes contre les autres d'une haine implacable, et poussées par une espèce de fureur frénétique, ne cessent de bouleverser le royaume par le meurtre, le pillage, l'incendie. »

Dans le peuple qui souffre de ces méfaits, il en est qui se réjouissent des brutalités commises par l'un ou l'autre parti.

« Après les fêtes de Pâques, les rois de France et d'Angleterre, conformément à ce que leurs principaux conseillers avaient eux-mêmes proposé naguère, avisent aux moyens d'arrêter ces excès. »

Lorsque Henri V arrive à Troyes, il est affectueusement reçu par le roi et la reine, comme leur fils bien aimé.

Extraits du traité de Troyes

Charles, par la grâce de Dieu, roi de France...

– Le besoin de rétablir la paix et d'apaiser les dissensions des royaumes de France et d'Angleterre a fait conclure dans les temps passés, plusieurs traités... mais ces traités n'ayant pas produit les fruits qu'on en espérait... considérant au fond du cœur et envisageant les maux graves et irréparables, les calamités et les plaies que les divisions des deux royaumes ont occasionnés... il a été convenu entre notre fils (Henri) et nous, un traité...

– Le roi Henri étant devenu notre fils et celui de la reine par le mariage convenu pour le bien de la paix, entre lui et notre fille Catherine, notre fils nous honorera comme son père et sa mère.

– Après notre décès, la couronne et le royaume de France appartiendront à notre fils, le roi d'Angleterre et à ses héritiers.

– Comme pour la plupart du temps... nous ne pouvons nous livrer à la direction des affaires du royaume, le pouvoir de gouverner le royaume sera, tant que nous vivrons, à notre fils Henri avec le conseil des nobles et prud'hommes qui nous obéissent et ont toujours eu à cœur l'avantage du royaume... notre fils Henri travaillera... à défendre, tenir en paix, pacifier et administrer le royaume selon l'exigence de la justice et de l'équité.

– Notre fils travaillera à ramener à notre obéissance les villes, cités, châteaux, pays et personnes, hostiles et rebelles à notre autorité, tenant pour le parti ou étant du parti vulgairement appelé du dauphin et d'Armagnac.

– Quand il arrivera que notre fils Henri viendra à la couronne de France, le duché de Normandie et les autres lieux conquis par lui dans le royaume de France resteront sous la juridiction, obéissance et monarchie de la couronne de France.

– Afin que la concorde, la paix et la tranquillité puissent durer à jamais entre les deux royaumes de France et d'Angleterre et qu'il soit obvié aux obstacles pour lesquels des discussions et discordes pourraient s'élever... notre fils travaillera à ce que les obstacles soient écartés, de telle façon que les deux royaumes de France et d'Angleterre demeurent ensemble à jamais et qu'ils aient pour souverain une seule et même personne, à savoir notre fils Henri tant qu'il vivra, et ensuite ses héritiers... Il règnera en même temps sur les deux royaumes, en gardant à l'un et à l'autre des deux royaumes ses droits, libertés, coutumes, usages et lois sans soumettre en aucune manière à l'un les droits de l'autre.

– Dès maintenant et toujours, seront livrées à l'oubli les anciennes dissensions, haines, rancunes, inimitiés et guerres entre les deux royaumes, les habitants des dits royaumes adhèreront au présent traité, et entre les deux royaumes règnera dès maintenant et toujours la paix, la tranquillité, la concorde et l'affection mutuelle...

– Vu les horribles et énormes délits commis dans le royaume de France par Charles, soi-disant dauphin de Viennois, il est entendu que ni nous, ni notre fils Henri, ni notre fils le duc de Bourgogne, ne traiterons de paix ou d'alliance avec le dit Charles, et ne ferons de traités que de l'avis et du consentement de chacun de nous trois ainsi que des trois États des royaumes susdits.

Suit l'engagement de changer des lettres patentes scellées du grand sceau et confirmant « les choses dessus-dites ».

Donné à Troyes le vingt et unième jour du mois de mai de l'an du Seigneur, mil quatre cent vingt, et de notre règne le quarantième.

Les dites lettres ont été scellées de notre sceau ordinaire en l'absence du grand sceau.

Et plus bas : « Ainsi signées par le roi en son conseil, et écrites par ordre du conseil. »

Le projet de ce traité avait été approuvé le 29 avril dans une assemblée composée des cours souveraines, de l'Université, du chapitre de l'Église de Paris, du corps de ville et des principaux habitants de la capitale.

Chaque fois que, dans une circonstance importante, le roi était en proie à une crise, le Religieux l'a scrupuleusement noté. Il ne signale aucun accès de la maladie pendant les négociations et la signature du traité de Troyes.

Charles VI y fut amené par les haines, les ambitions, les luttes sanglantes et les assassinats commis par les princes de sa famille. L'ardent désir de paix et de tranquillité pour le pays, et de paix avec l'Angleterre, qui l'obsède depuis si longtemps, se retrouve dans les lignes de cet accord par lequel il en confie l'accomplissement à celui qui lui apparaît comme le plus apte à le réaliser.

Pour l'apaisement du souci dynastique, Henri V et lui-même peuvent remonter à des ancêtres communs, et Charles VI a pris soin, avant tout, d'abolir cette loi salique sur laquelle Philippe VI, le premier roi Valois, prétendit s'appuyer pour s'emparer du trône de France. Aussi son choix aura plus de force encore, si Catherine met un enfant au monde.

Charles VI espère que la paix va s'établir. C'en est fini des conflits entre la France et l'Angleterre, les plaies se cicatriseront, la prospérité reviendra.

Avec le recul du temps, on peut se demander si cette alliance franco-anglaise n'aurait pas été la source d'autres tragédies dans le monde, mais en 1420, seul, cet espoir de paix existe pour Charles VI.

Lorsque les partisans de la paix, à Paris et ailleurs, apprennent la conclusion du traité, ils en sont tout joyeux et jurent d'en observer les clauses. Ceux qui tenteraient d'y faire obstacle seront déclarés coupables du crime de lèse-majesté.

Mais les Armagnacs ou Dauphinois ne se soumettent pas.

Le roi d'Angleterre et le duc de Bourgogne remettent, en l'obéissance du roi de France, plusieurs villes tenues par les gens d'armes du dauphin Charles. Henri V fait supplicier ceux de ses soldats qui s'enfuient.

Pendant ce temps, dans le midi, le dauphin Charles met le siège devant la ville de Pont-Saint-Esprit, occupée par les gens du parti de Bourgogne. Les engins de guerre lui viennent de la cité d'Avignon et de la Provence qui appartient à Yolande d'Anjou. Il s'empare également de la plupart des villes et forteresses du Languedoc, et revient à Bourges où il assemble en grande puissance des gens d'armes, pour s'opposer à Henri V et Philippe de Bourgogne.

Le roi Charles, le roi Henri, les deux reines et leurs suites rentrent à Paris. Ils y sont accueillis avec de nombreux présents et en grande liesse. Le vin coule à tous les carrefours.

Devant les deux rois et une assemblée de seigneurs, Philippe de Bourgogne et le procureur de la duchesse, sa mère, demandent que soient châtiés Charles, soi-disant dauphin de Viennois, et autres seigneurs parmi lesquels Tanneguy du Châtel, pour avoir occis le duc Jean de Bourgogne.

Le roi de France fait répondre que la justice s'accomplira sans faillir.

Le pape Martin V est parti pour Rome d'où il ordonne une croisade dirigée par plusieurs évêques, contre les hussites.

Aussitôt Yolande envoie son fils Louis auprès du pape, pour se faire couronner roi de Sicile. Elle le confie à des Florentins et des Gênois entrés avec quinze galères d'armes, dans le port de Marseille « qui est de la terre de Yolande reine de Sicile ». Toutefois elle retient devers elle, en otages pour son fils, huit des plus hauts barons du royaume de Naples et des environs qui l'étaient venus quérir.

Le cardinal duc de Bar, accédant à la demande de Yolande, avait institué René d'Anjou héritier pour son duché du Barrois et lui avait déjà donné le marquisat du Pont. Selon l'engagement pris envers sa nièce, il fait célébrer le mariage de René avec l'héritière du duc de Lorraine.

Charles VI, dit Monstrelet, est entré à l'hôtel Saint-Pol où il est petitement servi. Son état contraste avec celui, magnifique, du roi Henri et de la reine Catherine installés au Louvre.

« Et dès lors commença le dit roi du tout à gouverner et administrer les besognes du royaume et faire officiers à son plaisir, en démettant ceux qui par le roi et le duc de Bourgogne mort et icelui de maintenant y avoient été mis de longtemps. » Puis le roi Henri alla à Rouen, en plusieurs autres villes et retourna en Angleterre avec la reine pour peu de temps, avant de revenir et s'installer dans le château de Vincennes.

De son côté le duc de Bourgogne s'en alla à Beauvais, à la fête et entrée de maître Pierre Cauchon, docteur en théologie, nouvel évêque de la ville.

Tous ces événements survenus depuis le traité de Troyes ont eu lieu dans la même année 1420.

La préparation de l'Épopée

Pendant que les affrontements se font plus âpres entre les deux parties, un projet d'une audace inouïe, patient, impitoyable, s'élabore secrètement pour réduire à néant les mesures prises à Troyes et assurer le trône de France à Charles de Ponthieu.

Si les moyens ordinaires de la guerre ne suffisent pas, ils seront auréolés de surnaturel. Une femme envoyée de Dieu entraînera et conduira à la victoire les troupes du dauphin Charles. Elle paralysera ses ennemis par une terreur superstitieuse.

L'histoire doit être abordée comme une enquête. Lorsqu'elle présente des lacunes, des légendes ou d'autres arrangements, il faut aller aux sources autant qu'il se peut, recourir au raisonnement, rappeler des faits jetés dans l'ombre et chercher un enchaînement logique entre les événements en laissant clairement apparaître ce qui vient des sources ou de la déduction.

Comment l'idée de susciter une envoyée divine peut-elle être attribuée à Yolande d'Anjou ?

Pour concevoir ce projet, d'importantes conditions étaient indispensables. Il fallait y avoir de grands intérêts et jouir d'une extrême puissance, pouvoir disposer d'une jeune fille à laquelle le rôle sera attribué, être assuré de ses qualités et avoir l'autorité suffisante pour imposer à son entourage les messagers et instructeurs qui auront pour tâche de préparer et former l'héroïne.

Seule Yolande, duchesse d'Anjou, semble réunir ces conditions.

Plusieurs exemples ont montré combien des grands seigneurs attachèrent de prix à avoir en leur puissance des enfants de naissance illustre pour s'en servir le moment venu. Yolande d'Anjou, outre la fille du duc de Bourgogne qu'elle retint pendant trois ans comme fiancée de l'héritier d'Anjou, puis renvoya pour une alliance jugée plus opportune, fiançait Charles de Ponthieu à sa fille Marie, et l'emmenait pour l'élever et le former elle-même par un froid calcul. Car en cette année 1420 Charles a dix-sept ans et le mariage n'est pas conclu, la duchesse d'Anjou attend de voir quelle tournure prendront les événements.

Après la naissance du douzième enfant de la reine, Louis étant mort et Isabeau désemparée, il m'est apparu que la duchesse d'Anjou, fille de Yolande de Bar, pouvait bien s'être offerte à assurer l'exil de l'enfant sur les terres appartenant au duc de Bar son parent.

Si Jeanne fut élevée dans la simplicité chez ses parents nourriciers, elle reçut vraisemblablement, par ordre de cette puissance occulte qui veillait sur elle, une éducation conforme à son rang. Son comportement ultérieur en témoigne. Ainsi Yolande fut informée des progrès et des solides qualités de l'enfant.

Pour l'intérêt qu'elle pouvait y avoir, la réussite du plan établi était, comme on sait, absolument vitale pour la maison d'Anjou.

Jacques d'Arc et Isabelle, à qui Yolande confia probablement Jeanne par personne interposée, étaient dans l'obligation de laisser accéder auprès d'elle tous les émissaires de la duchesse.

Quant à la puissance de Yolande, à son rôle de chef du parti armagnac et à son pouvoir de décision, ils apparaissent dans le livre de Henri Wallon lui-même (page 49) lorsqu'il relate le voyage de Jeanne vers Chinon en 1429 et qu'il écrit : « Yolande d'Aragon reine de Sicile, belle-mère de Charles VII, était l'âme du parti national de France.

La reine de Sicile, mère de la reine, et ceux qui gémissaient de l'état des affaires, étaient disposés à tout risquer pour sortir de cet abîme. »

Ajoutons, avec Mme d'Orliac, que Yolande était présidente du conseil de France.

Avant de poursuivre il est bon de s'arrêter un peu sur le procès de condamnation.

Pendant l'enquête pour sa révision, on a vu le notaire Manchon répondre à plusieurs questions selon les vœux des enquêteurs. Mais sur un point, malgré ses craintes, il est demeuré ferme : son travail de greffier au procès a été accompli avec exactitude. Il y eut ensuite des manipulations. Que furent-elles ?

La lecture du texte que nous possédons montre que des passages manquent. D'autres peuvent être considérés comme apocryphes.

Ainsi que la phrase célèbre ordinairement citée : « Adieu, je vais à Vaucouleurs », ne résiste pas à une confrontation avec les dires de Jeanne qui partit de Domrémy sous le prétexte de se rendre chez Durand Laxart. Des passages du procès tels que ceux-ci : « Je répondis que j'étais une pauvre fille qui ne savait pas aller à cheval ... Je n'ai jamais tué personne », paraissent comme autant d'ajouts.

C'est à travers ce texte, ses contradictions, les escarmouches de l'héroïne avec les juges et ses réponses parfois ironiques, altières, menaçantes ou allégoriques que se détache en grande partie l'histoire de Jeanne.

Jeanne a treize ans

1420. – Année du traité de Troyes. C'est aussi l'année où, dans le petit village barrois, Jeanne la Pucelle accomplit ses treize ans. Elle va entendre la voix de celui qu'elle désignera par le nom de Saint Michel.

Et c'est l'autre motif pour lequel son âge doit être caché. Il ne faut pas qu'un rapprochement se fasse entre les deux événements : la signature du traité et la voix entendue alors que Jeanne avait treize ans, et que l'on puisse suspecter cette voix d'être le premier acte de la préparation à une riposte toute humaine au traité de Troyes.

Dans l'empressement mis à cacher cette entreprise, la date officielle de naissance a été malencontreusement choisie.

Le 27 février 1431, 4e audience du procès, Jeanne, parlant de sainte Marguerite et de sainte Catherine dit :

– Voilà bien sept ans qu'elles m'ont prise pour me gouverner. Situant ainsi la première manifestation des deux saintes au début de 1424 où à la fin de 1423.

Si Jeanne était née le 6 janvier 1412, elle aurait eu douze ans au début 1424 et moins de douze ans dans les derniers temps de 1423.

Saint Michel est apparu le premier. Les deux saintes ne vinrent que plus tard. Lorsque Jeanne entendit le sain pour la première fois, elle aurait eu par conséquent beaucoup moins que douze ans.

Si quelques-uns ont voulu tirer argument d'une réponse faite par Jeanne, 24 février, 3e audience : « C'est à l'âge de treize ans, à peu près, que la voix m'est apparue pour la première fois », et conclure qu'elle n'était alors que dans sa treizième année, l'incompatibilité des dates subsiste.

L'autre date de naissance résistera-t-elle mieux à l'examen.

Jeanne, née en 1407, atteint ses treize ans le 10 novembre 1420.

22 février 1431, elle déclare :

– J'avais treize ans, j'eus une voix venant de Dieu pour m'aider à me gouverner. La première fois j'eus très peur. La voix vint à l'heure de midi, c'était l'été. Dans le jardin de mon père.

Jeanne ne dit pas qu'elle était dans sa treizième année mais qu'elle avait treize ans, donc révolus. Il paraît logique de fixer la venue de la première voix à l'été 1421.

27 février – 4e audience. – A une question posée :

– Laquelle de ces apparitions est venue la première ?

Jeanne répond : – Saint Michel.

Le juge, Maître Beaurepère, continue : – S'est-il passé beaucoup de temps depuis la première apparition de saint Michel ?

Jeanne élude la demande. Mais le 12 mars, Jean de la Fontaine interroge : – Parlez-nous des songes de votre père.

Et Jeanne raconte. A plusieurs reprises, sa mère lui avait dit ceci : « Son père avait rêvé qu'elle s'en irait avec des militaires. Il disait à ses frères : " Si je croyais que la chose que j'ai rêvée d'elle arrivât, je voudrais que vous la noyiez, et si vous ne le faisiez pas, je la noierais moi-même " ».

Jean de la Fontaine questionne encore : – Ces pensées ou ces songes venaient-ils à votre père depuis que vous aviez eu vos visions ?

Sans méfiance Jeanne répond : – Oui, plus de deux ans après mes premières visions.

Plus de deux ans. C'est-à-dire à la fin de 1423, au moment où, pour une préparation plus intensive, les saintes Catherine et Marguerite se sont révélées à Jeanne. Alors il ne fut plus possible de dissimuler à Jacques d'Arc et à Isabelle le genre de mission dont Jeanne serait chargée, et tous deux, s'ils n'eurent pas le droit de lui révéler qu'ils étaient au courant, s'efforcèrent comme ils purent de la détourner de ce péril. Isabelle tenta de l'effrayer par ce récit de songes et de menaces, ensuite on essaya de la marier.

Par une belle journée de l'été 1421, Jeanne est seule dans le jardin de son père.

Soudain, une voix s'adresse à elle, longuement. Dans l'éblouissante clarté de midi, en même temps que la voix lui parle, une grande lumière pénètre son âme. Celui qui est venu, de par Dieu, est saint Michel. Elle l'écoute, pleine d'émerveillement et de peur. Et puis, l'apparition s'éloigne, Jeanne se retrouve seule. Elle doute. Est-ce bien saint Michel qui était là ?

Malgré le doute et la peur, elle ne court pas raconter l'apparition. Elle ne dira rien, ni à ses parents, ni à son curé, ni à personne. Il faut bien que la voix lui ait recommandé le silence. Elle décide d'accéder à ce conseil.

Pourtant c'est une enfant droite et pieuse qui sait son devoir. En véritable dévote, elle doit confier tout cela à son confesseur. Rien ne peut dispenser le croyant de cette obligation, rien sauf un mysticisme d'exception, celui des rois. Ils ne se soumettent pas aux règles imposées au vulgaire et traitent directement avec Dieu sans passer par ses intermédiaires, fut-ce le pape. L'histoire en fournit de nombreux exemples et des monarques ont poussé très loin cette attitude, ils ne se sont souciés de l'excommunication elle-même, que dans la mesure où elle diminuait leur prestige, leur autorité sur le peuple.

A propos de cette conception souveraine, il est bon de méditer ces lignes d'Étienne Pasquier (42) : « En ce qui concerne ces deux grands États de Rome et de France, je vous dirai que chaque république a ses lois par le moyen desquelles elle se maintient. Le Français ne doit pas peu au Romain pour sa conservation, ni pareillement le Romain au Français pour la sienne. Mais tout ainsi que le Français ne s'ingère nullement d'entreprendre sur le Romain en quelque façon que ce soit, aussi le Romain doit faire le semblable sur la France, sinon qu'en nous voulant perdre par quelques opinions bizarres, il se veuille perdre soi-même. On ne peut dénier au Pape la supériorité sur le spirituel, ni à notre Roi sur le temporel, en et au-dedans les limites de son royaume. Qui fut cause qu'Innocent troisième, parlant des Rois de France, est d'accord qu'en leur temporel, ils ne reconnaissent autre supérieur que Dieu et l'épée. »

Aux révélations qui viennent à l'évidence de lui être faites, la Pucelle peut découvrir à la fois qu'il s'agit d'un phénomène d'ordre surnaturel et que, par volonté divine, ce phénomène est intimement lié aux intérêts temporels de la monarchie.

Si depuis longtemps déjà, elle connaît le privilège royal ainsi que sa naissance princière qui lui donne le droit d'en user, sa décision est claire, Jeanne ne se reconnaît d'autre supérieur que Dieu. Et c'est par l'épée qu'elle accomplira la mission qu'il lui confiera. Cette conduite sera la sienne jusqu'au bout. Elle ne devra rendre de comptes qu'à Dieu, obéir seulement à lui et à ceux que, par révélation, elle croira lui être envoyés du Seigneur pour l'accomplissement de sa mission.

Après que l'apparition se fut manifestée trois fois à elle, convaincue par toutes les bonnes choses que l'ange lui a dites, Jeanne a la volonté de croire qu'il s'agit bien de saint Michel, « après l'avoir entendue trois fois, je compris que c'était la voix d'un ange », dira-t-elle.

Dès lors, ce personnage vient assidûment auprès de la jeune fille, deux ou trois fois la semaine.

Au début, il lui demande des choses simples, qu'elle pratique déjà : se bien conduire, fréquenter l'Église. – (22 février).

La décision d'utiliser Jeanne fut prise parce que son courage, son honnêteté et sa profonde piété étaient bien connus, mais pour la mission dont elle sera chargée, il faut patiemment et progressivement fortifier ce courage, exalter cette piété où Dieu et le dauphin Charles seront confondus, et l'amener à l'acceptation de tous les sacrifices.

Pâques 1421. – Le duc de Clarence, frère du roi Henri V se dirige avec son ost vers l'Anjou qu'il veut attaquer. Mais les terres de la duchesse Yolande sont solidement gardées par de nombreux Dauphinois. Les Anglais sont déconfits. Le duc de Clarence est tué.

La reine Catherine, enceinte, se rend en Angleterre.

Novembre 1421. – Elle met au monde un fils prénommé Henri.

A présent, le roi Henri V et la reine Catherine ont un héritier. Cela renforce les dispositions du traité de Troyes.

Mariage du Dauphin Charles
Mort de Henri V
Mort de Charles VI

28 mars 1422. – Le mariage de Charles de Ponthieu et de Marie d'Anjou est célébré.

31 août 1422. – Le roi Henri V, âgé de trente-cinq ans, meurt au château de Vincennes, succombant à « une espèce de dyssentrie » écrit le Religieux... Et le « Larousse » parle du « Traité de Troyes, dont la mort bientôt survenue de Henri V empêcha seule les désastreux effets »...

Le duc de Bedford, frère du roi Henri, est régent de France.

Philippe, duc de Bourgogne, perd sa femme, Michèle de France.

21 octobre 1422. – Mort de Charles VI, roi de France.

Charles, dauphin, par le conseil de ses princes, se fait couronner roi en la ville de Poitiers. « Et de ce jour en avant, par tous ceux tenant son parti, fut nommé roi de France. »

Un peu avant, il avait été en grand péril de sa vie. A la Rochelle, pendant un conseil qu'il tenait avec ses barons, une partie de la chambre où il était s'effondra, tuant Jean de Bourbon et plusieurs autres. « Le dauphin y fut un peu blessé, mais ses gens le tirèrent hâtivement hors du péril et le menèrent en un lieu plus sûr. »

Il y a deux rois en France, Charles VII, qui dispose des fiefs des seigneurs morts à Azincourt ou prisonniers des Anglais – comme les ducs d'Orléans et de Bourbon, les comtes d'Angoulême et de Vendôme – et Henri VI, le fils de Henri V et de Catherine, pour qui il fut crié sur la tombe de son grand-père Charles VI : « Vive le roi Henri, roi de France et d'Angleterre. »

1423. – Au commencement de cette année, le duc Jean de Bedford, le duc Philippe de Bourgogne et le duc Jean de Bretagne se réunissent à Amiens.

Tous trois font un traité d'alliance et jurent de demeurer, tant qu'ils vivront, en vraie fraternité.

Le mariage du duc de Bedford avec Anne, sœur de Philippe de Bourgogne, est décidé. Il a lieu à Troyes.

Octobre 1423. – Marie d'Anjou, épouse de Charles VII, donne le jour à un fils, le futur Louis XI.

Quelques semaines plus tôt, à Domrémy, deux femmes, sainte Catherine et sainte Marguerite, annoncées par saint Michel, se présentaient à Jeanne pour la gouverner. La Pucelle devra obéir aux deux saintes qu'elle croit lui être envoyées par Dieu.

Il est un point laissé à sa libre décision. Si elle ne doit parler qu'à Charles VII des révélations reçues sur lui et sur le duc Charles d'Orléans, elle pourra, à son gré, dire à ses parents nourriciers à quelles tâches elle doit se préparer, ou se taire. Et Jeanne veut garder le silence. Si sa mission était ouvertement connue, Jacques d'Arc et Isabelle ne manqueraient pas de la combattre en des discours inutilement épuisants.

Mais toutes les allées et venues et la préparation visible à laquelle Jeanne est soumise les mettront dans l'inquiétude, les pousseront à poser des questions embarrassantes. Ils sont mis au fait et reçoivent en même temps l'ordre de ne pas parler de ces choses à la jeune fille. Ils se soumettent. Cependant ils ne peuvent supporter la pensée que celle qu'ils chérissent comme leur enfant soit exposée de la sorte et ils essaient, par le pauvre moyen de ce rêve inventé que leur suggère leur tendresse pour elle, de la faire renoncer à cette aventure.

Qui s'occupa encore de Jeanne ? Bertrand de Poulengy, selon ses déclarations, venait chez Jacques d'Arc ; Jean de Novelonpont ou de Metz, qui dit laconiquement en 1456 : « Je sais que Jeanne était de Domrémy, à l'époque de son départ j'ai vu son père et sa mère. »

Quand Jeanne allait à Maxey, elle se rendait chez le noble Geoffroy du Fay.

1424. – Perceval de Cagny relate que cette année-là, Jean, duc d'Alençon, âgé de dix-huit ans, fut marié à Jehanne, fille du duc Charles d'Orléans et de sa première épouse, Isabelle de France.

Dès qu'il le put, il prit les armes, désireux de servir le roi. « Et en ce faisant, avoit intencion et volonté de recouvrer ses terres et seigneuries comme il montra par effaict... » Terres et Seigneuries conquises par les Anglais quelques années plus tôt.

17 août 1424. – Il entreprend la bataille devant sa ville de Verneuil. Cela se passe à peu près comme les grandes batailles d'autrefois. Devant les Anglais disciplinés, leurs archers au tir précis, l'armée française qui s'est adjoint des Lombards et des Écossais, est impétueuse et désorganisée par une dualité de commandement. Les Lombards, après avoir frappé rudement, s'occupent à piller les bagages des Anglais et s'en vont.

L'armée française a six ou sept mille tués dont plusieurs grands seigneurs. Le duc d'Alençon est fait prisonnier. Le duc de Bedford le retiendra en prison au château du Crotoy pendant plus de trois ans.

Le jour de cette bataille, des chevaliers et écuyers de Normandie, qui avaient prêté serment au duc de Bedford, s'enfuient. Ils seront châtiés par les Anglais.

« Et pareillement fut pris Pierre de Recomp qui était des complices, par un nommé Raoul de Gaucourt lequel l'envoya à Jean de Luxembourg qui l'envoya à Paris où il fut écartelé comme traitre. »

Le duc de Bourgogne a de sérieuses préoccupations du côté de la Flandre. Jacqueline de Hainaut a quitté son mari le comte de Brabant pour se rendre en Angleterre et épouser un frère du feu roi Henri V et du duc de Bedford, le duc de Gloucester qu'elle pousse à l'accompagner en Hainaut pour obtenir obéissance des villes de ce pays qui lui appartient.

En octobre 1424, le duc de Gloucester et Jacqueline de Bavière, comtesse de Hainaut, de Hollande et de Zélande, débarquent avec cinq mille combattants.

Le duc de Bedford, inquiet des agissements de son frère, et le duc de Bourgogne, se réunissent en conseil et s'efforcent de trouver un accord entre le duc de Brabant d'une part, et Jacqueline de Hainaut et le duc de Gloucester d'autre part. Ces deux derniers refusent absolument de céder quoi que ce soit de leurs prétentions.

Philippe de Bourgogne, fort mécontent, déclare au duc de Bedford qu'il aidera de toute sa puissance son cousin le duc de Brabant – lequel ne reconnaissait pas l'annulation de son mariage avec Jacqueline – à conserver sa seigneurie. Bedford est en grand courroux contre son frère Gloucester qui met en péril l'alliance Anglo-Bourguignone.

Même année 1424. – Philippe de Bourgogne se remarie avec la veuve de son oncle le comte de Nevers, mort à la bataille d'Azincourt. La dame, renommée pour vivre saintement, est la demi-sœur de Charles de Bourbon, comte de Clermont.

1425. – Au début de cette année, pendant que le duc de Gloucester et Jacqueline font leur entrée dans plusieurs villes du Hainaut, le roi envoie Tanneguy du Châtel vers le duc de Bretagne pour lui demander son assistance.

Lorsqu'on parle du roi à l'occasion d'importantes décisions à prendre, il faut entendre Yolande d'Aragon, reine de Sicile, duchesse d'Anjou et belle-mère de Charles VII.

Le duc de Bretagne répond qu'il ne veut rien entendre avant que le roi ait éloigné ceux qui consentirent à sa prise par le duc de Penthièvre.

De même, le duc de Savoie est chargé de demander à Philippe de Bourgogne s'il ne consentirait pas à un traité, s'il ne voudrait pas s'éloigner des Anglais et venir aider le roi. Mais le duc de Savoie répond que Philippe de Bourgogne ne peut qu'attendre d'abord l'éloignement de ceux qui avaient trempé dans l'assassinat de Jean de Bourgogne, son père.

Une fois de plus, on feint d'ignorer la responsabilité des personnages puissants avec qui éventuellement on traitera, pour se borner à demander l'éloignement des exécutants.

Pour ne pas entraver les pourparlers, Tanneguy du Châtel accepte de s'éloigner. A sa place, Jean Louvet, président de Provence, met le seigneur de Giac, lequel est des plus proches du roi.

Le duc de Bourgogne se rend à Mâcon où il parlemente avec le duc de Savoie et les ambassadeurs du duc de Bretagne dont le principal est Arthus, comte de Richemont son frère. Viennent les rejoindre, envoyés par le roi, Charles de Bourbon, comte de Clermont, l'archevêque de Reims et d'autres. Il est décidé que le comte de Clermont, fils du duc de Bourbon prisonnier des Anglais, épousera Agnès, sœur du duc de Bourgogne.

Conclure officiellement une trêve, Philippe de Bourgogne ne le peut s'il désire conserver la confiance de son beau-frère, Jean de Bedford. Cette trêve est cependant virtuelle. Le duc de Bourgogne, courroucé par l'arrivée de Gloucester, fait publier en ses pays de Flandre, d'Artois et en tous ses domaines, que les nobles et autres, de quelque état qu'ils soient, et accoutumés de prendre les armes, se préparent à aider le duc de Brabant contre Gloucester.

Devant cette guerre qu'il engage, Philippe de Bourgogne préfère n'avoir pas à combattre les Armagnacs auxquels les Anglais suffisent à infliger des pertes sérieuses, si bien que devant les désastres subis, plusieurs seigneurs abandonnent le parti de Charles VII.

Le récent mariage du duc de Bourgogne et celui décidé pour sa sœur Agnès, qui créent une double alliance avec la maison de Bourbon, lui sont une assurance de plus de ce côté-là.

Quant à Yolande d'Anjou, elle obtient ce qu'elle a recherché : la lutte contre les Anglais est assez rude, il n'y aura pas, de surcroît, à redouter les attaques du duc de Bourgogne retenu dans le Hainaut. Et la duchesse Yolande a besoin de quelques années encore pour mener à bonne fin la préparation de Jeanne.

Le duc de Bedford fait de vifs reproches à son frère.

Pendant que le pape écrit au duc de Brabant pour lui confirmer la validité de son mariage avec Jacqueline, et la nullité de l'union qu'elle a contractée avec Gloucester, ce dernier rentre en Angleterre avec ses hommes d'armes et une dame de la suite de Jacqueline. La guerre continuera entre Jacqueline de Hainaut et Philippe de Bourgogne.

Yolande d'Anjou cherche à détacher le duc de Bretagne de l'alliance anglaise. Elle attire le frère du duc, Arthus comte de Richemont, auprès de Charles VII. C'est un rude guerrier dont elle a également besoin.

Richemont, prisonnier à Azincourt, obtint sa libération contre la promesse de servir le roi d'Angleterre. Henri V est mort et Richemont s'estime quitte.

En 1424, se place le mariage décidé depuis longtemps, de Louis III, fils aîné de Yolande, avec Isabelle, fille de Jean V de Bretagne. Charles VII promet une dot de 100 000 francs à sa nièce.

A cette occasion, Yolande se fait accorder par son beau-fils, la jouissance du duché de Touraine.

1425. – Probablement au mois de mars, le roi nomme Richemont connétable.

Dès la mort de Charles VI, Yolande avait placé auprès de Charles VII des conseillers de son choix, dévoués à la maison d'Anjou, ils ont exécuté les actions commandées par la duchesse et par Charles.

Au cours des années, le zèle de quelques-uns se serait, paraît-il, ralenti. Louvet président de Provence, Giac et Frottier amassent des richesses au détriment des finances de l'État, s'adonnent à des plaisirs déréglés en compagnie du roi, et ont pris ombrage d'une accession qu'ils n'ont pu empêcher, celle de Richemont au rang de connétable.

Quant à Charles, il n'est pas fait pour l'effort que lui demande la duchesse Yolande, la vie facile qu'il mène lui convient parfaitement. Il cherche à se dérober mais se heurte à la volonté de la reine de Sicile. Pour qu'elle puisse atteindre son but, elle doit agir sous le symbole de la monarchie, être en mesure de présenter un roi.

Mme d'Orliac écrit :

« C'est assez dans la manière des faibles de se vouloir libres de liens qui les gênent, pour mieux s'enchaîner ailleurs. »

Charles est au pouvoir de ses favoris. Louvet monte la garde auprès de lui. Yolande emploie la ruse et l'aide de Taneguy du Châtel pour le rencontrer. Il ne peut se dérober. Sa belle-mère essaye d'obtenir qu'il se sépare de ses favoris mais ne peut y parvenir. Et pourtant, il faut donner satisfaction aux ducs de Bretagne et de Bourgogne.

« Alors, selon Mme d'Orliac, Yolande, en qualité de présidente du Conseil de France, et Richemont, le connétable, font appel aux villes fidèles, désignent Louvet comme seul coupable des pilleries qu'ils vont faire cesser.

Tours et Bourges se détournent de leur maître et se confient à la duchesse d'Anjou et de Touraine, lui promettant, même contre le roi, obéissance et assistance pour le bien de la paix.

Yolande ordonne à Louvet, Giac et Frottier de s'éloigner de Charles VII. Le roi ne chasse pas ses favoris. »

Devant cette résistance, la duchesse écrit à la ville de Tours une lettre dont Mme d'Orliac donne la référence :

« Que en icelle on ne laisse entrer aucune gens d'armes plus fort que les gens de la ville, *soit le roy notre sire*, le Président (Louvet) et sa compagnie qui de lui a le principal gouvernement, ou autres de ses gouverneurs qui perturbent et empeschent la dite paix ; et lesquels monseigneur de Richemont connétable de France et la dite royne (de Sicile) entendent à mettre brièvement hors de la compagnie et gouvernement du roy. » – (Registre des délibérations... G. 37).

Enfin Charles cède à la volonté de Yolande. Il va désavouer ses conseillers pour paraître officiellement innocent des crimes qu'avec Yolande il a commandés.

Il faut bien constater que Louvet n'est pas chassé comme un réprouvé, mais est éloigné pour raisons politiques, car la duchesse d'Anjou l'envoie sur ses terres de Provence, au château de Mirandol, avec mission de négocier pour elle l'achat de deux comtés.

Tanneguy du Châtel, celui qui à Montereau a frappé le premier Jean-Sans-Peur, a accepté de partir. Yolande le nomme sénéchal de Beaucaire.

Seul, le sire de Giac est resté auprès du roi, mais pas pour longtemps.

La reine de Sicile entoure Charles d'une nouvelle garde qu'elle a choisie. Elle se fait attribuer les baronnies et terres de Cadisson et de Massilargues. Elle fait confirmer pour son fils Louis la donation de la chatellenie de Loudun. Dunois a suivi dans son exil Louvet dont il a épousé une fille. Yolande fait attribuer à son dernier enfant, Charles, le comté du Nortain repris à Dunois.

A Autun, les noces de Charles de Bourbon comte de Clermont, héritier du duc de Bourbon son père, avec Agnès, sœur de Philippe de Bourgogne, sont solennellement célébrées. Assiste à la noce la nouvelle duchesse de Bourgogne. Elle meurt peu après.

1426. – Le roi envoie une ambassade au duc de Bretagne, il l'informe que ceux qu'il a désignés sont chassés et lui demande son aide.

Le duc assemble ses conseillers dont les avis diffèrent. Finalement le duc décide de servir le roi. Tous deux se rencontrent à Saumur.

Le sire de Giac se dit fort aimé de Charles VII et mène tout à son gré. Ainsi les choses vont mal et les caisses sont vides. Giac, un des trois chevaliers qui débauchèrent les dames de la reine Isabeau, dans l'affaire de Vincennes, avait été l'époux de Jeanne de Noillac, cette dame de Giac qui fut glissée auprès de Jean-Sans-Peur dont elle devint la maîtresse, pour le trahir et le convaincre de se rendre sur le Pont de Montereau. Peu d'années après, pour contracter un autre mariage, Giac la fit mourir très cruellement alors qu'elle était enceinte.

Cet homme a grand pouvoir sur l'esprit du roi dont il partage la vie dévergondée. Il faut l'écarter. Mme d'Orliac donne les noms des conspirateurs : la reine de Sicile, Richemont, la Trémoille, les comtes de Clermont et de Foix.

A l'insu du roi, un jour, de grand matin, Richemont et la Trémoille fracturent la porte de la chambre de Giac, s'emparent de lui et le font examiner par un homme de justice sur les finances détournées et l'assassinat de sa femme.

Giac reconnaît les faits. Il est noyé.

Lorsque le roi apprend l'assassinat de son favori, il en éprouve un grand mécontentement et sa haine pour Richemont grandit.

Peu de temps après, la Trémoille épouse la veuve du sire de Giac, dont il eut plusieurs beaux enfants.

Camus de Beaulieu, écuyer du sire de la Trémoille, est mis auprès du roi pour gouverner.

1427. – Au cours d'une promenade, le sire de Beaulieu est assassiné, « Et lors, le sire de la Trémoille, grand et puissant seigneur, tant de parents et amis que de terres et seigneuries, se mit et tint auprès du roy. »

A Domrémy Jeanne apprend qu'un homme la fait citer en rupture de promesse de mariage. Elle doit se rendre à Toul. Le 12 mars 1431 elle dira :

– Et je jurai devant le juge de dire la vérité, que je ne lui avais pas fait de promesse.

(Dès la première fois que j'ouïs la voix, je fis vœu de virginité tant qu'il plairait à Dieu. J'avais treize ans environ)... Et mes voix m'assurèrent que je gagnerais mon procès.

Et puis Jeanne revient dans son village.

Le duché de Bar, en grande partie indépendant, n'a ordinairement pas à souffrir de la guerre. Mais parfois des hommes d'armes, pilleurs selon leur habitude, y passent et jettent la crainte parmi les habitants. Une fois, ces bandes de soldats rudes et grossiers se montrent plus agressives et Jeanne va se réfugier pendant deux semaines à Neuchâteau, « aux environs de la vingtième année de son âge », mentionnera le huitième article du premier acte de la condamnation de Rouen.

Le duc Jean de Brabant meurt. Aussitôt, à Valenciennes, une grande assemblée décide que le gouvernement du Hainaut sera mis en la main de Philippe de Bourgogne.

Après avoir tout ordonné dans ce pays, il retourne en Hollande en grande puissance de gens d'armes pour y combattre la duchesse Jacqueline et ses partisans. Dans le même temps, il envoie cinq cents guerriers à l'aide de son oncle, Amé, duc de Savoie, en conflit avec le duc de Milan.

Jean d'Alençon, prisonnier depuis la bataille de Verneuil, est libéré contre une rançon de deux cent mille saluz et autres dépens. Pour s'acquitter complètement, il doit se défaire d'un grand nombre de ses joyaux et vendre sa terre et seigneurie de Fougère à son oncle le duc de Bretagne « qui, pour la nécessité où il le voit, lui en donna moindre prix ».

« Tel est parent qui n'est pas ami », conclut mélancoliquement Perceval de Cagny.

1428. – En Hollande, le duc de Bourgogne fait de grandes préparations pour combattre et subjuguer la ville de la Gaude où se trouve la duchesse Jacqueline et ses aidants. Jacqueline considère la puissance de Philippe de Bourgogne. La plus grande partie des nobles de son pays se sont déjà tournés contre elle, avec son adversaire. Elle décide de conclure avec Philippe un traité aux termes duquel le duc de Bourgogne sera son héritier pour tous ses pays dont il prend sans délai le gouvernement.

Après avoir reçu serment de plusieurs villes, le duc retourne en son pays de Flandre et d'Artois.

Au moi de mai 1428, le comte de Salsebery arrive en France avec six mille combattants pour aider le duc de Bedford.

Pendant les années qui viennent de s'écouler, les troupes de Charles VII et celles du petit Henri VI se sont âprement combattues, des villes et des forteresses ont changé de mains.

A présent le comte de Salsebery arrive à Paris, il est joyeusement reçu par le duc de Bedford et tout le conseil de France qui tient le parti du roi Henri.

De grandes assemblées se tiennent pendant plusieurs jours. Il est décidé qu'après avoir soumis plusieurs places tenues par les adversaires, le comte de Salsebery irait mettre le siège avant la ville d'Orléans que les partisans de Henri VI estiment leur être nuisible.

Aussitôt les Normands et autres tenant leur parti sont appelés. Salsebery se trouve rapidement à la tête de dix mille combattants.

Après avoir festoyé à Paris, et assisté du comte de Suffort, des seigneurs de Scalles, de Talbot, de l'Ile, de Glassidas et autres, Salsebery va mettre le siège devant Nogent-le-Roi bientôt conquise. Beaugency, Marchesnoir, La Ferté-Hubert, Sully qui appartient au sire de la Trémoille tombent entre ses mains, et il se dirige vers Jargeau.

Pendant ce temps Philippe de Bourgogne retourne en Hollande pour prendre les serments de fidélité de plusieurs nobles et de villes, qui ne les avaient pas encore prononcés. Puis accompagné de la duchesse Jacqueline, il va recevoir les serments en Hainaut. Beaucoup s'y plient avec mécontentement mais ne voyent pas le moyen de faire autre chose.

Les Anglais assiègent Orléans

Jargeau se rend à Salsebery, Joinville ne lui résiste que quelques jours. Il s'empare de Meung, de plusieurs autres villes et forteresses et au mois d'octobre, il arrive devant Orléans.

La cité dont il entreprend le siège s'attend à sa venue. Elle s'est fortifiée, munie d'habillements de guerre, de vivres, et de gens exercés au métier des armes.

Afin que les Anglais ne puissent trouver à se loger, les Orléanais ont fait abattre, dans les faubourgs, plusieurs notables édifices parmi lesquels douze églises et de belles maisons de plaisance. Ces démolitions permettent aussi de se servir pleinement contre l'assaillant, des canons et autres instruments de guerre dont la ville est pourvue.

Malgré le tir d'artillerie et plusieurs sorties des défenseurs de la cité, les Anglais avancent hardiment.

Salsebery s'empare de la tour du bout du pont qui passe au-dessus de la Loire. Il monte au second étage de cette tour et se met à une fenêtre pour examiner comment il conduira ses opérations. Une pierre lancée d'un ancien canon nommé veuglaire lui emporte une grande partie du visage et tue un gentilhomme qui se tenait auprès de lui. Le comte fait ses recommandations à ses capitaines, demande qu'on le transporte à Meung et meurt huit jours plus tard.

Les Anglais, attristés par la mort de leur chef, continuent sous le commandement du comte de Suffort, et avec diligence, l'action entreprise. Ils édifient des bastilles et des fortifications où ils se logent.

Le roi Charles, avec ceux de son conseil, décide de défendre de tout son pouvoir la ville d'Orléans, croyant que si elle tombait aux mains des Anglais ce serait la destruction totale de ses marches et pays, et de lui-même.

Il envoie dans la cité assiégée la plupart de ses meilleurs capitaines : Boussac, le seigneur d'Eu, le Bâtard d'Orléans, chevalier, le seigneur de Gaucourt – qui a quitté le parti de Bourgogne – les seigneurs de Graville, de Vilan, Pothon de Sainte-Treille ou Xaintraille, La Hire et plusieurs autres avec des combattants.

« Le siège ne fut jamais fermé : par quoi les assiégés se pouvaient rafraîchir de gens et de vivres, et aller à leurs besognes quand bon leur semblait, et ils avaient volonté de ce faire. »

Durant ce siège, plusieurs escarmouches sont faites qui ne changent en rien la situation.

Déjà, selon une note de la Chronique de Perceval de Cagny, au mois de juillet 1428, Charles de Bourbon comte de Clermont, et Bernard d'Armagnac eux-mêmes, avaient rompu avec Charles VII et s'étaient emparés de la ville de Bourges. Le roi, accompagné de forces nombreuses, put négocier un traité avec eux et, le 17 juillet, leur donnait des lettres d'abolition.

Le départ de Domrémy

A présent, les Anglais possèdent plusieurs villes sur la Loire, ils sont solidement installés devant Orléans. Charles VII se décourage, prend peur, de nombreux seigneurs de son entourage l'ont abandonné. Il pense à s'enfuir, à se réfugier en Espagne ou au pays d'Écosse hostile à l'Angleterre, il ne sait encore...

Le temps est venu pour Yolande d'Anjou et ceux qu'elle a mis dans le secret de son entreprise, ceux dont la fortune est désormais liée à celle de Charles VII, d'agir. La duchesse va engager son combat.

A Domrémy, Jeanne est prête. Deux ou trois fois dans la semaine la voix vient à elle, qu'elle soit dans le jardin ou dans le bois. Elle lui dit qu'il faut partir, aller en France, que son père ne saura rien de son départ, et Jeanne ne peut plus durer où elle est. Elle devra lever le siège d'Orléans. Pour cela il lui faut aller à Vaucouleurs, auprès de Robert de Baudricourt, capitaine de la place, il lui donnera des gens pour l'accompagner.

Alors Jeanne s'en va chez son oncle, Durand Laxart, qui est venu la chercher et habite Burey-le-Petit. Elle quitte Jacques et Isabelle, elle s'en va de leur foyer pour ne plus jamais y revenir.

Il est malaisé de connaître exactement la date du départ de Jeanne. Voilà ce que donnent les dépositions.

Bertrand de Poulengy : « Jeanne la Pucelle vint à Vaucouleurs autour de l'Ascension Notre-Seigneur, si j'ai bonne mémoire, je la vis parler à Robert de Baudricourt... après quoi elle retourna chez son père avec un oncle à elle, Durand Laxart de Burey-le-Petit, puis, vers le commencement du Carême, elle revint à Vaucouleurs. »

Mais Jeanne ne mentionne qu'un départ de Domrémy.

Quant à Durand Laxart, il déclare : « Jeanne avait de bonnes façons... je l'ai constaté moi-même, tant à Domrémy que chez moi, à Burey, où elle resta six semaines... c'est moi qui suis allé chercher Jeanne chez son père... elle me déclara qu'elle irait dire à Robert de Baudricourt de la faire conduire où était le seigneur Dauphin. Mais Robert, plusieurs fois, me dit de la ramener chez son père. »

Si Bertrand de Poulengy s'est trompé sur la date de la première venue de Jeanne à Vaucouleurs – il n'est pas certain de sa mémoire, et dépose plus de vingt-sept ans après – il semble que les événements pourraient s'être déroulés ainsi. Dans le mois de décembre 1428, Jeanne quitte Domrémy, passe huit jours à Burey, et arrive à Vaucouleurs, non pas vers le jour de l'Ascension, mais vers le jour de la Nativité. Elle voit Baudricourt qui conseille à Durand Laxart de la ramener chez son père, mais c'est à Burey que demeure Jeanne pendant six semaines – ensuite elle retourne à Vaucouleurs – vers le commencement du Carême – et le premier jour de Carême en cette année 1429, est le 15 février.

Et pendant ce temps :

Philippe, duc de Bourgogne dit Philippe le Bon et qui se fait appeler « Le grand duc d'Occident », règne sur d'immenses territoires, il est plus puissant que les rois de France et d'Angleterre, mais son ambition est insatiable. Le comte de Namur, très âgé, vient de mourir. Avant cela, Philippe lui avait acheté le comté de Namur et ses appartenances. Il va prendre possession des villes et forteresses du comté qu'il gouverne comme bon lui semble.

Le voisinage du duc déplaît aux Liégeois. Ils se méfient de sa puissance et, depuis longtemps, n'aiment pas la maison de Bourgogne.

Près de Bouvines, ils détiennent une forte tour réputée de la seigneurie de Namur. Le duc la veut. Les Liégeois s'y opposent. Le duc va chercher des gens d'armes et les envoie, sous la conduite de deux capitaines pour prendre cette tour de Mont-Orgueil, mais ils sont battus, contraints de se retirer. Les Liégeois conservent la place et aussi une haine de plus en plus grande pour le Bourguignon.

29 décembre 1428 – Suffort et les siens quittent Jargeau pour continuer les fortifications du siège d'Orléans. L'accès de la ville en est rendu plus difficile mais les faits démontrent qu'il était toujours possible d'y entrer ou sortir.

Voilà à peu près huit jours que Jeanne est chez son oncle. Elle lui dit qu'elle doit aller à Vaucouleurs et il l'y conduit. Elle lui a confié qu'elle veut aller en France pour faire couronner le Dauphin. « N'est-ce pas un dicton d'autrefois, a-t-elle ajouté, que la France serait désolée par une femme et restaurée par une vierge ? »

A Vaucouleurs, Jeanne reconnaît Robert de Baudricourt. Elle ne l'avait jamais vu, mais la voix le lui désigne. Alors Jeanne lui dit, à Robert, qu'il lui fallait venir en France. Pour toute réponse, Baudricourt dit à Durand Laxart de la ramener chez son père et de lui donner des claques.

Mais Jeanne ne veut plus retourner à Domrémy. C'est chez Durand Laxart qu'elle va séjourner – pendant six semaines – en attendant l'ordre d'un nouveau départ pour Vaucouleurs.

A Blois, le comte de Clermont apprend que Bedford envoie depuis Paris une grande quantité de vivres, de l'artillerie et des renforts à l'ost anglais du siège d'Orléans. Clermont a dessein de leur barrer la route et se dirige vers eux avec de nombreux seigneurs, le connétable d'Écosse et leurs troupes. Il avise aussi le Bâtard d'Orléans et les chefs de guerre qui se trouvent avec lui dans la cité assiégée. Tous en sortent aussitôt avec leurs gens pour rejoindre le comte de Clermont.

Le convoi anglais est placé sous la direction de Jean Fascot, grand-maître de l'hôtel du duc de Bedford, accompagné de plusieurs seigneurs de l'Ile-de-France. Ils sont à peu près deux mille six cents dont mille sept cents combattants. Sachant la lutte qu'ils vont devoir soutenir, ils se sont retranchés dans un parc fait de leurs cinq cent chariots ou charrettes, et entouré de pals.

Les gens du parti de Charles VII seraient environ de trois à quatre mille. Ils attaquent d'abord au canon et font d'importants dégâts. Et puis, il y a discorde sur la façon de continuer le combat. Le seigneur de la Fayette arme chevaliers, Charles de Bourbon, comte de Clermont et d'autres.

Entre temps et sans plus attendre, le connétable d'Écosse et son fils s'avancent avec leurs gens, à pied. Le Bâtard d'Orléans, les seigneurs d'Orval, de Châteaubrun, Jean de Lesgot et autres nobles les accompagnent, croyant que les combattants à cheval vont aussi attaquer les Anglais. Mais il n'en est rien.

Les Anglais sortent de leur parc. Dans la bataille qui est livrée, le connétable d'Écosse et les siens sont déconfits et tués, à l'exception d'un soldat qui est fait prisonnier. Ce que voyant, le comte de Clermont et plusieurs seigneurs avec leurs gens s'enfuient à Orléans où ils rentrent avec le Bâtard blessé. Les seigneurs d'Orval, de Châteaubrun et Jean de Lesgot ont péri.

Cela se passait le 15 février 1429, jour des Cendres. Comme le convoi apportait aux Anglais une grande quantité de harengs pour les provisions de Carême, cette journée s'appela « La Bataille des Harengs ».

Le comte de Clermont tient conseil à Orléans, il promet et jure de secourir la ville, puis il s'en va et défaille à son engagement.

Pour réconforter la ville, le maréchal de Saint-Sevère demeure avec le Bâtard d'Orléans. Mais les habitants n'espèrent plus de secours du roi. Ils s'indignent parce que le conseil d'Angleterre avait octroyé au duc Charles d'Orléans, prisonnier, abstinence de guerre pendant un certain temps, sous la puissance du duc de Bedford, lequel, par la dureté du conseil de Paris, ne voulut passer l'abstinence et fit mettre le siège devant la dite ville.

Le duc de Bourgogne a pourtant fourni des gens d'armes pour faire le siège d'Orléans, la plupart sont Picards, Champenois ou Bourguignons, mais l'occasion est trop belle et le duc a des visées audacieuses.

Accompagné, dit-on, de Jean de Luxembourg, emmenant avec lui des messagers orléanais, et escorté d'environ six cents chevaucheurs, Philippe se rend à Paris. Il y est joyeusement accueilli par son beau-frère le duc de Bedford, et par sa sœur. Il expose au régent que Charles d'Orléans et son frère le comte d'Angoulême, étant prisonniers, n'ont aucune part dans la guerre. La ville d'Orléans ne peut-elle donc demeurer paisible et être mise dans ses mains à lui Philippe de Bourgogne, qui y mettrait un gouverneur de son choix et la tiendrait comme neutre ?

La rivalité des frères de Charles V, rivalité transmise à leurs descendants, n'est pas éteinte. Quel immense profit en tirerait Philippe, quelles perspectives s'ouvriraient devant lui s'il avait en son pouvoir la capitale de la maison d'Orléans !

Et Bedford réunit plusieurs fois son conseil. Les avis sont défavorables. Le roi Henri aurait supporté de grands frais pour le siège, il y aurait perdu plusieurs de ses meilleurs hommes de guerre ; Orléans était une des villes du royaume dont la possession était le plus profitable, et le duc de Bourgogne en aurait les honneurs et les profits sans coup férir ?

Philippe de Bourgogne éprouve un grand déplaisir de son échec. Avec les messagers de la ville qui ne furent point reçus par le conseil, il envoie à Orléans un héraut chargé de commander à tous ceux du parti de Bourgogne de se retirer du siège, ce qu'ils font sans délai, et le duc, malade, retourne au pays de Flandre.

Au mois de février, vers le début du carême, Jeanne revient à Vaucouleurs, une fois encore, Baudricourt n'accorde aucune attention à la demande qu'elle lui adresse.

Jean de Metz la rencontre et l'aborde pour lui dire : « Ma mie que faites-vous ici ? Faut-il donc que le roi soit chassé de son royaume et que nous soyons Anglais ? »

A ces paroles qui dénotent une grande familiarité entre eux, et aussi que Jean de Metz était depuis longtemps au courant de la « mission », Jeanne répond : « Je suis venue dans cette ville royale parler à Robert de Baudricourt pour qu'il daigne me mener ou fasse mener au roi, mais il n'a cure de moi ni de mes paroles. Cependant, avant la mi-carême, il faut que je sois devers le roi, dussé-je y user mes jambes jusqu'aux genoux.

Personne au monde, ni rois, ni ducs, ni fille du roi d'Écosse ou autres, ne peuvent recouvrer le royaume de France. Il n'y a de secours que par moi... »

A nouveau, Jeanne présente sa demande à Baudricourt. Il l'avait rabrouée, c'était nécessaire pour que la légende paraisse vraie. Maintenant, il accède à son désir.

– Deux fois il a refusé dit Jeanne, la troisième, il m'a baillé des hommes. La voix m'avait prédit que ça se passerait comme ça.

Jean de Metz, Bertrand de Poulengy et les habitants de Vaucouleurs lui fournissent les habits d'homme qu'elle veut porter, et un cheval.

Le duc de Lorraine mande que Jeanne lui soit amenée et lui envoie un sauf-conduit. Jean de Metz l'accompagne jusqu'à Toul.

La Pucelle ne dit que peu de choses sur ce voyage à Nancy, mais on peut concevoir toute l'importance que Charles de Lorraine et son beau-fils, René d'Anjou, attachaient à rencontrer et entendre Jeanne.

René est le second fils de Yolande. Les deux hommes sont vraisemblablement au courant des projets de la duchesse.

Charles de Lorraine tient à garder de bons rapports avec son très puissant voisin le duc de Bourgogne et il a conseillé à René d'Anjou, à la fois futur héritier du duché de Lorraine et du duché de Bar, de suivre la même politique, si bien que René dont les intérêts ne sont pas en Anjou – il ne sera duc d'Anjou qu'en 1434, après la mort en Calabre de son frère Louis III – s'est tenu en dehors du conflit et n'a pas participé au combat que mène la duchesse Yolande sa mère.

Toutefois, l'entreprise audacieuse de celle-ci vaut qu'on y regarde, que l'on sache des détails, que l'on connaisse la Pucelle, que l'on jauge ses capacités, son courage, ses chances, et que l'on puisse suivre en les appréciant mieux, les événements qui vont se dérouler, pour prendre, si nécessaire, les décisions opportunes.

Pour le moment, aucune satisfaction ne peut être donnée à Jeanne quand elle demande au duc, pour l'accompagner, son fils – René – et des gens.

Munie d'un sauf-conduit, Jeanne reprend le chemin de Vaucouleurs.

Robert de Baudricourt attendait Collet de Vienne, le messager royal. Quand celui-ci arrive, Baudricourt peut donner le signal du départ. Avec regret semble-t-il. Il ne se résout pas à voir, sans appréhension, la Pucelle s'engager dans une aussi terrible aventure. Aux compagnons de Jeanne, il fait jurer de la conduire sûrement. A Jeanne, il donne une épée et lui dit : « Va, et advienne que pourra. »

Sous la conduite du messager royal, la jeune fille part avec cinq compagnons, Bertrand de Poulengy et Jean de Metz avec leurs sergents, Julien, et Jean de Honecourt, ainsi que Richard l'archer.

« Après avoir quitté Vaucouleurs, raconte Jeanne, je gagnai Saint-Urbain et couchai à l'abbaye... en chemin, je passai par Auxerre, j'ouïs la messe à la cathédrale. A ce moment-là j'avais fréquemment mes voix.

Selon Jean de Metz et Bertrand de Poulengy, le voyage dure onze jours. Par crainte des Anglais et des Bourguignons, la petite troupe chevauche parfois de nuit.

Pendant qu'elle se dirige vers Chinon, les Orléanais vivent dans l'angoisse et redoutent la défaite. Ont-ils continué la destruction de leurs faubourgs pour les besoins de la défense. » Alors que Monstrelet signale douze églises démolies par eux, Cousinot en annonce vingt-six. Quoi qu'il en soit, ils se préparent à une forte résistance.

Et voilà que, dans la ville, circule une nouvelle extraordinaire, « Il venoit une pucelle vers le roy, laquelle se faisoit fort de lever le siège de la dite ville d'Orléans. »

A Sainte-Catherine-de-Fierbois, Jeanne entend trois messes le même jour. Elle a envoyé une lettre au roi : « Pour lui demander, dit-elle, si je devais entrer dans la ville où il était, que j'avais fait cent cinquante lieues pour venir à son secours et que je savais beaucoup de bonnes choses pour son bien. Je crois me rappeler que je lui disais aussi que je le reconnaîtrais bien entre tous. »

Chinon et Poitiers

Publiant la Chronique de Perceval de Cagny, M. Moranville commence ainsi sa notice :

« Les chroniqueurs du XVe siècle n'ont pas donné en général des renseignements bien étendus sur Jeanne d'Arc. Il est difficile de donner les raisons de leur ignorance involontaire ou voulue. »

Mais il n'y a pas qu'une absence de renseignements. Sur l'arrivée de Jeanne à Chinon, voilà les relations de trois chroniqueurs et d'un historien :

• *Monstrelet* : « Vint devers le roi Charles de France une jeune fille, laquelle pucelle, Jeanne, fut grande espace de temps chambrière en une hostellerie, et étoit hardie de chevaucher les chevaux et les mener boire, et aussi de faire appertises et autres habiletés que jeunes filles n'ont pas accoutumé de faire. Et fut mise à voie et envoyée devers le roi par un chevalier nommé messire de Baudricourt... Si se disoit être pucelle, envoyée devers icelui roi pour le remettre en la possession de son royaume. Elle fut environ deux mois en l'hôtel du roi. Durant lequel temps le roi et son conseil ne ajoutoient point grande foi à elle ni à chose qu'elle sut dire, et la tenoit-on comme folle, dévoyée de sa santé... car de telles paroles sont moult doutables et périlleuses à croire... Néanmoins elle fut aidée et lui furent baillés gens et habillements de guerre. »

• *Cousinots* : « Arrivés en la dicte ville de Chinon (le 6 mars), le roi manda les gentilshommes qui étaient venus en la compagnie (de Jeanne) et les feit interroger en sa présence... Si eut le roy et ceux de son conseil grand doubte si ladicte Jeanne parleroit au roi ou non, sur quoy y eut diverses opinions... et fut conclud qu'elle verroit le roi. »

• *Perceval de Cagny* : « Une pucelle vint devers le roi, laquelle estait de gens de simple estat et de labour, laquelle... disoit que Dieu l'avoit envoyée à l'aide du gentil roy Charles. De quoy le roy et tous ceux de son hostel et aultres, se donnèrent de très grans merveilles de ce qu'elle devisoit des ordonnances et du fait de la guerre... »

• *Henri Wallon* : « Elle-même écrivit, ou plus exactement fit écrire au roi, pour lui demander la permission de l'aller voir à Chinon... Jeanne vint à Chinon mais elle voulait parler au roi, nouvel obstacle à franchir. Fallait-il aller jusqu'à compromettre le prince dans une entrevue avec une fille des champs que l'on pouvait, sur les rumeurs populaires, soupçonner d'être folle ou pis encore ?

Plusieurs du conseil la virent. En l'entendant ils s'affermirent dans la pensée que le roi ne devait pas l'entendre. Des ecclésiastiques consultés ne crurent pas qu'il y eut lieu d'empêcher le roi de la recevoir... Quand Jeanne vint enfin au château, elle rencontra de nouveaux obstacles dans le conseil... »

Les trois chroniqueurs, tous contemporains de Jeanne, ne furent pas témoins de son arrivée à Chinon. Si Perceval de Cagny demeure sobre dans son récit, les deux autres se font l'écho d'informations dirigées et agrémentées de détails dus à l'imagination populaire. Jean Chartier nommé en 1437, et par Charles VII, historiographe, fera de même. Ils sont en discordance avec la Pucelle. Crédulité, conformisme regrettables ici. Chez Henri Wallon c'est autre chose, il y a une tromperie bien étudiée, une tromperie tendancieuse qui se décèle dans toute son œuvre. Il dénature le comportement populaire, falsifie la déclaration de Jeanne concernant sa lettre au roi et fait une narration légendaire alors qu'il connaît le texte des procès, et que lui-même cite Collet de Vienne parmi les compagnons de Jeanne.

La venue de Jeanne auprès du roi, préparée à l'évidence, de longue date, n'était pas la chose surprenante, imprévisible qu'on voulut faire croire, elle devait être fixée en fonction de toutes les dispositions et précautions à prendre. Le plan étant définitivement arrêté, Collet de Vienne, messager royal, va à Vaucouleurs pour en ramener Jeanne. En cours de route elle écrit au roi pour savoir de lui, directement, si c'est à Chinon qu'elle doit le voir. Ce sera leur première rencontre mais elle lui dit qu'elle le reconnaîtra.

Il est remarquable de constater combien la répétition inlassable de récits erronés les accrédite malgré leurs invraisemblances, et ici, malgré des signes évidents et des détails donnés par Jeanne elle-même.

Un autre exemple encore, celui de Frère Pasquerel, l'aumônier de Jeanne. Il n'était pas à Chinon. Depuis Tours jusqu'à Compiègne il ne la quitta pas.

Au mois de mai 1456 il raconte : « qu'à l'arrivée de Jeanne devers le roi, elle subit un examen de virginité, puis on la mena à Poitiers pour être examinée par des clercs, on la ramena ensuite à Chinon, et elle pensait alors pouvoir parler au roi, ce ne fut pourtant pas pour cette fois, mais après une délibération du Conseil qu'elle put l'aborder ».

Frère Pasquerel n'a pas craint de dire : « Tout cela, je le sais par Jeanne, n'ayant pas assisté au procès. »

Mais Jeanne n'a pas pu lui parler ainsi puisqu'elle déclare avoir été reçue par Charles VII, le jour de son arrivée.

La déposition du Frère Pasquerel est une falsification des événements, par complaisance déplorable envers les enquêteurs du procès de réhabilitation.

La Pucelle a envoyé un message au roi. Qui le porta ? Qui ramena la réponse ? Comment se dérouleront tous les événements ?

C'est à Jeanne, en tout premier lieu, qu'il faut le demander.

Autour de ses paroles, pour essayer de reconstituer ce temps, peuvent venir se grouper des passages tirés des chroniques, de l'histoire et des dépositions de témoins au procès de réhabilitation, à retenir avec prudence, pour autant qu'ils paraissent possibles et ne s'opposent pas aux récits de Jeanne *.

COUSINOT

Fixe au 6 mars l'entrée de Jeanne à Chinon.

Jean CHARTIER

Une note ajoutée dans son « Histoire » signale le même jour pour l'arrivée, et dit qu'elle fut reçue le 9.

Cette date du 6 mars paraît plausible, elle concorderait avec la résolution de Jeanne.

Jean de METZ (T.)

« Avant la mi-carême, dit-elle, il faut que je sois devers le roi. »

PROCÈS JEANNE 22 FÉVRIER

« J'allai sans encombre au roi ... à Chinon où résidait le roi. J'y arrivai à midi environ et logeai à l'auberge. Après déjeuner, j'allai devers le roi au château. Quand j'entrai dans la salle, je le reconnus parmi d'autres, selon l'avis de ma voix qui me le révélait. Je dis au roi que je voulais mener la guerre contre les Anglais...

La voix m'avait promis que le roi me recevrait dès mon arrivée.

Ceux de notre parti connurent bien que la voix m'avait été envoyée de par Dieu, la voix elle-même, ils purent la voir et la connaître : celà, je le sais, j'en suis sûre. Le roi et bien d'autres avec lui purent entendre et voir la voix qui s'en venait à moi. Il y avait là Charles de Bourbon et deux ou trois autres. »

Jeanne a donc été reçue, dès son arrivée, par le roi entouré de quelques familiers.

PROCÈS 27 FÉVRIER 1431

Le 27 février on trouve ce dialogue :

Maître Beaupère. – « Quand vous avez vu votre roi pour la première fois, y avait-il un ange au-dessus de sa tête ? »

Jeanne. – « Par Notre-Dame, s'il y était je ne l'ai pas vu. »

Maître Beaupère. – « Y avait-il de la lumière à cet endroit là ? »

Jeanne. – « Je crois bien, plus de trois cents chevaliers et cinquante torches, sans compter la lumière spirituelle. »

La réception officielle de Jeanne aurait eu lieu le 9 mars. Le nombre de personnes qu'elle cite successivement paraît l'attester.

Après l'entrevue de caractère privé du 6 mars, il se serait passé trois jours, temps de repos pour Jeanne et délai nécessaire pour les dernières dispositions à prendre avant qu'elle paraisse devant le roi et sa cour. Et c'est à propos de cette première réception officielle que Jeanne a répondu à Maître Beaurepère.

Ce grand jour arrivé,

* Chaque extrait sera précédé du nom de son auteur. De plus, pour Jeanne, la date (jour et mois de l'année 1431) où elle fit sa déclaration sera indiquée.

Les noms des témoins au procès de réhabilitation seront suivis d'un T.

Pour les chroniqueurs ou historiens, se reporter à la Bibliographie.

Frère PASQUEREL (T.)

« Ce fut monseigneur le comte de Vendôme qui mena Jeanne au roi. »

JEANNE (PROCÈS) 27 FÉVRIER

« Il y avait plus de trois cents chevaliers et cinquante torches. »

Jean CHARTIER

« Et icelle (Jeanne) venue devers le roi fist les inclinaisons et révérences accoustumées de faire aux roys ainsi que si elle eust esté nourrie en sa cour. »

Raoul de GAUCOURT (T.)

« Elle adressa ces paroles au Dauphin – Très illustre seigneur Dauphin, je suis venue envoyée de par Dieu pour vous apporter secours et au royaume de France. »

Est-ce à partir de cette réception que :

Perceval de CAGNY

« le roy et tous ceux de son hostel et autres, se donnèrent de très grans merveilles de ce qu'elle devisoit des ordonnances du fait de la guerre en aussi bonne manière comme eussent peu et sceu faire les chevaliers et escuiers estans continuellement au fait de la guerre. »

Et Jeanne, à l'écart des courtisans, parla au roi, pour la première fois en secret.

PROCÈS JEANNE 21 FÉVRIER

« Mes révélations de par Dieu, je n'en ai jamais parlé ni fait confidence qu'à Charles mon roi », dit-elle.

Mais après, de façon à être bien entendue par tous, elle lui déclare :

Frère PASQUEREL (T.)

« Je te dis de la part de Messire, que tu es vrai héritier de France et le fils du roi et Messire m'envoie à toi pour te conduire à Reims recevoir la couronne de ton sacre, si tu le veux. »

Évidemment, c'est Pasquerel qui relate cela, et l'on sait ce que vaut son témoignage, mais ce passage paraît plausible car Jeanne a déclaré

PROCÈS JEANNE 27 FÉVRIER

« Quant à mes bonnes œuvres et à ma mission, il me faut m'en rapporter au Roi du ciel, qui m'a envoyée à Charles, fils de Charles, Roi de France, et qui sera Roi de France lui aussi. »

Au début Charles ne souhaitait pas la couronne. Il fut capté, élevé et dirigé par Yolande d'Anjou, reine de Sicile, sa belle-mère, pour les nécessités de sa politique, au prix d'une surveillance étroite, d'une volonté acharnée et Charles tenta opiniâtrement de lui échapper, évitant souvent de la rencontrer ; attitude sur laquelle on voulut donner le change en assurant que c'était ses conseillers, ses favoris, qui empêchaient Yolande de l'approcher.

Non, il ne souhaitait pas être roi et savait, de plus, sa bâtardise. Alors il fallait le convaincre, l'emprisonner en somme, dans cette royauté dont il ne voulait pas.

Et Jeanne reçut mission de l'engager plus fortement, en proclamant devant tous qu'il était Charles, fils de Charles, et serait roi de France.

Il faut bien remarquer que Jeanne a dit – Charles fils de Charles –. Elle n'a pas dit – fils de Charles VI –.

Par Louis d'Orléans, Charles VII était tout aussi bien fils de Charles V.

Simon BEAUCROIX *(T.)*

« Après s'être entretenue avec le roi et d'autres du conseil royal, Jeanne fut confiée à la garde d'Aulon. »

Louis de COUTES *(T.)*

« On lui assigna comme résidence une tour du château du Coudray. J'y demeurai avec elle, dit Louis de Contes, passant en sa compagnie tout mon temps durant le jour... J'ai bonne souvenance qu'à l'époque où elle demeurait au Coudray, des hommes de haute condition venaient très fréquemment s'entretenir avec elle, mais ce qu'ils faisaient ou disaient je l'ignore, parce que quand je les voyais arriver je m'en allais, je ne sais pas qui ils étaient. »

*Duc d'*ALENÇON *(T.)*

« Quand Jeanne arriva devers le roi... raconte le duc d'Alençon, comme j'étais à la chasse aux cailles, un de mes porteurs vint me trouver et m'apprit qu'une pucelle était arrivée devers le roi, assurant qu'elle était envoyée de par Dieu pour chasser les Anglais et lever le siège qu'ils avaient mis devant Orléans. Aussi, dès le lendemain, me rendis-je à Chinon auprès du roi. J'y trouvai Jeanne qui s'entretenait avec lui. A mon approche, Jeanne demanda qui j'étais, et le roi lui répondit que c'était le duc d'Alençon. Alors Jeanne dit – Vous, soyez le très bien venu. Plus il y en aura ensemble du sang royal de France, et mieux cela vaudra –.

Le lendemain, Jeanne assista à la messe du roi, quand elle le vit, elle s'inclina, et le roi la conduisit dans une autre pièce ; je me trouvais avec lui, ainsi que le sire de la Trémoille, le roi nous retint et pria les autres de se retirer. Alors Jeanne fit au roi plusieurs requêtes, entre autres, qu'il fit présent de son royaume au Roi du ciel, et qu'après cette donation, le Roi du ciel en ferait avec lui comme pour ses prédécesseurs et le restituerait en son état antérieur. On parla de beaucoup d'autres choses encore dont je n'ai pas mémoire, jusqu'au repas.

Après le repas, le roi alla se détendre aux champs ; Jeanne elle-même s'y exerça à la lance ; tel était son comportement à porter la lance et à courir avec elle que je lui fis don d'un cheval. »

Tant pour pouvoir affirmer devant tous le bien-fondé de l'entreprise, que pour permettre à Jeanne de s'assurer en affrontant les prélats, les théologiens et toutes les questions qu'ils lui poseraient, elle fut soumise à divers examens.

Et Jean d'Alençon continue :

« Peu après, le roi décida de faire examiner Jeanne par des gens d'églises et nomma à cette fin les évêques de Castres, alors confesseur du roi, de Senlis, de Maguelonne et de Poitiers, Maître Pierre de Versailles qui allait devenir évêque de Meaux, et Jourdain Morin ainsi que plusieurs autres dont je ne me souviens pas. Ils l'interrogèrent en ma présence, lui demandant pourquoi elle était venue et qui l'avait mandée au roi. Elle répondit qu'elle était venue de par le roi des Cieux, elle avait des voix et un conseil pour lui dire ce qu'elle avait à faire. Je ne m'en souviens plus guère, cependant, au cours d'un repas que je prenais avec elle, Jeanne me dit qu'elle avait subi plusieurs examens, mais qu'elle en savait et pouvait plus qu'elle n'en avait dit aux enquêteurs. »

Jean d'AULON (T.)

« La Pucelle fut baillée à la reine de Sicile, mère de la reine, et à certaines dames étant avec elle, par lesquelles cette Pucelle fut vue, visitée et secrètement regardée et examinée dans les secrètes parties de son corps ; mais après qu'elles eurent vu et regardé tout ce qu'il y avait à regarder en ce cas, ladite dame dit et relata au roi qu'elle et ses dites dames trouvaient que c'était une vraie et entière pucelle.

Jean d'Aulon était présent quand la dite dame fit son rapport. »

Ensuite,

Gobert THIBAULT (T.)

« Le roi décida d'aller à Poitiers, Jeanne y fut conduite, logeant alors chez maître Rabateau. »

Frère SEGUIN (T.)

Frère Seguin raconte : – « Le conseil du roi se trouvait là réuni, à Poitiers, dans la demeure d'une nommée La Macée ; parmi ceux du Conseil, il y avait monseigneur l'Archevêque de Reims, pour lors chancelier de France, ils nous mandèrent moi, maître Jean Lombart, professeur de théologie à l'Université de Paris, maître Guillaume Le Maire, chanoine de Poitiers, bachelier en théologie, maître Guillaume Aymeri, professeur de théologie, de l'ordre des Frères Prêcheurs, Frère Pierre Turelure, Frère Jacques Maledon et plusieurs autres dont je ne me souviens pas. Ils nous dirent que nous étions mandé de par le roi pour interroger Jeanne, et faire rapport au Conseil Royal de notre opinion sur elle. Ils nous adressèrent au domicile de maître Jean Rabateau, à Poitiers, où Jeanne logeait, afin de l'examiner. »

Cet examen n'a pas l'heur de plaire à Jeanne, elle le juge sans doute outrageant pour elle et pour Dieu qui l'envoie.

Gobert THIBAULT (T.)

« Maître Pierre de Versailles lui dit alors qu'ils étaient dépêchés par le roi, elle répondit – Je crois bien que vous êtes dépêchés pour m'interroger, et elle ajoute, je ne sais ni A ni B. »

Et puis Jeanne accepte de répondre aux nombreuses questions qui lui sont posées.

Gobert THIBAULT (T.)

« Ils lui demandèrent pourquoi elle était venue. Elle répondit – Je suis venue de par le roi des Cieux pour lever le siège d'Orléans et mener le roi à Reims pour son sacre et couronnement. »

Mais Frère Seguin tombe dans la version de complaisance en 1456. Selon lui, Jeanne aurait déclaré que : « tandis qu'elle gardait ses bêtes, une voix lui était apparue... »

A Guillaume Aymeri qui objectait : – Tu as dit que la voix t'avait confié que Dieu veut délivrer le peuple de France de la calamité où il est. S'il veut le délivrer, il n'est pas nécessaire d'avoir des soldats.

Jeanne répondit : « En nom Dieu, les gens d'armes batailleront et Dieu donnera victoire. »

De nouveau Jeanne perd patience et se moque durement.

Frère Seguin. – Quel langage parlait la voix ?
Jeanne. – Elle parlait un langage meilleur que le vôtre.
Frère Seguin. – Croyez-vous en Dieu ?
Jeanne. – Oui, mieux que vous.

On sait très peu de choses sur ces conversations qui se prolongèrent durant plus de quinze jours. Cependant, pour obtenir des enquêteurs les conclusions attendues, il fallait bien les éclairer sur la situation exacte, leur donner des explications rigoureusement secrètes consignées dans le « Livre de Poitiers », ce livre fameux auquel Jeanne renverra les juges de Rouen à plusieurs reprises souhaitant que son contenu soit divulgué sans qu'elle en dise rien elle-même, les engagements pris le lui défendaient.

Pendant ce séjour à Poitiers, à ceux qui l'interrogeaient.

Gobert THIBAULT (T.)

« Elle demanda s'ils avaient du papier et de l'encre et dit à maître Érault : – Écrivez ce que je vais vous dire : “ Vous, Suffort, Classidas et la Poule, je vous somme de par le Roi des Cieux, que vous vous en alliez en Angleterre ”. »

Ainsi, sans attendre la décision officielle qui lui confiera le soin de libérer Orléans, décision dont elle savait sans doute n'avoir pas besoin, Jeanne a fait écrire une lettre aux chefs de guerre anglais, par maître Érault qui a obéi.

Gobert THIBAULT (T.)

« Et Jeanne demeura à Poitiers autant que le roi. »

Charles, que Jeanne se refuse à appeler – roi – mais seulement – dauphin – jusqu'à ce qu'il soit sacré à Reims, retourne avec elle à Chinon.

Bientôt toute la cour est informée que des gens d'armes seront donnés à Jeanne pour aller délivrer Orléans.

Toute la volonté de Yolande est tendue vers la levée du siège de cette ville. Orléans tombant aux mains des Anglais, c'était une grave menace pour la Touraine et l'Anjou.

De cette libération, la reine de Sicile tirerait encore un autre avantage. La réalisation du but poursuivi : le couronnement de Charles VII à Reims devait porter ombrage à Charles d'Orléans, toujours prisonnier des Anglais et héritier possible du trône de France. Commencer l'action en libérant sa capitale devait atténuer son ressentiment.

Ce choix divin transmis par les voix de libérer Orléans plutôt que Paris ne parût-il jamais étrange à Jeanne ? Cet effet de surprise fut sans doute noyé dans les révélations reçues.

PROCÈS 22 FÉVRIER

Le jeudi 22 février « on posa à l'accusée plusieurs questions qui ne sont pas consignées dans le livre du Procès.

Elle répondit (à la première question) :

“ Je sais bien que Dieu aime le duc d'Orléans. Sur lui, j'ai eu plus de révélations que sur tout homme vivant, le roi excepté. ”

Si tant de choses secrètes lui furent révélées sur le duc d'Orléans ainsi que sur le roi, n'est-ce pas parce qu'elle est unie par les liens du sang à ces deux personnages ?

Toutes les pensées de Jeanne sont ardemment fixées sur l'action à conduire : faire sacrer à Reims le dauphin Charles, son frère, libérer son royaume de la présence anglaise et soumettre à l'obéissance envers lui, les villes rebelles ; mais d'abord, débarrasser du siège la capitale de son demi-frère, Charles d'Orléans, dont elle rêvera de faire cesser la captivité.

Pour la levée du siège d'Orléans, les préparatifs sont activés.

Duc d'ALENÇON (T.)

« Le roi, dit le duc d'Alençon, me dépêcha auprès de la reine de Sicile pour préparer du ravitaillement destiné à l'armée qu'on allait envoyer à Orléans ; j'y trouvai messire Ambroise de Loré et un seigneur Louis, dont je ne sais plus le surnom, ce furent eux qui préparèrent les vivres. Mais il fallait de l'argent, et pour en avoir, je revins auprès du roi et lui fit savoir que les vivres étaient prêts, mais qu'on avait besoin d'argent pour eux et la troupe. Le roi fit délivrer les sommes nécessaires. »

Les immenses richesses de la duchesse d'Anjou et de sa fille Marie, reine de France, financeront pour la plus grande part les très importantes dépenses de guerre. Elles devront couvrir la levée des troupes, le ravitaillement et tous les frais à assumer jusqu'au delà du sacre.

PROCÈS JEANNE 27 FÉVRIER

Pour l'importance de l'armée pour Orléans :

– 10 à 12 000 hommes.

Le signe, les voix et la lumière

Avant que Jeanne quitte Chinon, un acte reste encore à accomplir. A Charles, si hésitant, le signe de sa royauté doit être solennellement offert, c'est une couronne splendide, et c'est Jeanne qui le raconte. Ses paroles prononcées au gré des interrogatoires sont mises dans l'ordre des faits, autant qu'il se peut.

PROCÈS JEANNE 13 MARS

– Le jour, je ne sais pas. L'heure ? Le soleil était haut, c'était au mois d'avril ou de mars, il me semble, il y aura deux ans au mois d'avril prochain ou ce mois-ci. Après Pâques.

J'étais presque toujours en prière, afin que Dieu envoyât le Signe au roi ; j'étais en mon logis, chez une bonne femme près du château de Chinon, quand il vint (l'ange), et puis nous allâmes ensemble chez le Roi, il était bien accompagné d'autres anges avec lui, que tout le monde ne voyait pas.

Quand l'ange vint, je l'accompagnai et j'allai avec lui par l'escalier à la chambre du roi. L'ange entra le premier, et moi-même, je dis au Roi : « Sire, voilà votre Signe, prenez-le ! »

PROCÈS 10 MARS On ne saurait décrire une chose aussi riche que le Signe. Il est au trésor du roi. Il durera mille ans et plus.

PROCÈS 13 MARS Le Signe, ce fut que l'ange certifiait au roi, en lui apportant la couronne, qu'il aurait tout le royaume de France entièrement, avec l'aide de Dieu, et moyennant mon labeur, et qu'il eut à me mettre en besogne, c'est-à-dire à me bailler des gens d'armes, qu'autrement il ne serait couronné ni sacré de sitôt.

Elle (la couronne) fut baillée à un archevêque, celui de Reims, il me semble, en présence du Roi, l'archevêque la reçut et la bailla au Roi. J'étais moi-même présente, en la chambre du Roi, au château de Chinon. Elle est mise au trésor du Roi.

La couronne était d'or fin parbleu, et si riche que je ne saurais en dire la richesse.

La couronne signifiait que le Roi tiendrait le royaume de France.

L'ange vint d'en-haut, je veux dire qu'il venait par le commandement de Notre-Seigneur. Il entra par la porte de la chambre.

Quand il arriva devers le Roi, il lui fit révérence, en s'inclinant devant lui, et en prononçant les paroles que j'ai dites à propos du signe, avec cela, il lui rappelait la belle patience qu'il avait eue dans les grandes tribulations qui lui étaient arrivées. Oui, depuis la porte il marchait par terre en venant au Roi.

Je pense que l'archevêque de Reims, les seigneurs d'Alençon et de la Trémoille et Charles de Bourbon le virent. Quant à la couronne, plusieurs gens d'église et autres la virent, qui ne virent pas l'ange. (Ceux qui étaient en la compagnie de l'ange.) Certains se ressemblaient, et les autres non, selon que je les voyais, certains avaient des ailes, il y en avait de couronnés, d'autres non, et parmi la compagnie, il y avait sainte Catherine et sainte Marguerite qui furent avec cet ange, et les autres aussi, jusque dans la chambre du Roi.

L'ange venait pour une grande chose, dans l'espérance que le Roi crût au signe.

PROCÈS 10 MARS Quand le Roi et ceux qui étaient avec lui eurent vu le Signe et même l'ange qui l'apporta, je demandai au Roi s'il était content, il répondit que oui. Alors je partis et m'en allai dans une petite chapelle, assez près, et j'ouïs alors dire qu'après mon départ, plus de trois cents personnes virent le Signe.

A maître Jean de la Fontaine qui demande : – Votre roi, et vous, avez-vous point fait de révérence à l'ange, quand il apporta le signe ?

Jeanne répond : – Si, moi, je m'agenouillai et j'ôtai mon chapeau.

PROCÈS 13 MARS Frère Jean le Maistre : – Comment l'ange vous a-t-il quittée ?

Jeanne : – Dans la petite chapelle, et je fus bien courroucée de son départ, je pleurais, je m'en serais volontiers allée avec lui, je veux dire : mon âme !

La scène qui vient d'être décrite a bien souvent provoqué la perplexité. Certains ont essayé d'y voir une évocation symbolique préfigurant le couronnement. Mais c'est Jeanne qui l'a relatée, et sous réserve de quelques détails allégoriques dont parfois, elle émaille son récit, cette scène paraît bien réelle.

Charles s'est retrouvé Dauphin puis Roi par la volonté de Yolande d'Anjou. La place qui lui est faite offre certains côtés confortables, mais il répugne à assumer les risques qu'on veut lui faire prendre. On l'a vu fuir la duchesse d'Anjou. Il a fallu que Jeanne proclame devant tous qu'il recevrait la couronne du sacre à Reims, s'il le voulait.

Mais il continue d'avoir peur. La couronne royale apportée par l'ange qui le flatte en le félicitant pour sa patience et cherche à le convaincre qu'il aurait le royaume de France moyennant qu'il mette Jeanne en besogne, c'est une pression de plus pour lui faire accepter la royauté. Sans cesse il faut prévenir son refus, le surveiller, l'encourager. Il oscille constamment entre une acceptation hésitante et le recul. Il se comportera ainsi longtemps encore. Après la levée du siège d'Orléans et les autres victoires dans l'Orléanais, il tentera de se dérober au voyage du sacre.

Ce qui fait douter de la réalité de cette scène, c'est que la couronne fut apportée par l'ange et que les deux saintes étaient présentes.

Les voix, la lumière, ont été la grande énigme de l'histoire de Jeanne, si bien que, pour beaucoup, la Pucelle apparaît comme une illuminée.

Qui sont saint Michel, sainte Catherine et sainte Marguerite, et quelle est cette lumière ?

PROCÈS 27 FÉVRIER

Il faut écouter Jeanne. Elle dit :

« – La lumière ? Cinquante torches sans compter la lumière spirituelle. J'ai rarement des révélations qu'il n'y ait de la lumière. »

La lumière, pour elle, c'est cette clarté qui lui vient dans l'âme, à mesure qu'elle apprend les choses secrètes qu'elle ne dira qu'à son roi, et tous les détails de sa mission.

Le même jour

Maître Beaupère : « – Saint Michel et les anges, est-ce que vous les avez vus en chair et en os, réellement ? »

Jeanne : « – Je les ai vus, de mes yeux vus, comme je vous vois vous tous.

PROCÈS 17 MARS

– Saint Michel. Il était sous la forme d'un très vrai prud'homme. Pour l'habit et le reste, je ne dirai rien de plus.

PROCÈS 15 MARS

– Je ne fais pas de différence entre celle qui m'apparaît (sainte Catherine) et celle qui est au ciel.

PROCÈS 17 MARS

– Avec mon anneau au doigt, j'ai touché sainte Catherine qui m'apparaissait. (Sainte Catherine et sainte Marguerite), je les ai embrassées toutes les deux. »

L'archange, les deux saintes, se sont des personnages bien vivants. Cela n'est pas incompatible, pour Jeanne si pieuse, avec leur mission auprès d'elle. A côté de leur identité terrestre, il y a leurs appellations spirituelles voulues par Dieu dont ils lui révèlent les desseins ; par Dieu qui les a envoyés vers elle pour la guider et la soutenir.

La confiance de Jeanne en ces messagers, en leur missions divines, n'a pu, s'il était possible que grandir. La voix lui a révélé que Baudricourt ne l'écouterait qu'à sa troisième demande, que le roi la recevrait dès son arrivée à Chinon. Tout s'est passé comme cela lui fut annoncé.

La voix lui fit reconnaître Baudricourt, elle se tenait auprès du roi lors de la première entrevue, le lui désigna et s'avança vers elle.

Saint Michel, peut-être un grand seigneur, appartenait donc à la cour, sa présence y était tout à fait normale. Il était au nombre des familiers du roi quand Jeanne arriva en sa présence et lorsqu'il apporta la couronne, si Jeanne pendant la cérémonie, s'agenouilla devant lui, Charles VII n'en fit rien, il ne pouvait s'incliner devant un vassal.

Sainte Catherine et sainte Marguerite deux femmes dont la présence à la cour ne pouvait paraître insolite, elles étaient là quand la couronne fut apportée au roi. Étaient-ce sainte Colette de Corbie et une de ses compagnes ?

Nicolette ou Colette de Corbie, supérieure et réformatrice de l'ordre des Clarisses était grande amie de la duchesse Yolande d'Anjou et partageait ses vues politiques. Dispensée de culture, elle circulait librement dans les territoires, qu'ils fussent aux mains des Armagnacs ou des Bourguignons, pour visiter ses monastères. – M. Philippe de Forceville (43) termine son petit ouvrage sur elle par ces mots : « C'est à une fille de Picardie, laquelle devait entrer dans la gloire, et pour d'autres raisons, sous le nom de sainte Colette de Corbie, que revient l'honneur insigne d'avoir préparé la mission de la Libératrice en ayant veillé sur elle, tel un Ange Gardien, quand elle faisait ses premiers pas, après lui avoir de longue main, aplani le chemin ».

Ainsi, saint Michel était à Vaucouleurs, et chez Robert de Baudricourt en même temps que Jeanne. Avec les deux saintes il lui faisait une escorte parallèle de Vaucouleurs à Chinon.

PROCÈS JEANNE 22 FÉVRIER

« A ce moment là, dit Jeanne, j'avais fréquemment mes voix ».
Est-ce saint Michel qui porta la lettre de Jeanne au roi et lui ramena la réponse ?
« La voix m'avait promis que le roi me recevrait dès mon arrivée. »

PROCÈS 12 MARS

Maître Jean de la Fontaine parlant de l'ange : « Est-ce celui qui vous apparut pour la première fois, ou un autre ? »

Jeanne : – Toujours le même, jamais il ne m'a failli.

Tours et Blois

Et c'est le départ pour Tours, ville en la puissance de Yolande d'Anjou.

Louis de Coutes raconte :

Louis de COUTES (T.)

– On conduisit Jeanne ... chez une femme nommée Lapau. C'est à Tours aussi qu'on me fit savoir que je serais le page de Jeanne ainsi qu'un certain Raymond. A partir de ce moment je l'accompagnai toujours dans mon service de page, de Blois à Orléans et jusque sous Paris.

Pendant son séjour à Tours, Jeanne reçut deux armures et le roi lui donna un état.

Jean d'AULON (T.)

Jean d'Aulon, chevalier, conseiller et maître de l'Hôtel du roi de France, dit que furent baillés à Jeanne des gens pour le service de sa personne, et d'autres pour sa conduite. Pour sa garde et conduite, c'est lui, Jean d'Aulon, que commit le roi.

PROCÈS 10 MARS

Pour ce qui concerne les chevaux, Jeanne dit : « – J'avais cinq coursiers payés par le roi, sans compter les trottiers qui étaient plus de sept.

PROCÈS 27 FÉVRIER

– J'avais un étendard dont le champ était semé de lis, il y avait dessus le monde figuré, et deux anges par côté, il était blanc, en toile blanche : du " Boucassin ". Il y avait dessus écrit les noms de " Jésus-Marie ", je crois. Il avait des franges de soie. »

Voilà Jeanne invoquant la protection de Jésus et de Marie.

Allons-nous nous souvenir que la Vierge Marie, ainsi que l'écrivait le Religieux de Saint-Denis, avait promis à saint Thomas Becket qu'un roi d'Angleterre recouvrerait toutes ses anciennes possessions sur la terre de France ?

PROCÈS 27 FÉVRIER

Jeanne dit encore : « Quand j'étais à Tours ou à Chinon, j'ai envoyé chercher une épée qu'il y avait en l'église de Sainte Catherine de Fierbois, derrière l'autel où on l'a trouvée sur le champ, toute rouillée. L'épée était sous terre, il y avait dessus cinq croix gravées. C'est par mes voix que j'ai su qu'elle y était. Je n'ai jamais vu l'homme qui l'alla chercher... J'écrivis au clergé du lieu de bien vouloir me la laisser. Ils me l'envoyèrent... le clergé du lieu me donna un fourreau, avec celui de Tours, et ils me firent faire deux fourreaux, l'un de velours vermeil, l'autre de drap d'or fin. Quant à moi j'en fis faire un de robuste cuir. »

L'intérêt que représentait cette épée était donc bien grand ! Des historiens ont avancé qu'il s'agissait de l'épée de Louis d'Orléans.

Quoi qu'il en soit, les voix indiquent son emplacement à Jeanne. A la demande de celle-ci, non seulement le clergé s'empresse de la lui donner, mais fait confectionner à son intention deux fourreaux de haut luxe.

Il existe encore une autre marque de l'intérêt attaché à cette arme. Henri Wallon a publié l'image de l'église actuelle de Sainte Catherine de Fierbois bâtie par Charles VII et Louis XI, sur l'emplacement de l'ancienne église « où fut trouvée l'épée marquée de cinq croix que Jeanne, par l'ordre de ses patronnes, y fit chercher derrière l'autel. »

Blois, dernière étape avant Orléans, Jeanne y retrouve Yolande d'Anjou. La duchesse y a tout ordonné, tout surveillé. L'armée est rassemblée, et le ravitaillement, prêt à partir.

Louis de COUTES (T.)

« Jeanne resta à Blois quelques temps, dit Louis de Coutes, je ne m'en souviens pas bien, puis on décida de quitter Blois et d'aller à Orléans par la Sologne. Jeanne partit tout équipée, avec les gens de guerre, et elle leur recommandait toujours d'avoir grande confiance en Dieu et de confesser leurs péchés. C'est parmi cette compagnie que je la vis recevoir le sacrement de l'eucharistie.

Orléans

Quand nous arrivâmes près d'Orléans, du côté de la Sologne, Jeanne, moi-même et plusieurs autres, nous fûmes conduits outre Loire, du côté de la cité d'Orléans, et de là nous entrâmes dans la ville. Jeanne était toute moulue durant cette marche, parce qu'elle avait couché avec son équipement la nuit de son départ de Blois. A Orléans elle logea chez le trésorier de la ville, devant la porte Bannier. »

De cette chevauchée, Dunois fait ce récit :

Comte de DUNOIS (T.)

« Le roi envoya la Pucelle à Blois, en compagnie de Mgr l'Archevêque de Reims, chancelier de France, et de Messire de Gaucourt, qui est maintenant grand-maître de l'Hôtel ; c'est là qu'ils retrouvèrent les capitaines qui commandaient le convoi de ravitaillement, soit les sires de Rais et de Boussac, maréchaux de France, qu'accompagnaient les sires de Culan, amiral de France, la Hire, et Ambroise de Loré, qui allait devenir prévôt de Paris. Tous ensemble, troupes, ravitaillement, et Jeanne la Pucelle elle-même, s'en vinrent en ordre de marche, par la Sologne, jusqu'aux rives de la Loire directement, et au voisinage de l'église de Saint-Loup, où il y avait beaucoup d'Anglais, et non des moindres !

A moi et aux autres capitaines, l'armée royale, c'est-à-dire l'escorte du convoi de ravitaillement, ne semblait guère capable de leur tenir tête et de mener les vivres jusqu'à la cité : d'autant plus qu'il fallait des bateaux pour aller chercher ces vivres et qu'on n'en disposait pas comme on l'aurait souhaité, vu qu'il fallait remonter le courant et que le vent était absolument contraire. Alors Jeanne m'interpella ainsi : " C'est vous le Bâtard d'Orléans ? "

Je lui répondis : " C'est moi, et je me réjouis de votre arrivée ".

Alors, elle me répliqua : " C'est vous qui avez conseillé de me faire venir par cette rive-là, et de ne pas marcher directement où étaient Talbot et les Anglais ? "

Je lui répondis que c'était moi, et d'autres plus sages que moi encore, qui avions donné ce conseil, croyant mieux faire pour la sécurité de l'opération. Alors Jeanne dit textuellement : " En nom Dieu, le conseil de Dieu Notre Sire est plus sûr et plus sage que le vôtre. Vous avez cru m'abuser, et vous vous êtes abusé bien davantage, car je vous apporte meilleur secours qu'eut jamais capitaine ou cité : le secours du Roi du Ciel. Non par amour de moi, mais pour le plaisir de Dieu lui-même qui, à la prière de saint Louis et de saint Charlemagne, a eu pitié de la ville d'Orléans, et n'a pas voulu souffrir que les ennemis eussent le corps du Sire d'Orléans et sa cité. "

En un clin d'œil, le vent, qui était contraire et empêchait considérablement les bateaux de ravitaillement de remonter le fleuve, le vent tourna brusquement, et devint propice ! On mit tout de suite les voiles, et je fis entrer les bateaux, accompagné du Frère Nicolas de Géresme, aujourd'hui grand prieur de France ; par terre, on dépassa l'église de Saint-Loup, en dépit des Anglais. A partir de ce moment, je fondai de grandes espérances sur la Pucelle, plus qu'auparavant, je la suppliai de vouloir bien passer la Loire et entrer à Orléans, où elle était attendue avec impatience. Elle y fit quelque difficulté, arguant qu'elle ne voulait pas abandonner ses gens, qui étaient bien confessés, contrits et pleins de bonne volonté, et que, pour ce motif, elle refusait. J'allai trouver les chefs de guerre qui avaient mission de commander ces troupes, et les priai avec instance, pour le bien du Roi, de consentir que Jeanne entrât à Orléans ; eux-mêmes, avec leur compagnie, iraient jusqu'aux parages de Blois où ils passeraient la Loire pour venir à Orléans ; il n'y avait pas d'autre passage plus proche ; ils acceptèrent ; alors Jeanne me rejoignit, tenant en main son étendard, qui était blanc et portait, figuré, Notre-Seigneur ayant une fleur de lys à la main ; La Hire passa la Loire avec nous, et nous entrâmes ensemble à Orléans.

Comme je me disposais à aller quérir à Blois l'armée de secours, Jeanne rongeait son frein et refusait presque de me donner son consentement : elle, elle voulait tout de suite sommer les assiégeants de lever le siège, ou leur donner l'assaut. »

De Jean d'Aulon :

Jean d'AULON (T.)

« Dès qu'il vint à la connaissance de Dunois, qui était en la cité d'Orléans pour la préserver des ennemis, que la Pucelle approchait, il envoya au devant d'elle des gens de guerre, comme La Hire et d'autres, pour l'amener plus sûrement en la cité, ils se mirent en bateau et trouvèrent Jeanne à environ un quart de lieue de là. Elle et Jean d'Aulon montèrent dans le bateau et, avec Dunois et ses gens, entrèrent en la cité sans dommage. Dunois la fit loger en l'hôtel d'un notable bourgeois. Après que Dunois, La Hire et d'autres capitaines eurent conféré avec la Pucelle sur ce qu'il était expédient de faire pour la défense de la cité, il fut conclu que Dunois, Aulon et d'autres capitaines iraient aux environs de Blois pour ramener un certain nombre de gens d'armes en renfort.

Lorsqu'ils furent prêts à partir et que le fait vint à la connaissance de la Pucelle, elle monta à cheval. Avec La Hire et une certaine quantité de gens, elle sortit en campagne pour éviter que les ennemis ne leur portassent de dommages. Quand elle sut la venue de Dunois, de sa compagnie et de ceux qu'ils étaient allés quérir, la Pucelle, avec une partie de ses gens, alla au devant d'eux pour leur subvenir et secourir si besoin en eût été. Au vu des ennemis, tous rentrèrent dans la cité, sans opposition.

Le même jour, Dunois vint au logis de La Pucelle, où Jean d'Aulon et elle avaient dîné, et annonça que Ffastolf, capitaine anglais, devait venir aider les ennemis. La Pucelle semble réjouie et dit à peu près à Dunois :

– Bâtard, au nom de Dieu, je te commandes que, dès que tu sauras la venue du dit Ffastolf, tu me le fasses savoir, car s'il passe sans que je le sache, je te promets que je te ferai ôter la tête. A quoi Dunois répondit qu'il le lui ferait bien savoir...

Avant de commencer le combat, pour la deuxième fois, Jeanne écrit aux Anglais, sa lettre, envoyée au sire de Talbot, lui fut lue pendant le procès, en voici le texte :

PROCÈS 1er MARS

« Jésus, Maria,

« Roy d'Angleterre, et vous, Duc de Bedfort, qui vous dites régent le royaume de France, Guillaume de Lapoula, comte de Suffolk, Jean, sire de Talbot, et vous, Thomas sire d'Escalles, qui vous dites lieutenants dudit de Bedford, faites raison au Roi du Ciel de Son sang royal : rendez à la Pucelle ci envoyée de par Dieu, le Roi du Ciel, les clefs de toutes les bonnes villes que vous avez prises et violées en France. Elle est ici venue de par Dieu, le Roi du Ciel, pour réclamer le sang royal ; elle est toute prête de faire paix, si vous voulez lui faire raison, par ainsi que France vous mettez sur et payez de ce que l'avez tenue. Entre vous archers, compagnons de guerre, gentils hommes et autres qui êtes devant la bonne ville d'Orléans, allez-vous-en de par Dieu, en vos pays ; et si ainsi ne le faites, attendez les nouvelles de la Pucelle qui vous ira voir sous peu à votre bien grand dommage.

« Roy d'Angleterre, si ainsi ne le faites, je suis chef de guerre, et quelque lieu que j'atteindrai vos gens en France, je les en ferai aller, veuillent ou non veuillent ; et s'ils ne veulent obéir, je les ferai tous mourir, et s'ils veulent obéir, je les prendrai à merci. Je suis ci venue de par Dieu, le Roi du Ciel, corps pour corps pour vous bouter hors de toute France, contre tous ceux qui voudraient porter trahison, malengin ou dommage au royaume de France. Et n'ayez point en votre opinion que vous tiendrez jamais le royaume de France de Dieu, le Roi du Ciel, fils de sainte Marie ; mais le tiendra le roi Charles, vrai héritier ; car Dieu, le Roi du Ciel, le veut ainsi, et lui est révélé par la Pucelle : lequel entrera à Paris à bonne compagnie. Si vous ne voulez croire les nouvelles de par Dieu de la Pucelle, en quelque lieu que nous vous trouverons, nous frapperons dedans à horions, et nous ferons un si gros hahaye, qu'il y a mil ans qu'en France ne fut fait si grand, si vous ne faites raison. Et croyez fermement que le Roi du Ciel trouvera plus de force à la Pucelle que vous ne lui sauriez mener de tous assauts, à elle et à ses bonnes gens d'armes ; et alors on verra qui aura meilleur droit, de Dieu du Ciel ou de vous.

« Duc de Bedford, la Pucelle vous prie et vous requiert que vous ne vous faites pas détruire. Si vous faites raison, encore pourrez-vous venir en sa compagnie où les Français feront le plus beau fait qui oncques fut fait pour la Chrétienté. Et faites réponse en la cité d'Orléans, si vous voulez faire paix ; et si ainsi ne le faites, de vos biens grands dommages vous souvienne dans peu de temps.

« Ecrit le mardi de la Semaine Sainte, de par la Pucelle. »

Après la lecture, le juge demanda à Jeanne :

Est-ce que vous reconnaissez cette lettre ?

Jeanne. Oui, à trois mots près. Vous dites : « Rendez à la Pucelle », où il doit y avoir : « Rendez au Roi » ; vous dites : « chef de guerre », et « corps pour corps », qui n'étaient pas dans la lettre que j'ai adressée. Jamais aucun chef n'a dicté cette lettre ; c'est moi qui l'ai dictée avant de l'envoyer. Mais on la montra à quelques uns de notre parti. »

Louis de Coutes, raconte :

Louis de COUTES (T.)

« Le lendemain du jour où nous étions entrés à Orléans, Jeanne alla voir le seigneur Bâtard d'Orléans et s'entretint avec lui ; à son retour, elle était très irritée de la décision qui avait été prise, disait-elle, de ne pas donner l'assaut ce jour-là. Elle ne s'en rendit pas moins à un boulevard que tenaient les gens du Roi en face d'un boulevard anglais ; et là, elle échangea des propos avec les Anglais, leur criant de retourner chez eux au nom de Dieu ; que sinon, elle les chasserait ; à quoi, un nommé le Bâtard de Granville répliqua par toutes sortes d'injures, lui demandant si l'on pouvait imaginer qu'ils se rendissent à une femme, appelant les Français " maquereaux mécréants ". Après quoi, Jeanne revint au logis de son hôte et monta dans sa chambre ; je pensais qu'elle allait dormir. Presque tout de suite, elle redescendit, et me dit : " Ah sanglant garçon, vous ne me diriez pas que le sang de France fût répandu ! " ; elle me commanda d'aller chercher son cheval, se fit équiper par la dame de la maison et sa fille, et quand je revins, je la trouvai toute prête ; elle me dit d'aller chercher son étendard, qui était en haut ; je le lui remis par la fenêtre. Aussitôt, elle se hâta vers la porte de Bourgogne ; l'hôtesse me recommanda de la suivre ; ce que je fis.

Il y avait alors une escarmouche vers Saint-Loup, où le boulevard fut pris ; Jeanne rencontra des Français blessés, et en fut troublée et fâchée. Les Anglais, eux, se préparaient à la défense ; dès l'arrivée de Jeanne quand les Français la virent, ils se mirent à crier et la bastille de Saint-Loup fut prise...

Le jour suivant, vers la troisième heure, les gens du Roi Notre Sire passèrent la rivière en bateau, pour marcher contre la bastille ou fort de Saint-Jean-le-Blanc ; les Français s'en emparèrent, ainsi que de la bastille des Célestins. Jeanne passa le fleuve de Loire, avec eux, et je l'accompagnais, puis on revint à Orléans ; le lendemain, Jeanne, contre l'opinion de plusieurs seigneurs, qui redoutaient qu'elle ne mît en grand péril les gens du Roi, fit ouvrir la porte de Bourgogne, ainsi qu'une petite porte à côté de la grosse tour et passa l'eau avec les gens de guerre pour attaquer la bastille du Pont que les Anglais tenaient alors. Les gens du Roi s'y tinrent, pour l'assaut, de la première heure jusqu'à la nuit, et Jeanne fut blessée ; on dut lui ôter son armure pour s'occuper de sa blessure ; pansée, elle se rééquipa, et marcha à l'assaut, qui n'avait pas décessé depuis l'aube. Enfin, le boulevard fut pris, Jeanne toujours au milieu des soldats, les exhortant d'avoir bon cœur, et de ne pas flancher : ils auraient tôt fait d'enlever le fort ! Je crois me rappeler qu'elle dit aussi qu'au moment où ils remarqueraient que le vent rabattrait l'étendard vers le fort, le fort serait à eux !

Sur le soir, les gens du Roi n'avaient toujours rien pu faire, et la nuit était déjà toute proche ; ils désespéraient de s'emparer du fort. Jeanne, cependant, tenait bon, leur promettant sans faute qu'ils auraient le fort ce jour-là. Les gens du Roi se préparèrent à un nouvel assaut ; ce que voyant les Anglais, terrifiés, ne cherchèrent absolument pas à y parer ; ils furent presque tous noyés ; du côté anglais il n'y eut aucune défense lors de l'assaut. Le lendemain toutes les forces anglaises de siège faisaient retraite sur Beaugency et Meung. »

Détails extraits de la déposition de Jean d'Aulon :

Jean d'AULON (T.)

« Les Français s'en retournaient de la bastille de Saint Jean le Blanc. La Pucelle et La Hire, à cheval et ayant chacun sa lance à la main, lorsqu'ils virent les ennemis sortir de la bastille pour courir sur leurs gens, couchèrent leurs lances et tout les premiers commencèrent à frapper sur leurs ennemis qu'ils contraignirent par la force à battre en retraite et à rentrer dans la bastille des Augustins...

De l'autre côté de la palissade de cette bastille était un Anglais grand, fort et bien armé, lequel résistait tellement que les deux hommes d'armes qui voulaient l'attaquer ne pouvaient pénétrer en cette palissade. Jean d'Aulon commanda à un nommé Jean le Canonnier de tirer sur cet Anglais qui causait grand dommage à ceux qui voulaient approcher. Un trait le jeta mort par terre. Alors les deux hommes d'armes gagnèrent le passage par lequel tous les autres de leur compagnie passèrent et entrèrent en ladite bastille qu'ils assaillirent de toutes parts. En peu de temps ils la prirent d'assaut. Ceux qui purent se sauver se retirèrent en la bastille des Tournelles qui était au pied du pont. Et ainsi, la Pucelle et ceux qui étaient avec elle obtinrent victoire sur leurs ennemis pour ce jour-là.

Le lendemain, la Pucelle fit quérir tous les seigneurs, et capitaines. Par leur avis il fut conclu d'assaillir un gros boulevard devant la bastille des Tournelles. L'assaut fut donné toute la journée sans pouvoir le prendre. Le soir on sonna la retraite.

Jean d'Aulon pensa que si l'étendard de la Pucelle était bouté en avant, les gens de guerre qui l'affectionnaient, pourraient gagner le boulevard. Il entra dans le fossé avec celui qui portait l'étendard... Alors ceux de l'armée de la Pucelle s'y rallièrent et assaillirent le boulevard avec si grande âpreté que le boulevard et la bastille furent pris par eux en peu de temps, et les Français entrèrent dans la cité d'Orléans par le pont.

Le lendemain, tous les Anglais qui demeuraient encore devant la ville levèrent le siège et s'en allèrent tout déconfits. »

8 mai 1429. – Le siège d'Orléans est levé. Les opérations soigneusement préparées, commencées le 4 mai et menées avec une rapidité accrue par l'audace fervente de Jeanne, sont terminées.

Les Anglais avaient insulté la Pucelle. Son courage téméraire et l'annonce qu'elle venait de par Dieu pour les chasser, les ont terrifiés et entraîné les troupes françaises.

La première partie du plan conçu par la duchesse Yolande d'Anjou a réussi.

A Chinon, lorsque Jeanne accueillit le duc d'Alençon, ses paroles exprimaient une confiance implicite dans sa participaion à la levée du siège. Mais le duc n'était pas venu, préférant peut-être attendre les premiers résultats d'une entreprise qui lui paraîssait hasardeuse. Mais la capitale de son beau-père est libérée. Il arrive se mêler aux autres. Un espoir se lève pour lui. Après cette victoire, ne pourrait-il obtenir que les opérations soient dirigées vers la Normandie et lui rendent ses terres ?

A l'écart dans son château, Charles VII toujours réticent, attend lui aussi. Il n'a pu que laisser faire les événements. Maintenant il apprend la libération d'Orléans et redoute ce qu'on va lui demander : aller à Reims pour se faire sacrer. Yolande d'Anjou et son entourage lui ont déjà fait prendre ce titre de roi qu'il ne voulait pas, et ne se sent pas en droit de porter. Une partie du pays, la capitale et la puissante Université de Paris sont attachées aux dispositions du traité de Troyes. Pour aller à Reims les routes sont peu sûres, elles passent par des villes aux mains des Anglo-Bourguignons. Et quelle sera la réaction anglaise à ce sacre ?

Dunois raconte :

DUNOIS (T.)

« Après le siège d'Orléans, nous nous rendîmes ensemble, moi, la Pucelle et d'autres capitaines, chez le Roi qui se trouvait au château de Loches, pour lui demander d'envoyer des hommes recouvrer les forts et les villes de la Loire, en particulier Meung, Beaugency et Jargeau, afin de ménager une base plus sûre d'opérations ultérieures et prévoir le sacre de Reims ; elle, elle suppliait avec une instance inlassable le Roi de se hâter, de ne pas tarder davantage : à partir de ce moment, le Roi fit en effet toute diligence possible, et envoya le duc d'Alençon, moi-même et d'autres capitaines, avec Jeanne elle-même, recouvrer ces villes et châteaux ; les unes et les autres revinrent en peu de jours sous l'obédience royale grâce à la Pucelle, telle est mon opinion. »

Est-ce parce que le connétable de Richemont avait participé à l'exécution du Sire de Giac qu'il fut chassé par Charles VII ? (Mais le roi gardait auprès de lui La Trémoille qui avait trempé dans la même affaire) ou bien était-ce parce que le dévouement de Richemont à la duchesse d'Anjou lui déplaisait ?

Est-ce à la demande de la duchesse que Richemont revint vers l'armée royale pendant la campagne de la Loire ?

Jeanne, malgré l'interdit royal, et de sa seule autorité que le roi ne contestera pas, l'accueille parmi les chefs de guerre. La chose est racontée par le duc d'Alençon et se passe quand les Anglais quittent Beaugency.

Duc d'ALENÇON (T.)

« C'est alors, dit-il, que parvint la nouvelle que Messire le Connétable approchait avec des hommes d'armes ; moi-même, Jeanne et les autres, nous en fûmes mécontents, et songions à quitter la ville, car nous avions l'ordre de ne pas recevoir le Connétable en notre compagnie. Je déclarai à Jeanne que, si le Connétable nous rejoignait, eh bien ! c'est moi qui m'en irais !

Le lendemain, avant l'arrivée de Messire le Connétable, survint la nouvelle que les Anglais approchaient en grand nombre, avec le Sire de Talbot ; les soldats crièrent : « A l'arme », et Jeanne me dit, alors que je m'apprêtais à partir du fait de l'arrivée de Messire le Connétable, qu'on avait besoin de s'aider mutuellement. Enfin, les Anglais vinrent à composition et rendirent le château ; ils s'en allèrent sous sauf-conduit que je leur délivrai, en ma qualité de lieutenant royal pour cette armée. Durant leur retraite, il vint quelqu'un de la compagnie de La Hire, qui me dit, et aux autres capitaines, que les Anglais approchaient, qu'ils seraient bientôt en vue, et qu'ils n'étaient pas moins d'un millier d'hommes. Jeanne demanda ce qui se disait ; on lui en fit part ; alors, elle dit à Messire le Connétable : « Ah ! beau Connétable, vous n'êtes pas venu de par moi ; mais puisque vous êtes venu, soyez le bienvenu. »

Bien des gens du Roi avaient peur ; ils assuraient qu'il était prudent de faire avancer les chevaux. Jeanne répondit : « En nom Dieu, il les faut combattre ! quand ils seraient pendus aux nues, nous les aurons, car Dieu nous les envoie pour les châtier. » Elle affirmait répondre de la victoire : « Le gentil Roi aura aujourd'hui la plus grande victoire qu'il eut jamais. Et m'a dit mon Conseil qu'ils sont tous nôtres. »

De fait, sans grande difficulté, les Anglais furent battus et tués ; et, entre autres, Talbot fut fait prisonnier. Il y eut un grand massacre d'Anglais. Après quoi, nous parvînmes à Patay en Beauce ; ledit Talbot m'y fut amené, par-devant Messire le Connétable, en présence aussi de Jeanne.

Selon Dunois :

DUNOIS (T.)

« Les Anglais se constituèrent alors en une armée unique ; tant que les Français croyaient qu'ils se proposaient de leur adresser un défi en règle ; aussi se rangèrent-ils eux-mêmes en bataille, dans cette attente. C'est alors que Messire le Duc d'Alençon, en présence du Connétable, de moi-même, et de plusieurs autres, demanda à Jeanne ce qu'il fallait faire. Elle lui répondit à voix haute : « Ayez tous de bons éperons. » Alors, les assistants demandèrent à Jeanne : « Qu'est-ce que vous dites là ? devrions-nous donc tourner les talons ? » Elle répondit : « Non, ce seront les Anglais qui ne se défendront pas et seront vaincus, et vous aurez besoin d'éperons pour leur courir sus. » Ce qui advint ; ils battirent en retraite, et il y en eut, tant morts que prisonniers, plus de quatre mille.

Et selon Louis de Coutes :

Louis de COUTES (T.)

« Les Anglais abandonnèrent Beaugency, les gens du roi avec Jeanne les poursuivirent. La Hire eut l'avant-garde ; de quoi Jeanne fut fort fâchée, car elle désirait fort en avoir la charge. Les gens du roi se comportèrent si bien que La Hire qui conduisait l'avant-garde, bouscula les Anglais, et les gens du roi eurent la victoire : presque tous les Anglais furent tués.

Jeanne était bien pieuse, elle avait grand'peine de ces carnages-là. »

18 juin 1429 :

Avec cette journée de Patay, c'est la clôture de la campagne de la Loire.

MONSTRELET

« Monstrelet évalue le nombre des Anglais tués à Patay, à dix-huit cents, et cent à cent vingt prisonniers... Après cette besogne, les capitaines français se rassemblèrent et rendirent grâces dévotement et humblement à leur Créateur... ils se logèrent cette nuit en la ville de Patay...

Le lendemain les Français retournèrent avec leurs prisonniers et les richesses des Anglais qui morts étaient dépouillés. Et ainsi entrèrent en la ville d'Orléans... où ils furent grandement reçus de tout le peuple français. Et par spécial Jeanne la Pucelle acquit en ces besognes si grand' louange et renommée qu'il semblait à toutes gens que les ennemis du roi n'eussent plus puissance de résister contre elle. Après quoi, le roi avec ceux de son conseil conclut de mander par tous les pays de son obéissance le plus de gens de guerre qu'il se pourrait afin qu'il put poursuivre ses ennemis. »

Des vêtements somptueux aux couleurs du duc d'Orléans sont offerts à Jeanne.

QUICHERAT T.V., p. 114

Luillier et Jehan Bourgois, taillendier dudit lieu, confessèrent avoir eu et reçu de Jacques Boucher, trésorier général de Mgr le duc d'Orléans, la somme de treize escuz d'or viez du poix de soixante et quatre au marc, pour une robe et une huque que les gens du conseil de mondit seigneur le duc firent faire et délivrer dès le mois de juing cccc vint neuf à Jehanne la Pucelle, estant lors audit lieu d'Orléans : c'est assavoir, ledit Luillier, pour deux aulnes de fine Brucelle vermeille dont fut faicte ladicte robe, huit escuz ; pour la doublure d'icelle deux escuz ; et pour une aulne de vert perdu pour faire ladicte huque, deux escuz d'or ; et ledit Bourgois, pour la façon desdictes robe et huque et pour satin blanc, sandal et autres estoffes, pour tout, ung escu d'or ; si comme, etc. Et s'en tindrent à bien contens, etc., quictes, etc. Fait le Ve jour d'aoust, l'an mil cccc et trente. Signé CORMIER.

MONSTRELET

« En ces jours furent apportées nouvelles au duc de Bedfort et au grand conseil du roi Henri d'Angleterre, étant à Paris, de la perte, misérable aventure et destruction de leurs gens... ils furent avertis comment le roi Charles atout sa puissance, s'apprêtait pour venir conquérir pays sur eux. Par le duc de Bedfort et les parisiens fut ordonné d'envoyer une solennelle ambassade devers le duc Philippe de Bourgogne, afin de lui remontrer ces besognes et le requérir de vouloir bien venir à Paris pour, avec le régent et le conseil du roi, avoir avis sur les affaires qui leur étaient survenues...

Avec sept ou huit cents combattants, le duc de Bourgogne arrive à Paris où il est reçu en grande joie tant des parisiens que de son beau-frère... Les ducs promirent l'un à l'autre de résister contre l'intention de Charles de Valois.

Après quoi le duc de Bourgogne retourna en Artois et mena sa sœur la duchesse de Bedford avec lui et la fit demeurer à Lens.

Le duc de Bedfort manda sans délai en Angleterre qu'on lui envoyât gens de guerre experts. Il fit évoquer les garnisons de Normandie et d'autres lieux de son obéissance avec tous les nobles et autres qui avaient accoutumé de s'armer.

D'Angleterre furent envoyés quatre mille combattants environ. Leur chef était le cardinal de Vincester (Winchester). Le cardinal alla vers le duc de Bourgogne et sa belle-nièce la duchesse de Bedfort... puis il mena ses gens vers le duc de Bedford son neveu.

En ces jours, fut envoyé Jean Bâtard de Saint Pol, avec un certain nombre de gens d'armes des marches de Picardie, de par le duc de Bourgogne vers le duc de Bedford, lequel lui bailla en gouvernement la ville et forteresse de Meaux en Brie et l'en fit souverain capitaine pour la garder contre la puissance du roi Charles qu'on attendait chacun jour en ledit pays. »

Reims

Louis de COUTES (T.)

« Après la levée du siège d'Orléans et les victoires, Jeanne se rendit avec les hommes d'armes, devers le roi qui était alors à Tours. »

Toutes les pensées de la Pucelle étaient tournées vers Reims, il fallait se hâter, obtenir de Charles qu'il allât à son sacre.

Déjà :

DUNOIS (T.)

« Au château de Loches... alors que le roi était dans sa chambre de retrait avec messire Christophe de Harcourt, l'évêque de Castres qui était son confesseur, et messire de Trèves, qui fut naguère chancelier de France, avant d'entrer, la Pucelle frappa à l'huis, et sitôt entrée, se mit à genoux, embrassant les jambes du roi et disant à peu près :

– Noble Dauphin, ne tenez pas tant et de si bavards conseils ; venez au plus tôt à Reims, pour recevoir votre digne couronne. »

Non seulement il lui fallait convaincre Charles, mais encore triompher de l'avis des princes et des capitaines.

DUNOIS (T.)

« Je me souviens aussi, dit Dunois, qu'après ces victoires, les princes du sang et les capitaines voulaient que le roi allât en Normandie et non pas à Reims. Elle, la Pucelle fut toujours d'avis qu'il fallait aller à Reims pour sacrer le roi, et elle donnait les motifs de son choix : quand le roi serait couronné et sacré, la puissance de ses adversaires ne cesserait de diminuer et finalement, ils ne pourraient plus nuire à lui-même ni à son royaume. Tous s'y rallièrent. »

Charles a cédé aux instances de sa sœur. L'importante armée que les princes voulaient conduire en Normandie, va l'accompagner vers le sacre.

MONSTRELET

« Le roi assembla à Bourges très grand'multitude de gens d'armes et de trait, entre lesquels étaient le duc d'Alençon, Charles de Bourbon comte de Clermont, et Arthus connétable de France comte de Richemont, Charles d'Anjou son beau-frère... le bâtard d'Orléans et le cadet d'Armagnac, Charles seigneur d'Albreth et plusieurs autres... de là vint à Gien-sur-Loire toujours Jeanne la Pucelle avec lui. »

La reine Marie d'Anjou s'est mise en chemin pour aller au couronnement avec son époux. A Gien il lui donna l'ordre de retourner en son château.

MONSTRELET

« Et il prit son chemin vers Auxerre. Toutefois le connétable, atout certain nombre de gens d'armes, s'en alla en Normandie devers Evreux pour empêcher les garnisons du pays, qu'ils ne se pussent assembler avecque le duc de Bedford. Et d'autre part le Cadet d'Armagnac fut envoyé à garder le duché d'Aquitaine et de Bourdelois...

Le roi vint au lieu dit d'Auxerre. Si envoya sommer ceux de la ville qu'ils le voulussent recevoir comme leur naturel et droiturier seigneur. Lesquels de ce ne furent point contents de pleine venue. Plusieurs ambassades furent envoyées d'un côté et d'autre... à la fin promirent ceux de la ville d'Auxerre qu'ils feraient telle obéissance au roi que feraient ceux des villes de Troyes, Chalons et Rheims. Et par ainsi administrèrent aux gens du roi, vivres et autres denrées pour leur argent, et ils demeurèrent paisibles, et les tint le roi excusés pour cette fois. Et de là vint le roi à Troyes en Champagne.

PROCÈS 3 MARS

Pendant le procès de Rouen, le juge demandera à Jeanne : – Avez-vous connu le frère Richard ?

Jeanne : – Je ne l'avais jamais vu quand je vins devant Troyes.

Le juge : – Quel accueil vous fit-il ?

Jeanne : – Ceux de Troyes à ce que je pense, l'envoyèrent devers moi, ils avaient peur que tout cela ne fut pas mené par Dieu. Quand il vint vers moi, en approchant, il faisait le signe de la croix, et il jetait de l'eau bénite ! Et moi, je lui dis : « Approchez hardiment, je ne m'envolerai pas. »

MONSTRELET

« Le roi fut trois jours avant que ceux de la ville le voulussent recevoir à seigneur. »

Récit de Dunois :

DUNOIS (T.)

« Le premier arrêt du Roi pour prendre position avec l'armée fut sous les murs de Troyes ; il tint conseil avec les princes du sang et les capitaines pour savoir si l'on s'arrêterait afin de mettre le siège, ou s'il était préférable de passer outre et de marcher directement sur Reims en abandonnant Troyes ; le Conseil était partagé, personne ne savait ce qui était le plus utile. Alors Jeanne pénétra au Conseil et dit : " Noble Dauphin, faites venir vos gens pour assiéger Troyes et ne tenez pas plus longs conseils ! En nom Dieu, avant trois jours je vous ferai entrer dans Troyes, de bon gré ou par la force, et les traîtres bourguignons en seront tout stupéfaits... " Aussitôt la Pucelle passa avec l'armée royale et dressa ses tentes près des fossés, se démenant avec plus d'adresse encore que deux ou trois bons soldats bien aguerris ; elle besogna tant cette nuit là qu'au matin l'Evêque et les citoyens de Troyes, tout tremblants et apeurés, firent leur soumission ; on sut ensuite qu'à partir du moment où Jeanne avait donné au Roi le conseil de ne pas s'écarter de la cité, ils avaient perdu courage, et ne songeaient plus qu'à se réfugier dans les églises. »

MONSTRELET

« Et en ce même voyage faisoient l'avant-garde les deux maréchaux de France Boussac et le seigneur de Rais avecque lesquels étoient La Hire, Pothon de Sainte-Treille et aucuns capitaines.

Durant lequel voyage se rendirent à l'obéissance du roi Charles un grand nombre de bonnes villes et châteaux... des députés de Chalons vinrent apporter au roi les clefs de leur ville... et pareillement lui furent apportées les clefs de la ville de Rheims...

Avoient dès lors ceux de Rheims pris conclusion de recevoir le roi Charles. Laquelle chose ils firent, tant par le moyen de l'archevêque de Rheims (Regnault de Chartres) lequel était chancelier du roi Charles, comme par d'autres. »

COUSINOT

« L'archevêque... fit son entrée le samedi matin, et après dîner, sur le soir, entra le roy, lui et ses gens, dedans la ville où Jeanne la Pucelle était fort regardée ; et là vinrent les ducs de Bar et de Lorraine et le seigneur de Commercy bien accompagnez de gens de guerre. »

René d'Anjou duc de Bar, qui jusqu'alors s'était tenu à l'écart, devant la réussite du plan organisé par sa mère, devant les victoires remportées à Orléans et en d'autres villes de Loire, accourt au sacre de son beau-frère, accompagné par son beau-père le duc de Lorraine.

COUSINOT

« Le lendemain (17 juillet 1429) qui fut le dimanche, on ordonna que le roy prendrait et recevrait son digne sacre, et toute la nuit fict-on diligence que tout fut prêt au matin... Et pour ce que l'abbé de Saint-Rémy n'a pas accoustumé de bailler la Saincte Ampoulle, sinon en certaine forme et manière, le roy envoya le seigneur de Rais, maréchal de France, le seigneur de Boussac et de Saint-Sévère, aussi maréchal de France, le seigneur de Graville, maistre des arbalestriers, et le seigneur de Culan, amiral de France... et ledit abbé l'apporta bien solennellement... L'archevêque accompagné de chanoines l'alla quérir et l'apporta dedans la grande église (cathédrale Notre-Dame). »

La coutume veut que pour le sacre le roi soit entouré des douze pairs de France, soit, six laïques et six ecclésiastiques. Mais peu d'entre eux consentaient à ce couronnement. Les absents, furent hâtivement remplacés par d'autres personnages.

Henri Wallon écrit :

Henri WALLON

« Au pied de l'autel était le roi. Selon l'antique usage il devait être entouré des douze pairs du royaume. Comme on ne pouvait ni les réunir ni les attendre, les principaux seigneurs et les évêques présents tenaient la place des absents : comme pairs laïques le duc d'Alençon, pour le duc de Bourgogne, l'allié des Anglais ; les comtes de Clermont et de Vendôme, les sires de Laval, de la Trémoille et de Beaumanoir. Comme pairs ecclésiastiques l'archevêque de Reims, l'évêque de Laon et l'évêque de Chalons en vertu de leur titre ; les évêques de Seez, d'Orléans et un sixième pour les autres titulaires. »

Et de Monstrelet :

MONSTRELET « La étoient le duc d'Alençon, le comte de Clermont, le seigneur de la Trémoille qui étoit son principal gouverneur, le seigneur de Beaumanoir, breton, le seigneur de Mailly en Touraine, lesquels étoient en habits royaux, représentant les nobles pairs de France qui point n'étoient au fait et noble sacre du roi... »

Il n'y eut donc que trois pairs présents, les neuf autres étaient des remplaçants.

COUSINOT « Lors vint le roi... l'archevêque lui fit faire les serments acoustumez, et fut fait chevalier par le duc d'Alençon. Puis l'archevêque procéda à la consécration... Et là étoit présente Jeanne la Pucelle tenant son étendard en sa main, laquelle en effet, était cause dudit sacre et couronnement et de toute l'assemblée... Et qui eut veu ladite Pucelle accoler le roy à genoulx par les jambes et baiser le pied, pleurant à chaudes larmes, en eust eu pitié, et elle provoquoit plusieurs autres à pleurer en disant – Gentil roy, or est exécuté le plaisir de Dieu qui voulait que vous vinssiez à Rheims recevoir votre digne sacre, en montrant que vous estes vray roy, et celui auquel le royaume doit appartenir. »

Trois jours plus tard Charles VII, la Pucelle, les seigneurs et l'ost vont à Vailly, petite ville qui appartient à Regnault de Chastres, l'archevêque de Reims. Les habitants font obéissance au roi.

Ensuite, Laon, Soissons, Château-Thierry, Provins, Coulommiers, Crécy-en-Brie et plusieurs autres villes se soumettent également.

L'abandon

Jeanne a quitté Reims toute vibrante de foi et de reconnaissance envers Dieu. Il l'a choisie et assistée pour exécuter sa volonté.

Duc d'ALENÇON (T.) « Elle disait qu'elle avait reçu quatre mandats : chasser les Anglais ; faire couronner et sacrer le roi à Reims ; délivrer le duc d'Orléans des mains des Anglais ; et lever le siège d'Orléans. »

Dans une situation sombre, presque désespérée, voilà qu'en moins de trois mois, la ville d'Orléans est libérée, Charles est sacré et couronné à Reims.

Dans ces triomphes, Jeanne puise des forces nouvelles pour aller vers ce qu'elle doit encore accomplir : chasser les Anglais ainsi qu'elle leur a annoncé, et libérer Charles d'Orléans.

PROCÈS 12 MARS Au procès de Rouen, il y aura ce dialogue :

« Maître Jean de la Fontaine : – Comment auriez-vous délivré le duc d'Orléans ?

Jeanne : – J'aurais fait prisonniers assez d'Anglais pour le ravoir ; et si je n'en avais pas eu assez, j'aurais passé la mer pour l'aller chercher en Angleterre par la force.

Maître Jean de la Fontaine : – Est-ce sainte Marguerite et sainte Catherine qui vous avaient dit, sans conditions, que vous prendriez assez de gens pour ravoir le duc d'Orléans qui était prisonnier en Angleterre, ou sinon, que vous passeriez la mer pour l'aller chercher et ramener avant trois ans ?

Jeanne : – Oui. Et je le dis au roi, et qu'il me laissât faire des prisonniers. Si j'avais duré trois ans sans empêchement, je l'aurais délivré.

Au fait, le délai était de moins de trois ans, et de plus d'une année ; je ne me souviens pas pour le moment ».

En ce mois de juillet 1429, Jeanne ne sait pas encore que sa « mission » est finie ; elle croit fermement qu'elle va continuer victorieusement son épopée, et qu'elle délivrera Charles d'Orléans ainsi que ses voix le lui ont annoncé.

Les Anglais se sont ressaisis. Malgré l'intervention du connétable de Richemont,

D'après MONSTRELET

« le duc de Bedford a pu lever, en Normandie et autres marches de France, des troupes qu'il joint à celles venues d'Angleterre.

Il part de Rouen avec 10 000 hommes et tend à rencontrer le roi Charles pour lui livrer bataille.

Arrivé à Montereau il envoie des ambassadeurs vers le roi, porteurs de lettres scellées de son scel dont voici des extraits :

– Nous, Jean de Lancastre, régent et gouverneur de France, duc de Bedford, faisons savoir à vous, Charles de Valois qui vous vouliez nommer dauphin de Viennois, et maintenant, sans cause, vous dites roi : pour ce que vous avez entrepris contre la couronne de mon Seigneur Henri, naturel et droiturier roi de France et d'Angleterre ; donnant à entendre au simple peuple que vous venez pour donner la paix, ce qui n'est pas ; qui faites séduire et abuser le peuple ignorant, et vous aidez de gens superstitieux et réprouvés, comme d'une femme désordonnée et diffamée étant en habit d'homme et gouvernement dissolu, ainsi que d'un frère mendiant apostat et séditieux... faisant rompre et violer la paix finale des royaumes de France et d'Angleterre solennellement jurée par les rois de France et d'Angleterre.

Nous, pour garder le vrai droit de mon seigneur le roi et vous rebouter hors de ses pays... nous vous sommons de prendre au pays de Brie, place aux champs et jour bref.

Si vous voulez y venir en personne avec le conduit de la femme diffamée et avec l'apostat, nous y viendrons. Et lors, regardant le bien de la paix, nous ferons tout ce que bon prince catholique doit faire. Nous sommes enclin à toute bonne paix non feinte, comme fut, à Montereau, celle dont, par votre coulpe et consentement, s'ensuivit le terrible meurtre commis en la personne du duc Jean de Bourgogne.

Toutefois, si (cette rencontre) ne pouvait profiter au bien de la paix, chacun de nous pourra bien défendre à l'épée sa cause et sa querelle.

Ainsi le peuple de ce royaume pourra demeurer en longue paix, soit par moyen de paix, soit par journée de bataille de droit de prince.

Donné au lieu de Montereau – Faut – Yonne, le septième jour d'août de l'an de grâce mil quatre cent vingt neuf.

Ainsi signé par le régent du royaume de France et duc de Bedford.

Le duc de Bedford voyant qu'il ne pouvait rencontrer le roi Charles et sa puissance à son avantage, et que plusieurs villes et forteresses se rendaient à lui sans résister, se retira sur les marches de l'Ile-de-France afin d'obvier que les principales villes se tournent également contre lui.

Le roi Charles se retira au pays de Brie.

En approchant de Senlis, les deux puissances se trouvèrent assez près l'une de l'autre et firent des préparations pour combattre. Avec le duc de Bedford étaient six à huit cents combattants des gens du duc de Bourgogne.

Il y avait avec le roi Charles, très grande multitude de gens d'armes, bien plus, sans comparaison, qu'il n'y en avait en la compagnie des Anglais.

Et puis, y était Jeanne La Pucelle, toujours ayant de diverses opinions, une fois voulant combattre ses ennemis, et autres fois non. »

Les voix ont constamment gouverné et soutenu Jeanne dans ses conquêtes, elles l'ont exhortée et guidée dans les combats : Orléans, la campagne de Loire, les villes sur la route du sacre. Maintenant, c'est le silence, la cassure. Les voix ne disent plus à Jeanne de se lancer dans la bataille. Elle ne comprend plus, ne sait plus que faire.

D'après MONSTRELET

« Pendant deux jours, il y eut plusieurs escarmouches, elles firent environ trois cents morts, après quoi les adversaires se retirèrent chacun de leur côté.

En ce temps, les ambassadeurs du roi Charles de France vinrent à Arras vers le duc de Bourgogne pour traiter de paix entre les parties.

L'archevêque de Reims exposa au duc de Bourgogne la parfaite affection et vrai désir que le roi avait de pacifier avec lui et avoir traité ; disant que pour y parvenir, le roi condescendait à faire offres de réparations plus qu'il n'appartenait à sa majesté royale. Le roi excusait par sa jeunesse l'homicide jadis perpétré en la personne de feu le duc Jean de Bourgogne, allégant qu'il était au gouvernement de gens qui n'avaient point de considération pour le bien du royaume et il n'eut osé les dédire ni courroucer.

Après quoi les ambassadeurs du roi Charles s'en retournèrent avec la promesse d'une réponse rapide.

Plusieurs forteresses furent reprises aux Anglais : Aumarle, Estrepagny, Château-Gaillard, Torcy... pour la prise desquelles le pays fut moult travaillé, tant par les garnisons des Français, comme de celles des Anglais.

Ces prises déplurent grandement au duc de Bedford qui, pour autres grandes affaires qu'il avait, ne put y aller.

Charles, apprenant que ceux de Compiègne lui voulaient faire obéissance, se rendit dans cette ville où il fut reçu très honorablement.

Vinrent l'y rejoindre son chancelier et les autres ambassadeurs qu'il avait envoyés au duc de Bourgogne.

Ils furent informés que la plupart des principaux conseillers du duc de Bourgogne désiraient fort la réconciliation. Mais le duc de Bedford remontrait à son beau-frère qu'il devait tenir le serment fait au roi d'Angleterre. La besogne en fut retardée et une autre journée prise pour envoyer légation au roi Charles. Pour laquelle furent commis Jean de Luxembourg, l'évêque d'Arras et d'autres notables et discrètes personnes.

Le roi Charles de France étant à Compiègne, lui furent apportées nouvelles que le duc de Bedford, régent, atout sa puissance, s'en allait en Normandie pour combattre le connétable, lequel était vers Evreux et travaillait fort le pays.

Charles, après être demeuré à Compiègne douze jours ou environ, partit après avoir laissé Guillaume de Flavy comme capitaine de la ville.

Le roi s'en alla à Senlis qui se rendit à lui par traité. Lui firent obéissance, Creil, Beauvais, le Pont-Saint-Maxence, et plusieurs autres villes.

En vérité, s'il fut venu atout sa puissance à Saint-Quentin, Corbie, Amiens, Abbeville et plusieurs autres fortes villes et forts châteaux, la plus grande partie de leurs habitants étaient prêts à lui faire obéissance et pleine ouverture. Toutefois il ne fut point conseillé d'aller si avant sur les marches du duc de Bourgogne, tant pour ce qu'il le sentait fort de gens d'armes, que pour l'espérance qu'il avait d'un bon traité entre eux.

Après avoir séjourné à Senlis, le roi Charles avec son ost, s'en alla loger à Saint-Denis qu'il trouva comme abandonné, les gens s'en étaient allés à Paris. »

La duchesse Yolande d'Anjou a atteint ses deux objectifs : chasser les Anglais d'Orléans et faire sacrer son beau-fils roi de France. Elle a manifesté une rigoureuse maîtrise des événements et sait que le prestige du sacre ainsi que la crainte de l'imposante armée royale ont amené la soumission de nombreuses villes, soumission fragile, sujette à des retournements, et une épopée aux apparences miraculeuses ne peut se poursuivre longtemps sans péril. Il faut savoir attendre et fortifier les positions acquises.

Pour Jeanne il en va autrement. Elle croit de toute son âme à la mission dont les voix lui ont assuré que Dieu l'avait investie. Dieu ne peut changer, la volonté qu'il a exprimée ne peut se démentir. Ses voix ne la guident plus pour le fait de la guerre, c'est une épreuve supplémentaire, elle traitera de cela, uniquement et directement avec Dieu qu'elle veut servir sans défaillance.

PROCÈS 13 MARS

Au procès, elle sera questionnée par Frère Jean le Maistre : « – Quand vous êtes allée devant Paris, fût-ce par révélation de vos voix ?

Jeanne : – Non, à la requête des gentilshommes qui voulaient faire une escarmouche ou un exploit, mais j'avais bien l'intention d'aller outre et de passer les fossés ! »

L'attaque de Paris

Un autre coup est porté à Jeanne ; son page lui est ôté.

Louis de COUTES (T.)

« J'étais page de Jeanne, ainsi que je vous l'ai dit, déclare Louis de Coutes, je demeurais toujours avec elle. Je l'accompagnai jusqu'à son arrivée devant Paris. »

Et le chroniqueur raconte :

MONSTRELET

« Etait alors avec le roi Jeanne la Pucelle, qui avait très grande renommée. Chaque jour elle induisait le roi, avec ses princes et seigneurs à ce qu'il fit assaillir la ville et cité de Paris. Il fut conclu que le lundi douzième jour du mois, on livrerait l'assaut. »

Les chroniqueurs ne sont pas d'accord sur la date exacte et Monstrelet écrit qu'il y eut beaucoup de morts.

D'après Perceval de Cagny, historien des ducs d'Alençon, les événements se sont déroulés ainsi :

Perceval de CAGNY

« Le jeudi 1429, jour de Notre-Dame, le huitième jour du mois de septembre, la Pucelle, le duc d'Alençon, les maréchaux de Boussac et de Rais et autres capitaines, en grand nombre de gens d'armes et de trait, partirent à environ huit heures de la Chapelle, près Paris.

La Pucelle, le maréchal de Rais, le Sire de Gaucourt, par l'ordonnance d'elle, allèrent donner l'assaut à la porte de Saint-Honoré. La Pucelle prit son étendard et, avec les premiers, entra dans le fossé à l'endroit du marché aux pourceaux. L'assaut fut dur et long et c'était merveille d'ouïr le bruit des canons et couleuvrines que ceux de dedans jetaient à ceux du dehors.

Et combien que la Pucelle et grand nombre de chevaliers, écuyers et autres gens de guerre furent descendus dans le fossé, et les autres sur les bords et en l'environ, très peu furent blessés. Aucun n'en mourut, ni ne fut blessé qu'il ne pût revenir à son aise en son logis sans autre aide.

L'assaut dura environ depuis l'heure de midi jusque environ l'heure de jour faillant. Après soleil couchant la Pucelle fut férue d'un trait d'arbalète par une cuisse. Mais elle s'efforçait plus fort de dire que chacun s'approchât des murs et que la place serait prise.

Mais il était nuit, elle était blessée, les gens d'armes étaient lassés du long assaut qu'ils avaient fait. Le sire de Gaucourt et autres vinrent prendre la Pucelle et, outre son vouloir, l'emmenèrent hors des fossés. Ainsi faillit l'assaut. La Pucelle avait grand regret de partir et disait : " Par mon martin, la place eut été prise ". Ils la mirent à cheval et la ramenèrent en son logis au lieu dit la Chapelle, et tous les autres de la compagnie, le roi, le duc de Bar, le comte de Clermont qui ce jour étaient venus de Saint-Denis.

Comment la Pucelle partit de devant Paris outre son désir.

Le vendredi neuvième jour du dit mois, la Pucelle, bien qu'elle eut été blessée la veille, se leva bien matin et fit venir son beau duc d'Alençon par qui elle se conduisait, et le pria qu'il fit sonner les trompettes et monter à cheval pour retourner devant Paris, et dit, par son martin, que jamais elle ne partirait avant qu'elle eut la ville.

Le duc d'Alençon et d'autres capitaines voulaient bien cette entreprise, et d'autres, non. Tandis qu'ils étaient en ces paroles, le baron de Montmorency qui toujours avait tenu le parti contraire du roi vint de dedans la ville accompagné de plusieurs gentilshommes, se rendre en la compagnie de la Pucelle. Cela donna plus de cœur et de courage à ceux qui avaient bonne volonté de retourner devant la ville.

Et tandis qu'ils s'en approchaient, vinrent le duc de Bar et le comte de Clermont de par le roi qui était à Saint-Denis. Ils prièrent la Pucelle, que sans aller plus avant, elle retourna vers le roi à Saint-Denis ; et aussi de par le roi, ils prièrent le duc d'Alençon et commandèrent à tous les autres capitaines de venir et amener la Pucelle devers lui. La Pucelle et le plus de ceux de la compagnie en furent très maris et néanmoins obéirent à la volonté du roi, espérant aller prendre Paris par l'autre côté et passer la Seine à un pont que le duc d'Alençon avait fait faire au travers de la rivière, à l'endroit de Saint-Denis et ainsi s'en vinrent devers le roi.

Le samedi suivant, une partie de ceux qui avaient été devant Paris, de bon matin, crurent aller passer la rivière de Seine, à ce pont, mais ils ne le purent parce que le roi qui avait su l'intention de la Pucelle, du duc d'Alençon et des autres de bon vouloir, toute la nuit fit dépecer le dit pont. Et ainsi, ils ne purent passer.

Ce jour là, le roi tint son conseil pendant lequel plusieurs opinions furent dites. Le roi désirait vivement retourner sur la rivière de Loire au grand déplaisir de la Pucelle.

Le mardi treize septembre, le roi, conseillé par ceux de son conseil et de son sang qui étaient enclins à accomplir sa volonté, partit après diner de Saint-Denis. Quand la Pucelle vit que ce départ ne pouvait être évité, elle donna et laissa son harnois complet devant l'image de Notre-Dame et les reliques de l'abbaye de Saint-Denis. Et à très grand regret se mit en la compagnie du roi. »

PROCÈS 22 FÉVRIER

Jeanne dira au procès :

« C'est elle (la voix) qui m'avait dit de demeurer à Saint-Denis en France. Et moi, je voulais y rester. Mais les chefs m'emmenèrent contre mon grè. Si je n'avais été blessée, je n'aurais pourtant pas quitté Saint-Denis ; j'avais été blessée sur les fossés de Paris quand j'y vins depuis Saint-Denis.

PROCÈS 17 MARS

Le juge : – Quelles armes avez-vous offertes à Saint-Denis ?

Jeanne : – Un harnais blanc entier pour homme d'armes, et une épée que je gagnai devant Paris.

Le juge : – À quelle fin ?

Jeanne : – Par dévotion, ainsi qu'il est accoutumé, pour les gens d'armes quand ils sont blessés ; comme j'avais été blessée devant Paris, je les offris à Saint-Denis parce que c'est le cri de la France. »

Perceval de CAGNY

« Le roi fut, le mercredi vingt et un du dit mois (de septembre) à dîner à Gien sur Loire. Et ainsi fut le vouloir de la Pucelle et l'armée du roi, rompue.

Le duc d'Alençon avait accompagné et conduit la Pucelle sur le chemin du couronnement du roi, en la cité de Reims, puis en venant devant Paris. Quand le roi fut arrivé à Gien, le duc d'Alençon s'en alla vers sa femme en sa vicomté de Beaumont, et les capitaines, chacun en sa frontière. La Pucelle demeura devers le roi, moult ennuyée de ces départs et spécialement de celui du duc d'Alençon qu'elle aimait très fort, et faisait pour lui ce qu'elle n'eut fait pour nul autre.

Peu de temps après, le duc d'Alençon assembla des gens pour entrer au pays de Normandie vers les marches de Bretagne et du Maine, et pour ce faire requit le roi qu'il lui plut de lui bailler la Pucelle, par ce moyen plusieurs se mettraient en sa compagnie qui ne se bougeraient si elle ne faisait le chemin. Messire de Chartres, le seigneur de la Trémoille, le Sire de Gaucourt, qui lors gouvernaient le corps du roi et le fait de sa guerre ne voulurent consentir ni souffrir que la Pucelle et le duc d'Alençon fussent ensemble, et depuis il ne la put recouvrer.

À Gien, le roi et ceux qui le gouvernaient firent semblant d'être contents du voyage que le roi avait fait. Depuis, et longtemps après, le roi n'entreprit nulle chose sur ses ennemis où il voulut être en personne ».

Le duc de Bourgogne, de retour à Paris, est joyeusement accueilli par les habitants. Il accompagne le régent de Bedfort et sa femme à leur hôtel.

Dans les jours suivants, plusieurs grands conseils furent tenus sur le fait de la guerre. Les Parisiens demandèrent au duc de Bourgogne qu'il lui plût de gouverner leur ville. Ils avaient pour lui grande affection et étaient prêts à soutenir sa querelle.

Les ducs de Bedfort et de Bourgogne conclurent que, vers Pâques, à la saison nouvelle, ils iraient en grande puissance pour reconquérir les villes qui s'étaient retournées contre eux.

Malgré les trêves existant entre le roi Charles et le duc de Bourgogne, les deux parties couraient souvent l'une contre l'autre.

Le roi, cédant aux sollicitations de Jeanne et des seigneurs, avait consenti à l'attaque de Paris. Alors que la conquête en était possible, il donna ordre d'abandonner.

Yolande d'Anjou estimait sans doute la prudence nécessaire, mais cette prudence ne se justifiait plus devant la perspective de posséder la capitale, possession prestigieuse et essentielle pour la royauté. Il fallait bien qu'un autre motif existat, assez impérieux pour y faire renoncer.

Souvent, entre les puissances, même ennemies, existent des pourparlers dont les peuples sont tenus dans l'ignorance, bien qu'ils en soient l'enjeu, de quelque manière, et des accords secrets se lient, basés sur un péril commun ou des ambitions rivales, assortis de marchandages, obtenus par menaces unilatérales ou réciproques.

La cour d'Angleterre, surprise par l'action rapide sous l'égide de la Pucelle, se trouve devant le fait accompli. Mais le duc de Bedford, désormais, ne veut plus de Jeanne sur les champs de bataille ; une terreur superstitieuse s'est emparée de ses soldats, il faut que cela cesse et il semble en avoir reçu l'engagement de Charles VII puisque, pour donner tous les apaisements au duc de Bedford, Paris est abandonné et tout est mis en œuvre pour détourner Jeanne de poursuivre les opérations. À ce propos, l'intervention de la voix qui demande à Jeanne, blessée, de demeurer à Saint-Denis alors que le roi, les seigneurs, les capitaines et l'armée vont en partir, est bien étrange, car Saint-Denis sera rapidement réoccupé par ses ennemis.

Le moyen de contrainte dont Bedford dispose, n'est-ce pas de dévoiler la véritable naissance de Jeanne et de rappeler la bâtardise de Charles ? Il est probablement contenu par le fait que la cour de France pourrait en représailles, proclamer la bâtardise de Catherine, reine d'Angleterre et mettre en péril la royauté du jeune Henri VI ; ainsi s'établit une sorte d'équilibre des risques, mais poussé à bout, le duc de Bedford pourrait bien exécuter sa menace.

De tout ceci, il y a peut être trace dans le procès.

Lorsqu'il s'agit de l'attaque des villes, après le couronnement, les juges cherchent à savoir qui en prit la décision, comme s'ils voulaient déterminer les responsabilités dans la violation d'un accord conclu ; et si les voix s'étaient bien abstenues de pousser Jeanne à quelque entreprise.

Si Jeanne ne fut pas entraînée par un commandement de ses voix, croit-elle avoir bien fait de batailler un jour de fête ? N'a-t-elle pas commis de péché ?

Les juges tentent d'inspirer à Jeanne un sentiment de culpabilité pour des faits de guerre très inférieurs en importance à ceux qui survinrent avant le sacre.

PROCÈS 3 MARS

On trouve dans le procès, les paroles suivantes :

Le juge. – Qu'avez-vous fait devant les fossés de la Charité ?

Jeanne. – J'y fis faire un assaut, mais je n'y jetai ni fit jeter d'eau bénite en guise d'aspersion.

Le juge. – Et pourquoi n'y êtes-vous pas entrée puisque vous aviez commandement de Dieu ?

Jeanne. – Qui vous a dit que j'avais commandement d'y entrer ?

Le juge. – N'eûtes-vous point là-dessus le conseil de vos voix ?

Jeanne. – Je voulais m'en venir en France, mais les gens d'armes me dirent que c'était mieux d'aller devant la Charité d'abord.

PROCÈS 13 MARS

Frère Jean le Maistre. – Quand vous êtes allée devant Paris fut-ce par révélation de vos voix ?

Jeanne. – Non, à la requête des gentilhommes...

Frère Jean Le Maistre. – Et pour la Charité, fut-ce par révélation ?

Jeanne. – Non, à la requête des gens d'armes, je l'ai déjà dit autrefois.

Frère Jean le Maistre. – Pensez-vous avoir bien fait, le jour de la Nativité Notre-Dame, qui était fête, d'aller attaquer Paris ?

PROCÈS 14 MARS après-midi

Jeanne. – C'est une bonne chose d'observer les fêtes de Notre-Dame...

Le juge. – Prendre un homme à rançon et le faire mourir, ce n'est pas faire un péché mortel ?

Jeanne – Je ne l'ai pas fait.

Le juge. – Et le Franquet d'Arras qu'on fit mourir à Lagny ?

Jeanne. – J'acceptai qu'on le fit mourir s'il l'avait mérité, parce qu'il avoua être meurtrier, larron et traître...

Le juge. – Avez-vous donné ou fait donner de l'argent pour celui qui avait pris Franquet ?

Jeanne. – Je ne suis pas monnayeur ou trésorier de France, pour donner de l'argent.

Le juge. – Récapitulons : vous avez assailli Paris un jour de fête, vous avez pris le cheval de Monseigneur de Senlis, vous vous êtes laissée choir de la tour de Beaurevoir, vous portez habit d'homme, vous acceptez la mort de Franquet d'Arras..., et vous ne croyez pas avoir fait de péché mortel ?

Jeanne. – Premier point, l'assaut de Paris : je ne crois pas être pour autant en péché mortel si j'en ai fait un, c'est à Dieu d'en connaître, à moi de m'en confesser à Dieu et au prêtre.

Second point, le cheval de Monseigneur de Senlis : je crois fermement n'avoir pas fait de péché mortel envers Notre-Seigneur, car, le cheval était estimé deux cents saluts d'or, dont l'évêque eut assignation ; le cheval fut pourtant renvoyé au seigneur de la Trémoille pour qu'il le rendit à Mgr de Senlis car le cheval ne valait rien !...

PROCÈS 15 MARS

Le juge. – Pour le fait de la guerre, avez-vous rien fait sans congé de vos voix ?

Jeanne. – Je vous ai assez répondu là-dessus, lisez bien votre livre et vous le trouverez. C'est à la requête des gens d'armes, qu'on fit un exploit sur Paris, et c'est à la requête du roi que j'allai aussi devant la Charité. Ce ne fut ni contre ni par le commandement de mes voix. »

Des conseillers du roi, Regnault de Chartres, la Trémoille et d'autres, furent accusés de porter entrave à la venue et à l'action de Jeanne ; par jalousie, par crainte d'une diminution de leur prestige, ils préféraient voir les choses demeurer en l'état.

Que l'on y songe. Le sort de ces personnages était lié à celui du roi. Avant la venue de Jeanne, alors que Charles se trouvait dans une situation extrêmement critique et pensait à s'enfuir à l'étranger, ses conseillers pouvaient-ils imaginer que rien ne changerait ? Mais les plans conçus pouvaient leur paraître trop risqués. Ils connaissaient les secrets de la famille royale et, par la suite, les motifs qui contraignaient le roi Charles et la duchesse d'Anjou à renoncer à la prise de Paris ; cela paraît suffisant pour expliquer leur attitude qui fut exagérément présentée.

Catherine de la Rochelle

Charles veut une fois encore utiliser Jeanne, c'est contre les Bourguignons qui tiennent la Charité-sur-Loire.

Par son contenu, l'épisode de Catherine de la Rochelle paraît trouver sa place ici.

PROCÈS 3 MARS

Jeanne en fait la relation.

Le juge. – Avez-vous pas connu Catherine de la Rochelle ? Est-ce que vous l'avez vue ?

Jeanne. – Oui à Jargeau et à Montfaucon en Berry.

Le Juge. – Vous montra-t-elle point une dame vêtue de blanc, qu'elle disait lui apparaître quelquefois ?

Jeanne. – Non.

Le juge. – Que vous dit-elle ?

Jeanne. – Qu'il venait à elle une dame blanche, vêtue de drap d'or fin, qui lui disait qu'elle allât par les bonnes villes, et que le Roi lui baillât des hérauts et des trompettes pour faire crier que, celui-là qui aurait de l'or, de l'argent ou un trésor caché, il fallait l'apporter tout de suite ; ceux qui ne le feraient pas, qui en auraient de cachés, elle les reconnaîtrait bien, et saurait trouver leurs trésors. « Ce sera pour payer mes gens d'armes », qu'elle disait.

Moi, je lui répondis de retourner à son mari, faire son ménage et nourrir ses enfants. Et pour être fixée, j'en parlai à sainte Marguerite ou à sainte Catherine, qui me dirent que l'histoire de cette Catherine n'était que folie ; que ce n'était que tout néant ! J'écrivis au Roi que je lui dirais ce qu'il devait en penser ; et quand je le rencontrai, je lui dis que c'était folie et tout néant, l'histoire de la Catherine. Toutefois, frère Richard voulait qu'on la mît en œuvre ; et ils ont été très mécontents de moi, le frère Richard et la Catherine !

Le juge. – Avez-vous point parlé à Catherine de la Rochelle du plan d'attaque de la Charité ?

Jeanne. – Catherine me conseillait de n'y pas aller, qu'il faisait froid, et qu'elle n'irait point.

Elle, elle voulait aller devers le Duc de Bourgogne pour faire la paix ; moi, je lui dis qu'il me semblait qu'on n'y trouverait pas de paix, si ce n'était par le bout de la lance.

Je lui demandai aussi, à Catherine, si cette dame venait toutes les nuits, et que, pour ça, je coucherais avec elle. Je me couchai, veillai jusqu'à minuit, et ne dis rien. Et puis je m'endormis. Quand vint le matin, je demandai si la dame était venue ; elle me répondit qu'elle était venue, mais que je dormais et qu'elle n'avait pas pu me réveiller. Alors, je lui demandai si elle viendrait pas le lendemain, et Catherine me répondit que oui. Alors moi, je dormis de jour, pour pouvoir veiller la nuit.

Et je couchai la nuit suivante avec Catherine ; je veillai toute la nuit ; mais je ne vis rien, bien que souvent je lui demandasse si elle viendrait point. Et Catherine me répondait : « Oui, oui, tout de suite. »

Qui avait inventé cette Catherine de la Rochelle ? Aux buts poursuivis, il semble que ce soient des capitaines de l'entourage de Charles ainsi que ce religieux, dépités d'être privés de finances et espérant s'en procurer par ce moyen, le mécontentement du frère Richard le montre assez. Sans doute, aussi, ces gens étaient de ceux que l'abandon de Paris avait fort contrariés. Pour ce motif, ils voulaient détourner Jeanne de faire assaut contre la Charité où eux-mêmes refusaient d'aller. La Pucelle n'y fut accompagnée que d'un petit nombre.

Yolande n'a pu tolérer cette nouvelle imposture ; découverte, elle ferait soupçonner l'autre. Quand Jeanne les interroge ses voix lui disent que cette histoire est folie, et l'aventure doit ainsi s'arrêter.

Perceval de CAGNY

« En la ville de Bourges où était le roi, Jeanne prit des capitaines, et conquit deux ou trois places (dont Saint-Pierre-le-Moutier, par où il fallait passer pour atteindre la Charité).

Le maréchal de Boussac et d'autres capitaines se joignirent à elle. Elle mit alors le siège devant la Charité. Elle y fut un espace de temps. Parce que le roi ne lui envoyât ni vivres ni argent pour entretenir sa compagnie, elle dut lever le siège et s'en départir à son grand déplaisir.

En l'an 1429 le... jour de mars (soit en mars 1430 du calendrier actuel), le roi étant en la ville de Sulli-sur-Loire, la Pucelle qui avait vu et entendu le fait et la manière que le roi et son conseil tenait pour le recouvrement de son royaume, elle, très mal contente de cela, trouva manière de se départir d'avec eux.

Sans que le roi le sache n'y prendre congé de lui, elle s'en alla en la ville de Lagny-sur-Marne parce que ceux de la place faisaient bonne guerre aux Anglais de Paris et d'ailleurs. Peu de temps après l'arrivée de la Pucelle, les Anglais s'assemblèrent pour venir faire une course devant Lagny. Elle sut leur venue et fit monter des sergents à cheval et alla rencontrer les Anglais, en plus grand nombre que les gens de la Pucelle. Elle fit férir ses gens dedans les autres' Ils trouvèrent peu de résistance et furent mis à mort trois ou quatre Anglais.

La venue de Jeanne fit grand bruit à Paris et autres places contraires au roi.

De Lagny, Jeanne s'en va à Melun. Pour l'entraîner dans sa grande épopée, il fut impossible de lui proposer des buts limités. Saint Michel lui a dépeint les malheurs de la France, c'est toute la France qu'il faut secourir. Rien ne peut justifier pour elle, que l'on s'arrête à la libération d'Orléans, à la conquête des villes nécessaires au passage vers Reims.

Jeanne a reçu sa mission avec une foi intense. Elle est naturellement brave, et son courage, parce qu'il est au service de Dieu, ne connaît pas de borne La seule récompense qu'elle attend, c'est le salut éternel.

Rien ne peut la détourner. Ses voix ne lui commandent plus de livrer bataille ; le roi s'est retiré dans ses châteaux après avoir licencié le plus grand nombre des gens d'armes ; la plupart des seigneurs ont rejoint leurs terres ; le trésor de guerre est tari ; pour obliger à l'arrêt des combats, Yolande d'Anjou a supprimé les finances ; la maison militaire de Jeanne s'effrite. Jeanne se trouve démunie, de plus en plus seule. Malgré tout elle veut continuer. Il faut combattre, Dieu donnera la victoire. Mais les Anglais s'impatientent et s'irritent. Il n'est pas possible de lui avouer qu'elle fut abusée, que l'on se servit d'elle comme d'un instrument.

Alors dans la semaine de Pâques 1430.

Les Voix annoncent à Jeanne qu'elle sera prise

PROCÈS 10 MARS 1431

Jeanne raconte : La semaine de Pâques de l'année dernière, comme j'étais sur les fossés de Melun, il me fut dit par mes voix, c'est-à-dire par sainte Catherine et sainte Marguerite que je serais prise avant que ce fut la Saint-Jean, et qu'il fallait qu'il en fut ainsi ; que je ne devrais pas m'étonner, mais prendre tout en gré, et que Dieu m'aiderait.

Maître Jean de la Fontaine. – Depuis ce lieu de Melun, vos voix vous ont elles point dit que vous seriez prise ?

Jeanne. – Si plusieurs fois, pour ainsi dire tous les jours. Et moi, je leur demandais, quand je serais prise, de mourir tout de suite sans longue peine de prison. Elles me répondirent de prendre tout en gré, qu'il fallait faire ainsi, mais elles ne me dirent point l'heure si je l'avais sue, je n'y serais pas allée. Plusieurs fois, je leur avais demandé de savoir l'heure, et elles ne me la dirent pas.

Maître Jean de la Fontaine. – Si vos voix vous avaient commandé de faire une sortie et signifié que vous y seriez prise, y seriez-vous allée ?

Jeanne. – Si j'avais su l'heure, et que je dusse être prise, je n'y serais pas allée de bon gré, toutefois j'aurai fait leur commandement pour finir, quoi qu'il dût m'arriver.

PROCÈS 13 MARS

Depuis que j'avais eu à Melun révélation que je serais prise, je m'en reportais le plus possible à la volonté des capitaines pour les opérations de guerre, mais je ne leur disais pas que j'avais révélation que je serais prise.

Perceval de CAGNY

Après ce, la Pucelle passa temps à Senlis, à Crépy-en-Valois, à Compiègne, à Soissons, jusqu'au mois de mai suivant.

MONSTRELET

« A l'entrée du mois de mai, fut rué jus et pris un vaillant homme d'armes nommé Franquet d'Arras, tenant le parti du duc de Bourgogne, lequel était allé courre vers Lagny-sur-Marne avec trois cents combattants environ. Il fut rencontré de Jeanne la Pucelle qui avait avec elle quatre cents Français. Elle manda toutes les garnisons de Lagny et autres ... et la dite Pucelle fit trancher la tête de Franquet. »

PROCÈS 14 MARS après-midi

Ceci est différent de ce que Jeanne explique :
« ... son procès dura quinze jours ... Je voulais échanger Franquet contre un homme de Paris, le propriétaire de l'hôtel de l'Ours. Quand je su que celui-là était mort, et que le bailli me dit que je ferais grand tort à la justice en délivrant Franquet, alors je dis au bailli : « Puisque mon homme est mort, faites de l'autre ce que vous devez faire selon la justice. »

Jeanne capturée devant Compiègne

Perceval de CAGNY

« L'an 1430, le vingt-troisième jour du mois de mai, la Pucelle étant à Crépy, su que le duc de Bourgogne, en grand nombre de gens d'armes, et le comte d'Arondel, étaient venus assiéger la ville de Compiègne. A environ minuit, elle partit de Crépy. En sa compagnie, il y avait de trois à quatre cents combattants. Ses gens lui dirent qu'ils étaient bien peu pour passer parmi l'ost des Bourguignons et des Anglais. Jeanne dit : « Par mon martin, nous sommes assez. J'irai voir mes bons amis de Compiègne ». Elle arriva au dit lieu au soleil levant et entra dans la ville.

Ce jour, les Bourguignons et Anglais vinrent à l'escarmouche en la prairie devant la ville. Sachant que la Pucelle était dans la ville, ils pensaient bien que ceux du dedans feraient une sortie.

PROCÈS 10 MARS

Lorsque, pendant le procès, Maître Jean de la Fontaine demande à Jeanne :
– Quand vous avez fait cette sortie, aviez-vous en révélation de la faire ?
Jeanne répond : Je ne savais pas que je serais prise,

JE N'EUS D'AUTRE COMMANDEMENT, QUE DE SORTIR,

mais il m'avait toujours été dit qu'il fallait que je fusse prisonnière.

Maître Jean de la Fontaine : – Pour faire cette sortie, est-ce que vous êtes passés par le pont ?

Jeanne : – Par le pont et par le boulevard, et j'allai avec ma compagnie contre ceux de Monseigneur de Luxembourg ; je les reboutai par deux fois jusqu'au camp des Bourguignons, et la troisième jusqu'à mi-chemin. Et alors les Anglais qui étaient là nous coupèrent la route entre moi et le boulevard ; les nôtres retraitèrent. Et moi, en me retirant sur les champs, côté Picardie, près du boulevard, je fus prise ; il y avait la rivière entre Compiègne et le lieu où je fus prise. Entre le lieu où je fus prise et Compiègne, il n'y avait que la rivière, le boulevard, et le fossé de ce boulevard. »

Récit de Perceval de Cagny :

Perceval de CAGNY

Devant Compiègne les Bourguignons préparent une grosse embusche.

A environ IX heures du matin, la Pucelle ouït dire que l'escarmouche était grande. Elle s'arme, fait armer ses gens et monter à cheval, et va se mettre en la mêlée. A sa venue, ses ennemis sont reculés et mis en chasse. La Pucelle charge fort sur le côté des Bourguignons. Ceux de l'embusche avisent leurs gens qui retournaient en grand désarroi. Alors ils découvrent leur embusche et, à coups d'éperons, se viennent mettre entre le pont de la ville, la Pucelle et sa compagnie. Et une partie d'entre eux tournent droit à la Pucelle en si grand nombre que ceux de sa compagnie ne les peuvent soutenir et disent à la Pucelle : « Mettez peine de recouvrer la ville, ou vous et nous sommes perdus. »

Quand la Pucelle les entend ainsi parler, très marie, elle leur dit : « Taisez-vous, il ne tiendra qu'à vous qu'ils soient déconfits, ne pensez qu'à férir sur eux. »

Mais ses gens ne veulent pas la croire et, à force, la font retourner droit au pont.

Quand les Bourguignons et Anglais s'aperçoivent qu'elle retourne pour rentrer dans la ville, à grand effort ils viennent au bout du pont.

Le capitaine de la place voyant la grande multitude de Bourguignons et d'Anglais pressés d'entrer sur son pont, pour la crainte qu'il avait de la perte de sa place, fait lever le pont de la ville et fermer la porte. Et ainsi demeure la Pucelle enfermée dehors et peu de ses gens avec elle. Quand ses ennemis voient cela, tous s'efforcent de la prendre. Elle résiste très fort, mais elle est prise de cinq ou six ensemble. Les uns mettant la main sur elle, les autres sur son cheval, chacun d'eux disant : « Rendez-vous à moi et baillez la foi. »

Elle répond : « J'ai juré et baillé ma foi à autre qu'à vous et je lui tiendrai mon serment. »

Et selon Monstrelet :

MONSTRELET « ... En conclusion, comme je fus informé, la Pucelle fut tirée jus de son cheval par un archer auprès duquel était le bâtard de Vendôme à qui elle se rendit et donna sa foi, et il l'emmena prisonnière à Marigny où elle fut mise sous bonne garde. Avec elle fut pris Prothon le Bourguignon et aucuns autres, non nul en grand nombre. Et les Français rentrèrent à Compiègne, dolents et courroucés de leur perte et, spécialement eurent grande déplaisance pour la prise de la Pucelle. »

L'information d'après laquelle Monstrelet écrit que Jeanne se rendit et bailla sa foi au Bâtard de Vendôme est manifestement erronée, la suite le prouvera largement et s'accorde avec les paroles de Jeanne relatées par Perceval de Cagny.

De tout ce qui précède, il ressort que Jeanne a reçu de ses voix commandement de sortir. Ses ennemis feignent de reculer en désordre pour l'attirer loin de la ville, puis viennent se mettre entre le pont, la Pucelle et ses gens ... et une partie d'entre eux tournent droit à la Pucelle – en si grand nombre que ceux de sa compagnie ne les peuvent soutenir.

Bien que la porte de Compiègne soit ouverte et à quelques pas d'eux, Anglais et Bourguignons ne se précipitent pas dans la place. Leur seul but pour ce jour-là, paraît être la capture de Jeanne. De plus, s'ils se trouvent entre Jeanne et ses gens d'un côté, et le pont de l'autre, ils ne se sont même pas embarrassés de prendre tous les Français et les auraient laissés passer, uniquement occupés par la prise qu'ils ambitionnent.

Entre le lieu où Jeanne est prise et Compiègne, il n'y a que la rivière, le boulevard et le fossé de ce boulevard. Guillaume de Flavy n'ordonne pas une sortie pour la secourir. Celui à qui Charles VII confia le capitainerie de la ville y laisse entrer ceux qui viennent d'abandonner Jeanne, et de ce fait, selon les lois militaires, se sont rendus coupables d'une faute passible des plus lourdes sanctions. Ensuite

IL FAIT LEVER
LE PONT DE LA VILLE
ET FERMER LA PORTE

La prisonnière

Ainsi que ses voix le lui ont annoncé, Jeanne est prisonnière

MONSTRELET « Ceux de la partie de Bourgogne et les Anglais en sont très joyeux, plus que d'avoir cinq cents combattants car ils ne redoutaient ni capitaine ni autre chef de guerre autant que la Pucelle.

Avec le duc de Bourgogne arrivé aussitôt, ils s'assemblent en grand nombre pour se réjouir de leur prise.

Philippe de Bourgogne va voir Jeanne en son logis. On ignore quelles furent les paroles échangées. Monstrelet qui déclare avoir assisté à l'entretien, n'en dit absolument rien.

Jeanne est à la garde de Jean de Luxembourg. Trois jours plus tard il l'envoie sous bonne garde au château de Beaulieu. Elle a refusé de se plier à cette coutume de guerre selon laquelle le combattant capturé se rend à l'ennemi qui aurait pu le tuer, et s'engage par cet acte, à ne rechercher sa liberté que contre rançon.

La Pucelle a conservé le droit de s'échapper si elle le peut, et elle fait sa première tentative d'évasion évoquée plus tard à Rouen.

PROCÈS 15 MARS Le Juge : Parlez-nous de votre tentative d'évasion du château de Beaulieu.

Jeanne : – Je ne fus jamais prisonnière nulle part que je ne cherchasse à m'échapper. A Beaulieu, j'allais enfermer mes gardes dans la tour, n'eût été le portier qui me surprit.

Après cela, Jean de Luxembourg la fait conduire dans un autre de ses châteaux, Beaurevoir, non loin de Saint-Quentin.

MONSTRELET « Où elle fut par long temps prisonnière. »

Elle y est accueillie par Mademoiselle de Luxembourg, marraine du roi Charles VII, et par Madame de Beaurevoir.

MONSTRELET Le jeune Henri VI, dans sa neuvième année, était arrivé à Calais en avril avec, en sa compagnie, le cardinal de Vincester, le duc d'York, les comtes de Huntington, de Warwick, de Stanfort, d'Arrondel et autres. Etait là Maître Pierre Cauchon évêque de Beauvais, envoyé pour le quérir.

Henri VI (au mois de juillet) fut emmené en la ville de Rouen où il demeura longtemps.

Les chatelaines de Beaurevoir entourent Jeanne de leur amitié et lui offrent des vêtements de femme.

PROCÈS 3 MARS Parlant de l'habit d'homme, le juge demandera à Jeanne : – Au château de Beaurevoir, vous a-t-on point posé de question là-dessus ?

Jeanne : – Oui vraiment, et j'ai répondu que je ne l'abandonnerais pas sans congé de Dieu.

Mademoiselle de Luxembourg et Madame de Beaurevoir m'avaient offert un costume de femme, ou du drap pour en faire un et me demandèrent de le porter, mais je répondis que je n'avais pas congé de Notre-Seigneur, et qu'il n'était pas encore temps.

Le juge : – Croyez-vous que vous auriez commis péché mortel en prenant habit de femme ?

Jeanne : – Je fais encore mieux d'obéir et de servir mon souverain Seigneur, Dieu ! Mais si j'avais dû le prendre ç'aurait été plutôt à la requête de ces deux dames que d'autres qui soient en France, la reine exceptée. »

Les voix ont accompagné Jeanne. Pour les deux parties, leur présence auprès d'elle est indispensable. Elles doivent assurer une continuité dans le soutien mystique qu'elles lui ont apporté ; veiller à son comportement, à ses paroles, pour que les secrets détenus par elle ne lui échappent pas. Elles ont aussi la tâche difficile de l'apaiser et l'amener doucement à comprendre qu'il lui faut renoncer au combat.

Mais va-t-elle se départir de sa mission selon les vœux de tous ?

Jean d'Aulon, en 1456, dit qu'il fut en la compagnie de Jeanne pendant un an entier sur le commandement du roi, soit jusqu'au mois de mars 1430. Il ne parle pas de l'emprisonnement de la Pucelle. Revint-il auprès d'elle ?

Perceval de CAGNY

Selon le chroniqueur, c'est lui qui la servait dans sa prison et lui dit un jour : « Cette pauvre cité de Compiègne que vous avez tant aimée, cette fois sera remise entre les mains des ennemis de la France. »

Mais Jeanne répond : « Non sera, car toutes les places que le roi du ciel a réduites et remises en la main et obéissance du gentil roi Charles par mon moyen, ne seront point reprises par ses ennemis, en tant qu'il fera diligence de les garder. »

Cependant, elle est tourmentée à l'idée que Charles dont le retrait l'a courroucée depuis de longs mois, est bien capable de laisser reprendre la ville de Compiègne par les Anglais et les Bourguignons. Elle songe de plus en plus à s'échapper.

Des pensées douloureuses l'assaillent : quand elle fut prise, ses compagnons l'avaient abandonnée ; Charles reste immobile, il n'offre aucune rançon pour qu'elle soit libérée ; autour d'elle on lui demande de délaisser l'habit d'homme, son habit de combat ; et Compiègne est en péril, les Bourguignons en mènent activement le siège, il lui faut aller se battre.

N'a-t-elle donc pas assez de tous ces carnages, de tant de sang versé ?

Elle n'est pourtant pas insensible.

Louis de COUTES

Lorsqu'à Orléans, pour la première fois, elle rencontra des Français blessés, elle fut troublée et fâchée.

Un jour, un Français ramenait des prisonniers anglais. Il frappa si fort sur un de ces Anglais, à la tête, qu'il le rendit comme mort. Ce que voyant, Jeanne descendit de son cheval, et fit confesser l'anglais, le tenant par la tête et le réconfortant comme elle le pouvait. »

Bien sûr, Jeanne compatit à la souffrance des autres, mais elle croit en Dieu. Et pour apaiser sa propre colère contre la désobéissance des hommes qu'il créa à son image, pour leur permettre toutefois d'obtenir leur salut, Dieu a voulu la passion de son divin fils et sa mort sur la croix.

Maintenant, pour obéir aux ordres de Dieu, il faut que toute la France soit soumise à Charles VII. Tout cela, Jeanne le croit profondément.

Selon le cheminement de la pensée chrétienne, le sacrifice de leur vie pour ceux qui assureront cet ordre et travailleront ainsi à leur béatitude éternelle, est bien peu de chose au regard de la crucifixion de Jésus Christ.

Et puis, Jeanne est effrayée, on lui annonce que les Anglais vont arriver ; qu'elle leur est vendue ; qu'elle devra voir Henri VI.

Le roi d'Angleterre est à Rouen, c'est son neveu, mais il porte le titre de roi de France, selon les dispositions du traité de Troyes et le duc de Bedford se prépare à le faire couronner à Notre-Dame de Paris.

Non, Jeanne ne veut pas le voir. Le roi de France, c'est Charles VII, et c'est à son secours qu'elle est envoyée. Il y a aussi des rumeurs effrayantes qui circulent sur la ville de Compiègne. Elle confie aux deux saintes sa résolution de s'enfuir.

PROCÈS 3 MARS

Quand je sus, dit-elle, que les Anglais allaient venir, je fus très courroucée, toutefois mes voix me défendirent plusieurs fois de sauter.

14 MARS J'avais ouï dire que ceux de Compiègne, tous, jusqu'à l'âge de sept ans, devaient être mis à feu et à sang, et j'aimais mieux mourir que de vivre après un tel carnage, ce fut l'une de mes raisons. L'autre, que je sus que j'étais vendue aux Anglais, et j'aurais préféré mourir que d'être en la main des Anglais, mes adversaires.

Sainte Catherine me disait presque tous les jours de ne pas sauter, que Dieu m'aiderait et qu'il aiderait aussi ceux de Compiègne. Alors je dis à sainte Catherine que, puisque Dieu donnerait secours à ceux de Compiègne, je voulais y être. Sainte Catherine me dit : « Sans faute il faut que vous preniez tout en gré, et vous ne serez point délivrée que vous n'ayez vu le roi d'Angleterre. » Alors moi je répondais : « Vraiment, je ne voudrais pas le voir ; j'aimerais mieux mourir que d'être mise dans la main des Anglais ! »

14 MARS Je croyais, par ce saut, m'évader et n'être pas livrée aux Anglais.

3 MARS Enfin par peur des Anglais, je fis le saut, me recommandant à Dieu et à Notre-Dame, et je fus blessée.

15 MARS Pour ce saut du donjon de Beaurevoir que je fis contre le commandement de mes voix, je ne pus me retenir. Quand elles s'en aperçurent, elles secoururent ma vie et m'empêchèrent de me tuer.

3 MARS Certains disaient que j'étais morte, dès qu'il apparut aux Bourguignons que j'étais encore en vie, ce sont eux qui me dirent que j'avais sauté de la tour.

14 MARS Je fus deux ou trois jours sans vouloir manger, ou plutôt, j'avais été tellement assommée par ce saut que je ne pouvais ni boire ni manger. Mais je fus réconfortée par sainte Catherine, qui me dit de me confesser et de demander pardon à Dieu d'avoir sauté ; que sans faute ceux de Compiègne auraient secours avant la Saint-Martin d'hiver. Alors je commençai à revenir à moi et à manger ; et je fus tout de suite guérie.

15 MARS A ce qu'il me semble, il ne plaisait pas à Dieu que j'échapasse pour cette fois ; il fallait que je visse le roi d'Angleterre, comme mes voix me l'avaient dit. »

Jeanne demeure dans les mêmes dispositions. Elle est alors transférée dans d'autres prisons.

3 MARS A Arras, messire Jean de Dressy et plusieurs autres lui demandent encore à différentes reprises de prendre l'habit de femme qu'ils lui offrent, sans résultat.

Ensuite, c'est le Crotoy, un port sur la Manche qui sert pour des débarquements anglais.

Là, pour la dernière fois, elle voit saint Michel. Les deux saintes l'accompagneront jusqu'à la fin du procès de Rouen.

D'après MONSTRELET Aussitôt après la capture de Jeanne, les Bourguignons commencent de grands travaux pour le siège de Compiègne. Une bastille de terre est construite et plusieurs taudis reliés à la bastille par des fossés. Le duc de Bourgogne fait amener de gros engins. Par leurs jets de pierres ils rompent en plusieurs lieux les portes, moulins et boulevards de la ville.

Dans ces attaques, de nombreux Bourguignons et Anglais trouvent la mort et Louis, le frère de Guillaume de Flavy, est tué.

Le capitaine de la ville continue d'organiser plus âprement la résistance de Compiègne.

Par haine de la maison de Bourgogne, les Liégeois ont attaqué sa ville de Namur.

Philippe de Bourgogne envoie contre eux le seigneur de Croy, détaché du siège, et reçoit des renforts qui le remplacent.

En ce temps trépasse à Louvain le duc de Hainaut. Des serviteurs sont soupçonnés d'être coupables de sa mort. Finalement les médecins concluent à une mort naturelle dûe à toutes sortes d'excès.

Philippe de Bourgogne son héritier (contesté, il est vrai), appelle devant Compiègne Jean de Luxembourg, lui remet la charge de son ost et va prendre possession de son héritage.

D'autre part, Mademoiselle de Luxembourg perd son frère. Elle hérite de lui des seigneuries et les donne à Jean de Luxembourg son neveu qu'elle aime beaucoup.

Jean de Luxembourg et le comte de Huntington ont continué le siège de Compiègne, construit des bastilles et astreint les assiégés à la famine.

Dans les derniers jours du mois d'octobre, quatre mille combattants français, desquels étaient le maréchal de Boussac, le comte de Vendôme, messire Jacques de Chabannes, Pothon de Sainte-Treille (Xaintraille) et d'autres qui avaient été instamment requis de Guillaume de Flavy et des autres assiégés, de leur porter secours, arrivent aux environs de la cité.

Il y a plusieurs escarmouches entre eux et les Anglo-Bourguignons. Les assiégés peuvent alors sortir nombreux et attaquer la grande bastille. Par deux fois ils sont repoussés. Alors Pothon de Sainte-Treille vient les rejoindre pour un troisième assaut auquel prend part Guillaume de Flavy. Ensemble, ils réussissent à prendre la bastille.

Après plusieurs jours de combat, le trente et un octobre, Compiègne est délivrée.

Dans les derniers jours du mois de décembre 1430, les Anglais conduisent Jeanne à Rouen, dans le Château de Bouvreuil où se trouve son neveu, le roi d'Angleterre.

Henri VI vient-il d'être couronné en qualité de roi de France, à Notre-Dame de Paris ? Les documents tant anglais que français, varient sur la date de ce couronnement. Des deux côtés, on trouve décembre 1430, ou 1431.

La première date paraît fort probable bien qu'aucune certitude ne puisse être retirée des informations connues. Henri VI se trouvait en France et les Anglais tenaient Jeanne prisonnière. La conjonction des deux événements frapperait de façon décisive l'imagination des foules et rien n'empêchait cette cérémonie que le duc de Bedford avait intérêt à faire célébrer sans délai.

Jusque là, Jeanne a résisté à tout ce qui pouvait la détourner de la fidélité à un devoir pour elle imprescriptible : le silence subit de ses voix pour la poursuite de sa mission ; l'opposition de Charles à la prise de Paris et sa retraite dans ses châteaux de la Loire ; le licenciement des troupes ; le départ des capitaines, la suppression des moyens de combat, tout ce rejet progressif, l'abandon de ses compagnons, sa capture ; sa détention par les Anglais et la rencontre avec le roi Henri VI.

L'intervention définitive et précise reste à faire. Elle est relatée par le seigneur Haimond de Macy, chevalier, qui visita Jeanne, très souvent au château de Beaurevoir. Rien dans cette relation ne permet de fixer la date certaine de cette intervention. Je l'ai placée ici, parce que cela paraîssait logique, rien de plus, mais elle peut s'être produite à un autre moment du procès.

Le témoin déclare :

Haimond de MACY (T.)

« Le comte de Ligny (Jean de Luxembourg portait ce titre depuis la donation que lui fit sa tante) vint aussi à Rouen, je l'accompagnais. Un jour le comte voulut voir Jeanne et vint à elle en compagnie des seigneurs comtes de Warwick et de Stauffort, et en présence du chancelier d'Angleterre pour lors évêque de Therouanne – (Louis de Luxembourg) – et qui était précisément le frère du comte de Ligny, j'étais là aussi. Il s'adressa à Jeanne et lui dit :

“ – Jeanne, je suis venu pour vous libérer contre rançon à condition que vous promettiez de ne plus prendre les armes contre nous. ”

Elle répondit : “ En nom Dieu vous vous moquez de moi, je sais bien que vous n'en avez ni vouloir ni pouvoir. ”

Elle le répéta deux fois parce qu'il insistait, et elle ajouta : “ Je sais bien que les Anglais me feront mourir, croyant, après ma mort, gagner le royaume de France, mais quand ils seraient cent mille godons de plus que maintenant, ils n'auront pas le royaume ! ”

Le comte de Stauffort en fut tout indigné et tirait sa dague jusqu'à moitié pour la frapper mais le comte de Warwick l'arrêta. »

Jeanne a répondu en proie à la colère et paraît ne rien vouloir comprendre. Elle se sent affreusement seule et se méfie de tous.

A Beaurevoir, sainte Catherine lui a dit prudemment qu'elle ne serait pas délivrée qu'elle n'ait vu le roi d'Angleterre. Mais sainte Catherine ne lui a pas annoncé à quel prix sa libération serait possible. Maintenant elle sait, la condition lui est nettement proposée.

Et dans l'hypothèse où Henri VI vient d'être couronné roi de France à Notre-Dame de Paris, quelle amertume vient accroître sa peine !

Pourtant, si tout se ligue contre elle, Jeanne ne faillira pas à sa mission, cela les Anglais le comprennent. Ils n'arriveront à leurs fins que par le procès.

Les interrogatoires habilement menés peuvent provoquer des réponses mettant en lumière les origines exactes de son combat. S'ils aboutissent à un échec, Jeanne sera facilement convaincue d'hérésie, de sorcellerie, ainsi les soldats ne la redouteront plus.

Car c'est un procès en matière de foi qui lui est intenté. A l'épopée prétendument miraculeuse suscitée par Yolande d'Anjou, répond une action politique sous le couvert de la religion.

L'évêque Pierre Cauchon est chargé du procès.

Ce prélat fut recteur de l'Université de Paris.

Selon « l'Histoire du diocèse de Beauvais » (44), « il était d'une famille qui tenait un rang honorable. Zélé partisan du duc de Bourgogne, en 1413, il figure en première ligne parmi les chefs de la sédition de Paris, ce qui le fait condamner à l'exil au mois de septembre de la même année. Arrêt cassé dès que le parti bourguignon eut pris le dessus, et un canonicat en la cathédrale de Beauvais fut la récompense du dévouement que Pierre Cauchon avait témoigné en cette circonstance.

Peu de temps après, le nouveau chanoine se fit nommer député au concile de Constance et il y plaida avec beaucoup de chaleur la cause de son protecteur (Jean-Sans-Peur), dans l'affaire que l'assassinat du duc d'Orléans lui avait suscitée. Ce nouveau service, lui valut la place de maître des requêtes en 1418, et l'évêché de Beauvais en 1420... nous ne prononcerons point si on se mit en devoir de procéder à une élection, ou bien si la faction dominante s'adressa directement au souverain pontife pour faire nommer le sujet qu'elle voulait placer à la tête du diocèse... Par des bulles datées de Florence, le 3 des calendes de septembre, Martin V instituait évêque de Beauvais, Maître Pierre Cauchon. »

Extrait du Dictionnaire de Biographie Française (45) :

« Cauchon Pierre... revenu du Concile en mars 1418, et rentré à Paris en juillet avec le duc de Bourgogne. Il fut désigné, après les massacres, pour juger les prêtres armagnacs, et nommé Maître des Requêtes de l'Hôtel de Charles VI.

Soutenu par l'Université, il cumulait alors de nombreux bénéfices, était vidame et chanoine de Reims, chanoine de Beauvais et de Châlons, archidiacre et chanoine de Chartres, et plaidait alors pour l'obtention de la prévôté de Lille qu'il reçut l'année suivante avec un canonicat du diocèse de Châlons.

En mars 1420, deux mois avant la conclusion du Traité de Troyes, Cauchon était désigné par l'Université, avec d'autres ecclésiastiques, pour se rendre dans cette ville afin d'y offrir « aide et conseil » à Charles VI. Peu après, l'évêché de Beauvais étant venu à vaquer, Cauchon recommandé par l'Université, y fut nommé le 21 août 1420, et le duc de Bourgogne, Philippe le Bon, assista à sa prise de possession le 12 janvier suivant.

Délégué en 1422 comme l'un des exécuteurs testamentaire de Charles VI, et conseiller d'Henry VI d'Angleterre dès la première année de son règne, il fut chargé par le régent de Bedford d'obtenir les fonds nécessaires au recouvrement des places de Champagne tenant pour le dauphin, puis de négocier la promulgation par le Parlement, de l'ordonnance du 26 novembre 1425 relative à la collation des bénéfices et de présider à la levée sur le clergé normand du double décime accordé à Henry VI par le pape Martin V. »

Tel est le puissant personnage, ardent partisan du Traité de Troyes, au courant des secrets des cours, qui allait assumer la charge du procès intenté à Jeanne, capturée dans son diocèse.

Quand les troupes de Charles VII entrèrent à Beauvais, l'évêque Cauchon se réfugia à Rouen. Pour y exercer, une concession de territoire était nécessaire. Elle lui fut accordée par le Chapitre le 28 décembre 1430.

Le procès

L'Evêque Cauchon lit l'Ordonnance solennelle d'Ouverture.

A tous ceux qui ces présentes lettres verront, Nous, Pierre, par la miséricorde divine Evêque de Beauvais, et frère Jean Le Maistre, de l'Ordre des Frères Prêcheurs, député par maître Jean Graverent, Inquisiteur de la foi et de la perversité hérétique pour le Royaume de France,

Salut en Notre-Seigneur Jésus-Christ.

Il a plu à la divine Providence qu'une femme, Jeanne, communément appelée La Pucelle, fût prise et appréhendée, par des soldats réputés, sur le district de notre diocèse et juridiction. En bien des endroits le bruit s'était déjà répandu que cette femme, oublieuse de la dignité séant à son sexe, de toute vergogne comme de toute féminine pudeur, portait par une singulière et monstrueuse déformation, des habits insolites, convenables seulement aux hommes ; on disait que sa présomption allait jusqu'à oser soutenir des affirmations contraires à plusieurs articles de la foi catholique...

Le Tribunal ecclésiastique réunit des experts qui poursuivent leurs travaux entre le 9 janvier et le 21 février.

Le long procès durera plus de trois mois. Ses interrogatoires interminables, bien souvent, ont paru rouler sur des futilités. Mais leur signification est tout autre.

Pas plus que le duc de Bedford, Pierre Cauchon ne peut se servir ouvertement des secrets de la famille royale de France. Pour la cour d'Angleterre tout autant que pour la cour de France l'extraction princière de Jeanne ne doit pas être soupçonnée.

Ce qui transparaît dans la qualité des questions posées, c'est le désir de voir Jeanne prendre conscience de l'origine toute terrestre de la mission dont elle fut chargée ; de comprendre qu'elle a été trompée.

Si l'évêque peut obtenir d'elle, devant tout le tribunal, qu'elle le reconnaisse, qu'elle avoue l'identité uniquement humaine de ses voix ; parle de détails de nature à ruiner la position de Charles VII, s'il y arrive, quel magnifique résultat ! Et cela lui apparaît comme tout à fait possible par le moyen du serment qu'il va demander à Jeanne. Elle ne peut s'y soustraire et sera obligée de répondre la vérité.

Serment demandé à Jeanne

Le procès commence le 21 février 1431.

Pour cette première audience, le Tribunal est composé de Mgr Pierre Cauchon, Maître Jean d'Estivet, Maître Jean de la Fontaine ainsi que d'un grand nombre, tous prêtres, moines ou religieux.

Après avoir déclaré Jeanne accusée de crimes contre l'orthodoxie, Pierre Cauchon lui dit : « Jeanne, veuillez prêter serment sur l'Evangile, de dire la vérité sur toutes les questions que nous vous poserons. La réponse le déconcerte.

– Je ne sais pas sur quoi vous voulez m'interroger. Il y a peut-être des questions auxquelles je ne répondrai pas.

Mgr Cauchon. – Il s'agit de questions, d'informations sur la foi.

Jeanne. – Sur mon père et ma mère, sur mes actions depuis que je suis venue en France, je prêterai bien volontiers serment. Mais quand à mes révélations de par Dieu, je n'en ai jamais parlé ni fait confidence qu'à Charles, mon roi. Dussiez-vous me couper la tête que je n'en dirais rien, car mes visions, mon conseil secret m'ont défendu de le faire. Toutefois ; je saurai avant huit jours si je suis autorisée à les révéler.

Mgr Cauchon. – Je répète, voulez-vous prêter serment de dire la vérité sur les questions qui touchent notre foi ? »

Jeanne s'agenouille, pose les deux mains sur le Missel qu'on lui tend et jure de dire la vérité sur les questions de foi, mais sur elles seules.

Dès la première audience du procès, dès la première demande qui lui est adressée Jeanne, tranquillement et avec fermeté impose ses conditions, prononce un serment dans la forme qui lui convient et brave l'évêque.

Il n'est aucun accusé ordinaire qui, dans cette circonstance, n'eut été contraint, et, s'il le fallait, soumis à la question. Mais on ne peut porter atteinte à la personne de la princesse Jeanne.

Pierre Cauchon déçu, s'incline et accepte la formule qu'elle veut bien prononcer. Cependant, il n'abandonne pas. Alors que le serment prononcé par Jeanne est valable pour tout le procès, personnellement et à huit reprises encore, il tentera de l'obtenir sans conditions.

PROCÈS 22 FÉVRIER

Deuxième audience. – Jeanne, dit-il, nous vous requérons sous peine des sanctions canoniques, de prêter serment ainsi que vous le fîtes hier ; de dire toute la vérité, rien que la vérité sur le fait du procès.

Il faut prêter serment Jeanne.

NUL, QU'IL SOIT PRINCE ou particulier, s'il est requis en matière de foi, ne saurait refuser de prêter serment.

Jeanne. – Je l'ai fait hier, cela doit vous suffire. Vous me chargez trop.

PROCÈS 24 FÉVRIER

Troisième audience. Ce jour là l'irritation gagne l'évêque. – Là veuillez prêter serment Jeanne, sans conditions.

Allons prêtez serment.

Allez-vous prêter serment enfin !

Jeanne. – Laissez-moi parler ! Par ma foi, vous pourriez me demander des choses que je ne vous dirai pas. Oui, vraiment ! Sur bien des points, vous pourriez me poser des questions, ET JE NE VOUS REPONDRAIS PAS LE VRAI. Surtout en ce qui concerne mes révélations. Parce que d'aventure, vous pourriez me contraindre à révéler ce que j'ai promis de taire, et je serais parjure. Est-ce là ce que vous souhaitez ?

Moi je vous dis : prenez bien garde ! Vous qui vous dites mon juge, vous assumez une lourde charge, vous me chargez trop.

Mgr Cauchon. – Allons, Jeanne, jurez purement et simplement.

Jeanne. – Passez outre ! J'ai déjà juré par deux fois.

Ah, tout le clergé de Rouen et celui de Paris ne sauraient me condamner, s'ils n'en avaient reçu congé !

De ma venue, je dirai volontiers la vérité. Mais je ne dirai pas tout, d'ailleurs, huit jours n'y suffiraient pas.

Mgr Cauchon. – Demandez donc à nos assesseurs si vous devez jurer ou non.

Jeanne. – De ma venue, je dirai volontiers la vérité, et c'est tout ! Ne m'en parlez plus.

Mgr Cauchon. – Vous vous rendez suspecte en refusant de jurer.

Jeanne. – De ma venue, je dirai volontiers la vérité.

Mgr Cauchon. – Jurez sans réserves, et avec précision.

Jeanne. – Je dirai volontiers ce que je sais, et encore pas tout.

Je suis venue de par Dieu, je n'ai rien à faire ici. Qu'on me renvoie à Dieu de qui je suis venue !

Mgr Cauchon. – Ah ! Je vous conseille Jeanne, je vous somme de jurer, sinon vous risquez fort d'être sans plus convaincue des délits dont on vous accuse.

Jeanne. – Passez outre !

Mgr Cauchon. – Pour la dernière fois, je vous requiers de jurer...

Si vous refusez vous vous mettez en mauvaise posture.

Jeanne. – Je suis prête à jurer de dire la vérité sur ce que je sais touchant le procès.

PROCÈS 27 FÉVRIER

Quatrième audience.

Mgr Cauchon. – Veuillez prêter serment.

Jeanne. – Je prêterai serment sur l'objet du procès. Pas sur tout ce que je sais.

Mgr Cauchon. – Il faut jurer de dire la vérité sur toutes les questions qu'on pourra vous poser.

Jeanne. – Je prêterai serment sur le procès. Vous devez être satisfait, j'ai déjà suffisamment juré !

PROCÈS 1er MARS

Cinquième audience.

Mgr Cauchon. – Jeanne, je vous sommes et requiers de jurer purement et simplement de dire la vérité.

Jeanne. – Je vous l'ai déjà dit, je suis prête à jurer de dire la vérité sur tout ce que je sais touchant le procès. Mais il y a beaucoup de choses que je sais et qui ne touchent pas le procès, je n'ai pas besoin de les dire...

Mgr Cauchon. – Allons, prêtez serment Jeanne.

Jeanne. – Ce que je saurai répondre de vrai touchant le procès, je le dirai volontiers.

(Elle prête serment sur l'Evangile, puis elle ajoute encore :)

Oui, de tout ce que je saurai qui touche le procès je dirai volontiers la vérité. Et je vous en dirai tout autant que je vous en dirais si j'étais devant le pape de Rome.

PROCÈS 3 MARS 10 MARS 12 MARS

L'Evêque a échoué. Par trois fois encore il demandera sans insister : Veuillez prêter serment Jeanne. La même réponse lui viendra et, de plus, pour le premier interrogatoire complémentaire Jeanne ajoute :

PROCÈS 28 MARS

– Plus vous me contraindrez à jurer, et plus tard je vous le dirai.

– On trouve encore un serment le jour de la lecture des soixante-dix articles du premier acte d'accusation.

Le serment inconditionnel si vivement recherché, Pierre Cauchon voulait l'obtenir spontanément ou par les quelques intimidations dont il a usé. Mais il pouvait également y contraindre Jeanne en utilisant le droit que s'attribue l'Eglise de délier ses fidèles d'engagements pris. Pour Jeanne, dès lors, le prétexte n'aurait plus existé.

Mais l'Evêque n'en a rien fait. Il y avait donc des limites politiques qu'il ne pouvait dépasser ?

Vaincu sur ce point il comptait aussi sur toutes les questions suivies ou disparates, avec des retours en arrière, des redites, d'apparence parfois anodine, sans intérêt. Jeanne harcelée dirait peut-être quelques mots ouvrant une brèche dans sa détermination et son attitude.

Quelques points étranges du procès et sur les armoiries de Jeanne

Le texte du procès de condamnation contient des passages bien mystérieux en plus de ceux concernant le serment.

Lorsque Jeanne décide de ne pas répondre à une question posée, elle ordonne : « Passez outre ! » Les juges n'insistent pas. Et cette petite phrase impérative se retrouve souvent.

PROCÈS 24 FÉVRIER

Elle menace : « Prenez garde, vous qui vous dites mon juge ! Prenez garde à ce que vous faites, car il est vrai que j'ai reçu mission de par Dieu et vous vous mettez en grand danger. »

Les menaces, les arrogances de la Pucelle envers les juges, ne sont pas sanctionnées.

TISSET

Dans l'article 8 du premier acte d'accusation (il faut se reporter à l'ouvrage de M. Tisset pour le trouver), le Tribunal déclare que : « Jeanne avait environ vingt ans quand elle fut à Neuchâteau », situant ainsi sa date de naissance à la fin de 1407. C'est la seule allusion que Pierre Cauchon ait faite aux secrets connus de lui.

Le septième article du deuxième acte d'accusation commence ainsi : « Cette femme dit et confesse que, à l'âge de dix-sept ans ou environ, spontanément et par révélation, comme elle dit, elle alla trouver un certain écuyer qu'elle n'avait jamais vu auparavant, abandonnant la maison paternelle contre le gré de ses parents... »

Ici le Tribunal fait un retour à la légende et prête à Jeanne une déclaration qu'elle n'a jamais faite. On sait comment les choses se sont passées.

PROCÈS 21 FÉVRIER

Dès le premier interrogatoire, quand Pierre Cauchon lui demande son âge, Jeanne répond : « dix-neuf ans. »

22 FÉVRIER

Mais elle ne maintient pas cette réponse conforme à la légende que la cour de France veut soutenir et dès le lendemain, à la question de Maître Baurepère : « Quel âge aviez-vous quand vous avez quitté le domicile paternel ? » Elle préfère répondre :

« Je ne saurais déposer. »

Il est d'autres changements dans les réponses de Jeanne prise entre la nécessité de soutenir la légende, la volonté de se taire sur certains points, l'acceptation de livrer sincèrement ce qui peut être dit, et, parfois, un désir de voir éclater certaines vérités tenues secrètes. Il faut se souvenir aussi de l'avertissement donné par Jeanne à l'Évêque : « Sur bien des points vous pourriez me poser des questions et je ne vous répondrais pas le vrai. »

Non seulement Jeanne refuse de divulguer les révélations reçues, mais elle est prête à égarer ceux qu'elle considère comme ses ennemis, elle estime en avoir le droit.

Parfois, pour mettre fin à un interrogatoire gênant, Jeanne allègue une absence de mémoire.

PROCÈS 3 MARS

Le Juge. – Jeanne, dites voir, quand vous avez abordé votre roi pour la première fois, est-ce qu'il vous demanda si c'était par révélation que vous aviez changé de costume ?

Jeanne. – Je vous ai répondu. Au vrai, je ne me rappelle plus si on me le demanda : c'est consigné à Poitiers.

Le Juge. – Ces clercs qui vous ont examinée durant un mois, et les autres pendant trois semaines – tous ceux-là qui étaient sous l'autre régime – est-ce qu'ils vous ont interrogée sur votre changement de costume ?

Jeanne. – Je ne me rappelle pas.

Si, pourtant, ils me demandèrent où j'avais pris l'habit d'homme ; je leur répondis que ç'avait été à Vaucouleurs.

Le Juge. – Ces clercs-là vous demandèrent-ils si c'était par le fait de vos voix que vous aviez pris l'habit d'homme ?

Jeanne. – Je ne me rappelle pas.

Le Juge. – Et votre reine, quand elle vous visita pour la première fois, est-ce qu'elle vous interrogea sur votre changement de costume ?

Jeanne. – Je ne me rappelle pas.

Le Juge. – Et votre roi, et la reine, et ceux de votre parti, vous ont-ils jamais demandé d'abandonner l'habit d'homme ?

Jeanne. – Ce n'est pas de votre procès. »

21 FÉVRIER

En première audience, Jeanne déclare : – Je ne connais pas mon surnom.

Puis elle précise – « Mon père s'appelait Jacques d'Arc, ma mère, Isabelle. »

Jeanne ne reconnaît pas comme sien, le surnom ou patronyme de Jacques et d'Isabelle. Elle n'est pas leur fille selon la chair.

Plus d'un mois se passe avant que, selon un résumé contenu dans le texte, on rejoigne la légende.

24 MARS

« Le mardi 24 mars, en la prison de Jeanne, le notaire Guillaume Manchon, ainsi que plusieurs membres du Tribunal donna lecture à l'accusée, du registre du procès... »

Durant la lecture, elle précisa seulement que son surnom était d'Arc ou Romée, et que, dans son pays, les filles portaient le surnom de leur mère.

Outre que « Romée » serait un adjectif désignant une personne qui aurait fait un pèlerinage à Rome, cette déposition paraît-elle suspecte à des historiens qui contestent la coutume évoquée. A ce propos, on peut constater que, dans le procès de réhabilitation, les femmes témoins sont désignées par leur prénom, épouse ou veuve de ... suit le surnom du mari, sans qu'elles n'en aient jamais un en propre.

Il faut encore signaler que dans le texte latin reproduit par M. Tisset le surnom de Jacques est écrit d'Arc, alors que de ce temps, il ne fut pas orthographié ainsi...

PROCÈS 22 FÉVRIER Autre mouvement de complaisance pour la légende, après avoir affirmé nettement :

– Je n'allais pas aux champs, avec les moutons et autres bêtes, deux jours plus tard, elle dit :

24 FÉVRIER – Je ne me souviens pas si dans mon jeune temps, je les gardais ou non.

Pendant le premier de ces interrogatoires complémentaires qui ont lieu en la prison de Jeanne, en présence de quelques juges seulement,

A une question de Jean de la Fontaine :

10 MARS – Aviez-vous point écu et armes ?

Jeanne répond : « Non, jamais. Mais le roi donna des armes à mes frères : un écu d'azur avec deux fleurs de lis d'or et une épée par le milieu, et en cette ville, ce sont ces armes là que j'ai décrites à un peintre qui m'avait demandé quelles armes j'avais.

Cela fut donné par le roi à mes frères pour leur plaisir, sans requête de ma part et sans révélation. »

Après cette réponse infiniment surprenante, il faut se reporter aux documents. Tout d'abord :

« Les armoiries données par Charles VII à Jehanne la Pucelle » (document N° 4A).

Traduction du texte qui précède le blason :

« De la Pucelle Jehanne.

Le deuxième jour de juin 1429, ledit seigneur roi ayant connu les prouesses de Jehanne la Pucelle et les victoires remportées par le don de Dieu et son conseil, donna en la ville de Chinon, des armoiries à ladite Pucelle, pour décorer son étendard et elle-même, dont le modèle s'ensuit, donnant au duc d'Alençon et à ladite Jehanne, la charge du siège de Jargeau. »

Vient ensuite le blason sur lequel se détache la couronne. Et c'est une couronne de prince du sang.

Il est intéressant de rapprocher les armes de Jeanne de celles de Louis d'Orléans. (Document 4B).

L'autre document c'est :

« Les lettres d'anoblissement accordées à la Pucelle Johannae Darc de Domprenay ... et à toute sa famille. » (Document N° 5). On y lit :

« Pour célébrer à la fois les mérites de ladite Pucelle et les louanges divines, nous estimons convenable et opportun de l'élever, elle et toute sa parenté aux honneurs et dignités de notre majesté royale...

Considérant en outre les agréables, nombreux et recommandables services que Jeanne la Pucelle a déjà rendus et rendra à l'avenir, nous l'espérons, à nous et à notre royaume, et pour autres certaines causes, à ce nous mouvant, nous avons anobli ladite Pucelle, Jacques d'Arc et Isabeau sa femme, ses père et mère, Jacquemin et Jean d'Arc et Pierre Pierrelot ses frères et toute sa parenté et lignage et, en faveur et contemplation d'icelle Jeanne, toute leur parenté mâle et femelle, née et à naître en légitime mariage, et par les présentes, de notre grâce spéciale, certaine science et pleine jouissance, les anoblissons et déclarons nobles, voulant ladite Pucelle, lesdits Jacques, Isabeau, Jacquemin, Jean et Pierre, et toute la postérité et lignage de ladite Pucelle, ainsi que les enfants d'eux, nés et à naître, soient par tous, tenus et réputés nobles, dans leurs actes en justice et hors justice, et qu'ils jouissent et usent pleinement des privilèges, franchises et prérogatives et autres droits dont sont accoutumés de jouir, en notre royaume, les autres nobles extraits de noble lignée, lesquels et leur dite postérité nous faisons participer à la condition des autres nobles de notre royaume, nés de noble race, nonobstant qu'ils n'aient comme dit est, une origine noble, et qu'ils soient peut-être d'autre condition que de condition libre. Voulant ainsi que les susnommés, ladite parenté et lignage de la Pucelle et leur postérité mâle et femelle, puissent, quand et toutes les fois qu'il leur plaira, obtenir et recevoir de chevalier les insignes de la chevalerie. Leur permettant en outre ... d'acquérir des personnes nobles et autres quelconques, tous fiefs, arrière-fiefs et biens nobles...

Donné à Mehun-sur-Yèvre au mois de décembre, l'an du Seigneur mil quatre cent vingt neuf, et de notre règne le huitième. »

Ici, le patronyme a été écrit « Darc », selon le texte latin conservé aux Archives de France.

Au début de mois de juin, Charles VII a déterminé le blason auquel Jeanne a droit, blason qui n'est destiné et n'appartient qu'à elle seule puisqu'il s'agit d'armoiries réservées aux enfants royaux.

Monstrelet publie une lettre écrite au nom du roi d'Angleterre, lettre dont on reparlera plus loin. Il y est dit :

MONSTRELET « En trop grand outrage, orgueil et présomption, demanda avoir et porter les très nobles et excellentes armes de France, qu'en partie elle obtint. »

Après l'octroi des armoiries, les semaines ont passé. Ce que l'on attendait de Jeanne est accompli, de plus, il faut ménager les Anglais. La présence militaire de Jeanne est devenue indésirable. Que faire de cette princesse sans titre officiel, sans domaines ?

Le vœu de virginité prononcé par Jeanne n'est pas perpétuel mais « tant qu'il plaira à Dieu ».

La solution, c'est de la marier à un seigneur auprès de qui elle trouvera une place digne de son rang. Pour cela, elle doit posséder un titre de noblesse qui n'ait rien à voir avec son ascendance royale. Dans un premier temps, c'est sous le nom de Jehanne Darc qu'elle est anoblie, et toute sa postérité prévue avec elle. Le titre et les terres viendront après. Sa volonté de continuer le combat, fait échouer le projet.

En même temps le roi a déclaré nobles tous les membres de la famille Darc pour les récompenser des services rendus.

C'est ici, dans ces lettres d'anoblissement, que La Pucelle est appelée « Jeanne Darc », selon les exigences de la situation. Et cette dénomination n'est utilisée qu'une seule fois, dans tout le reste du texte, il n'y a plus que Jeanne la Pucelle.

A remarquer aussi cette petite phrase au sens caché, secret : « pour autres certaines causes, nous avons anobli la Pucelle. »

En cette journée du 10 mars, la question posée : « Avez-vous point écu et armes », a surpris Jeanne. La gravité de l'interrogation la bouleverse, elle perd la maîtrise de sa réponse, est atterée. Son blason, c'est le signe de sa naissance, son secret, cela ne regarde pas le procès. Va-t-elle se taire ? Mais l'existence de ce blason est connue de ses ennemis. Elle s'affole et nie sous l'impulsion de la crainte – Non, jamais, dit-elle. Puis elle tente d'égarer ses juges : – Mais le roi donna des armes à mes frères. Alors que les frères d'Arc n'en ont pas reçues. Et elle décrit le blason – un écu d'azur avec deux fleurs de lis d'or et une épée par le milieu. Se gardant bien de citer la couronne.

Enfin, elle se contredit – ce sont ces armes là que j'ai décrites à un peintre qui m'avait demandé quelles armes j'avais. Ce fut donné par le roi à mes frères pour leur plaisir... »

Des conditions de vie faites à Jeanne au château de Rouen

PROCÈS 21 FÉVRIER

A la fin du premier interrogatoire de Jeanne, l'évêque Cauchon lui dit :

– Maintenant sachez bien Jeanne, il vous est interdit de quitter sans notre aveu la prison qui vous a été assignée au Château de Rouen.

– Jeanne répond : Je n'accepte aucune interdiction... et je proteste contre les liens et entraves qu'on m'a mis.

– Mgr Cauchon : Eh, c'est que vous avez essayé de vous évader plusieurs fois d'autres prisons où on vous avait enfermée Jeanne, alors nous vous avons mis des liens de fer pour que vous soyez gardée plus sûrement.

D'autre part le notaire Manchon déclara spontanément que Jeanne, à son arrivée à Rouen, fut installée dans une chambre du château.

De cette chambre, le juge en parle

24 FÉVRIER

– La voix était-elle dans votre chambre ?

Et Jeanne raconte qu'elle s'est assise sur son lit.

27 FÉVRIER

Une autre fois le juge demande encore : Et dans votre chambre, quand vous y êtes rentrée, qu'est-ce que vous a dit la voix ?

Jean MASSIEU (T.) Lorsque Jeanne se rendait au Tribunal, « elle était toujours libre d'entraves. » Seul Jean Massieu, doyen de la chrétienté de Rouen l'accompagnait. A la demande de Jeanne il lui indiquait une chapelle, l'y conduisait et attendait qu'elle eût fini ses dévotions.

Et la Pucelle ne reparla plus des entraves, sauf une fois, à la fin du procès le 28 mai.

Ne ressort-il pas de tout ceci que peu avant l'ouverture du procès l'évêque ait fait imposer à Jeanne des liens de fer afin de pouvoir montrer qu'il la traitait avec une grande rigueur et la tenait en étroite surveillance ?

Si Jeanne avait continuellement été retenue par des chaînes fixées à une poutre, comme des témoins l'affirmèrent en 1456, l'interdiction que lui fit Pierre Cauchon de s'évader était aussi superflue qu'incompréhensible, et Jeanne n'aurait pas manqué de protester contre cette mesure durant tout le procès.

Pendant ses allées et venue de la prison au tribunal, elle aurait été enchaînée et placée sous escorte de gens armés. Tout porte à croire qu'au début, et dans les derniers jours du procès, pour vaincre la résistance de Jeanne, elle fut enfermée dans un cachot et mise dans les fers, mais qu'en autre temps elle occupait une chambre du château.

Des paroles échangées sur certains articles du procès

Les envoyés de Dieu

22 FÉVRIER Dès la deuxième audience, Jeanne affirme sa conviction que les voix viennent de Dieu. – Je pensais que la voix était de bonne audience. Je crois qu'elle avait été envoyée de par Dieu. Après l'avoir entendue, trois fois je compris que c'était la voix d'un ange.

La voix m'a toujours bien guidée, et moi je l'ai toujours bien comprise ... Mais pour aujourd'hui vous ne me tirerez pas la forme sous laquelle la voix m'est apparue.

Beaupère. – Est-ce que par hasard ç'aurait été un ange que vous avez vu au-dessus de votre roi ?

Jeanne. – Épargnez-moi ! Passez outre ... Ceux de notre parti connurent bien que la voix m'avait été envoyée de par Dieu ; la voix elle-même, ils purent la voir et la connaître, cela je le sais, j'en suis sûre. Le roi et bien d'autres avec lui purent entendre et voir la voix qui s'en venait à moi.

24 FÉVRIER Beaupère. – Dans ses déclarations, la voix n'a-t-elle pas une fois ou l'autre varié ?

Jeanne. – Je ne l'ai pas entendue se contredire une seule fois.

Beaupère. – Cette voix que vous dites vous apparaître, est-ce un ange ? Ou bien sort-elle directement de Dieu ? Ou bien est-ce la voix d'un saint ? d'une sainte ?

Jeanne. – La voix vient de par Dieu. Je ne vous dirai pas tout ce que je sais.

Beaupère. – Auriez-vous assez d'autorité sur la voix pour qu'elle vous obéisse et apporte un message au roi ?

Jeanne. – Je ne sais pas si la voix m'obéirait à moins que ce ne fût la volonté de Dieu ...

Beaupère. – Avec les voix, Jeanne, est-ce que vous ne voyez pas autre chose ?

Jeanne. – Je ne vous dirai pas tout, je n'en ai pas congé ...

Beaupère. – La voix, Jeanne, est-ce qu'elle a un regard, des yeux ?

Jeanne. – Je ne vous le dirai pas ...

Beaupère. – Les saintes sont-elles vêtues du même drap ?

Jeanne. – Je ne vous dirai rien d'autre pour le moment, je n'en ai pas congé. Si vous ne me croyez pas, allez à Poitiers. Il y a des révélations qui vont au roi de France, pas à vous.

Beaupère. – Les voix ont-elles le même âge ?

Jeanne. – Je n'ai pas congé de le dire ...

Beaupère. – Saint Michel et les anges, est-ce que vous les avez vus en chair et en os, réellement ?

Jeanne. – Je les ai vus de mes yeux vus, comme je vous vois vous tous ...

Beaupère. – Quel aspect avait saint Michel ?

Jeanne. – Je n'ai pas congé de vous répondre.

Beaupère. – Quel signe avez-vous reçu qui prouve que ce sont sainte Catherine et sainte Marguerite qui vous parlent ?

Jeanne. – Je vous l'ai assez dit que ce sont sainte Catherine et sainte Marguerite. Croyez-moi si vous voulez !

Beaupère. – Quand vous avez vu cette voix et qu'elle venait à vous, est-ce qu'il y avait de la lumière ?

Jeanne. – Bien sûr beaucoup. Partout. C'est bien ce qui convient. Toute la lumière n'est pas pour vous tout seul.

1er MARS Le juge. – Les voyez-vous toujours avec le même habit ?

Jeanne. – Toujours, sous la même forme, leurs chefs sont coiffés de couronnes très riches. Quant à leurs robes, je n'en sais rien.

Le juge. – Comment distinguez-vous que ce ... cette chose là qui vous apparaît soit un homme ou une femme ?

Jeanne. – Hé, je les reconnais à leurs voix, et aux révélations qu'elles m'ont faites : je ne sais qu'une chose, c'est que tout cela se fait par révélation et commandement de Dieu.

Le juge. – Quel donc genre de figure voyez-vous ?

Jeanne. – Le visage.

Le juge. – Les saintes qui vous apparaissent, est-ce qu'elles ont des cheveux ?

Jeanne. – Drôle de question !

Le juge. – Les cheveux étaient-ils longs et pendants ?

Jeanne. – Je n'en sais rien. Je ne sais pas s'il y avait apparence de bras ou d'autres membres figurés. Elles parlaient très bien, avec distinction, et moi je les comprenais tout à fait bien.

Le juge. – Comment parlaient-elles si elles n'avaient pas de membres ?

Jeanne. – Je m'en rapporte à Dieu. La voix est belle, douce et humble, elle parle le langage de France.

Le juge. – Sainte Marguerite ne parle-t-elle donc pas anglais ?

Jeanne. – Pourquoi parlerait-elle anglais, puisqu'elle n'est pas du parti des Anglais ?

Le juge. – Quel aspect avait saint Michel quand il vous apparut ?

Jeanne. – Je ne lui ai pas vu de couronne. De ses vêtements je ne sais rien.

Le juge. – Était-il nu ?

Jeanne. – Pensez-vous que Notre-Seigneur n'ait de quoi le vêtir ?

Le juge. – Avait-il des cheveux ?

Jeanne. – Pourquoi les lui aurait-on coupés ? Saint Michel, je ne l'ai pas vu depuis que j'ai quitté le château du Crotoy. Je ne le vois pas très souvent.

Non, je ne sais pas s'il a des cheveux.

Le juge. – Est-ce qu'il avait sa balance ?

Jeanne. – Je ne sais pas.

3 MARS Le juge. – Vous avez dit que saint Michel avait des ailes. Mais vous n'avez pas parlé ni des corps ni des membres de sainte Catherine et de sainte Marguerite. Qu'avez-vous à nous dire là-dessus ?

Jeanne. – Je vous ai dit ce que je sais. Vous n'aurez pas d'autre réponse.

Saint Michel et les saintes, oui je les ai vus, aussi bien que je sais que ce sont saint et saintes du Paradis.

Le juge. – Avez-vous vu d'autres parties que leurs visages ?

Jeanne. – Tout ce que je sais, je vous l'ai dit. Mais non ! Plutôt que de révéler tout ce que je sais, j'aimerais mieux que vous me fassiez couper la tête ...

Le juge. – Croyez-vous que saint Michel et saint Gabriel aient figures humaines ?

Jeanne. – Je les ai vus de mes yeux vus, et je crois que ce sont eux aussi dur que Dieu existe ...

12 MARS Jean de la Fontaine. – Reprenons, l'ange qui apporta le signe, Jeanne, est-ce qu'il parla ?

Jeanne. – Oui il dit au roi qu'on me mit en besogne, et que le pays serait vite allégé.

Jean de la Fontaine. – Était-ce celui qui vous apparut pour le première fois ou un autre ?

Jeanne. – Toujours le même, jamais il ne m'a failli.

Le juge. – Eh ! l'ange vous a-t-il point failli, rapport à la chance quand vous avez été prise ?

Jeanne. – Je crois, puisqu'il plaît à Notre-Seigneur que c'est le mieux que je sois prise.

Jean de la Fontaine. – De saint Michel ou de vos voix, avez-vous point eu de lettres ?

Jeanne. – Je n'ai pas congé de vous le dire, d'ici huit jours, je répondrai volontiers ce que je saurai.

Jean de la Fontaine. – Vos voix vous ont-elles point appelée « fille de Dieu », « fille de l'Église », « la fille au grand cœur » ?

Jeanne. – Avant la levée du siège d'Orléans et tous les jours depuis, quand elles me parlent, elles m'ont plusieurs fois appelée « Jeanne la Pucelle, fille de Dieu ».

13 MARS – (l'ange) il venait d'en haut, je veux dire qu'il venait par le commandement de Notre-Seigneur. Il entra par la porte de la chambre ...

J'étais en mon logis ... quand il vint, et puis nous allâmes ensemble chez le roi ...

15 MARS – ... Je ne fais pas de différence entre sainte Catherine qui est au ciel et celle qui se révèle à moi.

Le juge. – Comment avez-vous su que c'était saint Michel ?

Jeanne. – Par le parler et le langage des anges.

Le juge. – Comment avez-vous su que c'était le langage des anges ?

Jeanne. – Je l'ai bientôt cru et j'eus la volonté de le croire. Saint Michel, quand il m'apparut, me dit que sainte Catherine et sainte Marguerite viendraient à moi et que je fisse selon leur conseil, qu'elles avaient reçu l'ordre de me conduire et conseiller ... (saint Michel) il m'enseigna et me montra tant de choses que je crois fermement que c'était lui ...

– Il était sous la forme d'un très prud'homme pour l'habit et le reste, je ne dirai rien de plus. Sainte Catherine et sainte Marguerite, je les ai embrassées toutes les deux.

Par ces extraits et bien d'autres passages où l'allégorie se mélange au réel, on voit l'effort des juges pour dégager la présence physique des « voix », et faire reconnaître par Jeanne que leur action était d'origine exclusivement humaine. Mais ils se sont heurtés à sa foi, à ce qu'elle a appelé « sa volonté de croire ».

Le Pape, l'Église

La légende, toujours elle, dépeint une Jeanne suppliant qu'on la conduise devant le pape.

Cela est aussi éloigné que possible de la vérité. Pour accueillir ce propos, il faut n'avoir jamais lu le procès. Quand Pierre Cauchon demande :

PROCÈS
1er MARS

– Allons, prêtez serment Jeanne.

Elle lui dit – Ce que je saurai répondre de vrai touchant le procès, je le dirai volontiers. Oui, de tout ce que je saurai qui touche le procès, je dirai volontiers la vérité. Et je vous en dirai tout autant que j'en dirais si j'étais devant le pape de Rome.

Cette phrase signifie également que Jeanne n'accepterait pas d'en dire plus au pape qu'elle ne veut en dire aux juges de Rouen, selon le serment restrictif qu'elle a fait et l'avertissement qu'elle leur a donné.

Et l'interrogatoire se poursuit.

Le juge. – Parlez-nous de Monseigneur notre Pape. Lequel croyez-vous être le vrai ?

Jeanne. – Il y en a donc deux ?

Le juge. – N'avez-vous pas reçu une lettre du comte d'Armagnac pour savoir auquel des trois souverains pontifes il lui fallait obéir ?

Jeanne. – Oui, le comte a bien écrit là-dessus, et je lui ai répondu, entre autres, que je lui donnerais réponse quand je serai à Paris ou ailleurs au repos, je me disposais à monter à cheval quand je lui répondis .

(On lit l'échange de correspondance entre le comte et Jeanne.)

Le juge. – C'est bien là votre réponse ?

Jeanne. – En partie ; pas en tout.

Le juge. – N'avez-vous pas dit que, par le conseil du Roi des rois, vous saviez ce que le comte devait penser là-dessus ?

Jeanne. – Je ne sais pas.

Le juge. – Vous n'osiez donc pas indiquer celui auquel le comte devait obéir ?

Jeanne. – Je ne savais que lui répondre, parce qu'il demandait de savoir à qui Dieu voulait qu'il obéit. Mais quant à moi, je tiens et je crois que nous devons obéir à Monseigneur le Pape qui est à Rome. Au messager du comte, j'ai dit autre chose qui n'est pas contenu dans la copie de ma lettre. Ah ! s'il ne s'en était pas allé sur-le-champ, celui-là, on l'aurait bien jeté à l'eau ! Pas moi, toujours.

Quant à savoir à qui Dieu voulait que le comte obéit, je répondis que je n'en savais rien ; mais je lui mandai plusieurs avis, qui ne furent pas portés par écrit.

Moi, je crois en Monseigneur le Pape qui est à Rome.

Le juge. – Pourquoi écriviez-vous que vous donneriez vos raisons dans une autre réponse ?

Jeanne. – Ma réponse porta sur un autre sujet que sur les trois papes.

Le juge. – Avez-vous pas affirmé que, sur le fait des trois papes, vous receviez conseil ?

Jeanne. – Jamais je n'ai rien écrit ni fait écrire là-dessus, je le jure.

Lorsqu'en 1429, le comte d'Armagnac demanda à quel pape il devait obéir, pourquoi Jeanne différa-t-elle sa réponse ?

Pour comprendre son hésitation il faut remonter dans le temps.

Déjà, en 1406, lorsque le roi de France convoqua les prélats à Paris pour travailler à rétablir l'unité de l'Église, le duc Louis d'Orléans manifesta son affection et son soutien pour le pape d'Avignon, Pierre de Luna, élu en 1394 et qui se nommait Benoît XIII.

Après l'assassinat de Louis d'Orléans, son fils Charles, les Orléanais ou Armagnacs soutinrent le pape d'Avignon qui leur apportait son appui spirituel dans leur lutte contre les Bourguignons. Ceux-ci, de leur côté, de même que les Anglais, étaient ralliés au pontife de Rome tenant leur parti.

Pendant l'année 1409, alors que les pontifes étaient Grégoire XII en Italie et Benoît XIII en Avignon, un conseil réuni à Pise décide la soustraction d'obédience aux deux papes et donne la tiare à Alexandre V, croyant avoir rétabli l'unité de l'Église.

Mais, au lieu de deux papes, il y en a trois. Grégoire et Benoît n'acceptent pas les décisions prises, et les trois pontifes s'excommunient réciproquement.

Alexandre V meurt l'année suivante.

« Lendemain de l'Invention Sainte Croix, écrit Monstrelet, le dit pape Alexandre fut empoisonné en la ville de Boulogne-la-Grasse, comme il fut commune renommée, et mourut très pieusement. »

La triple couronne papale, d'argent et d'or fin, va alors se poser sur la tête de Balthazar Cossa, Jean XXIII, un ancien corsaire.

A la demande de l'Université de Paris et de l'Empereur Sigismond, il doit convoquer le concile de Constance en 1414. Vivement attaqué sur les scandales de sa vie privée, il s'enfuit, est pris, emprisonné et déposé en 1415. La même année, Grégoire XII accepte de démissionner. Quant à Benoît XIII, il a résisté aux ambassades, aux interventions aussi puissantes que respectueuses, comme aux attaques et aux injures les plus grossières lancées par des théologiens. Injures dont le Religieux de Saint-Denis donne un échantillon et que la bienséance empêche de répéter.

Mais craignant pour sa sécurité, Benoît s'est enfui sur ses galères.

Pendant deux mois il croise en méditerranée pour habiter ensuite Perpignan puis Collioure d'où il part pour Peniscola.

1417. – Le concile de Constance nomme un nouveau pape, Ottone Colonna ou Eudes de Colonna. Comme il a été élu le 11 novembre, il prend pour nom Martin V. Il ne put entrer à Rome qu'en 1420, « dès que les conventions avec la reine Jeanne de Naples lui en permirent l'accès. »

C'est pendant ce concile de Constance que Pierre Cauchon plaida pour Jean-Sans-Peur touchant l'assassinat de Louis d'Orléans.

Le duc voulant le récompenser par l'octroi de l'évêché de Beauvais, c'est Martin V qui par des bulles, lui décerne cette dignité en septembre 1420.

Cinq ans plus tard, Martin V accorde au roi d'Angleterre Henri VI, la levée du double décime sur le clergé normand.

Bernard, comte d'Armagnac et de Rodez, devait assister au concile de Constance. Il n'y vint pas car ce concile niait les droits à la papauté de son ami et allié Benoît XIII.

Le concile l'aurait volontiers déclaré schismatique mais il n'osa pas. La puissance du comte était trop grande.

Lorsqu'en 1418 Bernard d'Armagnac est massacré à Paris, le titre passe à son fils Jean. Celui-ci, à son baptême célébré le 24 octobre 1396 en l'église des Cordeliers de Rodez, eut deux parrains, le pape Benoît XIII représenté par l'Évêque d'Albi, et le duc de Berri.

M. Marius Constant (46) donne des indications sur cette période.

Benoît XIII serait mort à Peniscola le 20 mai 1423. Il avait nommé quatre cardinaux chargés d'assurer la continuité de son parti.

Le premier d'entre eux c'est Jean Carrier archidiacre de Saint Antonin du diocèse de Rodez, prieur de Ledergue puis collecteur et vicaire général de Benoît XIII dans les états du comte d'Armagnac. Il fut condamné par coutumace comme schismatique par les commissaires de Martin V et s'était retiré dans les gorges inaccessibles du Viaur au château de Tourène aujourd'hui dans la commune de Crespin. L'analogie de la situation de Jean Carrier avec celle de Benoît XIII, réfugié alors sur le rocher de Peniscola était telle que le château de Tourène fut appelé communément « Péniscolète. »

Un nonce de Martin V vint l'y assiéger avec l'aide des Albigeois et le siège dura près de deux ans, jusqu'en 1423, sans que Carrier put être pris...

Survint alors la mort de Benoît XIII. Les trois autres cardinaux élisent le 14 juin 1423 un nouveau pape à Peniscola, Gilles Munôz, sous le nom de Clément VIII.

A la fin de 1423, Jean Carrier arrive à Peniscola, proteste contre l'élection de Clément VIII, entachée selon lui de simonie et nulle. Pour lui, les trois autres cardinaux étaient dès lors, déchus au droit d'élire. Comme il ne restait plus que lui, que lui seul formait le Sacré Collège, c'est à lui qu'incombait le soin d'assurer l'avenir de la papauté...

Le 12 novembre 1425, il élut secrètement un Français qui se fit appeler Benoît XIV.

Puis Jean Carrier se retira chez le comte d'Armagnac, sans lui faire d'abord part de l'élection à laquelle il venait de procéder...

Poursuivi par les commissaires de Martin V, il se réfugia à Jalenques, près de Naucelle, et y prit le titre de lieutenant général du comte d'Armagnac, couvrant de son autorité (mais c'est un de ses adversaires qui le dit), toutes sortes de crimes...

Enfin il se décida à faire connaître à Jean IV d'Armagnac, l'existence du pape qu'il avait crée. Le manifeste par lequel il le lui annonça est daté du 20 janvier 1429. C'est à peu près l'époque ou Martin V condamna le comte d'Armagnac comme schismatique, hérétique et relapse, et prononça sa déchéance qui entraînait la confiscation de ses biens au profit du Saint-Siège.

Tout ceci éclaire plus vivement la situation où se trouvait Charles VII lorsque Jeanne reçut de ses voix l'ordre d'aller à son secours. Situation rendue plus périlleuse depuis plusieurs années par le départ forcé du pape d'Avignon, départ qui, avec le temps, s'était avéré sans retour, alors que les Anglo-Bourguignons pouvaient s'appuyer sur Martin V si solidement établi à Rome, et dont la puissance était telle, qu'avec des alliés sur place, il faisait combattre ses adversaires sur le sol de France.

En cette année 1429, après la sentence papale qui le frappait, la perplexité de Jean IV d'Armagnac devait être à son comble. Allait-il s'incliner devant Martin V, l'allié de ses ennemis les bourguignons, celui qui avait déposé son parrain Benoît XIII ? Mais quel appui trouverait-il en Clément VIII isolé en Espagne, ou en Benoît XIV, une sorte de pape fantôme, ces deux derniers sans autorité réelle ?

Pour sortir de son incertitude, au mois d'août 1429, il demande à Jeanne, l'envoyée de Dieu, auquel des trois pontifes il lui faut obéir.

Jeanne ne donne pas le conseil sollicité. Elle est du parti Armagnac, a mission d'assurer le règne de Charles VII, et ne peut envoyer le comte se prosterner devant un pape favorable à ceux qu'elle doit combattre. Il ne lui est pas possible non plus de le pousser vers l'un des deux autres papes qui ne possèdent aucune puissance, et l'exposer à subir les sanctions prononcées contre lui par Martin V. Il faut gagner du temps.

La prise d'Orléans, la campagne de la Loire ont été rapides, Charles VII est couronné et sacré, mais sa mission n'est pas achevée, il reste de nombreuses villes à conquérir, et surtout Paris. Ces victoires futures seront sans doute obtenues aussi vite que les précédentes. Peut-être Jeanne espère-t-elle qu'alors une papauté, véritable alliée du roi Charles VII selon la volonté de Dieu, sera rétablie en Avignon et le comte d'Armagnac pourra enfin lui obéir.

Mais Jean d'Armagnac apprend bientôt que dans le même temps, Clément VIII, avait abdiqué. Il se soumet à Martin V qui lui pardonna par une bulle, le 7 avril 1430.

Il est inutile de feindre avec l'Evêque qui connaît parfaitement toutes ces choses, pourtant Jeanne essaie de dire : « Je crois que nous devons obéir à Monseigneur le pape qui est à Rome. »

Et cela ne trompe personne

PROCÈS 17 MARS

Quelques jours plus tard le juge demande :

– Vous avez dit à Monseigneur de Beauvais que vous lui répondriez, et à ses assesseurs, comme à Notre Saint Père le Pape lui-même ; et pourtant il y a plusieurs interrogatoires à quoi vous refusez de répondre. Le feriez-vous plus à plein devant Notre Saint-Père que devant Monseigneur de Beauvais ?

Jeanne. – J'ai tout répondu le mieux que j'ai su ; s'il me revenait à la mémoire quelque chose que je n'aie pas dit, je le dirais volontiers.

Le juge. – Est-ce qu'il vous semble que vous soyez tenue de répondre pleinement la vérité au Pape, vicaire de Dieu, sur toutes les questions touchant la foi et votre conscience ?

Jeanne. – Menez-moi devant lui, et devant lui je répondrai tout ce que je devrai répondre.

Jeanne ne serait peut-être pas fâchée de se trouver devant le Pape. Il faut se souvenir qu'elle a dit, pendant la troisième audience :

24 FÉVRIER – Tout le clergé de Rouen et celui de Paris ne sauraient me condamner s'ils n'en avaient reçu congé !

Pas plus qu'au pape Martin V, Jeanne ne se soumet à l'Eglise. Cela ressort de son attitude, de ses paroles pendant le procès.

PROCÈS 15 MARS Le juge. – Jeanne, si vous avez fait quelque chose qui soit contre notre foi, il faut vous en rapporter à la détermination de l'Eglise.

Jeanne. – Que mes réponses soient vues et examinées par les clercs, et qu'on me dise ensuite s'il y a quelque chose qui soit contre la foi chrétienne. Je saurai bien par mon Conseil ce qu'il en sera. S'il y avait quoi que ce soit de mal contre la foi chrétienne que Notre-Seigneur a ordonnée, je ne voudrais pas le soutenir et je serais bien courroucée d'aller contre.

(On lui développe alors la distinction entre Église triomphante et Eglise militante, et on la requiert de se soumettre à la détermination de l'Eglise, soit pour le bien, soit pour le mal qu'elle a pu dire ou faire).

Jeanne. – Je ne vous répondrai rien de plus pour le moment.

Le juge. – De ce que vous avez dit ou fait, voulez-vous vous soumettre et vous rapporter à la détermination de l'Eglise ?

Jeanne. – Mes œuvres et mes faits sont tous en la main de Dieu et je m'en rapporte à lui ; je vous certifie que je ne voudrais rien faire ou dire contre la foi chrétienne. Et si j'avais rien fait ou dit ou porté sur mon corps, que les clercs sussent dire que c'est contre la foi chrétienne établie par Notre-Seigneur, je ne voudrais pas le soutenir, mais je le bouterais dehors !

Le juge. – Ne voulez-vous point vous en soumettre à l'ordonnance de l'Eglise ?

Jeanne. – Je ne vous en répondrai rien de plus pour le moment. Mais samedi, envoyez-moi votre clerc si vous ne voulez pas venir, je lui répondrai là-dessus avec l'aide de Dieu, et ce sera mis par écrit.

Le samedi suivant :

17 MARS Le juge. – Sur tous vos dires et vos faits, que ce soit en bien ou en mal, acceptez-vous de vous en remettre à la détermination de l'Eglise ?

Jeanne. – L'Église, je l'aime et la voudrais soutenir de tout mon pouvoir pour notre foi chrétienne, ce n'est pas moi qu'on devrait détourner ou empêcher d'aller à l'église ni d'entendre la messe !

Quand à mes bonnes œuvres et à ma mission, il me faut m'en rapporter au Roi du Ciel, qui m'a envoyée à Charles, fils de Charles, roi de France, et qui sera roi lui aussi !

Le juge. – Vous en rapportez-vous à la détermination de l'Eglise, Jeanne ?

Jeanne. – Je m'en rapporte à Notre Seigneur qui m'a envoyée, à Notre-Dame et à tous les benoîts saints et saintes du Paradis, il me semble que c'est tout un, Notre-Seigneur et l'Église, cela ne fait pas de difficultés. Pourquoi en faites-vous, des difficultés, vous ?

Le juge. – C'est qu'il y a l'Église triomphante, Dieu, les saints et les anges et les âmes sauvées. L'Église militante, c'est Notre Saint-Père le Pape, vicaire de Dieu sur cette terre, les cardinaux, les prélats de l'Église, le clergé et tous les bons chrétiens et catholiques, et cette Eglise réunie ne peut errer, elle est gouvernée par le Saint-Esprit. Alors, voulez-vous vous en rapporter à l'Eglise militante ?

Jeanne. – Je suis venue au roi de France de par Dieu, la Vierge Marie, tous les benoîts saints et saintes du paradis, l'Église victorieuse de Là-Haut, et de par leur commandement ! A cette Église-là je soumets tous mes actes faits ou à faire !

Quant à me soumettre à l'Église militante, je n'en répondrai rien de plus pour le moment.

L'habit d'homme

Par certaines questions que Pierre Cauchon pose ou fait poser, par les réponses de Jeanne, il s'établit entre eux un dialogue, comme par dessus la tête des assesseurs qui n'y comprennent pas grand'chose. Et chacun des deux adversaires sait fort bien ce que veut l'autre.

Ce dialogue porte sur l'habit d'homme.

La seule explication que l'histoire habituellement répandue ait trouvé pour détourner l'attention du véritable motif pour lequel Jeanne voulait conserver ce vêtement, c'est qu'elle cherchait à préserver sa virginité.

L'habit d'homme est en réalité le nœud du procès. Il est la tenue que Jeanne a dû prendre pour accomplir son épopée. Lorsque Pierre Cauchon insiste pour le lui faire abandonner, ce qu'il lui demande c'est de renoncer à combattre Anglais et Bourguignons.

Mais Jeanne veut garder son habit d'homme, affirmation et exigence de l'action entreprise. Par le refus qu'elle oppose à l'évêque elle lui signifie sa détermination d'être fidèle à sa mission et de la poursuivre si la possibilité lui en est donnée.

A Beaurevoir, Jeanne disait aux deux chatelaines qu'elle n'abandonnerait pas l'habit d'homme sans congé de Dieu, qu'il n'était pas encore temps.

Cette résolution inspire ses réponses.

PROCÈS 22 FÉVRIER – Ç'avait été pour moi une nécessité de prendre l'habit d'homme, dit-elle, je crois que mon conseil a eu raison de me le recommander.

24 FÉVRIER Le juge. – Voudriez-vous prendre habit de femme ?

Jeanne. – Baillez m'en un, et que je puisse m'en aller.

Autrement non. Je me contenterai de celui-ci, puisqu'il plaît à Dieu que je le porte.

27 FÉVRIER Maître Beaupère. – C'est Dieu qui vous a commandé de prendre l'habit d'homme ?

Jeanne. – L'habit n'est rien ; c'est secondaire. L'habit d'homme, je n'ai reçu de personne au monde conseil de le prendre. Je n'ai pris cet habit, je n'ai rien fait que par le conseil de Dieu et des anges.

Maître Beaupère. – Est-ce que vous estimez que le conseil qui vous a été donné de prendre habit d'homme soit... licite ?

Jeanne. – Tout ce que j'ai fait est d'ordre de Dieu. S'il m'ordonnait de m'habiller autrement, je le ferais, parce que ce serait Son ordre.

Maître Beaupère. – C'est Robert de Baudricourt qui vous l'a ordonné ?

Jeanne. – Jamais !

Maître Beaupère. – Estimez-vous avoir bien fait de prendre l'habit d'homme ?

Jeanne. – Tout ce que j'ai fait de par Dieu, je pense que ce fût bien fait, et j'en attends bonne garantie et confort.

Maître Beaupère. – Mais dans ce cas particulier-là, en prenant habit d'homme, estimez-vous avoir bien fait ?

Jeanne. – Tout ce que j'ai fait au monde, ce fut de par Dieu.

12 MARS Maître Jean de la Fontaine. – Est-ce à la requête de Robert de Baudricourt, ou bien de votre gré, que vous prîtes l'habit d'homme ?

Jeanne. – De mon gré ; personne ne m'en a requise.

Maître Jean de la Fontaine. – Est-ce la voix qui vous commanda de prendre l'habit d'homme ?

Jeanne. – Tout ce que j'ai fait de bien, je l'ai fait par le commandement des voix.

Quand à cet habit, j'en répondrai une autre fois, pour le moment je n'en ai pas reçu d'avis. Mais demain, j'en répondrai.

Maître Jean de la Fontaine. – En prenant habit d'homme, est-ce que vous pensiez mal faire ?

Jeanne. – Non. Et encore maintenant, si j'étais de l'autre côté et en cet habit d'homme, il me semble que ce serait un grand bienfait pour la France, de continuer ce que je faisais avant d'être prise.

Le lendemain, il n'est pas question de ce vêtement, et plus d'un mois se passe.

15 MARS Le juge. – Puisque vous demandez à ouïr la messe, il semble qu'il serait plus honnête que vous fussiez en habit de femme. Qu'est-ce que vous aimez mieux : prendre habit de femme et ouïr la messe, ou demeurer en habit d'homme et ne pas ouïr la messe ?

Jeanne. – Donnez-moi l'assurance d'ouïr la messe, si je suis en habit de femme, et je vous répondrai là-dessus.

Le juge. – Je vous donne l'assurance que vous ouïrez la messe, mais à la condition que vous soyez en habit de femme.

Jeanne. – Et si j'ai juré à notre Roi de ne pas quitter cet habit ?

Pourtant, voici ce que je vous réponds : faites-moi faire une robe longue jusqu'à terre, sans traîne, et baillez-la moi pour aller à la messe ; et puis, au retour, je reprendrai l'habit que j'ai.

Le juge. – Pour aller ouïr la messe, il faudrait prendre l'habit de femme tout à fait.

Jeanne. – Je prendrai conseil là-dessus, puis je vous répondrai. Pour l'honneur de Dieu et de Notre-Dame, je vous requiers de pouvoir entendre la messe en cette bonne ville.

Le juge. – Prenez habit de femme, purement et simplement.

Jeanne. – Baillez-moi un habit comme une fille de bourgeois, c'est-à-dire une houppelande longue, et je le prendrai ; et même le chaperon de femme, pour aller ouïr la messe.

Mais je vous en prie très instamment : laissez-moi cet habit que je porte, et me laissez ouïr la messe sans le changer.

17 MARS Le juge. – Et que dites-vous de cet habit de femme qu'on vous offre pour aller ouïr la messe ?

Jeanne. – Je ne le prendrai pas encore, autant qu'il plaira à Notre-Seigneur. S'il fallait me mener jusqu'au jugement et que je doive m'en dévêtir à ce moment-là, je vous demande de me laisser la grâce d'avoir une chemise de femme et un couvre-chef sur ma tête. J'aime mieux mourir que de révoquer ce que Notre-Seigneur m'a fait faire, mais je crois fermement que Notre-Seigneur ne me laissera pas tomber si bas, que je n'aie bientôt secours, et par miracle de Dieu.

Le juge. – Vous dites que vous portez l'habit d'homme par commandement de Dieu ; alors pourquoi demandez-vous une chemise de femme à l'article de la mort ?

Jeanne. – Il me suffit qu'elle soit longue.

Le juge. – Vous avez dit, Jeanne que vous prendriez l'habit de femme si on vous laissait aller, à condition que cela plût à Dieu...

Jeanne. – Si on me donnait congé en habit de femme, je me remettrais tout de suite en habit d'homme, et ferais ce qui m'est commandé par Notre-Seigneur ; j'en ai autrefois ainsi répondu, et je ne ferai pour rien au monde le serment de ne me point armer ni mettre en habit d'homme pour accomplir le plaisir de Notre-Seigneur.

Le juge. – Quelle garantie et quel secours attendez-vous donc de Dieu, pour cet habit d'homme que vous portez ?

Jeanne. – De l'habit comme du reste, je n'ai voulu avoir d'autre caution que le salut de mon âme.

25 MARS Le Dimanche des Rameaux : « Exhortation du Tribunal à l'accusée pour reprendre habit de femme. »

Mgr Cauchon. – Plusieurs fois, Jeanne, et hier en particulier, vous nous avez demandé, en égard à la solennité de ce temps et de ces jours, de vous autoriser à ouïr la messe aujourd'hui, dimanche des Rameaux. Nous vous avons alors posé la question de savoir si, au cas où nous vous l'accorderions, vous abandonneriez l'habit d'homme et prendriez tenue de femme, selon que vous en aviez l'habitude en votre pays d'origine et que les femmes de l'endroit le font.

Jeanne. – Je vous prie de me laisser ouïr la messe dans cet habit d'homme où je suis, et recevoir le Sacrement de l'Eucharistie pour Pâques.

Mgr Cauchon. – Répondez à ma question. Abondonnerez-vous l'habit d'homme, si on vous autorise à ouïr la messe ?

Jeanne. – Je n'ai pas reçu conseil à ce propos ; je ne puis encore prendre habit de femme.

Mgr Cauchon. – Voulez-vous consulter vos saintes ?

Jeanne. – On pourrait bien me permettre d'ouïr la messe dans cette tenue. Je le souhaite tant !

Mais quant à changer d'habit, cela ne dépend pas de moi.

Plusieurs juges joignent leurs exhortations à celles du président et Jeanne répond :

– Cela ne dépend pas de moi. S'il en était ainsi, ce serait tôt fait !

L'un de ces Maîtres. – Eh bien ! demandez à vos voix de vous faire connaître si vous devez reprendre l'habit de femme pour être en mesure, à Pâques, de recevoir le Viatique.

Jeanne. – Pour autant qu'il dépende de moi, je ne changerai pas mon habit d'homme pour recevoir le Viatique.

Permettez-moi d'assister à la messe en habit d'homme : ce costume-là ne charge pas mon âme ; le porter n'est pas contre l'Église.

Procès ordinaire

Le procès préparatoire est terminé.

Les audiences du procès ordinaire commencent le 26 mars.

Un acte d'accusation en soixante-dix articles a été dressé.

Il sera lu à l'accusée. A chaque article elle pourra répondre. Si elle s'abstient, l'article sera considéré comme reconnu et admis.

Le lendemain, le Président offre à Jeanne le conseil de membres de l'assistance, mais elle répond :

– Primo, pour ce que vous me dites de mon bien et de notre foi, je vous remercie et toute la société. Quand au conseil que vous m'offrez, je vous en remercie bien aussi, mais je n'ai pas l'intention de me départir du conseil de Dieu.

Le mercredi 28 mars, on procède à la lecture de l'acte d'accusation. Voici quelques réponses données par Jeanne.

Au premier article, « Sur la compétence du Tribunal » :

– Je crois bien que Notre Saint-Père le Pape de Rome, les évêques et autres gens d'Église sont là pour garder la foi chrétienne et punir ceux qui défaillent. Mais quant à moi et à mes actes, je ne me soumettrai qu'à l'Église du Ciel, c'est-à-dire à Dieu, à la Vierge Marie, aux saints et aux saintes du Paradis.

Je crois fermement que je n'ai pas défailli en notre foi chrétienne, et je n'y voudrais défaillir.

Au treizième et au quinzième articles, « Des vêtements insolites et impudiques ».

Un juge. – Les saints canons et les saintes Écritures portent que les femmes qui prennent l'habit d'homme ou vice versa sont honnis de Dieu... Avez-vous pris ces habits de par Dieu ?

Jeanne. – Je vous en ai assez dit. Si vous voulez que je réponde plus avant, accordez-moi un délai, et je vous répondrai.

Le juge. – Prendriez-vous l'habit de femme afin de pouvoir recevoir votre Sauveur à la prochaine fête de Pâques ?

Jeanne. – Je ne laisserai mon habit pour rien du tout. Ni pour le recevoir ni pour autre chose. Je ne fais pas de différence entre habit d'homme ou de femme pour recevoir mon Sauveur ; on ne doit pas me Le refuser à cause de mon costume.

Oui, à Arras et à Beaurevoir, on m'a bien exhortée à prendre l'habit de femme et à faire des ouvrages convenables aux dames ; je l'ai refusé et je le refuse encore. Quant aux ouvrages de dames, il y a assez d'autres femmes pour les faire.

Nouvel interrogatoire la veille de Pâques.

31 MARS L'un des membres du Tribunal. – Acceptez-vous de vous en rapporter au jugement de l'Église qui est sur la terre, pour tous vos faits et vos dires, soit en bien, soit en mal : spécialement pour les cas, crimes et délits dont vous êtes accusée, et d'une façon générale pour tout ce qui regarde le procès ?

Jeanne. – Je m'en rapporte à l'Église militante, pourvu qu'elle ne me commande chose impossible à faire.

Ce que je répute impossible, c'est de nier que les faits et les dires que j'ai rapportés au procès, les visions et les révélations que j'ai confessées, je les aie accomplis et reçus de par Dieu. Je les révoquerai pour rien au monde ; ce que Notre-Seigneur m'a fait faire et commandé, je ne l'abandonnerai pour personne au monde ! il me serait impossible de le révoquer. Si l'Église voulait me faire faire le contraire de ce que, par commandement, j'ai reçu de Dieu, je n'obéirais jamais.

Un des membres du Tribunal. – Si l'Église militante vous dit que vos révélations sont illusions, phénomènes diaboliques, superstitions ou méchantes choses, est-ce que vous accepterez de vous en rapporter à l'Église ?

Jeanne. – Je m'en rapporterai à Notre-Seigneur, dont je ferai toujours le commandement. Ce qui est contenu dans mon procès, je sais bien que c'est arrivé par le commandement de Dieu ; et ce que j'ai affirmé, au procès, avoir accompli par commandement de Dieu, il me serait impossible de faire le contraire. Si l'Église militante me le commandait, je ne m'en rapporterais à personne au monde, sauf à Notre-Seigneur, dont je ferai toujours le bon plaisir.

Un membre du Tribunal. – Pensez-vous pas que vous devez être soumise à l'Église qui est sur la terre, c'est-à-dire à Notre Saint Père le Pape, aux cardinaux, archevêques, évêques et autres prélats d'Église ?

Jeanne. – Si : Notre-Seigneur premier servi !

Le même. – Vos voix vous commandent-elles de ne vous point soumettre à l'Église militante qui est sur la terre ni à son jugement ?

Jeanne. – Ce que je vous réponds, je ne le prends pas sous mon bonnet ! Ce que je réponds, c'est au commandement de mes voix : elle ne me commandent pas de désobéir à l'Église, Dieu premier servi.

2 AVRIL Le lundi après Pâques, les soixante-dix articles, les interrogatoires et les réponses de l'accusée sont examinés.

Douze propositions en sont extraites et soumises à l'avis d'autres docteurs.

Tous ces savants estimèrent qu'il n'y avait pas lieu de retenir la réalité des apparitions dont l'accusée se targuait d'avoir bénéficié ; que les graves méfaits commis par elle contre la foi et les mœurs étaient patents...

Le Tribunal décide de faire adresser à l'accusée, plusieurs exhortations charitables « afin de la ramener à la voie de la vérité et à une sincère profession de notre foi catholique. »

Première exhortation charitable

18 AVRIL En la prison de Jeanne.

Malade, elle vient d'être examinée par le médecin.

Mgr Cauchon. – Tous ces docteurs et maîtres, Jeanne, sont venus à vous, avec une familiarité toute charitable, pour vous assister et réconforter durant votre maladie. Durant de longs jours... vous avez été interrogée sur des problèmes de foi bien épineux ; vous avez fourni des réponses divergentes, étudiées par des savants... ils y ont décelé bien des assertions périlleuses en la foi ! Mais comme vous êtes illettrée et que vous ignorez l'écriture nous venons vous offrir de mettre à votre disposition quelques savants probes et bienveillants pour vous informer avec exactitude et vous donner conseil.

Et s'adressant aux assesseurs :

– Maîtres nous vous exhortons, par la fidélité qui vous lie à la vraie doctrine de la foi, de prêter à Jeanne de fructueux conseils pour le salut de son âme et de son corps.

Oui Jeanne, il nous plaît de vous adresser chaque jour ces personnes pour votre gouverne, au nom de l'Église qui ne ferme jamais son sein à qui lui revient. Veillez donc à bien méditer cette exhortation salutaire et à y obéir !

Que si, par obstination et inexpérience, vous vous y refusiez, nous devrions, nous, vous abandonner. Considérez quel péril s'ensuivrait pour vous ! Cela, nous nous attachons à vous l'épargner, Jeanne, de toutes nos forces, et avec toute notre affection !

Jeanne. – Il me semble, vu la maladie que j'ai, que je suis en grand péril de mort. S'il en est ainsi et que Dieu veuille faire de moi Son plaisr, je vous requiers d'avoir la confession, et mon Sauveur aussi. Et sépulture chrétienne.

Mgr Cauchon. – Si vous voulez avoir les sacrements de l'Église, il vous faut faire comme les bons catholiques doivent faire, et vous soumettre à la Sainte Église.

Jeanne. – Je ne saurais maintenant vous en dire plus.

Mgr Cauchon. – Tant plus votre maladie vous laisse craindre pour votre vie, tant plus vous devez, précisément, amender cette vie ; vous n'aurez pas les droits de l'Église comme catholique, si vous ne vous soumettez à l'Église.

Jeanne. – Si mon corps meurt en prison, j'attends que vous le fassiez mettre en terre chrétienne ; si vous ne le faites mettre, je m'en rapporte à Notre-Seigneur.

Mgr Cauchon. – Vous avez dit naguère, en votre procès, que si vous aviez dit ou fait quelque chose qui fût contre notre foi chrétienne, dont l'origine est divine, vous ne voudriez pas le soutenir.

Jeanne. – Je m'en rapporte à la réponse que j'en ai faite, et à Notre-Seigneur.

Mgr Cauchon. – Vous avez dit avoir eu plusieurs fois révélations de par Dieu, par les voix de saint Michel, de sainte Catherine et de sainte Marguerite. S'il survenait quelque bonne créature qui affirmât avoir eu révélation de par Dieu à votre sujet, la croiriez-vous ?

Jeanne. – Il n'y a chrétien au monde à venir à moi, affirmant avoir eu quelque révélation, que je ne sache s'il dit vrai ou non : je le saurai par sainte Catherine et sainte Marguerite.

Mgr Cauchon. – Imaginez-vous point que Dieu puisse faire à une bonne créature des révélations qui vous soient inconnues ?

Jeanne. – Vous le savez bien. Oui, bien sûr !

. . . .

Un des assesseurs. – Vous demandez que l'Église vous laisse recevoir votre Créateur ; si vous acceptez de vous soumettre à l'Église nous vous promettons de vous l'accorder.

Jeanne. – De cette soumission, je ne répondrai rien d'autre que je n'ai fait. Dieu, je Le sers, je suis bonne chrétienne et je voudrais aider et soutenir la Sainte Église de tout mon pouvoir.

L'Évêque songe à susciter une nouvelle messagère divine pour fléchir Jeanne, il se heurte à sa méfiance.

Malade et se sentant en danger de mort, Jeanne demande les sacrements, mais elle y renonce s'il lui faut, pour les recevoir, se soumettre aux décisions de l'Église, à ses représentants qui veulent lui faire renier sa mission.

Deuxième avertissement charitable

2 MAI Pendant cette séance plénière l'évêque Cauchon dit aux membres du Tribunal : – Nous avons jugé bon qu'en votre présence à tous, solennellement assemblés, cette femme fut de nouveau exhortée à se soumettre, espérant que, peut-être, votre présence, jointe à des exhortations répétées, la ramènerait plus facilement à l'humilité et à l'obéissance.

(on introduit Jeanne... elle est invitée par Maître Jean de Châtillon à ne se point obstiner). Il conclu :

– C'est vous-même qui avez demandé naguère que vos actes fussent vus et contre-examinés ainsi que je viens de le faire.

Jeanne. – Je n'ai pas changé d'avis.

Maître Jean de Châtillon. – Jeanne, il vous faut observer l'article « Unam Sanctam », il vous faut vous soumettre à l'Église militante.

Jeanne. – Je crois bien à l'Église d'ici-bas, mais de mes faits et de mes dires, ainsi que je l'ai déclaré autrefois, je me rapporte à Dieu. Je crois bien que l'Église militante ne peut errer ni faillir, mais quand à mes faits et à mes dires, je les rapporte à Dieu qui me les a fait faire, et moi aussi, je me soumets à Lui, je m'en rapporte à Lui, à Sa personne propre.

Maître Jean de Châtillon. – Vous voulez dire que vous n'avez pas de juge sur terre, même pas Notre Saint Père le Pape ?

Jeanne. – Je ne vous en dirai pas plus. J'ai un bon Maître, Notre-Seigneur, à qui je me remets en tout, et à nul autre.

Maître Jean de Châtillon. – Si vous ne reconnaissez pas l'Église ni l'article « Unam Sanctam », vous serez hérétique et condamnée au feu par d'autres juges.

Jeanne. – Je ne vous dirai rien d'autre, si je voyais le feu, je dirais tout la même chose et ne ferais rien d'autre.

Jean de Châtillon. – Et si le concile général, avec Notre Saint Père, les cardinaux et caetera, étaient ici, vous soumettriez-vous à eux ?

Jeanne. – Vous ne me tirerez rien de plus.

Jean de Châtillon. – Voulez-vous vous soumettre à Notre Saint Père le Pape ?

Jeanne. – Menez m'y, je lui répondrai. C'est tout.

Jean de Châtillon. – Au sujet de votre habit, qu'avez-vous à ajouter ?

Jeanne. – Je veux bien prendre robe longue et chaperon de femme pour aller à l'église et recevoir mon Sauveur ainsi que je l'ai dit. A condition qu'aussitôt après, je le laisse et reprenne celui que je porte.

Quand j'aurai fait ce pour quoi je suis envoyée de par Dieu, je reprendrai l'habit de femme.

Jean de Châtillon. – Allons, laissez cet habit et reprenez celui de femme !

Jeanne. – Non.

Après différentes questions Jean de Châtillon ajoute : – Et à l'église de Poitiers, vous soumettriez-vous ?

Jeanne. – Croyez-vous me prendre par ce système et m'attirer à vous ?

Jean de Châtillon. – Ah ! Jeanne, si l'Église vous abandonne, vous serez en grand péril du corps et de l'âme, le feu éternel pour l'une, le feu temporel pour le corps, par la sentence d'autres juges.

Jeanne. – Si vous faites ce que vous dites contre moi, il vous en cuira au corps et à l'âme.

Devant la torture

9 MAI Jeanne est amenée en la grosse tour du château de Rouen. Les instruments de torture sont prêts.

Un des ecclésiastiques du Tribunal. – Tous ces Officiels présents, Jeanne, sont prêts, par ordre de Monseigneur le Président, à vous mettre à la torture, afin de vous ramener à la voie et à la connaissance de la vérité, et que vous puissiez par elle obtenir le salut de l'âme et du corps, que vos inventions mensongères ont gravement exposé.

Jeanne. – En vérité, même si vous deviez me faire rompre les membres et faire partir l'âme du corps, je ne vous dirais rien de plus. Et si vous me forciez à parler, je dirais toujours que vous m'avez fait parler par force.

A la dernière Sainte-Croix, j'ai eu réconfort de saint Gabriel. Oui, je crois que ce fut saint Gabriel, je l'ai su par les voix.

J'ai demandé conseil à mes voix pour savoir si je devais me soumettre à l'Église, vu que les gens d'Église m'en pressaient fort, et elles m'ont répondu, si je voulais que Notre-Seigneur m'aidât, de me rapporter en tout à Lui. Je sais bien, moi, que Notre-Seigneur a toujours été le maître de mes actes, et que l'Ennemi n'a jamais eu de puissance sur moi.

J'ai demandé à mes voix si je serais brûlée : elles m'ont répondu de m'en rapporter à Notre-Seigneur, et Il m'aidera.

Un des ecclésiastiques. – Le signe de la couronne qui, dites-vous, a été baillée à l'archevêque de Reims..., acceptez-vous de vous en rapporter à ce Pontife ?

Jeanne. – Faites-le venir, et que je l'entende parler, alors je vous répondrai. Il n'oserait pas dire le contraire de ce que je vous ai dit.

(La séance se termine là-dessus ; le procès-verbal officiel porte : « Vu l'endurcissement d'âme de l'accusée et le caractère de ses réponses, nous, juges susdits, craignant que les supplices de la torture ne lui soient que d'un faible profit, avons décidé de surseoir à leur application jusqu'à ce qu'il en ait été plus amplement délibéré. »)

12 MAI Le Président Cauchon tirant la conclusion d'un débat où seuls, trois juges, Albert Morel, Thomas de Courcelles et Nicolas Loiseleur, se sont prononcés pour l'application de la question, décide qu'il n'y aura pas lieu de soumettre Jeanne à la torture.

19 MAI Lecture est donnée des avis que les Maîtres de l'Université de Paris, principalement ceux de la Sainte Faculté de Théologie et de la Vénérable Faculté de Droit Canon, ont rédigés sur les douze propositions résumées, extraites des interrogatoires. Les docteurs présents approuvent ces avis sans réserve.

Il est décidé que l'on exhortera une fois encore l'accusée à revenir à la voie de la vérité et qu'ensuite on terminerait le procès.

Dernière admonestation charitable avant le prononcé de la sentence

23 MAI Mgr Cauchon. – Selon la délibération de la Faculté de Théologie et de Droit canon de l'université de Paris, vont vous être exposés, ma chère Jeanne, plusieurs articles en lesquels vous avez failli. Veuillez donc vous en rétracter, corriger et amender, et vous soumettre, enfin à la correction et détermination de Notre Sainte Mère l'Église.

Les douze articles sont lus à Jeanne par Pierre Maurice.

Il exhorte ensuite l'accusée à se soumettre. Elle lui répond :

– Quant à mes dires et à mes faits que j'ai soutenus au procès, je m'y rapporte et je les veux soutenir.

Jean de Châtillon. – Vous croyez donc que vous n'êtes pas tenue de soumettre vos dires et vos faits à l'Eglise militante, ou à d'autres qu'à Dieu Lui-même ?

Jeanne. – Ce que j'ai toujours dit et soutenu au procès, je le veux soutenir sur ce point.

Si j'étais en jugement et que je visse le feu ardent, les bourrées allumées et le bourreau prêt à bouter le feu, si même j'étais dedans le feu ! Je ne dirais rien d'autre, je soutiendrais ce que j'ai dit au procès, jusqu'à la mort.

Mgr Cauchon. – Messire le promoteur ou l'accusée ont-ils encore quelque chose à ajouter ?

Ensemble le promoteur et Jeanne répondent :

– Non.

Jeanne est assignée pour entendre, le lendemain, le prononcé de la sentence.

Sentence-Abjuration

24 MAI Dans le cimetière de l'Abbaye de Saint-Ouen de Rouen.

Devant le cardinal d'Angleterre, les évêques de Thérouanne, de Noyon, de Norwich, le Tribunal et la grande foule de Rouen, Guillaume Erard adresse à Jeanne exposée sur un échafaud, une admonition sur l'obéissance que l'on doit à l'Eglise.

Et Jeanne lui dit. – Quant à la soumission à l'Eglise, j'ai déjà répondu. Quant à mes actions, qu'on les fasse connaître à Rome auprès de Notre Saint-Père le Pape, auquel ainsi qu'à Dieu, je me rapporte d'abord. Quant à mes dires et à mes faits, je les ai accomplis de par Dieu.

De mes dires et de mes faits, je n'abandonne la charge à personne, ni au roi ni à un autre, s'il y a eu méfait il m'appartient et à personne d'autre.

Guillaume Erard. – Vos faits et vos dires qui sont réprouvés, les voulez-vous rétracter ?

Jeanne. – Je m'en rapporte à Dieu et à Notre Saint-Père le Pape.

Guillaume Erard. – On ne peut aller quérir Notre Saint Père si loin. Les Ordinaires sont juges, chacun en son diocèse. Il faut vous en rapporter à notre Mère La Sainte Eglise...

L'accusée ne se rétracte pas. Alors le Président Cauchon commence à prononcer la sentence...

Mais Jeanne crie : – Je veux tenir tout ce que les juges et l'Eglise voudront dire et sentencier ! Je veux obéir en tout à leur ordonnance et volonté ! Puisque les gens d'Église disent que mes apparitions et mes révélations ne sont point à soutenir ni à croire, je ne veux pas les soutenir !

Je m'en rapporte aux juges et à Notre Mère la Sainte Eglise !

Alors l'accusée prononce son abjuration sous la forme d'une cédule en français qui lui est lue,

QU'ELLE LIT ELLE-MÊME

et signe de sa propre main.

Le Président Cauchon lit alors une sentence mitigée, par laquelle le Tribunal ecclésiastique condamne l'accusée à la prison à vie, au pain de douleur et à l'eau de tristesse.

Interrogatoire en la prison de Jeanne
Elle est en habit d'homme

28 MAI Mgr Cauchon. – Qu'est-ce à dire ?

Jeanne. – Oui, j'ai repris l'habit d'homme, et laissé celui de femme.

Mgr Cauchon. – Pourquoi ? qui te l'a fait reprendre ?

Jeanne. – Moi seule, sans contrainte. J'aime mieux l'habit d'homme que celui de femme.

Mgr Cauchon. – Tu avais juré et promis de ne pas le reprendre.

Jeanne. – Jamais je ne l'ai entendu ainsi.

Mgr Cauchon. – Pourquoi l'as-tu repris ?

Jeanne. – Il m'était plus convenable, étant au milieu d'hommes, que celui de femme.

Je l'ai repris, parce que vous n'avez pas tenu votre promesse de me laisser ouïr la messe, recevoir mon Sauveur et mettre hors des fers.

Mgr Cauchon. – As-tu abjuré, oui ou non, et promis de ne pas reprendre cet habit ?

Jeanne. – J'aime mieux mourir que d'être aux fers. Mais si on me veut laisser aller à la messe, et ôter des fers, et mettre en prison décente, et avoir une femme avec moi, je serai bonne et ferai ce que l'Eglise voudra.

Mgr Cauchon. – Depuis jeudi as-tu ouï tes voix ?

Jeanne. – Oui.

Mgr Cauchon. – Que t'ont-elles dit ?

Jeanne. – Dieu m'a mandé par sainte Catherine et sainte Marguerite la grande misère de la trahison que j'avais consentie en faisant abjuration et rétraction pour sauver ma vie ; que je me damnais, pour sauver ma vie !

Avant ce jeudi, mes voix m'avaient bien prévenue de ce que je ferais, comme cela s'est passé. Elles me dirent, sur mon échafaud, de répondre hardiment à ce prêcheur. Mais moi, ce prêcheur, je l'appelle un faux prêcheur ; il a dit plusieurs choses que je n'avais pas faites.

Si je disais que Dieu ne m'a pas envoyée, je me damnerais. C'est la vérité que Dieu m'a envoyée ! Mes voix m'ont dit depuis que j'avais fait grande méchanceté d'avouer que je n'avais pas agi à bon droit. C'est par peur du feu que je l'ai dit !

Mgr Cauchon. – Tu crois que tes voix sont bien sainte Marguerite et sainte Catherine ?

Jeanne. – Oui, et de par Dieu !

Mgr Cauchon. – Et la couronne ?

Jeanne. – Je vous en ai tout dit au procès, le mieux que j'ai su.

Mgr Cauchon. – Sur l'échafaud, tu as dit que tu t'étais vantée mensongèrement que ce fussent sainte Catherine et sainte Marguerite ...

Jeanne. – Je ne l'entendais pas ainsi. Je n'ai pas entendu rétracter mes apparitions ; tout ce que j'ai fait, c'est par peur du feu ; je n'ai rien rétracté qui ne soit contre la vérité. J'aime mieux faire ma pénitence en une fois, et mourir, que d'endurer plus longtemps votre peine de prison.

Je n'ai jamais fait rien contre Dieu ou la foi, quoi que vous m'ayez forcée à rétracter ; ce qui était dans la cédule de l'abjuration, je n'y ai rien compris ! Et à ce moment-là j'ai dit que je n'entendais rien rétracter, sauf s'il plaisait à Notre-Seigneur.

Si vous le voulez, je reprendrai l'habit de femme. Mais quant au reste, je ne changerai pas.

Mgr Cauchon, Président du Tribunal ecclésiastique . – Et nous en tirerons les conclusions !

Délibération sur la cause de relapse

29 MAI Tous les juges déclarent Jeanne hérétique, relapse, à déférer au bras séculier.

Citation de l'accusé a comparaître

Pierre, par la miséricorde divine, Evêque de Beauvais, Jean le Maistre, vicaire de l'insigne docteur Maître Jean Graverent, Inquisiteur de la foi et de la perversité hérétique, député par le Saint-Siège Apostolique dans le royaume de France.

A tous les prêtres... mandons à chacun en particulier que vous citiez ladite Jeanne à comparaître en personne, demain, à huit heures du matin, sur la place du Vieux Marché à Rouen, pour y être déclarée par nous relapse, excommuniée et hérétique, avec les sommations accoutumées.

Exécution de la sentence

30 MAI Place du Vieux Marché, neuf heures du matin.
Jeanne est sur une estrade.
Nicolas Midi, insigne docteur en théologie développe une prédication ...
Puis il lit solennellement la sentence.

IN NOMINE DOMINI. AMEN

Aussi souvent que l'hérésie infecte de son poison pestilentiel un membre de l'Église et le transforme en membre de Satan, il convient avec un zèle ardent, d'empêcher que la contagion pernicieuse ne se répande aux autres parties du Corps Mystique du Christ. Les institutions des Saints Pères ont prescrit de séparer du milieu des Justes les hérétiques invétérés, plutôt que de laisser réchauffer dans le sein de notre pieuse Mère l'Église, pour le grand péril des fidèles, ce venin de vipère.

... C'est pourquoi Nous, Pierre, par la miséricorde divine Evêque de Beauvais, et frère Jean le Maistre, vicaire de l'Insigne docteur Jean Graverent, Inquisiteur de la perversité hérétique, et spécialement délégué par lui pour ce procès, nous te déclarons, Jeanne communément appelée la Pucelle, schismatique, idolâtre, invocatrice de diables, et caetera, et caetera ...

Attendu toutefois que l'Église ne fermant jamais son sein à qui fait retour, nous avions cru que tu étais sincèrement revenue de tes erreurs, et de tes crimes, par toi publiquement rétractés certain jour ; attendu que tu avais promis de n'y jamais retomber ;

Attendu pourtant qu'à l'instigation de l'auteur de tout schisme et d'hérésie se ruant dans ton cœur pour le séduire, tu y es (proh dolor !) retournée, ainsi que le chien retourne à son vomi ;

Attendu que les faits sont suffisamment patents, et qu'en des jugements sans équivoque, nous avons pu reconnaître le caractère superficiel de ta rétraction.

Par ces motifs, nous te déclarons de nouveau passible de l'excommunication que tu avais encourue, relapse en tes erreurs et hérétique ; par cette sentence, Nous, siégeant en Tribunal, déclarons que tu dois être comme un membre gangrené rejetée de l'unité de l'Église, afin de ne point infecter les autres membres, retranchée de son corps et abandonnée au bras séculier.

Nous supplions le bras séculier de modérer envers toi son jugement, en-deça de la mort et de la mutilation des membres ; et si des signes de vraie pénitence apparaissent en toi, que te soit administré le Sacrement de la Pénitence.

> (Aussitôt après la lecture, le Tribunal ecclésiastique se retire, en vertu de l'adage : « Ecclesia abhorret a sanguine. » La sentence est immédiatement exécutée : l'accusée, livrée au bourreau, monte sur le bûcher préparé afin d'y être brûlée vive.)

Quelques réflexions et constatations touchant le procès

Les derniers jours de la tragédie de Rouen viennent d'être rappelés, sous réserve des manipulations que le texte aurait subi.

Cet étrange procès demande à être revu patiemment et sondé dans ses multiples aspects.

Dès le début, Jeanne fut informée qu'elle serait interrogée sur des points touchant la foi. Elle ne comprend pas. Pourquoi lui faire un procès en matière de foi et ne pas la considérer comme prisonnière de guerre tout simplement ?

Si elle pouvait parler librement avec le Président de ses origines, cette situation changerait, mais elle n'en a pas le droit.

21 FÉVRIER – Quant à mes révélations de par Dieu, je n'en ai jamais parlé ni fait confidence qu'à Charles mon roi, dit-elle. Dusssiez-vous me couper la tête que je n'en dirais rien. Car mes visions, mon Conseil secret, m'ont défendu de le faire. Toutefois, je saurai avant huit jours si je suis autorisée à les révéler.

Pourtant, en confession, il lui serait possible d'évoquer la vérité. Son confesseur ne pourrait divulguer cette conversation mais, redevenu juge, il devrait en conscience abandonner ce procès d'inquisition et la traiter uniquement en prisonnière de guerre.

21 FÉVRIER Aussi, quand l'Evêque Cauchon lui demande :« Récitez le Pater s'il vous plaît ». Elle lui dit :« Entendez-moi en confession et je vous le réciterai bien volontiers. »

L'Évêque insiste sans retenir la proposition de Jeanne, il sait trop ce qu'elle contient.

Comme Jeanne persiste dans son refus, il lui dit : – Et si je vous baillais une ou deux personnalités notables, de nationalité française, est-ce que vous leur réciteriez le Pater ?

– Non, répond Jeanne, à moins qu'elles ne m'entendent en confession. Cette confession elle ne l'obtient pas et le lendemain elle lance aux juges :

22 FÉVRIER – Ah ! si vous étiez bien informés de moi, tous, vous devriez souhaiter que je fusse hors de vos mains ! Je n'ai rien fait que par révélation ...

Et parmi ces révélations il y a celle de son origine.

Jeanne essaie encore autre chose. Le roi peut parler, lui, il peut ordonner la communication du livre de Poitiers.

Ce même jour elle raconte : – Avant que le roi m'eut mise en besogne, il eut beaucoup d'apparitions et de belles révélations lui aussi.

Maître Beaupère. – Quelles révélations, quelles apparitions ?

Jeanne. – Je ne vous le dirai pas. N'attendez pas encore de réponse, allez donc demander au roi, et lui vous répondra !

27 FÉVRIER Pendant la quatrième audience elle dit au juge. – A mon roi j'ai tout révélé un jour parce que cela le regardait. Mais je n'ai pas encore congé de vous révéler ce que m'a dit saint Michel. Vous qui m'interrogez, je voudrais bien que vous eussiez la copie du livre qui est à Poitiers s'il plaisait à Dieu.

Jeanne croit fermement que les voix ont reçu de Dieu l'ordre de lui montrer sa mission. Mais, il lui faut se rendre à l'évidence, pour les réponses à donner au Tribunal, pour pouvoir révéler ce qui devrait la tirer des mains de l'Inquisition, et malgré qu'elle ait prié la voix de demander elle-même conseil au Seigneur sur ce qu'il lui fallait répondre, c'est à la cour de France que sainte Catherine et sainte Marguerite doivent prendre leurs directives.

Alors Jeanne demande aux juges les délais nécessaires : huit jours le 21 février ; quinze jours le 24 du même mois, et à d'autres moments encore.

Ces communications constituent un côté mystérieux du procès. Elles semblent résulter d'un accord contraignant et tacite entre les deux cours, et certains juges assistants les connaissent puisque Maître Beaupère demande à l'accusée :

24 FÉVRIER – Auriez-vous assez d'autorité sur la voix pour qu'elle vous obéisse et apporte un message au roi ?

Sur l'autorisation demandée, Charles VII conserve un mutisme glacial. Jeanne devra supporter son angoisse jusqu'au bout.

Sans doute, Jeanne a bien reçu de ses voix la promesse qu'elle serait délivrée.

24 FÉVRIER Maître Beaupère la questionne à ce sujet. – Votre Conseil vous a-t-il révélé que vous vous évaderiez ?

Jeanne se contente de répondre. – J'ai à vous le dire ? Et l'on passe à autre chose.

Quelques jours plus tard.

1er MARS Le juge. – Vos voix vous ont dit qu'avant trois mois vous seriez libérée ?

Jeanne. – Ce n'est pas de votre procès. Je ne sais quand je serai libérée. Ceux qui veulent m'ôter de ce monde pourraient bien en partir avant moi en tous cas !

Le juge. – Votre Conseil vous a-t-il dit que vous seriez délivrée de votre prison actuelle ?

Jeanne. – Reparlez-m'en dans trois mois, et je vous répondrai. Demandez donc aux assesseurs de dire sous serment si cela regarde le procès.

Les assesseurs consultés par le Président, donnent une réponse affirmative.

Jeanne. – Je vous ai toujours dit que vous ne sauriez pas tout. Il faudra bien que je sois libérée un jour, mais si je vous le dis, je veux en avoir congé, aussi, je vous demande un délai.

3 MARS Le juge. – Avez-vous appris par révélation que vous vous évaderiez ?

Jeanne. – Cela ne regarde pas le procès. Voudriez-vous que je parlasse contre moi-même ?

Le juge. – Est-ce que vos voix vous ont touché mot là-dessus ?

Jeanne. – Ce n'est pas votre procès, je m'en rapporte à Dieu. Si tout vous regardait, je vous dirais tout. Par ma foi, je ne sais ni le jour ni l'heure où je m'évaderai.

Le juge. – Vos voix vous ont-elles touché quelques mots de ça... d'une façon générale ?

Jeanne. – Oui vraiment ! Elles m'ont dit que je serais délivrée mais je ne sais ni le jour ni l'heure. Et aussi que je fasse hardiment joyeux visage.

14 MARS Sainte Catherine m'a dit que j'aurais secours ; je ne sais si ce sera d'être délivrée de la prison, ou si, pendant le procès, surviendra quelque trouble par quoi je puisse être délivrée ; je pense que ce sera l'un ou l'autre. Le plus souvent, mes voix me disent que je serai délivrée par une grande victoire ; et après elles me disent : « Prends tout en gré ne te préoccupe de ton martyre tu t'en viendras enfin au royaume de Paradis. »

Et cela, elles me le disent purement et simplement, sans faute. J'appelle « martyre » la peine et l'adversité que je souffre en ma prison, et je ne sais si j'en souffrirai de plus grand ; mais je m'en rapporte à Notre-Seigneur.

Au cimetière de Saint-Ouen, Jeanne se sent délaissée du roi, délaissée de tous.

L'Évêque, pour venir à bout de sa résistance, l'a de nouveau chargée de fers et elle est mal remise d'une maladie grave. Deux semaines plus tôt, elle fut amenée devant le spectacle infâme des deux bourreaux face à leurs instruments de torture. Les trois mois au bout desquels elle pensait être libérée, touchent à leur fin et jamais sa situation ne fut à un tel point sinistre. Alors elle désespère, sa volonté craque, c'est l'abjuration.

Dans les jours qui suivent, Jeanne se ressaisit peu à peu, reprend l'habit d'homme et réaffirme l'origine divine de sa mission et de ses voix.

Mais il y a peut-être lieu d'apporter quelques nuances au récit de ces événements à l'aide de détails contenus dans certaines dépositions de 1456, et qui trouvent une justification dans les paroles de Jeanne.

MASSIEU (T.)

– La cédule d'abjuration avait environ huit lignes. Elle disait que Jeanne ne porterait plus les armes, l'habit d'homme ni les cheveux ras, et encore bien d'autres choses...

Guillaume COLLES (T.) dit Boisguillaume Notaire au Procès

Longtemps Jeanne refusa de la signer, pressée de le faire, elle signa ensuite par peur, en marquant une croix.

MANCHON (T.) Notaire au Procès

– Elle souriait.

Et Jeanne souriait parcequ'elle venait de marquer d'une croix la cédule.

PROCÈS 1er MARS

Elle avait déclaré : – Quelquefois, je mettais une croix pour dire que celui à qui j'écrivais ne devait pas faire ce que je lui écrivais.

La croix signifiait pour Jeanne que ses résolutions étaient tout le contraire de ce que contenait la cédule.

Aussi le 28 mai, quand Cauchon lui rappelle : – Tu avais juré et promis de ne pas le reprendre (cet habit), elle peut lui répondre : – Jamais je ne l'ai entendu ainsi.

L'Évêque dit encore : – Sur l'échafaud, tu as dis que tu t'étais vantée mensongèrement que ce fusse sainte Catherine et sainte Marguerite...

Jeanne répète : – Je ne l'entendais pas ainsi.

MANCHON (T.)

Cette séance d'abjuration parut si suspecte, qu'un Anglais qui se trouvait là aurait dit à l'Évêque qu'il était un traitre, l'Évêque lui aurait répondu qu'il mentait.

MASSIEU (T.)

Un autre affirme qu'on entendit l'Évêque dire à quelqu'un : « Vous allez me faire des excuses ! », criant qu'on l'avait outragé, et qu'il ne procèderait pas plus avant, qu'il n'eut reçu des excuses.

Que disent les chroniqueurs de l'époque ?

Perceval de Cagny écrit : « En l'an MCCCCXXXI, le XXII jour du mois de may, le duc de Bethford, l'evesque de Terouenne et plusieurs autres du conseil du roy d'Engleterre lesquelz avoient veu et congneu les très grans merveilles qui estoient avenues à l'onneur et prouffit du roy par la venue et les entreprises de la Pucelle... la tindrent en leurs prisons audit lieu de Rouen, comme très envieulx de sa vie et de son estat, la questionnèrent et la firent questionner... désirans... de trouver en et sur elle... manière d'érésie... Et sur ces cas la preschèrent, et en la présence de plusieurs évesques, abbez et autres clers firent lire plusieurs articles contre elle. Et à la parfin jetèrent leurs sentences et par eulx fut condampnée et jugée à estre arsse.

Quant la Pucelle fut arsse.

On peult sçavoir que, pour faire l'exécution de si grant cas, les gens de la justice du roy d'Engleterre en ladite ville de Rouen firent appareiller lieu convenable... qui peult estre veu du très grant peuple et ledit XXIIj jour de may, environ l'eure de midy, fut amenée du chastel, le visage embronché, audit lieu où le feu estoit prest. Et après aucunes choses leues en ladite place fut liée à l'estache et arssez, par le rapport de ceulx qui disoient ce avoir veu. »

Perceval de Cagny est en contradiction sur plusieurs points, avec le texte du procès. Il cite Bedford comme étant de ceux qui interrogèrent Jeanne et ignore complètement l'évêque Cauchon ; assure que par eux, elle fut condamnée à être brûlée, et donne le vingt-trois mai pour date de l'exécution. Comme il ne fut pas témoin oculaire, il a soin de préciser : « par le rapport de ceux qui disaient avoir vu cela. »

Quant à Monstrelet, il reproduit uniquement la fameuse lettre envoyée de par le roi d'Angleterre au duc de Bourgogne – Document N° 6.

Elle contient un exposé tendancieux du procès. La Pucelle y paraît sous l'aspect le plus détestable. Les crimes dont on l'a chargée sont soigneusement énumérés. C'est parmi eux que se trouve le grief touchant le blason aux armes de France, et qui fut évoqué plus haut.

Et l'on va jusqu'à écrire que la justice séculière condamna Jeanne à être brûlée.

Rien ne fut négligé dans cette lettre pour frapper l'imagination du peuple, débarasser les soldats anglais de la terreur inspirée par la Pucelle, et détruire la confiance que les siens lui vouaient.

C'est cette lettre, largement et rapidement diffusée, qui enracina partout la croyance que Jeanne avait été brûlée.

30 mai 1431

Dès le matin et avec l'autorisation des juges, Jeanne aurait reçu les sacrements de la confession et de l'eucharistie administrés par Martin Ladvenu.

Plus tard dans la matinée, une femme fut amenée du chastel sur la place du Vieux Marché de Rouen.

L'Inquisition coiffait ses victimes d'une mitre sur laquelle étaient inscrites les accusations retenues contre elles. Et si le détail rapporté par Perceval de Cagny est exact, cette femme avait le visage embronché, c'est-à-dire, caché, probablement à l'aide d'un voile. De plus, elle était escortée par de nombreux soldats, largement séparée d'une foule immense, et bien peu dans cette multitude avaient vu la condamnée auparavant.

Celle qui allait être suppliciée ne pouvait avoir reçu les sacrements, elle était excommuniée.

Le juge civil ne lança pas contre elle immédiatement avant le supplice, un arrêt de mort. C'était inutile et contraire aux usages. Abandonnée au bras séculier elle dût, selon la procédure, comparaître devant le Tribunal civil. La sentence qui la condamnait à être brûlée était prononcée avant ce jour.

Laurent GUESDON (T.)

Comme le souligne ce témoin, bourgeois de Rouen, avocat à la cour civile :
– Le bourreau, sans plus, sans qu'aucune sentence eût été prononcée par le bailli ou moi-même, à qui cette charge incombait, s'empara de Jeanne, et la mena où les fagots étaient déjà préparés ; elle fut brûlée vive.

Il ne me semblait pas qu'on eût procédé régulièrement : peu après, un malfaiteur nommé Georges Folenfant fut de la même manière livré au bras séculier par sentence de la justice ecclésiastique ; il fut alors conduit « à la cohue », et condamné par la justice civile : on ne le mena pas si promptement au supplice.

Qui était la malheureuse victime de ce bûcher du 30 mai ?

Les archives de la Seine Maritime (47) pour les années 1430 – 1431, comportent les mentions suivantes :

« À Messire Jean Mathieu doyen de la ... par le commandement de ledit Seigneur pour la façon de l'échafaud fait au cimetière de Notre-Dame pour Alis Larousse et Cardine la Ferté pour le fait de la foi, auquel échafaud ils firent prêcher...

À lui pour un autre échafaud fait pour messire Jean Marchandise et Jean de Guyenne par le commandement de mesdits seigneurs. »

Cela, sans aucune précision de jour et de mois.

D'autres pages d'archive en très mauvais état citent encore de prétendues sorcières, mais ces pages sont postérieures à la période considérée.

Les services d'archives de la Seine Maritime m'ont informée par lettre (48) « qu'elles ne possèdent que très peu de références concernant l'emprisonnement et la condamnation au bûcher de Jeanne d'Arc, les voici :

– G 6126 (le document porte le N° 2126)

Délibération du Chapitre de Rouen, le 14 avril 1431, sur la demande de concession de territoire de l'évêque de Beauvais pour juger la Pucelle :

« Quandam mulherem en carceribus detentam... »

– G 32 : mention dans la délibération du 1er avril 1431, des chanoines « estans à l'eure au conseil pour le fait de la Pucelle » (il s'agit d'une des séances du procès de condamnation).

– G 6664 : Plan du château de Rouen en 1635... »

La série G concerne les pièces de l'Archevêché.

Et d'une autre lettre : « Je suis dans l'impossibilité de vous faire connaître les références portant la relation et les frais d'exécution de Jeanne, notre fonds du Parlement ayant subi de grandes destructions (notamment les sacs de procédure au début du XIXe siècle. »)

Pour tenter de découvrir la minute originale du procès de Rouen et peut-être également, le Livre de Poitiers ou sa copie j'ai adressé une demande à S.M. la Reine d'Angleterre, par l'Ambassade de Grande Bretagne, le 10 novembre 1980.

Ma lettre s'arrêta à Paris.

La réponse ne comportait que des références à des ouvrages connus. Puis il me fut conseillé de m'adresser à la Royal Library de Windsor Castel. »

Le bibliothécaire du château de Windsor, par lettre du 20 décembre 1980, me fit savoir « qu'il n'existe aucun manuscrit dans les Archives Royales pour la période considérée.

Le premier des souverains dont les papiers soient conservés dans les Archives Royales qui ne furent fondées qu'en 1912, est le roi Georges III – 1780-1820 – et il n'y a pas d'autres documents d'importance, antérieurs au 18e siècle ».

Le 1er février 1981, j'écrivais directement à S.M. la Reine en ces termes :

Madame,

J'ai l'honneur d'exposer à Votre Majesté que, pour les nécessités d'un ouvrage sur Jeanne la Pucelle, je recherche des documents authentiques, en particulier la minute française du procès qui lui fut intenté à Rouen en 1431, et dont un exemplaire fut établi pour S.M. le Roi d'Angleterre ; ainsi que le Livre de Poitiers contenant les interrogatoires qu'elle subit en cette ville.

Sir Robin Maoworth Young a bien voulu m'indiquer qu'il n'existe aucun manuscrit dans les Archives Royales pour la période concernée.

Si toutefois ces pièces, ou d'autres ayant trait à Jeanne la Pucelle, ou encore une tradition orale, étaient conservées secrètement, je demande très respectueusement à Votre Majesté l'autorisation que j'y aie accès, et qu'elles soient divulguées, afin que la vérité s'établisse avec des documents authentiques, sur une affaire où les peuples, officiellement, n'ont droit jusqu'à présent, qu'à la légende.

Daigne Votre Majesté agréer l'expression de mon profond respect.

Cette lettre est demeurée sans réponse.

Virginité de Jeanne

D'après des témoins du procès de Réhabilitation, Jeanne aurait subi un deuxième examen de virginité à Rouen pendant le procès, voici leurs dépositions :

Guillaume de la CHAMBRE (T.)

– J'ai su que Jeanne avait été examinée pour savoir si elle était vierge ou non, et que l'examen avait été concluant.

Thomas de COURCELLES (T.)

– Jamais je n'ai entendu débattre de l'éventualité d'un examen de Jeanne pour savoir si elle était vierge ou non. Je le crois pourtant vraisemblable, ayant entendu dire par l'évêque de Beauvais qu'elle avait été reconnue vierge. Je pense que s'il en avait été autrement, qu'elle n'eût pas été intacte on ne l'aurait pas caché au procès.

Jean MONNET (T.)

– J'ai su que, durant le procès, Jeanne fut examinée pour savoir si elle était vierge, et reconnue comme telle, en effet je m'en souviens parce que, tandis qu'on l'examinait pour la virginité, on remarqua qu'elle avait eu les parties inférieures abimées par l'équitation.

Jean MARCEL (T.) – J'ai su que la dame, duchesse de Bedford avait fait examiner Jeanne pour savoir si elle était vierge ou non, et qu'on l'avait reconnue vierge.

Guillaume COLLES Greffier (T.) – J'ai su de plusieurs personnes dont les noms m'échappent, que Jeanne avait été examinée par des matrones, et reconnue vierge, c'était la duchesse de Bedford qui avait fait faire cet examen.

CUSQUEL (T.) – J'ai su que la duchesse de Bedford avait fait examiner Jeanne pour savoir si elle était vierge ou non et on la reconnut vierge. Cela je l'ai su de plusieurs personnes dont je ne me souviens pas.

André MARGERIE (T.) – Je crois qu'on l'examina pour savoir si elle était vierge ou non, mais en vérité je n'oserais pas l'affirmer, je sais toutefois que, durant le procès, elle était réputée vierge.

On sait avec quelle prudence il faut observer les dépositions des témoins de 1456, et à quelles pressions ils furent soumis.

Mais il est certain que si Jeanne n'avait pas été considérée comme vierge, cela se serait proclamé au procès.

12 MARS Au contraire cette virginité était implicitement reconnue, et même, Jean de la Fontaine y fait une discrète allusion lorsqu'il dit à Jeanne : « Quand vous avez promis à Notre-Seigneur de garder votre virginité, était-ce à lui que vous parliez ? »

Il y a peut-être en ceci une suprême habileté de l'évêque Pierre Cauchon, par laquelle il laisse entendre à tous ceux qui veulent y réfléchir, que Jeanne n'avait pas été brûlée.

En effet il était de règle, pour les tribunaux ecclésiastiques ou d'inquisition que « l'âme pure d'une vierge ne pouvait avoir de commerce avec le diable. »

Après le bûcher

Après la clôture du procès, immédiatement suivie de cette lettre annonçant partout l'infamie et la mort de Jeanne sur le bûcher, on constate ces choses stupéfiantes, Charles VII n'oppose aucun démenti aux calomnies proférées contre celle à qui il doit sa couronne, calomnies qui le menacent directement. Et la Cour d'Angleterre n'utilise pas la conclusion du procès pour déclarer hautement l'illégimité du Sacre de Charles VII, obtenu par le moyen d'une femme hérétique et sorcière.

En quoi les deux parties paraissent obéir à une obligation impérieuse et réciproque.

Les difficultés ne sont pas terminées pour Pierre Cauchon.

Si la survie de Jeanne est connue des initiés, elle n'a probablement pas pu être cachée à quelques-uns qui ne sont pas dans le secret.

Les « Chroniques d'Angleterre » (49) racontent :

« La Pucelle fut prise, armée comme un homme, et de nombreux autres capitaines avec elle. Ils furent tous emmenés à Rouen et là elle fut mise en prison, jugée et condamnée au bûcher. Elle déclara alors qu'elle était enceinte, en conséquence de quoi elle connut un certain répit. Mais on découvrit qu'en fait elle ne l'était pas, elle fut alors brûlée à Rouen... »

Quicherat, réputé pour avoir publié tous les écrits connus sur Jeanne, note ce passage et le commente ainsi : « Deux choses sont à retenir de cette fausseté : d'abord qu'elle a été répétée par le peu judicieux Polydore Vergile à l'intention d'en tirer un effet pathétique, ensuite qu'elle paraît être l'un des mille bruits mis en circulation lors du jugement, pour justifier aux yeux du peuple anglais les lenteurs de la procédure. »

Les arguments de Quicherat sont surprenants. Pour ma part, je ne peux y voir qu'une prise de position tendancieuse. Si un fait est répété par un personnage estimé peu judicieux, est-il nécessairement une fausseté ?

Le propos de Quicherat peut facilement égarer quand il dit que : « Cette fausseté ... paraît-être l'un des mille bruits mis en circulation lors du jugement, pour justifier aux yeux du peuple anglais les lenteurs de la procédure. »

La procédure comporte quatre temps : la poursuite, l'instruction, le jugement et l'exécution.

Dans le commentaire de Quicherat on peut aussi bien entendre, la lenteur des débats. Or, la déclaration attribuée à Jeanne est postérieure à la prétendue condamnation au bûcher, elle ne peut donc justifier une lenteur dans les débats, mais une lenteur après jugement, à exécuter la Pucelle sur le bûcher.

Faut-il voir, dans cette déclaration, un subterfuge de Pierre Cauchon pour n'être plus importuné ni suspecté ? Mais que va-t-il faire de Jeanne ? Elle ne peut être remise en liberté et n'accepterait pas de se retirer discrètement, sa résolution inébranlable la conduirait à reprendre les armes. Et il faut l'éloigner au plus tôt de la zone d'influence des Anglais et des Bourguignons.

Bien loin de Rouen règne sur la Savoie le duc Amédée VIII. Il est bon de connaître les attaches familiales de ce grand personnage arrière-petit-fils du roi de France Jean II.

Sa mère Bonne de Berri, fille du défunt duc Jean de Berri, un des frères de Charles V, avait épousé, en premières noces le duc de Savoie, Amédée VII qui combattit en France contre les anglais et mourut en 1391.

Amédée VIII régna d'abord sous la tutelle de sa grand-mère, Bonne de Bourbon.

Bonne de Berri se remariait alors avec Bernard d'Armagnac et leur fille fut mariée au duc Charles d'Orléans dont Amédée VIII était dès lors le beau-frère.

La femme d'Amédée fut Marie de Bourgogne.

La fille d'Amédée est devenue la jeune reine de Sicile par son mariage avec Louis III d'Anjou, roi titulaire d'Aragon et de Sicile, duc d'Anjou et comte de

Provence. Elle était de ce fait, belle-sœur de la reine de France, belle-fille de Yolande d'Aragon duchesse d'Anjou reine de Sicile et belle-mère du roi ; de Yolande qui a tenu et continuera de tenir une place aussi importante qu'habillement discrète dans l'histoire de ce temps.

En 1427, le duc Amédée VIII de Savoie vendit le château de Montrottier situé non loin d'Annecy, à son vassal et homme de confiance, le comte Pierre de Menthon.

Exiler Jeanne en Savoie était une solution offrant toutes les garanties.

Et le duc Amédée VIII à qui tous pouvaient se fier, s'était déjà entremis pour ramener la paix entre le roi de France et le duc de Bourgogne.

Plus tard, au moment de la discorde entre Eugène IV et une partie des Cardinaux du concile de Bâle, Charles VII interdira aux cardinaux français de suivre le pape Eugène à Ferrare, favorisant ainsi l'élection du duc de Savoie à la papauté.

Cette élection qui intermenda en 1439 profitera sans doute au roi de France. Pendant qu'Eugène IV se débattra contre cette élection, il n'aura pas toute la liberté nécessaire pour attaquer les mesures prises par le roi de France en 1438. Mais ce sera du même coup un sérieux appui accordé à Amédée VIII qui dénote le crédit dont jouissait celui-ci auprès du roi. Fût-il sollicité d'assumer la garde de Jeanne ? Obtint-il du comte de Menthon que Jeanne fut mise sous bonne garde au château de Montrottier ?

« Montrottier a aussi ses légendes, écrit M. Joseph Serand (50).

C'est ainsi qu'une salle du donjon qui renferme une forge et plusieurs placards en molasse, connue sous le nom de " Chambre de l'Alchimiste " passe pour l'ancien laboratoire de l'un de ces chercheurs de la pierre philosophale du moyen âge. On raconte également que dans la pièce située au-dessus de la précédente, dite " Prison de la Pucelle ", une jeune fille qui y aurait été enfermée pour ne pas avoir voulu se prêter aux exigences de son seigneur, aurait marqué ses jours de captivité par des traits gravés sur l'embrasure de la fenêtre de sa logette. Inutile de dire que l'on chercherait en vain aujourd'hui, les traces de ces souvenirs d'ennui. » Fin de citation.

On peut penser que l'imagination populaire ne connaissant pas l'histoire de la prisonnière a pu forger un motif à sa captivité.

On disait aussi en Savoie que Jeanne aurait été cachée à Miolans ou à Montmelian.

D'une lettre qui m'est adressée par M. le comte de Menthon (51) le descendant des anciens propriétaires du château de Montrottier, j'extrais ceci :

« Je me rappelle que les spécialistes se sont toujours demandé pourquoi au 15e siècle, alors que les guerres féodales n'existaient plus, et alors aussi que Montrottier se trouvait en dehors des grandes voies d'accès de France vers la Savoie et les cols alpestres, pourquoi si tardivement une nouvelle tour de défense a été construite à Montrottier.

Mais si à la base de l'hypothèse Sermoise (emprisonnement de Jeanne à Montrottier) il y a essentiellement l'action d'Amédée VIII, il y a bien peu de chances que son homme de confiance, Pierre de Menthon-Montrottier en ait laissé quelque trace écrite.

Ce serait peut-être aux archives de Turin qu'il faudrait chercher ou aux archives du Vatican car la question a pu être évoquée au procès de canonisation de Jeanne-d'Arc, qui n'a pas été facile ? »

Quelques événements de 1431 à 1436

D'autres événements marquent encore l'année 1431.

Le Pape Martin V meurt. Il avait promu un concile à Bâle pour l'unité de l'Église. Il fallait intimider les partisans de Jean Huss, forcer les Hussites ou Pragois à se convertir.

Son successeur, Eugène IV, a l'intention de délayer et transférer le concile ailleurs. L'empereur Sigismond, dans une longue lettre véhémente lui expose la nécessité d'agir rapidement lui fait entendre que sa réputation papale en dépend. Et Eugène IV remet le concile à Bâle.

Le duc Charles de Lorraine meurt lui aussi : la guerre éclate entre son beau-fils et héritier René d'Anjou, duc de Bar, et Antoine de Lorraine, comte de Vaudemont prétendant au duché.

Les Français et Bourbonnais font des ravages en Bourgogne où ils ont conquis plusieurs villes et forteresses. Ils menacent les marches de Picardie et le pays d'Artois.

Malgré cela, Philippe de Bourgogne envoie quelques renforts au comte de Vaudemont. René de Bar est battu et fait prisonnier.

3 Février 1432. – Par entreprise du maréchal de Boussac, plusieurs seigneurs s'assemblent à Beauvais, à environ six cents combattants, dans l'intention de prendre le châtel de Rouen.

Un petit groupe d'entre eux, ayant à sa tête un gentilhomme nommé Ricarville, au prix d'une trahison, peut entrer dans le châtel, en gagner une partie dont la grosse tour.

Ricarville retourne vers le maréchal, l'informe de la réussite de l'entreprise et lui demande de venir en toute hâte avec ses gens. Tous se mettent en chemin. N'étant plus qu'à une lieue de Rouen, ils commencent à débattre, l'un contre l'autre, pour avoir la plus grosse part du butin. Ne pouvant s'entendre ils s'en retournent, laissant leurs gens en danger. Ceux-ci, attaqués dans la grosse tour par les Anglais, sont contraints de se rendre.

Jean de Luxembourg s'empare de plusieurs forteresses en Champagne.

Avril 1432. – Les gens du roi Charles prennent par la force la cité de Chartres qui tenait depuis longtemps le parti des ducs de Bourgogne.

Les combats continuent avec leurs fortunes diverses et leur cortège de ruines et d'atrocités.

Anne, femme du duc de Bedford et sœur de Philippe de Bourgogne, meurt à Paris. Elle est enterrée aux Célestins, dans la chapelle où fut mis Louis d'Orléans.

Plusieurs du parti de Bedford redoutent que, par la mort de la duchesse, l'alliance entretenue depuis longtemps par son moyen, entre son mari et son frère le duc de Bourgogne, ne se refroidisse.

Au début de 1433 par le moyen du duc de Bourgogne la paix est faite entre le duc de Bar et le comte de Vaudemont. Les deux parties promettent de restituer l'une à l'autre les villes et forteresses prises. Un mariage est conclu entre leurs enfants.

Un peu plus tard se fait le traité de paix entre le duc de Bar d'une part, et les comtes de Saint-Pol et de Ligny (Luxembourg) d'autre part.

Par ce traité, la comté de Guise, conquise par Jean de Luxembourg, bien qu'appartenant à René de Bar, demeure à Jean de Luxembourg, en faveur de qui, pour plus de sûreté, René doit se déssaisir également du châtel de Bohain. Un nouveau mariage est conclu entre une de ses filles et le second fils du Comte de Saint-Pol. Après quoi, il retourne en son duché de Bar.

Jean de Lancastre, duc de Bedford se remarie avec une jeune fille de dix-sept ans. Elle est fille de Pierre de Luxembourg, comte de Saint-Pol, nièce de Louis de Luxembourg évêque de Thérouanne et chancelier de France pour le roi Henri, nièce également de Jean de Luxembourg. Ce mariage traité par l'évêque, déplaît fort au duc de Bourgogne qui n'a pas été consulté.

Au mois de mai, les ducs de Bedford et de Bourgogne, pressés par leur entourage de se réconcilier, viennent à Saint-Omer. Ils avaient échangé des paroles haineuses. Mais aucun des deux ne veut faire les premiers pas. Des seigneurs vont en vain de l'un à l'autre. Le cardinal d'Angleterre lui-même voit tous ses efforts échouer.

Les ducs de Bedford et de Bourgogne quittent Saint-Omer encore plus mécontents l'un de l'autre qu'auparavant.

En ce temps le roi Charles se tient souvent au château de Chinon. Auprès de lui est le seigneur de la Trémoille qui gouverne toutes choses. Charles d'Anjou, troisième fils de Yolande, ainsi que d'autres seigneurs, en est très fâché. Tous l'ont en haine. Au nombre de seize, ils s'emparent de la Trémoille qu'ils trouvent dans sa chambre, l'emmènent, lui enlèvent le gouvernement du roi et lui font promettre de ne plus retourner auprès de Charles VII. Yolande d'Anjou en est débarrassée.

Au mois d'octobre, Jean de Luxembourg part au combat, emmenant avec lui son neveu, le jeune comte de Saint-Pol dont le père vient de mourir, quatre à cinq mille combattants et douze cents Anglais.

Une bataille est livrée devant la ville de Laon. Et, dit le chroniqueur : « fut-ce jour le jeune comte de Saint-Pol mis en voie de guerre, car le comte de Ligny son oncle, lui en fit occire aucuns (plusieurs), lequel y prenoit moult grand plaisir. »

L'année précédente, des gens de guerre, du parti du roi Charles, du roi Henri ou du duc de Bourgogne, s'étaient installés dans des forteresses qu'ils avaient réparées. De là ils couraient le pays, causant de grands dommages par le feu, le pillage et l'épée. Les pauvres laboureurs ne savaient où aller, n'étaient secourus par aucun seigneur.

Au mois de septembre 1433, La Hire, plusieurs capitaines du roi Charles : Antoine de Chabannes, Blanchefort, Charles de Flavy, Regnault de Longueval et d'autres, avec bien quinze cents combattants, se mettent en campagne, s'emparent d'un grand nombre d'hommes qu'ils emmènent avec eux, et s'en vont en plusieurs compagnies piller et incendier. Après quoi, sans perte de leurs gens, ils s'en retournent dans leurs garnisons dont ils étaient venus.

A Chambéry vont se célébrer les noces du comte de Genève, fils du duc de Savoie.

Le duc de Bourgogne, petit cousin germain du comte de Genève, est invité. Assiste à la cérémonie la jeune reine de Sicile, femme du roi Louis duc d'Anjou. Est là également, René d'Anjou duc de Bar.

Durant ce temps, étaient venus au concile de Bâle, l'empereur et plusieurs seigneurs de diverses nations, tant ecclésiastiques que séculiers, lesquels cherchaient à apaiser la discorde entre le roi de France d'une part, et le roi d'Angleterre et le duc de Bourgogne d'autre part.

« Entre-temps vinrent nouvelles au dit concile qui leur furent moult plaisantes, c'est à savoir que les Pragois avaient été déconfits et morts de huit à dix mille personnes par les nobles du pays de Behaigne, et par avec eux six cents hommes de guerre que ceux du dit concile avoient envoyés à leur aide. Et bref ensuivant, furent occis deux prêtres qui étaient capitaines des errants dont l'un étoit nommé Protestus du Tabouret, et l'autre Lupus, et avec eux six mille de leur secte. Si fut lors conquise la grand'cité de Pragues et nettoyée des mécréants et grand'partie du Pays. Si envoyèrent ceux de Behaigne (Bohême) leur ambassadeur au Concile pour avoir absolution et confirmation de la foi catholique... Et derechef vinrent les ambassadeurs du roi de Castille et des Espagnols en très grand état, au dit lieu de Bâle, et étoient bien quatre cents personnes et deux cents mulets, sans les chevaux... »

Au mois de juin 1434, Louis III d'Anjou, roi titulaire de Sicile, meurt à Cosenza-Calabre. Son frère René, duc de Bar et de Lorraine, hérite ses domaines et ses titres.

A la fin de l'année 1434, ont lieu des pourparlers secrets en vue de rétablir la paix entre le duc de Bourgogne et son beau-frère le duc de Bourbon du parti Armagnac ou de Charles VII, lesquels s'étaient longuement et très cruellement combattus.

Entre leurs ambassadeurs, il est conclu que les prérogatives et honneurs iraient au duc de Bourgogne.

Après avoir solennisé les fêtes de Noël et des rois en sa ville de Dijon, Philippe de Bourgogne vient en grand appareil à Nevers, y attendre son beau-frère le duc de Bourbon, sa sœur la duchesse et deux de ses neveux. Sa sœur et ses neveux arrivent d'abord, des réjouissances marquent les retrouvailles.

En conseil, il est ordonné que l'on mandera Arthus de Bretagne et l'Archevêque de Reims.

Peu de jours après, arrive le duc de Bourbon accompagné de Messire Christophe de Harcourt, du Seigneur de la Fayette Maréchal de France et de plusieurs autres notables et vaillants chevaliers et écuyers.

Quand ils approchent, le duc de Bourgogne va hors de la ville au devant de son beau-frère le duc de Bourbon. Ils se font l'un à a l'autre très grand honneur et révérence, faisant semblant d'avoir l'un pour l'autre un grand amour fraternel. Si bien qu'un chevalier de Bourgogne dit haut et clair : « Entre nous autres, sommes bien mal conseillés de nous aventurer et mettre en péril et danger de corps et d'âme pour les singulières volontés des princes et grands seigneurs, lesquels, quand il leur plaît se réconsillent l'un avec l'autre, et souventes fois advient que nous en demeurons pauvres et détruits. »

Le lendemain, les deux ducs et la duchesse entendent la messe ensemble, la paix est conclue et de grandes réjouissances ont lieu au frais du duc Philippe qui le voulait ainsi.

Arrivent à Nevers, Arthus de Bretagne comte de Richemont, connétable de France qui, lui aussi, avait épousé une sœur du duc de Bourgogne et Regnault de Chartres archevêque et duc de Reims, grand chancelier de France.

Plusieurs conseils sont tenus, en vue de rétablir la paix et la réconciliation entre le roi de France et le duc de Bourgogne.

Les ambassadeurs de Charles VII font plusieurs offres au duc de Bourgogne « pour l'intérêt de la mort de Jean son père », lesquelles offres lui furent assez agréables. Une journée de convention se tiendra à Arras pour accomplir le reste.

On fit connaître ces décisions en divers royaumes et contrées, au pape et au concile de Bâle afin que chacun puisse y envoyer ses ambassadeurs.

René, duc de Bar fait assiéger la ville de Commercy dont le seigneur, disait-il lui devait obéissance. Après intervention du connétable de France, le seigneur de Commercy promet obéissance et le siège est levé.

Le duc Amédée VIII de Savoie, âgé de cinquante-six ans, dans une intention qui apparaîtra plus tard, se fait ermite en son manoir de Ripaille qu'il avait fait édifier grandement avec abbaye et prieuré de l'ordre de Saint Maurice. Il a demandé à deux nobles de s'y retirer aussi et de lui tenir compagnie. Il confie le gouvernement de la Savoie à son fils aîné.

Son habit, robe, long mantel et chaperon, est gris avec un bonnet vermeil. Par-dessus la robe, une ceinture dorée, et par-dessus le mantel, une croix d'or, assez pareille à celle que portent les empereurs d'Allemagne.

Et, nous raconte Monstrelet, il retient vingt de ses serviteurs pour son service. Ses deux compagnons font de même, selon leur état. « Et se faisoient, lui et ses gens, servir, au lieu de racines et d'eau de fontaine, du meilleur vin et des meilleures viandes qu'on pouvait rencontrer. »

Depuis ce temps-là, le mot ripailles, sert à désigner les excès de table.

Au mois de juillet viennent à Arras deux cardinaux envoyés par le Pape et par le concile de Bâle. Plusieurs ambassadeurs de divers pays arrivent également afin d'assister au parlement qui doit se tenir pour la paix.

Puis viennent les ambassadeurs du roi Henri d'Angleterre, ceux du duc de Bourgogne et ceux du roi de France. Parmi les participants est Thomas de Courcelles. Et le dix-neuf août, arrive le cardinal de Vincester.

La Hire combat pour le roi Charles et entre temps pour lui-même.

Pendant que le parlement pour la paix se tient à Arras, le 25 août, La Hire et Pothon de Sainte-Treille, avec six cents combattants, s'en vont courir et fourrager le pays du duc de Bourgogne qui en est informé et envoie à leur poursuite plusieurs seigneurs et des combattants auxquels se joignent des Anglais.

Un engagement a lieu. Les Français se retirent sur une montagne avec des paysans qu'ils ont capturés, du bétail et autre butin.

Il faut l'intervention du duc de Bourbon et du comte de Richemont pour les obliger à partir après avoir rendu la plus grande partie des prisonniers et le bétail.

Le six septembre 1435, le cardinal de Vincester et toute l'ambassade d'Angleterre quittent la convention d'Arras. Aucun accord n'a pu être conclu entre eux et les Français, et il se doutent bien de la réconciliation entre Charles VII et le duc de Bourgogne.

Le cardinal et les siens retournent à Calais, et de là, en Angleterre.

Quelques jours plus tard le duc de Bedford meurt dans le château de Rouen.

Le 21 septembre, la reine de France Isabeau de Bavière, expire à Paris, en l'hôtel Saint-Pol. Le duc de Bourgogne lui fait faire un service dans une église d'Arras, auquel il assiste en habits de deuil.

Après le départ des Anglais, Français et Bourguignons délibèrent. La paix conclue est annoncée par le duc de Bourgogne dans une proclamation qui commence ainsi :

« Philippe, par la grâce de Dieu, duc de Bourgogne, d'Autriche, de Brabant et de Lembourg ; comte de Flandre, d'Artois et de Bourgogne ; palatin de Hainaut, de Hollande, de Zélande et de Namur ; marquis du Saint-Empire, Seigneur de Frise, de Salm et de Malines, ... »

Ensuite, il expose que, pour parvenir à la paix, les ambassadeurs des trois parties se sont réunis à Arras. Dans son énumération des principaux participants figure l'évêque de Lisieux (Pierre Cauchon).

« – Il fut fait aux Anglais, dit-il, de grandes et notables offres qui parurent à tous, justes et raisonnables, mais ils ne voulurent pas les accepter... »

Puis il passe aux Français –, les cardinaux nous ont exhortés, pour la paix avec le roi... « moyennant que, par le cas de la mort de feu notre cher seigneur et père... et pour notre intérêt en cette partie, nous seraient, par mon dit seigneur le roi ... faites offres raisonnables afin de satisfaction... »

Les ambassadeurs du roi Charles font savoir en son nom, au duc de Bourgogne, que la mort du duc Jean fut uniquement faite par ceux qui perpétrèrent le dit cas... il lui en a toujours déplu, il était trop jeune, etc...

Le roi fera prendre tous ceux qui perpétrèrent ce cas, ou furent consentants ,... pour les punir en corps et en biens. Ils seront bannis...

Le roi fera construire plusieurs édifices religieux et fera dire des messes perpétuelles pour le duc Jean.

Dans l'abondante liste des obligations auxquelles se sommet le roi, figure une énorme somme à verser au duc en plusieurs années, pour le dédommager de la perte des joyaux de son père.

Puis vient l'énumération des territoires qui seront baillés par Charles VII au duc Philippe de Bourgogne, pour lui et ses hoirs, et les hoirs de ses hoirs, toujours de droite lignée, soit mâles ou femelles, suivie d'autres obligations.

- La cité et comté de Macon et Saint-Jangon.
- La cité et comté d'Auxerre.
- Les châtels, villes et châtellenies de Bar-sur-Seine.
- La garde de l'église et abbaye de Luxeul, ensemble, tous les droits, profits...
- Les châteaux, villes châtellenies et prévôtés foraines de Péronne, Mont-Didier et Roye.
- Toutes les cités, villes, forteresses terres et seigneuries appartenant à la couronne de France dessus la rivière de Somme, de l'un côté et de l'autre comme Saint-Quentin, Corbie, Amiens, Abbeville et autres ensemble, tout le comté de Ponthieu, deçà et delà la rivière de Somme, Dourlens, Saint Riquier, Crève-Cœur, Arleux, Mortagne... et toutes autres terres qui peuvent appartenir à la dite couronne de France, depuis la rivière de Somme inclusivement comprenant aussi au regard des villes entrant du côté d'Artois de Flandre et de Hainaut, tant du royaume comme de l'Empire...
- Boulogne restera au duc de Bourgogne.
- Les châtels, ville et seigneurie de Gien-sur-Loire, sous réserve de la production des lettres par lesquelles feu Jean, duc de Berri en a fait don au duc Jean de Bourgogne.
- Sera restituée aux comtes d'Etampes et de Nevers, la somme de trente deux mille deux cents écus d'or, que feu le roi Charles fit prendre en l'église de Rouen et qui appartenaient à Bonne d'Artois leur mère.
- Le seigneur de Bourgogne ne sera tenu faire foi ni hommage, ni service au roi, des terres et seigneuries qu'il tient à présent au royaume de France, ni de celles qui lui pourraient échoir ci-après par succession au dit royaume... durant la vie de lui ou jusqu'au décès du roi.

– Toutefois s'il advenait que les Anglais ou d'autres leurs alliés, fassent guerre au Seigneur de Bourgogne ou à ses pays et sujets à l'occasion de ce présent traité ou autrement, le roi sera tenu de secourir le seigneur de Bourgogne et ses pays et sujets.
– Le roi fera restituer et dédommager de leurs pertes et de leurs rançons, ceux qui furent pris le jour de la mort du duc Jean.

Suivent encore des articles où le roi s'oblige, et les princes de son sang avec lui.

Vient ensuite l'acceptation du traité par Philippe de Bourgogne : « Pour révérence de Dieu principalement, pour la pitié et grand'compassion que nous avons du pauvre peuple de ce dit royaume, qui tant a souffert, et aux prières, requêtes et sommations à nous faites par les cardinaux et ambassadeurs de notre Saint Père le Pape et le Saint Concile de Bâle, que nous tenons et réputons pour commandement... moyennant les offres et autres choses dessus écrites...

En notre ville d'Arras le vingt-unième jour du mois de septembre l'an mil quatre cent trente-cinq.

Le duc de Bedford n'est plus. Philippe de Bourgogne, à son immense avantage, s'est allié au roi de France. Il a rompu avec les Anglais auxquels l'accès à ses terres est désormais interdit.

La position de Charles VII vis-à-vis des Anglais se consolide.

Les Parisiens, demeurés attachés au duc de Bourgogne et considérant sa nouvelle alliance, ouvrent les portes de la capitale aux armées françaises le 13 avril 1436.

ALORS, MOINS DE TROIS SEMAINES PLUS TARD ET SOUS RÉSERVE DE QUELQUES SÛRETÉS À PRENDRE, JEANNE PEUT ENFIN RECOUVRER LA LIBERTÉ

Vers ce temps-là, l'évêque Cauchon ordonne à Thomas de Courcelles de mettre en forme le procès de Rouen. Et l'on touche probablement ici aux motifs ayant déterminé et cette mise en forme et les manipulations que cet ouvrage est réputé contenir.

Pierre Cauchon, l'ardent partisan du Traité de Troyes, le fidèle allié des Anglais, voit les chances de ceux-ci s'amenuiser. Ils ne peuvent plus espérer conquérir la France. C'en est fini des dispositions prises par Charles VI. Il faut s'incliner devant Charles VII, essayer de se le concilier. Alors il décide de faire établir un texte définitif du procès de Rouen où seront glissés des passages favorisant la légende.

Est-ce pour ce service rendu que Thomas de Courcelles, un des trois juges qui se prononcèrent à Rouen en faveur de l'application de la torture pour Jeanne, demeura, sous Charles VII, pourvu d'un canonicat à Notre-Dame de Paris ?

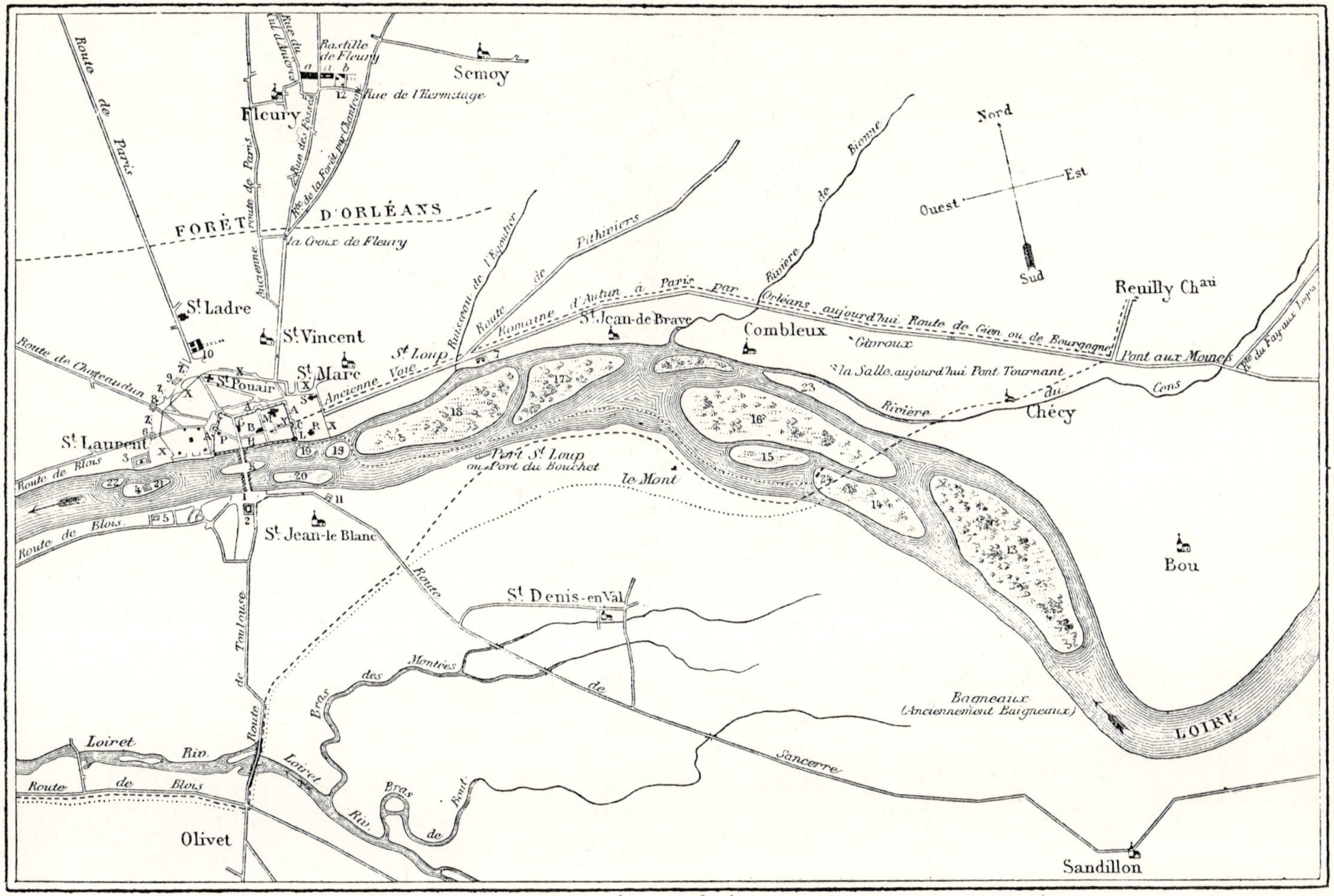

*Carte pour servir à l'intelligence des faits militaires qui ont précédé et suivi le siège d'Orléans, dans un rayon de quinze à vingt lieues de cette ville. D'après l'*Histoire du siège d'Orléans*, par Jollois. In-4°, Paris, 1833.*

Neuvième partie

Jeanne des Armoises

La Pucelle reparaît

« Le vingtième jour du mois de mai 1436, la Pucelle Jehanne qui avait été en France, vint à la Grange-aux-Hormes, près de Saint-Privey. Elle y fut amenée pour parler à quelques seigneurs de Metz. Elle se faisait appeler Claude.

Le même jour, ses deux frères arrivèrent auprès d'elle : l'un était chevalier et s'appelait Messire Pierre, l'autre Petit-Jehan écuyer. Ils croyaient qu'elle avait été brûlée. Aussitôt qu'ils la virent, ils la reconnurent, et elle les reconnut aussi.

Le lundi vingt-et-unième jour du dit mois, ils emmenèrent leur sœur avec eux à Bacquillon.

Le sire Nicolas Lowe ou Louve, Chevalier, lui donna un roussin ou cheval entier, du prix de trente francs, et une paire de houseaux. Le seigneur Aubert Boulay un chaperon, et sire Nicole Groignair une épée.

La Pucelle sauta sur le cheval très habilement, et dit plusieurs choses au sire Nicole Louve par lesquelles il entendit bien que c'était celle qui avait été en France. Elle fut reconnue par plusieurs détails, pour la Pucelle Jehanne de France qui amena sacrer le roi Charles à Reims.

Plusieurs voulurent dire qu'elle avait été brûlée à Rouen en Normandie.

Elle parlait par parabole, ne disait rien de ses intentions, et disait qu'elle n'avait pas de puissance avant la Saint Jean-Baptiste.

Ses frères l'emmenèrent, elle revint en les fêtes de la Pentecôte, en la ville de Marieulle, chez Jean Quenalt, elle y demeura environ trois semaines. Puis tous trois allèrent à Notre-Dame de Liesse.

Quand elle voulut partir, plusieurs personnes de Metz allèrent la voir à Marieulle, lui donnèrent plusieurs joyaux et reconnurent que c'était Jehanne la Pucelle de France. Joffroy Dex lui donna un cheval.

Elle s'en alla à Arlon, une ville dans le duché de Luxembourg.

A Arlon elle était toujours auprès de Madame de Luxembourg et y demeura longtemps, jusqu'au moment où le fils du comte de Warnenbourg l'emmena à Cologne chez son père le comte qui l'aimait très fort. Quand elle voulut partir il lui fit faire une très belle cuirasse.

Jeanne revint à Arlon, et là fut fait le mariage de Messire Robert des Hermoises chevalier et de Jeanne la Pucelle.

Le sire des Hermoises s'en vint avec sa femme la Pucelle demeurer à Metz, en la maison que le sire Robert avait devant Sainte Ségolaine. Ils se tinrent là tant qu'il leur plût. »

Ceci est extrait de la chronique du Doyen de Saint-Thibaut ou chronique de Metz. (52) – Document N° 7.

Ce récit de faits officiellement connus, laisse apparaître, tel un filigrane, le déroulement de l'histoire.

Lorsque les circonstances le permettent, cinq ans après le procès de Rouen, Jeanne est rendue à la liberté, à la vie normale. Les détails de cette libération se montrent comme très soigneusement préparés. Faut-il y voir l'œuvre de Yolande d'Aragon la belle-mère du roi, reine-mère de Sicile et duchesse d'Anjou ?

Sous le nom d'emprunt de Claude, pris par un souci de prudence pour la traversée de régions où elle pourrait être reconnue, Jeanne est amenée jusqu'à la Grange-aux-Hormes par une mystérieuse escorte qui disparaît et dont on ne sait rien d'autre. Cette escorte l'a conduite en ce lieu pour qu'elle y parle à des seigneurs de Metz.

Le chevalier Robert des Hermoises ou Armoises est, à l'évidence là, car le motif de cette entrevue est vraisemblablement leur mariage.

Cette union apparaît comme un arrangement conclu par la cour de France pour caser Jeanne, peut-être ainsi que cela fut projeté à la fin de l'année 1429, et pour la caser en Lorraine, c'est-à-dire hors de France, afin d'éviter toutes complications avec les Anglais. Si Jeanne se manifestait en pays de France, Charles pourrait redouter que les Anglais se servent du procès de Rouen pour lui faire perdre sa couronne, et encore, qu'ils dévoilent sa véritable filiation à celle de Jeanne.

Jean et Pierre d'Arc ont été envoyés vers la Pucelle. Ils arrivent auprès d'elle, ce même vingtième jour de mai pour remplacer l'escorte qui repart.

Le lendemain tous trois partent pour Bacquillon.

Jeanne retrouve des personnages qu'elle a connus quelques années plus tôt et reçoit d'eux des joyaux, deux chevaux, des houseaux, un chaperon et une épée. Elle fait un pèlerinage et demeure plusieurs semaines à Marieulle avant de partir pour Arlon après la Saint-Jean-Baptiste, parce que c'est dans les derniers jours de juin qu'elle doit être reçue par Elisabeth de Golitz, duchesse de Luxembourg, petite-fille de l'empereur Charles IV, nièce de l'empereur Venceslas II fils de Charles IV, et nièce de l'empereur régnant, Sigismond qui a succédé à son Frère.

Chez la duchesse doivent se faire les préparatifs du mariage de Jeanne.

Elisabeth, en 1410, reçut le duché de Luxembourg de son oncle, l'empereur Venceslas. L'année précédente elle avait épousé Antoine de Bourbon, duc de Brabant, frère de Jean-Sans-Peur et oncle de Philippe le Bon duc de Bourgogne, à qui en 1443, la duchesse laissera la jouissance du Luxembourg.

Elisabeth, contracta aussi un autre mariage avec Jean de Bavière, frère d'Isabeau, reine de France.

Voilà Jeanne installée pour plusieurs mois au château d'Arlon, en la compagnie de la duchesse, sa tante.

Comptes d'Orléans – 1436

Et l'heure est venue d'ouvrir un des anciens livres de comptes de la ville d'Orléans, arrivés merveilleusement intacts jusqu'à nous, où le trésorier inscrivait chaque dépense avec le motif qui l'avait entraînée.

Il est bien émouvant de tourner ces pages qui, à près de cinq siècles et demi, dans leur simplicité, nous racontent certains faits de l'histoire (53).

A Regnault Burne, le XXVe jour dudit mois de (juillet) au soir pour faire boire un messager qui apportait lettres de Jehanne la Pucelle et aloit par devers Guillaume Belier Bailli de Troyes.
Pour ce . . . . II s VIIId.p.

A. Cœur de lils le XVIII jour d'octobre MCCCCXXXVI pour un voyage qu'il a fait pour ladite ville par devers la Pucelle laquelle était à Arlon en le duché de Luxembourg, et pour porter les lettres qu'il apporta de ladite Jehanne la Pucelle à Loches par devers le roi qui là était, auquel voyage il a vacqué XLI jours, c'est à savoir XXXIIII jours de voyage de la Pucelle et sept jours à aller devers le Roi. Et partit ledit Cœur de lils pour aller devers ladite Pucelle, le mardi dernier jour du mois de juillet et retourna le IIe jour de septembre ensuivant, ainsi sont XXXIIII jours qu'il a demeuré et et vacqué à faire ledit voyage.
Pour tout ce . . . . VI 1.p.

La reproduction réduite de la page où figurent cette dépense et la suivante, est donnée en Document N° 8.

A Jacquet Le Prestre ledit 11e jour de septembre pour pain, vin, poires et cernaux dépensés en la chambre de la dite ville à la venue dudit Cœur de lils qui apporta les dites lettres de Jehanne la Pucelle et pour faire boire ledit Cœur de lils, lequel disait avoir grand soif.
Pour ce . . . . II s. IIIId.p.

Audit Jacquet le prestre le Ve jour dudit mois d'août à matin pour dix pintes et chopines de vin prises chez ledit Jehan Hatte audit prix de X d.p. la pinte données et pintées à Jehan frère de la Pucelle
Pour ce . . . . 8 s. 9 d.

Audit Jacquet Leprestre le dimanche au soir pour XII pintes et chopines de vin prises chez ledit Jehan Hatte audit prix de X d.p. la pinte données et pintées audit Jehan frère de Jehanne la Pucelle et soupèrent ce jour avec lui Pierre Baratin, Jacquet Lesbahy et ledit Jacquet Largentier
Pour ce .... X s. V d. p.

A Berthaut Fournier poulaillet pour XII poulets, XII pigeons, deux oisons et deux lièvres donnés et présentés audit frère de la Pucelle, achetés par Aignan de Saint-Mesmin et Pierre Baratin
Ce jour XXXVIII s.p. pour ce .... XXXVIII s. p.

A Pierre Baratin et Jehan Bombachelier pour bailler à Fleur de lils le jeudi veille de saint Lorent IXe jour dudit mois d'août pour don à lui fait pour ce qu'il avait apporté lettres à la ville de par Jehanne la Pucelle deux réaults d'or qui lui ont été baillés par lesdits Baratin et Bombachelier à XXIIII s.p. par réal baillé XLVIII s.p.
Pour ce .... XLVIII s. p.

A Pierre Baratin et Jacquet Lesbahy pour bailler à Jehan Dulils frère de Jehanne la Pucelle le mardi XXIe jour d'août l'an MCCCCXXXVI pour don à lui fait la somme de XII 1.p. pour ce que ledit frère de ladite Pucelle vint en la chambre de ladite ville requérir aux procureurs de ladite ville qu'ils lui voulussent aider d'aucun poids d'argent pour s'en retourner par devers sa dite sœur, disant qu'il venait de devers le Roi et que le roi lui avait ordonné cent francs et commandé qu'on les lui baillat dont on ne fit rien et ne lui en fut bailler que XX dont il avait dépensé XII et ne lui en restait plus que VIII qui était peu de chose pour s'en retourner vu qu'il était son cinquième à cheval et pour ce lui fut ordonné en ladite chambre de ladite ville par les procureurs qu'on lui donna XII s.p.

A Jacquet Leprestre ce jour pour X pintes et chopines de vin prises chez Jehan Hatte à X d.p. la pinte données et présentées audit Jehan Dulils...

Les extraits du livre des comptes, reproduits ci-dessus ont été transcrits en français actuel pour la facilité de lecture.

D'après ces sources, les événements peuvent se reconstituer ainsi :

Pendant le mois de juillet 1436, Jeanne écrit à Guillaume Belier qui, avec son épouse fut chargé de la recevoir dans la tour du Coudray lorsqu'elle arriva à Chinon. Guillaume Belier est maintenant bailli de Troyes.

Le roi veut avoir des nouvelles directes de Jeanne.

La ville d'Orléans charge Cœur de lils de cette mission et l'envoie à Arlon. Il part le dernier jour de juillet 1436.

Le messager croise en chemin Jean d'Arc qui, le 5 août arrive à Orléans où il est joyeusement reçu. Il y passe la journée et soupe avec plusieurs notables.

Le but de son voyage est de se rendre auprès du roi. Mais il n'apporte aucun message. Alors il vient probablement rendre compte à son souverain de la mission dont son frère Pierre et lui-même ont été chargés ; lui dire comment les choses se sont passées depuis leur arrivée auprès de Jeanne à la Grange-aux-Hormes, et prendre des instructions pour le temps à venir.

– 9 août – Fleur de lils arrive à Orléans. Lui et Cœur de lils sont deux hérauts d'armes. Leur surnom « de lils », marque leur appartenance au roi.

Fleur de lils est chargé par Jeanne de porter des lettres à la ville d'Orléans. Il en reçoit une récompense.

Ce héraut fut donc mis à la disposition de la Pucelle.

Cœur de lils a quitté Orléans le dernier jour de juillet. Il arrive à Arlon en l'absence de Jeanne et l'attend.

Après être demeuré environ deux semaines auprès de Charles VII, Jean Dulils repasse à Orléans le 21 août. Selon l'ordre du roi il demande de l'argent pour assurer les frais de retour à Arlon avec son escorte. La générosité du roi, tirée sur la caisse de la ville, ne trouve pas complète satisfaction.

Après le retour de Jeanne à Arlon, Cœur de lils revient à Orléans le 2 septembre avec les lettres de la Pucelle qu'il va porter au roi en la ville de Loches. Puis il retourne à Arlon avec un message du roi pour Jeanne.

Ce chevaucheur aura vacqué et galopé sur les routes pendant quarante et un jour pour que Charles et Jeanne échangent leurs messages.

Jeanne a interrompu son séjour à Arlon pour se rendre à Cologne, à l'invitation du Comte de Warnenburg, dont le fils est venu la chercher.

Sur ce séjour à Cologne on a encore une trace dans une lettre des Services d'archives de Cologne (54) qui dit : « Aux archives de la ville on ne trouve qu'une brève note à ce sujet, note selon laquelle on aurait accordé une escorte à la Pucelle. »

L'inscription au registre d'escorte N° 6, Folio 156 V° (55) et Document N° 9, a la teneur suivante :

« Féria quinta crastino Pétri ad vincula
Puelle de Francia ad mensem cum
résignatione trium dierum. »

Cette inscription a été portée sur le registre en l'an 1436. Fin de citation.

La traduction du texte latin donne :

« Le lendemain de la cinquième férie de Pierre, la Fille de France a été conduite en la prison pour une durée d'un mois avec abattement de trois jours. »

On peut déduire de ceci que la Pucelle s'étant heurtée à l'administration de la ville, fut menée en prison le lendemain de la cinquième férie de Pierre – soit dans les derniers jours de juillet ou les premiers jours d'août.

Toutefois, par égard pour son rang, on lui donna une escorte.

Par la suite, à la fin de son séjour chez le comte de Warnenburg, elle reçut de son hôte une magnifique armure.

Le mariage de Jeanne
Reprise des combats

Puis elle revient à Arlon auprès de la duchesse de Luxembourg.

« Et là fut fait le mariage de Messire Robert des Hermoises, chevalier et de Jeanne la Pucelle ».

La cérémonie peut se situer au mois d'octobre.

Le chevalier conduit sa femme à Metz dans la maison qu'il possède devant Sainte Segoleine, mais Jeanne n'y demeurera pas longtemps.

Si tout fut organisé pour lui procurer une existence normale et conforme à son rang, autant que les exigences de la politique le permettaient, on négligea de compter avec sa volonté propre.

Les revers subis, les déceptions, le procès de Rouen, l'effacement total de ses voix et les cinq années qui viennent de s'écouler n'ont pu modifier sa résolution, elle doit continuer son combat.

Le doyen de Saint Thibaut écrit qu'elle n'avait rien dit de ses intentions. Des amis lui offrirent des chevaux. Pour une cavalière d'un aussi grand mérite il n'y avait là rien que de très normal. Mais si l'un d'eux lui donna une épée, et un autre, une armure, il fallait bien qu'au moins à ceux-là elle ait confié sa détermination.

Pour réaliser ses projets, Jeanne a besoin d'argent. Le chevalier des Armoises, son époux – mais il s'agit sans doute d'un mariage blanc – va lui procurer les premiers subsides.

Heureux d'avoir été choisi pour donner son nom à celle que l'on appelle à Metz « La Pucelle Jehanne de France », à la sœur du roi Charles VII, il sacrifie pour lui complaire, une partie de ses revenus.

De l'ouvrage de M. Pierre de Sermoise il ressort que, le sept novembre 1436, une transaction a lieu chez un notaire de Marville pour une somme très importante, elle porte sur la terre de Haraucourt propriété du chevalier.

L'acte où cette opération est consignée commence ainsi :

« Nous, Robert des Armoises, Chevalier, seigneur de Tichemont et Jehanne du Lys, ma femme... ».

M. Pierre de Sermoise déclare posséder de cet acte, un vidimus établi dans une étude de Fresne-en-Woëvre et signé par deux notaires.

Au début de ce siècle, plusieurs témoins ont affirmé avoir vu en cette étude, l'acte de mariage de Robert des Armoises et de Jeanne, mais les archives de ces notaires auraient été détruites au cours des bombardements de la guerre de 1914.

Lorsque Jeanne arriva en pays messin elle ne laissa rien voir de ses intentions, sauf ce qu'elle confia à quelques-uns, et disait qu'elle n'aurait puissance qu'après la Saint-Jean-Baptiste.

En clair, Jeanne avait décidé, avec toute sa foi dans les ordres reçus « de par Dieu », de reprendre le combat, mais ne pouvait commencer réellement à s'y préparer qu'après le 24 juin.

Quelques semaines plus tard elle envoie un message qui parvient à la ville d'Orléans le neuf août.

Jeanne demandait-elle assistance dans ce message aujourd'hui disparu ?

Il n'existe aucune trace des lettres de Jeanne dans les archives du Loiret.

Qui avait-elle en sa compagnie ? Les frères Jean et Pierre d'Arc lui ont été envoyés, Fleur de lils fut mis à sa disposition. Cela on le sait par la tâche que la Pucelle lui a confiée. A ce héraut d'armes, le roi de France joignit-il d'autres personnes pour le service de Jeanne ? Cela paraît plausible.

Equipée et munie d'argent, Jeanne a quitté Metz.

Son premier objectif fut-il de rejoindre Gilles de Rais ? N'était-il pas le seul dont elle pouvait attendre qu'il mit des gens d'armes sous son commandement et en assumât les frais ? Ce qui se produira plus tard tend à le confirmer. Reste à savoir quelle fut l'activité déployée par Jeanne. Peut-être, à travers les événements de ce temps-là, et à l'aide de certains documents, pourra-t-on en discerner quelques détails.

On trouve dans la chronique espagnole de Alvaro de Luna (56).

Chapitre XLVI

Comment la Pucelle qui était sur la Rochelle envoya demander du secours au roi (d'Espagne) et ce que le connétable fit pour elle.

Alors que la Pucelle de France était sur la Rochelle, l'une de cités fortes du monde et de grande importance, elle écrivit au roi et lui envoya des ambassadeurs, sans ceux que le roi de France avait envoyés d'autre part, et le suppliait instamment de lui envoyer quelques navires de son armada car sa seigneurie était tenue de le faire en raison de la confédération et de l'association qui existait entre sa seigneurie et le roi de France.

Une fois les ambassadeurs arrivés à Valladolid où était le roi en l'an 1436, ils furent fêtés et honorés, et ayant donné au roi la lettre de la Pucelle, le connétable montrait sa signature à la cour et aux grands comme si c'était une relique très vénérée, car comme il était très courageux et très audacieux, il aimait ceux qui l'étaient aussi, c'est pour cela qu'il était très attaché aux prouesses de la Pucelle ; c'est ainsi que le connétable qui, en accord avec le roi son maître au nom duquel il gouvernait le royaume de Castille, œuvra beaucoup et décida avec le roi d'envoyer à la Pucelle une flotte, afin qu'elle et le roi de France puissent être bien secourus, parce que cela lui incombait.

Le roi s'en remit aussitôt à la volonté et au bon vouloir du connétable pour qu'il en soit fait selon sa volonté. Puis le connétable envoya sur les côtes de Biscaye et Guipuzcoa et autres endroits et fit armer vingt-cinq vaisseaux et quinze caravelles, des plus grandes qu'ils aient pu trouver, munies d'armes et des meilleurs équipages qui se purent trouver.

Et avec cette réponse, les ambassadeurs s'en furent de la cour du roy, très satisfaits et joyeux. Avec ce secours la Pucelle s'empara de cette cité et remporta d'autres succès et victoires dans lesquels la flotte de Castille se couvrit de gloire comme on pourra bien le voir dans la Chronique de la Pucelle lorsqu'elle sera publiée.

Fin de citation.

Les routiers, ces gens d'armes assemblés en grande compagnies, sévissent en divers endroits du pays.

Certains guerroyent pour le compte du roi d'Angleterre, d'autre pour le roi de France ou pour le duc de Bourgogne. Mais entre-temps pour leur profit, et entraînés par leurs habitudes de destruction, ils commettent les mêmes actions terribles, les mêmes dévastations. A leur tête sont des grands capitaines, des grands seigneurs. Chez les Bourguignons se trouve Jean de Luxembourg ; chez les Français : La Hire, Pothon de Xaintraille, Chabannes, le Bâtard de Bourbon.

Au début de 1437, des grands seigneurs, mécontents de Charles VII, conspirent contre lui. Parmi eux se trouvent Charles de Bourbon, le duc d'Alençon et le capitaine Rodrigue de Villandrando, la conspiration échoue, Alençon et Villandrando sont invités à partir combattre les Anglais.

A Bâle, dissension entre le pape et des cardinaux, sur le lieu où le concile doit continuer ses travaux. Certains proposent Avignon. Le pape décide que ce sera Ferrare. Charles VII interdit aux français de s'y rendre. Il y a dès lors deux conciles, l'un à Ferrare avec Eugène IV, l'autre à Bâle avec les cardinaux réfractaires.

Le roi de France convoque à Gien un grand nombre de nobles et de gens de guerre pour recouvrer des villes et forteresses sur les anglais.

Au cours des opérations le bailli de Bourges trouve la mort. Charles VII donne le baillage de Bourges à Pothon de Sainte-Treille (Xaintraille).

Les gens du roi prennent la ville de Montereau.

12 novembre 1437. – Le roi, en grande solennité, fait son entrée dans Paris. Il n'y était plus revenu depuis dix-neuf ans. Il est accompagné du dauphin et de très nombreux grands seigneurs, chevaliers et écuyers. Sont là, le connétable de France, Charles d'Anjou, frère de la reine, le Bâtard d'Orléans, le comte de Vendôme, les comtes de Perdiac et de la Marche, fils du comte d'Armagnac jadis connétable de France et mis à mort par les Parisiens. Sont là également, La Hire, Pothon de Xaintraille, Chabannes et bien d'autres.

Les notables reçoivent le roi en grand appareil, une fontaine fait couler hypocras, vin et eau. Sur tout le parcours des scènes religieuses sont représentées.

Le roi arrive au portail de Notre-Dame « et vint devant lui l'Université qui proposa en bref ».

Devant les prélats de plusieurs grandes villes ou abbayes, le roi prête serment à l'évêque de Paris.

Il y a profusion de lys d'or. Pothon de Xaintraille porte le heaume du roi orné d'une riche couronne à double fleurs de lys. Jean d'Olon, à pied, mène le cheval.

Le roi, le dauphin, les grands seigneurs, les pages et les coursiers sont tout couverts d'orfèvrerie.

Le peuple encombre les rues, criant : « Noël », plusieurs pleurent de joie.

Le lendemain, le roi montre au peuple, à la Sainte-Chapelle, la vraie croix Notre-Seigneur et le fer de lance dont Notre-Seigneur Jésus-Christ fut féru au côté en la croix, dit Monstrelet.

Le roi, au terme de son séjour à Paris, retourne en Touraine.

Après son départ, plusieurs de ses capitaines, Antoine de Chabannes, Blanchefort, Gauthier de Bron, Floquet, Pierre, Regnault, Chapelle, Mathelin d'Escornet et d'autres, sous le prétexte qu'ils manquent de vivres, s'assemblent au nombre d'environ deux mille chevaux, passent la Somme, s'en vont en Ponthieu, en Cambrésis et en divers pays faisant de très grands maux partout où ils passent. Ils ne se contentent pas de prendre des vivres mais rançonnent tous ceux qu'ils peuvent, tant de paysans que de bétail et d'autres biens.

Le bailli de Hainaut assemble des seigneurs et fait appel aux bonnes villes pour combattre ceux que l'on n'appelle plus les Armagnacs, mais les écorcheurs. Ce nom leur fut donné parce qu'ils dépouillaient de leurs vêtements tous ceux qu'ils rencontraient et les renvoyaient nus.

Le roi d'Ecosse est assassiné par son oncle. Un an et demi plus tôt, sa fille Marguerite avait épousé le futur Louis XI.

En cette année 1437, le blé et les autres grains sont si chers que ce que l'on aurait donné naguère pour quatre sous se vend quarante et au-dessus.

Une multitude de pauvres gens meurent de faim, certaines villes les déboutent de leur seigneurie, d'autres les reçoivent et les secourent selon leurs moyens particulièrement la ville de Cambrai. Cette situation douloureuse se prolongera jusqu'en 1439.

1438 – La famine et la pestilence sévissent durement dans tout le pays, y compris dans la cité de Paris, la mortalité est effrayante. Cela n'empêche pas la guerre de continuer très âpre. Les écorcheurs, en grand nombre, font d'immenses dommages, principalement sur les marches de Bourgogne où ils prennent des forteresses, capturent des prisonniers et tuent hommes et femmes comme auraient pu faire des ennemis du pays.

Pendant ce temps le pape Eugène IV et le concile de Bâle, toujours en désaccord envoient, l'un et l'autre, des ambassadeurs au roi de France, au duc de Bourgogne et aux autres princes du sang.

Le duc de Bourgogne et le roi d'Angleterre tiennent pour Eugène IV, mais les préférences du roi de France vont au concile de Bâle et il va prendre une décision d'une extrême importance.

Le sept juillet 1438, par ordonnance de Charles VII, la PRAGMATIQUE SANCTION DE BOURGES est promulguée. Elle consacre les décrets de réforme du Concile de Bâle approuvés, à Bourges par le clergé français. Elle proclame la supériorité des conciles sur le pape et libère de l'autorité du pape, l'Eglise de France.

Les préoccupations royales sont également tournées vers la Guyenne, les ravages qu'y font les routiers, et la présence anglaise.

Selon l'« Histoire de Bordeaux » (57)

« Depuis plusieurs années un chef de bande, André de Ribes, au service du roi d'Angleterre régnait sur la Gascogne et parcourait le Languedoc.

Pour lutter contre lui, le roi de France fit appel à un autre redoutable brigand, Rodrigue de Villandrando (que l'on a vu dans la conspiration contre le roi).

Quelques rassemblements de compagnies de Foix et d'Albret eurent lieu en 1434, et les hommes d'armes aux ordres du sire d'Albret furent tenues en alerte en 1437 en vue d'une expédition (contre les Anglais).

La chevauchée de 1438

La première grande offensive se déclencha l'année suivante. Après un temps d'apathie et de timidité, Charles VII, maître désormais de Paris, s'essaya à tenter sa chance en direction de Bordeaux, en débarrassant du même coup les sénéchaussées languedociennes de la désastreuse présence des bandes de Rodrigue. Les lieutenants de ce dernier s'élancèrent en avant-garde contre les compagnies anglaises qui tenaient Domme, sur la Dordogne, et Clermont-Dessus sur la Garonne, et s'infiltrèrent par la vallée du Dropt jusqu'à Eymet. En mai Pothon de Xaintrailles, le sire d'Albret et le bâtard de Bourbon, avec des compagnies royales, rejoignirent Rodrigue en Gascogne, vers Condom et Mézin. A l'estimation des consuls de Montréal chargés de ravitailler ces troupes en vin, il y aurait eu là 22 000 combattants rassemblés. Cela n'alla pas sans pillages. Par Clairac, puis le Bazadais, sous la direction de Charles d'Albret, qui avait le titre de lieutenant général du roi, l'armée d'invasion fonça sur Bordeaux.

Derrière sa triple ligne de remparts, la ville défia ces chevaucheurs sans matériel de siège. Mais le bourg Saint-Seurin non protégé par l'enceinte, fut mis à sac par les routiers. Ceux-ci tendirent aussi une embuscade aux Anglo-Bordelais, qui perdirent dans cette sortie quelque 800 morts. Le vignoble de la banlieue fut une fois de plus mis en pièces, puis Villandrando porta le pillage en Médoc, autour de Blanquefort, Castelnau, Lesparre et Soulac, avant de refluer vers les Landes et la

Haute-Gascogne. Les paysans médoquins se réfugièrent dans la ville où l'archevêque fit faire des distributions de vivres. Cette chevauchée était certes, un échec ; mais arrivée jusque sous les murs de Bordeaux, elle révélait au roi de France la faiblesse de l'adversaire et elle faisait passer entre ses mains l'avantage incontestable de l'initiative ».

Quant à la « Chronique de Lorraine » elle relate la prise d'Orléans en 1429, la réception faite à la Pucelle par cette ville où « elle fut très bien logée, comme ce fut esté le roi... » Puis elle passe à l'attaque de Bordeaux.

« La Pucelle qu'un jour avoit reposée dict à tous de l'armée – Or que chacun s'appreste, en guerre il nous faut aller.

Tout au long de la rivière de Loire en Touraine son arrivez.

Tant chevauchèrent, qu'il vient en guerre devant Bordeaux, sont arrivés, tous d'un bon vouloir si l'ont assiégée ; moult âprement d'artillerie d'approche se sont serrez ; les Anglois dedans en furent tous esbays, de voir un si grand nombre de gens ; au bout de six semaines à eulx se sont rendus, un baron en leurs mains :

Là ont tous laissez, chevaulx arnois, s'en sont en allez : la Pucelle a entré dedans, à mis garnison pour la bien garder. Devant Bayonne tous s'en sont allez, l'ont assigée, à grand coup d'artillerie contre ont tirez, disans : Anglois, rendez-vous ou vous mourez tous. Les Anglois ont bien considéderez que si longuement ils tenoient, que mal leur en prendroient ; ils se sont mis à parlementer, demandant tous congez. Saulf leurs corps leurs bagues, tout leur fut octroyé, si les ont prins s'en sont allez tous. La Pucelle par sa puissance de guerre, tous les Anglois, hors les a jectez, tout le pays se l'ont fort louez ; Ont Dieu remercié de ce qu'au Roi ont tous retournez. Ceulx de Paris oyant ces victoires, ont mis hors les Anglois, les remirent dedans tous pour un jour, ondict jour les remirent dehors, le plus de la ville estoient pour le Roi, plusieurs ne voulurent permettre qu'ils fussent Anglois.

La Pucelle voyant qu'elle avait guerroyé toute la campaigne, Paris conquestez, manda au Roi que vers elle le voulut transporter, qu'à Reims, surement le meneroit sacrer, & Paris le feroit couronner.

La Pucelle se lui a dict – Sire à Reims vous veux mener, y serez sacré puis à Paris, vous menerons couronner...

Le roi noblement a été sacré...

La Pucelle voyant tout accompli, à dict au roi – Or allons à Paris, là vous serez couronné. Droict à Paris en chemin sont mis. Quant à Paris se sont présentés, toutes gens d'Eglise et nobles gens à lui se sont présentez l'ont reçu dedans... La Pucelle auprès de lui...

(On disait) voilà une gentille Pucelle, Dieu lui donne bonne vie, et lui fasse la grâce de bien conquester la haute et basse Normandie, la Pucelle les a commandez à Dieu, à tous, puis s'en sont allés devant Dieppe tout arrivez, l'ont assiégé en ferme terre, se l'ont guerroyé, la bataille ont gaignée... (Puis la Pucelle veut prendre Rouen), à peine la peurent assiéger qu'ils perdirent beaucoup de gens... La Pucelle mettait tout en ordre... Ceux de Rouen voyant les efforts, saillirent dehors, grande escarmouche y eut. La Pucelle qui vaillante... et hardie estoit, au milieu se bouta, là fut perdue, on ne sceut qu'elle devint, plusieurs disoient que les anglais la prinrent dedans Rouen fut menée, les anglois ce la firent brûler, d'autres disoient qu'aucuns de l'armée l'avoient faict mourir, pour cause qu'elle attribuait tous les honneurs des faicts d'armes, à elle...

Plus loin, la chronique continue : Le roi et toute son armée mirent long temps à avoir ladite Rouen... à la fin les anglois,... en Angleterre s'en retournèrent. Le roi voyant son royaume en paix, se maria à une noble fille du duc d'Anjou... » Fin de citation.

Le doyen de Saint-Thibault, précis lorsqu'il relate des faits survenus en Lorraine et que d'autres sources corroborent, fait un surprenant mélange des événements passés loin de son pays, et opère des transpositions au hasard des informations reçues.

Il insère la chevauchée de 1438 dans le Sud-Ouest, entre la prise d'Orléans et le sacre ; fait entrer Jeanne dans Paris auprès du roi ; place sa capture pendant le siège de Rouen, et le mariage du roi après la libération de cette ville.

Et Monstrelet écrit : « En cet an (1437) s'assemblèrent plusieurs des capitaines du roi Charles sur les frontières de Normandie, c'est à savoir La Hire, Pothon de Sainte-Treille, le seigneur de Fontaines Lavargan, Philippe de la Tour et aucuns autres, qui tous ensemble pouvaient être de huit cents à mille combattants. Et se tirèrent tous vers la cité de Rouen, sur intention d'entrer dedans icelle par le moyen d'aucuns des habitants qui secrètement leur avoit promis d'eux faire ouverture. Mais cette entreprise fut rompue parce que nouvellement les Anglois y étoient venus en grand nombre. Et parce que les dessus dits capitaines, atout leurs gens qui étoient assez près du lieu de Rouen, savoient qu'ils ne pouvaient achever ce pour quoi ils étoient partis... »

« En cet an, vint à la connaissance de Charles, roi de France, comment ses pays, en divers lieux, étoient dégâtés et oppressés par aucuns capitaines tenants son parti, lesquels avoient grand nombre de gens d'armes sur les champs ; entre lesquels étoit un des principaux Rodrigue deVillandras, lequel avoit en sa compagnie mieux de six cents chevaux. Si lui furent envoyés de par le roi certains messages ; lesquels lui dirent et commandèrent de par lui qu'il vidât ses pays ou allât en frontière contre les Anglois, à quoi il ne voulut obéir. Et pour tant le roi, qui étoit à Bourges en Berri, assembla gens et alla en personne pour le ruer jus ; mais le dit Rodrigue en fut averti. Si se tira vers Toulouse et alla au pays de Guienne ; auquel lieu, avec aucuns du pays, il assembla derechef très grand nombre de gens d'armes. Si commença à faire très forte guerre aux Anglois ; et tant en ce continua qu'il leur fit très grand dommage et prit plusieurs villes et forteresses, où il mit de ses gens. Si entra en l'Ile de Médoch jusqu'à Soulach, lequel pays ils détruisirent, et y trouvèrent des biens très largement et en très grand' abondance ; et pareillement conquirent le pays de Blanquefort. Et outre, allèrent devant un fort nommé Châtel-Neuf, lequel ils prirent d'assaut, et étoit au captal de Buch. »

« Et tantôt après, vint le seigneur d'Albrecht atout très grand' puissance de gens d'armes, et les mena devers Bordeaux, où ils prirent l'église de Saint-Séverin, qui est à un trait d'arbalète près de la cité. Si se logèrent illec très grand nombre de gens de guerre ; et depuis, par nuit, mirent ès vignes auprès de la ville une très grosse embûche de leurs gens ; lesquelles vignes étoient hautes comme treilles ; et le lendemain firent semblant d'eux déloger. Et adonc ceux de Bordeaux commencèrent à saillir dehors sur eux, et en issit bien deux mille largement, contre lesquels se mirent ceux de la dite embûche ; et y eut entre eux une très grand' besogne et merveilleuse escarmouche ; car ils se combattirent félonneusement par moult grand' espace de temps, et se tinrent très vaillamment l'un contre l'autre. Si en demeura de morts sur la place bien environ huit cents, dont la plus grand' partie furent Anglois ; lesquels Anglois il convint retraire dedans la ville de Bordeaux, pour la force et grand' puissance des François. Et adonc furent mises grosses et puissantes garnisons de gens d'armes autour de la dite ville de Bordeaux en plusieurs lieux, lesquels contraignirent et détruisirent moult le pays, qui étoit moult grand et plantureux, et avoit été longtemps sans être si fort approché de gens de guerre qu'il fut pour lors. Pour lesquelles entreprises, vaillances et diligences que fit icelui Rodrigue de Villandras au pays de Bordeaux, le roi de France lui pardonnat toutes les offenses et malfaits qu'il avoit faits contre lui. Toutefois, dedans un an après ensuivant, les dits Anglois reconquirent la plus grand' partie de ce qu'iceux François avoient gagné sur eux. »

Que peut-on tirer de ces récits ?

Une grande confusion paraît règner dans la chronique de Alvaro de Luna.

Aucune intervention de la flotte espagnole n'est signalée sur les côtes de France en 1437. Par contre il y en eut en 1436. Elle est racontée par Louis Étienne Arce (58).

« Dans le temps que la Rochelle écartait les ennemis de l'État... le duc d'Orléans prisonnier en Angleterre... songeait à obtenir sa liberté, et comme s'il eût été chargé de la surfaire, il la mit au plus haut prix. Entre autres conditions, il offrit de faire livrer aux Anglais, la Rochelle, le Mont Saint-Michel et un grand nombre de villes... Ce projet ne se réalisa pas... il donnait ce qui ne lui appartenait pas, et surtout une ville aussi importante que la Rochelle.

« Ce fut dans le port de cette ville que débarqua Marguerite fille de Jacques I. Roi d'Écosse, mariée dans la suite au Dauphin qui régna sous le nom de Louis XI. Les Anglois informés des préparatifs qui se faisoient pour faire passer en France cette Princesse, équipèrent une flotte, à dessein de traverser ce voyage. Le vaisseau que montoit la Princesse, n'étoit pas loin du parage où l'Amiral Anglois s'étoit mis en croisière, lorsqu'il parut un assez grand nombre de bâtiments à peine sortis du port de la Rochelle, & chargés de vins pour la Flandres. L'ennemi arrive aussitôt sur eux & s'en empare sans trouver la moindre résistance. Il se retiroit bien satisfait de son butin, lorsqu'il survint des vaisseaux Espagnols qui tombèrent sur la flotte & lui enlevèrent ses prises. Sur ces entrefaites, la Princesse passa heureusement & arriva à la Rochelle. »

Et ceci se passait en avril 1436. Il ne peut guère y avoir d'erreur sur la date car Jean Chartier écrit que l'an mil quatre cent trente six, le dimanche vingt-quatre juin, jour de la saint Jean-Baptiste, Marguerite, fille du roi d'Écosse, entre dans la ville de Tours où une magnifique réception lui est faite. Au château, la reine de Sicile – mère de la reine – et Madame Ragonde – fille du roi et de la reine de France –, la mènent auprès de la reine Marie. Ensuite Marguerite d'Écosse est mise en présence du dauphin, le futur Louis XI. Le lendemain, le roi arrive, et Regnault de Chartres, Archevêque de Reims et Chancelier de France, procède à la cérémonie du mariage. Le dauphin était né au mois d'octobre 1423. De ce mariage, Jeanne, on s'en souvient, connaissait le projet avant d'aller à Chinon en 1429. Deux faits ressortent de tout ceci. La Rochelle est aux mains des Français il n'est donc pas nécessaire de l'assiéger pour la reprendre.

Et c'est après l'arrivée de Marguerite d'Écosse à la Rochelle, que Jeanne est libérée. Ce n'est pas pour protéger l'arrivée de la future dauphine qu'elle demande une aide espagnole, et elle ne peut avoir demandé ce secours qu'au début de 1437.

Jeanne « étant sur la Rochelle » écrit au roi d'Espagne qui était à Valladolid en 1436 – année julienne qui se prolonge jusqu'à Pâques.

La Pucelle demande ainsi des vaisseaux dans les premiers mois de 1437. A cette époque et depuis de longs mois, le sire d'Albret est tenu en alerte pour des opérations dans le Sud-Ouest. Parmi les villes que le roi de France se propose de faire attaquer, il y a essentiellement Bordeaux et Bayonne. La flotte accordée à la Pucelle « pour qu'elle-même et le roi soient bien secourus », fut envoyée sur les côtes de Biscaye et de Guipuzcoa, c'est-à-dire près de Bayonne.

Après avoir envoyé ses ambassadeurs au roi d'Espagne, Charles VII aurait différé l'attaque prévue, jusqu'à l'année suivante. Et la chronique de Alvaro de Luna, publiée longtemps après, paraîtrait avoir mélangé les événements...

Pendant ce contretemps, Jeanne a-t-elle rejoint La Hire et ceux qui voulaient prendre Rouen ? Après l'échec est-elle venue participer à la chevauchée dans le Sud-Ouest qui se serait prolongée jusqu'en 1439, date à laquelle Monstrelet la situe ?

La fin de la mission

Malgré l'interdiction qui lui en fut faite, au cours des années 1437-1438 et 1439, Jeanne affronte les Anglais. Cette présence guerrière trouve une confirmation dans son épilogue. Pour la Pucelle, au mois de juin 1439, c'est la fin de son combat, une fin brutale et sans retour. Le Maréchal de France, Gilles de Rais donnait à un de ses écuyer, le commandement des gens de guerre que Jeanne avait sous ses ordres.

Un peu plus tard, une enquête ecclésiastique secrète est ouverte contre Gilles de Rais. Elle aboutira, en juillet 1440, à la citation de Gilles de Rais devant le Tribunal d'Inquisition, à son jugement et à son exécution.

C'est par une lettre de rémission accordée deux ans plus tard par Charles VII à Jehan de Siquenville, que l'on connaît le retrait fait à Jeanne, de ses soldats (59).

« Charles, par la grâce de Dieu roy de France, seavoir faisons à tous présens et advenir, nous avoir reçu l'humble supplication de Jehan de Siquenville, escuier du pays de Gascoigne, contenant que, deux ans ou environ (donc en juin 1439), feu sire de Raitz, en son vivant notre conseiller, Chambellan et maréchal de France, sous lequel ledit suppliant estoit, dict à iceluy suppliant qu'il voulait aller au Mans, et qu'il voulait qu'il prit la charge et le gouvernement des gens de guerre qu'avait alors une appelée Jehanne qui se disait Pucelle, en promettant que, s'il prenait ledit Mans, il en serait capitaine. Lequel suppliant, pour obéir audict feu sire de Raitz, son maître... lui accorda et prit la charge un certain entour les pays de Poitou et d'Anjou.

Donné à Saint-Denis-en-France, le 3 juin 1441. »

En 1436, Charles, officiellement, a écarté Jeanne de la terre de France. Mais il est satisfait qu'elle y revienne et contribue à chasser les Anglais. Son conseiller, Gilles de Rais, fournit des gens à la Pucelle, et fort probablement, les finance.

Quand les Anglais découvrent la présence de Jeanne dans les combats, Charles VII, par crainte des représailles que l'on sait, fait supprimer le commandement des hommes d'armes à la Pucelle et feint d'ignorer qui elle est, comme il ressort de la lettre de rémission à Jean de Siquenville, « Jeanne qui se disait Pucelle ».

Comptes de la ville d'Orléans – 1439

Ce sont les livres de comptes de la ville d'Orléans (60) qui vont écrire pour une large part, la suite et la fin de l'histoire de Jeanne.

Lorsque la lettre envoyée au nom du roi d'Angleterre proclama partout que la Pucelle avait été brûlée, la ville d'Orléans fit célébrer chaque année, un service religieux à sa mémoire et en régla les frais

A Jehan Moinet... pour neuf livres de cire mises et employées en quatre cierges, douze tortilz et un flambeau pour l'anniversaire de feue Jehanne la Pucelle ; célébré en l'église Saint-Sanson-Dorliens les surveille et veille de la feste Dieu 1435 . . . . 25 s. 6 d. p.

Viennent deux dépenses pour Jehan d'Arc de passage à Orléans.

A Jacquet Leprestre pour six pintes et choppines de vin pour donner au frère feue Jehanne la Pucelle, le jeudi XIIe jour de janvier en suivant
Pour ce . . . . 6 s. 6 d. p.

A Jehan Dulils frère de ladite feue Jehanne la Pucelle pour don fait à lui le XIIIe jour de janvier
. . . . 64 s. p.

A Jacquet le Prestre pour neuf livres de cire neufve mise et employée en quatre cierges douze tortilz et un flambeau pour l'anniversaire de feue Jehanne la Pucelle célébré en l'église de Saint-Sanson la surveille et veille de feste Dieu à matin. .... 24 s. p.

A Jacquet le Prestre, le jeudi jour de la feste Dieu VIIe jour de juing 1436 pour quatre chappeaux de àeurs qu'il bailla à quatre des procureurs qui portèrent le ciel, sur Corpus Domini durant la procession.
.... 4 s. p.

Lorsque la survie de Jeanne fut officiellement connue des Orléanais, au mois de juillet 1436, ces cérémonies furent naturellement supprimées.

Et puis en 1439 :

A Gillet Morchoasme pour neuf livres et demie de cire à II s. IIII d. p. la livre pour faire quatre cierges et ung flambeau pour l'obsèque de feue Jehanne la Pucelle, la surveille de la feste Dieu.
pour ce .... XXII s. II d. p.

A lui pour la façon des dites neuf livres et demie de cire pour les vigiles dudit obsèque
pour ce .... XIX d. p.

Au prieur de Saint-Sanson pour faire les dites vigiles et la messe de la dite feue Jehanne.
pour ce .... XX s. p.

A lui pour huit messes basses qui furent chantées durant le dit obsèque
.... XVI s. p.

(règlement) le mardi 14 juillet 1439.

Le bruit aurait couru que Jeanne était blessée. Fut-ce assez grièvement pour que les Orléanais la croient morte ?

Des messes sont chantées.

Ce bruit eut-il pour but de justifier la fin de l'action militaire de Jeanne ?

Si elle fut blessée elle guérît rapidement car les Orléanais vont la revoir quelques jours plus tard.

Le duc Charles d'Orléans n'est pas encore libéré, mais les Anglais le transfèrent à Calais. Les habitants de sa capitale célèbrent son retour en France.

A Jacquet le Prestre pour bailler à ceulx qui ont porté les torches à une procession qui a esté pour les nouvelles pour Monseigneur le duc Dorliens qui était arrivé à Calais.
pour ce .... 4 s. p.

A Frère Guillaume Chartier de l'ordre des Jacobins pour avoir fait le sermon des dictes nouvelles,
pour ce .... XVI s. p.

A Maistre Jehan de Lespine pour avoir fait un sermon à Sainte-Croix le XIIe jour dudit mois de juillet que fut faicte procession générale pour prier Dieu pour la

paix et qu'il voulust donner bonne délivrance à Monseigneur Dorliens
pour ce .... XVI s. p.
.... le 14e jour de juillet 1439.

A Jehan Hilaux pour l'achat d'un estandard et bannière qui furent à Monseigneur de Reys pour faire la manière de l'assaut comment les Tourelles furent prises sur les Anglais le VIIIe jour de may (en fait c'est le 7e).

A Jacquet le Prestre le XIIIIe jour de juillet pour onzes pintes de vin pintées à Monseigneur De Reys c'est assavoir cinq de clairet et six de vermeil ;
pour ce .... XII s.p.

A Guillaume Decaux et Jehan Huc, le XXIIIe jour d'Aoust pour avoir fait venir par cinq fois grant quantité de bourgeois en la chambre pour ce que monseigneur le Bastard demandoit à la ville X mil escuz pour le fait de Monseigneur Dorliens et le roi en demandait IIII mil l.

Puis viennent des dépenses faites pour des vins offerts
- à Monseigneur le Bastard.
- à Monseigneur Dalençon.
- à Monseigneur de Bourbon.
- à la Royne de Sicile.
- à Monseigneur le Chancelier pour son entrée pour ce qu'il est évêque de cette ville Dorliens.

A Jacquet le Prestre le dernier jour daoust pour X pintes et choppines de vin pintées à Pothon
pour ce .... XIIII s. p.

A lui le 1er jour de septembre pour ledit Pothon afin qu'il voulust faire passer ses gens darmes par autre part que par cette ville,
pour ce .... XI s. p.

Audit Jacquet le Prestre pour dépense faite le Ve jour d'aoust pour entretenir les diz procureurs ensemble pour aller devers Monseigneur le Bastard qui estoit arrivé de Calais,
pour ce .... XI s. p.

Audit Jacquet pour dépense faicte en la chambre quand on estoit ensemble, pour savoir quon ferait pour la venue du Roy messire et fait le XVIIe jour d'aoust,
pour ce .... VII s. p.

A Jehan Luilier le XVIIIe jour daoust pour dépense faicte en son hostel quant on alla choisir le vin qu'on voulait donner au Roy messire et aux autres seigneurs,
pour ce .... X s. p.

A lui (Jacquet le Prestre) le XXIe jour daoust pour dépense faicte quant on devoit faire la réponse à monseigneur le Bastard de ce qu'il demandait pour la délivrance de Monseigneur,
pour ce .... XVIII s. p.

A Jehan Dechampeaux pour despense faicte le XXIIIIe jour daoust quand on vouloit aller à l'assemblée es halles pour savoir combien on donneroit au Roy de ce qu'il

demandoit à la ville 4 000 – ? et fut accordé 2 000,
pour ce .... XIIII s. VIII d. p.

A JEHANNE DARMOISE POUR DON A ELLE FAIT LE PREMIER JOUR DAOUST PAR DÉLIBÉRATION FAITE AVECQUES LE CONSEIL DE LA VILLE ET POUR LE BIEN QUELLE A FAIT À LADICTE VILLE DURANT LE SIÈGE,
pour ce .... II cent X l. p.

document n° 10

Viennent les dépenses pour les vins et la viande servis aux repas offerts à Jeanne.

A Jacquet le Prestre le XXVIIIe jour de juillet pour dix pintes et choppines de vin pintées à Dame Jehanne des Armoises,
pour ce .... XIIII s. p.

A lui le XXIXe jour de juillet pour dix pintes et choppines de vin pintées à ma dicte Dame Jehanne,
pour ce .... XIIII s. p.

Audit Jacquet le penultième jour de juillet pour viande achetée... pour présenter à madicte Jehanne des Armoises,
pour ce .... L X s. p.

A lui pour XX1 pintes de vin à disner et à soupper pintées à la dicte Jehanne des Armoises ce jour,
pour ce .... XXVIII s. p.

Audit Jacquet le dernier jour de juillet pour XXI pintes de vin à elle pintées à disner et à soupper,
pour ce .... XXVIII s. p.

A lui le premier jour d'aoust pour diz pintes et choppines de vin à elle pintées à disner quant elle se partit de ceste ville,
pour ce .... XIIII s. p.

Audit Jacquet pour huit pintes de vin despensées à ung soupper ou estoient Jehan Dulilz et Thévenin de Bourges pour ce qu'on le cuidoit pinter à ladicte Jehanne, laquelle se partit plus tôt que ledit vin fut venu,
pour ce pour ledit vin .... X s. VIII d. p.

A Simon Meslane pour avoir... et... XIII poinsons de vin qui furent donnés durant que le roi messire estoit en cette ville. C'est assavoir à monseigneur de Bourbon à monseigneur Charles d'Anjou à monseigneur le Bastard Dorliens à la Royne de Sicile et autres gens du conseil,
pour ce .... XVI s. p.

A Jehan Pichon le XVI[r] jour de septembre, pour X pintes et choppines de vin pintées à La Hère .... 4 s. 4 d.

A Henriet Auquetil et Guillaume Bouchier pour avoir gardé et gouverné Isabeau, mère de Jehanne la Pucelle, tant en sa maladie comme depuis et y a esté depuis le VIIe jour de juillet jusqu'au dernier jour d'aoust.

Les mêmes dépenses sont faites pour les mois de septembre, d'octobre et de novembre.

A Geoffroy Drion pour avoir baillée des drogueries de son mestier à la mère de Jehanne la Pucelle qui estoit fort malade et fut délibéré lui aider jusques à sa mort.

Valent les dictes drogueries cinquante six sols quatre deniers parisis.

Le XXIIe jour de mars 1440.

La dépense suivante est inscrite dans le « Registre des comptes de la ville de Tours » (no 61).

Au dit receveur par aultre mandement donné le 27e jour de septembre l'an dessus dit cy rendu la somme IIII livres T que par notre mandement et ordonnance avez payée et baillée. C'est à savoir à Jehan Drouart la somme de LX sols T pour ung voyage qu'il a fait en ce présent moys a estre allé à Orléans porter lettres closes que monseigneur le bailly rescrivait au Roy nostre sire touchant le fait de Dame Jehanne des Armoises et une lettre que ladite Dame Jehanne rescrivoit audit seigneur...

Une lettre de la Direction des Archives d'Indre-et-Loire me confirme l'année de cet acte, « Le registre des comptes de la ville de Tours, tome XXVII porte au dos les dates 1437-1439, la photocopie qui vous a été envoyée a été prise d'après un original de 1439 ».

Ces lettres, dans l'hypothèse où elles subsistent, sont actuellement inconnues. Des documents importants manquent pour l'époque de Jeanne :

– Le livre de Poitiers. « Il aurait disparu, probablement détruit pour des raisons politiques », m'écrit un bibliothécaire anglais.

– Aux Archives du Loiret, les comptes de Forteresse ont disparu entre les années 1430 et 1435, ainsi que les comptes de commune entre 1428 et 1434.

Ces disparitions n'eurent pas lieu à la suite de faits de guerre car un inventaire établi en 1907 constate déjà ces lacunes.

Certaines de ces écritures concernaient-elles Jeanne ?

Ce que l'on peut retenir, c'est la déclaration suivante :

« Malheureusement pendant le 19e siècle, jusqu'en l'année 1862, les archives de la ville restées en désordre, furent beaucoup plus l'objet de la sollicitude du Pouvoir Central que celle de l'Administration Municipale ».

Signé Jacques Soyer, Archiviste départemental.

Orléans, avril 1906.

Les lettres écrites en 1436 par Jeanne à Guillaume Belier, à la ville d'Orléans et au roi, manquent, comme celle qu'elle a écrite en 1439 au bailli de Tours et la lettre de celui-ci à Charles VII.

On ne peut donc faire un essai de reconstitution de l'histoire, qu'à l'aide des événements connus, de leurs dates, de leur signification, et des documents authentiques, accessibles avec, constamment présentes à la pensée, la foi de Jeanne en la mission qu'elle croit lui avoir été confiée par Dieu ; sa fidélité sans faille et sa volonté irréductible de poursuivre son combat.

Au mois d'avril Orléans a vu passer une fille de Charles VII, Madame Catherine, elle se rendait en Flandre pour y épouser le fils du duc de Bourgogne, selon la décision prise par leurs deux pères.

En cette année 1439, la ville qui fête le dizième anniversaire de la levée du siège, s'apprête à recevoir des personnages du plus haut rang. Un conseil royal doit s'y tenir en été.

Une nouvelle pénible vient assombrir la joie de la cité : Jeanne aurait été mortellement blessée. Des messes sont célébrées pour « l'obsèque de Jehanne la Pucelle ».

Mais peu de temps après, les Orléannais apprennent qu'elle est toujours en vie.

Gilles de Rais, grand seigneur fastueux, est dans la cité. Il a fait monter le « Mystère d'Orléans », reconstitution grandiose de la prise des Tourelles, dont chaque représentation lui coûte des sommes énormes.

Quelques semaines plus tôt il fut obligé de retirer à Jeanne le commandement de ses gens d'armes, et il est là, comme insouciant des lourdes menaces qui pèsent sur lui et que ses prodigalités fortifient.

Des nobles précèdent le roi : ils sont arrivés avec leurs équipages et leur suite brillante.

Il y a là Yolande d'Anjou, reine de Sicile et mère de la reine de France, le troisième fils de Yolande, Charles d'Anjou le favori du roi ; Mgr le Bastard d'Orléans ; Mgr Jean d'Alençon, Mgr de Bourbon et bien d'autres.

Jeanne arrive à son tour et les revoit tous ainsi que ses bons amis d'Orléans. Avec eux et Gilles de Rais, elle peut assister à la représentation du Mystère.

Et Jeanne revoit celle qui a veillé sur son enfance et son adolescence et lui a prodigué ses soins, Isabelle Romée, qui est malade, et depuis le 7 juillet, la ville d'Orléans l'a désormais prise en charge.

Mais pourquoi Jeanne est-elle revenue à Orléans ?

Elle se souvient, le long chemin parcourru s'est gravé dans sa mémoire et tous les détails ont pris leur signification.

Elle pense à son enthousiasme, à son combat ici même, il y a dix ans ; aux décisions prises à son insu par les capitaines, et qui la courrouçaient si fort ; à la victoire rapide qui l'empêcha de trop s'y attarder ; à la campagne de la Loire ; aux villes qui se soumettaient sur la route de Reims ; au couronnement de Charles, au sacre ; à l'immense joie ressentie de voir tout cela se réaliser malgré les hésitations du roi et qu'elle avait du vaincre.

Ensuite, les désillusions ont commencé. Les voix ne parlaient plus à Jeanne de continuer la mission qu'elles lui avaient commandée de par Dieu ; ni de la délivrance de Charles d'Orléans.

Charles VII vivement sollicité avait fini par accepter l'assaut de Paris. Le deuxième jour, alors que la Pucelle et ses compagnons approchent de la capitale, il leur fait donner l'ordre de rentrer à Saint-Denis. L'espoir demeurait de prendre Paris par l'autre côté de la Seine en passant sur un pont que le duc d'Alençon avait fait construire. Sur l'ordre du roi, le pont est démoli dans la nuit.

La voix lui avait dit de demeurer à Saint-Denis alors que le roi et tous les hommes d'armes s'en allaient. Des capitaines la firent sortir de force de la ville qui allait être reprise par les Anglais.

Et le roi s'en alla vers Gien d'où il renvoya la plus grande partie des capitaines et des armées.

Il lui demandait de se reposer, l'envoyant seulement faire l'assaut de la Charité, place importante sur la Loire, qui n'était pas aux mains des Anglais mais des Bourguignons. Et cette entreprise échoua parce que les capitaines demeurés auprès du roi étaient mécontents et qu'elle ne fut accompagnée que d'un fort petit nombre de gens.

Jeanne se souvient du jour où, à Sulli-sur-Loire, irritée par l'attitude de Charles, elle est partie sans son autorisation, sans prendre congé, pour rejoindre ceux qui combattaient encore les anglais. Ses ennemis étaient bien indignés de la voir reprendre les combats contre eux. Alors ses voix lui annoncent qu'elle sera prise, et que ce serait avant la Saint-Jean.

Au mois de mai, on apprend à Jeanne que le duc de Bourgogne assiégeait Compiègne. Elle se rend aussitôt dans la ville où Regnault de Chartres et le comte de Vendôme sont déjà. Ses voix lui commandent de faire une sortie. Le comte de Vendôme l'avait accompagnée auprès du roi pour sa réception devant toute la cour à Chinon. Mais à présent il ne l'accompagne pas.

Elle s'avance dans les positions ennemies, combat, mais les trois ou quatre cents hommes d'armes qui l'ont suivie veulent se retirer vers Compiègne, elle doit les suivre. Aucune sortie n'est faite par ceux de la cité pour lui venir en aide. A l'exception de quelques compagnons demeurés autour d'elle, son armée l'abandonne, au mépris d'un rigoureux devoir et sur quels ordres mystérieux ? elle se précipite dans la ville. Jeanne n'en est qu'à quelques mètres, elle va pouvoir y entrer, échapper à ses ennemis mais la porte se referme. CE QUI N'A PAS RÉUSSI À SAINT-DENIS SE RÉALISE À COMPIÈGNE.

Ensuite ce que l'on veut obtenir d'elle, c'est la promesse qu'elle ne combattra plus les Anglais. Le roi de France n'y avait pas réussi. Elle est sollicitée par les dames de Beaurevoir, par Jean de Luxembourg, par l'évêque Cauchon.

Au château de Beaurevoir, ses voix lui défendirent de tenter une évasion et lui disaient qu'elle devrait rencontrer le roi d'Angleterre avant d'être libérée !

Pendant le procès, elle attendait naïvement que les siens fassent quelque chose pour la délivrer. Ils sont tous demeurés immobiles.

Elle a fait demander au roi l'autorisation de dire son secret, et qu'il communique le « Livre de Poitiers », seul un refus est venu.

Aussi, après sa libération, en 1436, c'est à Guillaume Bélier, bailli de Troyes, et à la ville d'Orléans qu'elle s'adresse pour demander de l'aide. En vain.

Si elle a écrit au roi dont elle ne pouvait rien attendre, ce fut après, à la demande transmise par le héraut d'armes Cœur de lils.

Et maintenant, de nouveau, comme devant Paris, Charles lui arrache la possibilité de combattre les Anglais. Alors comme autrefois, Jeanne décide d'agir contre la volonté du roi et d'obtenir du secours de ses amis d'Orléans.

Mais tout ce qu'ils peuvent pour elle, c'est lui attribuer un don en argent « pour le bien qu'elle fit à la ville durant le siège ».

La Pucelle se retire

Jeanne n'a plus rien à faire dans la cité d'Orléans.

Elle vient d'y rencontrer la duchesse Yolande d'Anjou si active dans l'organisation de la levée du siège d'Orléans, si ardente à vouloir le sacre ; et puis le Bâtard d'Orléans.

Jeanne n'a plus rien à faire auprès d'eux qui, après l'avoir encouragée et aidée, l'abandonnèrent. Et elle ne veut pas revoir Charles dont on attend la venue dans quelques jours.

A-t-elle compris comment on l'avait utilisée ? Cependant elle demeure profondément persuadée que, par la volonté de Dieu, cette dynastie à laquelle elle appartient doit régner sur la France. Elle a voué sa vie à faire triompher cette volonté ; mais démunie de tous moyens n'attendant plus rien de personne, elle abrège son séjour et quitte Orléans.

Pour épuiser toutes les possibilités, elle écrit au bailli de Tours, mais il transmet sa lettre au roi arrivé à Orléans et sans lequel il ne peut prendre de décision.

La Pucelle n'avait-elle pas combattu pour que toutes les villes de France se mettent en l'obéissance du roi ? Orléans et Tours lui ont obéi.

Jeanne retourne en Lorraine, à Metz, elle rejoint le chevalier Robert des Armoises dans sa maison devant Sainte-Ségolène et, ainsi que l'a écrit le doyen de Saint-Thibaut, « ils se tinrent là tant qu'il leur plut ».

Le pape Eugène IV a transféré le concile à Florence, mais la fraction des cardinaux en désaccord avec lui et demeurés à Bâle, le destitue et élit pape le duc Amédée VIII de Savoie, c'est Félix V.

Le pape Eugène IV, dans une lettre longue et virulente, envoyée en plusieurs lieux de la chrétienté, fulmine contre cette élection et assure que le duc de Savoie s'était fait ermite à Ripaille dans l'intention de préparer son élection.

Regnault de Chartres, Archevêque de Reims et Chancelier de France, favorable à Eugène IV, reçoit en commende l'évêché d'Orléans et est élevé au cardinalat. Il fait son entrée solennelle à Orléans.

Maintenant que sa position est de plus en plus ferme, et à l'instigation de sa belle-mère, le roi veut réduire la puissance des seigneurs après s'en être largement servi pour arriver au trône. Il prend une « Grande Ordonnance sur l'armée », le 2 novembre 1439.

« Pour obvier et donner remède à faire cesser les grands excès et pilleries commises par les gens de guerre, le roi, par l'avis des seigneurs de son sang, de la reine de Sicile, de nos Sieurs le duc de Bourbon et Charles d'Anjou, de plusieurs prélats... a fait les édits qui s'ensuivent.

Pour ce que grande multitude de capitaines se sont mis au-dessus de leur autorité et ont assemblé grand nombre de gens d'armes sans congé du roi... le roi a ordonné que certain nombre de capitaines et gens d'armes sera ordonné pour la conduite de la guerre, lesquels capitaines seront nommés et choisis par le roi...

Défend le roi à tous, sur peine d'encourir crime de lèse-majesté... d'être dépouillé, privé pour toujours d'honneurs et offices publics, des droits et prérogatives de noblesse et confiscation de corps et biens, que aucun de quelque état qu'il soit, ne soit si osé ni si hardi de lever... compagnie de gens d'armes, sinon que ce soit du congé... et ordonnance du roi... ».

Voilà de quoi en mécontenter un grand nombre.

Le connétable de France, Arthur de Bretagne, comte de Richemont met le siège devant Avranches, mais le duc de Bretagne son frère, celui qui sera bientôt responsable de la fin tragique de Gilles de Rais, détourne les troupes du connétable, qui est abandonné par elles. Avranches reste aux mains des Anglais.

La riposte à l'Ordonnance de Charles VII est rapide, la Praguerie éclate, menée par le duc de Bourbon avec le concours du duc de Bretagne.

Richemont s'empresse de rejoindre à Blois le roi Charles de France qui, pleinement rassuré par la présence du connétable, assemble des nobles et autres gens de guerre pour aller au pays de Bourbonnais détruire et subjuguer le duc de Bourbon et ses pays, lequel avait emmené son fils le dauphin qui était à Loches.

Le Bâtard de Bourbon, Antoine de Chabannes et autres capitaines, avec foison de gens d'armes vinrent devers lui au Châtel de Loches et de son consentement le menèrent au pays de Bourbonnais en la ville de Moulin. Auquel lieu allèrent avec le duc de Bourbon, le duc d'Alençon, le comte de Vendôme, les seigneurs de La Trémoille, de Chaumont et de Prie avec plusieurs autres.

Leur intention était que le Dauphin aurait seul le gouvernement du royaume de France, et que le roi Charles son père serait mis comme en tutelle et gouverné par eux.

Faute d'obtenir tous les appuis sur lesquels ils comptaient, et après que les armées du roi eurent fait de grands ravages en Bourbonnais, Louis le Dauphin et les insurgés se soumettent à Charles VII.

Le duc Charles d'Orléans, après vingt-cinq ans de captivité, retrouve la liberté.

Au mois de juillet 1440, s'ouvre à Nantes le procès devant le Tribunal de l'Inquisition de Gilles Rais, bientôt suivit de son procès devant le Tribunal Séculier.

Ces deux procès qui appellent une étude approfondie, s'inscrivent dans les nombreuses, basses et sombres intrigues de la guerre de Cent Ans. L'outrance des accusations, les mensonges accumulés sont évidents. Quelle qu'ait été la culpabilité du Sire de Rais, sa perte était inéluctablement décidée par la haine, les intérêts et la politique.

Au mois d'octobre, celui que le roi de France, un peu plus tard, désignait ainsi : « Feu Sire de Raitz en son vivant notre Conseiller, Chambellan et Maréchal de France », l'ancien compagnon de Jeanne la Pucelle, est exécuté. Le corps à demi calciné fut placé dans un cercueil et porté dans l'église des Carmes de Nantes, où il fut enseveli.

En 1441, le roi anoblit Jacques Cœur, son argentier, qui s'est enrichi dans le commerce et l'industrie, chargé de missions importantes par le roi, il les accomplit avec succès et met tous ses trésors à la disposition du roi pendant la campagne de Normandie.

Plus tard, Charles VII, vivement intéressé par l'énorme fortune de Jacques Cœur, le fera emprisonner et s'emparera de ses biens.

1442 – Mort de Pierre Cauchon évêque de Lisieux.

Mort de Jeanne

Depuis le mois de juillet 1439, la ville d'Orléans a pris en charge Isabelle Romée, chaque mois le trésorier note ainsi la dépense, « A Isabeau mère de Jehanne la Pucelle pour don fait à elle... ».

Au mois de septembre 1446, l'inscription change, « à Isabeau mère de feue Jehanne la Pucelle... » et se poursuit de même jusqu'au mois de mars 1447. Ensuite l'écriture change, l'indication mortuaire est omise, elle reparaît en mars 1448, puis dans les règlements faits depuis novembre 1448 jusqu'au mois de janvier 1451, sans interruption.

Dans le silence fait autour de son nom, Jeanne serait morte pendant l'été 1446.

Selon des traditions persistantes, Jeanne fréquentait l'église de Pulligny. Elle et son mari désiraient y être inhumés.

Héritier des travaux d'une personnalité de sa famille, M. Pierre de Sermoise apprit qu'à la droite du chœur de cette église, Jeanne fut enterrée avec ses bijoux, et le chevalier Robert avec son armure.

Au XVIIe siècle une plaque de rappel fut apposée sur le mur voisin de la tombe et enlevée en 1890, époque où commencent les préliminaires de la béatification. Bientôt la tombe disparut complètement sous des carreaux de céramique et une marche du chœur.

M. de Sermoise relate comment, en 1968, entouré et assisté de plusieurs personnes, il retrouve l'emplacement de la tombe et fait procéder en partie à son dégagement.

Sur cette pierre tombale mise à jour et dont M. de Sermoise publie la photographie, une inscription à demi effacée commence ainsi :

« Priez pour lame d...lle suivie d'un signe et de deux lettres CI ».

La suite a été burinée, et cette profanation n'a-t-elle pas été plus loin ?

Il est infiniment souhaitable que ces investigations reprennent, totales, avec l'ouverture du tombeau et l'utilisation des techniques modernes. Que cette sépulture ait été violée ou non, elle livrera peut-être des secrets.

Vers le procès de réhabilitation

Quelques faits de l'histoire et la révision du procès

L'épouse de Louis, Dauphin de France, meurt d'un refroidissement.

Depuis deux ou trois ans, Charles VII a pris pour favorite Agnès Sorel, âgée maintenant de vingt-quatre ans ; et placée, dit-on, auprès de lui, par la mère de la reine, Yolande d'Anjou reine de Sicile, afin d'y soutenir sa politique.

Louis prend ombrage de l'influence prise par Agnès Sorel sur le roi son père et conspire de nouveau pour s'assurer le gouvernement. Le complot est dévoilé. Louis est banni en Dauphiné par son père qu'il ne devait plus jamais revoir. Il prend la résolution de se venger.

Le duc Charles d'Orléans, à la mort de son oncle, le duc de Milan, s'en va combattre en Italie pour tenter de s'assurer la succession. Il dispose de peu de moyens mais s'est déjà approprié le comté d'Asti.

Sous l'impulsion d'Agnès Sorel ; Charles se décide à reprendre la guerre contre les Anglais. Les impôts levés au grand mécontentement du peuple et les richesses que Jacques Coeur met à sa disposition lui en donnent les moyens. Il lui faut aussi un prétexte.

En 1445 avaient été célébrées, à Nancy, les noces de Marguerite d'Anjou, fille du duc René et petite-fille de Yolande d'Anjou, avec Henri VI roi d'Angleterre. A ces noces magnifiques assistaient la reine de France et la maîtresse du roi, Agnès Sorel.

Dans les conditions mises à cette union, il fut convenu que les Anglais évacueraient le Maine. Cette évacuation devait finalement se faire avant la fin avril 1446.

Mais le capitaine anglais chargé de la ville du Mans, refuse de rendre la place. Les Français l'assiègent et la guerre reprend. Après trois ans et demi d'hostilités les Français rentrent à Rouen.

Charles VII fait son entrée dans la ville le 10 novembre 1449. Dès le 15 février 1450, il ordonne à Guillaume Bouillé d'ouvrir une information concernant le procès de Jeanne en vue d'en demander l'annulation à l'Église.

Pendant la vie de Jeanne ce procès en révision n'aurait pas été possible. Mais elle n'est plus et le roi possède la mise en forme du procès de condamnation exécutée en 1436 sur ordre de Pierre Cauchon.

Plus de six années seront encore nécessaires pour que Charles VII obtienne cette sentence de réhabilitation qui empêchera désormais toute attaque en illégimité contre son sacre obtenu par le fait de Jehanne la Pucelle.

A l'intention de ceux qui croient à la mort de Jeanne sur le bûcher et à l'imposture de la dame des Armoises

L'histoire de Jeanne est terminée ; chacun peut, à l'aide des Documents, faire ses déductions et réflexions. J'en ajoute encore quelques-unes.

Pour certifier la mort de Jeanne sur le bûcher, le Bourgeois de Paris est souvent évoqué. Il raconte dans son Journal (62) que la Pucelle fut brûlé à Rouen.

Ce chroniqueur dont on ignore tout, y compris son identité, paraît avoir mis dans son œuvre, à côté de détails bien connus de lui comme le prix des denrées et les conditions de vie des Parisiens, tous les bruits qui circulaient à son époque.

A le citer, pourquoi s'en tenir à une seule phrase ? Voici deux passages concernant le bûcher. « ... dame Jehanne ... fut de tous jugée à mourir, et fut liée à une estache qui estoit sur l'eschaffaut qui estoit fait de plastre, et le feu sus lui, et la fut bientost estainte et sa robbe toute arse, et puis fut le feu tiré ariere et fut veue de tout le peuple toute nue et tous les secrez qui pevent estre ou doyvent (estre) en femme, pour oster les doubtes du peuple. Et quant ilz orent assez et à leur gré veue toute morte liée à l'estache, le bourel remist le feu grant sur sa pouvre charongne qui tanstot fut toute comburée, et os et char mise en cendre. »

« En ce temps estoit tres grant nouvelle de la Pucelle, dont devant a esté faicte mencion, laquelle fut arce à Rouen par ses demerites ; et y avoit adong maintes personnes qui estoient moult abusez d'elle, qui creoient fermement que par sa sainteté elle se fust eschapée du feu et que on eust arce une autre, cuidant que ce fust elle ; mais elle fut bien veritablement arce et toute la cendre de son corps fut pour vray gectée en la riviere pour les sorceries qui s'en fussent peu ensuivre. »

Et puis un troisième passage qui reste habituellement dans l'ombre :

« Le jour Sainct Martin le Boullant fut faicte une procession generalle à Sainct-Martin-des-Champs, et fist on une predication, et la fist ung frere de l'ordre sainct Dominique qui estoit inquisiteur de la foy, maistre en theologie, et prononça de rechief tous les faits de Jehanne la Pucelle. Et disoit qu'elle avoit dit qu'elle estoit fille de tres pauvres gens, et que environ l'aage de XIIII ans elle s'estoit ainsi maintenue en guise de homme, et que son pere et sa mere l'eussent voulentiers faicte des lors mourir, s'ils eussent peu sans blecer conscience, et pour ce, se departy de eulx accompagnée de l'ennemy d'enfer, et depuis vesqui homicide de chrestienté, plaine de feu et de sanc, jusques à tant qu'elle fut arse, et disoit (le prédicateur) qu'elle se fust revocquée, et que ON LUI OT BAILLÉ PENITANCE, C'EST ASSAVOIR, IIII ANS EN PRISON À PAIN ET À EAUE, DONT ELLE NE FIST ONCQUES JOUR, MAIS SE FAISOIT SERVIR EN LA PRISON COMME UNE DAME. »

Dans le premier passage, le chroniqueur dit que Jeanne fut brûlée.

Dans le deuxième, il raconte que des personnes croyaient qu'elle avait échappé au feu.

Enfin, il parle d'une prédication de l'Inquisiteur de la foi.

Dès que Jeanne fut prise, cet Inquisiteur de France, Jean Graverent, l'avait demandée au duc de Bourgogne, pour la juger à Paris, mais ne l'obtint pas. Ensuite, il accorda à l'évêque Cauchon la présence au procès de Rouen, du vice-inquisiteur, le dominicain Jean le Maistre.

Jean Graverent, vraisemblablement, ignorait le fond de l'intrigue et fut mécontent de la façon dont se terminait le procès. Alors il dénonça en chaire que Jeanne se faisait servir dans sa prison comme une princesse (ceci conforme que la Pucelle était installée dans une chambre du château, ainsi que le déclara Manchon dans son premier interrogatoire), et qu'il lui fut donné une pénitence : quatre ans de prison dont elle ne fît aucun jour.

Cela rejoint notre histoire. Jeanne ne fît pas à Rouen les quatre années de prison qui auraient été décidées, mais fut retenue ailleurs pendant cinq ans avant de reparaître à la Grange-aux-Hormes.

Plus loin, le Bourgeois de Paris écrit au paragraphe 790 : « Item, en cellui temps, en admenerent les gens d'armes une, laquelle fut à Orleans tres honnorablement receue, et quant elle fut pres de Paris, la grant erreur recommença de croire fermement que c'estoit la Pucelle ; et pour celle cause l'Université et le Parlement la firent venir à Paris bon gré mal gré, et fut monstrée au peuple au Pallays sur la pierre de marbre en la grant court, et là fut preschée et traictée sa vie et tout son estat... »

Le Bourgeois ne donne pas le nom de cette femme ; pourtant celui qui, en 1881, publia l'œuvre de ce contemporain de Jeanne, ajoute en note : « Il s'agit de la fausse pucelle Claude, qui se faisait appeler Jeanne du Lys ; cette aventurière, mariée en novembre 1436 à un chevalier lorrain du nom de Robert des Armoises, dont elle eut deux fils, mena une existence pleine de péripéties de tout genre. Au début de sa carrière, Claude des Armoises eut, comme l'on sait, maille à partir avec l'Inquisition de Cologne, et ne parvint à s'échapper que grâce à la protection du comte Ulrich de Wurtemberg. Rentrée en France, la fausse pucelle fut mêlée aux événements militaires dont le Poitou était le théâtre en 1439, et vint à Orléans vers les mois de juillet et septembre de la même année. Après l'examen judiciaire dont cette intrigante fut l'objet à Paris au mois d'août 1440, elle disparaît complètement de la scène historique (cf. Vallet de Viriville, *Procès de condamnation de Jeanne d'Arc,* p. lxix à lxxj ; *Histoire de Charles VII,* t. II, p. 366-369).

Dans son livre, M. Gérard Pesme relate qu'il a demandé par écrit aux Archives de France ce qu'il en était de cette action judiciaire et qu'il lui fut répondu que « le réquisitoire et le verdict judiciaire sont introuvables dans les registres manuscrits des actes criminels dudit Parlement ».

La copie de cette réponse est dans le dossier de M. Pesme, aux Archives Nationales, où j'ai pu la voir.

Les tenants de l'histoire officielle, lorsqu'ils sont placés devant les extraits des livres de comptes de la ville d'Orléans, documents tellement irréfutables qu'ils ne songent même pas à les réfuter, s'en sortent avec une méthode qui a fait ses preuves et qui consiste a affirmer sans preuves.

Ils disent catégoriquement : « Les Orléanais se sont trompés. » A leur ton péremptoire, hélas ! bien souvent le public ajoute foi, sans rien examiner, en vertu de cette définition de Bossuet citée par M. G. Las Vergnas : « La foi est l'habitude de croire une chose par l'autorité de celui qui l'a dite ».

Les Orléanais auraient été abusés par une aventurière ? Dans ce cas, il ne furent pas seuls. Reprenons dans l'ordre tous ceux qui furent mystifiés.

Les seigneurs de Metz
Pierre et Jean d'Arc,
Nicolas Louve, chevalier,
Le seigneur Aubert Boulay,
Sire Nicole Groingnard,
Jean Quenalt,
Plusieurs personnes de Metz qui vinrent à Marieule.
Jeoffroy Dex,
La Duchesse de Luxembourg,
Guillaume Belier bailli de Troyes,
Le Roi de France,
Les deux hérauts d'armes,
Le comte de Warnenburg,
Le chevalier Robert des Armoises,
Le prêtre qui célébra le mariage de Jeanne avec le chevalier,

Tous ceux qui assistèrent à ce mariage,
Les notaires qui établirent les actes,
Gilles de Rais,
Le Roi d'Espagne,
Le connétable d'Espagne, Alvaro de Luna,
Les Anglais,
Jean Bâtard d'Orléans,
Jean duc d'Alençon,
Mgr de Bourbon,
La reine de Sicile,
Isabelle Romée.

Selon l'histoire officielle, tous la savaient morte, brûlée, réduite en cendres, et ses cendres jetées dans le fleuve. Tous savaient cela, particulièrement le roi de France et la reine de Sicile qui avaient sans nul doute leurs émissaires à Rouen pendant le procès, lesquels purent assister à la journée du 30 mai 1431, au bûcher.

Alors comment se peut-il que tous se laissent abuser par une femme se disant Jeanne la Pucelle ? Ont-ils cru à une résurrection, à un nouveau miracle sans précédent ? car elle fut réduite en cendres !

Un tel miracle serait apparu comme la manifestation de la volonté divine selon laquelle Jeanne devait continuer sa mission.

En ce cas, ce n'est pas en Lorraine que Jeanne serait réapparue, mais auprès du roi.

Si Charles VII et les princes avaient cru à ce miracle, tous l'auraient suivie avec leurs gens d'armes pour reprendre le combat jusqu'à la victoire finale.

Ont-ils pu supposer qu'elle ait été ressucitée pour faire un séjour chez la duchesse de Luxembourg, un autre à Cologne, et pour épouser Robert des Armoises ?

L'hypothèse de la croyance à un miracle faisant renaître Jeanne de ses cendres ne tient pas.

Alors disent les détracteurs de la Dame des Armoises, il s'agit d'une femme dont la ressemblance physique avec Jeanne était parfaite, et qui s'est présentée comme étant Jeanne.

Pusieurs remarques s'imposent.

En 1436 elle se présente sous le nom de Jeanne la Pucelle, ainsi qu'elle est désignée dans les livres de comptes d'Orléans, et non sous celui de Jeanne des Armoises devenu le sien un peu plus tard, après son mariage, et sous lequel elle est parfois nommé dans les mêmes documents en 1439.

Elle a échappé au bûcher dit-elle ? Comment cela s'est-il produit ?

Mais comme l'histoire affirme qu'une femme fût brûlée ce jour-là, et que tous en étaient persuadés, on aurait donc brûlé une autre femme à sa place ? Et pour quel motif ? Pour quel motif encore ne donna-t-elle aucune explication, pourquoi ne lui en demanda-t-on pas ?

Dans ce cas comme dans le précédent c'était auprès du roi, pour reprendre le combat qu'elle aurait dû se présenter et non en Lorraine.

Une autre question infiniment importante se pose : Pourqoi, dans l'un ou l'autre des deux cas, a-t-elle attendu cinq ans pour réapparaître ?

De cela non plus, ni le roi ni les autres ne se sont inquiétés.

Enfin, passons !

Elle est amenée par une escorte à la Grange-aux-Hormes. Les seigneurs de Metz arrivent, et de même Pierre et Jean d'Arc. Quelles informations précises possèdent-ils et de quelle autorité assez puissante émane la convocation pour qu'ils y obéissent immédiatement et viennent rencontrer cette femme dont ils ne peuvent savoir si elle ressemble à Jeanne puisqu'ils ne l'ont pas encore vue ?

Ce n'est pas une quelconque inconnue qui se présente chez la duchesse de Luxembourg, elle n'y serait pas accueillie. Que sait la duchesse ? A la suite de quelle demande prépara-t-elle la venue de Jeanne chez elle ? Pourquoi la garde-t-elle dans son intimité pendant de longues semaines et accepte-t-elle de faire préparer dans son château les noces de cette personne avec le chevalier des Armoises ?

Pourquoi le roi, alors qu'il n'a pas vu cette femme, qu'elle ne lui a même pas crit, fait-il mettre un héraut d'armes à son service, lui en fait-il envoyer un autre et répond ensuite à la lettre que Cœur de lils lui rapporte ?

Comment le chevalier des Armoises accepte-t-il d'épouser celle qu'il croyait morte et si, de surcroît, elle n'apporte aucun titre de noblesse ? car une mésalliance ne peut se concevoir.

Comment le prêtre chargé de la cérémonie se résoud-il à bénir cette femme ? Même si elle a pu échapper au bûcher, elle n'en est pas moins une excommuniée, condamnée au su de tous par l'Église comme sorcière et hérétique.

Avoir une totale ressemblance physique avec Jeanne, son allure, ses gestes, sa science équestre – car elle monte les chevaux tout comme Jeanne – c'est déjà beaucoup, mais voilà qu'elle y joint les mêmes dispositions et connaissances guerrières, si bien que Gilles de Rais met des gens d'armes sous son commandement.

Comment connaît-elle la convention qui existe entre les rois de France et d'Espagne, d'où tient-elle l'ambassade qu'elle envoie à celui-ci ?

L'aventurière pousse l'audace jusqu'à ce présenter à Orléans, en cette année 1439 où l'on célèbre le dixième anniversaire de la levée du siège, où elle va rencontrer, outre tous les Orléanais amis de Jeanne, la reine de Sicile, d'Anciens compagnons de la Pucelle, comme le Bâtard d'Orléans et Jean d'Alençon, son beau duc, Isabelle Romée.

Même de vue, l'aventurière ne peut les connaître tous, encore moins peut-elle trouver que leur dire. Cette méconnaissance devrait la démasquer.

Mais le prodige s'accomplit, ici comme avec Nicolas Louve et d'autres Lorrains, comme avec Gilles de Rais en 1437, elle sait comment la Pucelle s'adressait à chacun, comment elle le nommait. Elle sait tous ces détails que personne au monde ne peut lui communiquer, faits des heures, des événements vécus en commun, des confidences aussi, elle sait tout ce qui permet la conversation cohérente, le ton juste avec chacun.

Pour pouvoir se faire passer pour Jeanne, ne fallait-il pas simplement être Jeanne ?

Documents

DOCUMENT N° 1

ACTA

SANCTAE SEDIS

IN COMPENDIUM OPPORTUNE REDACTA ET ILLUSTRATA

STUDIO ET CURA

VICTORII PIAZZESI

Volumen XXXVI.

ROMAE

EX TYPOGRAPHIA POLYGLOTTA

S. CONGR. DE PROPAGANDA FIDE

(Extrait)

Ven. Dei Serva Ioanna D'Arc, in pago *Domremy* prope Valliscolorem, ad Campaniae et Lotharingiae fines, VIII Id. Ianuar. anno MCCCCXII

Hoc autem Decretum in vulgus edi et in acta SS. Rituum Congregationis referri iussit VIII Idus Ianuarias, an. MDCCCCIV.

S. Card. CRETONI, *Praefectus.*

L. ✠ S.

† D. Panici, Archiep. Laodicen., *Secret.*

« La vénérable servante de Dieu, Jeanne d'Arc, est née dans le village de Domrémy près de Vaucouleurs, aux frontières de la Champagne et de la Lorraine, le 8e jour des ides de janvier 1412. »

DOCUMENT N° 2

QUICHERAT Jules TV (pp. 114 à 121)
Bibliothèque Nationale

La traduction suit.

VII.

LETTRE DE PERCEVAL DE BOULAINVILLIERS AU DUC DE MILAN PHILIPPE-MARIE VISCONTI.

21 juin 1429.

Publiée d'après un manuscrit de la Chartreuse de Moelk dans le *Codex historico-diplomaticus*, faisant suite au *Thesaurus anecdotorum* de Pez (part. III, p. 237). M. Voigt, qui ignorait cela, imprima comme document inédit une traduction en vieil allemand de la même pièce trouvée par lui dans les archives secrètes de Kœnigsberg (voir la *Gazette littéraire de Leipsick*, n° du 3 juin 1820). Ce nouveau texte, où le nom de Boulainvilliers était travesti en celui de Boulourmak, servit à faire une traduction française que M. Buchon a placée dans le *Panthéon littéraire*.

Perceval de Boulainvilliers, auteur de cette épître, était un homme très-important à la cour de Charles VII. Il s'intitule dans sa souscription, conseiller-chambellan du roi et sénéchal de Berry. Avant d'être appelé à cette charge, il avait eu à remplir plusieurs commissions pour le recrutement des auxiliaires écossais et lombards. Il se trouvait tout naturellement en relation avec la famille Visconti, ayant épousé la fille de Perceval de Gournai, gouverneur d'Ast pour le duc d'Orléans.

Il a été expliqué précédemment (p. 22) comme quoi la lettre de Perceval de Boulainvilliers fut mise en vers et accommodée aux événements de 1430 par le poëte Antoine Astezan.

Illustrissimo et magnifico principi domino Johanni (1) Angelo Mariæ, duci Mediolanensi, domino meo honorando.

Illustrissime et magnifice princeps et domine mi honorandissime, mortalium cura, et præcipue studiosi excellentesque animi nova et alias inusitata scire desiderant, inveterataque quasi diu degustata fastidiunt. Hinc est, magnifice princeps, quod, attentis vestræ serenitatis laudibus, præconiis et vestrorum desideriorum mirandorum investigatione et conatibus, præsumpsi vobis significare qualia et quanta regi nostro Franciæ regnoque suo noviter contigerant.

Jam, ut reor, auribus vestris insonuit fama cujusdam Puellæ, nobis, ut pie creditur, divinitus missæ, cujus ut vitam, actus, statum moresque paucis attingam, ipsius ortus narrabo principia.

Nata est in uno parvo villagio nominato Dompremii in ballivia Bassignata (2), infra et in finibus regni Fran-

(1) Corrigez *Philippo*. Le ms. portait *Ph*. qu'on aura lu *Jh*.
(2) Sans doute *Bassignacensi*.

ciæ, super fluvium *de Meuse*. Quæ juxta Lottringiam, justis et simplicibus parentibus noscitur progenita. In nocte Epiphaniarum Domini, qua gentes jucundius solent actus Christi reminisci, hanc intrat mortalium lucem, et (mirum) omnes plebeii loci illius inæstimabili commoventur gaudio, et, ignari nativitatis Puellæ, hinc inde discurrunt, investigantes quid novi contigisset. Nonnullorum corda novum consenserant gaudium. Quid plura? galli, velut novæ lætitiæ præcones, præter solitum in inauditos cantus prorumpunt, et alis corpora tangentes, fere per duas horas novæ rei prænosticare videntur eventum.

Alitur infans, quæ ut crevisset et annos attigisset septenos, agricolarum gentium more, agnorum custodiæ a parentibus deputatur, in qua nec ovicula noscitur deperiisse, nec quicquam a fera exstitit devoratum; et quando affuit in paterna domo, omnes familiares tanta securitate protexit ut, nec hostis, fraus barbarorum vel malitia in minimo contingerent. Tandem peractis ætatis suæ duodecim annis, prima sibi revelatio facta est in hunc modum :

Ipsa cum puellis custodiente oves parentum suorum, quædam vagabantur in prato. A circumstantibus accessitur; utrum pro florum pugillo aut pro aliquo tali, cursitare vellet, interrogant. Annuit illa et, sponsione facta, tanta celeritate secundo et tertio incursu movebatur quod minime eam terram calcare credebant, adeo ut una puellarum exclamaret : « Johanna (sic est nomen ejus), video te volantem « juxta terram. » Quæ quum cursum peregisset et in fine prati quasi rapta et a sensibus alienata, spiritus resumendo, corpus pausaret fatigatum, juxta eam affuit quidam juvenis qui eam sic est allocutus : « Johanna, « domum pete; nam mater dixit se opera tua indigere. » Et credens quod frater esset aut aliquis convicinorum puerorum, festinans domum venit. Mater obviat quæ causam adventus aut derelictarum ovium quærit et increpat. Et respondens innocens Puella ait : « Numquid pro me mandasti? » Cui mater : « Non. »

Tunc credens se esse de puero delusam, volens ad sodales reverti, subito ante ipsius oculos nubes prælucida objicitur, et de nube facta est vox ad eam dicens : « Johanna, oportet te aliam vitam agere et mi- « randos actus exercere; nam tu illa es quam elegit « Rex cœli ad regni Francorum reparationem et Ka- « roli regis, expulsi a dominio suo, auxilium et protec- « tionem. Tu virili indueris veste; arma sumens caput « eris guerræ; omnia tuo consilio regentur. » Hac autem facta voce, disparuit nubes et Puella, tanti prodigii stupefacta, dictis nec pro primo fidem adhibens, sed manens perplexa, utrum credere deberet an non, innocens ignorat. Diebus noctibusque consimiles apparitiones dictæ Puellæ fiunt et vicibus repetitis renovantur. Tacet illa; nulli, nisi soli curato presbytero, animum detexit et in hac perplexitate fere quinque annorum perseverat spatio.

Tandem comite Salseberiensi ex Anglia in Franciam appellente, præmissæ apparitiones et revelationes dictæ Puellæ ultra solitum reinnovantur et multiplicantur. Concutitur juvenculæ animus, mens anxietate æstuat, et quodam die, dum contemplaretur in agro, insolita apparitio grandior et clarior quam unquam vidisset ei visa fuit, et facta est ad eam vox dicens : « Usquequo tardas? Quare non festinas? Aut

« cur non pergis cito gradu quo Rex cœli te destinavit?
« Nam in absentia tua destruitur Francia, devastantur
« oppida, justi obeumt, proceres occiduntur, inclytus
« sanguis ſunditur. » Et illa aliquantisper animata,
curato suo monita, respondit : « Quid ſaciam aut quo-
« modo ſaciam? Ibo? Non novi viam, gentem nescio,
« regem non cognosco; mihi non credent; cunctis
« ero irrderisum et merito. Quid stultius quam ma-
« gnatibus dicere quod puella Franciam reparet, regat
« exercitus, de hoste triumphum reportet? Quid ludi-
« brius quam quod puella virili induatur veste? »
Quumque hæc et plura alia disseruisset, responsum sic
accepit : « Rex cœli ordinat et vult; ne amplius quæ-
« ras quomodo hæc fient : quoniam sicut voluntas Dei
« est in cœlo, sic erit et in terra. Perge hic prope
« jacentem villam, nominatam *Vaucolors* (1) quæ
« sola in Campaniæ partibus regi fidem servat, et villæ
« illius custos nullo impedimento te ducet quo petes. »

Sic egit, et multis præostensis mirandis, jussit eam
nobilibus associatam per vias conduci ad regem. Qui
venientes, per medios hostes transierunt, nulla repulsa
interjecta. Et quum usque pervenissent ad castrum de
Caynone (2) in Turonensibus partibus quo se rex mu-
niebat, consilio regio deliberatum erat quod ſaciem
regis non videret neque ei præsentaretur usque in
diem tertiam. Sed hominum corda subito mutantur.
Accersitur Puella. Mox et de equo descendit et per
archiepiscopos, episcopos, abbates et utriusque ſacul-
tatis doctores diligentissime examinatur in ſide et mo-

(1) *Ventelori* dans le texte de Pez.

(2) *Cavenio* dans Pez; *Chinon* dans la traduction de M. Buchon.

ribus. Demum rex eam ad suum parlamentum ducit, ut strictius et vigilantius adhuc quæstionaretur. Et in his omnibus, reperta est fidelis catholica, bene sentiens in fide, sacramentis et institutis Ecclesiæ. Amplius per mulieres doctas, peritas virgines, viduas et conjugatas curiosissime percunctatur, quæ nihil aliud quam [quod] muliebrem honestatem atque naturam decet, sentiunt.

Præterea adhuc spatio sex septimanarum custoditur, intuitur, consideratur, si saltem aut aliqua levitas vel mutatio ab incœpto concipiatur. Sed immobilis Deo serviendo, missam audiendo, Eucharistiam percipiendo, prima proposita continuat; regem omni die lacrimosis suspiriis efflagitat ut licentiam invadendi hostes det aut domum paternam repetendi. Et difficulter licentia obtenta, cum victualibus conducendis Aurelianum intrat. Cito post castra obsidentium invadit, quæ licet inexpugnabilia judicarentur, tamen in trium dierum spatio ipsa devicit. Hostes non pauci occiduntur, plures capiuntur, reliqua pars fugatur. Nunc civitas ab obsidione liberatur. Quibus actis, ad regem revertitur. Rex ei obviam properat, jucunde suscipit, et aliquanto temporis intervallo cum rege manet, festinat, sollicitat, ut expeditiones evocet, congreget acies ad reliquam partem adversariorum devincendum. Et redintegrato exercitu, villam quæ vocatur Jarguellum (1) obsidet; in crastinum conflictum dat; vi capitur, sexcentis bellatoribus nobilibus ibi victis, inter quos comes Suffordiæ, Anglicus, et

(1) *Franguiam* dans le texte de Pez.

frater germanus capiuntur, reliquus vero frater occiditur.

Post tamen trium dierum interjecto spatio, Magdunum super Ligerim et Baugenceium, oppida fortia et munita, invadit, expugnat et devincit. Nec moram ponit, et die illa sabbati quæ xx. erat junii, exercitui Anglicorum ad succursum properanti occurrit. Invaduntur hostes; victoria nostri potiuntur, interfectis mille quingentis viris bellatoribus, mille captivatis, inter quos quidam capitanei capti sunt, scilicet domini de Taleboth, et de Fastechat, et filius domini de Hendesfort, et quamplures alii. De nostris autem non reperti tres occisi. Quæ omnia miraculo divinitus facto attribuimus. Hæc et multa alia Puella operata est et, Deo largiente, majora horum faciet.

Hæc Puella competentis est elegantiæ, virilem sibi vindicat gestum, paucum loquitur, miram prudentiam demonstrat in dictis et dicendis. Vocem mulieris ad instar habet gracilem, parce comedit, parcius vinum sumit; in equo et armorum pulchritudine complacet, armatos viros et nobiles multum diligit, frequentiam et collocutionem multorum fastidit, abundantia lacrimarum manat, hilarem gerit vultum, inaudibilis laboris et in armorum portatione et sustentatione adeo fortis, ut per sex dies die noctuque indesinenter et complete maneat armata. Dicit Anglicos nullum habere jus in Francia, et dicit se missam a Deo ut illos inde expellat et devincat, monitione tamen ipsius facta. Regem summe veneratur. Ipsum dicit esse dilectum a Deo et specialiter præservatum et præservandum. Dominum ducem Aurelianensem, nepotem vestrum (1), dixit miraculose liberandum, monitione tamen prius super sua libertate Anglicis detinentibus facta. Et ut, illustrissime princeps, finem faciam verbis, mirabiliora sunt et fiunt quam vobis possem scribere aut lingua fari.

Ultra scribendo præsenter evenit quod præfata Puella jam perrexit ad partes civitatis Remis in Campania, ubi rex festinanter tendit ad consecrationem et coronationem suam, Deo juvante (2).

Me vobis humiliter recommando. Scriptum die xxi. junii, anno Domini 1429.

Vester humillimus servitor, Paranalio (3), dominus de Bolanvillari, consiliarius et camerarius regis Francorum et domini ducis Bituricensis senescalcus.

LETTRE DE PERCEVAL DE BOULAINVILLIERS AU DUC DE MILAN PHILIPPE-MARIE VISCONTI

Au très illustre et magnifique prince, le seigneur Philippe Angèle Marie, duc de Milan, mon vénérable seigneur.

Très illustre et magnifique prince, mon seigneur très vénérable, la curiosité des hommes, et particulièrement les esprits cultivés et hors du commun, désirent connaître ce qui est nouveau et par ailleurs inhabituel ; les choses dont on a l'habitude ennuient comme ce à quoi on a longtemps goûté. Voilà pourquoi, prince magnifique, attentjf à mériter les éloges de votre sérénité, à la suite de votre demande, en vue de vous aider dans votre recherche et vos efforts pour satisfaire une admirable curiosité, j'ai entrepris de vous faire savoir les événements importants qui sont arrivés récemment à la cour et dans le royaume de France.

Je pense que vous aurez entendu parler d'une jeune fille qui nous a été envoyée par Dieu – comme nous le pensons pieusement. Pour toucher un mot de sa vie, de ses actes, de sa situation, de ses mœurs, je raconterai ses origines.

Elle est née dans un petit village appelé Domrémy, au baillage de Bassigny, en deçà et sur les limites du Royaume de France, sur la Meuse, près de la Lorraine. On dit qu'elle naquit de parents justes et simples.

Dans la nuit de l'Épiphanie du Seigneur, où les peuples ont l'habitude de se souvenir plus joyeusement des actes du Christ, elle entre dans cette lumière des mortels et, ô merveille, tous les paysans de cet endroit sont saisis d'une joie incalculable et, bien qu'ils ignorassent la naissance de l'enfant, ils courent çà-et-là demandant ce qui est arrivé de neuf. Le cœur de quelques-uns avait ressenti une joie nouvelle. Que dire de plus ? Les coqs, comme s'ils étaient les hérauts de l'allégresse nouvelle, au lieu de leur chant habituel, font entendre des chants jusque-là inentendus et, battant des ailes deux heures durant, ils semblaient présager l'accomplissement d'une chose nouvelle.

L'enfant est élevée. Lorsqu'elle eut grandi et qu'elle eut atteint la septième année, selon l'habitude des paysans, elle fut chargée per ses parents de la garde des agneaux. On sait que, durant sa garde, aucune de ses petites brebis n'a péri et qu'aucun animal (confié à sa garde) n'a été dévoré par les bêtes sauvages. Tant qu'elle fut dans la maison paternelle, elle a protégé ses proches avec une telle sécurité que ni l'ennemi, ni la ruse, ni la malice des soldats ne leur ont causé le moindre dommage. Quand elle eut treize ans (littéralement : douze ans de son âge étant passés), *elle eut sa première révélation de la manière suivante.*

En compagnie de jeunes filles, elle surveillait les brebis de ses parents qui paissaient çà-et-là dans le pré. Ses compagnes l'appellent. Elles lui demandent si elle veut bien courir pour une poignée de fleurs ou quelque chose de semblable. Celle-ci consent et après s'être engagée, elle se déplaça avec une telle rapidité pendant le deuxième et troisième jour, que, croyant que celle-ci ne touchait même pas terre, une des jeunes filles s'écria : « Jeanne (tel est son nom) je te vois voler au ras du sol. » Lorsqu'elle eut accompli sa course et qu'au bout du pré, comme transportée et hors d'elle-même, reprenant son souffle, elle eut reposé son corps fatigué, un jeune homme vint près d'elle et lui parla ainsi : « Jeanne, retourne à la maison ; ta mère a dit qu'elle avait besoin de ton aide. » Et, croyant qu'il s'agissait de son frère ou d'un des enfants du voisinage, elle se hâte de rentrer chez elle. Sa mère va à sa rencontre, lui demande la raison de sa venue et de l'abandon des brebis et lui adresse des reproches. Et la jeune fille innocente répondit : « Ne m'as-tu pas fait venir ? » « Non » répliqua la mère. Elle crut que l'enfant s'était joué d'elle ; celle-ci voulait rejoindre ses compagnes, quand un nuage très brillant apparaît devant ses yeux ; du nuage une voix lui dit : « Jeanne, il faut que tu mènes une autre vie, que tu accomplisses des actes extraordinaire En effet tu es celle que le Roi des cieux a choisie pour rétablir le royaume des Francs et pour aider et protéger le roi Charles, chassé de son domaine. »

Tu mettras des vêtements d'homme et, prenant les armes, tu auras la conduite de la guerre ; tout se règlera d'après tes avis. Après que ces mots eurent été prononcés, la nuée disparut et la pucelle, stupéfiée devant un si grand miracle, n'accordant tout d'abord aucune foi à ces paroles et restant perplexe, dans son innocence elle ne savait pas s'il fallait le croire ou pas. De jour comme de nuit, des apparitions entièrement semblables se produisent à ladite pucelle et elles se renouvellent à plusieurs reprises. Elle se tait ; elle ne découvre son âme à personne, sauf à son curé, et elle reste presque cinq ans dans cette perplexité.

Enfin, comme le comte de Salisbury abordait d'Angleterre en France, les apparionts et révélations précitées reprennent plus que de coutume pour ladite pucelle et se multiplient. L'âme de la jeune fille est troublée, l'inquiétude agite violemment son esprit et un jour, tandis qu'elle était en contemplation dans un champ, elle vit une apparition comme elle n'en avait jamais vu d'aussi grande et d'aussi éclatante et elle entendit une voix disant : « Jusqu'à quand tardes-tu ? Pourquoi ne te hâtes-tu pas ? Pourquoi ne vas-tu pas d'un pas rapide là où le Roi du ciel t'a envoyée ? En effet, en ton absence la France est détruite et les places fortes ravagées ; les justes périssent, les grands sont tués, un sang illustre est versé. » Elle, quelque peu découragée, répondit sur les conseils de son curé : « Que faire et comment faire ? Irais-je ? Je ne sais pas la route, je ne connais pas le pays, je ne connais pas le roi. Ils ne me croiront pas. Je serai pour tous un objet de moquerie, et à juste titre.

Qu'y a-t-il de plus insensé que de dire à des grands personnages qu'une jeune fille peut remettre la France sur pied, diriger les armées, triompher de l'ennemi ? Qu'y a-t-il de plus ridicule que de parler d'une jeune fille qui revêt un vêtement d'homme ? ».

Après ces propos et quelques autres, voici la réponse qu'elle reçut : « Le roi du ciel le décide et le veut ; ne cherche pas davantage comment cela se passera : car la volonté de Dieu sera sur terre comme elle est dans le ciel. Rends-toi, près d'ici, dans la ville voisine, nommée Vaucouleurs, qui est la seule des régions de Champagne à rester fidèle au roi, et le gouverneur de cette ville te conduira sans encombre là où tu le lui demanderas. »

Ainsi fit-elle, et, avec beaucoup d'étonnants prodiges, il ordonna que des nobles l'accompagnassent sur le chemin et la conduisissent au roi. Ils vinrent et passèrent au milieu des ennemis, sans rencontrer aucun obstacle. Ils parvinrent à la place forte de Chinon, dans la région de Tours, où le roi était retranché ; par un décret royal, on avait décidé qu'elle ne verrait pas le visage du roi et qu'elle ne lui serait pas présentée avant le troisième jour. Mais le cœur des hommes change brusquement. On fait venir la pucelle. Bientôt, elle descend de son cheval ; les archevêques, les évêques, les abbés et les docteurs de l'une et l'autre faculté font sur sa foi et sa moralité un examen très scrupuleux.

Finalement, le roi l'emmène devant son parlement, pour la questionner encore plus strictement et plus attentivement. Et, dans toutes ces questions, on la trouva fidèle catholique, bien pensante dans la foi, les sacrements et les institutions de l'Église. De doctes femmes, des jeunes filles expérimentées, des veuves et des femmes mariées l'interrogent davantage avec beaucoup de soin, et ne remarquent rien d'autre que ce qui convient à l'honneur et à la nature d'une femme.

En outre, pendant six semaines, on la surveille, on l'examine attentivement et on l'observe, pour voir si elle ne manifestera pas quelque inconstance ou le désir de renoncer à son projet. Mais inébranlable, elle adore Dieu, écoute la messe, reçoit l'Eucharistie et persiste dans son dessein. Toute la journée, avec des soupirs mêlés de larmes, elle supplie le roi de lui donner la permission d'attaquer les ennemis ou de regagner la maison paternelle. Et c'est après avoir obtenu avec difficulté cette permission qu'elle entre à Orléans avec un convoi de vivres. Peu de temps après, elle attaque le camp des assiégeants ; bien qu'on le jugeât imprenable, elle le soumit en trois jours. Un grand nombre d'ennemis sont tués, plusieurs pris et le reste mis en fuite. La ville est désormais délivrée du siège. Après avoir accompli cela, elle retourne auprès du roi. Le roi se hâte à sa rencontre, l'accueille avec amabilité. Elle reste quelque temps avec lui ; elle le presse, l'incite à préparer la guerre, à rassembler les armées pour soumettre le reste des ennemis (adversaires). Et, avec une armée renouvelée, elle assiège Jarguellum. Le lendemain elle livre un combat. La ville est prise par la force ; là, sont vaincus six cents nobles guerriers, parmi lesquels le comte de Suffordia, un Anglais, et son frère germain sont pris ; l'autre frère est tué.

Cependant après trois jours elle envahit Magdunum sur la Loire et Baugenceium, places solidement fortifiées ; elle les prend d'assaut et les soumet. Elle ne met aucun retard ; ce jour-là, le jour du sabbat, qui était le vingt juin, elle vient à la rencontre de l'armée des Anglais qui se ruent à l'attaque. On lance un assaut contre l'ennemi, les nôtres remportent la victoire, mille cinq cents guerriers sont tués, mille faits prisonniers, parmi eux certains chefs furent pris, à savoir les chefs de Talbot et de Fastechat, et le fils du chef de Hendesfort et plusieurs autres.

Quant aux nôtres, il n'y eut pas trois tués parmi eux. Ceci et beaucoup d'autres choses, la pucelle le fit ; et si Dieu le lui accorde, elle fera de plus grandes choses encore.

Cette jeune fille a une mise convenable, elle a pour elle une attitude virile, parle peu, montre une sagesse admirable dans ses paroles et dans ce qu'il faut dire. Elle a une voix douce de femme, mange peu, prend rarement du vin ; elle plaît sur un cheval, ainsi que par la beauté des armes, elle aime beaucoup les hommes armés et les nobles, elle déteste la foule et le contact avec la foule, elle pleure abondamment, montre un visage joyeux, incroyablement endurante et à ce point courageuse dans le port des armes et maîtresse d'elle-même que durant six jours, jour et nuit, elle resta complètement armée sans relâche. Elle dit que les Anglais n'ont aucun droit en France, et qu'elle est envoyée par Dieu pour les en chasser et leur infliger une défaite totale ; et cela malgré l'ordre donné (aux Anglais) par Dieu lui-même. Elle vénère le roi au plus haut point. Elle dit qu'il a été choisi par Dieu, qu'il a été spécialement préservé et doit être préservé.

(Suit un passage peu clair non traduit.)

N'en disons pas plus long, illustrissime prince : il y a, il se passe des choses trop merveilleuses pour que je puisse vous l'écrire ou vous le dire.

Alors que je continue à écrire, il arrive actuellement que déjà la pucelle, comme elle l'a prédit, a atteint les abords de la cité de Reims en Champagne, où le roi, à la hâte, ira à sa consécration et à son couronnement, avec l'aide de Dieu.

Je me recommande à vous très humblement. Écrit le 21 juin 1429.

Votre très humble serviteur, Paranalio, seigneur de Boulainvilliers, conseiller et gentilhomme de la chambre du roi de France et sénéchal du seigneur duc de Bourges.

DOCUMENT N° 3 R°
(Service photographique des Archives nationales)

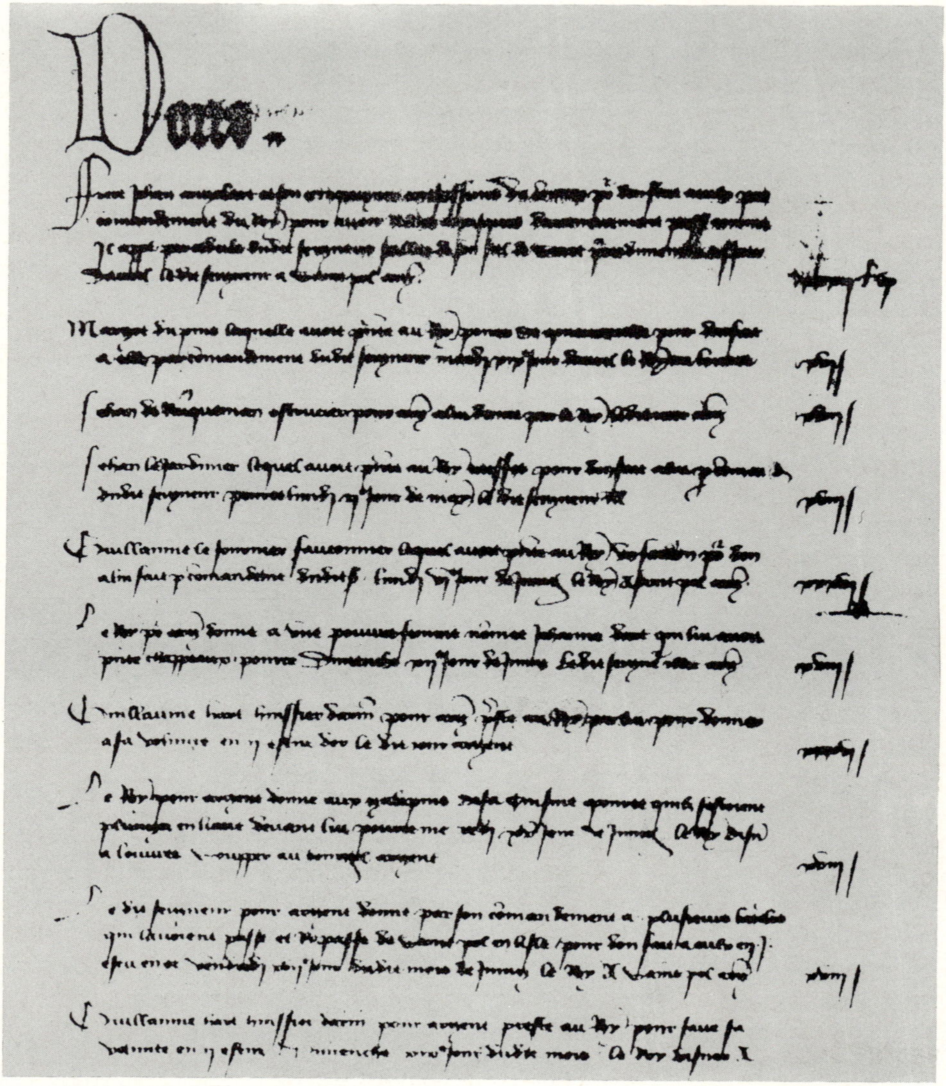

TRANSCRIPTION *Le Roy pour argent donné à une pouvre femme nomée Jehanne Dart qui lui avoit p.nté chappeaux pource Dimanche 12° jour de Juing (le dit seigneur illec argent.*

DOCUMENT N° 4 A

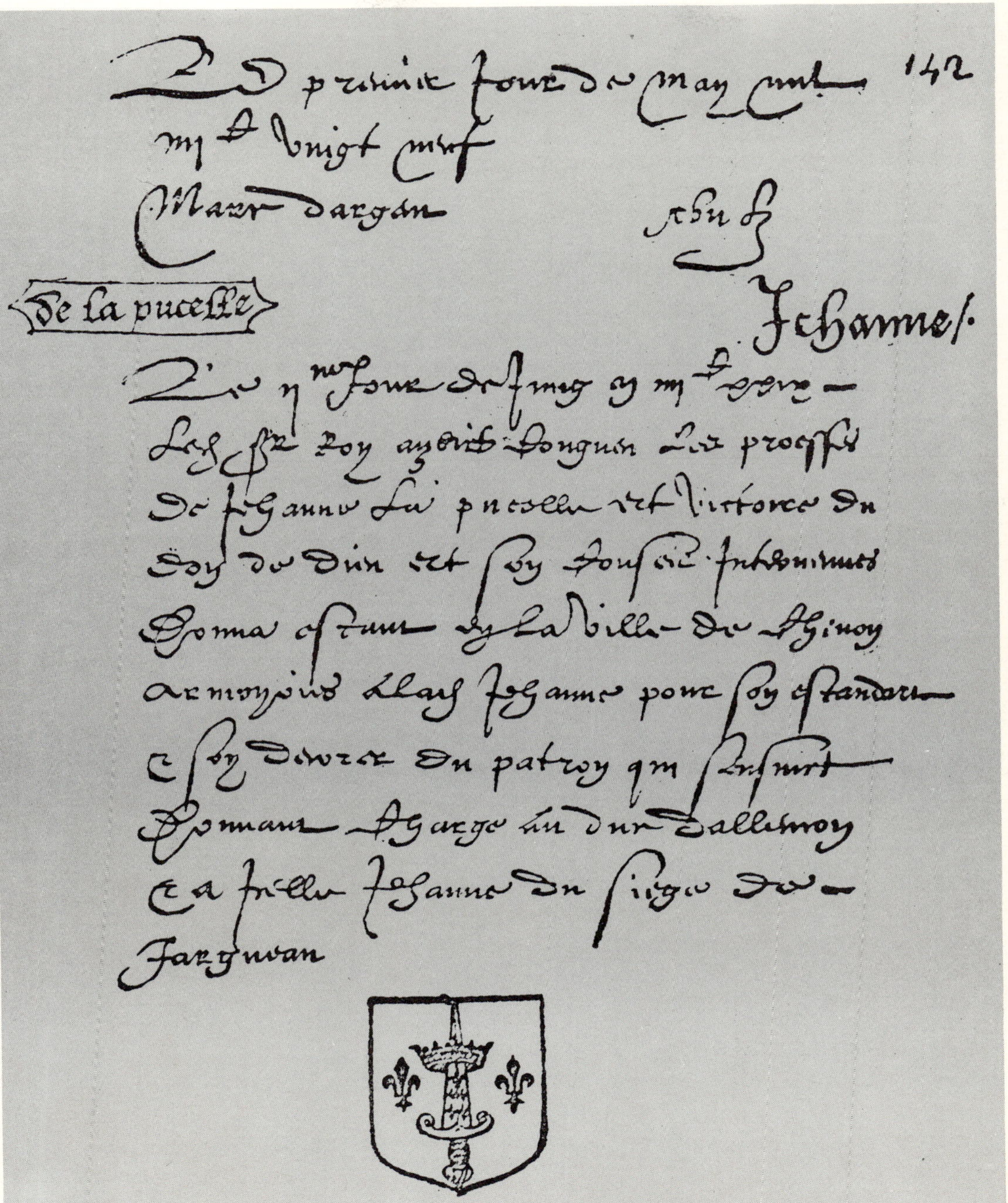
142

De la pucelle

Jehanne

DOCUMENT N° 4 B

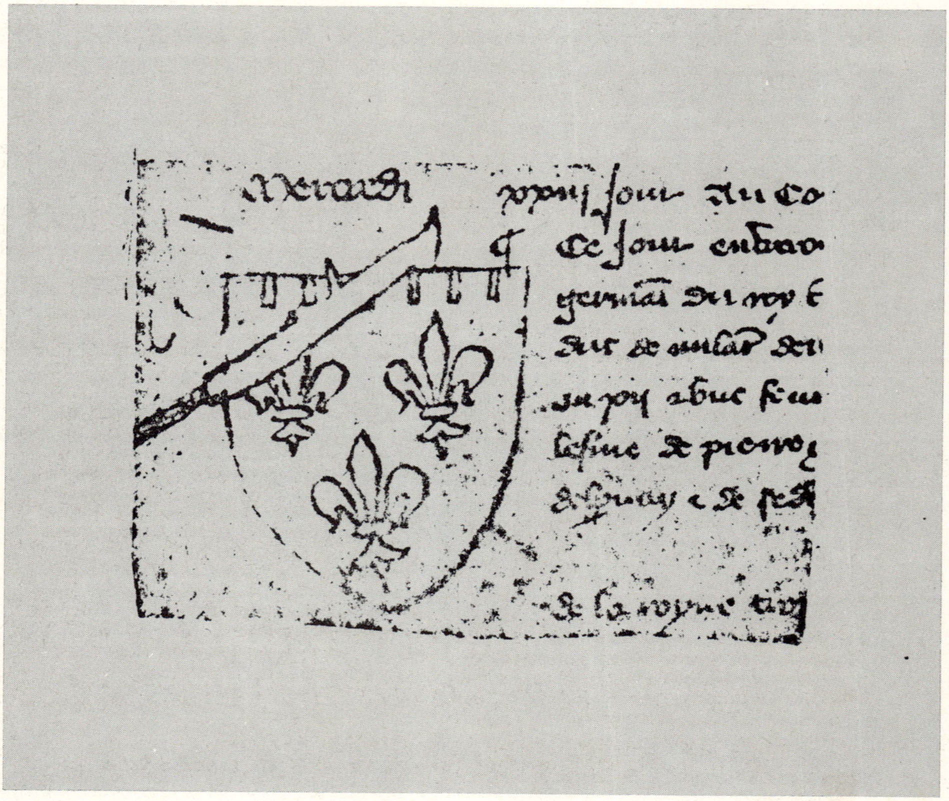

Armes de Louis d'Orléans figurant dans un manuscrit de Nicolas de Baye Greffier au Parlement.

Le couteau qui tranche l'écu rappelle l'assassinat du duc.

Pièce présentée dans une émission de télévision le lundi 9 mars 1981 par Monsieur Jean FAVIER, directeur des Archives Nationales.

DOCUMENT N° 5
LETTRES D'ANOBLISSEMENT
ACCORDÉES PAR CHARLES VII
En décembre 1429 à Jehanne DARC
et à toute sa parenté et lignage.

Archives de France K 63 N° 9 – Tirée de Henri WALLON

TEXTE ORIGINAL.

Karolus. Dei gratia Francorum rex, ad perpetuam rei memoriam. Magnificaturi divinæ celsitudinis uberrimas nitidissimasque gratias celebri ministerio Puellæ, Johannæ Darc de Dompremeyo, charæ et dilectæ nostræ, de Ballivia Calvi-Montis seu ejus ressortis, nobis elargitas, et ipsa divina cooperante clementia, amplificari speratas, decens arbitramur et opportunum ipsam Puellam et suam, nedum ejus ob officii merita, verum et divinæ laudis præconia, totam parentelam, dignis honorum nostræ regiæ majestatis insigniis attollendam et sublimandam, ut divina claritudine sic illustrata, nostræ regiæ liberalitatis aliquod munus egregium generi suo relinquat, quo divina gloria et tantarum gratiarum fama perpetuis honoribus accrescat et perseveret : Notum igitur facimus universis præsentibus et futuris, quod nos, præmissis attentis, considerantes insuper laudabilia, grataque et commodiora servitia nobis et regno nostro jam per dictam Joannam Puellam multimode impensa et quæ in futurum impendi speramus, certisque aliis causis ad hoc animum nostrum inducentibus, præfatam Puellam, Jacobum Darc dicti loci de Dompremeyo, patrem; Isabellam ejus uxorem, matrem; Jacqueminum et Johannem Darc et Petrum Pierelo, fratres ipsius Puellæ, et totam suam parentelam et lignagium, et in favorem et pro contemplatione ejusdem, etiam et eorum posteritatem masculinam et femininam, in legitimo matrimonio natam et nascituram, nobilitavimus, et per præsentes, de gratia speciali, et ex nostra certa scientia et plenitudine potestatis, nobilitamus et nobiles facimus : concedentes expresse ut dicta Puella, dicti Jacobus, Isabella, Jacqueminus, Johannes et Petrus, et ipsius Puellæ tota posteritas et lignagium, ac ipsorum posteritas, nata et nascitura, in suis actibus, in judicio et extra, ab omnibus pro

TRADUCTION.

Charles, par la grâce de Dieu roi de France, pour perpétuelle mémoire. A cette fin de glorifier les très-abondantes et insignes faveurs dont le Très-Haut nous a comblé, et que, nous l'espérons, sa divine miséricorde daignera nous continuer, par le moyen et le concours éclatant de la Pucelle, notre chère et bien-aimée Jeanne d'Arc, de Domremy, au bailliage de Chaumont ou dans son ressort, et pour célébrer à la fois les mérites de ladite Pucelle et les louanges divines, nous estimons convenable et opportun de l'élever, elle et toute sa parenté, aux honneurs et dignités de notre majesté royale, de sorte que, illustrée par la grâce divine, elle laisse à sa race un souvenir précieux de notre royale libéralité, et que la gloire de Dieu ainsi que la renommée de tant de bienfaits se perpétue et s'accroisse dans tous les siècles. C'est pourquoi nous faisons savoir à tous, présents et à venir, que, eu égard à ce que dessus, considérant en outre les agréables, nombreux et recommandables services que Jeanne la Pucelle a déjà rendus et rendra à l'avenir, nous l'espérons, à nous et à notre royaume, et pour autres certaines causes à ce nous mouvant, nous avons anobli ladite Pucelle, Jacques d'Arc dudit lieu de Domrémy et Isabeau sa femme, ses père et mère, Jacquemin et Jean d'Arc et Pierre Pierrelot ses frères, et toute sa parenté et lignage, et, en faveur et contemplation d'icelle Jeanne, toute leur postérité mâle et femelle, née et à naître, en légitime mariage, et par les présentes, de notre grâce spéciale, certaine science et pleine puissance, les anoblissons et déclarons nobles; voulant que ladite Pucelle, lesdits Jacques, Isabeau, Jacquemin, Jean et Pierre, et toute la postérité et lignage de ladite Pucelle, ainsi que les enfants d'eux, nés et à naître, soient par tous tenus et réputés nobles, dans leurs actes, en justice et hors justice, et qu'ils jouissent et *nobilibus habeantur et reputentur, et ut privilegiis, libertatibus, prærogativis aliisque juribus, quibus alii nobiles dicti nostri regni ex nobili genere procreati, uti consueverunt et utuntur, gaudeant pacifice et fruantur. Eosdemque et dictam eorum posteritatem, aliorum nobilium dicti nostri regni ex nobili stirpe procreatorum consorcio aggregamus: non obstante quod ipsi, ut dictum est, ex nobili genere ortum non sumpserint, et forsan alterius quam liberæ conditionis existant : volentes etiam ut iidem prænominati, dictaque parentela et lignagium sæpefatæ Puellæ et eorum posteritas masculina et fœminina, dum et quotiens eisdem placuerit, a quocumque milite, militiæ cingulum valeant adipisci, seu decorari. Insuper concedentes eisdem et eorum posteritati, tam masculinæ quam fœmininæ, in legitimo matrimonio procreatæ et procreandæ, ut ipsi feoda et retrofeoda et res nobiles a nobilibus et aliis quibuscumque personis acquirant, et, tam acquisitas quam acquirendas, retinere, tenere et possidere perpetuo valeant atque possint, absque eo quod illas vel illa, nunc vel futuro tempore, extra manum suam innobilitatis occasione ponere cogantur, nec aliquam financiam nobis vel successoribus nostris, propter hanc nobilitatem, solvere quovis modo teneantur aut compellantur : quam quidem financiam, prædecessorum intuitu et consideratione, eisdem supranominatis, et dictæ parentelæ et lignagio prædictæ Puellæ, ex nostra ampliori gratia donavimus et quictavimus, donamusque et quictamus per præsentes, ordinationibus, statutis, edictis, usu, revocationibus, consuetudine, inhibitionibus et mandatis factis vel faciendis, ad hoc contrariis, non obstantibus quibuscumque. Quocirca dilectis et fidelibus nostris gentibus compotorum nostrorum, ac thesaurariis nec non generalibus et commissariis super facto financiarum nostrarum ordinatis seu deputandis et ballivo dictæ balliviæ Calvi-Montis, cæterisque justiciariis nostris, vel eorum locatenentibus præsentibus et futuris, et cuilibet ipsorum, prout ad eum pertinuerit, damus harum serie in mandatis quatenus dictam Johannam Puellam et dictos Jacobum, Isabellam, Jacqueminum, Johannem et Petrum, ipsius-*

usent paisiblement des priviléges, franchises, prérogatives et autres droits, dont sont accoutumés de jouir, en notre royaume, les autres nobles, extraits de noble lignée, lesquels et leur dite postérité nous faisons participer à la condition des autres nobles de notre royaume, nés de noble race, nonobstant qu'ils n'aient, comme dit est, une origine noble, et qu'ils soient peut-être d'autre condition que de condition libre. Voulant aussi que les susnommés, ladite parenté et lignage de la Pucelle, et leur postérité mâle et femelle puissent, quand et toutes fois qu'il leur plaira, obtenir et recevoir de tout chevalier les insignes de la chevalerie. Leur permettant en outre, à eux et à leur postérité tant masculine que féminine, née et à naître en légitime mariage, d'acquérir des personnes nobles et autres quelconques tous fiefs, arrière-fiefs et biens nobles, lesquels, acquis ou à acquérir, ils pourront et leur sera permis avoir, tenir et posséder à toujours, sans qu'ils puissent être contraints, maintenant ni au temps à venir, à s'en dessaisir par faute de noblesse. Pour lequel anoblissement ils ne seront en aucune façon tenus ni forcés de payer aucune finance à nous ni à nos successeurs; de laquelle finance, en considération et regard de leurs ancêtres, nous avons de pleine grâce fait don et remise aux susnommés et à ladite parenté et lignage de la Pucelle, et par les présentes leur en faisons don et remise, nonobstant toutes ordonnances, statuts, édits, usages, révocations, coutumes, inhibitions et mandements, faits ou à faire, à ce contraires. Pour quoi, nous donnons en mandement par lesdites présentes à nos amés et féaux les gens de nos comptes, aux trésoriers généraux et commissaires ordonnés ou à ordonner sur le fait de nos finances, et au bailli dudit bailliage de Chaumont, et à nos autres justiciers ou leurs lieutenants présents et à venir, et à chacun d'eux, en tant qu'il lui appartiendra, qu'ils fassent et laissent ladite Jeanne la Pucelle, lesdits Jacques, Isabeau, Jacquemin, Jean et Pierre, toute la parenté et lignage de ladite Pucelle, et leur postérité susdite, née et à naître, comme dit est, en légitime mariage, jouir et user paisiblement de nos présente grâce, anoblissement et octroi, main-

que Puellæ totam parentelam et lignagium, eorumque posteritatem prædictam in legitimo matrimonio, ut dictum est, natam et nascituram, nostris præsentibus gratia, nobilitatione et concessione uti et gaudere pacifice, nunc et imposterum, faciant et permittant, et contra tenorem præsentium eosdem nullatenus impediant, seu molestent, aut a quocumque molestari seu impediri patiantur. Quod ut perpetuæ stabilitatis robur obtineat, nostrum præsentibus apponi fecimus sigillum, in absencia magni ordinatum; nostro in aliis et alieno in omnibus jure semper salvo. Datum Magduni super Ebram, mense decembri, anno Domini millesimo quadringentesimo vigesimo nono, regni vero nostri octavo.

Sur le repli : « *Per regem, episcopo Sagiensi, dominis de la Tremoille et de Trevis et aliis præsentibus.* »

Et plus bas : *Expedita in camera compotorum regis, XVI^a mensis januarii, anno Domini millesimo CCCC^oXXIX^o, et ibidem registrata, libro cartarum hujus temporis, fol. CXXI.* Signé : A. GRÉELLE.

tenant et au temps avenir, sans leur faire ni souffrir qu'il leur soit fait aucun trouble ni empêchement contre la teneur des présentes. Et pour que ce soit chose ferme et stable à toujours, nous avons fait apposer aux présentes notre sceau en l'absence de notre grand sceau, sauf en autres choses notre droit et le droit d'autrui en toutes. Donné à Meun-sur-Yèvre, au mois de décembre l'an du Seigneur mil quatre cent vingt-neuf, et de notre règne le huitième.

Sur le repli : Par le Roi, l'évêque de Séez, les Srs de la Trémoille, de Trèves et autres présents. Signées Mallière, et scellées sur lacs de soie rouge et verte du grand sceau de cire verte.

Et plus bas : Expédiée en la chambre des comptes du Roi, le seizième du mois de janvier, l'an du Seigneur mil quatre cent vingt-neuf, et y enregistrée au livre des chartes du temps, folio CXXI. Signé, A. Gréelle

Note : Une remarque est à faire : dans sa traduction Henri WALLON orthographie le patronyme « d'Arc », alors que le texte latin conservé aux Archives de France et publié par le même auteur comporte « DARC ».

Quant à QUICHERAT, il l'écrit « d'AY ».

DOCUMENT N° 6

CHRONIQUES DE MONSTRELET

CHAPITRE CV.

Comment Jeanne la pucelle fut condamnée à être arse et mise à mort dedans la cité de Rouen.

S'ensuit la condamnation qui fut faite en la cité de Rouen contre Jeanne la pucelle, comme il peut apparoir par lettres envoyées de par le roi d'Angleterre au duc de Bourgogne, desquelles la copie s'ensuit :

« Très cher et très aimé oncle, la fervente dilection que savons vous avoir, comme vrai catholique, à notre mère sainte église et l'exaltation de notre sainte foi, raisonnablement nous exhorte et admoneste de vous signifier et écrire ce qu'à l'honneur de notre dite mère sainte église, fortification de notre foi et extirpation d'erreurs pestilencieuses, a été en cette notre ville de Rouen fait jà naguère solennellement. Il est assez commune renommée, jà comme partout divulguée, comment celle femme qui se faisoit nommer Jeanne la pucelle erronée, s'étoit deux ans et plus, contre la loi divine et l'état de son sexe féminin, vêtue en habit d'homme, chose à Dieu abominable, et en tel état transportée devers notre ennemi capital et le vôtre ; auquel et à ceux de son parti, gens d'église, nobles et populaires donna souvent à entendre que elle étoit envoyée de par Dieu, en soi présomptueusement vantant qu'elle avoit communication personnelle et visible avec saint Michel et grand' multitude d'anges et de saints de Paradis, comme sainte Catherine et sainte Marguerite. Par lesquels faux donnés à entendre, et l'espérance qu'elle promettoit de victoires futures, divertit plusieurs cœurs d'hommes et de femmes de la vérité, et les convertit à fables et mensonges ; se vêtit aussi d'armes appliquées pour chevaliers et écuyers ; leva l'étendard, et en trop grand outrage, orgueil et présomption, demanda avoir et porter les très nobles et excellentes armes de France, qu'en partie elle obtint, et les porta en plusieurs courses et assauts, et ses frères comme on dit, c'est à savoir un écu à deux fleurs de lys d'or, à champ d'azur et une épée, la pointe en haut, férue en une couronne. En cet état s'est mise aux champs, a conduit gens d'armes et de trait en exercite et grands compagnies, pour faire et exercer cruautés inhumaines, en épandant le sang humain, en faisant séditions et commotions de peuple, l'induisant à parjurements, rébellions, superstitions et fausses croyances, en perturbant toute vraie paix et renouvelant guerre mortelle, en se souffrant honorer et révérer de plusieurs, comme femme sanctifiée, et autrement damnablement ouvrant en divers cas longs à exprimer, qui toutefois ont été en plusieurs lieux assez connus, dont presque toute la chrétienté a été toute scandalisée. Mais la divine puissance, ayant pitié de son peuple loyal, qui ne l'a longuement voulu laisser en péril, ni souffert demeurer ès vaines, périlleuses et nouvelles crédulités, où jà légèrement se mettoit, a voulu permettre sa grand' miséricorde et clémence que la dite femme ait été prise en votre ost et siége que teniez lors de par nous devant Compiègne, et mise par votre bon moyen en notre obéissance et domination. Et pource que dès lors fûmes requis par l'évêque au diocèse duquel elle avoit été prise qu'icelle Jeanne, notée et diffamée de crimes de lèse majesté divine, lui fissions délivrer, comme à son juge ordinaire ecclésiastique, nous, tant pour la révérence de notre mère sainte église, de laquelle voulons les ordonnances préférer à nos propres faits et volontés, comme raison est, comme aussi pour l'honneur et exaltation de notre dite sainte foi, lui fîmes bailler la dite Jeanne, afin de lui faire son procès, sans en vouloir être prise par les gens et officiers de notre justice séculière aucune vengeance ou punition, ainsi que faire nous étoit raisonnablement licite, attendu les grands dommages et inconvénients, les horribles homicides et détestables cruautés et autres maux innumérables qu'elle avoit commis à l'encontre de notre seigneurie et loyal peuple obéissant. Lequel évêque, adjoint avecque lui le vicaire de l'inquisiteur des erreurs et hérésies, et appelé avec eux grand et notable nombre de solennels maîtres et docteurs en théologie et droit canon, commença par grand' solennité et due gravité le procès d'icelle Jeanne. Et après ce que lui et le dit inquisiteur, juges en cette partie, eurent par plusieurs et diverses journées interrogé la dite Jeanne, firent les confessions et assertions d'icelle mûrement examiner par les dits maîtres docteurs, et généralement par toutes les facultés de notre très chère et très aimée fille l'université de Paris, devers laquelle les dites confessions et assertions ont été envoyées. Par l'opinion et délibération desquels trouvèrent les dits juges icelle Jeanne superstitieuse, devineresse de diables, blasphémeresse en Dieu et en ses saints et saintes, schismatique et errant par moult de sortes en la foi de Jésus-Christ.

» Et pour la réduire et ramener à l'unité et commun de notre dite mère sainte église, la purger de ses horribles et pernicieux crimes et péchés, et guérir et préserver son ame de perpétuelle peine et damnation, fut souvent et par bien long temps très charitablement et doucement admonestée à ce que, toutes erreurs par elle rejetées et mises en arrière, voulsît humblement retourner à la voie et droit sentier de vérité, ou autrement elle se mettoit en grand péril d'ame et de corps. Mais le très périlleux et divisé esprit d'orgueil et d'outrageuse présomption, qui toujours s'efforce de vouloir empêcher l'unité et sûreté des loyaux chrétiens, occupa et détint tellement en ses liens le courage d'icelle Jeanne que pour quelconque sainte doctrine ou conseil, ni autre douce exhortation qu'on lui eût administrée, son cœur endurci et obstiné ne se voulut humilier ni amollir; mais se vantoit souvent que toutes choses qu'elle avoit faites étoient bien faites, et les avoit faites du commandement de Dieu et des dites saintes vierges, qui visiblement s'étoient à elle apparues; et qui pis est, ne reconnoissoit ni ne vouloit reconnoître en terre fors Dieu seulement et les saints de paradis, en refusant et doutant le jugement de notre saint père le pape, du concile général et universelle église militante.

» Et, voyant les juges ecclésiastiques ses dits courage et propos par tant et si long espace de temps endurcis et obstinés, la firent mener devant le clergé et le peuple, illec assemblés en très grand' multitude. En la présence desquels furent prêchés, exposés et déclarés solennellement et publiquement, par un notable maître en théologie, à l'exaltation de notre foi extirpation des erreurs et édification et amendement du peuple chrétien. Et derechef fut charitablement admonestée de retourner à l'union de sainte église, et de corriger ses fautes et erreurs en quoi elle étoit obstinée; et, en ce considéré, les juges dessus dits procédèrent à prononcer la sentence contre elle, en tel cas de droit introduite et ordonnée. Mais, avant que la sentence fût parlute, elle commença par semblant à muer son courage, disant qu'elle vouloit retourner à sainte église, ce que volontiers et joyeusement ouïrent les juges et le clergé dessus dits, qui à ce la reçurent bénignement, espérant par ce moyen son ame et son corps être rachetés de perdition et tourment. Adonc se soumit à l'ordonnance de sainte église, et ses erreurs et détestables crimes révoqua de la bouche, et abjura publiquement, signant de sa propre main la cédule de la dite révocation et abjuration. Et, par ainsi, notre piteuse mère sainte église, soi éjouissant sur la pécheresse faisant pénitence, veuillant la la brebis recouvrer, qui par le désert s'étoit égarée et forvoyée, et ramener avec les autres, icelle Jeanne, pour faire pénitence, condamna en chartre. Mais guère ne fut illecque que le feu de son orgueil, qui sembloit être éteint en icelle, rembrasa en flambes pestilentieuses, par les soufflements de l'ennemi; et tantôt la dite femme malheurée renchut ès erreurs et ès rageries que par avant avoit proférées et depuis révoquées et abjurées, comme dit est.

» Pour lesquelles causes, selon ce que les jugements et institutions de sainte église l'ordonnèrent, afin que dorénavant elle ne contaminât les autres membres de Jésus-Christ, elle fut derechef prêchée publiquement; et comme elle fut rechue ès crimes et fautes vilaines par elle accoutumées, fut délaissée à la justice séculière, laquelle incontinent la condamna à être brûlée. Et voyant son finement approcher, elle connut pleinement et confessa que les esprits qu'elle disoit être apparus à elle souventes fois étoient mauvais et mensongers, et que les promesses qu'iceux esprits lui avoient plusieurs fois faites de la délivrer étoient fausses: et ainsi se confessa par les dits esprits avoir été déçue et démoquée. Si fut menée par la dite justice liée au vieil marché dedans Rouen, et là, publiquement fut arse à la vue de tout le peuple. »

Laquelle chose ainsi faite, le dessus dit roi d'Angleterre signifia par lettres, comme dit est, au dessus dit duc de Bourgogne, afin qu'icelle exécution de justice, tant par lui comme les autres princes, fût publiée en plusieurs lieux, et que leurs gens et sujets dorénavant fussent plus sûrs et mieux avertis de non avoir créance en telles ou semblables erreurs qui avoient régné pour l'occasion de la dite pucelle.

DOCUMENT N° 7

CHRONIQUE DU DOYEN DE SAINT-THIBAUT OU CHRONIQUE DE METZ

L'an MCCCCXXXVJ...

Icelle année le XX. jour de may, vint la Pucelle Jeanne qui avoit esté en France, à la Grange-aux-Hormes près de S. Privey, et y fut amoinnée, pour parler à aucuns des Seigneurs de Metz, et se faisoit appeler Claude, et le propre jour y vinrent voir ces I J frères, dont l'un éstait chevalier et s'appelloit Messire Pierre et l'autre Petit-Jehan escuyer, et cuidoient qu'elle fut ars ; et tantost qu'ils la virent, ils la recogneurent, et aussi fist-elle eulx, et le lundy XXJ jour dond. mois, ils l'ammoinont lor suer avecq eulx a Bacquillon, et ly donnaist le sire Nicolas Lowe chevalier, ung roussin du pris de XXX francs, et une paire de houzels et seigneur Aubert Boulay ung chapperon, et sire Nicole Groingnair une espée, et lad. Pucelle saillit sur led. cheval très habillement, et dict plusieurs choses au sire Nicolas Lowe, dont il entendit bien que c'estoit celle qui avoit esté en France, et fut recongneu par plusiours enseignes pour la Pucelle Jeanne de France qui amoinat sacrer le roy Charles à Reims et voulrent dire plusiours qu'elle avoit esté ars à Rouen en Normandie, et parloit le plus de ses paroles par paraboles, et ne diroit ne fuer, neans de son intencion, et disoit qu'elle n'avoit point de puissance devant la Sainct Jehan-Baptiste : mais quant ses frères l'en orent moinnée, elle revint tantost en les festes de la Penthecolte en la ville de Marieulle, en chieu Jehan Quenalt, et se tint la jusques environ trois sepmaines, et puis se partist pour aller en Nostre-Dame de Liance ly I I J, et quant elle volt partir plusiours de Metz l'allont veoir à lad. Marieulle et ly donnont plusieurs juelz, et la recongnurent-ils que c'estoit proprement Jehanne la Pucelle de France, et adoncq ly donnoit Joffroy Dex ung cheval, et puis s'en alloit en Arelont, une ville qui est en la Duché de Luxembourg.

Item quant elle fut à Arelont, elle estoit tousjours de coste Madame de Luxembourg, et y fut grant pièce jusques à tant le filz le comte de Warnenbourg l'enmoinnait à Coullongne de coste son père le comte de Warnenbourg, et l'aimoit ledit comte très fort, et tant que quand elle en volt venir, il y fist faire une très belle curesse, pour elle armer, et puis s'en vint à lad. Arelon, et là fut faict le mariage de Messire Robert des Hermoises chevalier, et le lad. Jehanne la Pucelle et puis après s'en vint led. Siour des Hermoises avec sa femme la Pucelle, demourer en Metz, en la maison led. sire Robert, qu'il avoit devant Saincte Segoleine, et se tinrent là tant qu'il lors plaisit.

DOCUMENT N° 8

ARCHIVES DU LOIRET C C 654-34 R.

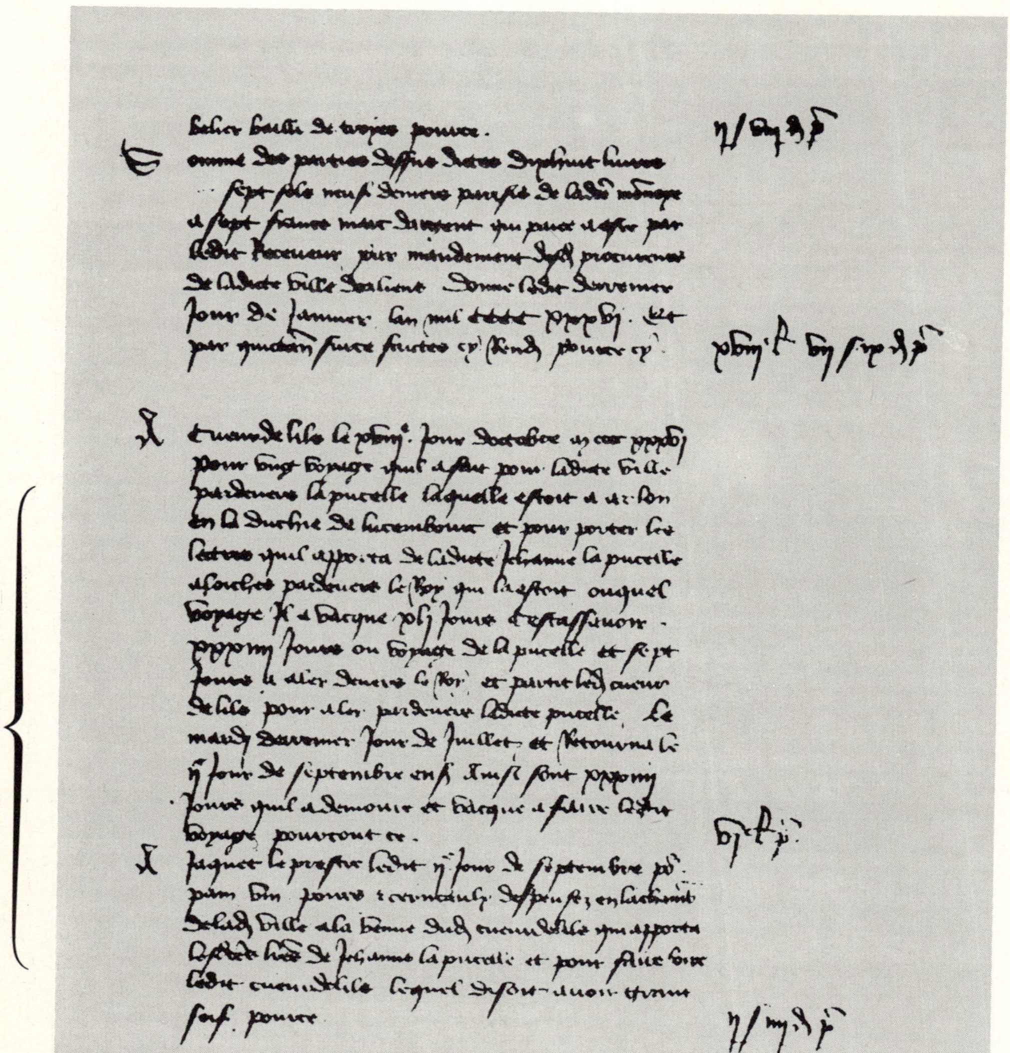

DOCUMENT N° 9

ARCHIVES HISTORIQUES DE LA VILLE DE COLOGNE

Registre d'escorte N° 6 Folio 156 v°

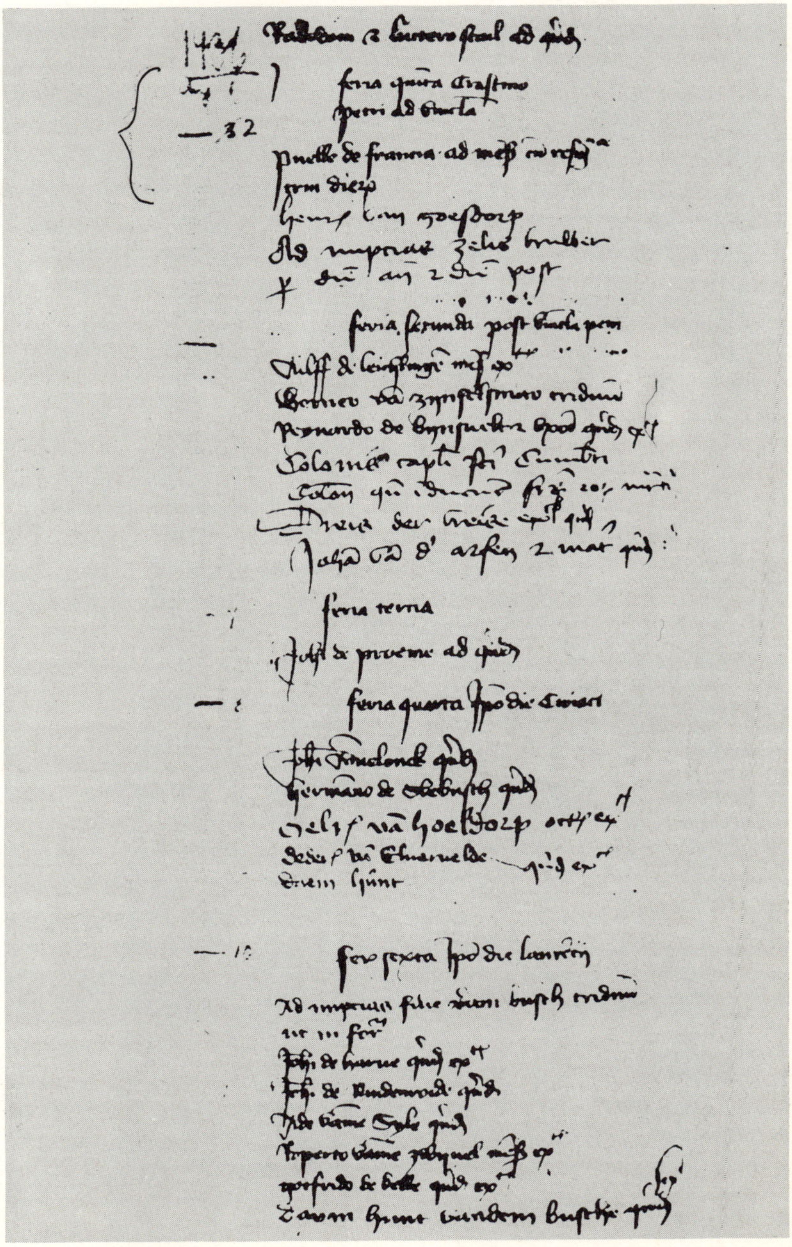

DOCUMENT N° 10

ARCHIVES DU LOIRET. CC 655

F° 53 RECTO

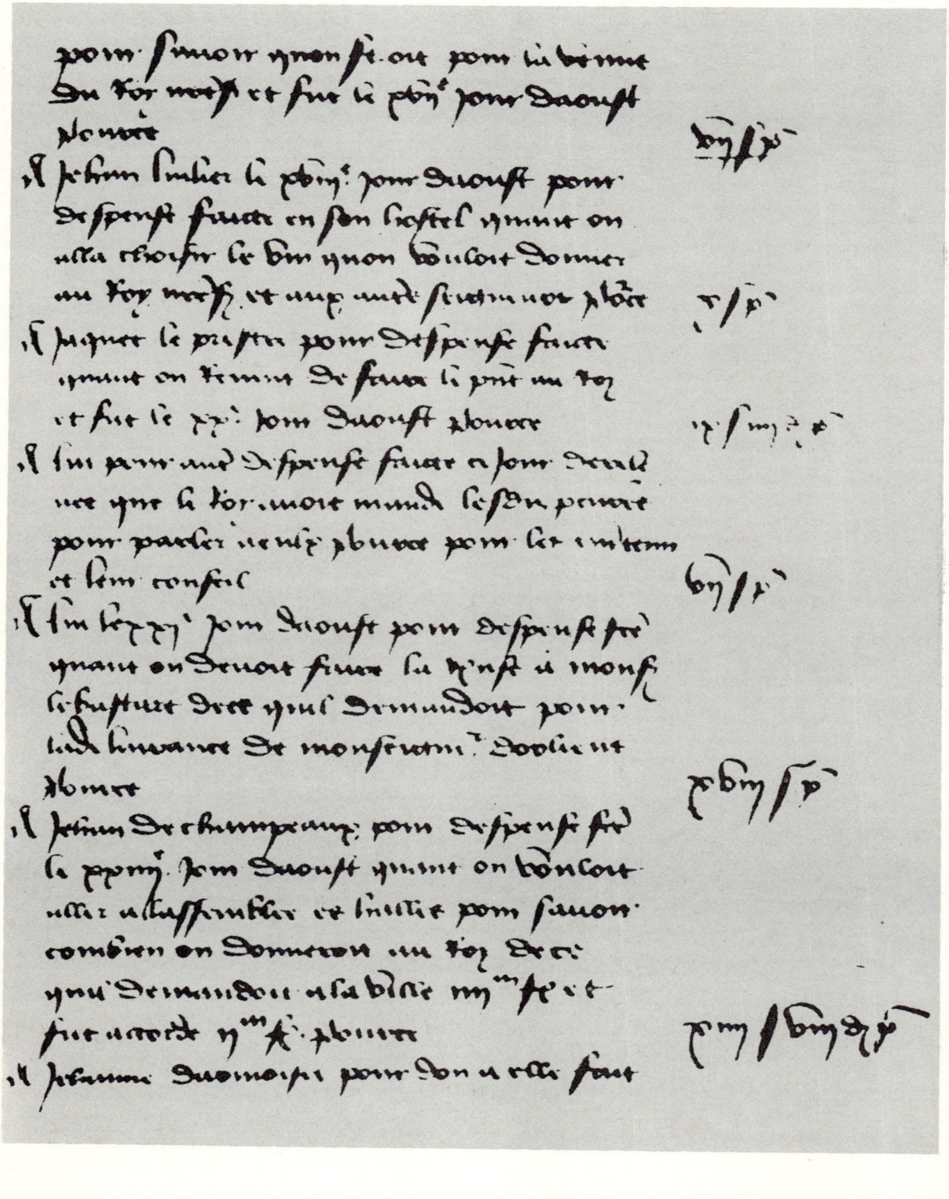

pour savoir quon feroit pour la venue
du Roy n. s. et fut le xviij^e jour daoust
donné viij s. p.
A Jehan Lullier le xviij^e jour daoust pour
despense faicte en son hostel quant on
alla choisir le vin quon vouloit donner
au Roy n. s. et aux autres seigneurs donné x s. p.
A Jaquet le prestre pour despense faicte
quant on venoit de faire le pris au Roy
et fut le xxe jour daoust donné xj s. iiij d. p.
A lui pour une despense faicte ce jour devant
que le Roy n. s. manda les bourgeois
pour parler a eulx donné pour les aucteurs
et leur conseil viij s. p.
A lui le xxj^e jour daoust pour despense fe
quant on devoit faire la requeste a mons.
le chancelier de ce quil demandoit pour
la delivrance de monseigneur dorliens
donné xviij s. p.
A Jehan de Champeaux pour despense fe
le xxij^e jour daoust quant on vouloit
aller a lassemblee et lhostel pour savoir
combien on donneroit au Roy de ce
quil demandoit a la ville iiij^m fr. et
fut accordé iij^m fr. donné xxiiij s. viij d. p.
→ A Jehanne Darmoises pour don a elle fait

F° 53 VERSO

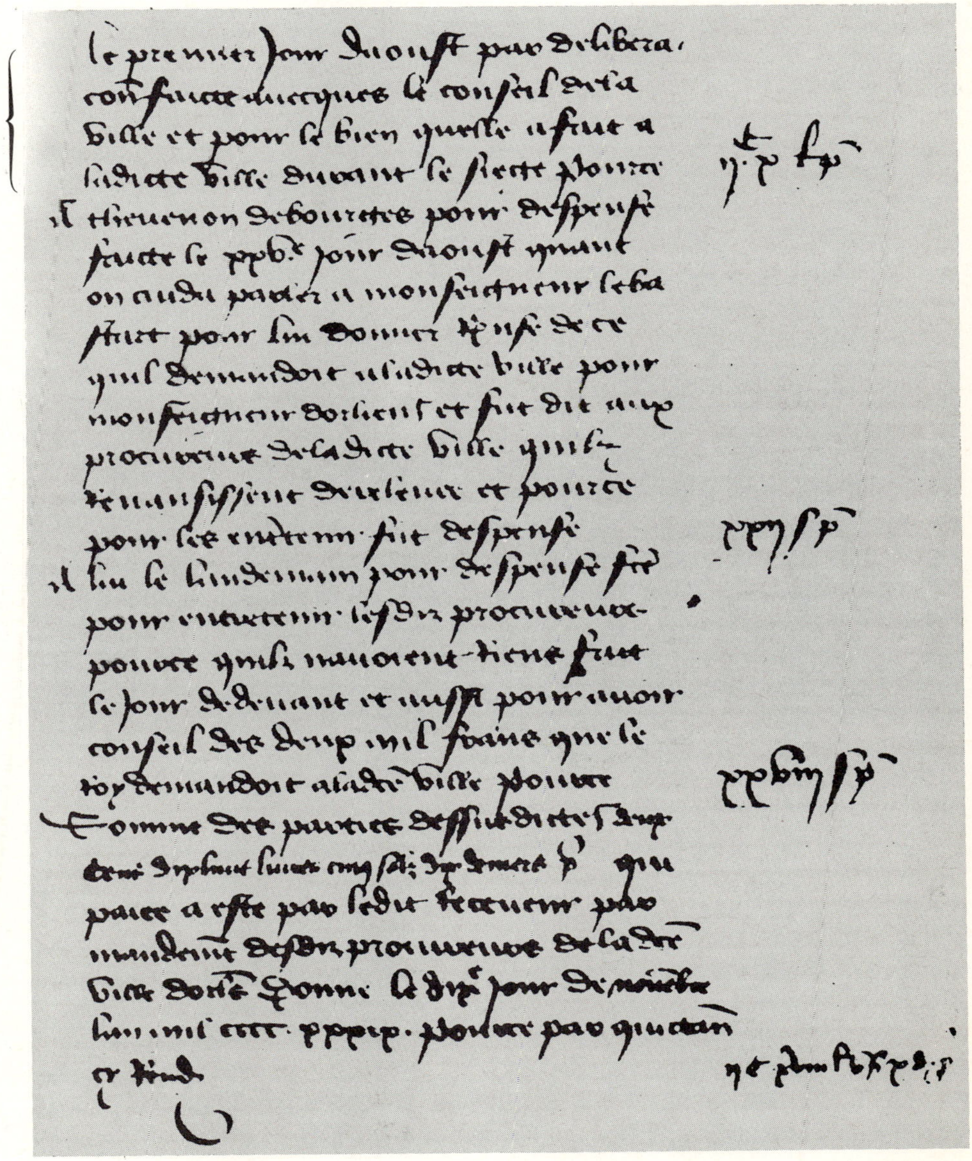

Bibliographie

1 – *Histoire de France* publiée sous la direction de Marcel REINHARD. Librairie Larousse.

2 – *Dictionnaire Larousse* du XXe siècle en six volumes.

3 – *Histoire de la France et des Français au jour le jour*, par André CASTELOT et Alain DECAUX. Librairie Académique, Perrin, 1976.

4 – Henri WALLON, *« Jeanne d'Arc »*, édition de 1876. Elle comporte une erreur par rapport à l'édition de 1860. Page 46, au lieu de « Bourgogne », c'est « Bourges » qui devait être imprimé. Cette précision est donnée par M. le Conservateur des Archives de la Côte-d'Or.

5 – Jean BANCAL, *« Jeanne d'Arc Princesse Royale »*. Édition Robert Laffont, Paris.

6 – Gérard PESME (baron), *« Jeanne d'Arc n'a pas été brûlée »*. Éditions Balzac, Angoulême.

7 – Jean de SAINT-JEAN, *« Jehanne »*. Éditions « La Baule », à La Baule.

8 – Pierre de SERMOISE (comte), *« Les missions secrètes de Jehanne la Pucelle »*. Éditions Robert Laffont, Paris.

9 – LABOURASSE, article dans *« Société des Lettres Sciences et Arts de Bar-le-Duc »*, Tome VII, année 1890.

10 – Régine PERNOUD, *« Jeanne d'Arc devant les Cauchons »*. Éditions du Seuil.

11 – Dr. Paul CHAUCHARD, *« Le Cerveau et la Conscience »*. Éditions du Seuil.

12 – Claude VILLARET, continuateur de l'*Histoire de France* commencée par Velly. Le tome quatorzième contient la liste des enfants d'Isabeau de Bavière.

13 – Raymond OURSEL, *« Les procès de Jeanne d'Arc »*. Éditions Denoël.

14 – Pierre TISSET, avec la collaboration de Yvonne LANHERS, *« Procès de*

condamnation de Jeanne d'Arc ». Édité par la Société de l'Histoire de France, Librairie C. Klincksieck.

15 – Zoé OLDENBOURG, *« Le Bûcher de Montségur »*. Chez Gallimard.

16 – Jehanne d'ORLIAC, *« Yolande d'Anjou, la reine des quatre royaumes »*. Plon, 1933.

17 – *Revue Normande et Percheronne.* 1893, t. II.

18 – *« Hommes et Cités de Normandie »*. Paris, Éd. du Sud & Albin Michel, 1965.

19 – *Nouveau Testament,* Évangile selon Saint Mathieu.

20 – Perceval de BOULAINVILLERS, *Lettre au duc de Milan.* Reproduite dans les « Documents ».

21 – Lettre de la *Direction des Services d'Archives du département des Vosges,* adressée à l'auteur, le 29 juillet 1977.

22 – Jean PICHON, *« Histoire Barbare des Français »*. Éditions Seghers.

23 – Fernand NIEL, *« Les Cathares de Montségur »*. Éditions Seghers.

24 – M. H. VICAIRE O.P., *« Histoire de Saint Dominique »*. Les éditions du Cerf.

25 – Henri-Charles LÉA, *« Histoire de l'Inquisition au Moyen Age »*. Alcide Picard Éditeur.

26 – Maurice DRUON, *« Les Rois Maudits »*. Tome I : « Le Roi de Fer ». Éditions Plon-Del Duca.

27 – *Lois des Francs,* contenant la loi Salique et la loi Ripuaire. Paris. Imprimerie de Firmin Didot, 1828.

28 – Jean FROISSART, *« Les plus belles chroniques de 1346-1396 »*. Livre Club du Libraire, Paris.

29 – MICHELET, *« Histoire de France »*. Éditions Rencontre, Lausanne.

30 – *Chronique du Religieux de Saint-Denis.*
– *Le règne de Charles VI,* Publiée en latin pour la première fois et traduite par M. L. Bellaguet à Paris, de l'Imprimerie de Crapelet, 1841.

31 – P. C. TIMBAL, *« Histoire des institutions et des faits sociaux »*, Dalloz, Paris.

32 – Vallet de VIRIVILLE, *« Isabeau de Bavière »*. Techener Libraire-Éditeur, Paris, 1859.

33 – Edouard SCHNEIDER, *« Jeanne d'Arc et ses lis »*. Bernard Grasset Éditeur, Paris.

34 – Jean JACOBY, *« Le secret de Jeanne d'Arc Pucelle d'Orléans »*. Mercure de France, Paris.

35 – COUSINOT, *« Chronique de la Pucelle ou Chronique de Cousinot »*. Adolphe Delahays, Libraire Éditeur, 1859.

36 – Perceval de CAGNY, *« Chroniques de Perceval de Cagny »*. A Paris, Librairie Renouard, 1902.

37 – Jean CHARTIER, *« Chronique de Charles VII roi de France »*. A Paris, chez P. Jannet, Libraire, 1858.

38 – Enguerrand de MONSTRELET, *« Chroniques de Monstrelet »*. (France, Angleterre, Bourgogne). Abel Pilon Libraire-Éditeur, Paris, 1875.

39 – *Enquête du Prévôt de Paris sur l'assassinat de Louis, duc d'Orléans, 1407.* Service d'Archives des Pyrénées-Atlantiques.
40 – *Histoire du Rouergue,* publiée sous la direction de Henri Enjalbert, écrite par un groupe. 1979, Privat Éditeur, 14, rue des Arts, à Toulouse.
41 – *Revue de l'Anjou,* Tome 34, 1875, page 275.
42 – Étienne PASQUIER, *« Recherches de la France ».* Livre troisième, page 219.
43 – Philippe de FORCEVILLE, *« Sainte Colette de Corbie et son alliance avec Yolande d'Anjou " Reine des quatre royaumes " ».* Éditions A. et J. Picard et Cie, 82, rue Bonaparte, Paris.
44 – *Histoire du Diocèse de Beauvais,* LXXVI, Pierre Cauchon.
45 – *Dictionnaire de Biographie Française,* sous la direction de M. Prevost et Roman d'Amat. Tome VII, Paris, 1956.
46 – Marius CONSTANT, *« Le Grand Schisme »,* Carrère Éditeur, Rodez.
47 – Archives de la Seine-Maritime (G 32) : *Comptes de Jehan Guarin Trésorier de l'Archevêché.*
48 – *Lettre des Services d'Archives de la Seine-Maritime* adressée à l'auteur le 1er juillet 1976 et une autre lettre du 28 juillet 1976.
49 – *Chronique d'Angleterre.* Édition F.W.D. Brie, Société des Lettres de l'Anglais Ancien, 2 Vol., 1906-1908.
50 – Joseph SERAND, *« Le château de Montrottier ».* A Annecy, chez Gardet et Garin Éditeurs, 1949.
51 – Lettre de *Mr. le Comte de Menthon* adressée à l'auteur le 16 janvier 1981.
52 – *Chronique du Doyen de Saint Thibaut* ou *Chronique de Metz.*
53 – Archives du Loiret C.C. 654 -33 V° -34 R° -34 V° -35 R° -35 V°.
54 – Lettre des *Services d'Archives de la ville de Cologne* adressée à l'auteur le 29.4.1981.
55 – *Archives historiques de la ville de Cologne,* registre d'escorte N° 6 fol. 156 V°.
56 – *Chronique de D. Alvaro de Luna,* Connétable des royaumes de Castille et de Léon, Maître et administrateur de l'Ordre de Saint Jacques. Cette chronique est publiée avec divers appendices par don Joseph Miguel de Florès, Secrétaire perpétuel de l'Académie Royale de l'Histoire. – Deuxième impression à Madrid, 1784.
57 – *Histoire de Bordeaux,* tome III, éditée sous l'égide de la Fédération Historique du Sud-Ouest.
58 – Louis Etienne ARCERE, *Histoire de la ville de la Rochelle et du pays d'Aunis.* Archives Charente-Maritime, 2 395.
59 – *Lettre de rémission accordée par Charles VII à Jehan de Siquenville.* Archives Nationales JJ 176 -N° 84 -Fol. 50 V° -51 R°.
60 – Archives du Loiret : C.C. 654 -9 V° -18 V° -28 V°. 655 -41 R° -41 V° -42 V° -44 V° -46 R° -46 V° -48 V° -50 V° -51 R° -51 V° -52 V° -53 R° -53 V° -56 V° -57 R° -75 R° -75 V° -125 R°.
61 – *Registre des comptes de la ville de Tours.* Tome XXVII, Folio 123 V° et lettre de la *Direction des Archives d'Indre-et-Loire,* en date du 30 décembre 1976.
62 – *Journal d'un Bourgeois de Paris (1405-1449).* A Paris chez H. Champion, 1881.

Cet ouvrage
a été achevé d'imprimer
en octobre 1982
sur les presses des Imprimeries Maury
21, rue du Pont-de-Fer
12102 Millau
N° d'imprimeur : 7461
Dépôt légal : octobre 1982

DÉPARTEMENT LOGOS